HANS JOBST PLEITNER

Die Arbeitszufriedenheit von Unternehmern und Mitarbeitern in gewerblichen Betrieben

SCHRIFTENREIHE DES SCHWEIZERISCHEN INSTITUTS
FÜR GEWERBLICHE WIRTSCHAFT AN DER
HOCHSCHULE ST. GALLEN
FÜR WIRTSCHAFTS- UND SOZIALWISSENSCHAFTEN
9

Die Arbeitszufriedenheit von Unternehmern und Mitarbeitern in gewerblichen Betrieben

Von

Priv.-Doz. Dr. Hans Jobst Pleitner

DUNCKER & HUMBLOT · BERLIN/MÜNCHEN/ST. GALLEN

Gedruckt 1981 bei Buchdruckerei A. Sayffaerth - E. L. Krohn, Berlin 61
Printed in Germany
ISBN 3 428 04835 0

Für Barbara

Vorwort

In den letzten Jahren hörten wir zunehmend Klagen im Gewerbe, die Kleinbetriebe verlören qualifizierte Arbeitskräfte an große sowie an öffentliche Unternehmungen und sähen sich dadurch vor ein gravierendes Personalproblem gestellt. Für den Fall eines Zutreffens solcher Beobachtungen erhob sich die Frage nach den möglichen Gründen dafür. Wie unsere Ermittlungen ergaben, konnten sie kaum in Einkommensunterschieden liegen, da hier das Gewerbe nicht hinter seinen Konkurrenten am Arbeitsmarkt zurückbleibt. Die Erklärung mußte also in einem größeren Zusammenhang gesucht werden.

Diese Überlegung bildete den ersten Anstoß für das Vorhaben, eine umfassende Größe wie die Arbeitszufriedenheit der Mitarbeiter zum Untersuchungsgegenstand zu machen. Bei der Vorbereitung trat dann das sehr spezielle ursprüngliche Informationsbedürfnis zugunsten eines breiten Aufrisses der strukturellen Gegebenheiten und Probleme um den Faktor Arbeit im Gewerbe (unter Einschluß auch der Unternehmer) in den Hintergrund. Ihre Ermittlung aus dem Blickwinkel der Arbeitszufriedenheit erwies sich als ebenso faszinierende wie lohnende Aufgabe.

Zur Finanzierung des Projekts standen Mittel des Schweizerischen Nationalfonds zur Förderung der wissenschaftlichen Forschung und des Schweizerischen Instituts für gewerbliche Wirtschaft an der Hochschule St. Gallen zur Verfügung.

Es ist mir eine angenehme und gern erfüllte Pflicht, allen an der Verwirklichung dieses Vorhabens Beteiligten aufrichtig zu danken. Insbesondere gilt mein Dank den Herren Professoren *E. Brauchlin*, St. Gallen (der diese Studie angeregt und befruchtet hat), *Ch. Lattmann*, St. Gallen (der umfassende Informationen aus seinem Wirkungsbereich Personalwesen beisteuerte), und *E. Hruschka*, Wien (der die Untersuchung aus dem Blickwinkel des Gewerbes ermutigte und förderte). Anregende Fachgespräche an der Hochschule St. Gallen verdanke ich darüber hinaus den Herren Professoren bzw. Doktoren *K. H. Delhees*, *B. Schips*, *A. Keel* und *R. Schoch*.

Sodann hatte ich Gelegenheit, das Phänomen der Arbeitszufriedenheit mit einer größeren Zahl spezialisierter Forscher auf diesem Gebiet zu diskutieren. Für zusätzliche Impulse danke ich namentlich den Herren Professoren bzw. Doktoren *A. C. Cooper*, Lafayette IN, *L. Fischer*, Köln,

M. Foster, London, *F. Herzberg*, Cleveland OH, *G. H. Hofstede*, Brüssel, *G. Jessup*, London, *R. Katz*, Cambridge MA, *H. E. Lück*, Leverkusen, *O. Neuberger*, München, *K. M. Rowland*, Urbana-Champaign IL, *G. Rühl*, Karlsruhe, *St. E. Seashore*, Ann Arbor MI, *D. Sirota*, Philadelphia PA, *A. R. Solem*, Minneapolis MN, *J. C. Susbauer*, Cleveland OH, *E. Ulich*, Zürich, *W. Weitzel*, Minneapolis MN.

Dank gebührt ferner in besonderem Maße den Unternehmern und Führungskräften, die die empirische Erhebung in ihren Betrieben ermöglichten und sich selber daran beteiligten. Ihre Einwilligung war schließlich keine Selbstverständlichkeit.

Für die Mitwirkung an der Vorbereitung und Auswertung der Erhebung danke ich meinen Assistenten lic. oec. *U. Baldegger* und lic. oec. *Chr. Trierenberg* sowie Herrn lic. oec. *A. Stettbacher* vom Rechenzentrum der Hochschule St. Gallen. Nicht zuletzt bedanke ich mich beim Sekretariat des Schweizerischen Instituts für gewerbliche Wirtschaft, das unter der umsichtigen Leitung von Frau *M. Habersaat* die vorliegende Studie mit großem Einsatz technisch betreut hat.

St. Gallen/Losone, im Herbst 1980

Hans Jobst Pleitner

Inhaltsverzeichnis

Vierter Teil

Einleitung

Dem Phänomen der Arbeitszufriedenheit wurde erstmals in den dreißiger Jahren systematisch nachgespürt. Seitdem ist eine lange Reihe von Publikationen zu diesem Thema erschienen, aber vorwiegend in den USA und mit Blickrichtung auf großindustrielle Verhältnisse. In Europa ist dieser Komplex erst in den letzten Jahren auf größeres wissenschaftliches Interesse gestoßen. Oft werden aber entsprechende Forschungsprojekte unternehmungsintern durchgeführt und nicht publiziert.

Andererseits stellt das Phänomen der Arbeitszufriedenheit eine Schlüsselgröße dar, die einen neuen Zugang zu zahlreichen betriebswirtschaftlichen bzw. betrieblichen Problemen verheißt, indem sie aus einer ungewohnten Optik betrachtet werden können. Wenn Analysen mit dieser Ausrichtung im Bereich der gewerblichen Unternehmen praktisch noch nicht durchgeführt worden sind (jedenfalls unseres Wissens noch nicht in der Schweiz), so schien uns dieser Mangel um so gravierender zu sein.

Die vorliegende Studie setzt sich zum Ziel, die Lücke auszufüllen. Sie beruht auf einer repräsentativen empirischen Erhebung in 85 Schweizer Betrieben, in denen insgesamt 77 Unternehmer und 405 Mitarbeiter interviewt wurden. Unsere Untersuchung bezweckt die Feststellung, inwieweit Arbeitszufriedenheit in beiden Befragtengruppen verbreitet ist, und zwar einerseits im Vergleich gewerblicher und industrieller Arbeitnehmer sowie andererseits im Vergleich gewerblicher Arbeitnehmer und Unternehmer. Die empirischen Daten zur Situation sollen in Anregungen zur praktischen Beeinflussung der Arbeitszufriedenheit ausmünden.

Daraus ergibt sich folgender Aufbau der Arbeit:

— Theoretische Grundlegung einschließlich Konzeption der Untersuchung (1. Teil)

— Auswertung der empirischen Daten zu einzelnen Zufriedenheitsfaktoren (2. Teil) und zur Arbeitszufriedenheit insgesamt (3. Teil)

— Auswirkungen und Konsequenzen in der vorgefundenen Situation (4. Teil).

Dieses Vorgehen bedingt einen recht erheblichen Umfang der Studie. Eiligen Lesern insbesondere in der Praxis empfehlen wir daher, den ersten Teil nur zu überfliegen, sich im zweiten und dritten Teil auf das Studium der Zusammenfassungen nach jedem Kapitel zu beschränken und ihre Aufmerksamkeit auf den (kurzgefaßten) vierten Teil zu konzentrieren. Durch diesen Hinweis hoffen wir, nicht nur das Interesse der Fachkollegen zu finden, sondern auch Führungskräfte in den gewerblichen Betrieben für eine — auf jeden Fall lohnende — Beschäftigung mit der Schlüsselgröße Arbeitszufriedenheit zu gewinnen.

ERSTER TEIL

Grundlegung

A. Projektorientierte Umschreibung der relevanten Begriffe

Am Anfang jeder forschenden Tätigkeit steht für den Suchenden das Problem der Auswahl geeigneter Begriffe, die das gewählte thematische Objekt adäquat zu beschreiben gestatten oder zu gestatten scheinen. Dabei liegt für den Bearbeiter jeweils die Versuchung nahe, sich unbefangen an Begriffe der Umgangssprache zu halten, und zwar vor allem aus zwei Gründen: Einmal verheißt dieses Vorgehen bessere Verständlichkeit des fälligen Berichts für den interessierten, aber nicht spezialisierten Leser und damit größere Resonanz, als sie im Falle von Werken erwartet werden darf, die schon durch die Terminologie wissenschaftlich-esoterisch und damit für breite Leserkreise entmutigend wirken. Zum anderen verbindet sich diese Einstellung gewöhnlich mit der Überzeugung, daß die bewußt unreflektierte Verwendung umgangssprachlicher Begriffe sorgfältige Definitionen überflüssig macht, indem über den Inhalt zwischen dem Produzenten und den Konsumenten via gleiche, geläufige Alltagssprache Übereinstimmung angenommen wird.

Diese Überlegung liest sich wie ein Plädoyer für mehr Unbefangenheit und damit „Wirklichkeitsnähe" in der Forschung und leuchtet auf den ersten Blick durchaus ein. Sie berücksichtigt jedoch nicht, daß der Konsens in vielen Fällen nur scheinbar besteht, wenn als wenig bestrittene Tatsache vorausgesetzt werden darf, daß die Inhalte, die mit denselben Begriffen in der Umgangssprache assoziiert werden, vom einen zum anderen Individuum recht weit voneinander verschieden sein können. Mehr noch kann sich die Sprache sogar bei einem einzelnen als ein „Labyrinth von Wegen" erweisen, in dem man dieselbe Stelle kennt oder nicht, je nachdem, von woher man sich ihr nähert (*Wittgenstein*, 1969, S. 382).

Die Abneigung gegen Definitionen muß nicht begründet sein in der Illusion von Unbefangenheit in der Wissenschaft an einem Ort, wo es sie nicht geben kann. Andere Motive sind denkbar und wurden diskutiert.

Adorno etwa artikuliert einen massiven Vorbehalt gegenüber der Begriffsbildung in den Geisteswissenschaften, jedenfalls insoweit, als mit ihr instrumentale Ziele verfolgt werden sollen. Dieses namentlich in der empirischen Sozialforschung „allgemein gebräuchliche" Vorgehen „sanktioniert den Primat der Methode über die Sache" (1972, S. 201). Ein „schlichter Zirkel" liege vor, wenn behauptet wird, „eine Sache durch ein Forschungsinstrument zu untersuchen, das durch die eigene Formulierung darüber entscheidet, was die Sache sei" (ebenda). Er warnt daher vor dem „Aberglauben" an die Begriffsbildung in diesem Sinne (1973, S. 24) und beruft sich auf *Hegel* (Wissenschaft der Logik, zitiert bei *Adorno*, 1972, S. 201) und *Kant* (Kritik der reinen Vernunft, zitiert ebenda). Andererseits will sich *Adorno* auch nicht auf den gewöhnlichen Sprachgebrauch verlassen (1973, S. 29), so daß sich ernsthaft die Frage stellt, wie es denn nun ein Philosoph von seinem Format mit den Begriffen halte. Die Antwort sucht der Leser recht lange und findet den Weg zu ihr über das nahezu verlegene Eingeständnis einer „eigentümlichen Ambivalenz" der Philosophen gegenüber der Definition (1973, S. 21) sowie über zwei weitere Zitate von *Kant*, in denen dieser zurückhaltend formuliert, empirische Begriffe, d. h. Erfahrungsbegriffe, könnten nicht definiert, sondern nur „expliziert" werden (bei *Adorno*, 1973, S. 22) oder seien statt einer Definition allenfalls einer „Exposition" zugänglich (ebenda, S. 24). Diese Bescheidenheit scheint besonders bemerkenswert bei einem Philosophen, der seine unbestrittene Größe nicht zuletzt seinen scharfsinnigen und brillanten Definitionen verdankt.

Adorno seinerseits scheut sich bei aller zunächst formulierten Kritik gegenüber der Definition schließlich nicht, ein (freilich als fragmentarisch bezeichnetes) Modell für die Analyse eines Begriffs zu erstellen, und zwar am Beispiel des Begriffs der Philosophie selbst, die er durch „Momente" charakterisiert, welche allerdings nicht konstitutiv bleibend, sondern dynamisch sind: Sie können nach *Hegel* im doppelten Sinne aufgehoben werden (*Adorno*, 1973, S. 197 f.).

Im Lichte dieser Überlegungen meinen wir den zitierten Skeptiker so interpretieren zu können, daß er die Begriffsbildung nicht gänzlich ausschließen möchte (um damit den denkenden Menschen schlechthin hilflos zu machen), sondern daß er mit Vehemenz den Mißbrauch geißeln will, der im sozialempirischen Bezugsrahmen namentlich darin besteht, die Begriffe a priori im Blick auf ihre empirische Belegung zu formulieren. Dem bleibt nichts hinzuzufügen.

Kommen wir jedoch auf die Verwendung umgangssprachlicher Begriffe zurück. Wir möchten sie keineswegs von vornherein ausschließen, sondern im Gegenteil synthetischen Konstrukten vorziehen, mit denen nicht selten wissenschaftliche Ansprüche demonstriert und gelehrtenhafte Profilierungsbedürfnisse befriedigt werden sollen. Jedoch können wir auf Umschreibungen nicht verzichten, wenn wir uns die großen semantischen Probleme vergegenwärtigen, mit denen wir zweifellos konfrontiert sind, und wenn wir nicht riskieren wollen, die Komplexität unseres thematischen Zusammenhanges von vornherein durch nur scheinbar klare Wortsymbole eher zu verdecken als aufzuhellen (vgl. *Kaufmann*, 1970, S. 9). Dabei sind wir uns bewußt, daß trotz möglichst sorgfältiger Umschreibung die Gefahr von Mißverständnissen insbesondere in dem Maße wächst, wie sich die Begriffe von der wertneutralen in die emotional besetzte Dimension verschieben (*Kaufmann*, 1970, S. 59). Um so mehr scheint uns die Anstrengung dringlich, terminologische Klarheit zu schaffen (*Gaugler/Kolb/Ling*, 1977, S. 104).

Die folgenden Definitionen bedeuten den Versuch, bestimmte Merkmale kombiniert den zu definierenden realen Objekten oder Sachverhalten zuzuordnen (zur philosophischen Disziplin der Logik des Definierens vgl. u. a. *Dubislav*, 1931, *Carnap*, 1948, *Eßler*, 1970, und *Savigny*, 1970). Die resultierenden Begriffe müssen im Hinblick auf ihre empirische Durchdringung möglichst präzise, logisch und operational formuliert sein (*Berekoven, u. a.*, 1975, S. 16, und *Friedrichs*, 1973, S. 73 f.). Wir wollen dabei jeweils (vgl. unsere obigen Bemerkungen) von einer Analyse des Sprachgebrauchs bzw. des etymologischen Hintergrundes ausgehen und so gleichsam beim Rahmen beginnen (vgl. *Kaufmann*, 1973, S. 340 f.). Es gilt, von da aus zu einer Umschreibung zu kommen, die den besagten Anforderungen so gut wie möglich entspricht.

1. *Gewerbe und gewerbliche Betriebe*

Wenn wir unsere Überlegungen zur Umschreibung des Gewerbes beim heutigen Sprachgebrauch beginnen, zeigt sich rasch, daß der Begriff im deutschsprachigen Raum uneinheitlich verwendet wird und daß wir somit auf dieser Basis das Ziel einer eindeutigen Definition nicht erreichen, während in den anderen führenden Kultursprachen Europas kein Gegenstück zum Terminus „Gewerbe“ besteht.

Ein Rückgriff auf den sprachlichen Ursprung des Wortes läßt einen Zusammenhang mit Begriffen wie „werben“ und „erwerben“ vermuten, der in der Tat gegeben ist (*Kluge*, 1934, S. 205; *Heyne*, 1905, S. 1166; *Röhrich*, 1973, S. 326 f.; *Ochs, u. a.*, 1942 - 1974, S. 406). Darnach geht es offenbar beim „Gewerbe“ ursprünglich um Tätigkeiten, die Werbe- und/ oder Erwerbszwecken dienen, also um einen ausgesprochen umfassenden Sachverhalt, der zunächst keineswegs ausschließlich auf die wirtschaftliche Dimension bezogen war. Eine umfassende (wenn auch nur ökonomische) Deutung kommt heute noch in einzelnen Anwendungen zum Ausdruck, in der Schweiz etwa in der verfassungsmäßig garantierten „Handels- und Gewerbefreiheit“. Im übrigen hat sich im Laufe der Zeit jedoch der Bedeutungsgehalt wesentlich vermindert, allerdings regional unterschiedlich (wobei wir auf die möglichen Gründe dafür in diesem Zusammenhang nicht einzugehen brauchen). Diese Tatsache erklärt die erwähnten heute gegebenen Bedeutungsdifferenzen. Im bundesdeutschen Sprachgebrauch deckt der Begriff einen erheblich größeren Teil aller wirtschaftlichen Tätigkeiten ab als nach österreichischer und schweizerischer Übung.

Eine typisch „deutsche" Definition aus dem Handwörterbuch der Sozialwissenschaften charakterisiert das Gewerbe als die „gesamte nicht naturgebundene Güterproduktion" (*Wessels*, 1964, S. 511). Gemeint ist jegliche erwerbswirtschaftliche Güterproduktion ohne die Landwirtschaft; ausgeschlossen sind die Gütervermittlung und die Dienstleistungen. Diese Umschreibung darf als repräsentativ für die deutschen Wirtschaftswissenschaften gelten, wie *Gutersohn* belegt (1977, S. 212 ff.). Sie wird sinngemäß in gängigen Nachschlagewerken verwendet (z. B. *Pekrun*, 1968, S. 281; *Sprachbrockhaus*, 1972, S. 251; *Knaurs Lexikon*, 7. Band, 1974, S. 2202; *Gablers Wirtschafts-Lexikon*, 2. Band, 1976, Sp. 1790). Diese Bedeutung herrscht nach unseren Beobachtungen und Informationen auch in der bundesdeutschen Wirtschaftspraxis und Wirtschaftspolitik vor. Der offizielle Registrator der wichtigsten meßbaren Wirtschaftstatbestände und -veränderungen, das Statistische Bundesamt, hat sich diese Definition ebenfalls zu eigen gemacht (und zusätzlich die Gastronomie einbezogen; vgl. *Statistisches Jahrbuch 1976*, S. 228, 287).

In Österreich und in der Schweiz besteht (nicht zuletzt durch jahrzehntelanges Zusammenwirken der betreffenden Experten innerhalb der „Rencontres de St-Gall") weitgehende Übereinstimmung hinsichtlich der Verwendung des Begriffes „Gewerbe" — in Anlehnung an das vorherrschende alpenländische Sprachverständnis — nur für bestimmte Formen der Produktion, und zwar von Dienstleistungen wie von Gütern. Diese Übereinstimmung wurde bereits 1949 in folgendem Sinne artikuliert: „Gewerbe ... ist selbständige Erwerbstätigkeit, gerichtet auf Befriedigung individualisierter Bedürfnisse durch Leistungen, die ein Ergebnis der Persönlichkeit des gewerblichen Unternehmers, seiner umfassenden beruflichen Ausbildung und des ... Einsatzes seiner persönlichen Kräfte und Mittel sind" (*Heinrich*, in Protokoll der „Rencontres de St-Gall", 1949, S. 29). In der Folge haben allerdings Teilnehmer der „Rencontres" diese terminologische Basis in unterschiedlicher Weise interpretiert, indem diese oder jene Elemente besonders hervorgehoben wurden.

Als Ergebnis ihrer Überlegungen können wir heute drei wissenschaftliche Varianten zum Inhalt des Gewerbebegriffs auseinanderhalten, denen wir eine „politische" Version hinzufügen möchten:

1. Das Gewerbe wird mit der „Erbringung differenzierter Leistungen" (*Gutersohn*, 1969, S. 124) gekennzeichnet; es „steuert ... eine eigene

Art von Gütern zur Versorgung bei und ... kann idealtypisch als Gegenstück zur vereinheitlichten Serienerzeugung und zur Massenvermittlung von Waren und Diensten gelten" (*Gutersohn*, 1977, S. 215). Den übrigen möglichen Elementen des Begriffs wird der Charakter von „bloß äußerlich beigemischten Merkmalen" zugeschrieben (*Gutersohn*, 1977, S. 214). Zwischen den beiden Idealtypen rein gewerblicher und rein industrieller Produktion zeigt „das praktische Leben einen meistens ausgedehnten Fächer von Zwischenformen" und Übergangsformen (*Gutersohn*, 1977, S. 162 f.), so daß die Zuordnung der Betriebe „da und dort schwer fallen" kann (*Gutersohn*, 1977, S. 164).

2. Diese Variante stellt nicht auf ein einziges Merkmal ab, sondern auf drei Kriterien, denen etwa gleiches Gewicht zukommt und die daher nur gemeinsam das Gewerbe zu charakterisieren gestatten. Es handelt sich (gemäß *Wernet*, 1967, S. 15, und 1970, Sp. 1163) um

— die Differenzierung der Angebotsleistungen (wie oben unter 1)

— die „personale Natur" der gewerblichen Tätigkeiten, ihre „unlösbare Verknüpfung ... mit der Person des Ausübenden" (die bei *Wernet* als wichtigstes Merkmal bezeichnet wird)

— die „räumliche Dezentralität", d. h. die dezentrale Verteilung der Anbieter, welche der Verf. als eine logische Entsprechung zu den beiden anderen Kriterien charakterisiert.

Wernet stellt diese Überlegungen zwar speziell für das Handwerk an. Sie lassen sich aber aus dem Zusammenhang seiner Argumentation heraus auf das Gewerbe allgemein übertragen, wobei er den Begriff selbst allerdings selten verwendet (vgl. etwa 1970, Sp. 1169). Auf jeden Fall zieht sich das skizzierte Trio der „Grundsachverhalte" wie ein roter Faden durch einen Großteil seines wissenschaftlichen Werkes zur Beschreibung dieses der Industrie gegenübergestellten Bereiches der Volkswirtschaft. Freilich gibt auch *Wernet* zu, eine „durchgehende Quantifizierung" der drei Kriterien sei nicht möglich (1970, Sp. 1163).

3. Diese Begriffsversion stellt primär auf begrenzte Betriebsgrößen im Gewerbe ab, indem die „Betriebswirtschaften des Handwerks, bestimmter Dienstleistungszweige und des Facheinzelhandels" als „Klein- und Mittelbetriebe" charakterisiert werden (*Hruschka*, 1976, S. 3). Allerdings greift sekundär auch *Hruschka* auf das qualitative Merkmal der Leistungsgestaltung zurück, wenn er davon „jene Klein- und Mittelbetriebe der Dienstleistungszweige und des Handels [ausnimmt], die vorwiegend Massenleistungen für den Massenbedarf erbringen", ferner die „kleineren Betriebe der Industrie" (1976, S. 3). Umgekehrt schlägt er vor, zur Charakterisierung nicht nur der ge-

werblichen Betriebe, sondern der Klein- und Mittelbetriebe schlechthin, d. h. namentlich zu ihrer Abgrenzung von den Großbetrieben, auch qualitative Kriterien heranzuziehen, und legt eine Liste von zehn Faktoren vor (1976, S. 4 f.). Ähnliche Überlegungen finden sich bei *Robertson*, 1973, S. 29, und bei *Naujoks*, 1975, S. 183). Festzuhalten bleibt aber bei *Hruschka* die Betonung der Betriebsgröße als hauptsächliches Definitionselement im Hinblick auf das Gewerbe.

4. Nach der oben als „politisch" bezeichneten Definition des Gewerbes „versteht man [darunter] in der Schweiz die privatwirtschaftlich organisierten Betriebe des Handwerks, des Handels, des Gastgewerbes und der übrigen Dienstleistungsberufe sowie gewisser Zweige der Inlandindustrie" (*Fischer, O.*, 1976, S. 16). In einer im übrigen gleichlautenden früheren Definition nimmt *Fischer* ausdrücklich Bezug auf „wirtschaftspolitischen Sprachgebrauch" (1968, S. 10). Tatsächlich handelt es sich um eine eher pragmatische Umschreibung, die alle im Schweizerischen Gewerbeverband zusammengeschlossenen Gruppen von Betrieben umfaßt und daher einen analytisch unscharfen Bestandteil („gewisse Zweige") verträgt.

Selbstverständlich gibt es weitere Autoren, die das Gewerbe im engeren Sinne definieren. Aber sie lehnen sich entweder unmittelbar an eine der vier wiedergegebenen Umschreibungen an oder verwenden in ihnen enthaltene Begriffsmerkmale. Wir können uns also mit den aufgeführten Definitionen als Grundlage unserer eigenen Begriffsbestimmung begnügen.

Hingegen sei noch kurz auf hauptsächlich bundesdeutsche Versuche hingewiesen, das Dilemma mit dem Gewerbebegriff durch die Verwendung eines anderen Terminus zu vermeiden, und zwar durch denjenigen des Mittelstandes. Diese Versuche konzentrieren sich gleichsam organisatorisch im reputierten Köln-Bonner Institut für Mittelstandsforschung und finden sich auch in der offiziellen wirtschaftspolitischen Terminologie der Bundesrepublik (vgl. „Mittelstandsausschüsse", „Mittelstandsberichte" usw.). Trotz seiner weiten Verbreitung zumindest in Deutschland scheint uns jedoch der Mittelstandsbegriff nicht von vornherein mehr Klarheit zu verheißen: Soweit er inhaltlich ähnlich bestimmt wird wie die oben skizzierten Gewerbebegriffe (nämlich, auf Betriebe bezogen, mit der Größe und/oder mit qualitativen Faktoren), ist nichts gewonnen. Andererseits wächst die Gefahr der Verwirrung, wenn der Terminus „Mittelstand" weiter gefaßt wird als sein Pendant „Gewerbe" und etwa die freien Berufe, die Landwirtschaft sowie Unselbständige in gehobener Position einschließt. Zudem scheint uns diesem Begriff eine ausgeprägte sozialpolitische, wenn nicht „ideologische" Komponente anzuhaften, was gelegentlich selbst von seinen Verwendern eingeräumt wird (vgl. *Nau-*

joks, 1975, S. 16). Schließlich wirkt in unseren Augen das Wort selbst nicht besonders glücklich: Ein „mittlerer Stand“ impliziert logisch das Bestehen eines oberen und eines unteren Standes und würde damit vom Wortsinn her einen Fremdkörper in einer demokratisch-pluralistischen Gesellschaftsordnung darstellen, jedenfalls kein Motiv zur besonderen Hervorhebung.

Aus diesen Überlegungen möchten wir am Gewerbebegriff festhalten. Wenn wir unsere Darstellung dazu resümieren, lassen sich sechs mögliche Merkmale gewerblicher Betriebe unterscheiden:

1. Selbständigkeit
2. Erwerbswirtschaftliche Führung
3. Erbringung individualisierter, differenzierter Leistungen
4. Vereinigung des Unternehmers, Kapitalgebers und Leiters in einer Person
5. Räumlich dezentralisierte, d. h. begrenzte Tätigkeit
6. Begrenzte Größe.

Bei der Prüfung dieser Merkmale im Hinblick auf eine eigene Definition geht es uns nicht darum, lediglich die Literatur um eine weitere Begriffsvariante zu bereichern. Vielmehr haben die durch das empirische Vorgehen gegebenen besonderen Anforderungen an die Begriffsbildung (s. o. S. 4) wegleitend zu sein. Unter diesem Gesichtspunkt scheint uns keins der obigen Kriterien *allein* zur Charakterisierung eines gewerblichen Betriebes auszureichen, weil jedes Merkmal, für sich allein genommen, auch auf andere Formen institutionalisierter Leistungserstellung zutreffen kann. So kommt zum Beispiel die individualisierte Form der Produktion in betrieblichen Einheiten von einer Dimension vor, bei der es kaum mehr gerechtfertigt scheint, diese Betriebe dem Gewerbe zuzurechnen. Andererseits ist diese Form der Leistungserstellung zweifellos in sehr vielen Fällen typisch für den gewerblichen Betrieb und damit von einem kennzeichnenden Gewicht, das nicht allen sechs Merkmalen im gleichen Maße zukommt. Namentlich scheint uns das Kriterium der räumlich begrenzten Tätigkeit in dem Maße an Bedeutung einzubüßen, als die technischen Mittel des Transports und der Kommunikation die Überbrückung der Distanzen erleichtern und wirtschaftlich tragbar machen.

Im Hinblick auf die Durchführung unseres Vorhabens und auf der Basis der bis jetzt angestellten Überlegungen möchten wir die gewerblichen Betriebe umschreiben als selbständige Einheiten kleiner oder mittlerer Größe, die vom Eigentümer-Unternehmer persönlich und unter erwerbswirtschaftlichen Gesichtspunkten geführt werden und individuelle Leistungen zu erbringen vermögen.

Dabei bleibt zu betonen, daß die Begriffsbestandteile nicht lediglich eine Enumeration von Merkmalen darstellen, sondern einander bedingen: Die Selbständigkeit und die erwerbswirtschaftliche Ausrichtung etwa spiegeln das Kapitalengagement des Unternehmers wider (vgl. *Kilgus*, 1973, S. 12), sein eigener leitender Einsatz determiniert die Betriebsgröße (*Heinrich*, 1967, S. 15), und persönliche Funktion des Chefs wie begrenzte Größe des Betriebes erlauben Flexibilität in der Leistungserstellung.

Die Stichworte „Unternehmer“ und „Betrieb“ erinnern an die in der Betriebswirtschaftslehre üblich gewordene sorgfältige Unterscheidung zwischen Betrieben und Unternehmungen. Sie spielt allerdings in unserem Kontext keine Rolle, da bei den in Frage stehenden Dimensionen die rechtliche Einheit in aller Regel mit der technisch-wirtschaftlichen zusammenfällt (*Zollinger*, 1969, S. 4), so daß wir die beiden Begriffe im Hinblick auf das Gewerbe synonym verwenden können.

Hingegen ist zu präzisieren, was unter „kleinen“ und „mittleren“ Betrieben verstanden werden kann. Als gängige Maßstäbe zur Betriebsgrößeneinteilung bieten sich die Beschäftigtenzahl, der Umsatz und der Kapitaleinsatz an. Die Einteilung derselben Betriebe kann allerdings je nach Verwendung des einen oder des anderen Maßstabes unterschiedlich ausfallen, da die Kriterien einander nicht entsprechen. Bei gleicher Beschäftigtenzahl können etwa die Umsätze — selbst innerhalb einer Branche — von Betrieb zu Betrieb erheblich schwanken, zum Beispiel aufgrund unterschiedlicher Auftragsstruktur, Qualifikation der Führungskräfte, maschineller Ausstattung und Kapazitätsauslastung. So lag im jüngsten Betriebsvergleich im schweizerischen Baugewerbe — innerhalb einer und derselben Beschäftigtenkategorie — die Jahresbauleistung je Beschäftigten im „besten“ Betrieb (unter diesem Kriterium) 70 % über derjenigen im „schlechtesten“ Betrieb (*Schweizerisches Institut für gewerbliche Wirtschaft* [Hrsg.], 1977, S. 12).

Erst recht sind gegebene Maßstäbe, gleich welcher Dimension, bei einer Verwendung in verschiedenen Branchen unterschiedlich zu beurteilen: Dieselbe Beschäftigtenzahl kann in einem Wirtschaftszweig einen Betrieb ansehnlicher Größe, in einem anderen Zweig aber eine ausgesprochene Kleinfirma signalisieren.

Die Wahl der geeigneten Maßgröße fällt uns trotzdem nicht schwer: Bei der Untersuchung eines typisch personalen Phänomens in gewerblichen Betrieben empfiehlt es sich zweifellos, diese nach der Personenzahl in „kleine“ und „mittlere“ zu gruppieren, zumal noch innere Zusammenhänge zwischen dem Untersuchungsobjekt und der Beschäftigtenzahl vermutet werden dürfen. Hinzu kommt, daß dieser Maßstab in Wissenschaft wie Praxis üblicherweise Verwendung findet. Der Grund mag in der Tatsache liegen, daß auf diese Weise mögliche Erfassungsschwierigkeiten minimiert werden können, eine Überlegung, die auch für unser Projekt eine erhebliche Rolle spielt: Die Zahl der Beschäftigten läßt sich, wenngleich nicht problemlos, doch wesentlich leichter erheben als Wertgrößen der erwähnten Art.

Damit stellt sich nunmehr die Frage, bis zu welcher Beschäftigtenzahl gewerbliche Betriebe als „klein“ und in welcher Größenordnung sie als „mittel“ bezeichnet werden können. Ein Blick in die breit gestreute Literatur zur Größeneinteilung der Betriebe vermittelt das Bild gemäß S. 24 f.

Erwartungsgemäß entspricht die Zahl der angebotenen Einteilungsmuster beinahe der Zahl ihrer Urheber, teilweise dank der Ausrichtung auf bestimmte Bereiche. Die Übersicht läßt damit erkennen, daß es keine allgemein gültige, unter jedem Gesichtspunkt „richtige“ Einteilung gibt, sondern daß sich jeweils eine Orientierung am spezifischen Vorgehen und Ziel der Untersuchung aufdrängt, für welche die Kategorien gebildet werden. Auf dieses Erfordernis haben wir bereits zu Beginn dieses Kapitels hingewiesen (s. o. S. 17).

Unter dem Gesichtspunkt der Operationalität scheint es uns angemessen zu sein, Betriebe mit weniger als 20 Beschäftigten als kleine und solche mit weniger als 200 Beschäftigten als mittlere Gewerbebetriebe einzustufen. Bei Einbezug sehr unterschiedlicher Branchen in die Erhebung wäre eine solche Fixierung problematisch, wie wir bereits festgestellt haben. Durch Beschränkung unserer Studie auf die strukturell einigermaßen vergleichbaren Branchen „Holz“ und „Metall“ löst sich dieses Problem jedoch.

Maßgebend für die Einteilung ist die Funktion des Unternehmers, der wesentlich den Charakter des gewerblichen Betriebes bestimmt (vgl. Definition S. 21): Nach unseren Beobachtungen und Erfahrungen wie auch nach empirischen Erhebungen in der Praxis (vgl. *Hugentobler*, 1976, S. 18) ist im Kleinbetrieb der besagten Größenordnung der Chef in der Lage, den Betrieb in allen Teilen selber, also ohne Kader, zu leiten und sich auch an den ausführenden Tätigkeiten zu beteiligen. *Typisch* für diese Betriebsgröße ist damit die einstufige Organisation (was nicht ausschließt, daß in der Praxis entlastende Positionen wie „Vorarbeiter“, „Chef-Stellvertreter“ u. ä. auch hier bereits vorkommen können). Die maximale Leitungsspanne bestimmt die obere Grenze dieser Beschäftigtenkategorie. Eine Spanne, die höchstens 18 Mitarbeiter umfaßt, wird auch in der jüngeren betriebswirtschaftlichen Literatur für zulässig gehalten (vgl. z. B. *Gasser*, 1952, S. 328, der — freilich für Großbetriebe — feststellt, bei einem untersten Vorgesetzten liege das Optimum der ihm „unterstellten ausführenden Organe ..., offensichtlich bei 20 oder all-

Betriebsgrößeneinteilung in der Literatur

Quelle[a)]	Anzahl Beschäftigte		
	Kleine Betriebe	Mittlere Betriebe	Große Betriebe
Amtliche deutsche Statistiken[b)]			
Variante 1 (Gewerbestatistik)	Bis 5	6 - 50	51 u. mehr
Variante 2 (Industriebericht, Mittelstandsfibel)	Bis 9	10 - 499	500 u. mehr
Variante 3 (Bundeswirtschaftsministerium)	Bis 49	50 - 499	500 u. mehr
Clement/Chini, 1976, S. 25 („Großgewerbe")	Unbestimmt	Unbestimmt	100 - 2000
Deckert, u. a., 1979, S. 14 (Handwerk)	Bis 2	3 - 49	50 u. mehr
Eidgenössisches Statistisches Amt, 1969, S. 600 (Industriebetriebe gemäß Arbeitsgesetz)	Bis 49	50 - 499	500 u. mehr
Gablers Wirtschafts-Lexikon, 1976, 3. Band, Sp. 2383, 4. Band, Sp. 359 f.	Bis 20	Unbestimmt	Unbestimmt
Glader, Universität Umeå, Schweden, 1978[c)]	Bis 200		—
Gaugler/Martin, 1979, S. 22, in Anlehnung an eine amtliche Einteilung	11 - 100	101 - 2000	2001 u. mehr
Gorb, 1978, S. 63 („Small firms")	Bis 200	Unbestimmt	Unbestimmt
Hruschka, 1976, S. 3, und 1975, S. 238 (Klein- u. Mittelbetriebe)	Bis 49	50 - 250	251 u. mehr
Hugentobler, 1976, S. 16 (Klein- und Mittelbetriebe)	Bis 9	10 - 99	100 u. mehr
Klein-Blenkers, 1978, S. 3	Bis 19	20 - 199	200 u. mehr
Kleppe, U.S. Small Business Administration, 1975, S. 477	Bis 250	Unbestimmt	Unbestimmt
Neue Zürcher Zeitung, 1977, S. 15 (Gewerbe)	Bis 9	10 - 99	100 u. mehr
Oesterreichische Statistik[d)]	Bis 9	10 - 100	101 u. mehr
Roth, 1967, S. 10	Bis 20	21 - 1000	1001 u. mehr
Sieber, 1959, S. 77[e)]	Bis 50	51 - 500	501 u. mehr
Siegwart, 1971 a, S. 26 (Industrie)	Bis 100	101 - 1000	1001 u. mehr
Straub, 1975, S. 3 ff. (Industriebetriebe)	Bis 99	100 - 499	500 u. mehr
Trossmann, 1979, S. 52 (Gewerbe)	Bis 9	10 - 99	100 u. mehr

Quelle[a]	Anzahl Beschäftigte		
	Kleine Betriebe	Mittlere Betriebe	Große Betriebe
Vorort des Schweizerischen Handels- und Industrievereins, 1975, S. 40 (mittlere und kleinere Fabrikationsunternehmungen)	20 - 300		—
Wehrle, 1960, S. 1355:			
Vorschlag 1	Bis 9	10 - 199	200 u. mehr
Vorschlag 2	Bis 19	20 - 199	200 u. mehr
Vorschlag 3	Bis 49	50 - 499	500 u. mehr
Wernet, 1954, S. 646	Bis 19	20 - 199	200 u. mehr
Wirtschafts- und Sozialausschuß der EG, 1975, S. 12 (gewerbliche Klein- und Mittelbetriebe)	Bis 100	101 - 500	501 u. mehr
Wolff/Hofer, 1975, S. 167 f.	Bis 49	50 - 499	500 u. mehr
Zollinger, 1969, S. 4:			
Produktionsbetriebe	Bis 49	Unbestimmt	Unbestimmt
Handels- und Dienstleistungsbetriebe	Bis 19	Unbestimmt	Unbestimmt

a) Ohne präzisierende Angabe in Klammern handelt es sich jeweils um eine allgemeine Einteilung.

b) „Gesamtheit der von Behörden der allgemeinen Staatsverwaltung (Bund, Länder, Gemeinden) oder von speziellen staatlichen Behörden für staatliche Zwecke und für den Bedarf der Wirtschaft und Wissenschaft zusammengestellten Statistiken" (Gablers Wirtschafts-Lexikon, 1976, 1. Band, Sp. 170).
Variante 1 gemäß Gablers Wirtschafts-Lexikon, 1976, 3. Band, Sp. 2383, und 4. Band, Sp. 359;
Variante 2 gleiche Quelle, ferner Bundesministerium für Wirtschaft (Hrsg.), 1976: Mittelstand, Leistung und Wettbewerb, Mittelstandsfibel 1976, Bonn-Duisdorf, S. 4;
Variante 3 gemäß Knöchel, Doris, o. J.: Zur Entwicklung der Unternehmensgrößenstrukturen in der Wirtschaft, Studie des Instituts für Mittelstandsforschung im Auftrage des Bundesministers für Wirtschaft, Köln, S. 2, 14.

c) Persönliche Information.

d) Zitiert nach Hruschka, 1976, S. 4.

e) Zitiert nach Siegwart, 1971, S. 25.

gemeiner zwischen 15 und 25"). Das neueste Schrifttum zum Umfang der Leitungsspanne (die lange Zeit durch nicht sinngemäße Übersetzung der „span of control" als „Kontrollspanne" bezeichnet wurde) plädiert wegen dessen Bedingtheit durch situative Faktoren für einen Verzicht auf zahlenmäßige Fixierung. Danach kann die Spanne z. B. um so größer sein, je höher die fachliche Qualifikation der Beteiligten ist und je mehr gruppenweise statt einzeln geführt wird (*Hill/Fehlbaum/Ulrich*, 1974, S. 222 f.). Diese Hinweise sollen uns zur Begründung der gewählten Charakterisierung der Kleinbetriebe als typischerweise einstufige Organisationseinheiten mit jedenfalls weniger als 20 Beschäftigten genügen.

Die mittlere Betriebsgröße ist zwei- oder mehrstufig strukturiert. Damit besteht keine laufende, „automatische“ Kommunikation zwischen Unternehmer und ausführendem Mitarbeiter mehr, weil Kaderkräfte zwischengeschaltet sind. Der Chef ist jedoch voll für seinen Betrieb tätig (der ihm ganz oder mehrheitlich gehört) und in der Lage, das Unternehmen in allen Bereichen zu überblicken und sein Funktionieren zu überwachen (vgl. *Andreae, u. a.*, 1962, S. 28; *Seyffert*, 1972, S. 431; *Naujoks*, 1975, S. 33).

Die gewählte Größeneinteilung mag denjenigen Leser überraschen, der gewohnt ist, in den Kategorien der Allgemeinen Betriebswirtschaftslehre zu denken. Sie geht in der Regel von der Fiktion aus, der Großbetrieb repräsentiere den „typischen“ Betrieb und sei damit das einzig angemessene Untersuchungsobjekt. Einheiten etwa mit unter vierstelligen Beschäftigtenzahlen werden daher im einschlägigen Schrifttum gewöhnlich nicht berücksichtigt oder allenfalls in einer Fußnote mit Alibifunktion erwähnt. Die von uns gewählten Kategorien dürften freilich plausibler werden, wenn wir uns vergegenwärtigen, daß die durchschnittliche Betriebsgröße gemäß letzter Betriebszählung (ohne Berücksichtigung der Einmannfirmen) in der Holz- und Metallbranche der Schweiz bei 23 Beschäftigten liegt (errechnet aus: *Eidgenössisches Statistisches Amt* [Hrsg.], 1977, Gruppen 26, 34 und 4014, S. 56, 34 f. und 64)[1].

Wir gelangen damit am Schluß dieses Abschnitts zu folgender präzisierter Definition: Gewerbliche Betriebe sind im Rahmen unserer Untersuchung selbständige Einheiten kleiner (unter 20 Beschäftigte) oder mittlerer (unter 200 Beschäftigte) Größe, die vom Eigentümer-Unternehmer persönlich und unter erwerbswirtschaftlichen Gesichtspunkten geführt werden und individuelle Leistungen zu erbringen vermögen.

2. *Arbeitszufriedenheit*

Beim Versuch einer begrifflichen Umschreibung des Phänomens „Arbeitszufriedenheit“ empfiehlt es sich, die Aufgabe zunächst getrennt nach den beiden Elementen „Arbeit“ und „Zufriedenheit“ anzugehen und ihre möglichen Bedeutungsgehalte im Hinblick auf unser Projekt zu prüfen.

Wenn wir den Ursprüngen des Begriffs „Arbeit“ nachspüren, stellt sich rasch heraus, daß er im Laufe der Sprachgeschichte unterschiedliche Bedeutungen angenommen hat. Diese Feststellung gilt bemerkenswerterweise für die entsprechenden Termini in allen modernen europäischen Sprachen (*Conze*, 1972, S. 154; *Florio*, 1971, S. 343). Ihnen ist

---

[1] Für die in unsere Erhebung einbezogenen Gruppen der Holz- und Metallbranche liegt die durchschnittliche Betriebsgröße bei 25 Beschäftigten.

weiterhin gemeinsam, daß über Jahrhunderte hinweg die betreffenden Begriffe synonym für Mühsal, Plage, Qual, Not usw. standen (*Hofstaetter/Peters,* 1930, S. 56; *Kluge,* 1934, S. 22; *Dornseiff,* 1959, S. 261; *Balz,* 1963, S. 364; *Jevons,* 1871, zitiert bei *Spann,* 1969, S. 297; *Florio,* 1971, S. 343; *Sprachbrockhaus,* 1972, S. 36; *Duden-Wörterbuch,* 1976, Band 1, S. 179).

Die Gleichsetzung von Arbeit und Mühsal entspringt offenbar der Tatsache, daß seit der Antike bis zum Beginn der Neuzeit, also bis zum 16. Jahrhundert, die beruflichen Tätigkeiten, jedenfalls, sofern sie für andere und nicht für den Eigenbedarf ausgeführt wurden, von Sklaven, Knechten, Unfreien, Leibeigenen usw. verrichtet werden mußten, von Menschen also, die von vornherein gegen ihren Willen tätig waren (*Tidl,* 1963, S. 443 f.; *Florio,* 1971, S. 343; *Riedel,* 1976, S. 67).

Genauer wurde überhaupt nur die Tätigkeit der Knechte als Arbeit bezeichnet (*Hofstaetter/Peters,* 1930, S. 56). Erst mit der Abschaffung der Hörigkeitsverhältnisse trat der Affektinhalt des Begriffs „Arbeit" allmählich hinter andere Bedeutungen zurück (vgl. *Tidl, Florio* und *Riedel,* wie oben). Parallel zur Besserstellung der Arbeitenden erfuhr also der Terminus der Arbeit selbst einen Bedeutungswandel im positiven Sinne.

Wir können es uns ersparen, die Entwicklungsgeschichte des Begriffs im einzelnen nachzuzeichnen (u. a. die Rückverschiebung ins Mythisch-Affekthafte bei *Marx* und seinen Schülern sowie in der umfassenden Arbeiterliteratur, wo „Arbeit" im Laufe der Zeit inhaltlich alle emotionalen Schattierungen von der Heldentat bis zur Folter erfuhr). Festzustellen bleibt, daß neben dem skizzierten historischen Sinn des Wortes, der sich in der Umgangssprache erhalten hat (vgl. Aussprüche wie „Das war wieder eine Arbeit!"), dem Begriff heute mindestens sechs verschiedene Bedeutungen innewohnen. Die möglichen Inhalte lassen sich wie folgt gruppieren:

1. Mühe, Plage, Qual, Anstrengung
2. Einsatz menschlicher Fähigkeiten und Kräfte, Beschäftigtsein, Tätigkeit allgemein
3. Tätigkeit, Handeln mit bestimmten Zwecken oder Zielen
4. Gegenstand und Ergebnis einer Tätigkeit
5. Berufsausübung
6. Technisch-physikalische Größe (Umsetzung von Energie, Kraft mal Zeit, Kraft mal Weg)

(vgl. zusätzlich zu den bereits zitierten Quellen *Hort,* 1931, S. 392; *Carell,* 1953, S. 229; *Graf,* 1956, Sp. 155 ff.; *Austeda,* 1963, S. 37; *Netsch,* 1963, S. 430; *Pekrun,* 1968, S. 51; *Böhrs,* 1973, Sp. 87; *O'Toole,* 1974, S. 3; *Gablers Wirtschafts-Lexikon,* Band 1, 1976, Sp. 240 f.; *Meier, B.,* 1976, S. 48).

Wie im Falle des Begriffs „Gewerbe“ handelt es sich also auch hier um einen vielfarbig schillernden Terminus, der zudem nicht frei von emotionaler Belastung ist. Der Versuch, eine allgemein gültige Definition zu entwerfen, scheint damit auch in diesem Zusammenhang naiv und zum Mißerfolg verurteilt. Wiederum gilt es somit, die Begriffsbestimmung „nach Maß“ vorzunehmen und die benötigte Tiefenschärfe wenigstens projektbezogen zu regulieren.

Mit dieser Einschränkung möchten wir wie folgt definieren: Arbeit im Sinne dieser Studie ist in Betrieben ausgeübte regelmäßige berufliche Tätigkeit mit dem Zweck der Hervorbringung wirtschaftlicher Güter oder Leistungen. Diese sind in der Regel für andere bestimmt, eine Feststellung, die jedoch nicht auf Unterdrückung, Ausbeutung o. ä. hindeuten soll, sondern sich funktional aus der volkswirtschaftlichen Arbeitsteilung ergibt. Dieser unterstehen nicht nur die Arbeitnehmer, sondern auch die Unternehmer; der formulierte Begriff gilt für beide Gruppen. Ferner ist der — in viele Definitionen im Schrifttum eingeschlossene — Zwang zur Existenzerhaltung kein notwendiger Bestandteil der obigen Begriffsbestimmung, wie im empirischen Teil zu zeigen sein wird.

Der Begriff „Zufriedenheit“ geht auf das Adjektiv „zufrieden“ zurück, das seinerseits — bereits im Mittelalter — durch Kombination der Präposition „zu“ mit dem Substantiv „Friede“ (mittelhochdeutsch vride) entstand (*Grimm, J./Grimm, W.*, 1914, Sp. 365 f.; *Kluge*, 1934, S. 717). Es wurde zunächst mit Verben der Richtung verwendet (z. B. zufrieden setzen), dann als Zustandsbeschreibung (z. B. zufrieden sein) und attributiv (z. B. zufriedene Stille; *Kluge*, 1934, S. 717) und nahm schließlich die Form eines neuen Substantivs an (Zufriedenheit). Gebräuchlich war der Begriff ursprünglich im Bereich der niederdeutschen Gerichtssprache, und zwar noch im Sinne von „Friede“ als Gegensatz zu Streit bzw. Beendigung von Streit (*Grimm, J./Grimm, W.*, 1914, Sp. 366). Daraus entstand allmählich die allgemeinere Bedeutung von Seelenfrieden, innerer Ruhe, also einer ausgeglichenen Gemütsverfassung (*Dornseiff*, 1959, S. 309; *Pekrun*, 1968, S. 796), des Zustandes einer nicht nur vorübergehenden (wenn auch nicht prästabilierten) persönlichen Harmonie. Sie wurde erst später — sprachlich über die Präposition „mit“ — auch auf Größen außerhalb der Person bezogen, als Zufriedenheit mit Objekten, Vorgängen, Zuständen, anderen Personen (*Linde*, 1967, S. 36 f.).

Die Charakterisierung der Zufriedenheit als Gemütslage ist allerdings nur die Feststellung eines Sachverhalts und besagt noch nichts über ihr Zustandekommen. Um dieses wenigstens prinzipiell zu erklären, erinnern wir an eine unmittelbar einleuchtende Überlegung, die bereits in der Antike angestellt wurde: Der Mensch entfaltet bestimmte Wünsche, die sich in der rauhen Wirklichkeit des Lebens in mehr oder weniger großem Ausmaß erfüllen. Schon *Epikur*, Gründer der nach ihm benannten, freilich bis heute mißverstandenen Schule, formulierte: „Wenn du einen Menschen glücklich machen willst, dann füge nichts seinen Reichtümern hinzu, sondern nimm ihm einige von seinen Wünschen“ (zitiert nach *Swoboda*, 1973, S. 71). Damit ist zwar die Größe „Glück“ angesprochen, doch scheint uns das Zitat genau den Zusammenhang abzudecken, der heute — nach der unbestreitbaren Abwertung des Glücksbegriffs — im Terminus „Zufriedenheit“ zum Ausdruck kommt.

Ohne daß wir Zufriedenheitsvorstellungen und -lehren durch die abendländische Geschichte hindurch verfolgen möchten, scheint uns doch der Hinweis auf die protestantische Bewegung des Pietismus (im 17./18. Jahrhundert) angebracht, die Zufriedenheit als Bescheidung der Wünsche im Sinne frommer Gottergebenheit postuliert, so etwa in den Schriften bei *Spener* und den Kirchenliedern bei *Paul Gerhardt*. Ihre weltlich-bürgerlich abgewandelte Fortsetzung findet diese Lehre der Zufriedenheit in der Beschränkung zur Zeit der Aufklärung: „Was frag' ich viel nach Geld und Gut, wenn ich zufrieden bin.“ Philosophisch formuliert wird diese Haltung namentlich von *Schopenhauer*: „Offenbar ... könnte zu unserm Glücke, als welches allergrößtentheils auf Gemüthsruhe und Zufriedenheit beruht, kaum irgend etwas so viel beitragen, als die Einschränkung und Herabstimmung ... [der Ansprüche] auf ihr vernünftig zu rechtfertigendes Maaß“ (1. Band, 1851, S. 340) und: „Die Quelle unsrer Unzufriedenheit liegt in unsern stets erneuerten Versuchen, den Faktor der Ansprüche in die Höhe zu schieben, bei der Unbeweglichkeit des andern Faktors, die es verhindert“ (S. 329).

Die Selbstbeschränkung wird im 19. Jahrhundert allerdings nicht mehr als einzige Lebenshaltung zur Erlangung von Zufriedenheit akzeptiert. *Rückert*, im selben Jahr (1788) wie Schopenhauer geboren, schreibt zugunsten dessen, was wir heute als Selbstverwirklichung bezeichnen würden (1870, 2. Teil, S. 54):

„Vor Jedem steht ein Bild
dess, was er werden soll;
So lang' er das nicht ist,
ist nicht sein Friede voll.“

Allen hier skizzierten oder exempelhaft zitierten Auffassungen ist u. E. die Unterstellung gemeinsam, daß die menschlichen Wünsche oder Ansprüche auf Realitäten treffen, mit denen sie nicht deckungsgleich sind. Das Maß ihrer Übereinstimmung beim einzelnen Menschen bestimmt dessen individuelle Zufriedenheit. Die Annahme dieses *prinzipiell* einfachen Zusammenhanges liegt bis heute, soweit wir sehen, der Mehrzahl der Zufriedenheitsdefinitionen zugrunde.

Schopenhauer selbst formuliert noch deutlicher als im erwähnten Aphorismus: Die „Zufriedenheit eines Jeden ... beruht nicht auf einer absoluten, sondern auf einer bloß relativen Größe, nämlich auf dem Verhältnis zwischen seinen Ansprüchen und seinem Besitz" (1. Band, 1851, S. 328). Diese durchaus modern klingende Definition scheint dennoch nicht ihrer Entstehungszeit vorausgeeilt zu sein: Bereits im *Brockhaus* des Jahres 1829 war zu lesen: „Zufriedenheit nennen wir gewöhnlich den dauernden Gemütszustand, vermöge dessen der Mensch seine ... Verhältnisse seinen Wünschen angemessen findet" (zitiert nach *Bruggemann/Groskurth/Ulich,* 1975, S. 11).

Dem Sinne nach stimmt die Mehrzahl der Definitionen auch der modernen Autoren mit dieser frühen Beschreibung überein — ein beinahe erstaunliches Phänomen. Lediglich werden die Begriffselemente unterschiedlich akzentuiert oder formuliert, z. B. infolge unterschiedlicher Werthaltungen. Dementsprechend betonen einige Quellen nach wie vor stärker den Aspekt der Bescheidung, wenn etwa von Hinnahme der Lebensumstände (*Wahrig,* 1970, Sp. 4126), von Vorliebnahme mit den gegebenen Verhältnissen (*Großer Duden,* Band 10, 1970, S. 796) oder von „Beschränkung der persönlichen Ansprüche gegen die Welt" (*Linde,* in einem Überblick über Zufriedenheitsauffassungen in Psychologie und Ethik, 1967, S. 41) gesprochen wird.

Andere Autoren unterstreichen gegenüber der resignativen Hinnahme die aktive Anstrengung mit dem — wenn auch unerreichbaren — Ziel der Selbstverwirklichung (resümiert bei *Neuberger,* 1976 a, S. 2).

Wissenschaftlichem Anspruch gemäß verzichten die meisten Definitionen auf normative Elemente. *Homans* etwa stellt schlicht fest, Zufriedenheit sei ein Ergebnis aus dem Zusammenwirken des Ausmaßes der erlangten Belohnung und des Maßes an noch offenen Bedürfnissen (1968, S. 226 f.). *Adams* charakterisiert Zufriedenheit als einen Zustand des Gleichgewichts, der gegeben ist, wenn „inputs" und „outcomes" den Erwartungen entsprechen (1963, S. 422 f.). Beinahe populärwissenschaftlich klingt die Formulierung von *Lersch,* wenn er feststellt, Zufriedenheit (bzw. Unzufriedenheit) erwachse aus dem „Verhältnis unserer Ansprüche zu dem, was uns das Leben zuteilt" (1970, S. 338). *Lersch* spricht auch von „stationärer Gestimmtheit" (ebenda) und überträgt sodann auf das Zufriedenheitsphänomen den gewöhnlich *Lewin* zugeschriebenen, aber von *Hoppe* geprägten Begriff des Anspruchsniveaus (*Hoppe,* 1930, S. 10). *Lersch* versteht darunter „den quantitativen Umfang und die qualitative Höhe ... [der] Ansprüche ... eines Menschen" (1970, S. 168). Gemeint sind dabei allerdings nicht — wie bei *Hoppe* und *Lewin* — die Anforderungen des Menschen *an* sich selbst, sondern *für* sich selbst, eine Interpretation, die eher im Einklang mit dem Sprachgebrauch zu sein scheint. Die „letzte Voraussetzung" — so *Lersch* (S. 338) — für zufriedene oder unzufriedene Gestimmtheit liege im individuellen Anspruchsniveau: Je niedriger dieses sei, desto eher sei der Mensch zufrieden.

Linde unterstreicht demgegenüber stärker die menschlichen Einflußmöglichkeiten, wenn er die Zufriedenheit als Ergebnis von Wahl- und Leistungsakten bezeichnet, die der Zufriedene als gelungen empfindet und beansprucht (1967, S. 48).

Damit wollen wir unser gerafftes Quellenstudium zum Zufriedenheitsbegriff beenden und festhalten, daß unter den Fachleuten verschiedener Observanz weitgehende Übereinstimmung hinsichtlich der prinzipiellen Erklärung dieses Phänomens aus Wunsch- und Wirklichkeitsfaktoren beobachtet werden kann. Diese grundsätzliche Übereinstimmung besteht auch mit den angelsächsischen Autoren, obwohl die Begriffe „Zufriedenheit“ und „satisfaction“ sich inhaltlich nicht voll decken (*von Ferber*, 1959, S. 113, Fußnote zu S. 1); so schließt z. B. der englische Begriff im Gegensatz zum deutschen einmal den Vorgang des Zufriedenstellens, zum anderen den des Befriedigens, etwa von Bedürfnissen (need satisfaction), ein.

Ähnlich wie *Brauchlin* (1973, S. 115) und *Guba* (1958/59, S. 196 f.) bzw. *Nancy Morse* (1953, S. 4) können wir nun Zufriedenheit beschreiben als positive Grundgestimmtheit, deren Maß abhängig ist vom Grad der Entsprechung zwischen den Erwartungen eines Individuums und ihrer Erfüllung in der Realität. Wenn die Zusammenhänge insoweit ähnlich gesehen werden, ist doch darauf hinzuweisen, daß zwischen den Fachleuten erhebliche Meinungsverschiedenheiten auftreten, sobald es um die Interpretation dieses Phänomens im einzelnen geht. Namentlich gilt das für die Bewertung des Gewichts, das den möglichen Zufriedenheitsimpulsen zukommt. Insbesondere notieren wir Differenzen auf dem Gebiet der Beurteilung der Entstehung der Ansprüche. In einem weiten Spektrum von Meinungen lokalisieren wir die Extreme bei *Lersch*, der diesen Formierungsprozeß ausschließlich endothym, aus dem „individuellen Selbstsein“ erklärt (S. 338 f.), und *Linde*, der sich auf eine extrapersonale Deutung im Sinne „sozialer Vollzüge“ beschränkt (S. 48).

Wir können darauf verzichten, die Hintergründe und die Ziele solcher unterschiedlichen Konzepte herauszuarbeiten. Die Basis unserer bisherigen Überlegungen scheint uns nämlich bereits genügend tragfähig, um auf ihr unser spezifisches Anliegen der Zufriedenheit in der Arbeitswelt anzupeilen.

Wenn wir uns im umfangreichen spezifischen Schrifttum zur Arbeitszufriedenheit (AZ) umsehen, fällt auch bei notwendig lückenhafter Prüfung bald auf, daß die oben bezüglich des allgemeinen Terminus Zufriedenheit angesprochene weitgehende Einheitlichkeit der Begriffsverwendung hinsichtlich des besonderen Phänomens der AZ nicht besteht. Bei einer Gruppierung nach dem Umfang bzw. Konkretisierungsgrad glauben wir vielmehr grob vier unterschiedliche Definitionsvarianten auseinanderhalten zu können:

1. Auf einen spezifischen Gesichtspunkt bezogene Varianten
2. Varianten in Anlehnung an den Begriff der Einstellung
3. Varianten in Anlehnung an den üblichen allgemeinen Zufriedenheitsbegriff
4. Offene Varianten

Zur ersten Gruppe rechnen wir diejenigen Begriffsversionen, die die AZ mit einem einzigen Bestimmungsfaktor oder mit einzelnen Faktoren zu erklären suchen. Das ist etwa der Fall, wenn sie als Genugtuung über ein abgeschlossenes und gelungenes Werk gedeutet wird (z. B. bei *Endres*, 1963, S. 33). Im Angelsächsischen läßt sich diese Variante im Gegensatz zu „job satisfaction" treffend mit „work satisfaction" umschreiben (diesen Begriff verwenden z. B. *Geist*, 1963, S. 369 ff.; *Blauner*, 1966, S. 473 ff., und *Killingsworth*, 1974, S. 126 ff.); die deutsche Sprache gestattet es nicht, den Unterschied adäquat nachzubilden. Aus dieser Tatsache mag sich erklären, daß einzelne Autoren den Begriff „Arbeitszufriedenheit" eng interpretieren. Eine restriktive Auslegung, freilich hinsichtlich eines anderen Faktors, scheint uns auch dann gegeben, wenn (wie z. B. bei *von Friedeburg*, 1963, S. 21, und *von Rosenstiel*, 1972, S. 58) die sich einstellende Zufriedenheit mit dem Betriebsklima gleichgesetzt wird. (Ein Zusammenhang zwischen den beiden Größen wird mit dieser Bemerkung nicht geleugnet; er bleibt im Teil II, Kapitel I, wieder aufzugreifen.)

Eine größere Gruppe von Autoren erklärt die AZ als Einstellung gegenüber der Arbeit. So beschreiben *Campbell u. a.* die AZ im Sinne eines positiven oder negativen Aspektes der Einstellung (attitude) eines Individuums zu seiner Arbeit (1970, S. 378). Diese Formulierung scheint von *Vroom* beeinflußt, der notiert, die Begriffe AZ und Arbeitseinstellung würden synonym verwendet und bezögen sich beide auf die affektive Orientierung von Individuen gegenüber Arbeitsrollen, die sie jeweils innehaben. Positive Einstellungen entsprächen dann Arbeitszufriedenheit und negative Arbeitsunzufriedenheit (1964, S. 99).

Etwa gleichzeitig und im gleichen Sinne definiert *Beer* die AZ als die Einstellung der Arbeiter gegenüber dem Betrieb, ihrer Tätigkeit, ihren Arbeitskollegen und anderen Faktoren in der Arbeitsumgebung; eine günstige Einstellung lasse auf AZ schließen und umgekehrt (1964, S. 34). Auch *Blum/Naylor* sprechen verschiedene Faktoren an (die sie in einer längeren Liste aufzählen), erklären die AZ aber differenzierter als generelle Einstellung, die ihrerseits das Ergebnis vieler spezifischer Einstellungen (zu den einzelnen Faktoren) sei (1968, S. 364).

Einer der prominentesten Autoren, den wir dieser Gruppe zuzurechnen haben, ist *Herzberg*. Obwohl er in seiner Zwei-Faktoren-Theorie zur Arbeitsmotivation „satisfiers" und „dissatisfiers" unterscheidet, zieht er den Begriff „job attitudes“ dem der AZ vor, wenn man von der Häufigkeit der Verwendung auf die Präferenz schließen darf. Ohne daß die Begriffe definiert werden, ergibt sich aus dem Zusammenhang der *Herzberg*schen Trilogie (*Herzberg/Mausner/Peterson/Capwell*, 1957; *Herzberg/Mausner/Snyderman*, 1959; *Herzberg*, 1968) zweifelsfrei, daß die AZ (die *Herzberg* mit seiner „critical incident method“ auf ganz spezielle Weise zu erfassen sucht) mit „Einstellungen“ gleichgesetzt wird.

Auch im deutschen Sprachbereich kommt die Umschreibung der AZ mit Einstellungen vor. So bezeichnet etwa *Vögeli* (1966, S. 3) in Anlehnung an *Rüssel* (1961, S. 263) AZ als Zusammenfassung der verschiedenen Einzeleinstellungen zur Arbeit. Besonders intensiv hat sich in jüngster Zeit *Neuberger* mit einigen grundlegenden Problemen im Zusammenhang des Phänomens AZ beschäftigt, so u. a. mit möglichen Umschreibungen. Er deutet die AZ zunächst als „vorwiegend affektiv getönte Einstellung zu bestimmten Aspekten der Arbeitssituation“ (1974 a, S. 39), dann präziser als „kognitiv-emotionale“ (1976 a, S. 8) oder „kognitiv-evaluative“ Einstellung zur Arbeitssituation (1976, S. 10). Damit ist einmal das Bewertungselement hervorgehoben. Wichtig scheint uns sodann der Hinweis *Neubergers*, die Bewertung beschränke sich nicht auf die Ist-Lage, sondern bedeute immer einen Vergleich der „Ist- mit einer Soll-Lage“ (1976 a, S. 25), weil diese Formulierung uns offensichtlich zum allgemeinen Zufriedenheitsbegriff zurückführt.

Deutlich wird das Definitionsdilemma auch bei *Bruggemann/Groskurth/Ulich*. Sie bezeichnen die AZ zunächst als „eine Attitüde, die das Arbeitsverhältnis mit allen Aspekten, ... betrifft“ (1975, S. 19). Diese Definition ist zweifellos unserer hier erörterten zweiten Gruppe der AZ-Begriffe (unter Verwendung des Terminus der Einstellung) zuzurechnen; denn „Attitüde“ können wir füglich nur mit „Einstellung“ deuten (vgl. *Lexikon der Psychologie*, 1971, Band 1, Sp. 174). Indessen stellen *Bruggemann/Groskurth/Ulich* im gleichen Zusammenhang fest (1975, S. 19): „Eine Übernahme von ‚job attitude‘ (Singular) ... etwa als allgemeine ‚Arbeitseinstellung‘ ... scheint nicht empfehlenswert. Dagegen spricht vor allem, daß ‚Arbeitseinstellung‘ im Deutschen *auch* im Sinne von Leistungsbereitschaft ... verstanden wird.“ Die weiter angestellten umfassenden Überlegungen[2] führen die Autoren schließlich zu folgender Definition: „Arbeitszufriedenheit ist Ausdruck der Relation von Motiven, Bedürfnissen, Ansprüchen usw. [Soll-Wert] einerseits und von Merkmalen der Arbeitssituation [Ist-Werten] andererseits“ (1975, S. 52, Ergänzungen in Klammern gemäß S. 122). Diese Umschreibung steht im

[2] Hinweisen möchten wir insbesondere auf die Entwicklung eines beachtenswerten Ordnungsschemas zu den prinzipiellen Formen der AZ (Ergebnis: 1975, S. 134 f.), das uns allerdings mangels empirischer Relevanz (vgl. *Neuberger*, 1976 a, S. 8) in unserem Zusammenhang nicht beschäftigen soll.

Einklang mit dem gebräuchlichen allgemeinen Zufriedenheitsbegriff. Die AZ-Autoren, die sich an diesen anlehnen, haben wir der dritten Gruppe zugeordnet; im folgenden referieren wir ein paar prägnante Beispiele zu dieser Gruppe:

Für *Nieder* (1977, S. 195) ist die AZ abhängig „von der Beziehung zwischen den Erwartungen des Individuums und den Gegebenheiten der Realität".

Wofford (1971, S. 502) beschreibt die AZ als eine Funktion der Stärke der Bedürfnisse und der Bedürfnisbefriedigung am Arbeitsplatz. *Zaleznik/Moment* sprechen lakonisch von erfolgter Bedürfnisbefriedigung im Verhältnis zur erwarteten (1967, S. 381). *Rühl* (1976 a, S. 4) bezeichnet die AZ als eine „Stimmungslage, die aufgrund von positiven Erlebnissen bei der Aufgabenerfüllung entsteht". Ergänzend weist er darauf hin, sie werde trotz ihres emotionalen Charakters auch durch rationale Erwägungen ausgelöst, wobei „menschliche Erwartungshorizonte und erreichte Erfüllungsgrade eine Rolle" spielten (ebenda). *Guion* verwendet den Begriff der Arbeitsmoral für das Phänomen der AZ und definiert diese als Ausmaß, in welchem individuelle Bedürfnisse befriedigt sind und in welchem das Individuum diese Befriedigung als arbeitsbedingt versteht (1958, S. 62).

Bullock (1952, S. 7) charakterisiert die AZ als das Ergebnis der Bewertung der eigenen Arbeit und des Arbeitgeberbetriebes sowie ihres Beitrages zur Erreichung der persönlichen Ziele. *Larouche/Lévesque/Delorme* sprechen von einer gefühlsbestimmten Resultante des Arbeiters, die sich aus zwei Gruppen von Koordinaten ergeben, den menschlichen Bedürfnissen und den Gegebenheiten der Tätigkeit; die AZ entstehe damit aus der Differenz zwischen der gewünschten und der tatsächlichen Situation (1973, S. 79 und 104).

Patricia C. Smith, die sich in den sechziger Jahren als Leiterin eines großen AZ-Projektes der Cornell University einen Namen machte, formuliert folgendermaßen: „We define job satisfaction as... a consequence of the worker's experience on the job in relation to his own values, that is, to what he... expects from it" (1974, S. 272). Im Schlußbericht zum besagten Projekt wird ferner darauf hingewiesen, daß sich die Erfahrungen auf unterschiedliche Aspekte der Tätigkeit beziehen können (*Smith/Kendall/Hulin*, 1969, S. 12).

Auffällig scheint in den letzteren Definitionen die Hervorhebung des Resultatcharakters der AZ. Andere Autoren akzentuieren ähnlich und erklären die AZ als Ergebnis aus Einstellungen zur Arbeit, z. B. *von Haller Gilmer*, 1961, S. 198, *Evans*, 1969, S. 93, und *Hamann*, 1972, S. 21. Diese Sicht erfordert (und erlaubt) eine klare Abgrenzung gegenüber dem Approach der Autoren, die wir unserer zweiten Gruppe zugeordnet haben: Die letzteren setzten AZ und Arbeitseinstellung bzw. Einstellungen zu verschiedenen Arbeitsfaktoren gleich. Hier geht es dagegen um die Feststellung, daß die beiden Größen nicht synonym sind (*von Haller Gilmer* weist ausdrücklich darauf hin; 1961, S. 198), sondern daß sich AZ allenfalls aus den Einstellungen zu Elementen der Arbeitssituation ergeben kann. Diese Auffassung läßt sich u. E. in der Tat besser mit dem oben (S. 24) skizzierten üblichen Sprachgebrauch des Begriffes „Zufriedenheit" vereinbaren, ist doch diese ein Stimmungszustand, während den Einstellungen der Charakter von Handlungstendenzen (vgl. *Wilson*, 1971, Sp. 447), also einer haltungsmäßigen Ausrichtung zukommt. So scheint gut vorstellbar, daß ein Individuum mit positiver Einstellung zu seiner Arbeit in der Folge eher damit zufrieden sein wird als sein Kollege mit von vornherein negativer Haltung (vgl. die derb-dichterische Umschreibung durch den „armen Mann im Toggenburg", *Ulrich Bräker:* „Verdammte Unzufriedenheit: ... je weniger Gebläk', desto leichter geht's:", 1780, bearb. von *Engel-Denis*, 1977, S. 8). Das muß aber nicht der Fall sein, und daher will uns die schlichte Gleichsetzung von Einstellung und AZ zu gewaltsam anmuten. Gegen die gleichbedeutende Verwendung spricht sich auch *von Rosenstiel* aus, weil der daraus resultierende „begriffliche, theoretische und meßtechnische Wirrwarr" (1975, S. 409) vermieden werden müsse.

Im Rahmen unserer Übersicht zu Definitionen der dritten Gruppe möchten wir zuletzt eine Variante zitieren, die auf durchaus originelle Art den abgesteckten Rahmen sprengt. Bei ihr geht es darum, nicht die Ansprüche des Arbeitenden mit den vorgefundenen Gegebenheiten im Betrieb zu vergleichen. Vielmehr wird hier die Fiktion der vorgegebenen Situation durch die Vorstellung von einem Anspruchsniveau auch auf seiten des Betriebes ersetzt: Die AZ entspricht dann dem Grad der Übereinstimmung „between what an organisation requires of its employees and what the employees are seeking of the firm" (*Enid Mumford*, 1972, S. 5). Dem Sinne nach ähnlich formulieren *Braun, u. a.* (1955, S. 314) und *Caplan, u. a.* (1975, S. 4). Diese Vorstellung erleichtert die Operationalisierung zweifellos nicht, weil sie beide Seiten der AZ dynamisiert und subjektiviert.

Der vierten Gruppe ordnen wir diejenigen Autoren zu, die einer terminologischen Festlegung gleichsam eine entsprechende Option vorziehen, sofern sie nicht überhaupt Zweifel an der Definierbarkeit des Phänomens AZ hegen (wie z. B. *Fischer/Lück*, 1972, S. 69). Als typisch für diese Gruppe dürfen wir *Walter-Busch* anführen, der auf eine stehende Definition bewußt verzichtet, da AZ individuell und je nach den Lebensumständen in einer Gesellschaft sehr Verschiedenartiges bedeute (1975, S. 3). Diese Auffassung ist angesichts der übergeordneten theoretischen Betrachtung durch *Walter-Busch* zu respektieren. Sie reflektiert aber wohl auch grundsätzliche Vorbehalte gegenüber dem Definieren, wie wir sie bereits kennengelernt haben (s. o. S. 15 f.). Ihnen möchten wir wie dort (S. 16) begegnen: Es muß vermieden werden, Untersuchungsobjekte willkürlich so zu definieren, daß der konstruierte Begriff eine Beweisführung nach a-priori-Vorstellungen gewährleistet. Ein solcher Mißbrauch wäre offenbar gegeben, wenn wir dem Phänomen AZ ein Etikett verleihen wollten, das sich zwar weit vom Sprachgebrauch entfernt, jedoch für die empirische Prüfung besonders „praktisch" zu sein verspricht.

Damit gelangen wir zur Bewertung der vier unterschiedenen Gruppen von Meinungen zum AZ-Begriff im Hinblick auf unser eigenes Definitionsvorhaben: Zunächst können wir die Varianten 1 und 4 ausschalten. Die Versionen der ersten Gruppe scheinen uns zu spezifisch zu sein, als daß sie das gebotene umfassende Angehen unseres Forschungsobjektes erlauben würden. Die Varianten der vierten Gruppe bleiben demgegenüber (wenn auch bewußt) so unbestimmt, daß sie empirisches Vorgehen unmöglich machen müßten.

Die Vorschläge der zweiten Gruppe scheinen uns im eben formulierten Sinn problematisch zu sein, entspringt doch die bei den Autoren dieser Gruppe mehr oder weniger explicite vorgenommene Gleichsetzung von AZ und Einstellung bzw. Einstellungen, wie uns scheint, allzu oft dem Wunsch der Bearbeiter, das Erfahrungsobjekt besser empirisch erfaßbar zu machen. So aufgefaßte „Operationalisierung" grenzt u. E. freilich an Manipulation (ganz abgesehen von der Frage, ob Einstellungen wirklich vergleichsweise problemlos meßbar sind, vgl. *Wilson*, 1971, Sp. 448).

Wir halten es daher wie die Autoren der dritten Gruppe für seriöser, auf ein kunstvolles Begriffskonstrukt zu verzichten und stattdessen die AZ in Anlehnung an den allgemeinen Sprachgebrauch zu definieren, zumal dieser, wie wir gezeigt haben (vgl. S. 30), mindestens bezüglich des Elements „Zufriedenheit" einigermaßen einheitlich besteht. Auf diese Weise können wir dem Manipulationsverdacht vorbeugen. Allerdings riskieren wir gleichzeitig, beim empirischen Vorgehen sichtbar auf Grenzen zu stoßen. Doch messen wir wissenschaftlicher Redlichkeit und Bescheidenheit einen höheren Stellenwert bei als (u. U. nur scheinbarer oder formaler) szientifischer Perfektion.

Mit diesen Einschränkungen können wir nun unter Heranziehung unserer allgemeinen Begriffe „Arbeit" (s. o. S. 28) und „Zufriedenheit" (s. o. S. 31) die AZ definieren als positive Grundgestimmtheit in der Arbeitssituation, deren Maß abhängig ist vom Grad der Entsprechung zwischen den Erwartungen eines Individuums (an die einzelnen arbeitsverbundenen Faktoren und an die Arbeit insgesamt) und ihrer Erfüllung in der Realität.

Auch diese Umschreibung genügt den oben (S. 17) skizzierten formalen Anforderungen an eine empirisch-projektorientierte Definition, wie wir später sehen werden. Im terminologischen Zusammenhang bleiben einzig ein paar Erläuterungen oder Hervorhebungen anzubringen: Zunächst einmal handelt es sich bei der AZ um ein personales Phänomen. Damit können z. B. einem Betrieb als wirtschaftlich-technischer Einheit keine Zufriedenheitsmerkmale zugeschrieben werden (wie das etwa *Enid Mumford* tut; 1972, S. 8); er kann lediglich durch das AZ-Niveau der Betriebsangehörigen in seiner Zweckverfolgung beeinflußt werden.

Zweitens ist die AZ definitionsgemäß ein positives Phänomen. Wir können etwa *Bruggemann/Groskurth/Ulich* (um eine Autorengruppe als Beispiel zu zitieren) nicht folgen, wenn sie meinen, diese Erscheinung habe nicht von vornherein eine positive Bedeutung (1975, S. 19). In unserer Sicht würde „positive AZ" einen Pleonasmus bedeuten und „negative AZ" logisch unmöglich sein. Ein Individuum kann demnach positiv gestimmt (= zufrieden) oder negativ gestimmt (= unzufrieden) sein. Nicht bestehende Zufriedenheit und nicht bestehende Unzufriedenheit bedeuten also gleichsam ein stimmungsmäßiges Niemandsland[3].

Sodann ist darauf hinzuweisen, daß wir die AZ als eine Erscheinung von Dauer auffassen (*Smith/Kendall/Hulin,* 1969, S. 37). Kurzfristige Stimmungsschwankungen dürften anderen Ursachen unterliegen und sollen daher nicht in unseren Begriff einbezogen werden. Andererseits darf das Merkmal der Dauer nicht zur Schlußfolgerung verleiten, es handle sich bei der AZ um ein statisches Phänomen, wie in der Literatur oft unterstellt wird (vgl. die richtigen diesbezüglichen Hinweise bei *Handyside,* 1961, S. 264, und *Bruggemann/Groskurth/Ulich,* 1975, S. 122 bis 124). Vielmehr unterliegen beide Gruppen von Determinanten der AZ, die Erwartungen (Soll-Werte) wie die realen Bedingungen (Ist-Werte), der wenn auch langsamen Veränderung im Zeitablauf. Dabei spricht die Vermutung für eine allmähliche Anpassung der Erwartungen an die Möglichkeiten der Erfüllung (*Bruggemann/Groskurth/Ulich,* 1975, S. 124) und somit für den auf Dauer stärkeren Einfluß der situativen Faktoren, was notabene die empirische Erfassung des Phänomens wesentlich zu erleichtern verspricht.

---

[3] Diese Überlegung unterscheidet sich von der prononciert vertretenen Anschauung *Herzbergs* (1968 a, S. 76): Nach ihr ist das Gegenteil von AZ die Nichtexistenz von AZ und das Gegenteil von Arbeitsunzufriedenheit (AUZ) die Nichtexistenz von AUZ. Nach der Überlegung, die unserer Definition zugrunde liegt, sind sowohl die Nichtexistenz von AZ wie die Nichtexistenz von AUZ (also Indifferenz) im Mittelfeld zwischen den Polen AZ und AUZ zu suchen. Wir hatten Gelegenheit, diese Auffassung mit *Herzberg* zu diskutieren, ohne ihn freilich von der uns logisch anmutenden Meinung überzeugen zu können.

Schließlich ist unserer Definition anzufügen, daß mit den so bezeichneten individuellen Erwartungen jegliche persönliche Sollvorstellungen gemeint sein können, also Motive (im Sinne von Strebungen), Bedürfnisse, Wünsche, Ansprüche, Zielsetzungen u. ä. eingeschlossen sind. Wir verwenden den Terminus Erwartungen bewußt in einem umfassenden Sinne, um den Bedeutungsinhalt des AZ-Begriffes nicht unnötig einzuengen. Dieser Versuch schließt natürlich die Gefahr von Mißverständnissen ein. Um sie zu minimieren, haben wir uns um eine recht ausführliche Fundierung und Umschreibung des AZ-Begriffes bemüht.

Wir können nun zur Beschreibung unseres Erhebungsprojektes übergehen und uns hernach der Auswertung der empirischen Daten zuwenden.

B. Die Konzeption der Untersuchung

1. Zur Skepsis gegenüber empirischem Vorgehen

Bereits in einem frühen Stadium der Planung unserer Studie haben wir uns entschlossen, die gewünschten Aufschlüsse zum Forschungsobjekt nicht lediglich durch Literaturstudium und in der Intuition zu suchen, sondern durch eine eigene Primärerhebung zu gewinnen. Wer sich einem solchen Unterfangen hingibt, setzt sich allerdings sogleich der Skepsis kritischer Beobachter aus. Immerhin scheint es nicht von vornherein selbstverständlich, daß es gelingt, hochgradig komplexe Phänomene mit wie auch gearteten empirischen Verfahren durchsichtig zu machen. Daher sollte es eigentlich niemanden überraschen, wenn aufrichtige Betrachter mit einiger Distanz sich kritisch zum Versuch äußern, menschliche Gemütszustände oder menschliches Verhalten nach Art der Naturwissenschaften zu erforschen, da er nicht zum gewünschten Erfolg führen könne. In dieser Hinsicht verlange die Bescheidenheit eher ein Eingeständnis hoher Fehlerproblematik (*Fourastié* an einem Vortrag in St. Gallen, 1977), der „Weichheit“ (*Gunnar Myrdal* gemäß einer Notiz in der Frankfurter Allgemeinen Zeitung, Nr. 85 vom 13. 4. 77, S. 13) oder gar der „Unreife“ der Sozialwissenschaften (*Ravetz,* 1973, S. 415; *Walter-Busch,* 1977 a, S. 285). Die Mehrzahl der Kritiker geht, so scheint uns, weniger weit. Das Unbehagen am modernen Forschungsbetrieb und seinen Problemimplikationen ist jedoch stark verbreitet — und übrigens nicht auf die Sozialwissenschaften beschränkt. (So klagte schon *Einstein* über Übertreibungen mit der Empirie, die „die Erkenntnis nicht erblühen“ ließen [1972, S. 151], und *Thom,* seines Zeichens Mathematiker, bemängelt die Verdrängung der Intuition durch die Methodik [1974, S. 379, 381].)

Was die empirische Sozialforschung betrifft, entzünden sich die kritischen Äußerungen, will man sie der Übersicht halber gruppieren, an vier Tatbeständen oder Meinungen:

a) Viele „große Theorien“ und „gesicherte Ergebnisse“ halten der Nachprüfung nicht stand und sind in Tat und Wahrheit nur „vage Behauptungen“ (*Selg/Bauer*, 1973, S. 36). Dieser Beobachtung kann kaum mit Überzeugung widersprochen werden.

b) Bestimmte Phänomene im sozialen und sozialpsychologischen Bereich, so auch der „Glückszustand“ (*Senglet*, 1975), entziehen sich der empirischen Erfassung und quantitativen Beschreibung (etwa in Form von Indikatoren). Dieser schon klassisch zu nennenden Kritik ist vielfach begegnet worden (vgl. *Münsterberg*, 1919, S. 7, 9 ff.; *Sixtl*, 1967, S. 19 ff.; *Herrmann*, 1972, S. 44, 47, und *Cattell*, 1973, S. 17 f.). Sie scheint zwar neues Gewicht zu erhalten, wenn sie unerwarteterweise von Statistikern formuliert wird, wie es an einer Soziologie-Tagung durch leitende Repräsentanten der Statistischen Bundesämter in Bern und Wiesbaden — wie aus einem Munde — geschah (*Senglet* und *Nowack*, 1975). Die Erklärung ergibt sich jedoch aus der vorgegebenen öffentlichen Aufgabe dieser Ämter und ihrer Beschränkung auf die Erfassung objektiver Daten.

c) Die Erfahrung wird kraß überbewertet, und diese Haltung verbaut den Zugang zu intuitiver Einsicht und Erkenntnis (so *Feyerabend*, 1964, S. 284 ff., und *Schanz*, 1975, S. 802, für die Sozialwissenschaften ganz ähnlich wie der oben zitierte *Einstein* für die Naturwissenschaften). Um eine möglichst umfassende Erkenntniszunahme zu gewährleisten, muß man demgegenüber offenbar so vorzugehen versuchen, daß keine der beiden Quellen der Erkenntnis von vornherein unnötig im Fluß behindert oder gar zugeschüttet wird (*Schanz*, 1975, S. 802, bezeichnet ein solches Vorgehen im Vergleich zur „reinen Empirie“ = „Empirismus 1“ als „Empirismus 2“).

d) Die in der empirischen Sozialforschung üblichen Methoden und Techniken sind mit dermaßen gravierenden Unzulänglichkeiten behaftet, daß die so gewonnenen Resultate in Frage stehen. Wir begnügen uns damit, ein paar hauptsächliche Vorbehalte zu referieren und einzelne engagierte Kritiker als Kronzeugen anzurufen (vollständig ist ihre Liste nicht):

— Die Übersetzung des Forschungsanliegens in das Erhebungsinstrument, also die Operationalisierung, ist ebenso problematisch wie schwierig (vgl. *Berekoven, u. a.*, 1975, S. 18).

— Die Befragung als wichtigstes Instrument der empirischen Sozialforschung schafft eine soziale Beziehung und unterliegt insofern selbst den Bedingungen, die sie erfassen soll (vgl. *Erbslöh*, 1972, S. 69).

— Der Drang nach methodischer Klarheit und Exaktheit kann den Blick auf das Erkenntnisobjekt behindern; es scheint möglich, daß der Forschungsbetrieb schließlich das gerade „verfehlt, was er erkennen will" (*Adorno*, 1962, S. 250).

— Die verlangte intersubjektive Nachprüfbarkeit ist durchaus nicht immer gegeben (vgl. *Koch*, 1976, S. 820).

— Die Frage der Genauigkeit der Ergebnisse (in formaler Hinsicht gewöhnlich als Zuverlässigkeit, in materieller Hinsicht als Gültigkeit bezeichnet, vgl. *Scheuch*, 1973, S. 134, und *Atteslander*, 1975, S. 125) ist umstritten, und man sollte sie „nicht für ein bloßes Scheinproblem halten" (*Walter-Busch*, 1977b, S. 232). Es scheint uns zwar übertrieben, wenn pauschal festgestellt wird: Alle Verfahren „hängen in der Luft" (*Hartmann*, 1970, S. 113). Jedoch ist zu befürchten, daß auch die raffiniertesten Methoden zur Genauigkeitsprüfung das Erfassungs- und Meßproblem vielleicht auf eine höhere Ebene verschieben, aber letztlich noch nicht lösen (*Berekoven, u. a.*, 1975, S. 32). Jedenfalls ist „unser Abbild von der objektiven Realität ... nicht mit dieser absolut identisch" (*Korch u. a.*, 1972, S. 149).

Bei dieser Übersicht über Vorbehalte zur empirischen Sozialforschung wollen wir es bewenden lassen. Wir bezwecken damit keineswegs, das Kind Empirie mit dem Bade Kritik auszuschütten, doch möchten wir uns nicht dem Vorwurf naiver Verfahrensgläubigkeit aussetzen, sondern bekennen, uns der methodischen Grenzen bewußt zu sein. Die Einschränkung verlangt indessen keinen Verzicht auf empirisches Vorgehen (so auch *Blauner*, 1966, S. 486 f., im Blick auf die AZ-Forschung). Dieses verheißt nämlich bei aller Skepsis und Zurückhaltung mindestens drei Vorteile:

— Es erlaubt das Aufspüren von Tatbeständen, Meinungen, Verhaltensweisen usw., die sich dem Forschenden mit bloßem Nachdenken lückenhafter erschließen.

— Es ermöglicht, entsprechende Unbefangenheit des „Empirikers" vorausgesetzt, die Korrektur von Klischeevorstellungen, Stereotypkonzepten, Vorurteilen usw.

— Es erleichtert den Schritt von der Vermutung zu mehr Gewißheit.

Ohne Zweifel lohnt sich u. E. der Versuch, diese Vorteile durch empirisches Vorgehen auszuschöpfen. Das scheint freilich nur möglich, wenn in jeder Vorgehensphase sehr sorgfältig und gewissenhaft gearbeitet wird, insbesondere im Hinblick auf die Vermeidung von Verzerrungsgefahren, und wenn die Interpretation der Ergebnisse primär den Gesetzen wissenschaftlicher Redlichkeit anstelle z. B. persönlicher Profilierung folgt. Möglicherweise liegt hier notabene eine tiefere Ursache für das wachsende Auseinanderklaffen von Grundlagenforschung und angewandter Forschung (vgl. *Berekoven, u. a.*, 1975, Vorwort, und *Atteslander*, 1975, S. 49).

2. *Festlegung des Untersuchungsgegenstandes*

Den Anstoß zu dieser Studie lieferte die vielfach aus der Praxis erhaltene Information (die freilich wissenschaftlich nicht gesichert war), daß gewerbliche Betriebe Arbeitskräfte an Großbetriebe verlören. Diese Beobachtung wurde von gewerblichen Unternehmern seit Jahren gemacht und ließ sich von ihnen nicht stichhaltig begründen. Der traditionellerweise vermutete Grund betraf die Unterstellung höherer Einkommen in „der Industrie" (eine Annahme, die oft von Arbeitnehmern geteilt wird; vgl. *Hagen*, 1973, S. 210). Diese Unterstellung war jedoch bereits seit langem nicht mehr pauschal haltbar, wie Vergleiche ergaben. Wir hatten unseren Blick daher auf andere mögliche Ursachen oder besser auf eine ganze Ursachenkonstellation zu richten. Diese bot sich schließlich in Form des Phänomens der AZ an. Die Beschäftigung mit ihr führte in der Folge zunehmend zur Loslösung vom ursprünglichen Anstoß, und zwar durch die Einsicht, daß die AZ offenbar eine Schlüsselgröße zur Aufhellung zahlreicher betriebswirtschaftlicher, betriebspsychologischer und betriebssoziologischer Probleme darstellt.

Man kann sich sogar mit einiger Berechtigung fragen, ob der AZ lediglich instrumentaler Charakter zukommt oder ob ihr im Rahmen des unternehmerischen Zielsystems nicht der Rang einer eigenständigen Größe gebührt (vgl. *Neuberger*, 1975, S. 1).

Wie dem auch sei, die Bedeutung der AZ als Untersuchungsgegenstand wurde rasch evident. Ihre Erforschung erwies sich auch in dem Maße als dringend, in dem sich ein Mangel an Grundlagenwissen zu diesem Phänomen herausstellte. Zwar sind in den USA seit der Pionierstudie von *Hoppock* (1935) zahlreiche Untersuchungen zur AZ durchgeführt worden, jedoch praktisch ausschließlich mit Blickrichtung auf großindustrielle Verhältnisse. In Europa ist dieser Komplex erst in den letzten Jahren größerem wissenschaftlichen Interesse begegnet. Entsprechende Forschungsprojekte werden aber oft unternehmungsintern durchgeführt und nicht publiziert. Ausnahmen im deutschsprachigen Bereich machen insbesondere *Bunz/Jansen/Schacht* (1974), *Neuberger* (1974 a, 1974 b), *Schacht* (1974), *Bruggemann/Groskurth/Ulich* (1975), *von Rosenstiel* (1975) und *Walter-Busch* (1977 a). Sie stützen sich aber nur teilweise auf Primärdaten und orientieren sich nicht an gewerblichen Betrieben. Ihre Anstrengungen (und Verdienste) konzentrieren sich mehrheitlich auf die Sichtung der Literatur und die Systematisierung im methodischen und theoretischen Bereich, die deswegen — trotz kritischer Feststellungen etwa von *Ballerstedt, u. a.* (1975, S. 263) und *Gruneberg* (1976, S. X) und bei allen oben angebrachten Einschränkungen (s. S. 39 f. — sichtbare Fortschritte erfahren hat.

Das verfügbare empirische Material zur AZ ist zumindest in der Schweiz noch immer dünn, und aus dem Gewerbe sind uns keinerlei Primärerhebungen bekannt.

Diese Tatsache, die — oft unterschätzte — Bedeutung des gewerblichen Bereichs innerhalb der Volkswirtschaft und die Ausrichtung des verantwortlichen Instituts auf die Erforschung und Bearbeitung gewerblicher Probleme veranlaßten uns schließlich, die AZ zum Gegenstand einer eigenen empirisch fundierten Untersuchung zu machen.

Wegen der heterogenen Struktur des Bereichs „Gewerbe" und insbesondere wegen der sich daraus ergebenden Problematik einer sinnvollen Betriebsgrößeneinteilung drängte es sich indessen auf, die Erhebung auf einen Ausschnitt zu konzentrieren, und zwar auf die Holz- und die Metallbranche (s. o. S. 23).

Diese Eingrenzung erhält ihren zusätzlichen Sinn durch die Komplexität des Untersuchungsgegenstandes selbst, der es ebenfalls angezeigt erscheinen läßt, die Erhebung auf bestimmte „Berufe" (*Bruggemann/Groskurth/Ulich,* 1975, S. 83), „Populationen" (*Seashore/Taber,* 1975, S. 351) oder „Objektbereiche" (*Friedrichs,* 1973, S. 65) zu konzentrieren.

Es geht also um die Feststellung, inwieweit AZ in gewerblichen Betrieben der Holz- und der Metallbranche im Vergleich zu großen Betrieben dieser Branchen verbreitet ist und wie sie sich auf die möglichen Ursachen zurückführen läßt. Wir halten dabei aufgrund unserer Definition der AZ (s. o. S. 36) fest, daß die Ursachen in den arbeitsverbundenen Faktoren und in der Arbeit insgesamt zu sehen sind und ihre Wirkungen auf die AZ durch die arbeitsbezogenen individuellen Erwartungen und ihren Erfüllungsgrad bestimmt werden. Dieser Zusammenhang hat uns dazu bewogen, die AZ sowohl global wie faktorenweise anzugehen. Dabei standen wir freilich sogleich vor dem Problem der Auswahl dieser Faktoren, Determinanten oder — wie *Vroom* (1964, S. 101) sie nennt — Dimensionen. Die namentlich US-amerikanische Literatur offeriert eine Vielzahl von Faktorenkatalogen[4]. Wir haben uns an den Katalog von *Herzberg* und seinen Mitarbeitern angelehnt (gem. *Herzberg/Mausner/Snyderman,* 1967, S. 80 - 83), da er in seiner endgültigen Form auf zehn

[4] Einen Überblick darüber vermitteln *Vroom,* 1964, S. 99 ff.; *Robinson/Athanasiou/Head,* 1969; *Kahn,* 1972, S. 180 ff.

Positionen beschränkt ist (vgl. dazu die entsprechenden Postulate im Schrifttum, etwa bei *Seashore/Taber*, 1975, S. 362) und weil — nicht zuletzt infolge der Kontroverse um das methodische Vorgehen *Herzbergs* — eine ganze Reihe von Autoren mit seinem Katalog gearbeitet hat (vgl. die Belege bei *Bruggemann/Groskurth/Ulich*, 1975, S. 79 ff.). Der Streit um die Methode wurde zwar nie entschieden (vgl. unten S. 216), doch blieb er im wesentlichen auf das Vorgehen *Herzbergs* beschränkt und bezog sich nicht auf die Faktorengruppierung (vgl. *Wolf*, 1970, S. 89 f.), so problematisch *jeglicher* Einteilungsversuch auch ist.

Den Ausschlag für unseren Entscheid gab schließlich, daß der besagte Katalog für eine Anpassung an unsere Bedürfnisse geeignet schien und daß sich diese Annahme im Pretest als begründet erwies. Deswegen haben wir unsere Untersuchung außer auf die AZ als globales Phänomen auf folgende zehn AZ-Faktoren ausgerichtet:

1. Arbeitsleistung
2. Anerkennung/Ansehen
3. Art der Arbeit/Tätigkeit
4. Verantwortung und Kompetenzen
5. Entwicklungsmöglichkeiten
6. Unternehmensorganisation und -führung
7. Kontrolle/Macht
8. Einkommen/Einkünfte
9. Menschliche Beziehungen/Kontakte
10. Arbeits-/Tätigkeitsbedingungen

Nachdem die gewerblichen Unternehmer in ihren Betrieben typischerweise vollamtlich persönlich tätig sind (vgl. unsere Definition gewerblicher Betriebe, oben S. 26), bestand die Möglichkeit, sie ebenso wie ihre Mitarbeiter in die Erhebung einzubeziehen. Dieses Vorhaben schien um so lohnender, als die AZ von Selbständigen auffällig selten empirisch untersucht worden ist. Der Plan des Einbezugs der Unternehmer konnte sich allerdings nicht auch auf die Großbetriebe erstrecken, weil dort die Kriterien Eigentum und volle persönliche Mitarbeit in der Regel nicht mehr erfüllt sind und daher keine Unternehmer in diesem Sinne identifiziert werden können.

Die Daten versprechen somit eine Auswertbarkeit in zwei Dimensionen:

— Vergleich der AZ von Unternehmern und von Mitarbeitern in gewerblichen Betrieben

— Vergleich der AZ von Mitarbeitern in gewerblichen und in großen Betrieben

Diese Konstellation erklärt gleichzeitig unsere Entscheidung für eine Querschnittsanalyse (wie sie übrigens bis heute charakteristisch für die AZ-Forschung ist, obwohl verschiedentlich Längsschnittuntersuchungen postuliert worden sind, vgl. etwa *Barbash,* 1976, S. 17). Der Entschluß fiel uns um so leichter, als er mit den begründeten Auffassungen von *Seashore* (1954, S. 135 ff.) und *Locke* (1969, S. 309 ff.) im Einklang steht, wonach die AZ, bei kurzfristig möglichen Schwankungen, zu langfristiger Konstanz tendiert (aufgegriffen wird diese Ansicht u. a. in einer Studie zum großen OECD-Projekt „Entwicklung Sozialer Indikatoren" durch *Portigal,* 1976, S. 10), und *Quinn/Staines/McCullough* (1974, S. 3 ff.) belegen die Meinung für die USA empirisch, vgl. auch die *Wirtschaftswoche* (1978, Nr. 47, S. 75) mit einem entsprechenden Hinweis für Deutschland)[5].

Die Gefahr, durch eine Zeitpunktanalyse ein Zufallsergebnis (im nichtstatistischen Sinne) zu erhalten, versuchten wir überdies durch den Einbezug einer größeren Anzahl von Betrieben (s. u. S. 52 und 55) zu verhindern, während sich die üblichen, in der Industrie durchgeführten AZ-Studien auf einen einzigen (großen) Betrieb konzentrieren.

Eine Ausschaltung vermeidbarer Datenstreuung und somit Unsicherheit haben wir zusätzlich dadurch angestrebt, daß wir lediglich deutschsprachige, voll berufstätige und mindestens angelernte Männer in die Erhebung einbezogen haben, also weder Frauen noch Lehrlinge noch Hilfsarbeiter noch Teilzeitkräfte. Wichtig scheint dieser Entscheid insbesondere im Hinblick auf Frauen, aus praktischen wie theoretischen Gründen: Einmal sind in den gewerblichen Betrieben der gewählten Branchen nicht viele Frauen tätig. Zum anderen darf angenommen werden, daß namhafte Unterschiede in der AZ zwischen Frauen und Männern bestehen (vgl. *Brayfield, u. a.,* 1957; *von Haller Gilmer,* 1961, S. 270 f.; *Groskurth,* 1974, S. 285).

3. Vorbereitung des Erhebungsinstruments

Von den drei in der empirischen Sozialforschung üblicherweise unterschiedenen Methoden der Befragung, der Beobachtung und des Experiments hat in der AZ-Forschung nur das erste Verfahren Bedeutung erlangt. Die Beobachtung, z. B. des Verhaltens am Arbeitsplatz, scheint nicht zur Gewinnung von Aufschlüssen über die AZ geeignet, da die vorherrschende Gestimmtheit eines Menschen im Verhalten unterschiedlich zum Ausdruck kommen kann (vgl. *Krech/Crutchfield,* 1974, S. 341, und *Neuberger,* 1974 a, S. 12). Experimentelle Verfahren wurden, wohl nicht

[5] Zuzugeben bleibt gleichzeitig, daß die Form der Untersuchung auch eine Funktion der verfügbaren Mittel ist.

zufällig, auf dem Gebiet der AZ-Forschung überhaupt noch nicht entwickelt (*Bruggemann/Groskurth/Ulich*, 1975, S. 64).

Im Rahmen der Befragungsmethode kann „direkt“ oder „indirekt“ vorgegangen werden. „Direktes“ Vorgehen kann dabei zweierlei bedeuten, entweder schon die Befragung unmittelbar der Personen, deren AZ erforscht werden soll (so das übliche Vorgehen, skizziert am Beispiel *Herzbergs* etwa bei *King*, 1970, S. 18 ff.) oder lediglich die offene Erwähnung des Untersuchungsgegenstandes in den betreffenden Fragen an diese Personen (*von Ferber*, 1959, S. 21, und *Linde*, 1967, S. 32 Fußnote 2). „Indirektes“ Vorgehen heißt dementsprechend der Verzicht auf die Erwähnung oder aber die Befragung Dritter. In der Literatur ist dabei offenbar meist an die Personalabteilung oder die Personalverantwortlichen gedacht, bei oder mit denen die Fluktuationszahlen, die Absenzenstatistik u. ä. ausgewertet werden (vgl. *Beer*, 1964, S. 34, und *Ballerstedt, u. a.*, 1975, S. 262 f.). Eine andere Möglichkeit besteht darin, die Vorgesetzten über die vermeintliche AZ ihrer Mitarbeiter zu befragen (vgl. *Kerr*, 1947, S. 366 ff.).

Allerdings drängen sich Zweifel an der Zuverlässigkeit von Kennzahlen des erwähnten Typs als AZ-Indikatoren auf, ganz abgesehen von der Frage, ob diese Daten in der Praxis genügend detailliert verfügbar sind. Erst recht scheint fraglich, ob Vorgesetzte die AZ ihrer Mitarbeiter zutreffend anzugeben vermögen. Das dürften die Hauptgründe für die Tatsache sein, daß sich die in diesem Sinne indirekten Verfahren in der AZ-Forschung nicht durchgesetzt haben (vgl. *Vroom*, 1964, S. 100).

Was unser eigenes Projekt betrifft, haben wir uns schon zu Beginn der Planung für die Befragung entschlossen, und zwar als mündliche und persönliche Erhebung; angesichts des komplexen thematischen Zusammenhanges wie einiger psychologisch heikler Punkte und wegen der unerläßlichen Spontaneität der Antworten fiel eine schriftliche Befragung außer Betracht[6].

Mit diesem Entscheid sind freilich die methodischen Schwierigkeiten, die sich einer adäquaten Erfassung des Untersuchungsgegenstandes in den Weg stellen, noch keineswegs beseitigt. Sie hängen eng mit den Grundproblemen zusammen, welche die empirische Sozialforschung immer dann charakterisieren, wenn sie über das bloße Sammeln abzählbarer Vordergrunddaten hinausgehen möchte, und die wir oben bereits skizziert haben (s. S. 38 - 41)[7].

---

[6] Als Kuriosum sei angemerkt, daß bereits *Marx* anno 1880 mit einer großangelegten schriftlichen Primärerhebung zur Arbeitssituation (trotz einer Beschränkung auf objektive Tatbestände) einen ausgesprochenen Mißerfolg erlitt (registriert bei *Blauner*, 1966, S. 473).

[7] Folgende Zitate enthalten ein paar Beispiele für Hinweise auf ein delikates Problem in der AZ-Forschung speziell, die Qualität der Antworten: *Vroom*,

Diese Arbeit bezweckt weder eine umfassende Erörterung noch gar eine allgemeingültige Lösung der methodischen Probleme bei AZ-Erhebungen. Wir beschränken uns darauf, in großen Zügen zu beschreiben, wie unser Erhebungsinstrument objektbezogen und unter Berücksichtigung der instrumentalen Erschwerungen entstand und zusammengesetzt ist.

Unter den Befragungsformen des strukturierten (standardisierten), des halbstrukturierten (halbstandardisierten) und des nichtstrukturierten (nichtstandardisierten) Interviews (vgl. *Atteslander*, 1975, S. 88 ff.) bot sich uns die erste Variante an, bei der sowohl die Frageformulierung wie die Frageanordnung für die Interviewer festgelegt sind[8]. Der Entscheid zugunsten dieser Form wurde im Interesse der Vergleichbarkeit und Auswertbarkeit der Antworten getroffen, zumal der Einsatz einer größeren Zahl von Interviewern notwendig wurde (s. u. Abschnitt 5). Unter dem Gesichtspunkt der Auswertbarkeit stand auch der Entscheid, ob die Fragen offen (d. h. ohne Antwortvorgaben) oder geschlossen (mit jeweils vorgegebenen Antwortpositionen) in die Erhebungsbogen aufzunehmen waren. Hier wählten wir einen Kompromiß, indem wir mehrheitlich geschlossene Fragen vorsahen, jedoch bei einem Fragenpaar die Antworten offen ließen. Eine Reihe von Fragen wurde durch Verbindung mit einer immer gleichbleibenden Antwortbatterie („Sehr zufrieden, zufrieden, ..., sehr unzufrieden") zur Basis für einen Index ausgestaltet. Mit Ausnahme dieser letzteren und einzelner weiterer Fragen wurden den Befragten die in den Erhebungsbogen vorgegebenen möglichen Antworten *nicht* vorgelegt. Die Interviewer hatten vielmehr die Aufgabe, die erhaltenen Antworten jeweils den passenden unter den vorgedruckten Antwortpositionen im Erhebungsbogen zuzuordnen.

Alle Fragen zum Inhalt des Untersuchungsgegenstandes bezogen sich entweder auf die gesamte AZ oder auf die Zufriedenheit mit einem der oben (S. 43) aufgeführten zehn Faktoren. Der Fragebogen für Mitarbeiter

---

1964, S. 275 (Gefahr mangelnder Übereinstimmung zwischen den Auskünften und der tatsächlichen Situation der Befragten); *Blauner*, 1966, S. 474 (gesellschaftlicher Zwang zufriedener Äußerung über die eigene Arbeit); *Kern/Schumann*, 1973, S. 184 (aus Prestigegründen Eingeständnis von AUZ vermieden); *Seashore*, 1973, S. 6 (verzerrte Antworten durch Selbsttäuschung); *Barbash*, 1976, S. 27 f. (ähnlich wie *Seashore*); *Neuberger*, 1974 a, S. 17 (Befragung nur Ausschnitt aus Verhaltensuniversum der Befragten), S. 22 ff. (Künstlichkeit der Befragungssituation); *Quinn/Staines/McCullough*, 1974, S. 52 (aus Gründen der Selbstachtung können Antworten zugunsten AZ verzerrt sein); *Bruggemann/Groskurth/Ulich*, 1975, S. 102 (Tendenz, „sozial erwünschte" Antworten zu geben). — Trotz dieser Vorbehalte geht kein Autor so weit, die Gewinnung von AZ-Auskünften durch Befragung abzulehnen; daran sei „kein Gedanke" (*Vroom*, 1964, S. 276).

[8] *Friedrichs* (1973, S. 208) unterscheidet zusätzlich zwischen Strukturierung (nur Fragefolge festgelegt) und Standardisierung (auch Frageformulierung vorgegeben).

wie auch der für Unternehmer bestand aus drei Teilen (s. Anhang, S. 514 ff.):

1. Teil („Fragen"): Qualitative Fragen zur gesamten AZ und zu den einzelnen Faktoren
2. Teil („Indexfragen"): Je eine Frage zu jedem Faktor sowie eine Frage zur gesamten AZ[9]
3. Teil („Kriterien"): Angaben zur Auswertung der Globaldaten nach spezifischen Gesichtspunkten, insbesondere dem der Einteilung in kleine und mittlere (gewerbliche) Betriebe einerseits und in große Betriebe andererseits

Wir haben also versucht, die AZ sowohl als komplexes Gesamtphänomen wie als Ergebnis des Zusammenwirkens der besagten zehn Determinanten zu operationalisieren, und zu jedem der elf Bereiche mehrere Fragen gestellt, um die Erscheinung von verschiedenen Seiten her einzukreisen und damit die Gefahr einseitiger oder unvollständiger Resultate zu vermindern. Auf diese Weise ist der Möglichkeit vorbeugend Rechnung getragen, daß die Ergebnisse einer AZ-Erhebung je nach Ausrichtung und Formulierung der Fragen unterschiedlich und somit auch unterschiedlich brauchbar sein können, eine Beobachtung, auf die in der Literatur verschiedentlich hingewiesen wird (vgl. *Linde*, 1967, S. 44; *Barbash*, 1976, S. 17, 23 f.; *Neuberger*, 1975, S. 70).

Vorgegeben waren für die Befragten die Bestimmungsfaktoren der AZ. Der Leser mag sich wundern, warum wir die Unternehmer und Mitarbeiter nicht selbst nach diesen Faktoren gefragt haben. Ein solches Vorgehen empfahl sich nicht, weil sich damit die Gefahr sozial normierter bzw. konventionsbestimmter Antworten ergeben hätte. Vor diesem Risiko wird in der Literatur ausdrücklich gewarnt (vgl. die Belege bei *Bruggemann/Groskurth/Ulich*, 1975, S. 91), und die Erfahrungen in unserem Pretest geben den Autoren recht.

---

[9] Dem Versuch, die AZ in Indexform zu messen, hat sich schon eine Reihe von Autoren gewidmet. Zu den bekanntesten Versionen zählen der „Tear Ballot for Industry" (*Kerr*, 1948), der „Index of Job Satisfaction" (*Brayfield/Rothe*, 1951), der „Need Fulfillment Questionnaire" (*Porter*, 1961, mit dem interessanten Versuch, die Bedürfniskategorien von *Maslow*, 1978, auf die AZ-Forschung zu übertragen), der „Job Descriptive Index" (*Smith u. a.*, 1963) und der „Minnesota Satisfaction Questionnaire" (*Scott, u. a.*, 1960, *Dawis/England/Lofquist*, 1964, und *Weiss*, u. a., 1967). Eine umfassende Auflistung der Verfahren zur Messung der AZ, die bis Ende der sechziger Jahre entwikkelt wurden, findet sich bei *Robinson/Athanasiou/Head* (1969).

Im deutschsprachigen Raum gibt es noch kaum eigenständige Meßinstrumente in Indexform; bemerkenswert sind immerhin die Weiterentwicklung amerikanischer Ansätze zur „Skala zur Messung der Arbeitszufriedenheit" durch *Fischer/Lück* (1972) und die Umgestaltung des erwähnten JDI zum „Arbeitsbeschreibungsbogen" durch *Neuberger* (s. *Neuberger*, 1975, und *Neuberger/Allerbeck*, 1978).

Was den Inhalt der Fragen betrifft, verlangt unsere Definition der AZ (s. o. S. 36) an sich eine Erfassung der individuellen Erwartungen ebenso wie die Ermittlung ihrer Erfüllung (bezüglich der arbeitsverbundenen Faktoren und insgesamt) in der Realität. Sollvorstellungen empirisch zu erheben, noch dazu mit Hilfe eines standardisierten Fragebogens, ist allerdings eine so heikle Aufgabe, daß in den meisten Untersuchungen darauf verzichtet wird, und zwar in der Annahme, die Erwartungsstruktur sei „implizit eher als Konstante" aufzufassen und die AZ damit faktisch lediglich von den einzelnen Merkmalen und der Gesamtgegebenheit der realen Arbeitssituation abhängig (*Bruggemann/Groskurth/Ulich*, 1975, S. 122). *Neuberger* lehnt die Erhebung von Sollgrößen sogar rundweg ab (1976 a, S. 5).

Das Problem ist uns bewußt, doch schien immerhin der Versuch lohnend, wenigstens mit einzelnen Fragen auch die Erwartungsseite anzugeben. Neun (von 66) Mitarbeiterfragen und sechs (von 44) Unternehmerfragen zielen daher auf die Erwartungen, Vorstellungen bzw. Wünsche der Befragten. Wir bleiben damit freilich trotzdem im Bereich einer Unterstellung. Sie besteht darin, daß wir annehmen, die Arbeitssituation habe einen größeren Einfluß auf die AZ als die Erwartungsstruktur (vgl. *Bruggemann/Groskurth/Ulich*, 1975, S. 124) bzw. die AZ-Auskünfte der Befragten berücksichtigten bereits auch Erwartungen (so *Neuberger*, 1976 a, S. 26). Dennoch durften wir auf die Auswertung unserer Fragen zur Sollseite gespannt sein.

Auch die Istseite läßt sich übrigens letztlich nicht in ihrer objektiven Realität, sondern nur in ihrer Wahrnehmung durch die Befragten erfassen (*Seashore/Taber*, 1975, S. 352).

Im Interesse der Vergleichbarkeit der Ergebnisse haben wir darauf geachtet, möglichst viele Fragen in den Erhebungsbogen für Mitarbeiter und für Unternehmer analog zu formulieren. Im Indexteil erstreckt sich die Analogie auf alle elf Fragen, im qualitativen Teil bei einer Gesamtzahl von 66 Mitarbeiter- und 44 Unternehmerfragen auf 42 Fragen. Aus naheliegenden Gründen sind bestimmte Fragen an Mitarbeiter für Unternehmer gegenstandslos und umgekehrt. Zudem haben wir den Erhebungsbogen für Unternehmer kürzer gehalten als denjenigen für Arbeitnehmer, um der in der Regel geringeren zeitlichen Belastbarkeit der Unternehmer Rechnung zu tragen und Interview-Abbrüche zu vermeiden (was in der Folge auch gelang).

Wie üblich wurde das Erhebungsinstrument einem Pretest unterzogen. Dieser zerfiel in unserem Fall in zwei Teile: Vor der Detailausarbeitung der Erhebungsbogen wurde anhand einer nur schwach strukturierten Frageliste eine Reihe von Gesprächen geführt. Sie ermöglichten es uns, den Rahmen abzustecken, innerhalb dessen die Erhebungsbogen inhaltlich und formal auszuformulieren waren, wollten wir nicht schon instrumental den Erfolg der Haupterhebung gefährden. Die Gespräche zeigten zum Beispiel, daß es nicht weit geführt hätte, die Befragten gerade heraus zu interviewen, wodurch ihre AZ bzw. AUZ zustande gekommen sei. Dieses Ergebnis veranlaßte uns (wie oben erwähnt), die AZ-Determinanten in den Erhebungsbogen vorzugeben.

Der zweite Teil des Pretests basierte dann auf den bereits ausformulierten Fragebogen. Da sich nur marginale Änderungsbedürfnisse herausstellten, konnte dieser Probelauf auf ein Dutzend Interviews beschränkt werden. Auch so ergaben sich schon erste materielle Aufschlüsse. Zum Beispiel erhielten wir bereits eine grobe Vorstellung von der Verteilung zufriedener versus unzufriedener Befragter.

4. Bildung der Stichproben

Das Schrifttum zur angewandten Statistik und zur empirischen Sozialforschung offeriert verschiedene Verfahren zur Gewinnung von Zufallsstichproben[10], also von Samples, bei denen jedes Element der Grundgesamtheit die gleiche Chance hat, in die Auswahl einbezogen zu werden. Aus Gründen, die in den folgenden Ausführungen ersichtlich werden, bot sich uns im Rahmen einer solchen Zufalls- oder Wahrscheinlichkeitsauswahl die Kombination zweier Techniken an.

Vor der Ziehung der Stichproben war jedoch ihr Umfang zu bestimmen. Die statistisch erforderliche Größe einer Stichprobe ist davon abhängig, ob es sich um einen homograden oder einen heterograden Fall handelt (*Kellerer*, 1963, S. 63 f.). Im homograden Fall hat jedes Element der Grundgesamtheit „eine und nur eine von ... sich gegenseitig ausschließenden Merkmalsausprägungen" (*Kellerer*, 1965, S. 116). Es geht also um Merkmale, „die entweder an einem Objekt vorhanden sind oder fehlen" (*Hengst*, 1967, S. 25), mit anderen Worten um ein Dichotomie-Phänomen (*Friedrichs*, 1973, S. 146). Dieser Fall kann in unserer Studie angenommen werden, indem ein Befragter mit seiner Arbeitssituation entweder zufrieden oder unzufrieden ist. Die Indifferenz („weder-noch") zwischen den beiden Polen deutet zwar auf einen dimensionalen Charakter unseres Forschungsgegenstandes hin, jedoch scheint aus operationellen Gründen eine Dichotomisierung vertretbar, wobei z. B. die Indifferenten den Unzufriedenen zugeordnet werden.

---

[10] Vgl. etwa *Kellerer*, 1963; *Mayntz/Holm/Hübner*, 1969, S. 68 ff.; *Phillips*, 1970, S. 326 ff.; *Chein*, 1972, S. 325 ff.; *Friedrichs*, 1973, S. 123 ff.; *Schrader*, 1973, S. 132 ff.; *Scheuch*, 1974, S. 1 ff.; *Adorno, u. a.*, 1975, S. 342 ff.; *Atteslander*, 1975, S. 232 ff.

Für die dichotomische Situation kann die erforderliche Stichprobengröße leicht nach folgender Formel bestimmt werden (*Kellerer*, 1963, S. 63; *Friedrichs*, 1973, S. 145):

$$n = \frac{t^2 PQ}{e^2}$$

Dabei bedeuten für unsere Studie:

n = Umfang der Stichprobe

t = gewünschter Sicherheitsgrad; er wird üblicherweise mit dem Parameter 2 in die Gleichung eingesetzt (für eine Sicherheit der Ergebnisse von 95,5 %)[11]

P = vermuteter Anteil der Befragten, die mit ihrer Arbeitssituation zufrieden sind

Q = vermuteter Anteil der Befragten, die mit ihrer Arbeitssituation unzufrieden (oder die indifferent) sind
(P und Q addieren sich zu 1)

e = tolerierter Fehler (Differenz zwischen dem Anteil P der Gesamtheit und dem Anteil p der befragten Stichproben, also P = p ± e)

Aus der Formel ergibt sich ein Zusammenhang, der in der Praxis immer wieder übersehen wird: Die Genauigkeit und damit Güte einer Stichprobe ist nicht abhängig von ihrem Anteil an der Grundgesamtheit, sondern lediglich von ihrem absoluten Umfang (bei gegebenem Homogenitätsniveau der Grundgesamtheit, *Kellerer*, 1965, S. 149).

Wenn wir aufgrund unserer Eindrücke aus dem Pretest (vgl. o. S. 48 f.) bei Arbeitnehmern einen Anteil von 80 % Zufriedenen und 20 % Unzufriedenen (oder Indifferenten) erwarten konnten und bereit waren, eine Standardabweichung des Stichprobenwertes vom tatsächlichen Wert (vgl. *Kellerer*, 1963, S. 63) in Höhe von ± 4 % zu akzeptieren, so errechnete sich folgende Stichprobengröße:

$$n_M = \frac{2^2 \cdot 0{,}8 \cdot 0{,}2}{0{,}04^2} = 400$$

Da aus wirtschaftlichen Gründen in jedem beteiligten Betrieb mehrere Mitarbeiter interviewt und die Betriebsinhaber ebenfalls einbezogen werden sollten, ließ sich von vornherein nur eine wesentlich kleinere Anzahl von Unternehmern zur Befragung einplanen. Das bedeutete den Zwang, einen kleineren Sicherheitsparameter oder einen größeren statistischen Fehler in Kauf zu nehmen. Bei der Entscheidung für eine Standardabweichung von ± 6 % und bei Vermutung eines höheren Anteils zufriedener Unternehmer im Vergleich zu Mitarbeitern aufgrund

---

[11] Eine sinnvolle inhaltliche Begründung dafür gibt *Scheuch* unter Berufung auf *R. A. Fisher* (*Scheuch*, 1974, S. 25 und S. 82, Fußnote 14).

unserer Pretest-Eindrücke (90 statt 80 %) ergab sich dann für die Betriebsinhaber folgende Stichprobengröße:

$$n_U = \frac{2^2 \cdot 0{,}9 \cdot 0{,}1}{0{,}06^2} = 100$$

Wenn diese Zahl klein scheint, ist zu berücksichtigen, daß wegen der Potenz im Nenner die Genauigkeit nicht proportional mit der Stichprobe vergrößert werden könnte; vielmehr wäre zur Verdoppelung der Genauigkeit (Halbierung des Fehlers) die Stichprobe zu vervierfachen. Der Besuch von mehr als 100 Betrieben kam aber angesichts der finanziellen Rahmenbedingungen von vornherein nicht in Betracht. Eine teilweise Kompensation der relativ großen Fehlertoleranz kann sich immerhin aus der Tatsache ergeben, daß bei kleiner Stichprobengröße die Zahl der sachlichen Fehler in Grenzen zu bleiben pflegt, die bei großem St-Umfang in der Regel erheblich ins Gewicht fällt (vgl. *Scheuch*, 1974, S. 26).

a) Auswahl der Betriebe

Das Adressenmaterial als Basis zur Auswahl der in die Erhebung einzubeziehenden Betriebe bezogen wir bei einer spezialisierten (privatwirtschaftlich organisierten) Agentur; das eigene Aufsuchen der Adressen im Firmenadreßbuch wäre wesentlich umständlicher und damit unwirtschaftlich gewesen. Die Qualität des Anschriftenmaterials erwies sich als vergleichbar mit derjenigen des Adreßbuches (s. unsere Bemerkung unten S. 53).

Die Sondierung der Listen ergab, daß die Zahl der Großbetriebe in der Holz- und auch der Metallbranche einen so kleinen Anteil an der Gesamtzahl der Betriebe ausmacht, daß bei der Ziehung der Stichprobe Betriebe nach dem Prinzip der uneingeschränkten Zufallsauswahl womöglich keine „Großen" ins Sample einbezogen worden wären. Daher entschlossen wir uns zur Schichtung (stratification) des Basismaterials in Gewerbebetriebe und Großbetriebe[12]. Innerhalb der Schichten wurden die Stichproben nach dem Zufallsprinzip gezogen.

Nachdem unser Augenmerk den Verhältnissen im Gewerbe gilt und dem Sample aus Großbetrieben lediglich eine Vergleichsfunktion zukommt (vgl. oben S. 43), entschlossen wir uns zu einer Aufteilung der oben errechneten Zahl von 400 zu befragenden Mitarbeitern in 350 „ge-

[12] In die Schicht der „Großen" nahmen wir bewußt nur die höchste Kategorie nach der Klassierung der Agentur auf (über 1000 Mitarbeiter bzw. über 2 Millionen Fr. Kapital), um möglichst „charakteristische" Großbetriebe zu beteiligen (das Vorgehen bleibt vereinbar mit unserer Definition, wonach [im Vergleich zu gewerblichen Firmen] bereits Unternehmen mit 200 und mehr Beschäftigten dieser Gruppe zuzurechnen sind; vgl. oben S. 26).

werbliche“ und 50 „großbetriebliche“ Arbeitnehmer. Auch die letztere Zahl liegt noch im Rahmen einer Größenordnung, die als Zufallsauswahl gelten darf und Rückschlüsse auf die Grundgesamtheit zuläßt (vgl. *Galtung*, 1967, S. 60, und *Mayntz/Holm/Hübner*, 1969, S. 76).

Bei der Bestimmung der Anzahl Betriebe, die diese Anzahl Interviews gewährleisten sollten, gingen wir davon aus, daß in jedem Betrieb nur während der Dauer eines Tages befragt werden durfte. Abgesehen von der Belastung der Betriebe, war für diesen Entscheid hauptsächlich die Überlegung maßgebend, daß die Unbefangenheit und Unvoreingenommenheit der zu Befragenden bei längerer Dauer der Aktion nicht mehr gesichert schien (etwa durch die Möglichkeit von Diskussionen des Vorhabens nach Feierabend, Erörterung mit Familienangehörigen usw.).

Aus dem Pretest war die Zahl zeitlich möglicher Interviews pro Tag und Betrieb mit acht bekannt. Andererseits galt es zu berücksichtigen, daß in den Kleinbetrieben auch bei einer Vollerhebung unter den in Frage kommenden Kandidaten nicht immer mit acht Interviewpartnern gerechnet werden konnte. Indem wir vorsichtigerweise von durchschnittlich fünf Mitarbeiter-Interviews ausgingen, benötigten wir etwa 70 gewerbliche Betriebe für die angesprochenen 350 Interviews. Bei den großen Unternehmen durften acht Interviews zugrunde gelegt werden; somit waren hier sechs Betriebe zu ziehen.

Von den in die Stichproben fallenden Betrieben durften wir keineswegs erwarten, daß alle ihr Einverständnis mit der Erhebung bekunden würden. Im Gegenteil konnten wir mit dieser Bereitschaft von vornherein nur bei einer Minderheit von Betrieben rechnen, und zwar wegen der möglichen Scheu der Angefragten vor dem zeitlichen Aufwand und allenfalls vor psychologischen Komplikationen im Zusammenhang mit dem Vorhaben. Wenn wir vorsichtigerweise mit einer Einverständnisquote von 10 bis 15 % *brauchbaren* gewerblichen Betrieben rechneten, mußten also etwa 560 Gewerbebetriebe gezogen und angeschrieben werden. Die Ausfälle sind oft aus methodischen Gründen schmerzlich (vgl. immerhin unsere Bemerkungen auf S. 54 ff.), aber angesichts der praktischen Gegebenheiten in jeder Erhebung unvermeidlich (freilich wird in vielen Untersuchungen nicht präzise Rechenschaft darüber abgelegt). Das skizzierte „Oversampling“ gilt als das beste Verfahren zur Kompensation der Ausfälle (*Fritschi/Meyer/Schweizer*, 1976, S. 155).

Von der Agentur lagen uns für die deutschsprachige Schweiz (auf sie war die Erhebung zu beschränken) für die Holz- und die Metallbranche gut 11 000 Adressen vor. Aus ihnen zogen wir, beginnend mit einer Zufallszahl, jede 20. Anschrift. Die so ermittelten 564 Betriebe wurden angeschrieben und gebeten, auf einem beigefügten Talon ihr Einverständnis mit der Erhebung sowie die Zahl der in Frage kommenden Interviewpartner bekanntzugeben (Zirkular und Talon finden sich im Anhang). In der Folge registrierten wir 185 Posteingänge (= 32,8 %, eine durchaus befriedigende Rücklaufquote), von denen aber nur 78 (= 13,8 %) brauchbar waren; sie wurden lückenlos in die Erhebung einbezogen[13]. Die übrigen Eingänge verteilten sich wie folgt:

Kleinstbetriebe	54
Erloschene Firmen (gemäß Zustellvermerk der Post)	38
Absagen	13
Verspätungen	2
	107

Als Kleinstbetriebe wurden Firmen ausgeschieden, bei denen der Inhaber gemäß Talon-Angabe lediglich einen einzigen Mitarbeiter beschäftigte, weil in diesen Fällen ein Teil der Erhebung gegenstandslos wurde, und zwar derjenige hinsichtlich der Beziehungen zu Arbeitskollegen. Die Mindestgröße der einbezogenen Betriebe liegt also bei drei Personen (Inhaber und zwei Mitarbeiter).

Die erloschenen Firmen (s. obige Aufstellung) figurierten außer auf der erhaltenen Adressenliste auch noch im Firmenadreßbuch, was als Indiz dafür gelten darf, daß das verwendete Anschriftenmaterial bezüglich der Aktualität und damit Qualität dem Adreßbuch nicht nachstand.

Die vereinzelten Absagen entsprangen in der Tat den vorher vermuteten Beweggründen (s. o. S. 52), nämlich psychologischen Bedenken (die Mitarbeiter könnten durch die Befragung veranlaßt werden, kritisch über ihre Tätigkeit nachzudenken...) und der fehlenden Bereitschaft, Arbeitszeiteinbußen zugunsten der Interviews hinzunehmen (einzelne Unternehmer hätten im Falle der Vergütung der ausgefallenen Arbeitszeit zugesagt). Immerhin: Die Zahl der ausdrücklichen Verweigerungen war mit dreizehn sehr klein.

Damit stand die Stichprobenschicht „Gewerbebetriebe" fest, und es blieb die Schicht „Großbetriebe" zu bestimmen. Diese Firmen waren ihrerseits nach den beiden Branchen separat zu ziehen, damit eine einigermaßen gleiche Beteiligung gewährleistet wurde, obwohl (nach der obersten Kategorie des Adressenmaterials) 7 Großbetrieben der Holzbranche 99 der Metallbranche gegenüberstanden (gesamthaft verhält sich die Zahl der Betriebe in den beiden Branchen etwa wie 2 : 1 zugunsten der Holzbranche; vgl. die unten auf S. 55 vorgenommene Kon-

[13] Die reagierenden Betriebe antworteten nicht alle auf Anhieb, sondern teilweise nach Mahnungen, telefonischen Rückfragen usw. Wir können auf eine Beschreibung von weitergehenden Einzelheiten verzichten, weisen aber darauf hin, daß alle Aktivitäten im Zusammenhang mit der Gewinnung der Stichprobe Betriebe unter Beachtung des Zufallsprinzips erfolgten.

trolle der Stichproben). Da hier das wenig umfangreiche Adressenmaterial besser vor der Ziehung bereinigt werden konnte (z. B. durch Streichung von Mehrfachadressen bei Unternehmen mit Filialen), da ferner der Aufwand durch die acht Interviews für die Betriebe weniger ins Gewicht fiel und diese schließlich individuell angeschrieben werden konnten, durften wir eine wesentlich höhere Nettorücklaufquote erwarten und planten auf der Basis von 50 %. Somit waren zwölf Betriebe zu ziehen und anzuschreiben, außer den sieben erwähnten Holzbetrieben fünf Metallbetriebe (wiederum jeder 20. der angesprochenen 99 Firmen dieser Branche). Wir erhielten die Zusage von sieben der zwölf Unternehmen (= 58,3 %, mit zwischen 235 und 1835 Beschäftigten) und konnten sie in der Folge alle in die Erhebung einbeziehen.

Eine Beurteilung der beiden Schichtstichproben wird bei der Nettorücklaufquote ansetzen. Insbesondere die Quote von 13,8 % bei den Gewerbebetrieben (14,8 % bei beiden Stichproben zusammen) wird den Betrachter veranlassen, einen Bias zu befürchten, namentlich in dem Sinne, daß nur überdurchschnittliche Betriebe mit aufgeschlossenen und ihrer Sache sicheren Chefs ihre Teilnahmebereitschaft erklärt hätten oder daß Metallbetriebe überproportional vertreten wären, nachdem die Holzbranche in einem verbreiteten Klischee als „konservativer" gilt.

Beiden Vorbehalten sind wir bei der Prüfung unserer Stichprobe nachgegangen. Dabei stellte sich bezüglich der „Qualität" der zustimmenden Betriebe heraus, daß sie offenbar keine auffällige Elite repräsentieren. Vielmehr erfuhren wir aus erster Hand von den Interviewern, um das hier vorwegzunehmen, sie hätten Unternehmer durchaus unterschiedlichen Formats und mit unterschiedlichen Motiven für die Teilnahme an der Erhebung angetroffen, von im Grunde reservierter Haltung über schlichte Unbefangenheit, Verständnis für unser Anliegen ohne innere Beteiligung bis zu spontanem Eigeninteresse. Zudem wurden auch Unternehmen aller Schattierungen angetroffen, von mangelhaft organisierten Grenzbetrieben über altväterisch geführte Traditionsfirmen bis zu vorbildlich anmutenden Erfolgsbetrieben. Dabei hing die „Qualität" der Betriebe — immer nach den Eindrücken der Interviewer — nicht mit der Betriebsgröße zusammen.

Hinsichtlich der befürchteten Überrepräsentanz der Metallbetriebe drängte sich ein Vergleich der Anfrage- mit den Einverständnisquoten auf (s. Tab. S. 55 oben).

Die zustimmenden Betriebe verteilen sich exakt im gleichen Verhältnis auf die beiden Branchen wie die angefragten. Somit ist die Nettorücklaufquote, die der Einverständnisquote entspricht, in beiden Branchen gleich, und keine ist im realisierbaren Sample übervertreten, wenn man dieses der ursprünglich gezogenen Stichprobe gegenüberstellt.

Vergleich angefragte und zustimmende Betriebe

	Angefragt		Einverstanden	
	abs.	%	abs.	%
Holzbetriebe	372	64,6	55	64,7
Metallbetriebe	204	35,4	30	35,3
Summe	576	100,0	85	100,0

Indessen ist dieser Test abschließend erst durch einen Vergleich der realisierbaren und realisierten Stichprobe mit der Grundgesamtheit möglich. Ihm stellen sich freilich Schwierigkeiten in den Weg, die vor allem in mangelnder Vergleichbarkeit der fraglichen Daten begründet sind. Mit dieser Einschränkung ergibt sich folgendes Bild:

Vergleich Stichprobe und Grundgesamtheit nach Branchen

	Grundgesamtheit Betriebe[a)]		Realisierte Stichprobe Betriebe[b)]	
	abs.	%	abs.	%
Holzbranche[c)]	8 026	63,7	55	64,7
Metallbranche[c)]	4 569	36,3	30	35,3
Summe	12 595	100,0	85	100,0

a) Daten gem. *Eidg. Statist. Amt* (Hrsg.): Eidg. Betriebszählung 1975, Band 1, S. 56 f., 96 („Arbeitsstätten").
Ganze Schweiz, ohne 1-Mann-Betriebe und mit 50 % der 2 - 3-Mann-Betriebe.
Positionen Holzbranche: 2611 - 2614, 2621 - 2623, 2641 - 2646, 265, 2660, 4014.
Positionen Metallbranche: 3431 - 3433, 341, 342 (ohne 3428), 343 (ohne 3431 - 3433).
Die Positionen wurden im Sinne möglichst guter Vergleichbarkeit mit unserem Adressenmaterial (Basis der Stichprobe) ausgewählt.

b) Nur deutschsprachige Schweiz, ohne 1- und 2-Mann-Betriebe.

c) Die Aufteilung nach Branchen wird nur hier zur Stichprobenprüfung vorgenommen; in der materiellen Auswertung (s. u. Teile II und III) wird sie uns nicht beschäftigen.

Wenn auch — entgegen der oben geäußerten Vermutung — die Metallbranche in der Stichprobe ganz leicht unterrepräsentiert zu sein scheint, kann doch nach diesem Vergleich festgestellt werden, daß die Proportionen „stimmen“ dürften. Für ein differenzierteres Urteil drängt sich die Mitberücksichtigung der Betriebsgrößen auf:

Vergleich Stichprobe und Grundgesamtheit nach Betriebsgrößen und Branchen

			Grundgesamtheit Betriebe[a)]		Realisierte Stichprobe Betriebe[b)]	
			abs.	%	abs.	%
1	Kleinbetriebe (3 - 19 Besch.)	Holz	7 364	58,5	36	42,4
		Metall	3 838	30,5	18	21,2
		Summe	11 202	89,0	54	63,6
2	Mittelbetriebe (20 - 199 Besch.)	Holz	659	5,2	16	18,8
		Metall	650	5,2	8	9,4
		Summe	1 309	10,4	24	28,2
3	Gewerbl. Betriebe (1 + 2)		12 511	99,4	78	91,8
4	Große Betriebe (200 und mehr Besch.)	Holz	3	0,0	3	3,5
		Metall	80	0,6	4	4,7
		Summe	83	0,6	7	8,2
5	Alle Betriebe (3 + 4)		12 594	100,0	85	100,0

a) und b): Siehe Fußnoten zur Tabelle oben.

Wenn die Übersicht den Eindruck einer Unterrepräsentanz der gewerblichen Betriebe in der Stichprobe im Vergleich zur Grundgesamtheit vermittelt, so ist dies eine Folge der Schichtung, die ja bewußt gerade mit dem Ziel vorgenommen wurde, eine angemessene Beteiligung von Großbetrieben zu gewährleisten (vgl. oben S. 51; bei Verzicht auf die Schichtung wären — im Falle guter Entsprechung von Stichprobe und Grundgesamtheit — nur zwei Großbetriebe und damit lediglich 16 Arbeitnehmer dieser Gruppe in die Erhebung einbezogen worden).

Von dieser eingeplanten Abweichung abgesehen, bleibt festzustellen, daß der Anteil der Kleinbetriebe in der Stichprobe im Vergleich zur Grundgesamtheit zu tief sein dürfte, während umgekehrt die Mittelbetriebe wohl zu stark vertreten sind. Diese Verschiebung geht in beiden Größenklassen überwiegend auf das Konto der Holzbetriebe; die Metallfirmen in der Stichprobe entsprechen der Grundgesamtheit etwas besser. Die Abweichungen können im übrigen durchaus größer scheinen, als sie in Wirklichkeit sind; denn eine möglicherweise bestehende bessere Entsprechung ist vielleicht durch Störfaktoren verschleiert, z. B. durch folgende:

— Die einbezogenen Positionen der Betriebszählung decken sich trotz aller Sorgfalt beim Vorgehen nicht vollkommen mit den im Adressenmaterial enthaltenen Gruppen.

— Der Anteil der 3-Mann-Betriebe ist nicht 50 % der Kategorie „Betriebe mit 2 - 3 Beschäftigten" gemäß Betriebszählung.

— Die Relationen sind in der deutschsprachigen Schweiz anders als in den übrigen Landesteilen.

Diese Faktoren bedeuten also u. U. eine nur scheinbare „Verzerrung" der Stichprobe, während eine echte Verzerrung dann vorliegen würde, wenn z. B. im Adressenmaterial zu wenig Kleinbetriebe enthalten waren oder wenn die Einverständnisquote der Kleinbetriebe tiefer lag als die der mittleren Unternehmen. Jedoch ergaben sich dafür keine Anhaltspunkte. Welche Gründe letztlich für die Abweichungen maßgeblich sind, läßt sich allerdings nicht sicher bestimmen. Dagegen darf u. E. festgehalten werden, daß, obwohl keine volle Übereinstimmung zwischen Stichprobe und Grundgesamtheit zu bestehen scheint, die Abweichungen — auch in Anbetracht der begrenzten absoluten Zahl Betriebe des Samples — in einer Größenordnung bleiben, die es rechtfertigt, bei der Stichprobe von einem befriedigenden Abbild des Universums zu sprechen. Wir haben bei aller Sorgfalt des Vorgehens größere Diskrepanzen erwartet. Ein weitergehender Test auf Übereinstimmung, z. B. durch eine Prüfung der Ortsgrößenverteilung, erwies sich aber mangels Basisdaten als nicht realisierbar.

b) Auswahl der zu befragenden Personen

Nachdem wir über eine Schichtung die beiden Stichproben „Betriebe" gewonnen hatten, galt es innerhalb der Firmen, wiederum nach dem Zufallsprinzip, die zu befragenden Personen auszuwählen. Insofern wurden die Methoden der Schichtung und des zweistufigen Vorgehens (two-stage-sampling) kombiniert (vgl. unsere Bemerkung auf S. 49); die Zweistufigkeit besteht darin, daß zunächst die Betriebe (Primäreinheiten), dann in den Betrieben die Interviewpartner (Sekundäreinheiten) gezogen wurden. Die Zufallsauswahl entfiel freilich in denjenigen gewerblichen Firmen, wo außer dem Unternehmer nicht mehr als sieben Mitarbeiter für die Erhebung in Frage kamen, da höchstens acht Interviews pro Betrieb vorgesehen werden konnten (s. o. S. 52).

Ebenso erübrigte sich natürlich eine Zufallsauswahl hinsichtlich der Unternehmer, da im Regelfall ein einziger Unternehmer die Geschicke des gewerblichen Betriebes lenkt; in einzelnen Fällen teilen sich zwei in diese Funktion. Im übrigen wurden nur Personen als Unternehmer in die Befragung einbezogen, die voll im Betrieb tätig und mit mindestens 25 % finanziell an der Firma beteiligt sind (die entsprechenden Angaben wurden bereits auf dem Einverständnistalon verlangt; siehe Anhang). Diese Anforderungen entsprechen unserer Definition gewerblicher Betriebe (s. o. S. 26).

Die in Frage kommenden Mitarbeiter (zu den nicht berücksichtigten Kategorien s. o. S. 44) wurden, sofern ihre Zahl sieben (bzw. sechs bei zwei Unternehmern) überschritt, in den Betrieben anhand der Personalkartei oder -liste ausgewählt, indem jeder x-te dieser Mitarbeiter einbezogen wurde, wobei

$$x = \frac{N_{Betr}}{7} \text{ bzw. } \frac{N_{Betr}}{6}$$

(N_{Betr} = Grundgesamtheit der in Frage kommenden Mitarbeiter des betreffenden Betriebes).

Verweigerungen kamen in der Folge nicht vor. Bei trotzdem entstehenden Ausfällen durch Absenzen rückte der nächste Mitarbeiter gemäß Kartei oder Liste als Interviewpartner nach.

Aufgrund dieses Vorgehens ergab sich die Verteilung der Befragten gemäß Tabelle S. 59.

Es erwies sich, daß unser Plan (s. o. S. 52) realistisch war, wonach in gewerblichen Firmen wegen der begrenzten Betriebsgrößen im Durchschnitt fünf Mitarbeiter sowie der Unternehmer befragt werden konnten, während für die großen Betriebe acht Beschäftigte am Tag für Interviews vorgesehen werden durften.

Im übrigen war es weder möglich noch sinnvoll, die Zusammensetzung der zweiten Stufe der Stichprobe, d. h. die Gruppe der zu befragenden Personen durch einen Vergleich mit der Grundgesamtheit der Beschäftigten in den beiden Branchen zu prüfen, weil die Zahl der Interviewpartner auf acht pro Betrieb beschränkt war. Doch glauben wir, daß auch dieser Teil der Stichprobe den Anforderungen an eine Zufallsauswahl im Rahmen der überhaupt gegebenen Möglichkeiten genügt. Damit

Verteilung der Interviewpartner nach Betriebsgrößen und Branchen

			Anzahl Betriebe	Anzahl Unter-nehmer	Anzahl Mitarbeiter
1	Kleinbetriebe (3 - 19 Besch.)	Holz	36	42	129
		Metall	18	19	71
		Summe	54	61	200
2	Mittelbetriebe (20 - 199 Besch.)	Holz	16	8	114
		Metall	8	8	37
		Summe	24	16	151
3	Gewerbl. Betriebe (1 + 2)		78	77	351
4	Große Betriebe (200 und mehr Besch.)[a]	Holz	3	—	23
		Metall	4	—	31
		Summe	7	—	54
5	Alle Betriebe (3 + 4)		85	77	405

a) Hier konnten keine Unternehmer befragt werden; zur Begründung s. S. 43.

dürfte das Sample im ganzen dem Projektzweck entsprechen. Durch die ausführliche Beschreibung haben wir im Gegensatz zu anderen empirisch fundierten Publikationen dem Leser erlaubt, das Vorgehen bei der Ziehung der Stichprobe nachzuvollziehen und sich von der gebotenen Sorgfalt im Procedere zu überzeugen.

5. *Durchführung, Kontrolle und Auswertung der Erhebung*

Nicht weniger wichtig als die Bestimmung der Stichprobe ist eine einwandfreie Durchführung der Erhebung selber, von der Auswahl und Instruktion der Interviewer über die Befragung bis zur Prüfung des gewonnenen Materials vor der Computereingabe. Uns will scheinen, daß vor lauter mathematisch überhöhter Feinmechanik namentlich in den Bereichen der Sample-Bildung und der Datenprogrammierung auf dem eminent praktischen Gebiet der Datengewinnung vielfach elementare Schnitzer begangen werden, indem man zum Beispiel psychologische

Grundregeln ignoriert, weil sie nicht in die Lehrbücher der empirischen Sozialforschung Eingang gefunden haben. Es versteht sich, daß in solchen Fällen der mühsam begründeten statistischen Präzision bloßer Scheincharakter zukommen kann, da in Wirklichkeit „praktische" Mängel die Konturen des Bildes — freilich für den Betrachter unsichtbar — verzerren (vgl. *Raithel*, 1976, S. 48 f.). Wir haben uns daher bemüht, auch im Bereich der Durchführung gravierende Schwächen zu vermeiden; ein großer Schritt in diese Richtung ist bereits getan, wenn man sich die Gefahren am Wege zumindest vergegenwärtigt.

Die Vorsicht hatte bereits bei der Selektion der Interviewer zu beginnen: Es war nach Kräften sicherzustellen, daß sie ein Mindestmaß an Motivation mitbrachten und seriöses Vorgehen erwarten ließen. Wir entschieden uns für den Einsatz von Studenten. Sie geben in der Regel die besten Interviewer ab (*Schrader*, 1973, S. 116) und waren für uns an der Hochschule St. Gallen gut erreichbar. Folgende Voraussetzungen wurden eingeplant:

— Studienrichtung, die mehr Motivation als Interesse an der Nebeneinnahme verhieß (z. B. Personalwesen, Wirtschaftspädagogik, Organisation)
— Höheres Semester (nach Abgabe der Diplomarbeit)
— Schweizerdeutsch als Muttersprache
— Männlich.

Auf den ersten Blick mag dieser Katalog etwas bunt anmuten. Hinter jedem Kriterium stehen aber ernsthafte Überlegungen: Die Studienrichtung schien uns nicht gleichgültig zu sein, weil wir Studenten mit einigem Sinn für das Projekt suchten, ohne daß sie indessen hinsichtlich des spezifischen AZ-Themas „vorbelastet" waren. Das Kriterium der Diplomarbeit sollte ein wirtschafts- und sozialwissenschaftliches Mindestniveau gewährleisten. Gegenüber dem Postulat, ein Interviewer müsse ein möglichst dummer Abfrageautomat sein, sind wir im übrigen skeptisch; denn das Gebot neutralen Verhaltens setzt, so scheint uns, nicht minimale Intelligenz voraus.

Unmittelbar einleuchten dürfte das Kriterium der Muttersprache, das dem psychologischen Bereich zuzuordnen ist. Dies gilt auch für die letzte der genannten Voraussetzungen: Wir konnten nicht sicher sein, daß der Familienvater als „durchschnittlicher" Interviewpartner (nur Männer wurden befragt, s. o. S. 44) sich gegenüber einer jungen Frau, die er noch dazu aus seiner Sicht sozial höher einzustufen hatte, offen und ohne Verstellung äußern würde. Hier mußten wir bestehenden Klischeevorstellungen wie Rollenverhaltensmustern, ohne diese zu bewerten, schlicht Rechnung tragen. Die Unbefangenheit der Interviewpartner konnte in vermindertem Maße auch gegenüber männlichen Interviewern in Frage stehen, sofern diese in ihrer Aufmachung wie ihrem Auftreten bestimmte negativ besetzte Stereotype von Studenten zu verkörpern schienen. Das äußere Erscheinungsbild und das erkennbare Verhalten fanden daher bei der Auswahl zusätzliche Beachtung.

Andererseits wurden angemessene Honorare ausgerichtet, und zwar bewußt in Abhängigkeit von der Einsatzzeit statt von der Anzahl Befragungen (obwohl ansonsten das Akkordsystem, längst als unzulänglich in diesem Bereich erkannt, noch immer weit verbreitet ist).

Die Einsatzzeit wurde zur Vermeidung von Abstumpfungseffekten und Interesseschwund mit drei Tagen je Interviewer vorgesehen, was den Besuch von in der Regel drei, in Ausnahmefällen vier Betrieben bedeutete. Aus einer großen Zahl von Bewerbungen wurden daher unter den skizzierten Kriterien 25 Befrager ausgewählt; zusätzlich beteiligte sich der Projektbearbeiter selber als Interviewer. (In der Folge erreichten die Befrager im Durchschnitt 19 Interviews in drei Betrieben.)

An einer gemeinsamen Sitzung wurden die Interviewer in ihre Aufgabe eingeführt. Die Instruktion umfaßte das Vorgehen in den Betrieben, den (unverfänglichen) „Einstieg" in die Interviews, das Verhalten während der Befragungen, die Anforderungen hinsichtlich der Vertraulichkeit und das Verhalten bei allfälligen Schwierigkeiten. Zusätzlich erhielten die Befrager eine schriftliche Wegleitung (s. Anhang) mit den Grundregeln für die Erhebung und Einzelinformationen zu den Fragebogen. Anschließend wurden zur Demonstration Probe-Interviews zwischen Sitzungsteilnehmern durchgeführt.

Um keine Versuchung zu Fälschungen aufkommen zu lassen, kündigten wir sodann eine zweifache Kontrolle an, erstens eine Reihe von Zusatzerhebungen durch den Projektleiter in den beteiligten Betrieben und zweitens eine Nachprüfung anhand des verbalen Rechenschaftsberichtes mit Kommentar zur Erhebung, die den Interviewern zu jedem besuchten Betrieb auferlegt wurden. Diese Berichte versprachen zudem eine willkommene Ergänzung des erhobenen Datenmaterials und Hinweise für die Auswertung.

Die Betriebe wurden sodann den Interviewern aus psychologischen Überlegungen möglichst so zugeteilt, daß die regionale Herkunft der Befrager mit der Standortregion „ihrer" Betriebe übereinstimmte (also Einsatz der Studenten aus dem Kanton Bern im nämlichen Kanton usw.). Die Unternehmer baten wir anläßlich der Terminabmachung, von der bevorstehenden Erhebung bei ihren Mitarbeitern einstweilen nichts verlauten zu lassen, um die Unbefangenheit der Befragten im größtmöglichen Ausmaß zu gewährleisten.

Dank diesem behutsamen Vorgehen, offensichtlichem Geschick im Auftreten der Interviewer und wohl auch einem Quantum Glück sahen sich während der Erhebung nur zwei Befrager in je einem Betrieb zunächst mit Vorbehalten der zu befragenden Mitarbeiter konfrontiert, die sie in der Folge aber abzubauen vermochten.

Ebenso wichtig scheint uns, daß die Erhebung zu einem konjunkturneutralen Zeitpunkt durchgeführt werden konnte. An sich denkbare Verzerrungen der Ergebnisse durch konjunkturelle Einflüsse dürfen daher nach beiden Seiten ausgeschlossen werden. Auch das Datenmaterial selbst scheint uns diese Annahme zu rechtfertigen[14]. Ebenso wurde die Vermutung von den Studenten selbst in ihren Rechenschaftsberichten nach der Befragungsaktion gestützt.

Damit wenden wir uns der Kontrolle der Erhebung zu. Mit Hilfe der besagten Berichte und einer Einzelnachprüfung aller 482 abgelieferten Erhebungsbogen (auch im Hinblick auf die EDV-Auswertung) durch den Projektleiter konnten wir uns vom sorgfältigen Vorgehen der Interviewer überzeugen. Diese Tatsache kommt namentlich darin zum Ausdruck, daß kein einziger Erhebungsbogen, etwa wegen mangelhaften Ausfüllens, ausgeschieden werden mußte. Andererseits bestätigten die Interviewer die Brauchbarkeit der Fragebogen, vor allem bezüglich der Verständlichkeit, der Vollständigkeit (z. B. gute Abdeckung der erhaltenen Antworten durch die vorformulierten Antwortpositionen, denen die Auskünfte zuzuordnen waren) und der Motivierungskraft (z. B. kein Nachlassen des Interesses der Befragten gegen Schluß des Interviews). Im Hinblick auf die Vergleichbarkeit der Antworten gelang es den Interviewern in umfassender Weise, äußere Störfaktoren auszuschalten. So wurden nur ausnahmsweise Befragungen am berüchtigten Montag durchgeführt (vgl. *Neuberger*, 1974 a, S. 17 f.), Drittpersonen während der Befragung ausgeschlossen und Interviews in der Wohnung der Befragten vermieden (vgl. *Pfeil/Friedrichs*, 1965, S. 1877 f.).

Nicht mit vergleichbarer Schlüssigkeit zu beantworten ist freilich die schon mehrfach angesprochene Frage der Ehrlichkeit der Antworten, namentlich wenn es um das Eingeständnis von AUZ geht. Insbesondere kann diese Frage in den erwähnten beiden Fällen nicht leichter Hand beiseite geschoben werden, wo die Interviewpartner zunächst Skepsis gegenüber der Befragung erkennen ließen. Immerhin äußerten sich auch auf unsere Frage nach den Eindrücken bezüglich der Ehrlichkeit der erhaltenen Angaben die Interviewer durchweg optimistisch.

---

[14] Wenn andererseits der Eindruck entstehen sollte, die Aktualität unserer empirischen Informationen habe seit der Erhebung eine Einbuße erlitten, so dürfen wir an die Zielsetzung unserer Studie erinnern, wonach es uns weniger um die Zeitablaufbetrachtung geht (dazu wäre ohnehin ein Längsschnitt angezeigt gewesen) als um die vergleichende Analyse im Querschnitt eines Phänomens, das kaum in kurzer Zeit eine fundamentale Verschiebung seiner Ausprägungen erfahren dürfte (vgl oben S. 44).

Wenn trotzdem Vorbehalte bestehen bleiben, glauben wir doch, die heute gegebenen methodischen und prozeduralen Chancen voll ausgeschöpft zu haben; der mögliche unbewältigte Rest liegt unseres Erachtens jenseits der derzeitigen Grenzen der empirischen Sozialforschung.

Die EDV-Auswertung der Daten wurde nach unseren Anweisungen am Rechenzentrum der Hochschule St. Gallen mit Hilfe eines speziell für diese Studie erarbeiteten Programms durchgeführt. Hinsichtlich unseres AZ-Index (s. o. S. 47) wählten wir die Form der Likert-Skala, und zwar mit Abstufungen von fünf Punkten für die Nennung „sehr zufrieden" bis zu einem Punkt für die Nennung „sehr unzufrieden". Diese Skala darf als üblich bezeichnet werden (vgl. *Neuberger*, 1974 a, S. 96. Die jüngsten uns bekannten Beispiele in diesem Sinne finden sich bei *Hofstede*, 1976, S. 10, und *Steinmann/Kumar*, 1976, S. 90; zu einigen „klassischen" Versionen eines AZ-Index erinnern wir an unsere Fußnote 9, S. 47).

Die Auswertung aller Daten haben wir unter Verwendung geeigneter statistischer Prüf- und Darstellungsverfahren vorgenommen. Dazu zählen namentlich der Signifikanztest und die Korrelationsanalyse. Einschränkend ist dabei anzufügen, daß ein Nachweis von Signifikanz und Korrelation lediglich statistische, nicht aber materielle Bedeutung hat. Ermittelt wird nurmehr, ob ein nicht bloß zufälliger Zusammenhang zwischen zwei Datengruppen besteht (Signifikanz) bzw. wie stark dieser Zusammenhang ist (Korrelation). Über den inhaltlichen Kontext sagen diese Größen nichts aus (vgl. *Schrader*, 1973, S. 166, 171, und *Kriz*, 1973, S. 242), eine Tatsache, auf die in der Literatur zur empirischen Sozialforschung nicht immer mit der wünschenswerten Deutlichkeit hingewiesen wird. Immerhin ist es aber von großer Bedeutung zu wissen, ob und allenfalls in welcher Stärke der besagte Zusammenhang besteht und nicht lediglich ein Zufallsprodukt ist. Nur mit dem Signifikanztest z. B. ist schließlich eine quantitative Prüfung der Hypothesen möglich.

Andererseits fragt sich, ob dasjenige Material als für die Interpretation wertlos einzuschätzen ist, das solchen Tests nicht genügt. Im Schrifttum sind die Meinungen dazu geteilt. Mit einigen modernen Autoren (z. B. *Friedrichs*, 1973, S. 392, und *Scheuch*, 1974, S. 78) halten wir es für sinnvoll, im Zweifelsfall auch dieses Material in die Betrachtung einzubeziehen statt von vornherein zu ignorieren[15].

---

[15] Bei *Scheuch* scheint sich diese Haltung aus seiner prinzipiellen Skepsis gegenüber dem Wert des Signifikanztests zu ergeben; er greift (1974, S. 78 f.) jedenfalls die Zweifel von *Selvin* (1957, S. 526 ff.) wieder auf, ob dieser Test überhaupt zur Prüfung der Bedeutsamkeit von statistischen Massen verwendet werden darf. So weit möchten wir unsere eigenen Vorbehalte indessen nicht treiben.

Diese Auffassung entspricht nicht zuletzt unseren mehrfach betonten Vorbehalten gegenüber der *nur* quantitativen Sicht sozialwissenschaftlicher Phänomene, die hier darin zum Ausdruck käme, daß lediglich Daten der Beachtung für würdig befunden werden, die ihre methodische Absegnung in Form eines bestandenen Signifikanztests erfahren haben. Der Schritt, so scheint uns, von methodischer Sorgfalt zur Beckmesserei ist nicht überaus groß und rasch vollzogen, ein Fehler, der häufig gemacht wird, obwohl er offenbar bereits eine lange Vergangenheit hat. Nicht umsonst kritisierte schon *Goethe* die Puristen des Quantitativen:

„Was ihr nicht faßt,
das fehlt euch ganz und gar,
was ihr nicht rechnet,
glaubt ihr, sei nicht wahr.
Was ihr nicht wägt,
hat für euch kein Gewicht;
was ihr nicht münzt,
das, glaubt ihr, gelte nicht."

Im Zusammenhang mit diesen Überlegungen drängt sich am Schluß des ersten Teils dieser Studie, der theoretischen und methodischen Fundierung, ein letzter Hinweis auf. Er betrifft einen ebenfalls alten Streit, und zwar den um die Wertfreiheit oder Wertgebundenheit der Sozialwissenschaften. Es kann nicht unser Ziel sein, diese Auseinandersetzung um ein weiteres Extempore zu bereichern. Doch sei unser Standpunkt klar bestimmt: Auf dem Gebiet der Datenerfassung und -darstellung verheißen ernsthafte Anstrengungen um wertfreies Vorgehen Aussicht auf Erfolg, und wir haben darum allen Grund, diese zu unternehmen. Hingegen halten wir den Glauben an wertfreie Schlußfolgerungen insbesondere im Hinblick auf Beeinflussungsmaßnahmen schlicht für eine Illusion (vgl. *Friedrichs*, 1973, S. 404, und *Schmid*, 1978, S. 37). Zudem sehen wir nicht, warum sie anzustreben wäre, warum mit anderen Worten der Forschende „blind gegen Ziele und Werte" (*Einstein*, 1972), warum er „durch eine eklatante Blindheit gegenüber der Sinnfrage ausgezeichnet" (*Karl Schmid*, zitiert bei *Waser*, 1978, S. 7) sein sollte. Würden wir also in dieser Studie zum Beispiel feststellen, daß im Gewerbe Arbeitsunzufriedenheit stärker verbreitet ist als in der Industrie, so würden wir durchaus wertend folgern, dies sei kein auf Dauer annehmbarer Zustand, und überlegen, wie er zu ändern wäre.

Mit dieser Klarstellung dürfen wir uns nunmehr der Auswertung unserer empirischen Daten zuwenden.

Im zweiten Teil werden wir die Ergebnisse unserer Erhebung (Fragen und Indexfragen) zu den zehn unterschiedenen AZ-Determinanten behandeln. Im dritten Teil geht es um eine vergleichende Interpretation und um den Versuch einer Zusammenfügung der Determinantenergebnisse zu einem Gesamtbild, das sodann mit den Resultaten aus unseren unmittelbaren Fragen einschließlich der Indexfrage zur Gesamt-AZ verglichen werden kann. Zu Vergleichszwecken werden wir jeweils empirische Daten aus anderen (wenn auch kaum gewerbeorientierten) AZ-Studien heranziehen, soweit dies trotz der implizierten Probleme (vgl. auch *Hofstede*, 1976, S. 10) zulässig und sinnvoll scheint. Im vierten Teil schließlich sollen die möglichen Folgen von AUZ sowie angemessene betriebswirtschaftliche Beeinflussungsmaßnahmen skizziert werden.

ZWEITER TEIL

Elemente der Arbeitszufriedenheit in gewerblichen Betrieben aus der Sicht der eigenen Untersuchung

A. Leistung

Unter den zehn Faktoren, die wir als Einflußgrößen der AZ verwendet haben (s. o. S. 43), kommt dem Faktor „Leistung" insofern eine Sonderstellung zu, als sie nicht nur AZ verursachen, sondern ihrerseits durch AZ beeinflußt werden kann. Sie darf also sowohl als unabhängige wie als abhängige Variable charakterisiert werden. Jedoch wird in der Literatur gewöhnlich mit dem Leistungsbegriff implizit in den beiden Verwendungsarten ein unterschiedlicher Inhalt verbunden, und zwar offenbar als Folge unterschiedlicher „Optik": Die AZ-Determinante hat eher subjektiven Charakter im Sinne einer empfundenen, erlebten Leistung, während als AZ-Resultante insbesondere die objektiv erbrachte Leistung als technisch-wirtschaftliche Größe betrachtet wird. Wenn wir diese Unterscheidung nachvollziehen, ist zunächst (im zweiten und dritten Teil dieser Studie) das Leistungs*erlebnis* als „Produzent" von AZ ins Auge zu fassen; mit dem Leistungs*ergebnis* als mögliche Auswirkung von AZ werden wir uns im vierten Teil beschäftigen.

Um zu Beginn einen Überblick über die AZ in diesem Bereich, also über die Zufriedenheit mit der Arbeitsleistung zu gewinnen, betrachten wir die Antworten auf die im Indexteil gestellte direkte diesbezügliche Frage (s. Anhang, Tab. 1).

Auffällig ist zunächst generell der hohe Anteil in allen Kategorien der mit ihrer Arbeitsleistung „Sehr Zufriedenen" und „Zufriedenen". Diese Beobachtung entspricht Feststellungen und Hinweisen, wie man sie auch in der allgemeinen AZ-Literatur als Regelfall antrifft, z. B. bei *Dunnette/Campbell/Hakel,* 1967, S. 146, *Petersen,* 1968, 2. Band, S. 328, und *von Rosenstiel,* 1975, S. 390; denn — wie *Schopenhauer* dazu (unter seinen Zeitumständen) äußert — „daß man ein Werk unter seinen Händen täglich wachsen und endlich seine Vollendung erreichen sehe, beglückt unmittelbar" (1851, 1. Band, S. 416).

Ins Auge sticht in unserer Tabelle sodann die geradezu erstaunliche Übereinstimmung der Ergebnisse für alle Gruppen von Mitarbeitern, einerseits innerhalb des Gewerbes (Spalten 1 und 2), andererseits auch im Vergleich zwischen den gewerblichen und den großen Betrieben (Spalten 3 und 4). Aus der Gegenüberstellung Unternehmer—gewerbliche Mitarbeiter (Spalten 5 und 3) werden dagegen Unterschiede sichtbar (Signifikanzniveau .975): Sowohl bei den sehr Zufriedenen wie bei den Indifferenten und Unzufriedenen sind die Anteile auf seiten der Unternehmer deutlich höher als auf seiten der Mitarbeiter. Eine Erklärung kann darin bestehen, daß die Unternehmer im einen Fall selbstbewußt von ihrem Arbeitserfolg überzeugt und befriedigt sind, im anderen Fall den schöpferischen Drang verspüren, mehr zu leisten und zu erreichen, so daß jeder Pol stärker besetzt ist als bei den Mitarbeitern. Beide „Typen" sind uns aus Erfahrung im Gewerbe nicht fremd.

Eine Auswertung der Ergebnisse aus dem Leistungsindex bei Unternehmern nach demographischen Kriterien erbrachte keine einigermaßen gesicherten Aufschlüsse. Hingegen spricht beim analogen Index für Mitarbeiter in gewerblichen Betrieben das Datenmaterial in einem Fall für einen Zusammenhang der Zufriedenheit durch Leistung mit einem Kriterium, und zwar demjenigen der Einkommenshöhe: Mit wachsendem Einkommen nimmt der Anteil der sehr leistungszufriedenen Befragten zu (s. Anhang, Tab. 2). Eine mögliche Korrelation des AZ-Index aus dem Leistungserlebnis mit dem Index aus dem Einkommen bleibt im dritten Teil zu prüfen.

Bei der Index-Präsentation wollen wir nicht übersehen, daß das Leistungserlebnis, eine der zehn von uns unterschiedenen AZ-Determinanten, seinerseits zweifellos durch eine ganze Reihe von Komponenten bestimmt werden dürfte. Daher lohnt sich offenbar der Versuch, die nackten Indexzahlen durch die Betrachtung zumindest einer Auswahl von Komponenten zu illustrieren. Wir entscheiden uns für folgende:

— Abgeschlossenheit der Arbeitsaufgabe und damit erkennbarer Sinn der Arbeit
— Ausmaß des Einsatzes der Ideen und Fähigkeiten bei der Arbeit
— Gewinnung von Selbstwertgefühl durch die Arbeit

Diese drei Einflußgrößen des Leistungserlebnisses bilden Gegenstand der folgenden Abschnitte.

1. Abgeschlossenheit der Arbeitsaufgabe

Unter einer abgeschlossenen Arbeitsaufgabe verstehen wir eine Aufgabe, die eine Abfolge verschiedener Tätigkeiten so einschließt, daß die Entstehung und Verwendbarkeit eines Werkstücks erkennbar wird und die Arbeit insofern für den Tätigen einen Sinn erhält[1]. Das Gegenstück dazu ist eine Arbeit, deren Ergebnis in einen größeren Leistungskomplex eingeht und deren Zweck für den Arbeitenden schleierhaft bleibt. (Vgl. als eines unter vielen das Beispiel des Akkordarbeiters, das *Blatter*, ehemals selber Industriearbeiter, literarisch beschreibt. Sein „Held" hat unablässig Spulengehäuse zu produzieren, aber „weiß nicht, was mit den gepreßten Spulengehäusen geschieht, wenn er sie weitergibt"; 1976, S. 40.)

Dieses Problem hat bezüglich der eigenen Tätigkeit des Unternehmers keine Bedeutung; auf eine entsprechende Frage konnten wir verzichten. Betrachten wir aber die Antworten der diesbezüglichen Frage an Arbeitnehmer im Vergleich (Anhang, Tab. 3).

Überraschenderweise bestehen offenbar keine wesentlichen Unterschiede in bezug auf die Abgeschlossenheit der Arbeit, wie sie Arbeitnehmer in Gewerbe und Industrie sehen. Für diesen Befund bieten sich unterschiedliche Erklärungsmöglichkeiten an: Mit einer durchschnittlichen Beschäftigtenzahl von 725 ist die Kategorie der „großen Betriebe" in unserer Erhebung noch nicht einer Dimension zuzurechnen, für die eine extrem weit getriebene Arbeitsteilung mit der Konsequenz atomistisch zerlegter Tätigkeiten für den einzelnen Arbeitnehmer typisch wäre. Dies stellt keinen Mangel unserer Stichprobe dar, sondern spiegelt die Situation in der Holz- und der Metallbranche der Schweiz wider, die nicht durch Mammutbetriebsgrößen charakterisiert sind. Damit läge die Erklärung in der Möglichkeit, daß objektiv in den industriellen Betrieben ein vergleichbarer Anteil Mitarbeiter wie im Gewerbe in sich abgeschlossene Arbeitsaufgaben hat.

Eine andere Interpretationsversion könnte sich am Begriff der Abgeschlossenheit orientieren, die unter Umständen (wenn auch nach dem Pretest unwahrscheinlich) in der Befragung auch dann als solche verstanden wurde, wenn die betreffende Tätigkeit faktisch nur einen kleinen Ausschnitt aus einer Arbeitsaufgabe darstellt (im Extremfall ließe sich ja auch das Eindrehen einer Schraube am Fließband als in sich abgeschlossene Arbeit betrachten).

Bei einer Prüfung der Situation innerhalb des Gewerbes stößt man auf folgenden Zusammenhang: Der Anteil der Arbeitnehmer mit abgeschlossenen Aufgaben nimmt mit dem Übergang von großstädtischen über städtische zu ländlichen Verhältnissen signifikant zu (Anhang, Tab. 4). Eine gesicherte Erklärung dieser Beobachtung müßte auf genauen Informationen über die Auftrags- und Tätigkeitsstruktur der Betriebe basieren, die aber nicht im einzelnen erfaßt werden konnte.

---

[1] Vgl. *A. Camus*: „Sans travail, toute vie pourrit. Mais sous un travail sans âme, la vie étouffe et meurt." (Zitiert im Vorwort zu *Friedmann*, 1956).

Wenn wir deswegen auf eine plausible Erklärung angewiesen sind, so kann diese damit gegeben werden, daß in den Ballungszentren die Gewerbebetriebe der untersuchten Branchen stark als Zulieferanten von Serienprodukten mit dort konzentrierten Industriebetrieben verflochten sind, während in ländlichen Verhältnissen eher die typisch gewerbliche differenzierte Produktion für kleine Betriebe und Privatkunden vorherrscht. Die letztere Feststellung entspricht dem für das Gewerbe traditionell charakteristischen Phänomen eines begrenzten räumlichen Aktionsradius und hat zweifellos Konsequenzen für das Maß der Abgeschlossenheit der Mitarbeitertätigkeiten, die in der Tabelle 4 empirisch zum Ausdruck kommen.

Besteht nun eine Beziehung zwischen dem Maß der Abgeschlossenheit der Arbeit und der Zufriedenheit mit der Arbeitsleistung? Das Ergebnis der Auswertung ist in Tab. 5 (s. Anhang) dargestellt.

Die Daten lassen in der Tat vermuten, daß in sich abgerundete Arbeitsaufgaben die Leistungszufriedenheit positiv beeinflussen, obwohl keine sehr großen Unterschiede zu derjenigen aus „Ausschnittätigkeiten" sichtbar werden. Unsere Beobachtung stützt zahlreiche Äußerungen zu diesem Zusammenhang in einem breiten Spektrum der Literatur. Wir denken an den schon zitierten Schweizer Jungliteraten *Blatter* (1976), der die bis zur Verzweiflung wachsende Frustration eines Arbeiters mit sinnentleerter Tätigkeit beschreibt. Auch der Soziologe *Vilmar* charakterisiert, aus seiner Sicht, was es für einen Arbeiter bedeutet, „nie zu dem befriedigenden Erlebnis einer vollendeten Leistung" (1974, S. 64) zu gelangen. Andererseits rühmt der Schreinermeister *Ruff* die „Fertigung von Ganzprodukten" mit entsprechendem Erfolgserlebnis in seinem Handwerk (1976, S. 6), das ja in unsere Studie einbezogen ist. Im Effekt ähnlich argumentiert der Nationalökonom und Ganzheitsforscher *Heinrich,* wenn er die Bedeutung der Überschaubarkeit der Arbeit und der „Teilhabe an der Leistung" hervorhebt (1977, S. 23). Unter den Betriebswirtschaftern weist besonders *Thum* auf den hohen Stellenwert einer sinnvollen und verrichtenswerten Arbeit hin (1971, S. 158).

Bezüglich der Vielzahl von spezifisch sozialwissenschaftlichen Belegen zum Komplex „Abgeschlossenheit der Arbeit bzw. Sinngehalt, Sichtbarkeit der Leistung und Zufriedenheit" wollen wir uns versagen, sie im einzelnen zu referieren, und verweisen auf die entsprechende Übersicht bei *Bruggemann/Groskurth/Ulich* (1975, S. 70). Alle dort herangezogenen Untersuchungen, wenngleich nicht auf gewerbliche Verhältnisse bezogen, bestätigen den skizzierten Zusammenhang[2].

---

[2] Es handelt sich um folgende Studien: *Gurin/Veroff/Feld,* 1960; *Kaufmann,* 1962; *Turner/Miclette,* 1962; *Vroom,* 1962; *Argyris,* 1964; *Pollock,* 1964; *Vroom,* 1964; *Locke,* 1965; *Herzberg,* 1968a; *Korman,* 1968; *Stollberg,* 1968; *Crites,* 1969; *Lawler/Hall,* 1970; *Leonard/Weitz,* 1971; *Osipow,* 1972.

2. *Einsatz der Ideen und Fähigkeiten*

Aristoteles sah das „eigentliche Glück" in der Chance, „seine Trefflichkeit, welcher Art sie auch sei, ungehindert üben zu können" (zitiert bei *Schopenhauer*, 1945, S. 60). In der Tat scheint damit die zweite Komponente des Leistungserlebnisses zutreffend gekennzeichnet zu sein. In moderner Diktion dürfen wir davon ausgehen, daß das „Üben der Trefflichkeit" durch einen Einsatz sowohl der Fähigkeiten wie der Ideen, bezogen hier auf die Arbeitssituation, bewerkstelligt werden kann. Es lohnt sich also die Prüfung, inwieweit die individuellen Fähigkeiten und Ideen in der gewerblichen Arbeit angewendet werden können und welche Konsequenzen für die Zufriedenheit sich daraus ergeben.

Die Verwertung des Fähigkeitspotentials der Mitarbeiter (s. Anhang, Tab. 6) scheint von der Betriebsgröße abhängig zu sein, wobei die Möglichkeit dazu in größeren Betrieben abnimmt oder sich doch auf ganz bestimmte Aufgaben beschränkt, während im Kleinbetrieb, z. B. im Handwerk, ein breites Spektrum des geistigen und manuellen Könnens regelmäßig eingesetzt werden kann — und muß (vgl. *Schnitker*, 1976, S. 3). Es überrascht keineswegs, daß dieses Ergebnis für die Unternehmer in ganz besonderem Maße gilt.

Die Feststellung eines Zusammenhangs bleibt freilich zu differenzieren, und zwar durch den Einbezug des Ausbildungsstandes. Unsere empirischen Beobachtungen (vgl. Anhang, Tab. 7 und 8) scheinen nämlich bei Mitarbeitern wie bei Unternehmern darauf hinzudeuten, daß die Möglichkeit zum vollen Einsatz der Fähigkeiten mit der Höhe des Ausbildungsstandes abnimmt, daß also mit besserer Ausbildung die individuellen Fähigkeiten (und Einsatzansprüche) der Chance ihrer ständigen Verwertung (Erfüllung) in der Praxis gleichsam davonlaufen (vgl. ähnliche Überlegungen bei *Wolff/Hofer*, 1975, S. 83, und *Harvey/Smith*, 1972, S. 91 und 95), eine Feststellung, die nicht zuletzt im Blick auf die aktuelle Berufsbildungsdiskussion von Interesse zu sein scheint ...

Hier könnten wir zugleich die Erklärung für die Tatsache suchen, daß unsere Daten eine Annahme der Hypothese vom unmittelbaren Einfluß regelmäßigen Fähigkeitseinsatzes auf die Zufriedenheit mit der Arbeitsleistung nicht zugelassen haben (auch nicht für Unternehmer), im Gegensatz zu mehreren Hinweisen im Schrifttum (vgl. z. B. *Vroom*, 1964, S. 141 ff.; *Lempert/Thomssen*, 1974, S. 141)[3], die allerdings nicht eindeutig spezifisch auf die Zufriedenheit mit der Arbeitsleistung bezogen sind, sondern auf die AZ allgemein, die eher unserer Gesamt-AZ entspricht.

---

[3] Bezüglich weiterer Literatur zu dieser Fragestellung verweisen wir wiederum auf eine Übersicht bei *Bruggemann/Groskurth/Ulich* (1975, S. 68). Sie zitieren u. a. *Davis*, 1957; *White*, 1959; *Bass*, 1965; *Champagne/King*, 1967; *Lawler/Porter*, 1967; *Ford*, 1969; *Fürstenberg*, 1969; *Tannenbaum*, 1969; *Patchen*, 1970; *Bruggemann/Mohr*, 1973.

Sollte die vorher angesprochene Erklärung stimmen, wäre zu erwarten, daß sich die Befragten mit niedrigem Ausbildungsstand und guten Einsatzmöglichkeiten überdurchschnittlich zahlreich als besonders zufrieden mit ihrer Arbeitsleistung bezeichneten. Die Prüfung dieser Vermutung würde eine dreidimensionale Auswertung bedingen, die unser begrenztes Datenmaterial allerdings überfordern müßte. Eine zweidimensionale Auswertung (nach Ausbildungsstand und Zufriedenheitsniveau) ließ jedoch keinen genügend signifikanten Zusammenhang erkennen und lieferte damit keine Einschränkung zu unserer Bestätigung (genauer Nichtverwerfung, vgl. *Swoboda*, 1971, S. 189) der Nullhypothese.

Statt nun Spekulationen anzustellen, betrachten wir gleich den zweiten Aspekt dieses Zusammenhangs, die mögliche Verwirklichung eigener Ideen der Mitarbeiter bei ihrer Tätigkeit, die in Tab. 9 (s. Anhang) dargestellt ist. (Daß diese Chance für gewerbliche Unternehmer in vollem Umfang besteht, unterliegt keinem Zweifel und ergibt sich schon aus der Wesensbestimmung dieses Typus. Eine entsprechende Frage hätte somit nur triviale Antworten erbringen können und war daher überflüssig.)

Wiederum ist — bei allgemein hohem Niveau — in der kleinsten Betriebsgröße der Anteil Mitarbeiter mit bejahender Antwort am höchsten, also der Mitarbeiter, die eigene Gedanken bei ihrer Arbeit realisieren, der schöpferischen Phantasie Raum geben können (vgl. *Balz*, 1963, S. 368). Der Anteil nimmt jedoch nicht mit zunehmender Betriebsgröße ab, sondern ist nur in der mittleren Kategorie tiefer und steigt im industriellen Bereich praktisch wieder auf das in Kleinbetrieben angetroffene Niveau an. Diese Erscheinung ist nicht ohne weiteres interpretierbar. Wir könnten die Begründung im Vorschlagswesen suchen, das in einer wachsenden Zahl größerer Betriebe institutionalisiert ist, sich andererseits in den Kleinfirmen weitgehend erübrigt, das aber möglicherweise in den mittleren Einheiten relativ vernachlässigt wird. Doch bleibt dies eine Vermutung.

Sollte die Einrichtung des Vorschlagswesens tatsächlich die Aussagen der Industriearbeiter (positiv) beeinflußt haben, müssen wir uns allerdings darüber im klaren sein, daß diese organisatorische Maßnahme den Betroffenen vielleicht lediglich die Empfindung vermittelt, eigene Gedanken einbringen zu können, der Eindruck aber noch nicht viel über die Realisierung besagt. Im übrigen kommt *Hagen* (1973, S. 235) bei einer Erhebung unter Schweizer Industriearbeitern mit einer fast gleichlautenden Frage auf einen Anteil von 67 % „Ja"-Nennungen, der unseren ursprünglichen Erwartungen eher entspricht.

Die Betrachtung der *Gedanken*beiträge unter dem Gesichtspunkt des Ausbildungsstandes der Beitragenden führt (im Gegensatz zur Situation bezüglich der Verwertung der *Fähigkeiten*) zu keinen neuen Aufschlüssen, was uns nicht besonders überrascht, ist doch das Auffinden und Beisteuern neuer Ideen als kreativer Akt viel weniger an Vorbildung gebunden als das Fähigkeitspotential. Hingegen finden wir einen deutlichen Zusammenhang zwischen dem Dienstalter und der erklärten Möglichkeit der Ideenverwirklichung, wonach sich diese mit zunehmender Dauer der Betriebszugehörigkeit für einen wachsenden Anteil Mitarbeiter eröffnet (s. Anhang, Tab. 10). Ähnlich wächst die Chance der Einbringung eigener Ideen mit dem Einkommen, wenn auch in weniger akzentuierten Schritten (s. Anhang, Tab. 11).

Angesichts dieser Parallelität liegt der Gedanke nahe, die Erklärung des Sachverhalts bei einer übergeordneten Variablen zu suchen. Dabei denken wir an die hierarchische Stellung, die sowohl mit dem Dienstalter wie mit dem Einkommen positiv korreliert sein dürfte. Es erscheint unmittelbar einleuchtend, daß eine gehobene Stellung dem Stelleninhaber vermehrte Chancen zur Selbstverwirklichung im Sinne der Realisierung der eigenen Ideen bietet. Nun sind aber die kleinen Gewerbebetriebe (vgl. unsere Charakterisierung S. 15) durch eine nur einstufige Organisation gekennzeichnet (Unternehmer- und Mitarbeiterebene), so daß in diesem Bereich innerhalb des Mitarbeiterstabes keine formale hierarchische Differenzierung gegeben ist. Zumindest für die Kleinbetriebe dringt also der angesprochene Erklärungsversuch nicht ohne weiteres durch.

Die Interpretation der beiden parallel verlaufenden Zusammenhänge ist daher wohl über eine subjektive Größe zu versuchen, etwa über das Phänomen des inneren „Engagement“. Dieses kann sich sowohl mit dem Dienstalter wie mit der Höhe des Einkommens herausbilden, die Einstellung der Mitarbeiter günstig beeinflussen und bewirken, daß sie ihren Leistungsbereich und dementsprechend auch die Möglichkeiten des Einsatzes eigener Ideen immer positiver wahrnehmen.

Konsequenterweise ist dann zuzugeben, daß hier wie im Falle des Vorschlagswesens die objektiv gegebene Realität ihrer subjektiven Einschätzung nicht voll entsprechen muß (vgl. unsere Bemerkung S. 40). Objektiv bleibt aber die Möglichkeit, daß im Betrieb die Ideen eines erfahrenen und gut bezahlten Mitarbeiters eher und öfter akzeptiert werden als die eines „Neulings“, so daß dann die entsprechende Wahrnehmung gerechtfertigt wäre. Auf dieser Linie liegt auch die Überlegung, wonach sich — bei Nichtbestand einer mehrstufigen Hierarchie — ein langjähriger Mitarbeiter die Position eines informellen Führers verschaffen kann, die ihm ebenfalls die Realisierung seiner Vorstellungen erleichtert.

Der Zusammenhang zwischen Dienstalter und erklärter Chance der Ideenverwertung könnte noch eine andere Assoziation bewirken, und zwar mit dem Lebensalter als Determinante hinter der Dauer der Betriebszugehörigkeit. Die Möglichkeit der Realisierung eigener Gedanken bei der Arbeit ließe sich dann auch als eine Art resignativer Anpassung deuten: Man macht sich mit der Zeit selber weis, seine Ideen verwerten zu können. Diese Vermutung findet aber in unseren Daten keine Stütze, da sich bei der direkten Prüfung kein Zusammenhang zwischen dem Lebensalter und der Ideen-Frage nachweisen läßt.

Wie ist nun die Beziehung zwischen der erklärten Realisierbarkeit eigener Gedanken bei der Arbeit und der Zufriedenheit mit der Arbeitsleistung? Die Prüfung der Daten ergibt, daß sie zwar etwas deutlicher ausgeprägt ist als im Fall des Einsatzes der Fähigkeiten (s. o. S. 70), jedoch keineswegs ausreichend statistisch gesichert scheint. Folgen wir darum dem Beispiel einer Reihe von Autoren (vgl. oben S. 70) und vergleichen die Chancen zum Einsatz der Fähigkeiten und zur Verwirklichung eigener Ideen mit der *Gesamt*-AZ, so ergibt sich das Bild der Tabellen 12 und 13 (s. Anhang).

Hier wird nun in der Tat ein Zusammenhang sichtbar, wonach Chancen zum Einsatz der eigenen Fähigkeiten und zur Verwirklichung der eigenen Ideen die Z nachhaltig zu fördern scheinen, während offensichtlich Indifferenz und UZ zunehmen (freilich ohne die Mehrheit der Mitarbeiter zu erfassen), sofern solche Möglichkeiten ausbleiben. Unsere Hypothese scheint also doch haltbar, aber nur, wenn wir den hier in Abschnitt 2 zur Rede stehenden Teilaspekt der Leistung mit der Gesamt-AZ (statt mit der AZ aus der Leistung) in Verbindung bringen. Eine Erklärung dieser Beobachtung, die mehr als eine Spekulation darstellt, bietet sich allerdings nicht an und würde zusätzliche Ermittlungen verlangen.

3. *Ausprägung des Selbstwertgefühls durch die Arbeit*

Der Begriff des Selbstwertgefühls (nicht identisch mit dem der Selbstverwirklichung) klingt plastisch und anschaulich, und darum haben wir ihn in unsere Betrachtung aufgenommen. Wie viele „griffige" Ausdrücke schillert er jedoch bei näherem Hinsehen und könnte in unserem Projekt gleich mehrere der AZ-Faktoren abdecken. Er bedurfte daher der Operationalisierung, die wir vorgenommen haben über die beiden Größen Eigenwert und Eigenleistung in der Einschätzung durch die Befragten. So rechtfertigt sich die Verwendung des Begriffs im speziellen Zusammenhang des Leistungs- und Erfolgserlebnisses.

Werfen wir also zunächst einen Blick auf die Eigenwerteinschätzung der Unternehmer und Mitarbeiter hinsichtlich ihres Betriebes. Sie war recht konkret zu erfassen durch die Frage nach dem Gefühl, ob der Betrieb auch ohne den eigenen Einsatz funktionieren würde. Dabei ergab sich ein Befund gemäß Tab. 14 (s. Anhang).

Zu dieser Tabelle drängen sich zwei Bemerkungen auf; zum einen die wesentlich höhere Selbstwerteinschätzung der Unternehmer hinsichtlich ihres Betriebes im Vergleich zu den Arbeitnehmern. Dieses Ergebnis entspricht indessen voll unseren Erwartungen, wobei anzufügen bleibt, daß die betreffende Unternehmerfrage schon mit einer Einschränkung gestellt wurde, und zwar durch die Ergänzung des Funktionierens über „längere Zeit". Dadurch bewegen wir uns für den Unternehmer-Mitarbeiter-Vergleich zwar am Rande der methodischen Zulässigkeit, doch hätte eine uneingeschränkte Formulierung einen halben Affront an die Befragten und damit das Risiko verzerrender Abwehrreaktionen bedeutet. Im Falle des Durchdringens mit einer solchen Frage wäre vermutlich der auf die zweite Nennung entfallende Anteil noch wesentlich höher als 35 % geworden. Auch so bleibt jedoch der erwartungskonforme Unterschied zwischen Unternehmern und Arbeitnehmern sehr deutlich.

Zum anderen ergeben sich — nun aber entgegen der Vermutung — keine nennenswerten Abweichungen in der Selbstwerteinschätzung zwischen Arbeitnehmern in Gewerbe und Industrie — die Situation nimmt sich allenfalls in den industriellen Betrieben um eine Nuance besser aus (Anteile von 13 gegen 9 % für die zweite Nennung). Zur Begründung könnte man wiederum an die branchenbedingt begrenzte Betriebsgröße auch unserer Kategorie „große Betriebe" denken. Doch neigen wir nicht dazu, weil selbst in den beteiligten Betrieben mit weit über 1000 Beschäftigten ein vergleichbarer Prozentsatz der Mitarbeiter wie bei allen befragten Arbeitnehmern erklärt, ihr Betrieb funktioniere nicht ohne ihren eigenen Einsatz. Beizufügen ist die von einzelnen Befragten spontan vorgetragene Einschränkung, sie seien zwar als Person nicht unersetzlich, doch müsse zum Funktionieren des Betriebes ihre eigene Funktion erfüllt werden. Es fragt sich, ob dieser Einschränkung in gewerblichen Verhältnissen weniger Gültigkeit zukommt. Wir möchten es für bestimmte Situationen, z. B. den persönlich-menschlichen Kontakt mit Kunden, nicht ausschließen, doch bleibt der Unterschied allenfalls gradueller Natur. Damit dürfen wir festhalten, daß im Lichte unserer Daten die eigene Bedeutung für den Betrieb durch die Mitarbeiter in Gewerbe und Industrie vergleichbar eingeschätzt wird, soweit sie in den Zahlen zum Ausdruck kommt. Wichtig scheint nun, daß mit 87 % durchgehend, auch in den Kleinbetrieben, die große Mehrheit der Arbeitnehmer empfindet, für das Funktionieren des Betriebes nicht notwendig zu sein. Diese wenig ermutigende Bilanz gemahnt an Äußerungen in der sozialwissenschaftlichen Literatur, in denen kritisch von beliebiger Austauschbarkeit der Individuen, von Arbeitskräften als ersatzteilartig auswechselbaren Einheiten u. ä. die Rede ist (vgl. *Vilmar*, 1974, S. 104; *Davis*,

1971, S. 178). In der Gesamtbetrachtung der Erhebung und aus Randbemerkungen wird jedoch deutlich, daß sich die Befragten in der Regel keineswegs als anonyme Nummern vorkommen, sondern lediglich ihre Rolle realistisch einschätzen. Nur so ist notabene auch der entsprechende Anteil von 56 % auf seiten der Unternehmer zu verstehen und zu bewerten — sie können ja als Eigentümer bzw. Miteigentümer (gemäß Definition und Erhebungsanlage) des Betriebes, für den sie arbeiten, kaum den Komplex nummernhafter Bedeutungslosigkeit entwickeln.

Betrachten wir die Ergebnisse unter Gesichtspunkten, die *Neuberger* (1974 a, S. 114) als „Außenkriterien" bezeichnet (und die in unserer Sprachregelung einfach „Kriterien" sind), so ergeben sich bei den Unternehmern keine auffälligen Abweichungen vom Mittel, mit Ausnahme des Merkmals der Betriebsgröße (s. Anhang, Tab. 15). Dieses allerdings eröffnet eine interessante Einsicht. Es scheint nämlich, wenngleich auf einem Signifikanzniveau von nur .781, daß in den Kleinbetrieben wesentlich weniger (51 %) Unternehmer auf das längerfristige Funktionieren ihres Betriebes auch ohne ihren eigenen Einsatz vertrauen als in den Mittelbetrieben (75 %). Die angegebene Wahrscheinlichkeit reflektiert die schmale Zahlenbasis (vgl. *Swoboda*, 1971, S. 332). Wenn wir die Daten trotzdem im Sinne eines Hinweises akzeptieren wollen, legen sie eine alternative Interpretation nahe: Entweder finden sich vor allem in den Kleinbetrieben die Leiter vom Typ derjenigen, die alles selber machen wollen und sich allein für unfehlbar und unersetzlich halten. Oder hier kommt die eingangs (s. S. 23) beschriebene Tatsache zum Ausdruck, daß im Kleinbetrieb der Unternehmer in der Regel ohne Kader auskommen muß, während sich sein Kollege mit einer Firma mittlerer Größe auf ihn stellvertretende Führungskräfte stützen kann. Wir neigen der zweiten Erklärung zu, weil unabhängig davon der „Stachanow"-Typ nach unseren Erfahrungen in beiden Betriebsgrößen vorkommt.

Die entsprechende Betrachtung nach Betriebsgrößen für Mitarbeiter ergibt keinen Unterschied (s. Tab. 14). Wohl aber scheint bei ihnen die Selbstwerteinschätzung abhängig sowohl von der Tätigkeitskategorie (ob manuell oder nichtmanuell) wie vom Ausbildungsstand wie vom Einkommen (s. Anhang, Tab. 16, 17 und 18), und zwar, wie erwartet, in dem Sinne, daß die eigene Bedeutung für das Funktionieren des Betriebes um so höher eingeschätzt wird, je höher Tätigkeits-, Qualifikations- und Einkommensniveau sind. (Dabei darf vermutlich davon ausgegangen werden, daß die drei Größen untereinander korrelieren.) Auch auf dem jeweils höchsten Stand hält sich jedoch eine deutliche Mehrheit der Befragten realistischerweise nicht für unersetzlich.

Die Verknüpfung dieses einen unserer beiden Zweige des Selbstwertgefühls (s. o. S. 73) mit der Leistungszufriedenheit ergab entgegen unseren Annahmen keine statistisch haltbare Beziehung, m. a. W. scheinen diejenigen Befragten, ob selbständig oder unselbständig, die sich vergleichsweise unersetzlich wähnen, nicht zufriedener zu sein als die „Realisten“ bezüglich der eigenen Bedeutung für den Betrieb. Diese Feststellung gilt übrigens auch bei einer Verknüpfung der Aussagen mit der Gesamt-AZ statt der Leistungszufriedenheit. Eine Erklärung hierfür zu suchen, scheint müßig. Wir müssen uns damit abfinden, daß bestimmte hypothetische Beziehungen in der Realität nicht bestehen.

Wenden wir uns also dem zweiten Zweig des Selbstwertgefühls zu, dem Leistungsgefühl, konkretisiert durch die Frage, ob man am Abend jeweils das Gefühl spüre, „etwas geleistet [zu] haben“ (s. Anhang, Tab. 19).

Bei den Mitarbeitern verschiedener Provenienz sind offenbar die — kleinen — Unterschiede zufallsbedingt (Nichtverwerfung der Nullhypothese). Aber auch im Vergleich der gewerblichen Mitarbeiter mit den Unternehmern scheinen die Abweichungen nicht erheblich. Wir können uns daher gleich der Prüfung der Ergebnisse *innerhalb* der uns vornehmlich interessierenden beiden Personengruppen zuwenden. Auch diese Analyse der Daten nach den in die Erhebung einbezogenen Merkmalen fördert indessen keine Besonderheiten zutage, die uns unter dem Gesichtspunkt der AZ Aufschlüsse liefern könnten. Bei den gewerblichen Mitarbeitern ergeben sich lediglich kleine Unterschiede bei der Auswertung nach dem Bildungsstand (Abnahme des Leistungsgefühls mit der Qualifikation) und dem Arbeitsort (Zunahme des Leistungsgefühls mit dem Übergang von großstädtischen zu ländlichen Verhältnissen).

Wichtiger ist, so scheint uns, die durchgehend zu machende Beobachtung festzuhalten, wonach ein sehr hoher Prozentsatz der Berufstätigen im Gewerbe (wie in der Industrie) recht regelmäßig den Feierabend mit der Empfindung genießt, etwas geleistet zu haben. Unsere Frage in diesem Zusammenhang läßt freilich offen, ob sich die erbrachte Leistung für die Leistenden mit einem erkennbaren Sinn verbindet (dazu vgl. oben Abschnitt 1, S. 67 ff.). Sie bezweckte vielmehr die Feststellung, ob auch allein das Gefühl, etwas „geschafft“ zu haben, Leistungszufriedenheit begründen kann, etwa im Sinne des „Arbeite nur, die Freude kommt von selbst“ (*Goethe*)[4]. Die Antwort ergibt sich aus der Verknüpfung dieser Frage mit der zugehörigen Indexfrage (s. Anhang, Tab. 20 und 21).

Die Auswertung scheint uns genügend Indizien für eine Bejahung der Frage nach dem Zusammenhang zwischen dem Leistungsgefühl und der Leistungszufriedenheit zu liefern. Befriedigung aus der Leistung ist

---

[4] Gemeint ist natürlich immerhin das Gefühl nach einer tatsächlich erbrachten und nicht nur simulativ vorgesehenen Leistung, wie sie etwa *Eugen Roth* (1936, S. 71) persifliert:

demnach — unbeschadet unserer obigen Aussage (im Abschnitt 1) — nicht notwendigerweise unmittelbar an die Einsicht vom Sinn der Aufgabe gebunden; eine Feststellung, die uns freilich zunächst nicht leicht fällt, schließt sie doch ein, daß möglicherweise selbst ein Sisyphus mit seiner Leistung zufrieden war ...

Nur ein schwacher Trost liegt darin, daß auch in der Literatur verschiedentlich der Einfluß des bloßen Leistungsgefühls auf die AZ betont wird (vgl. *Thorsrud*, 1977, S. 4, und *Deeks*, 1976, S. 201; hier mit Bezug auf Unternehmer).

Das Unbehagen, das uns beschleicht, löst sich aber auf, wenn wir die isolierte Interpretation dieses Befundes zugunsten einer Betrachtung im Gesamtzusammenhang der Zufriedenheitsdeterminante „Leistung" verlassen. Sie umfaßt ja, wie wir gesehen haben, drei Komponenten. Resümieren wir also die Ergebnisse dazu.

4. Zusammenfassung

Generell ist die Zufriedenheit mit der Arbeitsleistung bei den Mitarbeitern in gewerblichen (wie in großen) Betrieben hoch und, in der Gruppe der „Sehr Zufriedenen", bei den gewerblichen Unternehmern noch höher; bei den letzteren ist aber auch der Anteil der Indifferenten und Unzufriedenen höher, so daß beide Pole stärker besetzt sind als auf seiten der Mitarbeiter.

Die Prüfung im Hinblick auf die drei unterschiedenen Komponenten des Leistungserlebnisses ergab folgendes Bild:

Von der Abgeschlossenheit der Arbeitsaufgabe und damit der Erkennbarkeit des entstehenden Arbeitsobjektes geht ein positiver Einfluß auf die Leistungszufriedenheit der Mitarbeiter aus (die Prüfung erübrigte sich für Unternehmer).

„Ein Mensch, den es nach Ruhm gelüstet,
Besteigt, mit großem Mut gerüstet,
Ein Sprungbrett — und man denkt, er liefe
Nun vor und spränge in die Tiefe,
Mit Doppelsalto und dergleichen
Der Menge Beifall zu erreichen.
Doch läßt er, angestaunt von vielen,
Zuerst einmal die Muskeln spielen,
Um dann erhaben vorzutreten,
Als gält's, die Sonne anzubeten.
Ergriffen schweigt das Publikum —
Doch er dreht sich gelassen um
Und steigt, fast möcht' man sagen, heiter
Und voll befriedigt von der Leiter.
Denn, wenn auch scheinbar nur entschlossen,
Hat er doch sehr viel Ruhm genossen,
Genau genommen schon den meisten —
Was sollt er da erst noch was leisten?"

Im Rahmen der zweiten Komponente haben wir zwei Aspekte untersucht, den Einsatz der Fähigkeiten und die Verwertung von Ideen in der Arbeitssituation. Zwischen dem Einsatz der Fähigkeiten und der Leistungszufriedenheit ließ sich weder bei Mitarbeitern noch bei Unternehmern ein Zusammenhang nachweisen. Die Möglichkeit der Verwirklichung von Ideen wurde nur für Mitarbeiter geprüft und ergab ebenfalls keine gesicherte Beziehung zur *Leistungs*zufriedenheit. Wohl aber besteht ein Zusammenhang sowohl des Fähigkeitseinsatzes wie der Ideenverwertung mit der *Gesamt*arbeitszufriedenheit.

Auch die dritte Komponente, die Ausprägung des Selbstwertgefühls, wurde unter zwei Aspekten betrachtet. Aus einerseits der Einschätzung der eigenen Bedeutung für den Betrieb ergab sich kein Einfluß auf die Leistungszufriedenheit (und übrigens auch nicht auf die Gesamt-AZ). Andererseits aber sprechen unsere Daten für einen positiven Zusammenhang zwischen dem Gefühl, etwas zu leisten, und der Zufriedenheit aus der Leistung, und zwar bei Mitarbeitern wie bei Unternehmern.

B. Erwerb von Anerkennung

Die Anerkennung, in einem umfassenden Sinne, als AZ-Determinante, die den Unternehmern wie den Mitarbeitern infolge ihrer Tätigkeit zuteil wird, hat eine doppelte Dimension. Zum einen geht es um die Anerkennung für den Einsatz im Betrieb. Betrachten wollen wir dabei die Einschätzung der Mitarbeiter durch den Chef wie die des Chefs durch die Mitarbeiter, während wir auf den Einbezug der entsprechenden horizontalen Interaktion wegen ihrer augenscheinlichen Problematik verzichtet haben (im übrigen sind die Beziehungen zwischen den Mitarbeitern und ihr Einfluß auf die AZ im Kapitel I zu behandeln). Zum anderen bedeutet die Anerkennung gleichzeitig das Ansehen, Prestige, das Unternehmer wie Mitarbeiter bei außenstehenden Beobachtern genießen und das sich offenbar ebenfalls in AZ ummünzen kann.

Wir werden im folgenden beide Dimensionen auszuleuchten versuchen, wollen aber vorher einen Überblick über die AZ aus diesem Faktor Anerkennung gewinnen. Die diesbezügliche direkte Frage im Indexteil eröffnet ein Bild, wie es Tab. 22 wiedergibt (s. Anhang).

In dieser Tabelle werden Unterschiede sichtbar sowohl im Vergleich gewerbliche/großbetriebliche Mitarbeiter wie im Vergleich gewerbliche Mitarbeiter/Unternehmer. Bei der ersteren Gegenüberstellung ist zwar der Anteil der „Sehr Zufriedenen“ mit 14 bzw. 13 % ähnlich groß, derjenige der „Zufriedenen“ mit 60 bzw. 48 % jedoch deutlich verschieden; im wesentlichen um diesen Unterschied scheint in den großen Betrieben der Anteil der Indifferenten höher, bei allerdings relativ niedrigem Signifikanzniveau von p = .835. Beim Vergleich gewerbliche Mitarbeiter/Unternehmer fällt mit p = .991 auf, daß die Z-Quoten der Unternehmer diejenigen ihrer Mitarbeiter deutlich übertreffen, und zwar ohne daß die Anteile am anderen Ende der Skala auch höher wären (wie im Fall der Z mit der Arbeitsleistung; vgl. Tab. 1). Daraus darf gefolgert werden, der Faktor des außer- und innerbetrieblichen Ansehens aus der beruflichen Tätigkeit spiele als AZ-„Produzent" im Gewerbe bei Unternehmern eine größere Rolle als bei Arbeitnehmern.

Die Auswertung des Ansehensindex bei Unternehmern nach Kriterien führte — wie schon beim Leistungsindex — zu keinen zusätzlichen Aufschlüssen, die genügend statistisch gesichert wären. Der entsprechende Index für Mitarbeiter erwies sich dagegen als abhängig von der Größe des Betriebsstandortes (s. Anhang, Tab. 23): Von großstädtischen über städtische zu ländlichen Verhältnissen wächst der Anteil der mit der gewonnenen Anerkennung sehr zufriedenen und zufriedenen Arbeitnehmer, und die Quote der indifferenten und unzufriedenen nimmt ab. Die Erklärung dieser Beobachtung sucht man zunächst über das Vorherrschen von Kleinbetrieben mit den dort vermuteten engeren persönlichen Beziehungen auf dem Lande. Überraschenderweise läßt sich jedoch kein Zusammenhang zwischen der Betriebsgröße und der Z mit der gewonnenen Anerkennung nachweisen. Wir haben daher Grund zur Annahme, daß unabhängig von der Variablen Betriebsgröße (jedenfalls in der durch uns gewählten Einteilung) die Chef-Mitarbeiter-Beziehungen in den Betrieben, soweit sie in der Anerkennung für die Arbeit zum Ausdruck kommen, in ländlichen Verhältnissen besser „spielen" als im Großstadtmilieu. Eine andere Erklärung könnte sich an den Ansprüchen orientieren und vermuten, sie seien auf dem Lande weniger hoch. Diese Erklärung ist aber, zumindest im Zusammenhang Anerkennung/Ansehen, nicht stichhaltig, wie wir noch zeigen werden.

Damit können wir zur Prüfung der beiden erwähnten Dimensionen übergehen, denen wir einen Einfluß auf die in Rede stehende AZ-Determinante zuschreiben. Es geht also um das „Standing", das die Tätigkeit zum einen betriebsintern, zum anderen außerhalb der Unternehmung vermittelt.

1. Interne Anerkennung der Tätigkeit

Diese Dimension umschließt in unserer Sicht ihrerseits zwei Aspekte, und zwar den der Einschätzung der Position der Beurteilten im Betrieb und denjenigen der Anerkennung für die Arbeit, immer im Verhältnis zwischen dem Unternehmer bzw. Chef und den Mitarbeitern. Die hier betrachteten Interaktionen zwischen ihnen sind stellungs- oder tätigkeitsbezogen, während die im engeren Sinne menschlichen Beziehungen im Kapitel I untersucht werden.

Was die Einschätzung der Bedeutung der Mitarbeiterposition durch den Unternehmer bzw. den direkten Vorgesetzten betrifft, haben wir die Mitarbeiter erklären lassen, wie der Chef sie sieht, und „über Kreuz" die Chefs angeben lassen, wie die Mitarbeiter sie sehen. Die Fragen lauteten also sinngemäß: Glauben Sie, daß Ihr Chef (Ihre Mitarbeiter) Ihre Position für wichtig (bedeutend) ansieht (erkennen), oder haben Sie nicht den Eindruck? So ergaben sich die Tabellen 24 und 25 (s. Anhang).

Obwohl die Fragen sich nur dem Sinne nach entsprechen, deuten die Antworten in dieselbe Richtung des klaren Überwiegens einer hohen Einschätzung: Die weitaus meisten Mitarbeiter sehen ihre Position vom Chef als wichtig eingestuft, und die meisten Unternehmer sehen ihre Stellung von einer Mitarbeitermehrheit als bedeutsam anerkannt. Die Betriebsgröße scheint in beiden Gruppen auf die Ergebnisse, wenn überhaupt, nur einen geringen Einfluß zu haben. Größere Wirkung geht bei den gewerblichen Mitarbeitern von der Dauer der Betriebszugehörigkeit und vom Einkommen aus; auf seiten der Unternehmer ergeben sich diesbezügliche Anhaltspunkte nur bei den Einkünften. Die positiven Nennungen hinsichtlich der Einschätzung nehmen dabei erwartungsgemäß mit der Größe der unabhängigen Variablen zu, die negativen ab (vgl. Tab. 26, 27, 28, s. Anhang).

Die Parallelwirkung von Dienstalter und Einkommen ist uns schon einmal begegnet (s. o. S. 72). Sie überrascht nicht, dürften doch beide Variable entweder über eine dritte Größe, die hierarchische Stellung, oder — namentlich angesichts des Fehlens formaler hierarchischer Differenzierung in Kleinbetrieben — unmittelbar miteinander verbunden sein. Mit dem Dienstalter scheint sich also das Gefühl der Wertschätzung, das der Chef dem Mitarbeiter entgegenbringt, beim Mitarbeiter zu verstärken. (Umgekehrt dürfte dieses Gefühl den Mitarbeiter veranlassen können, dem Betrieb treu zu bleiben, so daß damit ein sich selbst stützender Prozeß im Gange wäre.) Ebenso plausibel scheint uns die Interpretation unserer Beobachtung bezüglich des Einkommenseffektes zu sein, wonach der erzielte Lohn geradezu als Maßstab der Bedeutung empfunden wird, die der Chef der Position des Mitarbeiters beimißt. Freilich läßt sich diese Erklärung nicht auf die analoge Beobachtung bei den Unternehmern übertragen. Hier liegt die Interpretation nicht auf der Hand; sie ist möglicherweise in einer Projektion der betreffenden Unternehmer zu suchen: Je höher die Einkünfte, um so größer die Neigung zum Glauben an die eigene Bedeutung — und zur Unterstellung, auch die Mitarbeiter sähen das Gewicht des Unternehmers für den Betrieb.

Besteht nun eine Beziehung zwischen der Einschätzungsannahme und der zugehörigen Zufriedenheitsgröße (Zufriedenheit mit Anerkennung)? Auskunft hierzu geben die Tabellen 29 und 30 (s. Anhang).

Bei den Unternehmern spielt offensichtlich die Einschätzungsannahme für die zugehörige Z-Größe keine Rolle, wohl aber deutlich bei den Mitarbeitern: Die Z ist erheblich tiefer bei jenen, die sich nicht vom Chef als wichtig anerkannt fühlen, als bei ihren „privilegierten“ Kollegen.

Im Sinne einer zusätzlichen Prüfung ziehen wir für die Unternehmer eine weitere, allgemeiner formulierte Frage heran, die aber in die gleiche Richtung der obigen Frage zielt, und zwar auf den vermuteten Beitrag der Unternehmertätigkeit zum „Ansehen ... im Betrieb“. Die Auswertung nach der zugehörigen Zufriedenheitsäußerung ist in Tab. 31 wiedergegeben (s. Anhang).

Dort ergibt sich nun auch für die Betriebsinhaber recht deutlich eine Abhängigkeit ihrer Anerkennungszufriedenheit vom wahrgenommenen Ansehen im Betrieb — Gleichgültigkeit ihm gegenüber wäre wohl auch selbst für hartgesottene Unternehmer eher überraschend gewesen.

Gleichzeitig vermögen diese Zahlen in der Literatur formulierte Beobachtungen, die gewerblichen Unternehmer empfänden Verdruß und Isolation infolge mangelnder Anerkennung ihrer Stellung, nicht zu stützen (als repräsentatives Beispiel in diesem Sinne sei *Saxberg,* 1976, S. 114, zitiert).

Außer der Wertschätzung für die Position im Betrieb umschließt die in diesem Abschnitt in Rede stehende Dimension der AZ bei den Arbeitnehmern, wie wir gesehen haben, die Anerkennung für die Arbeit, die „von oben“ ausgesprochen wird (s. Anhang, Tab. 32).

Offenbar kann man davon ausgehen, daß rund zwei Drittel der Arbeitnehmer (genauer der deutschsprachigen Arbeitnehmer) in der deutschen Schweiz ihre Leistungen durch ihren Vorgesetzten anerkannt sehen (wobei unter unserer Frage die unmittelbare verbale oder allenfalls konkludente Anerkennung durch den Chef zu verstehen war, nicht diejenige mit Hilfe von „Symbolen“ wie Prämien, Lohnerhöhungen, Beförderungen u. ä.). Die kleinen Unterschiede nach Betriebsgrößen sind statistisch nicht bedeutsam und können keine allgemeine Gültigkeit beanspruchen, eine Feststellung, die im Gegensatz zu Hinweisen im Schrifttum steht, nach denen das Maß der Anerkennung mit abnehmender Betriebsgröße zunimmt (vgl. z. B. *Wolff/Hofer,* 1975, S. 83, wonach die optimale Größe unter diesem Gesichtspunkt zwischen drei und dreißig Mitarbeitern liegt; die Verf. berufen sich ihrerseits auf *Caplow,* 1964, S. 26 f.). Auch unter demographischen Gesichtspunkten ergeben sich keine substantiellen Verschiebungen der Ergebnisse gemäß Tabelle 21.

Trotz des im ganzen positiven Bildes bleibt ein immerhin nennenswertes „Anerkennungsdefizit" bei einem runden Drittel des von der Erhebung betroffenen Beschäftigtenkreises. Es drängt sich daher die Prüfung auf, wie denn die Unternehmer die Bedeutung der Anerkennung guter Mitarbeiterleistungen einschätzen (s. Anhang, Tab. 33).

Beim Vergleich der Tabellen 32 und 33 muß eine Einschränkung beachtet werden: Die Mitarbeiter wurden nach dem Anerkennungsverhalten ihrer direkten Vorgesetzten gefragt; nur in der kleinsten Betriebsgröße sind dies aber, wie wir gesehen haben, die Unternehmer. Wir können also sinnvoll nur die Spalten 1 der beiden Tabellen vergleichen. Auch so ergibt sich jedoch eine beachtliche Diskrepanz, indem gegen 90 % der Unternehmer die positive Erwähnung guter Leistungen als wichtig bezeichnen (ohne auffällige Verschiebungen bei einer Prüfung nach den diversen Kriterien), dagegen nur zwei Drittel der Mitarbeiter erklären, ihre Leistungen würden anerkannt, sei es auch unausgesprochen. Die Erklärung liegt bei den Unternehmern und/oder Mitarbeitern selbst oder in einem Wahrnehmungsproblem. Die Unternehmer geben möglicherweise zum Teil ihre Bereitschaft zur Anerkennung lediglich vor oder finden sie nur gleichsam platonisch wichtig, ohne daraus Verhaltenskonsequenzen zu ziehen. Viele Mitarbeiter andererseits untertreiben vielleicht und geben nicht zu, daß ihnen tatsächlich Anerkennung zuteil wird, oder aber sie antworten negativ wegen tatsächlich ungenügender Anerkennung. Ebenso gut ist jedoch eine lediglich verzerrte Wahrnehmung durch die unterschiedlich getönten „Brillen" denkbar, die keiner Gruppe anzulasten wäre, weil sie niemand als solche empfindet. Für diese Erscheinung gibt es weitere Beispiele; ein besonders plastisches findet sich in der Zeitschrift „Manager Magazin" (1973, S. 69), wo die völlig divergierenden Ergebnisse einer Bewertung von Führungsstilen einerseits durch die Führer, andererseits durch die von ihnen Geführten gegenübergestellt sind.

Wenn wir die Unternehmer nach ihrer Meinung zur Wichtigkeit der Anerkennung von Mitarbeiterleistungen fragen, so liegt es im übrigen nahe, bei den Mitarbeitern ihrerseits zu erkunden, wie bedeutend sie selber diese Anerkennung finden (s. Anhang, Tab. 34).

Die Daten lassen, kaum unerwartet, den Schluß zu, daß die Mitarbeiter die Würdigung ihrer Leistungen (durch ihre Vorgesetzten) fast durchweg für wichtig halten. Offenbar ist das Bedürfnis nach Anerkennung Realität. Der Anteil positiver Antworten bewegt sich mindestens auf der Höhe der Quote aus den entsprechenden Unternehmeräußerungen (gem. Tab. 33) und weist bei einer Aufgliederung nach den verschiedenen Kriterien keine großen Schwankungen auf. Das Bedürfnis nach Anerkennung erweist sich damit als weitgehend unabhängig vom Alter, Dienstalter, Einkommen usw. Insbesondere gilt diese Feststellung auch bezüglich der Ortsgröße. Unsere Vermutung tieferer Ansprüche auf dem Lande ist also hinsichtlich der Anerkennung nicht haltbar (vgl. die diesbezügliche Bemerkung auf S. 79 und Tab. 35 im Anhang).

Vergleichen wir nun Wunsch (gem. Tab. 34) und Wirklichkeit (gem. Tab. 32) auf dem Gebiet der Anerkennung, so erfährt unsere Feststellung vom „Anerkennungsdefizit" (s. o. S. 82) ihre empirische Erhärtung. Wie wirkt diese Situation auf die entsprechende AZ-Größe? Nach unseren theoretischen Überlegungen im Rahmen der Begriffsbestimmung (s. o. S. 36) steht zu erwarten, daß die Diskrepanz zwischen Ansprüchen und Erfüllung sich negativ auf die AZ auswirkt (s. Anhang, Tab. 36).

Die Daten dort sprechen für sich, indem praktisch alle Mitarbeiter, die ihre Leistungen von den Vorgesetzten anerkannt sehen, sich auf dem Gebiet Anerkennung/Ansehen tatsächlich zufrieden erklären, während ihre weniger „gerühmten" Kollegen zu hohen Anteilen indifferent oder unbefriedigt sind und damit eine Bestätigung der erwarteten Auswirkungen des Anerkennungsdefizites liefern.

Diese Feststellung will noch nicht besagen, daß die Anerkennung guter Leistungen im Vergleich zu den *anderen* neun AZ-Determinanten einen besonders großen Beitrag zur Entstehung „aggregierter" AZ erbringe; unsere diesbezügliche Untersuchung ist im 3. Teil fällig. Hier geht es lediglich um einen Nachweis der Bedeutung der Anerkennung (durch Vorgesetzte) für die spezifische Zufriedenheitsgröße. Im folgenden Abschnitt bleibt der Einfluß des extern gewonnenen Ansehens auf eben diese Variante der Zufriedenheit zu prüfen.

2. *Mit der Tätigkeit verbundenes externes Ansehen*

Die hier zu diskutierende Größe kann sowohl bei Unternehmern wie bei Arbeitnehmern unter Bezugnahme auf bestimmte Personen oder — unter Verzicht darauf — allgemein erforscht werden. Wir haben beides versucht und im ersteren Fall als Personenkreis diejenigen bezeichnet, deren Ansichten die Befragten am besten kennen, die Angehörigen. Das arbeitsbedingte „Ansehen", das die Interviewpartner bei diesen genießen, läßt sich an deren Meinung zur Stelle bzw. Tätigkeit der Befragten ermessen (s. Anhang, Tab. 37).

Ein Überblick über diese Daten vermittelt den Eindruck, daß, mit einer kleinen Einschränkung für die Industriebeschäftigten, jeweils vergleichbare Anteile der Unternehmer wie Arbeitnehmer ihren Angehörigen eine sehr gute bzw. gute Meinung zu ihrer Tätigkeit/Position unterstellen. Diese Beobachtung verändert sich nicht wesentlich bei der Prüfung nach den verschiedenen Kriterien; vielmehr beherrschen die Größenordnungen der Quoten gemäß Tabelle 37 das gesamte Datenmaterial zu den beiden in Rede stehenden Fragen. Die überraschende Einheitlichkeit in der Grundtendenz scheint uns vor die Frage zu stellen, ob hier nicht gleichsam „durch die Bank" sozial normierte Auskünfte gegeben wurden und die Befragten den Interviewern schlicht die Erwartung supponierten, von guten Meinungen der Angehörigen zu erfahren. Wäre diese Annahme lediglich vorgeschobener Urteile allerdings berechtigt, würde kaum ein Einfluß von den Meinungen der Angehörigen auf die Zufriedenheit der Befragten nachzuweisen sein. Ein solcher Einfluß scheint aber durchaus gegeben (s. Anhang, Tab. 38 und 39).

Die Daten hierzu lassen in der Tat erkennen, daß sehr wohl ein Einfluß von der vermuteten Meinung der Angehörigen auf die AZ der Unternehmer wie der Mitarbeiter auszugehen scheint, und zwar im Sinne eines positiven Zusammenhanges, wonach sehr gute Urteile in überdurchschnittlich vielen Fällen sehr hohe Zufriedenheit bedeuten. (Daß auch die Umkehrung gilt, ist mangels Daten weniger gut nachzuweisen.)

Unsere Vermutung, die Befragten hätten den Interviewern nur vermeintlich erwartete Antworten gegeben, dürfen wir immerhin im Lichte dieses Ergebnisses fallen lassen — ein solches Verhalten wäre auch eine Ausnahmeerscheinung in der Erhebung gewesen. Die Erklärung der oben skizzierten Beobachtung hätte zudem eine psychologische Exploration über die Grenzen unserer Untersuchung hinaus erfordert. Wichtiger ist indessen, daß wir offenbar von der Existenz einer Beziehung zwischen Meinungen der Angehörigen und Zufriedenheit der „Betroffenen" innerhalb des Faktors Anerkennung ausgehen können.

Welches Bild ergibt sich nun allgemein (also ohne Bezug auf bestimmte Personen) im Komplex des externen Ansehens? Trägt die Arbeit bzw. Tätigkeit dazu bei? Wir verweisen auf Tab. 40. Die Daten lassen die Aussage zu, daß ein hoher Anteil der Arbeitnehmer wie Unternehmer ihrem beruflichen Einsatz eine ansehensfördernde Wirkung zuschreibt. Damit liegen die Zahlen auf derselben Linie wie die Daten in Tab. 37, sofern man dort sinnvollerweise die sehr guten und guten Meinungen zusammen betrachtet. Deutlicher als dort scheinen allerdings in Tabelle 40 die Industriebeschäftigten von der Situation im Gewerbe abzuweichen, indem bei ihnen der Anteil mit verneinender Antwort höher ausfällt. Dieser Eindruck ist indessen statistisch nicht gesichert.

Im übrigen handelt es sich bei den Äußerungen zum allgemeinen Ansehen — ganz ähnlich wie bei denen zur Meinung der Angehörigen — um subjektive Einschätzungen. Das ist durchaus beabsichtigt, weil wir auch hier von der Vermutung ausgehen können, daß die Wahrnehmung des Ansehens die entsprechende Zufriedenheitsgröße prägt, selbst wenn das Ansehen in der Realität nicht mit der Wahrnehmung übereinstimmen sollte[5].

Die Sichtung der Daten nach Kriterien bringt, wie bei der Ermittlung des Ansehens im Nahbereich (der Angehörigen), wiederum keine auffälligen Verschiebungen, außer im Falle der Aufgliederung der Mitarbeiterdaten nach der Größe des Betriebsstandortes (s. Anhang, Tab. 41). Hier stoßen wir erneut (wie oben auf S. 79), wenn auch auf relativ niedrigem Signifikanzniveau, auf eine inverse Abhängigkeit des Ansehens von der Ortsgröße, d. h. zunehmendes Ansehen bei abnehmender Ortsgröße. Die prinzipielle Erklärung dafür dürfte im Phänomen größerer Anonymität in großstädtischen Verhältnissen zu suchen sein, die persönliches — und nicht an äußere Statussymbole gebundenes — Ansehen mangels persönlicher Beziehungen weniger zuläßt.

Damit können wir uns der Prüfung der Frage zuwenden, wie sich das in den Augen der Befragten gewonnene externe Ansehen auf ihre Zufriedenheit innerhalb dieses Komplexes auswirkt (s. Anhang, Tab. 42 und 43).

Der Einfluß des externen Ansehens durch die Arbeit auf die entsprechende Zufriedenheitsgröße ist statistisch wiederum nicht ganz gesichert bzw. nicht nachprüfbar. Die Daten sprechen aber zumindest bei den Unselbständigen für einen solchen Zusammenhang, wonach das Gefühl, durch die Arbeit angesehen zu sein, die entsprechende Zufriedenheitsgröße verstärkt. Während bei den Unternehmern hier selbst lediglich plausible Aussagen schwerfallen, fällt bei den Mitarbeitern auf, daß sich 77 % der positiv Antwortenden für zufrieden oder sehr zufrieden erklären, während der entsprechende Anteil bei den negativ Antwortenden „nur“ 58 % erreicht (unter den Unzufriedenen lauten die zusammengefaßten Quoten 9 und 14 %).

Diese Vermutung eines positiven Zusammenhanges ergänzt die analoge Annahme, die wir bei der Prüfung des Einflusses positiv eingestellter Angehöriger auf die Arbeitszufriedenheit gewannen (s. o. S. 83 f.). Die Deutung der Beziehung scheint uns nicht schwierig zu

[5] Zu den realen Gegebenheiten stehen uns im Hinblick auf gewerbliche Arbeitnehmer keine empirischen Informationen zur Verfügung. Bezüglich gewerblicher Unternehmer zeigen aber die positiven Ergebnisse einer kürzlich in der Schweiz durchgeführten Erhebung (*Publitest*, 1977, S. 10 - 12), daß die positiven Meinungsäußerungen gemäß unserer Studie gerechtfertigt scheinen. Auch für die Bundesrepublik Deutschland belegen empirische Analysen, daß das Image von den Unternehmern generell (das sich freilich mit unserem „Ansehen aus der Tätigkeit“ nicht voll decken dürfte) in der Grundstimmung durchaus positiv ist und in den letzten Jahren sogar eine Verbesserung erfahren hat (vgl. die Hinweise im *Deutschen Handwerksblatt*, 1977, S. II f., auf folgende Studien: *Schmölders*, 1970 [erschienen 1971]; *EMNID-Institut*, 1974; *Institut für Demoskopie*, 1976; vgl. ferner *Schmölders*, 1973, S. 73 ff.; *Röglin*, 1974, S. 15 ff. und 51 ff.; *Graudenz*, 1977, S. 82, 85, der sich seinerseits auf Allensbach beruft).

sein. Sie bietet sich zum Beispiel über die Gewinnung eines günstigen Selbstbildes von der gesellschaftlichen Stellung an, die das im „Nah“- wie im „Fernbereich“ wahrgenommene Ansehen ermöglicht (vgl. *Daheim,* 1969, S. 384, und die dort herangezogenen Autoren).

3. *Zusammenfassung*

Im Kontext der Zufriedenheit mit Anerkennung und Ansehen ergab sich insgesamt bei den gewerblichen Mitarbeitern, verglichen mit den Industriebeschäftigten, ein höherer Anteil unter der Position „Zufrieden“ und eine analog tiefere Quote bei den Indifferenten („Weder zufrieden noch unzufrieden“). Eine deutlichere Abweichung wurde im Vergleich gewerbliche Arbeitnehmer/Unternehmer registriert, und zwar zugunsten der letzteren: Sowohl die „sehr zufriedenen“ wie die „zufriedenen“ Betriebsinhaber sind relativ zahlreicher als die Arbeitnehmer, die sich zu diesen Positionen bekennen. Andererseits äußerte sich kein Unternehmer unzufrieden.

In der Folge wurden getrennt die AZ-Einflüsse untersucht, die einmal von interner Anerkennung und zum anderen von externem Ansehen ausgehen. Im ersten Komplex ergab sich zunächst, daß die Vermutung der gewerblichen Mitarbeiter von einer Einschätzung ihrer Position durch den Chef als wichtig die Z dieser Mitarbeiter positiv beeinflußt, während die entsprechende Vermutung bei den Unternehmern diesen Einfluß nicht zeigt. Bei ihnen wurde eine Z-Wirkung jedoch sichtbar, nachdem die diesbezügliche Frage statt mitarbeiterorientiert in allgemeinerer Formulierung gestellt wurde: Ein positiver Beitrag der Unternehmertätigkeit zum Ansehen im Betrieb erhöht die entsprechende Z-Größe der Unternehmer. Bei den Mitarbeitern geht ein noch deutlicherer Z-Einfluß von einer Anerkennung ihrer Leistungen im Betrieb aus.

Im Zusammenhang des externen Ansehens wurde zunächst geprüft, ob die Meinung der Angehörigen zur Position bzw. Tätigkeit der Befragten eine Wirkung auf deren Z hat. Für beide Befragtenkategorien stellte sich heraus, daß ein positiver Zusammenhang besteht. Sodann wurde von bestimmten Bezugspersonen abstrahiert und der Z-Einfluß untersucht, der vom selbsteingeschätzten Beitrag der Arbeit bzw. Tätigkeit zum Ansehen allgemein „außerhalb des Betriebes“ ausgeht. Während ein solcher Einfluß bei den Unternehmern nicht nachgewiesen werden konnte, sprechen bezüglich der gewerblichen Mitarbeiter die Daten für einen positiven Zusammenhang.

C. Die Arbeit selbst als Bestimmungsfaktor der Arbeitszufriedenheit

Die Art der Arbeit gehört zu denjenigen AZ-Faktoren, die von Anfang an, d. h. seit dem Beginn systematischer Forschung auf diesem Gebiet, besondere Aufmerksamkeit fanden. Diese Tatsache überrascht nicht, liegt es doch nahe, im Zusammenhang der Arbeitszufriedenheit primär an die Arbeit selbst zu denken. Aber auch bei den Angelsachsen, die vornehmlich den Begriff „job satisfaction" verwenden, fand seit *Hoppock*, dem Pionier in diesem Bereich, der Faktor „work itself" erstrangiges Interesse (vgl. die entsprechende Aufzählung bei *Hoppock*, 1935, S. 70). Gerechtfertigt wurde die große Bedeutung, die schon die frühen Forscher der Art der Arbeit beigemessen haben, durch den Nachweis der Eigenständigkeit dieses Faktors bei *Morse/Weiss* (1955, S. 191 ff.): Man würde auch arbeiten, ohne es finanziell nötig zu haben. *Vroom* kann dann bereits auf eine ganze Reihe von Autoren verweisen, die den wichtigen Rang dieses Faktors hervorheben (1964, S. 102).

Auch in jüngster Zeit und im deutschsprachigen Raum ist die Bedeutung dieses AZ-Faktors belegt worden (vgl. z. B. die Studien von *Bunz/Jansen/Schacht* für das *Bonner Bundesarbeitsministerium*, 1974, und des *Bayerischen Arbeitsministeriums*, 1976), und zwar durch die empirische Ermittlung des Gewichts, das ihm im Vergleich zu anderen Größen zukommt. *Neuberger* untersucht diesen Gesichtspunkt an sechs verschiedenen Stichproben und kommt zum gleichen Ergebnis einer überdurchschnittlichen Bedeutung der Arbeit selbst für die AZ (1975, S. 5, 9, 17). *Schlitzberger* (1975, S. 103) bezeichnet die Art der Arbeit sogar als wichtigsten AZ-Faktor. Auch *Heß* betont den Zusammenhang, wenngleich ohne empirischen Nachweis (1976, S. 17).

Es ist hier noch nicht der Ort, wo wir Vergleiche zwischen den Faktoren anstellen wollen (das wird im dritten Teil dieser Studie geschehen). Doch dürfen wir offenbar schon jetzt von der Annahme ausgehen, daß der Art, dem Inhalt der Arbeit erhebliche Bedeutung für die AZ zukommt: „Es gibt (zumindest, Verf.) Phasen, wo wir ... glücklich sind ... — zum Beispiel durch eine Art von Arbeit, die nicht nur Lohn einbringt, sondern Befriedigung" (*Max Frisch*, 1976, S. 6).

Obwohl damit selbst ein Skeptiker wie *Frisch* die Arbeit als solche ohne hintergründige Ironie als Mittel der Befriedigung bezeichnet und wenngleich seriöse empirische Studien diese mögliche Wirkung der Arbeit nachdrücklich betonen, bleibt immerhin zu vermuten, daß im Einzelfall diese Wirkung graduell unterschiedlich eintreten kann. So betont etwa eine Reihe von Autoren die Abhängigkeit dieses Effektes vom Bildungsstand, wobei z. B. folgender Zusammenhang denkbar ist: Je höher das Niveau der Betroffenen, um so inhaltsreicher ist ihre Arbeit und um so stärker deren positive Wirkung auf die AZ (vgl. die Hinweise in dieser Richtung bei *Morse/Weiss*, 1955, S. 191 ff.; *Schlitzberger*, 1975, S. 100; *Hofstede*, 1976, S. 13 ff., bes. S. 16). Zu ergänzen bleibt, daß nicht nur der Bildungsstand über die erreichbare Arbeit zu entscheiden vermag, sondern daß die Arbeit in unserem Wertverständnis ihrerseits einen „bildenden“ Effekt im Sinne der Selbstverwirklichung haben kann[6].

Wenn im Schrifttum gewöhnlich von einer ausgeprägten Abhängigkeit der AZ von der Art der Arbeit die Rede ist, dürfen wir trotzdem nicht übersehen, daß diese Beziehung auch schon in Frage gestellt wurde, z. B. durch *Goldmann* (1975, S. 33 ff.), und zwar aufgrund folgender Beobachtung: Er schickte einige Fließbandarbeiter aus Detroit zu einem vorübergehenden Einsatz in Gruppenarbeit in eine schwedische Automobilfabrik. Die Probanden erklärten sich dort mehrheitlich weniger zufrieden als am heimischen Fließband. Es liegt jedoch, so scheint uns, auf der Hand, daß aus einem solchen Experiment keine allgemeingültigen Schlußfolgerungen gezogen werden können, dürfte doch die hier getestete Beziehung zwischen der Art der Arbeit und der AZ in geradezu exemplarischer Weise von dritten Größen überlagert worden sein, insbesondere von der doppelten Fremdheitssituation in Arbeit und Freizeit.

Alle diese Betrachtungen bleiben indessen allgemein, während unser Hauptaugenmerk der spezifischen Situation in gewerblichen Betrieben gilt. Wie üblich stehen dafür kaum Vergleichsdaten zur Verfügung; im Sinne einer Ausnahme fand sich lediglich ein Hinweis bei *Blauner* (1964, S. 51 ff.) auf hohe AZ bei handwerklich tätigen Druckereiarbeitern mit relativ komplexen Aufgaben. Werfen wir daher noch einen Blick auf (freilich auch nicht zahlreiche) Abhandlungen zur Situation in der umfassenderen Kategorie der Klein- und Mittelbetriebe (bezüglich ihrer Abgrenzung zu gewerblichen Betrieben erinnern wir an unsere Definition auf S. 26).

Deeks (1976, S. 200) hebt zunächst die erklärte besondere Zufriedenheit von Gründer-Managern in mittelständischen Möbelfabrikationsbetrieben mit ihrer Arbeit (namentlich im Gebiet der Produktion) hervor, ohne allerdings einen Vergleich mit der Gestimmtheit ihrer Mitarbeiter oder derjenigen in größeren Betrieben zu ziehen. Soweit ein derartiger Vergleich den Überlegungen zugrunde liegt, wird von verschiedener Seite darauf hingewiesen, die Art der Arbeit im Kleinbetrieb komme der AZ eher als in großen Produktionseinheiten entgegen (so *Wolff/Hofer*, 1975,

---

[6] Dieser Effekt wird allerdings in sozialistischen Ländern anscheinend bestritten. So erklärte ein ostdeutscher Professor in Zürich, Arbeit möge zwar Bildung voraussetzen, sei aber nicht als Mittel der Persönlichkeitsbildung zu betrachten (*H. Ley* gemäß einem NZZ-Bericht vom 17. 11. 77).

S. 82) oder — weitergehend — die AZ aus der Arbeit selbst sei in kleineren Betrieben schlichtweg höher (so *Kovach*, 1976).

Eine Ausnahme macht *Scheuch* mit der Feststellung, zwischen der Zufriedenheit mit der Art der Arbeit und der Betriebsgröße bestehe keinerlei Beziehung (1976 a, S. 319), wobei er allerdings einschränkt (Fußnote S. 319), die der Analyse zugrunde gelegte Betriebsgrößeneinteilung sei unzweckmäßig (und bezüglich anderer Aspekte der Zufriedenheit sei die AZ in Klein- und Mittelbetrieben im Vergleich zu Großbetrieben durchaus höher, S. 323).

Betrachten wir also unser eigenes Datenmaterial gemäß Tab. 44 (s. Anhang).

Diese Tabelle vermittelt auf den ersten Blick den Eindruck, die Zufriedenheit mit der Art der Arbeit sei nicht nur bei Mitarbeitern in großen Betrieben gleich hoch wie in kleineren Firmen (wie bei *Scheuch* vermutet, s. o.), sondern sogar deutlich höher, indem im Vergleich Gewerbe—Industrie fast doppelt so viele Industriemitarbeiter sich als „sehr zufrieden" bezeichnen (43 gegenüber 23 %). Bei genauerem Hinsehen fällt allerdings auf, daß sich das Bild bei der Nennung „zufrieden" praktisch umkehrt und daß auch das andere Ende der Skala in den großen Betrieben dichter besetzt zu sein scheint als im gewerblichen Durchschnitt.

Während die Situation bei den Unternehmern (hohe Zufriedenheitsanteile und Fehlen „unzufriedener" Nennungen) den Erwartungen entspricht, muß der Befund hinsichtlich der Mitarbeiter überraschen. Statt aber nach vagen naheliegenden Erklärungen dafür Ausschau zu halten, wollen wir versuchen, die möglichen Hintergründe des Ergebnisses aufzuhellen. Auszugehen ist dabei zweckmäßigerweise von der Überlegung, was die Art der Arbeit genauer bedeutet. Wir entscheiden uns für drei Gesichtspunkte, die im folgenden geprüft werden sollen. Es handelt sich dabei um

— den Abwechslungsgrad der Arbeit
— den Freiheitsgrad der Arbeit
— die „Anmutungsqualität" der Arbeit

Bevor wir auf diese spezifischen Aspekte der Arbeit eingehen, bleiben wir noch kurz bei den generellen Äußerungen zur Zufriedenheit mit der Art der Arbeit und prüfen sie nach unseren Kriterien. Bei den Unternehmern ergeben sich auch hier keine interpretierbaren Beziehungen. Bei den Mitarbeitern bestehen ebenfalls hinsichtlich der meisten Kriterien keine signifikanten Zusammenhänge, z. B. auch nicht zwischen dem Ausbildungsstand und der Zufriedenheit mit der Art der Arbeit (entgegen Feststellungen in der Literatur, s. o. S. 87 f.). Einzig die Tätigkeitskategorie hat offenbar einen Einfluß auf die hier in Rede stehende Zufriedenheitsgröße (s. Tab. 45).

Es ergibt sich, daß die überwiegend nichtmanuell Tätigen zu einem höheren Anteil angeben, „sehr zufrieden“ zu sein. Die manuell Tätigen konzentrieren sich demgegenüber leicht stärker auf die Dimension „zufrieden“ und stellen auch einen höheren Anteil Unentschiedener (nicht aber Unzufriedener). Obwohl die Unterschiede — wenn auch signifikant — nicht sehr markant sind, scheint nichtmanuelle Tätigkeit im ganzen eher als manuelle zufriedenheitsfördernd zu wirken.

Betrachten wir nun aber differenzierter die Z-Wirkung unserer Einzelaspekte der Art der Arbeit.

1. Abwechslungsgrad der Arbeit

Im Zusammenhang unserer Definition gewerblicher Betriebe (s. o. S. 26) wurde die Stellung des gewerblichen Unternehmers charakterisiert. Aus ihr ergibt sich, wie uns scheint, die Zulässigkeit der Annahme, daß in dieser Berufskategorie das Tätigkeitsspektrum überaus breit und abwechslungsreich ist. Wie wir aus Erfahrung wissen, klagen denn auch gewerbliche Unternehmer eher über ein Zuviel als ein Zuwenig an Abwechslung. Jedenfalls drängte es sich nicht auf, diesen Aspekt noch besonders zu verifizieren, wollten wir nicht Tautologien produzieren.

Was die Mitarbeiter in gewerblichen und in großen Betrieben betrifft, stellt sich die Frage der Abwechslung der Arbeit hingegen sehr wohl, auch wenn es bei den industriellen Betrieben nicht gleich um das mit vielerlei Emotionen assoziierte Fließband geht. Mit einer direkten und einer indirekten Frage haben wir den Tatbestand der Abwechslung und ihres Einflusses auf die Z mit der Art der Arbeit zu klären versucht. Aus der direkten Frage, wieviel Abwechslung den Interviewten die Arbeit biete, ergibt sich das Bild gemäß Tab. 46.

Es bestätigt unsere Vermutung, wonach ein inverser Zusammenhang zwischen dem Abwechslungsgrad der Arbeit und der Betriebsgröße zu bestehen scheint. Immerhin bleibt zu beachten, daß trotzdem auch in den großen Betrieben rund Dreiviertel der Befragten ihre Arbeit sehr oder ziemlich abwechslungsreich finden. Dieses Ergebnis steht im Einklang mit dem Resultat einer umfassenden (n = 22 000 unselbständig Beschäftigte) Erhebung des Österreichischen Statistischen Zentralamtes, wonach rund 70 % der Befragten angaben, eine abwechslungsreiche Tätigkeit zu haben (*Bosse*, 1976, S. 1). Interessanterweise ergab sich dagegen aus unseren Daten kein signifikanter Zusammenhang zwischen dem Ausbildungsniveau und dem Abwechslungsgrad der Arbeit. Nun geht es uns ohnehin nicht primär um die Abwechslung, sondern um ihren Einfluß auf die Z mit der Art der Arbeit (s. Tab. 47).

Der positive Zusammenhang (Zunahme der Z mit steigendem Abwechslungsgrad und umgekehrt) fällt trotz der Linkslastigkeit der Verteilung recht deutlich aus. Er entspricht vielen — nicht gewerbespezifischen — Hinweisen in der Literatur, die allerdings meist auf eine allgemeine AZ-Größe bezogen sind (vgl. *Vroom*, 1964, S. 132 ff. und 279 f.; *Goldthorpe, u. a.*, 1968, S. 18 f., 25 f., 36 f.; *Blauner*, 1964, S. 46, 56; *Woodward*, 1965; *Caplan, u. a.*, 1975, S. 3; *Hansen*, 1975, S. 120; *Ladner*, 1974, S. 26; *Beer*, 1964, S. 36, sodann S. 41 unter Bezug auf *Wyatt/Marriott*, 1956; *Lattmann*, 1972, S. 54; weitere Zitate zu diesem Kontext finden sich bei *Bruggemann/Groskurth/Ulich*, 1975, S. 57 und 69).

Allerdings gibt es auch Autoren, die das Verhältnis der beiden Größen zueinander vorsichtiger beurteilen. So erklären *MacKinney, u. a.* (1962, S. 8 ff.), ihre Ergebnisse hierzu seien nicht eindeutig („ambiguous") und kaum zu verallgemeinern.

Zweifel werden insbesondere zur Situation im negativen Bereich (Unzufriedenheit durch eintönige Arbeit) geäußert. Unsicherheit läßt etwa *Friedmann* erkennen, der einmal zugunsten des diskutierten Zusammenhanges formuliert, die weitgehende Aufsplitterung der Arbeit führe zu Unzufriedenheit (1959, S. 54), ein andermal dagegen feststellt, Menschen könnten sich sogar an extrem monotone Tätigkeiten gewöhnen und würden sie schließlich anderen vorziehen (1959, S. 70). Andererseits glaubt *Friedmann* nicht an Zufriedenheitserklärungen solcher Arbeiter (so in der Darstellung bei *Dahrendorf*, 1959, S. 79 f.).

Weniger Bedenken hat diesbezüglich *Gallup*, wenn er aus den Ergebnissen seiner Umfragen herausliest, selbst Fließbandarbeiter müßten mit ihrer Tätigkeit durchaus nicht unzufrieden sein und erklärten sich im Gegenteil in ihrer großen Mehrheit zufrieden (1973, S. 36). In die gleiche Richtung (wenn auch nicht so ausdrücklich) tendieren Aussagen bei *Dalton/Lawrence* für amerikanische Elektroarbeiterinnen (1971, S. 47) und *Strehle* für St. Galler Textilheimarbeiterinnen (1975, S. 22 f.). Auch *Kennedy/O'Neill* (1958, S. 372 ff.) konnten den Zusammenhang zwischen AZ und Abwechslungsgrad der Arbeit nicht empirisch bestätigen.

Doch bleiben unsere Beobachtungen zur spezifischen Situation im Gewerbe (s. Tab. 47) im Einklang mit den Ergebnissen der Mehrzahl der (unspezifizierten) Erhebungen.

Indirekt haben wir den Tatbestand der Abwechslung mit der Frage — auch an die Unternehmer — zu erfassen versucht, ob die Arbeit den Befragten helfe, „private Probleme zu vergessen". Dabei sind wir von der Überlegung ausgegangen, daß die berufliche Tätigkeit den Menschen um so stärker geistig bindet, je abwechslungsreicher und damit diesbezüglich anspruchsvoller sie ist. Wer sich auf seine Aufgaben konzentrieren muß, hat aber wenig Möglichkeiten, privaten Dingen einschließlich privaten Problemen nachzuhängen. So stand analog wie bei der direkten Frage nach der Abwechslung (vgl. Tab. 46) zu erwarten, daß mit zunehmender Betriebsgröße die Möglichkeit schrumpft, private Probleme zu vergessen oder zu verdrängen. Diese Erwartung erwies sich im wesentlichen als berechtigt (s. Tab. 48).

Für die relativ stärkere Besetzung der „grauen" Position („Habe keine privaten Probleme") als im Falle der direkten Frage („weder viel noch wenig Abwechslung") bieten sich zwei Erklärungsmöglichkeiten an: Entweder kennt tatsächlich ein ansehnlicher Anteil der Befragten im Privatleben keine Sorgen mit der Dimension von Problemen (wobei immerhin zu berücksichtigen ist, daß private Probleme auch durch die Arbeit entstehen können), oder die privaten Probleme gehen in den arbeitsbezogenen Problemen auf. Die letztere Variante scheint häufig bei Unternehmern zuzutreffen, wie wir aus Gesprächen mit Inhabern gewerblicher Betriebe schließen konnten.

Wie dem auch sei, geht es uns primär um die beiden Alternativpositionen (Möglichkeit/keine Möglichkeit des Problemvergessens) und um ihren Einfluß auf die hier diskutierte Variante der Zufriedenheit. Die entsprechende Auswertung erbrachte die Resultate der Tabellen 49 und 50.

Die Interpretation hinsichtlich der Unternehmer (Tab. 49) ist erschwert durch die schon erwähnte Tatsache, daß unter ihnen niemand mit der Art seiner Tätigkeit unzufrieden war. Im positiven Bereich ist der Anteil der „Sehr Zufriedenen" jedoch, wie vermutet, unter denen mit der erklärten Möglichkeit der Problembewältigung wesentlich höher als bei den (wenn auch wenigen) Befragten, die diese Möglichkeit verneinen. Das Umgekehrte gilt im indifferenten Bereich.

Bei den Mitarbeitern im Gewerbe (Tab. 50) bestätigt sich dieser Zusammenhang ohne Einschränkung, und zwar zusätzlich auch bei den Unzufriedenen (die in Tab. 49 fehlten): Ihr Anteil ist im „Nein"-Fall deutlich höher als im „Ja"-Fall.

So scheint sich aus sowohl unserer direkten wie unserer indirekten Prüfung zu ergeben, daß der Abwechslungsgrad der Arbeit mit der Größe bzw. dem industriellen Charakter der Betriebe abnimmt und daß er die Zufriedenheit mit der Art der Arbeit positiv beeinflußt. Was ergibt nun die Analyse hinsichtlich des zweiten Gesichtspunktes, des Freiheitsgrades der Arbeit?

2. *Freiheitsgrad der Arbeit*

Die Freiheit im Zusammenhang der Arbeit umfaßt zwei Aspekte, den Bewegungsspielraum bei der Arbeitsausführung und die Bestimmbarkeit des Arbeitstempos.

Bei der Prüfung des ersten Gesichtspunktes machten wir zunächst die interessante Beobachtung, daß sich diesbezüglich zwischen den Betriebsgrößen keine signifikanten Unterschiede ergaben, daß also der Anteil der Mitarbeiter mit erklärtermaßen großem Handlungsspielraum in großen Betrieben nicht etwa kleiner ist als in kleinen Einheiten. Maßgebend in dieser Hinsicht ist offenbar nicht die Betriebsgröße; vielmehr spielen andere Faktoren die vorherrschende Rolle, etwa der Ausbildungsstand und, damit vermutlich verbunden, das Einkommen, indem der Spielraum mit der Qualifikation bzw. ersatzweise mit dem Einkommen zunimmt (vgl. Tab. 51 für gewerbliche Mitarbeiter; das Bild ändert sich nicht bei Einbezug großer Betriebe). Damit steht unser Ergebnis nicht von vornherein im Widerspruch zu Aussagen in der Literatur, wonach die Mitarbeiter im Gewerbe i. d. R. mehr Eigeninitiative entwickeln können als in der Industrie (vgl. *Peters*, 1974, S. 113): Der übergeordnete Grund dafür könnte entsprechend den Anforderungen an die Qualifikation in einem durchschnittlich höheren Ausbildungsniveau der gewerblichen Mitarbeiter zu suchen sein.

Wiederum erübrigte sich eine analoge Frage an die Unternehmer, ist doch ihr Handlungsspielraum, dem unternehmerischen Wesen gemäß, vergleichsweise unbeschränkt. Er wird übrigens in Äußerungen von Unternehmern auch als erstrangig bedeutsam betont (vgl. *Hollingsworth/Hand*, 1976, S. 34).

Wenden wir uns der Feststellung zu, inwieweit die Freiheit bei der Arbeitsausführung die Zufriedenheit mit der Art der Arbeit determiniert (s. Tab. 52).

Es fällt zunächst wiederum auf, daß — gleichgültig, wie frei die Befragten bei der Arbeitsausführung sind — der Anteil der „Zufriedenen" dominiert. Hingegen verschiebt sich der jeweils zweitgrößte Anteil tendenziell mit abnehmendem Freiheitsgrad der Arbeit von der Nennung „Sehr zufrieden" über die Indifferenz zur Angabe „Unzufrieden". Damit entsprechen die Ergebnisse zwar nicht deutlich, aber immerhin sichtbar (und hoch signifikant) den Erwartungen: Die Z mit der Art der Arbeit variiert positiv mit dem bei der Arbeit gegebenen Freiheitsspielraum. Diese Beobachtung ist — bezüglich einer allgemeineren AZ-Größe — des öfteren auch in der generellen empirisch fundierten AZ-Literatur anzutreffen (vgl. etwa *Walker/Guest*, 1952, S. 71 ff.; *Wyatt/Marriott*, 1956,

S. 184 ff.; *Trow*, 1957, S. 204 ff.; *Mann/Williams*, 1962, S. 90 ff.; *Cummings/El Salmi*, 1970, S. 3; *Peters*, 1974, S. 113).

Was die Bestimmbarkeit des Arbeitstempos durch die Arbeitenden betrifft, ergeben sich nun wieder betriebsgrößenbedingte Unterschiede, die an Deutlichkeit nichts zu wünschen übrig lassen, wie Tab. 53 zeigt.

Nach diesen Daten ist die Möglichkeit für die Mitarbeiter, die Arbeitsgeschwindigkeit zu beeinflussen, in der Tat unmittelbar abhängig von der Betriebsgröße statt von Faktoren wie Ausbildungsstand oder Einkommenshöhe: Während in den Kleinbetrieben 80 % der Befragten angeben, ihr Arbeitstempo selber bestimmen zu können, gilt das in den nach unserer Einteilung großen Betrieben nur für eine Minderheit (44 %). Immerhin ist hier der Anteil derjenigen wesentlich höher als im Gewerbe, die darauf hinweisen, die Tempobestimmbarkeit komme auf die jeweilige Arbeit an. Bezüglich des Zusammenhanges zwischen dieser Beeinflussungsmöglichkeit und der Z mit der Art der Arbeit verweisen wir auf Tab. 54.

Wie im Kontext der Freiheit bei der Arbeitsausführung ist auch hier der Anteil der „Zufriedenen" dominant, ob nun eine Möglichkeit der Tempobeeinflussung besteht oder nicht. Die Quote der Zufriedenen ist aber immerhin im Falle vorgegebener Arbeitsgeschwindigkeit zugunsten derjenigen der Indifferenten und Unzufriedenen kleiner.

Auf allerdings niedrigem Signifikanzniveau spricht also der Anschein für eine Abhängigkeit der hier betrachteten Z von der Chance der Betroffenen, ihr Arbeitstempo selber zu bestimmen. Dabei bleibt aber zu beachten, daß im Gewerbe nur wenige Mitarbeiter diese Chance nicht haben (gemäß unserer Erhebung 15 %, s. Tab. 53). Während dem Zusammenhang für uns also keine übermäßige Bedeutung zukommt, wird er im Schrifttum doch gelegentlich betont. Dabei denken wir nicht an die Fülle von allgemeinen Publikationen zur Fließbandarbeit, die ja in maximaler Weise das Tempo diktiert, sondern an Hinweise, die die Verbindung dieses Aspektes der Freiheit der Arbeit zur AZ herstellen. Solche Verweise finden sich etwa bei *Seidman*, 1958, S. 55, und *Vroom*, 1964, S. 140 f. Der letztere beruft sich seinerseits (s. S. 279 f.) auf *Walker/Marriott*, 1951, und *Marriott/Denerley*, 1955.

Damit kommen wir zum dritten Gesichtspunkt, den wir zur Beschreibung dessen herangezogen haben, was die Art der Arbeit als AZ-Determinante ausmachen kann.

3. „Anmutungsqualität" der Arbeit

Der Begriff der Anmutungsqualität, den wir der Psychologie entlehnt haben, wird dort üblicherweise als die Eigenschaft eines bestimmten Phänomens verstanden, bei seinen Betrachtern bestimmte Gefühlsurteile oder Emotionen auszulösen (vgl. *Hänni*, 1973, Sp. 111 f.). So gesehen, handelt es sich um eine recht umfassende Größe, die auch solche Merkmale einschließen kann, wie wir sie schon quantitativ behandelt haben (Abwechslungsreichtum und Freiheitsgrad). Dieser Tatsache tragen wir, zum Schluß des laufenden Kapitels, dadurch Rechnung, daß wir die Anmutungsqualität der Arbeit durch eine für einmal offene Frage zu erfassen suchen, die dann allerdings kaum eine Quantifizierung erlaubt. Diese wird wieder möglich bei einer spezielleren Frage, die aber ebenfalls als Maß der Attraktivität einer abhängigen Position eine nicht geringe Rolle zu spielen versprach. Wir denken an die Möglichkeit für einen Arbeitnehmer, sich selbständig zu machen.

Wenn wir mit dieser Frage beginnen, ermöglichen unsere Daten gemäß Tab. 55 zunächst einen Vergleich Gewerbe—Industrie (der für Unternehmer wiederum nicht relevant ist).

Das ermittelte Signifikanzniveau reicht für eine Verwerfung der Nullhypothese (wonach kein Zusammenhang zwischen Betriebsgröße und Chance zur Selbständigkeit besteht) nicht aus. Trotzdem scheint es möglich, daß die Kleinbetriebe den Mitarbeitern diese Chance eher verheißen als die größeren Einheiten. Als Illustration für diese Vermutung bietet sich zum einen nochmals Tabelle 46 an, nach der im Kleinbetrieb ein umfassendes Tätigkeitsspektrum vorherrscht, das den Mitarbeitern das Gefühl der Gewinnung vielseitiger Erfahrungen als wesentliche Voraussetzung selbständiger Erwerbstätigkeit vermitteln kann.

Zum anderen (und mutmaßlich verbunden damit) zeigt der überschaubare Kleinbetrieb tagtäglich seinen Mitarbeitern plastisch sozusagen die „Machbarkeit", Realisierbarkeit selbständigen Schaffens nicht nur für „Supermänner". Vermutlich ist es kein Zufall, wenn gerade in den großen Betrieben während der Erhebung verschiedentlich die Randbemerkung durch Befragte fiel, die Selbständigkeit sei „zu hoch" für sie.

Ergänzend sei immerhin der Hinweis gestattet, daß innerhalb der gewerblichen Arbeitnehmer die Chancen zur Selbständigkeit unter verschiedenen Merkmalen deutlich abgestuft beurteilt werden. So sind einleuchtenderweise die jungen, die gut ausgebildeten und die überwiegend nichtmanuell tätigen Mitarbeiter diesbezüglich besonders optimistisch (s. Tab. 56 - 58). Das gilt auch für die guten Verdiener (s. Tab. 59), wobei das Einkommen einmal mehr als Ausdruck bzw. Bestätigung einzelner vorgenannter oder auch anderer Variabler funktionieren könnte, jedoch

— über die Kapitalbildungsmöglichkeit — auch unmittelbar eine Rolle spielen dürfte.

Welchen Einfluß hat nun das Urteil über die Chance zur Selbständigkeit auf die Z mit der Art der Arbeit? Sind etwa die Mitarbeiter, welche diese Möglichkeit sehen, eher zufrieden als die anderen? Unsere Analyse ergab, etwas überraschend, daß dem nicht so ist, daß hier also keine Beziehungen zu bestehen scheinen. Dieses Ergebnis ändert sich auch nicht, wenn wir die Selbständigkeitsangaben statt auf die Z mit der Art der Arbeit auf die Gesamt-AZ beziehen. Für die Erklärung dieses Befundes sind wir auf Vermutungen angewiesen. Eine mögliche Deutung besteht darin, daß der Beurteilung, Abwägung der Chance zur Selbständigkeit konträre Überlegungen zugrunde liegen können: Entweder sieht man die Gründung eines eigenen Betriebes grundsätzlich positiv, z. B. weil einem die Betätigung im Gewerbe aus laufender Erfahrung gefällt — dann würde die Chance der Selbständigkeit Z bedeuten. Oder man hofft auf diese Möglichkeit, um der jetzigen, ungeliebten Situation (oder einer in der Erwartung ähnlichen unselbständigen Position in einem anderen Betrieb) endgültig zu entfliehen — dann folgt der Gedanke der Selbständigkeit aus der momentanen Unzufriedenheit.

In unserer einfachen Fragestellung („Hätten Sie ... die Möglichkeit, ...?“) ist dieser Dualismus nicht vorprogrammiert. Er läßt sich aber wohl nicht ausschließen und könnte zu einer Verwischung allfälliger Beziehungen zwischen der Chance zur Selbständigkeit und der Z mit der Art der Arbeit geführt haben, so daß deswegen kein Zusammenhang nachweisbar ist.

Die angekündigte offene Frage (die einzige der Haupterhebung) ist eine Doppelfrage und sollte, in direkter Formulierung, erforschen, was den befragten Unternehmern und Mitarbeitern an ihrer Tätigkeit bzw. Arbeit speziell und was ihnen andererseits überhaupt nicht „gefällt“. Mit der offenen Anlage der Frage entfiel das Problem der Zuordnung der Antworten durch die Interviewer. Es verlagerte sich auf den Auswerter, der erwartungsgemäß ein Sammelsurium von Angaben vorfand. Bei genauerem Hinsehen stellten sie nur zum Teil Antworten auf die Frage dar. Im übrigen wußten etliche Befragte nichts von sich zu geben (was, wie wir laufend sehen, auch bei geschlossenen Fragen vorkommt) oder gaben nichtssagende Antworten bzw. solche, die kaum über Gemeinplätze hinausgingen, z. B. „alles gefällt mir“, „interessante Arbeit“ o. ä. (diese Erfahrung unterstreicht die Richtigkeit unserer Bemerkung auf S. 47).

Wir haben daher lediglich diejenigen Antworten betrachtet, die sich tatsächlich auf die Art der Arbeit bzw. Tätigkeit bezogen, und stellten dabei fest, daß sie praktisch keine neuen Gesichtspunkte beizutragen vermochten, sondern sich ohne Zwang einem der beiden von uns unterschiedenen Bereiche „Abwechslung" und „Freiheit" zuordnen ließen.

Damit gelangen wir immerhin zur Erkenntnis, daß — zumindest im Urteil der Befragten — die beiden Bereiche nicht nur in der Anmutungsqualität der Arbeit aufgehen (vgl. unsere Bemerkung zu Anfang dieses Abschnitts, S. 95), sondern zu ihren wichtigsten Elementen gezählt werden, während unter möglichen anderen Faktoren unsere spezielle Konstituante der Anmutungsqualität, die Chance zur unternehmerischen Selbständigkeit (die in der Erhebung *nach* dem offenen Fragenpaar angesprochen wurde), keine Erwähnung fand. Erst als die interviewten Mitarbeiter auf diese Möglichkeit gebracht wurden, äußerten sie zu hohen Anteilen, daß sie bestehe ... (s. Tab. 55).

Zwei Ergebnisse bleiben aus der offenen Frage festzuhalten. Zum einen ist die Zahl der positiven Nennungen („was gefällt?") bei Unternehmern wie Mitarbeitern gut doppelt so groß wie die der negativen Angaben („was gefällt nicht?"). Wir neigen dazu, diese Relation gleichsam im Nebenprodukt als eine Art qualitativer Bestätigung der bisher beobachteten hohen Z-Anteile zu betrachten. Zum anderen halten sich auf der positiven wie auf der negativen Seite die Nennungen zugunsten der Abwechslung (bzw. fehlenden Abwechslung) und zugunsten der Freiheit (bzw. mangelnden Freiheit) ungefähr die Waage, und zwar in erstaunlicher Parallelität bei Unternehmern und Arbeitnehmern, stand doch zu vermuten, daß die ersteren primär die Vorzüge der Freiheit (sprich Selbständigkeit), die letzteren eher diejenigen vielseitiger Arbeit hervorheben würden.

Wenn weitere Elemente der Anmutungsqualität in den Antworten untergingen, wollen wir sie doch nicht schlichtweg ignorieren. So scheint uns nicht zuletzt die Arbeit einen emotionalen Wert im Sinne der nicht nur ichbezogenen Leistung eines Dienstes für andere einschließen zu können (vgl. *Maxim Gorki:* „Heilig ist die Arbeit"). Wenn wir dagegen beim Ego bleiben, kann die Arbeit durchaus jenseits von Abwechslung oder Monotonie ein persönliches Erlebnis darstellen, und zwar per se, ergänzend zum Erfolgserlebnis, mit dem wir uns im Kapitel A beschäftigt haben. Der hier einzuführende Wert wäre inhaltlich verwandt mit dem angelsächsischen Begriff „challenge", der oft im Zusammenhang der Art der Arbeit benutzt wird.

Da wir aus den Antworten auf unsere offene Frage zur Anmutungsqualität der Arbeit aus methodischen Gründen keine zuverlässige Verbindung zur diesbezüglichen Z-Größe herstellen können, haben wir um so mehr Anlaß, ersatzweise einen Blick auf die allgemeine AZ-Literatur und ihre Feststellungen zum Verhältnis zwischen „challenge" der Arbeit und AZ zu werfen. Dabei finden wir zahlreiche Mutmaßungen und Belege im Sinne eines positiven Zusammenhanges. So weisen *Turner/Lawrence* eine Beziehung zwischen Komplexität der Arbeit und AZ nach (für US-amerikanische Arbeiter in kleinstädtischen Verhältnissen, 1965, S. 103). *Thorsrud* (1957, S. 4) spricht unter Bezug auf *Emery/Phillips* (1976) von hoher Korrelation zwischen anregender Arbeit und AZ bei australischen Arbeitnehmern.

Eine längere Liste von Publikationen zum Verhältnis „challenge"/AZ präsentieren wiederum *Bruggemann/Groskurth/Ulich* (1975, S. 67); auch diese deuten auf einen positiven Zusammenhang hin. In den gleichen Kontext gehört schließlich der schon erwähnte Hinweis von *Blauner* (1964, S. 51 ff.) auf hohe AZ durch handwerkliche (im Vergleich zu industrieller) Arbeit, der uns in unseren spezifischen Betrachtungskreis zurückführt.

4. Zusammenfassung

In unserer unmittelbaren Auswertung der Zufriedenheit mit der Art der Arbeit für die Mitarbeiter in gewerblicher und in großen Betrieben konnte keine höhere Z in den kleinen Produktionseinheiten nachgewiesen werden; es ergab sich lediglich eine höhere Z der gewerblichen Unternehmer im Vergleich zwischen ihnen und ihren Mitarbeitern.

Die genauere Betrachtung der Situation unter drei Gesichtspunkten, die wesentlich die Art der Arbeit ausmachen, führte aber zu folgendem Bild:

Vom ersten Aspekt, dem Abwechslungsgrad der Arbeit, geht ein deutlicher Einfluß auf die Z mit der Art der Arbeit aus (wobei die Abwechslung negativ mit der Betriebsgröße variiert). Die Abwechslung wurde dabei durch eine direkte Frage erfaßt, die wir nur an Arbeitnehmer stellten (sie erübrigte sich für Unternehmer). Bei indirektem Angehen dieses Gesichtspunktes mit Hilfe einer Frage nach der Möglichkeit, durch die Arbeit „private Probleme zu vergessen", ergab sich eine Bestätigung der Beobachtung aus dem direkten Approach (wobei diese Möglichkeit mit der Betriebsgröße abnahm), und zwar auch für die (hier eingeschlossenen) Unternehmer.

Auch der zweite Gesichtspunkt, der Freiheitsgrad der Arbeit, wurde zweifach geprüft, freilich aus naheliegenden Gründen wiederum nicht bei den Unternehmern. Dabei stellte sich heraus, daß der bei der Arbeitsausführung gegebene Freiheitsspielraum nicht betriebsgrößenabhängig zu sein scheint, daß er jedoch die Z mit der Art der Arbeit positiv beeinflußt. Hinsichtlich der Freiheit bei der Bestimmung des Arbeitstempos gilt ebenfalls, daß sie einen positiven Einfluß auf die hier betrachtete Z-Größe ausübt, wenn auch weniger deutlich und auf niedrigem Signifikanzniveau (die Betriebsgrößenabhängigkeit ist in diesem Zusammenhang jedoch ausgeprägt gegeben).

Als dritten Aspekt haben wir die „Anmutungsqualität“ der Arbeit herangezogen. Unsere entsprechende offene Frage ergab, daß Abwechslungsgrad wie Freiheitsgrad der Arbeit von den Befragten zu den wichtigsten Elementen im Kontext der Art der Arbeit gezählt werden, was unsere Wahl dieser beiden Gesichtspunkte rechtfertigte und uns somit dafür entschädigte, daß aus den Antworten auf die offene Frage keine Verbindung zur hier betrachteten Z-Größe hergestellt werden konnte. Die zweite Frage im Rahmen der Anmutungsqualität peilte die Möglichkeit der interviewten Mitarbeiter an, „sich einmal selbständig zu machen“. Diese Chance wird in gewerblichen Betrieben eher als in großen Einheiten gesehen, hat aber keinen nachweisbaren Einfluß auf die Z mit der Art der Arbeit.

D. Verantwortung und Kompetenzen

Der Leser mag sich wundern, warum wir einen in betriebswirtschaftlicher Sicht integralen Bestandteil des im Kapitel F zu behandelnden Komplexes „Organisation“, den Bereich der Verantwortung und Kompetenzen, herausgelöst haben und hier für sich angehen. Zwei Gründe waren dafür maßgebend: Zum einen folgen wir damit dem Schema *Herzbergs*, an das wir unseren Faktorenkatalog angelehnt haben (Begründung s. o. S. 43; vgl. auch *Herzberg/Mausner/Snyderman*, 1967, S. 47), und dem Vorgehen einer Reihe weiterer AZ-Forscher. Zum anderen kommt, wie uns unabhängig davon scheint, diesen beiden Größen neben eher organisationstechnischen Faktoren in der Tat das Gewicht einer eigenen AZ-Determinante zu, und zwar unter dem Gesichtspunkt der Selbstverwirklichung. Diese erstreckt sich ja auf mehrere unserer zehn Determinanten (außer auf Verantwortung und Kompetenzen z. B. auf Leistung, Arbeit selbst, Entwicklungschancen) und ließ es ratsam erscheinen, die Liste nicht von vornherein zu stark zu straffen und damit den Überblick über die AZ-Ursachen zu verschleiern statt zu verbessern. In der allgemeinen AZ-Literatur findet sich denn auch eine Reihe von Nachweisen zur Übernahme von Verantwortung als Bestimmungsfaktor der AZ. Wir beziehen uns etwa auf *Morse/Reimer*, 1956, S. 120 ff.; *French/Ross/Kirby*, 1958, S. 16 ff.; *Mills*, 1967, S. 252 ff. (dieser untersucht allerdings ausdrücklich Arbeiter in industriellen Großbetrieben) und *Fürstenberg*, 1969, S. 198 ff.

Prüfen wir also, wie sich dieser Zusammenhang im Lichte unserer eigenen Daten darstellt. Beginnen wir wieder mit einem Überblick, so ergab sich die Verteilung von Z-Äußerungen der Tab. 60.

Die Daten erinnern an das entsprechende Ergebnis im Kontext der Z mit der Art der Arbeit (s. Tab. 44), jedoch sind hier die Unterschiede weniger ausgeprägt. Bei den Mitarbeitern großer Betriebe fällt der Anteil der „Sehr Zufriedenen" — wiederum eher überraschend — höher aus als bei ihren Kollegen im Gewerbe. Höher sind die Quoten aber auf der anderen Seite auch bei den Unzufriedenen (im Gewerbe gab sich z. B. niemand als „sehr unzufrieden" aus), so daß bei den industriellen Mitarbeitern beide Enden der Skala stärker besetzt sind. Deutlich am höchsten ist der Anteil der „Sehr Zufriedenen" bei den Unternehmern, während Äußerungen der Unzufriedenheit bei ihnen wiederum, wie schon im Zusammenhang „Ansehen" (s. Tab. 22) und „Art der Arbeit" (s. Tab. 44) gar nicht vorkamen.

Eine Auswertung der Angaben unserer spezifischen Zielgruppe gewerblicher Mitarbeiter zur Z mit ihrer Verantwortung nach unseren Kriterien ergab zwei registrierenswerte Beziehungen, und zwar mit der Tätigkeitskategorie (wie schon im vorangehenden Kapitel) und mit dem Einkommen (wie im Kapitel „Leistung"). Im einzelnen stellen sich diese Beziehungen wie in Tab. 61 und 62 dar.

Das Ergebnis der Tab. 61 entspricht einigermaßen dem Bild aus der analogen Auswertung für die Z mit der Art der Arbeit (s. Tab. 45). Wiederum erklären sich hier deutlich mehr „Geistesarbeiter" für „sehr zufrieden" als manuell Tätige. In beiden Fällen sind diese Anteile lediglich weniger hoch als in Tab. 45, während die Quoten der „Unzufriedenen" fast identisch sind. Die Erklärung dieser erneuten (und hoch signifikanten) Beobachtung scheint uns nahezuliegen und dürfte für beide Tabellen im gleichen Ursprung zu suchen sein, nämlich darin, daß in gewerblichen Verhältnissen nichtmanuelle Tätigkeiten oft gleichbedeutend mit gehobenen und entsprechend verantwortungsvollen Aufgaben sind, weil monotone und keine große Verantwortung einschließende Verwaltungsarbeiten mit reinem Routinecharakter vergleichsweise wenig vorkommen, zumindest bei den ausschließlich befragten männlichen Arbeitnehmern. Wenn andererseits im Gewerbe auch die manuellen Tätigkeiten relativ anspruchs- und verantwortungsvoll sind, spricht einiges für die Annahme, daß zwar auch in gewerblichen Verhältnissen ein Gefälle zwischen „Kopfarbeit" und „Handarbeit" empfunden wird, dieses aber auf höherem Niveau besteht.

Im übrigen scheint der Eindruck aus Tab. 61 im Einklang zu stehen mit der entsprechenden Beobachtung hinsichtlich des Einkommens gemäß Tab. 62. Mit dem Einkommen steigt der Anteil der „sehr zufriedenen" Mitarbeiter deutlich an bzw. steigen immer mehr „Zufriedene" gleichsam in die höchste Z-Kategorie auf. Demgegenüber ist am anderen Ende der Skala keine entsprechende Abnahme zu verzeichnen, eine Feststellung, die ebenfalls einigermaßen auf beide Tabellen (61 und 62) zutrifft. Die Parallelität überrascht nicht, steht doch zu vermuten, daß der Übergang zu nichtmanueller Tätigkeit von einer Einkommenssteigerung begleitet ist. Wir stoßen hier erneut auf die Beobachtung, daß das Einkommen in einem bestimmten Ausmaß einen Gradmesser des Qualifikations- und Einsatzniveaus darstellt. Auf den mutmaßlichen Zusammenhang des Einkommens mit dem Ausbildungsstand haben wir bereits hingewiesen. Betrachten wir ihn auch hier, ebenfalls durch einen entsprechenden Bezug der Z mit der Verantwortung auf die Vorbildung, so scheint sich in der Tat zu ergeben, daß sich mit steigendem Bildungsniveau immer mehr Arbeitnehmer statt zufrieden sogar sehr zufrieden fühlen. Dieses Resultat ist im Kontext der Z mit der Verantwortung allerdings nur schwach signifikant (s. Tab. 63).

Bei den Unternehmern erübrigt sich durchgehend eine Auswertung ihrer Z nach der Tätigkeitskategorie; die übrigen Kriterien erbrachten wiederum keine zusätzlichen Aufschlüsse. Überdies errechneten sich ausgerechnet für diejenigen Einflußgrößen besonders tiefe Signifikanzwerte, die bei den Mitarbeitern relativ sichere Beziehungen ergaben; dies gilt namentlich für das Einkommen.

Beim Versuch einer Ausleuchtung der Z-Wirkungen von Verantwortung und Kompetenzen bietet sich eine entsprechend zweigeteilte Analyse an.

1. Verantwortungsbereitschaft der Befragten

Der Begriff „Verantwortungsbereitschaft" gehört zu demjenigen Vokabular, das durch Führungskräfte gern zur moralischen Verpflichtung der Geführten eingesetzt wird und dessen Zitat diesen ihrerseits häufig als Hinweis auf charakterliche Qualifikation dient. Derart besetzte Termini können nicht ganz gefahrlos empirisch verwendet werden. Bei unserem speziellen Begriff ist zuerst einmal zu berücksichtigen, daß „Verantwortungsbereitschaft" inhaltlich zweierlei einschließt, das Gefühl oder Bewußtsein einer bestehenden Verantwortung und die Neigung zur Übernahme von Verantwortung, und damit zur Erfassung mindestens zwei Fragen erfordert. Sodann gebietet der angedeutete moralische Gehalt Vorsicht beim direkten Bezug der Fragen auf die Person des Interviewten. Projiziert man daher die Fragen auf andere, begibt man sich andererseits der Möglichkeit, die Antworten mit dem individuell-personalen Gesichtspunkt der Z zu verbinden. Wir haben deswegen im Sinne eines Kompromisses eine Frage auf die Kollegen bzw. Mitarbeiter im Betrieb bezogen und eine weitere auf die Person der Interviewten selbst.

Die erste Frage zielte auf die Verbreitung von Verantwortungsgefühl und ergab eine Verteilung der diesbezüglichen Meinungen der Mitarbeiter und Unternehmer von ihren Mitmenschen im Betrieb, wie sie Tab. 64 wiedergibt.

Die dort vorgenommene Gegenüberstellung der Unternehmerurteile (Spalte 5) und der vergleichbaren Mitarbeiterurteile (Spalte 3) zeigt weitgehende Übereinstimmung.

Offenbar schätzen die Chefs und Eigentümer das Verantwortungsbewußtsein der Arbeitnehmer für ihre Arbeit realistisch ein. Einzig der Anteil Unternehmer (9 %), der lediglich eine Minderheit von Verantwortungsfreudigen in seiner Belegschaft sieht, scheint — gemessen an der vergleichbaren Mitarbeiterquote (18 %) — zu tief. Um das Ausmaß der Differenz ist andererseits der Anteil der Optimisten (die „praktisch alle" Mitarbeiter für verantwortungsbewußt halten) unter den Arbeitgebern zu hoch. Ansonsten decken sich die Wahrnehmungen der Sozialpartner im Gewerbe durchaus.

Aufschlußreiche Unterschiede läßt hingegen ein Vergleich der Angaben von Arbeitnehmern in gewerblichen und großen Betrieben (insbesondere Spalten 3 und 4 der Tab. 64) erkennen. Zunächst einmal fällt auf, daß jeder fünfte Industriebeschäftigte die Frage, die auf die Situation „hier im Betrieb" abstellte, nicht zu beantworten wußte, daß ihm also offenbar die Übersicht über den Betrieb bereits in unserer Größeneinteilung abging (obwohl die Frage in Unsicherheitsfällen auf den eigenen innerbetrieblichen Erfahrungskreis bezogen werden konnte). Sofern man sich ein Urteil zutraut, glaubt in diesen Betrieben kaum jemand, daß sich praktisch alle Mitarbeiter für ihre Arbeit verantwortlich fühlen, während in den Kleinbetrieben volle 40 % diesen Eindruck haben, zehnmal so viele wie in den großen und doppelt so viele wie in den mittleren Einheiten. Umgekehrt verläuft die Tendenz, wenn auch weniger ausgeprägt, bei der Nennung, wonach sich nur eine Minderheit verantwortlich fühlt. Abgesehen von diesen deutlichen Betriebsgrößenunterschieden (auf maximalem Signifikanzniveau), stellen diese Daten generell den Arbeitnehmern in der Schweiz (genauer den deutschsprachigen Arbeitnehmern in der alemannischen Schweiz und in den betrachteten Branchen) hinsichtlich ihres Verantwortungsbewußtseins ein sehr gutes Zeugnis aus.

Aufgrund der Frageformulierung halten wir dies für eine verläßliche Feststellung; die nämliche Formulierung macht allerdings, wie erwähnt, einen Bezug der Daten auf die Z mit der Verantwortung unsinnig. Versucht man ihn trotzdem, belehren Signifikanzgrößen von .072 (bei den Unternehmern) und .044 (bei den Mitarbeitern) den hartnäckigen Experimentator rasch eines Besseren.

Zur Prüfung eines Zusammenhanges zwischen Verantwortung und entsprechender Z-Größe bleibt damit die zweite Frage in diesem Bereich.

Sie bezweckte die Feststellung, inwieweit die den Interviewten übertragene Verantwortung mit ihrem Wunsch bezüglich der Übernahme von Verantwortung übereinstimmt, und konnte in einer unverfänglichen Formulierung recht gut auf die Person der Befragten selbst bezogen werden. Sie war indessen nur für Mitarbeiter sinnvoll, weil die Unternehmer im eigenen Betrieb keinen Restriktionen hinsichtlich der Übernahme von Verantwortung unterliegen. Bezüglich der unternehmerischen Verantwortung ist darum eine separate Frage zu stellen. Die Ergebnisse zunächst aus der Mitarbeiterfrage sind in Tab. 65 dargestellt.

Sie legt die Vermutung nahe, daß in Gewerbe und Industrie gleichermaßen nur wenige Mitarbeiter das Gefühl haben, so viel Verantwortung zu tragen, daß sie in dieser Hinsicht lieber entlastet werden möchten. Auf der anderen Seite scheint das „Verantwortungsdefizit", also ein Mangel an übertragener Verantwortung, in den großen Betrieben größer zu sein als in den kleinen Einheiten und dementsprechend den Wunsch nach mehr Verantwortung zu verursachen. Die meisten gewerblichen Arbeitnehmer finden die jetzige Situation „gerade richtig"; in der Industrie ist nur eine — wenn auch starke — Minderheit dieser Meinung.

Geht man den gewerblichen Daten etwas weiter nach, so stellt sich heraus, daß der Wunsch nach mehr Verantwortung deutlich vom Lebensalter, ferner auch von der Vorbildung abhängig scheint. Im Alter bis gegen 50 ist dieses Bedürfnis stark ausgeprägt, um danach immer deutlicher dem Empfinden zu weichen, die jetzige Situation sei angemessen, während sich der Wunsch nach Entlastung von Verantwortung altersbedingt nicht wesentlich verändert (s. Tab. 66). Unter dem Gesichtspunkt der Ausbildung scheint der Drang nach mehr Verantwortung mit der Höhe des Ausbildungsniveaus und somit wohl mit wachsendem Ehrgeiz zuzunehmen. Gleichzeitig — so lassen die Daten vermuten (s. Tab. 67) — tritt das Angemessenheitsgefühl in den Hintergrund und wird das Verlangen nach Entlastung schließlich bedeutungslos.

Kommen wir nun aber zum Einfluß der Wünsche bezüglich der Verantwortung auf die entsprechende Z-Größe (s. Tab. 68).

Die Zahlen dort bringen recht deutlich zum Ausdruck, daß sich unter denjenigen Mitarbeitern am meisten zufrieden erklären, bei denen die Wünsche nach Übernahme von Verantwortung mit der Realität, also der tatsächlich bestehenden Verantwortung, übereinstimmen, so daß ihnen die jetzige Situation „gerade richtig" erscheint. Sowohl Mangel wie Übermaß an Verantwortung, immer gemessen an den eigenen Vorstellungen der Interviewpartner, vermindern die Z-Quoten, der Mangel im ganzen augenscheinlich noch stärker als das Übermaß. Diese Beobachtung steht im Einklang mit unserer Vermutung und bestätigt unsere AZ-Definition, die ja auf die Entsprechung zwischen Erwartungen und

Erfüllung abstellt (s. S. 36), jedenfalls am Beispiel des Faktors „Verantwortung“. Die Beobachtung rechtfertigt gleichzeitig, zumindest für diesen Kontext, den nicht unproblematischen Versuch, mit einzelnen Fragen auch die Erwartungsseite — und nicht nur die Tatbestandsseite — anzugehen (vgl. oben S. 48).

Die Frage nach mehr oder weniger Verantwortung an die Unternehmer war aus dem skizzierten Grund (s. S. 103) auf das Umfeld des Betriebes zu beziehen. Um die Ansprache affektbeladener Größen zu vermeiden, haben wir uns für den weit gefaßten und vergleichsweise neutralen (freilich auch wenig luziden) Begriff der „gesellschaftlichen Verantwortung“ entschieden und ermittelt, ob die Unternehmer auch diese sähen oder eher fänden, die Verantwortung beschränke sich auf den Betrieb. Nach den Antworten empfinden über 80 % der Firmeninhaber neben der betrieblichen auch eine übergeordnete gesellschaftliche Verantwortung — was immer sie sich individuell darunter vorstellen mögen. Dieser hohe Anteil verändert sich nicht signifikant bei der Auswertung nach den diversen Kriterien, die wir unterschieden haben, so daß in allen Gruppen weitgehende Einigkeit über die gesellschaftliche Verantwortung zu bestehen scheint.

Eine Prüfung der Wirkungen dieser alternativen unternehmerischen Einstellung zur Verantwortung auf die Zufriedenheit mit der Verantwortung, die die Unternehmer tragen, ergibt, daß es statistisch nicht zulässig wäre, die Nullhypothese zu verwerfen. Es besteht also keine signifikante Beziehung. Möglicherweise hat sich hier indessen eine Tautologie ergeben: Diejenigen Unternehmer, die ihre Verantwortung auf den Betrieb beschränkt glauben, sind mit dieser zufrieden oder sehr zufrieden (zur Verteilung s. Spalte 5 in Tab. 60); das Nämliche gilt für ihre Kollegen mit umfassenderem Verantwortungsempfinden. In beiden Fällen stimmen offenbar die Erwartungen mit der Realität überein, da diese von den Individuen bestimmbar und selbst gesetzt ist.

2. Verfügbarkeit von Kompetenzen

Während eine Untersuchung hinsichtlich der Unternehmer auch hier gegenstandslos ist (in bezug auf sie selber sind Befugnisse im Betrieb kein Thema), wählten wir für die Arbeitnehmer ein gestaffeltes Vorgehen mit einer Betrachtung zunächst allgemein der Kompetenzen zur Erfüllung ihrer Aufgaben, dann spezifisch der Befugnisse zur Erteilung von Weisungen.

Beginnen wir mit dem umfassenderen Bereich, so präsentiert sich ein Bild gemäß Tab. 69.

Die Daten lassen erkennen, daß erwartungsgemäß die große Mehrheit der Arbeitnehmer über die Kompetenzen verfügt, die sie zur Erledigung ihrer Aufgaben benötigt. Überraschend ist eher der Anteil Mitarbeiter, immerhin keine quantité négligeable, bei denen das nicht der Fall ist. Diese Quote scheint mit wachsender Betriebsgröße zuzunehmen, wohl eine Folge der bekannten Tatsache, daß sich Organisationsprobleme mit zunehmender Größe der Organisationseinheiten rasch komplizieren. Wenn die Angaben der Befragten der Wirklichkeit entsprechen, ist jedenfalls die Existenz gewichtiger Probleme in den betreffenden Betrieben zu vermuten, und zwar als Folge der Verletzung des fundamentalen Organisationsprinzips, wonach Aufgabe, Kompetenzen (und Verantwortung) einander entsprechen müssen (*Ulrich/Bernhard,* 1974, S. 8 f.).

Uns interessiert nun die Wirkung der Verfügbarkeit bzw. Nichtverfügbarkeit von Befugnissen zur Arbeitsausführung auf die zugehörige Z-Größe, ist doch ein Effekt auch individuell zu erwarten (s. Tab. 70).

Mit einiger Sicherheit darf aus diesen Daten gefolgert werden, daß ein Mangel an Ausführungsbefugnissen zwar nicht unmittelbar Unzufriedenheit verursachen muß, aber doch eher Indifferenz statt Z hervorrufen kann, als wenn genügend Kompetenzen gegeben sind.

Wie ist nun der vergleichbare Zusammenhang zwischen der Verfügbarkeit speziell von Weisungskompetenzen und der zugeordneten Z-Größe zu beurteilen? Wer wiederum zunächst einen Blick auf die Verteilung dieser Befugnisse werfen möchte, also solcher Kompetenzen, die Anordnungen betreffend die Arbeit *anderer* Betriebsangehöriger zulassen, findet sie in Tab. 71.

Nachdem in Tab. 69 der Anteil der Mitarbeiter *ohne* genügend Ausführungsbefugnisse überraschte, muß den Betrachter in Tab. 71 eher die hohe Quote *mit* Weisungskompetenzen erstaunen, eine Quote, die erst noch (wenn auch kaum signifikant) mit der Betriebsgröße zuzunehmen scheint. Zwar liegt dieser Anteil tiefer als derjenige mit bloßen Ausführungskompetenzen, aber die Differenz ist doch weniger groß, als zu erwarten war, und gemahnt an den amerikanischen Spruch vom Betrieb mit „all chiefs, no Indians". Es ist denkbar, daß hier einige Befragte die engen Grenzen der Wirklichkeit im Sinne einer milden Art der Selbsterhöhung überschritten haben.

Um so informativer verspricht die Prüfung der Effekte des aufgezeichneten Sachverhalts auf die zugehörige Z-Größe zu werden (s. Tab. 72).

Die Z-Wirkungen einer Ausstattung mit Weisungskompetenzen unterscheiden sich offensichtlich nicht fundamental von denen der Verfügbarkeit von Ausführungsbefugnissen (gem. Tab. 70). Der hier wie dort markante Rückgang des Anteils der „Sehr Zufriedenen" bei Kompetenzmangel kommt aber in Tabelle 72, abweichend von Tabelle 70, nicht der Quote der Indifferenten zugute, sondern teilweise derjenigen der immerhin noch „Zufriedenen", teilweise aber auch derjenigen der erklärtermaßen „Unzufriedenen", so daß die Wirkungen im Falle der Weisungskompetenzen eher ambivalent scheinen. Beide Kompetenzformen wirken sich aber augenscheinlich auf die entsprechende Z-Größe aus.

3. Zusammenfassung

Die Betrachtung des unmittelbaren Einflusses, der vom Faktorkomplex „Verantwortung" auf die Zufriedenheit ausgeht, ergab für die Mitarbeiter in großen Betrieben bei beiden Extremen („sehr zufrieden" und „sehr unzufrieden") höhere Anteile als für die gewerblichen Arbeitnehmer; bei den letzteren wurde gar keine extreme Unzufriedenheit registriert. Keinerlei Unzufriedenheit bekundeten die Unternehmer, bei denen andererseits die Quote der „Sehr Zufriedenen" im Quervergleich mit Abstand am höchsten ist.

In unserer Liste (s. S. 43) haben wir unter dem in Rede stehenden Faktor die Elemente Verantwortung und Kompetenzen zusammengefaßt. Die getrennte Analyse der Daten unter diesen beiden Gesichtspunkten ergab:

An Verantwortungsbewußtsein (beurteilt nicht für die eigene Person, sondern für die Kollegen bzw. Mitarbeiter) hinsichtlich der Arbeit scheint es namentlich in den gewerblichen Betrieben kaum zu fehlen. Diese durch die Befragten für andere getroffene Feststellung läßt freilich keine sinnvolle Herstellung einer Verbindung zur eigenen Z zu. Sie wurde für die Arbeitnehmer im Gewerbe mit einer Frage nach dem Wunsch bezüglich der Übernahme von Verantwortung geprüft. Danach ist die Z-Quote bei denjenigen Mitarbeitern am höchsten, bei denen der Wunsch mit der Wirklichkeit übereinstimmt. Sowohl Mangel wie Übermaß an Verantwortung (im Vergleich zu den eigenen Vorstellungen) vermindern die Z-Anteile, der Mangel noch stärker als das Übermaß.

Für die Unternehmer war eine solche Alternativfrage in bezug auf den eigenen Betrieb gegenstandslos. Bei ihnen wurde stattdessen die Einstellung zur Alternative rein betrieblicher oder auch gesellschaftlicher Verantwortung erkundet. Zwar empfinden mehr als 80 % erklärtermaßen eine über den Betrieb hinausgehende Verpflichtung; sie hat jedoch keine signifikanten Auswirkungen auf die entsprechende Z-Größe.

Die Untersuchung des zweiten Aspekts in diesem Zusammenhang, der Verfügbarkeit von Kompetenzen, konnte sich auf die Mitarbeiter beschränken. Betrachtet wurden generell die Befugnisse zur Ausführung der Arbeit und speziell diejenigen zur Erteilung von Weisungen. In beiden Varianten ergaben sich keine sehr deutlichen Wirkungen auf die hier geprüfte Z-Größe, doch darf ein überzufälliger Zusammenhang angenommen werden.

E. Entwicklungsmöglichkeiten

Die Chancen des Menschen, sich in seiner Berufstätigkeit und durch sie zu entfalten, durch die Arbeit zu sich selbst zu kommen (*Hegel*), bedeuten ein geradezu klassisches Beispiel für das, was gern als Selbstverwirklichung umschrieben wird, eine „Bildung" der Persönlichkeit in umfassendem Sinne (vgl. unsere Bemerkung auf S. 99). Wenn wir in diesem Kapitel den Bereich der beruflichen Entfaltung herausgreifen, so kann er seinerseits Verschiedenes bedeuten. Offenbar ist also auch hier eine Auswahl zu treffen. Wir entscheiden uns einerseits für die Chancen zu lernen, und zwar sowohl als „Nebenprodukt" der Arbeit wie auch durch gezielte Weiterbildung, und andererseits für die Aussichten, im Betrieb weiterzukommen, aufzusteigen. Dem Leser wird nicht entgehen, daß diese Möglichkeiten auf die abhängigen Berufstätigen abstellen. Für die Selbständigen mit stärkerer Entsprechung zwischen Person und Betrieb bedeuten Entwicklungsmöglichkeiten vor allem Chancen einer Vergrößerung, Expansion des Betriebes, da sie den Aufstieg des Unternehmers zu symbolisieren vermögen.

Betrachten wir aber vor einer Untersuchung der Z-Wirkungen der einzelnen Entwicklungsaspekte den Effekt dieses Faktors insgesamt auf die ihm zuzuordnende Z-Größe (s. Anhang, Tab. 73).

Die Daten der beiden übergeordneten Mitarbeiterkategorien aus gewerblichen und großen Betrieben ähneln in ihrer Struktur früher schon kommentierten Ergebnissen aus der Untersuchung der Z-Wirkung anderer Faktoren (vgl. Tab. 44 und 60): Die Quote der „sehr zufriedenen" Mitarbeiter ist in den großen Betrieben deutlich höher als im Gewerbe (bei der Nennung „zufrieden" verschiebt sich dieses Bild allerdings zugunsten der gewerblichen Unternehmen). Die Erklärung für diese Beobachtung mag namentlich in den Aufstiegschancen liegen, die, verglichen mit kleinbetrieblichen Verhältnissen, in der Tat in den großen Betrieben, aus eben dem Grunde ihrer Größe, besser sein dürften (was zu untersuchen bleibt). Bemerkenswert ist aber zugleich ihr ebenfalls höherer Anteil unzufriedener Mitarbeiter, der dafür zu sprechen scheint, daß die an sich gegebenen Möglichkeiten etwa des Weiterkommens durch Störfaktoren in anderen Bereichen der persönlichen Entfaltung zunichte gemacht werden können. Die Chancen selbst mögen aber auch dann Unzufriedenheit verursachen, wenn sie nur den Kollegen zugute kommen...

Die Informationen der gewerblichen Unternehmer zeigen, daß bei ihnen zwar mehr Z verbreitet ist als bei ihren Mitarbeitern, aber weniger, als im Zusammenhang der anderen Z-Determinanten bei den Unternehmern bis jetzt beobachtet werden konnte. In diesem Resultat scheinen sich die Hindernisse widerzuspiegeln, die sich dynamischen Unternehmern bei Ausdehnungsplänen allenthalben entgegenstellen.

Prüfen wir die Z-Angaben der gewerblichen Mitarbeiter hinsichtlich der Entwicklungsmöglichkeiten nach den einzelnen Kriterien, so zeigen sich drei hoch signifikante Zusammenhänge, und zwar zum Alter, zum Dienstalter und zum Ausbildungsniveau (diesmal aber nicht zum Einkommen). Stellen wir zunächst die Ergebnisse aus Alter und Dauer der Betriebszugehörigkeit (Dienstalter) einander gegenüber (s. Tab. 74 und 75), so scheinen sich ihre Aussagen weitgehend zu entsprechen. Die jungen und die kürzlich eingetretenen Mitarbeiter beurteilen ihre Entwicklungsmöglichkeiten zu hohen Anteilen (noch) optimistisch oder aber (schon) pessimistisch und sind dementsprechend entweder zufrieden oder unzufrieden, während nur eine Minderheit sich indifferent äußert. Mit zunehmendem Alter bzw. Dienstalter nehmen die Quoten sowohl der Zufriedenen wie der Unzufriedenen zugunsten der Indifferenz ab, so daß sich schließlich die Mehrheit weder als zufrieden noch als unzufrieden bezeichnet. Diese Feststellung scheint auf ein allmähliches Arrangement der Mitarbeiter mit ihrer Situation, wenn nicht auf Resignation bezüglich ihrer Entwicklungschancen hinzudeuten. Wenn diese Linie beim Dienstalter nicht ganz so eindeutig verläuft wie beim Lebensalter, so mag das daran liegen, daß die zeitliche Abstufung ungleich „enger" gewählt wurde. Die skizzierte Tendenz scheint uns dennoch in beiden Fällen hinreichend deutlich hervorzutreten.

Hinsichtlich des Ausbildungsstandes verweisen wir auf Tab. 76. Die obige Feststellung findet hier eine interessante Entsprechung: In den Kategorien mit hohen Anteilen „Sehr Zufriedener" scheinen gleichzeitig auch die „Sehr Unzufriedenen" überdurchschnittlich vertreten zu sein. Hier entsteht dieser Eindruck um so ausgeprägter, je höher das Ausbildungsniveau der „Betroffenen" ist.

Die Erklärung bietet sich auf der positiven Seite mit dem Erreichen entsprechend qualifizierter Positionen an (oder doch mit der Aussicht darauf), am negativen Ende wohl mit Frustration, wenn sich — vielleicht zu hoch geschraubte — Entwicklungserwartungen nicht erfüllt haben. Hier ergibt sich also ein erneuter Hinweis auf die Bedeutung der Übereinstimmung zwischen Erwartungen und Erfüllung für die Z. Die weniger Qualifizierten scheinen dagegen zur Indifferenz zu neigen und sich so nolens volens mit ihren begrenzten Entwicklungsmöglichkeiten abzufinden.

Die damit bei Mitarbeitern für drei Kriterien gemachte bemerkenswerte Beobachtung, wonach in bestimmten Kategorien hohe Z-Anteile mit hohen UZ-Quoten einhergehen, während sich in den übrigen Kategorien die Nennungen um das „Mittelfeld" konzentrieren, läßt sich bei Unternehmern nachvollziehen, allerdings wegen der kleineren Stichprobe weniger ausgeprägt. Außerdem beschränkt sich die Parallelität materiell auf die Abhängigkeit der Entwicklungszufriedenheit vom Kriterium Lebensalter (s. Tab. 77). Hier errechnet sich für Unternehmer wie Mitarbeiter ein hohes Signifikanzniveau. Hinsichtlich des Ausbildungsstandes ist das Signifikanzniveau bei den Unternehmern tief (.697), und bezüglich des „Dienstalters" kann bei den Inhabern von Signifikanz (mit .153) überhaupt keine Rede sein. Umgekehrt errechnet sich bei den Einkünften ein Einfluß auf die Entwicklungszufriedenheit der Unternehmer (s. Tab. 78) und nicht der Mitarbeiter, wobei in der Tendenz wiederum die Enden der Z-Skala gleichzeitig variieren.

Betrachten wir nun die Wirkungen der einzelnen Entwicklungsaspekte auf die zugeordnete Z-Größe, und zwar in der angekündigten Gruppierung nach den Lernmöglichkeiten und den Aufstiegs- bzw. Expansionschancen.

1. *Lernmöglichkeiten*

Noch *Gorki* betrachtet das „Leben als Tat, als Arbeit, deren Ziel eine stete Entwicklung der wertvollsten individuellen Fähigkeiten des Menschen bildet" (zitiert bei *Tidl,* 1963, S. 453). Heute sind wir aus verschiedenen Gründen skeptischer, nicht zuletzt deshalb, weil derartig hehre Thesen einer Prüfung in der rauhen Wirklichkeit oft nicht standhalten. Unzweifelhaft ist jedoch andererseits, daß für den Berufstätigen die Möglichkeit bestehen kann, sich durch die Arbeit weiterzuentwickeln, konkreter: zu lernen.

Wie diese Chance durch die Arbeitnehmer in der Holz- und der Metallbranche empfunden wird, lassen die Daten der Tab. 79 erkennen. Diese Zahlen scheinen uns zwei Feststellungen zuzulassen. Zum einen ist die Möglichkeit des Lernens am Arbeitsplatz an sich in der Wahrnehmung der Mitarbeiter in allen Betriebsgrößen weit verbreitet. Zum anderen nimmt sie aber deutlich wahrnehmbar mit wachsender Betriebsgröße ab (die Anteile der „Verneiner" werden größer). Eine Erklärung dafür bietet sich auf den ersten Blick mit der empirisch belegten Feststellung von *Scheuch* an (1976a, S. 326), wonach die Arbeitnehmer in großen häufiger als in kleinen Betrieben berufsfremde Aufgaben zu erfüllen haben. Wenn das zutrifft, könnte jedoch ebenso gut argumentiert werden, die Lernchancen seien damit in großen Unternehmen gerade besser. Eine sinnvolle Interpretation ergibt sich wohl eher aus einem Rückgriff auf die weiter oben angestellte Beobachtung eines breiteren — berufsbezogenen — Aufgabenspektrums, das im Regelfall in kleineren Betrieben zu betreuen ist.

Innerhalb der gewerblichen Daten ist einzig festzustellen, daß die Angaben signifikant vom Lebensalter beeinflußt sind, indem mit zunehmendem Alter weniger Mitarbeiter bei ihrer Berufstätigkeit etwas zu lernen glauben (s. Tab. 80). Dieses Ergebnis kann kaum als aufsehenerregend bezeichnet werden, spiegelt es doch die altersbedingte (wenngleich wissenschaftlich umstrittene) Abnahme der Lernfähigkeit und den Rückgang der Lernbereitschaft wider, die in wachsendem Ausmaß der Fixierung auf eingefahrene Gedanken- und Handlungsabläufe weichen. Wir möchten das Ergebnis also nicht in dem Sinne den objektiven Gegebenheiten in der Arbeitssituation zuschreiben, daß die „Alten" etwa weniger Lernchancen hätten.

Wie steht es nun um die Wirkung des Lerngefühls auf die Z mit den Entwicklungsmöglichkeiten? Sie ergibt sich aus Tab. 81.

Ihre Aussagekraft wird durch die Tatsache der absolut kleinen Zahl der „Verneiner" beeinträchtigt. Dennoch scheint der Schluß zulässig, daß das Empfinden, bei der Arbeit zu lernen, sich positiv auf die entsprechende Z-Größe auswirkt, indem sich zum Beispiel nur Arbeitnehmer für „sehr zufrieden" erklären, die das Lerngefühl uneingeschränkt bejahen können. Andererseits sind offenbar die Unzufriedenen eher bei den Mitarbeitern auszumachen, die nicht oder nur begrenzt den Eindruck haben, in ihrer beruflichen Tätigkeit zu lernen.

Obwohl niemand ausweichend („weiß nicht") antwortete, bleibt im übrigen einzugestehen, daß zur Frage nach dem Lernen als Nebeneffekt der Arbeit nicht leicht Stellung zu nehmen war, weil das Lernen in dieser Form selten ins Bewußtsein vordringen dürfte. Diese Frage bedarf also der Ergänzung durch eine Position, die die spezifische Möglichkeit des Lernens in Form gezielter Weiterbildung anpeilte — obwohl diese ausdrückliche Chance realistischerweise in weniger Fällen gegeben sein dürfte als das „learning on the job". Doch halten wir uns an die Daten (Tab. 82).

Aus einem Vergleich der Tabellen 79 und 82 ergibt sich in der Tat, daß — immer nach den Informationen der Mitarbeiter — die spezifischen Gelegenheiten zur Weiterbildung durchweg weniger zahlreich sind als die Chancen, bei der Arbeit selbst zu lernen. Zwischen Industrie und Gewerbe gibt es hinsichtlich der Weiterbildungsmöglichkeiten keine signifikanten Unterschiede (so auch *Scheuch,* 1976 a, S. 323), obwohl unsere Daten dafür zu sprechen scheinen (s. 1. Zeile der Tab. 82). Bemerkenswert ist zudem der Anteil derjenigen, die über ihre diesbezüglichen Chancen nicht informiert sind, sei es aus „Zurückhaltung“ ihrer Betriebe oder aus eigener Passivität (in der Praxis hört man in dieser Hinsicht nicht selten gegenseitige Vorwürfe). Immerhin bleibt festzuhalten, daß der Mehrheit der Mitarbeiter Weiterbildungsmöglichkeiten offenstehen.

Gehen wir den gewerblichen Daten weiter nach, so zeigt sich — nicht überraschend — auch hier der Zusammenhang mit dem Lebensalter, indem mit zunehmendem Alter schrumpfende Anteile von Mitarbeitern Fortbildungschancen sehen (s. Tab. 83). Hier ist freilich ebenfalls nicht zu entscheiden, ob es bei negativen Antworten tatsächlich am Chancenangebot der Betriebe mangelt oder aber an der Weiterbildungsbereitschaft der Befragten. Ein Quervergleich zur Situation bezüglich des Lernens bei der Arbeit (Tab. 80), zu dem die Möglichkeit von der Arbeit her wohl für alle besteht, läßt eher die letztere Variante vermuten (vgl. unsere Bemerkung oben S. 110).

Bemerkenswert ist darüber hinaus nur noch ein Zusammenhang der Angaben zu den Weiterbildungsmöglichkeiten mit dem Standort der Betriebe, und zwar in dem Sinne, daß erstaunlicherweise in ländlichen Firmen deutlich öfter als in den Großstadtunternehmen von bestehenden Fortbildungschancen berichtet wird (s. Tab. 84). Wenn wir zur Erklärung nicht auf die Spekulation einer besonders positiven Grundeinstellung o. ä. der gewerblichen Arbeitnehmer auf dem Lande bauen wollen, bliebe allenfalls zu vermuten, daß sich die Betriebe in ländlichen Verhältnissen mangels externer Weiterbildungsgelegenheiten in besonderem Maße um entsprechende interne Möglichkeiten bemühen, wie sie sich auch kleineren Betrieben anbieten.

Damit können wir zur Prüfung der Frage übergehen, wie sich die Fortbildungschancen auf die ihnen zugeordnete Z-Größe auswirken (s. Tab. 85).

Da das Problem der kleinen Zahl (s. S. 110) dort entfällt, kommt noch deutlicher als in Tab. 81 der positive Einfluß der geprüften Variablen, hier der Weiterbildungsmöglichkeiten, auf die entsprechende Z-Größe zum Ausdruck: Bestehende Chancen fördern offenbar die Z, und ein Mangel an Gelegenheiten leistet der Unzufriedenheit in diesem Faktorbereich Vorschub.

Mit dem Übergang vom „Gefühl, bei der Arbeit etwas zu lernen“, zu spezifischen Weiterbildungsmöglichkeiten haben wir einen Schritt in Richtung der Konkretisierung unternommen. Noch „handfester“ wird die Betrachtung durch den Einbezug der Aufstiegsmöglichkeiten bzw. — soweit die Unternehmer betroffen sind — der Vergrößerungsaussichten.

2. Aufstiegs- bzw. Expansionsmöglichkeiten

Aus dem Bündel Fragen, das sich unter dem Stichwort des Aufstiegs bzw. der Vergrößerung sogleich anbietet, haben wir nicht nur die Chancen, sondern auch die Wünsche und Hindernisse anvisiert und ihre Auswirkungen auf die in Rede stehende Z-Größe untersucht. Wenn wir mit den Möglichkeiten beginnen, kristallisiert sich aus den Urteilen der Befragten eine Situation heraus, wie sie in Tab. 86 dargestellt ist.

Im Spiegel dieser Daten bieten die großen Betriebe ihren Mitarbeitern deutlich mehr Aufstiegsmöglichkeiten als die gewerblichen Unternehmen, eine Beobachtung, die mit unseren Erwartungen übereinstimmt. Während gut ein Drittel der gewerblichen Mitarbeiter eine Chance zum Weiterkommen sehen (der Anteil entspricht dem Ergebnis einer Mikrozensus-Erhebung durch das Österreichische Statistische Zentralamt unter Arbeitnehmern allgemein; vgl. *Bosse* [Hrsg.], 1976, S. 1 f.), bejahen die Mitarbeiter in der Industrie der einbezogenen Branchen diese Chance fast zur Hälfte. Unsere Ergebnisse decken sich damit nicht mit den Feststellungen einiger deutscher Autoren, wonach kein eindeutiger Zusammenhang zwischen den Aufstiegsmöglichkeiten und der Betriebsgröße besteht (vgl. *Scheuch,* 1976 a, S. 320 f., 323; *Schacht,* 1974, S. 21; *Bahrdt,* 1962, S. 16 f.) oder diese Möglichkeiten in den großen Betrieben — bei allerdings anderer Größeneinteilung als in unserer Studie — sogar schlechter sind (vgl. *Bunz/Jansen/Schacht,* 1974, S. 26 f.).

Die Erklärung unserer eigenen Beobachtung fällt demgegenüber nicht schwer: Für den Kleinbetrieb ist die einstufige Organisation unter Führung des Inhabers typisch (s. o. S. 23), so daß in diesen Fällen ein Aufrücken der Mitarbeiter in Kaderpositionen von vornherein ausgeschlossen ist. Wenn dennoch 34 % eine Aufstiegsmöglichkeit sehen, so sind sie entweder den Fällen zuzurechnen, wo doch bereits chefentlastende Zwischenpositionen bestehen (vgl. ebenfalls S. 23), oder sie machen sich Illusionen. Zu erwarten stand jedenfalls in den Kleinbetrieben ein „Ja"-Anteil noch unter demjenigen der mittleren Firmen. Bei diesen gibt es zwar leitende Stellen zwischen den Ausführenden und dem „Boß", doch sind sie wenig zahlreich und verheißen daher den Mitarbeitern an der Basis nur begrenzte Aussichten „weiterzukommen". Im übrigen werden wir die Karrierehindernisse noch aus dem Sichtwinkel der Befragten anpeilen.

Noch positiver als die Arbeitnehmer in den großen Betrieben ihre Aufstiegschance beurteilen die Unternehmer ihre — vergleichbare — Möglichkeit der Ausdehnung ihrer Tätigkeit, also der Vergrößerung (Spalte 5 der Tab. 86). Diese Feststellung scheint immerhin bemerkenswert im Hinblick auf die zahlreichen Hemmnisse, denen sich unternehmerischer Entfaltungsdrang ausgesetzt sieht. Zweifel melden sich daher, ob die angegebenen Chancen in allen Fällen realistisch sind oder eher professionellem Optimismus entspringen. Bei ihren weniger chancengläubigen Kollegen werden wir daher noch untersuchen, welche Expansionshindernisse vor allem bestehen.

Betrachten wir die Karrierechancen der gewerblichen Mitarbeiter unter den verschiedenen Gruppierungskriterien, so ergeben sich kaum signifikante Verschiebungen, ausgenommen beim Lebensalter und beim Dienstalter. Einen Einfluß des Lebensalters im Zusammenhang der persönlichen Entfaltungsmöglichkeiten haben wir schon bei den Bildungschancen festgestellt (s. o. S. 110 und 111), und zwar in dem Sinne, daß diese mit zunehmendem Alter als schwindend empfunden werden. Genau so und hoch signifikant präsentieren sich die Daten bezüglich der Karriereperspektiven. Sie verschlechtern sich im Urteil der Befragten mit den Lebensjahren wie mit den Dienstjahren (s. Tab. 87 und 88). Für die Unternehmer ist ein Zusammenhang der Urteile zu den Möglichkeiten nur mit dem Lebensalter nachweisbar; die Abnahme der Chancen scheint sich jedoch erst vom mittleren Alter an zu akzentuieren (s. Tab. 89).

Damit können wir uns dem Einfluß der Aufstiegs- und Ausdehnungsmöglichkeiten auf die zugehörige Z-Größe zuwenden (s. Tab. 90 und 91).

Offensichtlich weichen die Ergebnisse für die beiden Befragtengruppen in aufschlußreicher Weise voneinander ab. Bei den Arbeitnehmern scheint es keine Frage zu sein, daß die Aufstiegschancen einen maßgeblichen Einfluß auf die entsprechende Zufriedenheit ausüben, indem bei bestehenden Möglichkeiten die große Mehrheit der Mitarbeiter sich zufrieden äußert, während auf einen Mangel an Chancen vorwiegend mit Indifferenz oder Unzufriedenheit reagiert wird. Die Beobachtung eines Zusammenhanges zwischen Aufstiegsmöglichkeiten und Zufriedenheit deckt sich mit zahlreichen Feststellungen in der allgemeinen AZ-Literatur (vgl. z. B. *Palmer*, 1957; *Vroom*, 1964, S. 279, der sich seinerseits auf *Morse*, 1953, und *Sirota*, 1959, beruft; *Daheim*, 1969, S. 384; *Seashore/Taber*, 1975, S. 351; *Bruggemann/Groskurth/Ulich*, 1975, S. 74 f., die zusätzlich auf *Locke*, 1973, verweisen und weitere Autoren zu spezifischeren Überlegungen in diesem Kontext zitieren).

Bei den Unternehmern errechnet sich zwar kein Zusammenhang, der als signifikant bezeichnet werden könnte. Die Z-Anteile der „Optimisten" hinsichtlich einer Ausbaumöglichkeit sind aber immerhin höher als diejenigen der „Pessimisten"; diese sind dafür bei den indifferenten Äußerungen stärker vertreten, so daß es auf der Seite der Unzufriedenheitsanteile keinen Unterschied gibt. Wiederum ist es schwierig, diese Feststellung mit literarischen Belegen zu untermauern. Immerhin haben *Bunz/Jansen/Schacht* versucht, die Frage der Aufstiegschancen und ihrer Wirkungen auf die AZ in den „freien, selbständigen Berufen“ (ohne Landwirtschaft) abzuklären (1974, S. 19). Dabei ergab sich aber ein Anteil von Nichtantwortenden von 40 %, offenbar eine Konsequenz der Tatsache, daß Aufstiegschancen in den „freien Berufen“ einen anderen Sinn als bei Arbeitnehmern haben müssen oder aber irrelevant werden (vgl. die Bemerkung der Autoren auf S. 20). Sie rechtfertigt unseren Bezug dieser Position hinsichtlich der Unternehmer auf Ausdehnungsmöglichkeiten.

Bis jetzt haben wir die Tatbestandsfrage der Aufstiegs- bzw. Ausdehnungs*möglichkeiten* und ihre Auswirkungen auf die zugeordnete Z-Größe diskutiert. Wir können damit aber nicht die Frage ignorieren, inwieweit der *Wunsch* besteht, diese Möglichkeiten, sofern gegeben, auch zu nutzen, mit anderen Worten der Wunsch aufzusteigen bzw. zu expandieren. Sollten sich hier nämlich signifikante Unterschiede zwischen den Befragtengruppen ergeben, so würde sich unter Umständen der Stellenwert des Gefälles relativieren, das (gemäß Tab. 86) zwischen den Möglichkeiten registriert wurde.

In der Tat stoßen wir in Tab. 92 auf eine bemerkenswerte Erscheinung, indem die Industriebeschäftigten nicht nur zu einem größeren Anteil Aufstiegs*chancen* sehen als ihre gewerblichen Kollegen (s. Tab. 86), sondern ebenfalls mit einer höheren Quote den Aufstiegs*wunsch* zu hegen scheinen. Die diesbezügliche Frage wurde allerdings nur Interviewpartnern gestellt, die die Möglichkeit des Weiterkommens bejaht hatten. Die Beobachtung, wonach beide Anteile in gewerblichen Betrieben tiefer sind, läßt unterschiedliche Deutungen zu: Entweder interessieren sich für eine Tätigkeit im Gewerbe von vornherein vor allem die Arbeitnehmer, denen an Aufstiegsperspektiven nicht viel liegt, weil sie andere Faktoren höher gewichten. Oder aber die Mitarbeiter treten zwar noch mit hochgespannten Erwartungen weiterzukommen in den Betrieb ein und sehen sich dann genötigt, ihre Wünsche den Realitäten anzupassen, so daß sich schließlich die Diskrepanz zwischen Ansprüchen und Möglichkeiten derjenigen angleicht, wie sie auch in großen Betrieben besteht.

Bemerkenswerterweise scheint der vergleichbare Wunsch der Unternehmer nach Ausdehnung bzw. Vergrößerung, die an sich erklärtermaßen möglich wären, schwächer ausgeprägt zu sein, als bei den Arbeitnehmern der Aufstiegsdrang; vielleicht verkörpert diese Feststellung ein weiteres Indiz für das vielfach behauptete Erschlaffen unternehmerischer Dynamik (noch 1959 meinte z. B. *Schmalenbach*, praktisch alle erfolgreichen Unternehmer träumten vom größeren Betrieb; zitiert bei *Rüttinger/Rosenstiel/Molt*, 1974, S. 90). Für wahrscheinlicher halten wir indessen, daß in dieser Beobachtung die selbstgewählte Bescheidung zahlreicher Inhaber gewerblicher Betriebe auf den erreichten Größenstandard zum Ausdruck kommt (etwa um jegliche Einschränkung ihrer Unabhängigkeit und Entscheidungsfreiheit zu vermeiden; *Bolton* Report, 1972, S. 24; *Deeks*, 1976, S. 192).

Besteht nun ein Einfluß des Aufstiegs- bzw. Ausdehnungswunsches auf die hier betrachtete Z-Größe? Halten wir uns weiterhin an diejenigen Informanden, die die Möglichkeit zu Aufstieg oder Ausdehnung bejahen, so ergibt sich das Bild der Tab. 93 und 94.

Bei den Mitarbeitern in gewerblichen Betrieben scheint sich insbesondere dann Zufriedenheit mit den Entwicklungsperspektiven einzustellen, wenn sich die Chancen mit den Wünschen decken (Spalte 1 in Tab. 93). Von analogen Beobachtungen im Fall der Übereinstimmung von Wunsch und effektivem Aufstieg berichten *Morse* (1953, S. 74) und in einem persönlichen Gespräch mit dem Verfasser (1975) *Sirota*. *Bruggemann/Groskurth/Ulich* (1975, S. 75) gehen immerhin von der Annahme dieses Zusammenhanges aus. Er bestätigt erneut die in unserer Definition angesprochene Charakteristik der AZ. Dementsprechend ist die Z bei mangelnder Übereinstimmung geringer, z. B. wenn die Aufstiegsmöglichkeit zwar besteht, aber der Wunsch dazu nicht (vgl. Spalte 2 der Tab. 93). Ein ähnliches Ergebnis stände noch pointierter zu erwarten, wenn umgekehrt die Ansprüche keine Entsprechung in den Möglichkeiten fänden.

Bei den Unternehmern kommt die analoge Beziehung zwischen der Existenz von Ausdehnungswünschen (bei gegebener Ausdehnungsmöglichkeit) und der hier in Rede stehenden Z-Größe weniger zum Ausdruck, nicht zuletzt wohl infolge der schmalen Datenbasis (Tab. 94).

Beim Stichwort der Aufstiegs- bzw. Ausdehnungschance haben wir durchweg die Möglichkeit der Selbstverwirklichung im Auge gehabt, die ja eine recht umfassende Größe darstellt (vgl. oben S. 107). Selbst bei einer Begrenzung auf betriebswirtschaftliche Inhalte sind mit einer Beförderung Verbesserungen einer ganzen Reihe von Entfaltungselementen verbunden (vgl. *Vroom*, 1964, S. 152). Bei den Unternehmern im Expansionsdrang ist das nicht prinzipiell anders. Wenn allerdings, wie wir in Tabelle 92 gesehen haben, starke Mehrheiten den Wunsch nach persönlicher Entfaltung bekunden, stellt sich beim Betrachter der Verdacht ein, ob nicht bei vielen Aufstiegsinteressenten einseitig und handfest finanzielle Wünsche dominieren. Hier war also eine Kontrollfrage fällig, die darauf abzielte festzustellen, ob der Aufstiegs- bzw. Ausdehnungswunsch eigentlich auch bestände, wenn ohne diese Verbesserung die Einkünfte „namhaft" anstiegen. Die Antworten mußten den Skeptiker beschämen, da über 80 % der Arbeitnehmer und über 70 % der Unternehmer diese Frage bejahten. Ein Rest von Vorbehalt bleibt einzig in der Möglichkeit, daß es sich bei den Angaben mehr um Deklamationen als um den Ausdruck echter Motivation handelt.

Zum Schluß dieses Abschnitts ist noch kurz auf die Gruppe derjenigen Arbeitnehmer und Betriebsinhaber zurückzukommen, die keine Aufstiegs- bzw. Ausdehnungsmöglichkeit sehen (vgl. Tab. 86). Bei ihnen war immerhin von Interesse zu erfahren, welche Hindernisse sich dem Vorwärtskommen in den Weg stellen, wieder im Urteil der Interviewten selbst. Die Ergebnisse (s. Tab. 95 und 96) sind nicht überraschend. Bei den Mitarbeitern in gewerblichen Betrieben konzentrieren sich die Angaben erwartungsgemäß (vgl. unsere Hinweise auf S. 112) auf den Mangel an gehobenen Stellen als Hindernis für den Aufstieg bzw. auf die Feststellung, die höchstmögliche Position sei bereits erreicht. Zusammengefaßt fallen beide Voten in den Kleinbetrieben stärker ins Gewicht als in den nach unserer Einteilung mittelgroßen Unternehmen. Demgegenüber werden in den großen Betrieben, abgesehen vom Lebensalter der Befragten, vor allem Qualifikationsmängel als Aufstiegsbarriere geltend gemacht.

Die Unternehmer sehen überwiegend betriebsexterne Faktoren als Expansionsschranke, die sich unter einer ungünstig beurteilten Wirtschaftsentwicklung zusammenfassen lassen. Bei einer Aufschlüsselung nach dem Lebensalter ist dieses Urteil für die jüngeren Betriebsinhaber typisch, während ihre über 50jährigen Kollegen das vorgerückte Alter als Haupthindernis für betriebliche Ausdehnungspläne einzustufen scheinen. Inwieweit dem Alter eine Alibifunktion für Trägheit oder Bequemlichkeit übertragen und inwieweit damit vermeintlichen Rollenerwartungen entsprochen wird, bleibt eine offene Frage.

3. Zusammenfassung

Im Kontext der Entwicklungsmöglichkeiten ergaben sich bei den Mitarbeitern in großen Betrieben sowohl höhere „sehr zufriedene“ Quoten wie Unzufriedenheitsquoten, verglichen mit den gewerblichen Arbeitnehmern. Auch bei den Unternehmern zeigte sich Unzufriedenheit, wenngleich schwächer ausgeprägt als bei den Mitarbeitern, während auf der anderen Seite die Zufriedenheitsanteile bei den Inhabern höher sind als bei ihrem Personal.

Aus dem Gesamtkomplex der Entwicklungsmöglichkeiten wurden sodann die Lernchancen und die Aufstiegs- bzw. Ausdehnungsperspektiven herausgegriffen und in ihrer Wirkung auf die hier betrachtete Z-Größe geprüft.

Dabei wurde festgestellt, daß das Empfinden, bei der Arbeit zu lernen, die Z positiv beeinflußt, während Mitarbeiter ohne diesen Eindruck eher zu Unzufriedenheit (UZ) neigen. Noch deutlicher im positiven wie im negativen Bereich ist der Einfluß, der vom Bestehen (oder Nichtbestehen) spezieller Weiterbildungsmöglichkeiten für die Mitarbeiter auf deren Z ausgeht.

Analog wirken sich gegebene Aufstiegschancen der Arbeitnehmer günstig auf die Z aus, während auf einen Mangel an Chancen mit Indifferenz oder UZ reagiert wird. Der positive Z-Einfluß wird noch verstärkt, wenn zur Aufstiegschance (bei denen, welche sie haben) der Aufstiegswunsch hinzutritt. Die vergleichbaren Größen bei den Unternehmern, Ausdehnungsmöglichkeit und Ausdehnungswunsch, haben dagegen einen wesentlich schwächeren und weniger gesicherten Einfluß auf die unternehmerische Z.

F. Unternehmensorganisation und -führung

Die beiden folgenden Kapitel, Unternehmensorganisation und -führung einerseits und Kontrolle andererseits, mögen dem Leser hinsichtlich ihrer inhaltlichen Abgrenzung diskutabel scheinen. In der Tat gäbe es grundsätzlich andere Möglichkeiten der Gruppierung, etwa die in Unternehmensführung und Mitarbeiterführung oder diejenige in sachbezogene und in personenbezogene Führung (vgl. *Steiner/Reske*, 1978, S. 2) bzw. noch abstrakter in Willensbildung und Willensdurchsetzung (vgl. *Kosiol*, 1966, S. 70 f.). Zur Begründung für die Wahl der obigen Einteilung verweisen wir auf unsere Bemerkungen auf S. 42 f. Maßgebend war nicht nur die Anlehnung an *Herzbergs* Faktorenkatalog, zumal sein Urheber selber gewisse Abgrenzungsprobleme eingesteht (*Herzberg/Mausner/Snyderman*, 1967, S. 47 f.). Vielmehr gab unser Vortest den Ausschlag, indem sich durch die gewählte Einteilung eine Minimierung von Verständnisproblemen bei den Befragten erzielen ließ: Begriffe wie Führung, Organisation, Kontrolle gehören eher der Umgangssprache an als untereinander streng logisch bereinigte Termini, die indessen für den Unvorgebildeten blutleere akademische Konkstrukte bleiben. Dieser Hinweis bildet zugleich eine Illustration zu unseren Überlegungen bezüglich der Problematik empirischen Vorgehens (s. o. S. 38 ff.).

Eine weitere Bemerkung ist diesem Kapitel voranzustellen: Zum Faktor Organisation und Führung erhielten wir von den Interviewern eine Reihe von Kommentaren aus Beobachtungen, die das bestätigen, was der im Gewerbe beratend Tätige immer wieder registriert, daß nämlich die Leitungsfunktion oft suboptimal erfüllt wird. Dieser Eindruck ist freilich nicht gesichert und mag wie die erwähnten Kommentare der Tatsache zuzuschreiben sein, wonach zu diesem Faktor unter wenigen anderen dem außenstehenden Besucher des Betriebes am ehesten etwas auffällt, von der Einhaltung des abgemachten Termins über die Orientiertheit der Empfangsverantwortlichen bis zum Umgangston des Chefs gegenüber seinen Mitarbeitern. Halten wir uns daher statt an Eindrücke an die erhobenen Fakten, wobei — in Tab. 97 — wiederum vom Effekt dieses Bereiches insgesamt auf die ihm zugehörige Z-Größe ausgegangen werden soll, bevor wir uns den Z-Wirkungen einzelner Organisations- und Führungsaspekte zuwenden.

Da der interfaktorielle Vergleich der Z-Effekte im Teil III vorgenommen wird, betrachten wir sie hier wie in den vorangehenden Kapiteln nach Betriebsgrößen und in der Gegenüberstellung gewerbliche Mitarbeiter/Unternehmer.

Der Betriebsgrößenvergleich für die Arbeitnehmer zeigt leicht höhere Z-, aber auch UZ-Anteile bei den Beschäftigten im Gewerbe, also eine gegenüber industriellen Mitarbeitern stärkere Besetzung beider Pole, wie sie uns schon verschiedentlich begegnet ist, jedoch auf seiten der Beschäftigten in großen Betrieben. Die Ergebnisse bewegen sich aber auf relativ niedrigem Signifikanzniveau. Praktisch nicht signifikante Unterschiede errechnen sich zwischen den entsprechenden Angaben der Unternehmer und der Mitarbeiter im Gewerbe. Dieser Befund mutet uns deswegen überraschend an, weil die Unternehmer schließlich als die Träger, die Mitarbeiter namentlich in den Kleinbetrieben dagegen grosso modo eher als die „Leidtragenden" der Führung angesehen werden können. Wenn die diesbezüglichen Z-Äußerungen einander trotzdem weitgehend entsprechen, so scheint dieser Sachverhalt darauf hinzudeuten, daß sich entweder die Angehörigen beider Gruppen vergleichbar gut in ihre Rollen finden oder die Mitarbeiter gar nicht in der passiven Funktion sehen, wie es erwartet werden könnte. Nähere Aufschlüsse kann offenbar erst die Betrachtung einzelner spezifischerer Aspekte liefern.

Prüfen wir vorab die Z-Äußerungen in diesem Kontext nach den einzelnen Kriterien, so ergeben sich bei den Unternehmern im Gewerbe keine nennenswerten Beobachtungen; bei den gewerblichen Mitarbeitern konzentrieren sich die Zusammenhänge auf die Merkmale Dienstalter (Tab. 98) und Standortgröße (Tab. 99).

Tab. 98 vermittelt den Eindruck, daß unabhängig von der Dauer der Betriebszugehörigkeit ein etwa gleichbleibender Anteil Mitarbeiter mit Organisation und Führung unzufrieden ist. Andererseits tritt jeder dritte Arbeitnehmer mit großem Enthusiasmus in den Betrieb ein und äußert sich mit entsprechendem Z-Superlativ. Im Laufe der Jahre, vor allem der ersten Jahre, springen aber gleichsam immer mehr Angehörige dieser Quote ab und gesellen sich zu den lediglich „Zufriedenen" oder den Indifferenten. Hierin dürfte ein Prozeß der Enthusiasmusminderung zum Ausdruck kommen, der sich aus der allmählich wachsenden Einsicht ergeben mag, daß auch im zunächst gut geführt scheinenden Betrieb Management-Imperfektionen nicht auszuschließen sind. Insofern hätten wir hier gewissermaßen mit einer natürlichen Abnutzungserscheinung zu rechnen.

Noch deutlichere Unterschiede kristallisieren sich aus den Daten heraus, wenn wir sie nach der Größe des Betriebsstandortes auswerten (s. Tab. 99).

Auf maximalem Signifikanzniveau zeigt sich dort an beiden Enden der Z-Skala eine vergleichbare Erscheinung in dem Sinne, daß die zur Diskussion stehende Stimmung offenbar in ländlichen Verhältnissen besser ist als in der Großstadt, indem die Z-Quoten höher und gleichzeitig die UZ-Anteile sowie die Indifferenzquote niedriger liegen. Diese Beobachtung deckt sich mit derjenigen für den Faktor Anerkennung (s. o. S. 79). Auf die in jenem Zusammenhang formulierte Erklärungsmöglichkeit werden wir in diesem Kapitel zurückkommen.

Im Kontext der Einflüsse, die von der Unternehmensorganisation und -führung auf die Z ausgehen, wollen wir drei Aspekte bzw. Aspektbündel behandeln: die Qualität der Führung, den Komplex der Organisation (am Beispiel des Informationswesens, der Aufgabenabgrenzung und der Planung) und schließlich gleichsam als aktuellen Spezialfall die Frage der Mitarbeiterbeteiligung an Entscheidungen.

1. Qualität der Führung

Für unser Vorhaben können wir Führung ad hoc definieren als zielgerichtete Beeinflussung des Verhaltens der Mitarbeiter und der Funktionsweise des Betriebes (vgl. aus der Legion von Begriffsumschreibungen *Rühli*, 1973, S. 27; *Lattmann*, 1975, S. 95; *Neuberger*, 1976 b, S. 11). So verstanden, umfaßt Führung eine breite Palette von personellen und sachlichen Größen, die in dieser oder jener Weise ausgestaltet sind oder werden und dementsprechend ihrerseits diese oder jene Z-Wirkung hervorbringen können. Wir müssen uns also auch hier damit begnügen, ein paar Variablen herauszugreifen und ihre Z-Effekte zu prüfen. Wenn wir von Qualität der Führung sprechen, scheint uns der Versuch nahezuliegen, zunächst die Qualifikation der Führenden und ihre konkreten Auswirkungen zu erforschen. Sodann wollen wir spezieller einen Blick auf die Behandlung von Mitarbeiterideen bzw. -vorschlägen und auf die Aufnahme von Reklamationen bei den Vorgesetzten werfen.

Die Abgrenzung des Faktors „Führung" zum Faktor „Anerkennung" (s. o. Kapitel B, S. 78 ff.) ergibt sich daraus, daß, wie wir gesehen haben, der letztere Komplex weit über die Beziehung zwischen dem Führenden und den Geführten hinausreicht. Damit stellt sich zugleich die Frage der

Abgrenzung zwischen den Faktoren „Führung" und „menschliche Beziehungen" (s. u. Kapitel I, S. 156 ff.). Sie liegt im Grad der Tätigkeitsbezogenheit: Überwiegt die aufgabenbedingte, betriebliche Komponente, so geht es im Zweifel um eine Führungsfrage (vgl. unsere obige Definition). Soziotechnische Gegebenheiten, bei denen eher das persönliche Element dominiert, rechnen wir dagegen den „menschlichen Beziehungen" zu (vgl. *Herzberg/Mausner/Snyderman*, 1967, S. 46 f.). Eine idealtypische Trennung läßt sich freilich nicht vollziehen.

Kommen wir damit zum ersten der in diesem Abschnitt untersuchten Bereiche, zur Frage der Qualifikation der Vorgesetzten. Sowohl die Mitarbeiter wie die Unternehmer wurden gefragt, wie sie sich einen „guten Chef" vorstellen. Die Erwartungen stimmen nicht ganz überein, wie Tab. 100 zeigt.

Die Daten lassen unmittelbar erkennen, daß das Schwergewicht der Mitarbeitererwartungen unabhängig von der Größe der Betriebe, in denen sie tätig sind, beim menschlichen Verständnis liegt, das der Chef aufbringen sollte. In diese Kategorie werden Größen wie Toleranz, Einfühlungsvermögen, Konzilianz usw. eingeschlossen, wie sich aus Bemerkungen der Befragten hierzu ergab. Die Unternehmer messen demgegenüber den Führungsfähigkeiten die Hauptbedeutung bei. Sie haben, gehen wir von unserer Führungsdefinition aus, offenbar stärker die Ziele und Aufgaben des Betriebes im Auge. Dementsprechend liegt bei ihnen der zweite Rang (mit fast gleich vielen Nennungen) auf Erfahrung und fachlichem Können, und erst danach, immerhin weit oben auf der Liste, figuriert die Kategorie menschliches Verständnis. Bei diesem Vergleich ist zu berücksichtigen, daß die Mitarbeiterfrage auf die unmittelbaren Vorgesetzten bezogen war, die von der mittleren Betriebsgröße an in der Regel nicht mehr mit den Unternehmern identisch sind, wie wir bereits früher betont haben. Daran ist auch zu denken, wenn geprüft wird, inwieweit die Erwartungen der Mitarbeiter in deren Sicht auf ihren eigenen Chef zutreffen (s. Tab. 101).

Das Urteil fällt gut aus, indem den Chefs überwiegend die menschliche Aufgeschlossenheit attestiert wird, die man von ihnen vor allem erwartet, und auch die Rangfolge der übrigen Eigenschaften mit derjenigen der entsprechenden Erwartungen weitgehend übereinstimmt. Es fällt lediglich auf, daß die Position „Weiß nicht/Keine Antwort" in Tabelle 101 deutlich stärker besetzt ist als in Tabelle 100.

Diese Beobachtung kann zweierlei bedeuten: Entweder man weiß nicht, was auf den eigenen Vorgesetzten zutrifft (das wäre eher blamabel für den betreffenden Mitarbeiter), oder aber keine der aufgeführten Eigenschaften trifft zu (das wäre nicht schmeichelhaft für den beurteilten Vorgesetzten). Die entsprechende Frage erübrigte sich für die Unternehmer.

So aufschlußreich diese Informationen zum Fremd- bzw. Selbstverständnis der Vorgesetzten sind, erlauben sie in ihrer neutralen Formulierung noch nicht die Herstellung einer sinnvollen Verbindung mit der betreffenden Z-Größe, die ja definitionsgemäß subjektiv ist. Dazu müssen wir offenbar die Chef-Einschätzung in eine bewertende Form transponieren. So ergibt sich eine Verteilung gemäß Tab. 102.

Die im ganzen gute Beurteilung der Vorgesetzten, die aus dem Vergleich der Tabellen 100 und 101 herausgelesen wurde, bestätigt sich, wobei einzig in den großen Betrieben das positive Votum etwas weniger ausgeprägt zu sein scheint. Auch dort gilt jedoch, daß über 80 % der Mitarbeiter ihren Chef als sehr gut oder ziemlich gut einstufen. Bei den Unternehmern dürfte die tiefere Quote „sehr guter" (zugunsten „ziemlich guter") Nennungen auf die natürliche Bescheidenheit der Befragten zurückzuführen sein. Ähnlich läßt sich vermutlich der höhere Anteil der neutral Antwortenden erklären. Ansonsten liegen die Auskünfte auf einer vergleichbaren Linie, obwohl, wie erwähnt, die Chefs mit den Unternehmern nur teilweise identisch sind.

Hierzu ist ergänzend zu bemerken, daß einzelnen Interviewern bereits während der Erhebung die Parallelität der Urteile auffiel. Fühlte sich etwa ein Unternehmer offensichtlich oder erklärtermaßen unsicher oder unbehaglich in seiner Rolle als Chef (z. B. weil er eher der Typ des Tüftlers, Experimentators als eine Führungspersönlichkeit ist), wurde er in dieser Hinsicht gewöhnlich auch von den Mitarbeitern entsprechend eingestuft.

Innerhalb der Mitarbeiterdaten aus dem Gewerbe errechnet sich für das obige Bild einzig eine standortbedingte Verschiebung, wonach auf dem Lande beinahe doppelt so viele gewerbliche Arbeitnehmer ihren Chef „sehr gut" beurteilen wie in städtischen Verhältnissen (Tab. 103). Damit verdichtet sich unsere Vermutung, nach der in ländlichen Gebieten weniger ausgeprägt Probleme der Führung auftreten und das arbeitsbedingte Miteinander zwischen Führenden und Geführten weniger konfliktbelastet ist als im städtischen Milieu. Damit wird nicht das Hohelied der heilen ländlichen Welt angestimmt, aber deutliche Unterschiede scheinen immerhin zu bestehen, die angesichts einer in der dörflichen Umgebung vielleicht kleineren Zahl von Störfaktoren im Hinblick auf die Ausübung der Führungsfunktion verständlich wären (vgl. unsere Bemerkungen auf S. 79 und 119). Offen bleibt aber, ob die besseren Beziehungen zwischen Management und Belegschaft realiter begründet sind oder aber weniger kritischen Ansprüchen der Mitarbeiter an ihre Vorgesetzten im ländlichen Milieu entspringen.

Im übrigen läßt sich diese Beobachtung für die Unternehmer im hier diskutierten speziellen Zusammenhang nicht nachvollziehen, da unsere betreffende Frage an sie nicht auf ihre Mitarbeiter projiziert wurde, sondern ihre Selbsteinschätzung bezweckte. Diese variiert nicht mit der Standortgröße; vielmehr ist ein signifikanter Zusammenhang lediglich mit dem Ausbildungsniveau festzustellen (s. Tab. 104). Trotz der dünnen Datenbasis vermittelt diese Auswertung den Eindruck, daß die Selbsteinschätzung als Chef positiv vom Bildungsstand abhängt, wobei einzelne Befragte dem Irrtum erlegen sein mögen, großes Wissen forme schon den qualifizierten Vorgesetzten; immerhin kann es ihn jedoch fördern.

Damit können wir zur Prüfung der Frage übergehen, welchen Einfluß nun die Einschätzung des Vorgesetzten auf die zugehörige Z-Größe hat (s. Tab. 105 und 106).

Die Daten insbesondere auf der Arbeitnehmerseite (Tab. 105) sprechen für sich und lassen die Abhängigkeit der Größe Zufriedenheit mit Organisation und Führung von der Einschätzung des Formats der Führerpersönlichkeit deutlich erkennen: Je „besser" (nach den obigen Merkmalen) der Chef in den Augen der Mitarbeiter ist, um so zufriedener sind diese im hier betrachteten Bereich (genauer: um so größer ist der Anteil der Mitarbeiter, die sich zufrieden äußern), und umgekehrt.

In der Literatur wird im größeren Zusammenhang gern die Bedeutung des Führungsstils hervorgehoben, z. B. bei *Wolff/Hofer* (1975, S. 83 f.) und bei *Hugentobler* (1976, S. 41 und 45). *Walter-Busch* (1977 a, S. 24 f.) äußert sich ausdrücklich zur Beziehung zwischen Führungsstil und AZ, findet aber als Fazit eines umfassenden Literaturstudiums keine eindeutigen Ergebnisse. Der Vergleich mit unseren Daten ist indessen ohnehin problematisch, weil wir weniger den Führungsstil als die Persönlichkeit des Führenden im ganzen als unabhängige Variable herangezogen haben.

Kommen wir auf unsere Daten zurück und untersuchen den analogen Zusammenhang für die Unternehmer (Tab. 106), so ergibt sich, wenn auch zwangsläufig weniger deutlich, ein vergleichbarer Eindruck: Je höher sich die Unternehmer selber als Chef einschätzen, um so zufriedener mit Organisation und Führung scheinen sie zu sein. Indessen ist nicht auszuschließen, daß wir hier eine tautologische Beziehung aufdecken; denn Organisation und Führung im gewerblichen Betrieb sind ja konkretisierter Ausdruck der Persönlichkeit der Unternehmer. Wenn dieser Aufgabenbereich also gut erfüllt wird, haben die Inhaber allen Grund, sich als „guten Chef" zu betrachten und gleichzeitig bezüglich dieses Bereichs zufrieden zu sein, zumal bei ihrer starken Identifizierung mit dem Betrieb (wie sie z. B. bei *Deeks*, 1976, S. 199 und 216, empirisch nachgewiesen wurde).

Wir bleiben also darauf angewiesen, wie angekündigt (s. o. S. 119), spezifischere Führungsaspekte und ihre Z-Wirkungen in die Betrachtung einzubeziehen. Prüfen wir zunächst die Behandlung von Mitarbeiterideen bzw. -vorschlägen. Dabei denken wir in Abgrenzung zum Abschnitt A 2 (S. 70 ff.) und in Übereinstimmung mit dem Schrifttum zum Vorschlagswesen an kreative Anregungen (z. B. „Geistesblitze"), die sich auf eine beliebige betriebliche Aufgabe beziehen, und nicht an die laufende Verwertung von Ideen bei der eigenen Arbeit. Die Wünsche, die einerseits die Arbeitnehmer selbst, andererseits die Unternehmer mit den Mitarbeitervorschlägen verbinden, sind entsprechend ihrer unterschiedlichen Interessenlage verschieden. Den Urhebern der Anregungen geht es primär darum, daß diese überhaupt ernsthaft aufgenommen und geprüft werden, was durchaus nicht selbstverständlich sein muß. Den Adressaten liegt (wenn sie sich nicht von vornherein gleichgültig oder ablehnend verhalten) vor allem an der Brauchbarkeit hinsichtlich der Erfüllung der Aufgaben, denen die Vorschläge gelten. Entsprechend konnten die diesbezüglichen Fragen formuliert werden. Die Ergebnisse finden sich in den Tabellen 107 und 108.

Die Mitarbeiter aller unterschiedenen Betriebsgrößen bescheinigen in ihrer großen Mehrheit den Arbeitgern, daß sie die Anregungen zumeist wenigstens entgegennehmen (Tab. 107). Das bedeutet zwar noch nicht deren spätere Realisierung, zeigt aber immerhin Aufgeschlossenheit gegenüber kreativen Beiträgen aus der Belegschaft. Sie scheint nachgerade Allgemeingut zu werden, bleibt doch der hohe Anteil der positiven Nennungen durch unsere diversen Kriterien hindurch im wesentlichen konstant.

Das Nämliche gilt für die Urteile der Unternehmer über die Brauchbarkeit der aus dem Kreis der Mitarbeiter erhaltenen Anregungen: Die guten Meinungen, wie sie in Tabelle 108 zum Ausdruck kommen, überwiegen bei weitem, unter welchem Gesichtspunkt die Auswertung auch vorgenommen wird. Wenn die Summe der sehr guten und guten Urteile (67 % in Spalte 3 der Tab. 108) dennoch nicht die hohe Quote positiver Nennungen bei den gewerblichen Mitarbeitern erreicht (88 % in Spalte 3 der Tab. 107), so dürfte das teilweise daran liegen, daß diese Positionen inhaltlich Verschiedenes bedeuten, indem die ernsthafte Aufnahme von Vorschlägen natürlich noch nicht viel über deren Brauchbarkeit besagt. Mit dieser im Visier wäre vielleicht auch die Mitarbeiterquote etwas tiefer ausgefallen. Doch ist ebenso möglich, daß einzelne Unternehmer, aus welchen Gründen auch immer, den Wert der Vorschläge tiefer einschätzen, als es objektiv gerechtfertigt wäre. Insofern geben ihre Antworten (wenn auch mangels weiterer Informationen nicht auswertbar) zugleich Auskunft über ihre Urteils- und damit Führungsqualitäten.

Uns interessiert nun aber der Einfluß dieses Aspektes auf die Z mit Organisation und Führung. Dazu geben die Tabellen 109 und 110 Auskunft.

Während Tabelle 109 für die gewerblichen Mitarbeiter eine deutlich positive Wirkung erkennen läßt, die von der Aufgeschlossenheit gegenüber Vorschlägen auf die hier betrachtete Z-Größe ausgeht, „leidet" die Tabelle 110 nicht nur unter der absolut viel kleineren Zahl Befragter (d. h. Unternehmer), sondern zusätzlich unter der minimalen Zahl negativer Antworten. Sie läßt halbwegs gesicherte Aussagen (trotz des rein rechnerisch hohen Signifikanzniveaus) kaum zu; allenfalls spricht der Anschein für einen positiven Zusammenhang in dem Sinne, daß die Z der Unternehmer bezüglich Organisation und Führung mit der Brauchbarkeit der Anregungen ihrer Mitarbeiter wächst. Wenn sie zutrifft, ist diese Aussage nicht so trivial, wie sie scheinen mag, erklärt und bestätigt sie doch immerhin, daß die Unternehmer Mitarbeitervorschlägen nicht gleichgültig gegenüberstehen.

Das zweite spezifische Untersuchungsobjekt im Rahmen der Komponente „Führung" ist die Behandlung von Klagen und Reklamationen der Mitarbeiter durch die Vorgesetzten, ein nach den Erwartungen sensibler oder aber ideologisch vorbelasteter Problemsucher neuralgischer und emotional besetzter Punkt für Führende wie Geführte. Die Daten aus der Praxis enthüllen indessen auf diesem Gebiet kaum aufsehenerregende Dramatik, wie Tab. 111 zeigt.

In allen unterteilten Betriebsgrößen wird von einer vergleichbar großen Mehrheit der Belegschaft „dem Chef" attestiert, Reklamationen an seine Adresse, zu denen „Grund" besteht (so die Formulierung der betreffenden Frage), hätten durchaus einen Zweck. Nur etwa 20 % konnten diese Frage nicht rundweg bejahen, unter ihnen einzelne (2 - 4 %) im Glauben, eine Beschwerde könne sogar nachteilig für sie sein. Dieses klare Ergebnis verschiebt sich bei einer Auswertung unter anderen Gesichtspunkten als denen der Betriebsgröße nicht nennenswert. Zu berücksichtigen ist allerdings in jedem Fall, daß es sich bei den guten Zeugnissen für die Vorgesetzten zumeist um Vermutungen handeln dürfte, die möglicherweise der Realität nicht immer standhalten würden; ebenso ist aber auch denkbar, daß in Wirklichkeit eine noch höhere Quote von Beschwerden eine Chance hätte.

Betrachten wir also den Sachverhalt von der Seite der Unternehmer aus. Bevor erkundet wurde, wieviel Verständnis sie Reklamationen entgegenbringen, war allerdings zu klären, ob diese überhaupt in registrierenswerter Zahl vorkommen.

Die Tabelle 112 stellt den Mitarbeitern insofern ein gutes Zeugnis aus, als offensichtlich Beschwerdefälle recht selten vorkommen und für die wenigsten Unternehmer eine nennenswerte Belastung darzustellen scheinen. Eine Prüfung unter anderen Gesichtspunkten erbringt keine weiteren Aufschlüsse. Damit erübrigt sich die Auswertung unserer Frage nach dem Verständnis der Betriebsinhaber für Beschwerden, die wir nur den „Ja"-Antwortern gemäß Tabelle 112 bzw. Frage U 31 a gestellt haben.

Durch diesen Sachverhalt bei Mitarbeitern und Unternehmern wird die hier in Rede stehende Z-Größe gemäß Tab. 113 und 114 beeinflußt.

In beiden Fällen darf von einem Zusammenhang ausgegangen werden: Bei den Mitarbeitern ergeben sich hohe Z-Quoten im Falle ihrer Vermutung, Reklamationen wären aussichtsreich, und hohe UZ-Anteile für den Fall der Annahme, sie wären zwecklos oder gar nachteilig. Auf seiten der Unternehmer scheint die Zahl der Zufriedenen im umgekehrten Verhältnis der Anzahl Beschwerdefälle zu wachsen und der Anteil Indifferenter (nicht nachweisbar allerdings derjenige der Unzufriedenen) zurückzugehen (vgl. insbesondere die Spalten 4 und 5 der Tab. 114).

Die Aufnahme von Vorschlägen und die Behandlung von Reklamationen durch die Vorgesetzten sind u. E. individuell gut erinnerbare Beispiele für die Art und Weise, wie Führung ausgeübt, gehandhabt wird. Zum Gebiet „Führung" und zu seinem Einfluß auf die AZ (in ihrer allgemeinen Form) findet sich, das sei ergänzend angemerkt, im Schrifttum eine Reihe von bestätigenden Hinweisen. Statt sie im einzelnen zu referieren, begnügen wir uns wiederum mit einem Verweis auf Autoren, die sich ihrerseits auf eine Auswahl maßgeblicher Publikationen zur Beziehung zwischen Führung und AZ berufen, und zwar *Vroom*, 1964, S. 279, und *Bruggemann/Groskurth/Ulich*, 1975, S. 73.

2. Organisation und Planung

Stellvertretend für den ganzen umfassenden Komplex der Organisation und Planung haben wir drei Punkte in die Erhebung einbezogen, von denen wir aus Erfahrung wußten, daß ihnen im Gewerbe besondere Aktualität zukommt. Es handelt sich um die Wahrnehmung der Planungsfunktion, die Aufgabenabgrenzung und das Informationswesen.

Während sich in der Industrie auf dem Gebiet der Planung das Hauptinteresse seit vielen Jahren auf die methodischen Implikationen konzentriert, wird in der gewerblichen Praxis, für den außenstehenden Betriebswirtschafter unverständlich, noch immer die Frage diskutiert, ob Planung überhaupt sinnvoll sei. Bei einer Beurteilung dieser Tatsache ist allerdings zu berücksichtigen, daß namentlich bei überwiegender Einzelfertigung (vgl. unsere Definition gewerblicher Betriebe, S. 26), also bei „Kundenproduktion", die Planung in der Tat keine von vornherein selbstverständliche Sache ist, da sie besondere Schwierigkeiten bietet. Halten wir uns aber auch hier an die Fakten (Tab. 115).

Die angesprochenen Vorbehalte gegenüber der Planung im Gewerbe kommen, so scheint uns, in den Daten darin zum Ausdruck, daß meist eingeräumt wird, es werde nur „in großen Zügen" geplant. Diese Angabe — sie bedeutet wohl praktisch nur rudimentäre Planung — ist für die kleinen Betriebe noch typischer als für die mittleren. Die Tatsache quasi übereinstimmender Antworten der gewerblichen Mitarbeiter und der Unternehmer spricht im übrigen für ein zutreffendes Abbild der wirklichen Gegebenheiten. Demgegenüber ist in den großen Betrieben eine detaillierte Planung erwartungsgemäß der Regelfall, wobei einzuräumen bleibt, daß die objektiven Planungsbedürfnisse vermutlich mit der Betriebsgröße stärker werden, während sich gleichzeitig, wie angedeutet, die Planungsmöglichkeiten verbessern, insbesondere mit dem üblichen Übergang von der Einzel- zur Serienfertigung parallel zur Zunahme der Betriebsgröße.

Nachdem eine Auswertung unserer Beobachtung unter verschiedenen Kriterien keine zusätzlichen Aufschlüsse erbringt, können wir uns unmittelbar fragen, ob das Ausmaß der Wahrnehmung der Planungsfunktion in den Betrieben die Z mit dem Faktor Organisation und Führung zu beeinflussen vermag. Dazu verweisen wir auf die Tabellen 116 und 117.

Im Spiegel dieser Daten darf zumindest für die Mitarbeiter eine positive Beziehung zwischen den beiden betrachteten Größen angenommen werden, indem detaillierte Planung eher Zufriedenheit hervorzurufen scheint als ein weitgehender Verzicht auf Planung. Eine Erklärung wäre vermutlich in der Tatsache zu suchen, daß Planung geordnete Arbeitsabläufe fördert, während der Verzicht darauf zu friktionsreicher Dauerimprovisation führt. Diese Deutung dürfte besonders für diejenigen Mitarbeiter zutreffen, die nicht selber mit der verwickelten Aufgabe der Planung befaßt sind, vom besagten Vorteil aber voll profitieren. Die übrigen müssen den Vorzug gewissermaßen mit einem oft beträchtlichen Aufwand für die Planung erkaufen. Diese Überlegung mag vor allem für die Unternehmer gelten, die ja selbst Hauptträger der Planungsaufgabe im gewerblichen Betrieb sind, und die nicht leicht interpretierbare Z-Verteilung bei ihnen (Tab. 117) erklären helfen. Jedenfalls sind uns nicht viele Betriebsinhaber bekannt, die sich mit besonderem Enthusiasmus der Planung widmen.

Ein augenfälliges Ergebnis systematischer Regelung, wie sie Planung zuläßt, ist die zweifelsfreie Abgrenzung der betrieblichen Aufgaben zwischen ihren Trägern. Hier steht erst recht zu vermuten, daß von ihr Einflüsse auf die Z ausgehen. Wie ist es damit also in der gewerblichen

Praxis bestellt? Weiß jeder Mitarbeiter genau, was zu seinen Aufgaben gehört?

Während diese Frage für Unternehmer irrelevant ist, erklären sich die Mitarbeiter — unabhängig von der Betriebsgröße — mit erstaunlich wenigen Ausnahmen für präzise über ihre Pflichten informiert (s. Tab. 118). Die Einmütigkeit ist so umfassend, daß es sich fragt, ob die Angaben in jedem Fall einer Überprüfung der objektiven Gegebenheiten standhalten würden. Immerhin scheinen die Antworten nicht unüberlegt im positiven Sinne gegeben worden zu sein, stellt sich doch zum Beispiel in einer Auswertung der Daten nach dem Ausbildungsstand heraus, daß der Anteil der Mitarbeiter mit „etwas unklaren" Aufgaben mit dem Bildungsniveau zuzunehmen scheint (vgl. Tab. 119 für die gewerblichen Mitarbeiter). Diese Beobachtung mag auf eine Entsprechung zwischen der ausbildungsbedingten Qualifikation und der Komplexität der Arbeitsaufgaben zurückzuführen sein, wobei anspruchsvolle Aufgaben eher Abgrenzungsprobleme einschließen als einfache (in dieselbe Richtung deutet eine Auswertung der Antworten nach manuellen und nichtmanuellen Tätigkeiten). Sie mag sich aber auch daraus ergeben, daß mit der Dauer der Schulungs- oder Schulzeit die kritische Distanz zur Arbeitssituation wächst und man eher zu ihrer negativen Beurteilung neigt[7].

Im Durchschnitt aber — das sei festgehalten — empfindet nur eine kleine Minderheit Unsicherheiten bezüglich der Aufgabenzuteilung. Wir halten daher *Hugentoblers* Feststellung für realistisch, wonach 33 % der von ihm befragten Klein- und Mittelbetriebe über Stellenbeschreibungen, also eine systematische und schriftlich fixierte Aufgabenabgrenzung, verfügen (1976, S. 220). Die übrigen Betriebe bis zur Quote von über 90 % (s. Tab. 118) haben also immerhin eine unformalisierte Aufgabenzuteilung vorgenommen, die diesbezügliche Unsicherheiten bei den Mitarbeitern vermeidet.

Die kleine Gruppe, bei denen das nicht der Fall ist, läßt nun die Feststellung des Einflusses der Aufgabenkenntnis auf die betreffende Z-Größe etwas problematisch werden. Ermitteln wir ihn trotzdem, so ergibt sich die Verteilung gemäß **Tab. 119 a.**

Mit der besagten Einschränkung scheint uns doch deutlich zu werden, daß unklare Aufgabenzuteilung das Aufkommen von UZ (letzte zwei Positionen) begünstigt, während eine klare Regelung eher zur Z (erste zwei Positionen) beiträgt[8].

---

7 Dieser Eindruck soll schon Arbeitgeber veranlaßt haben, auf Hochschulabsolventen als Managementnachwuchs zu verzichten.

8 Die höhere Quote „Sehr zufriedener" in Spalte 2 gegenüber Spalte 1 dürfte als Zufallsprodukt der kleinen Datenmasse zu interpretieren sein.

Ergänzend sei unter Verweis auf das Schrifttum (z. B. *Rosen,* 1969, *Tosi/Chesser/Carroll,* 1972, und *Locke,* 1973) darauf hingewiesen, daß diese Wirkung nicht unmittelbar eintreten muß, sondern auch über bessere Leistung als Folge klarer Aufgabenzuteilung zustande kommen kann.

Als nicht minder bedeutsam in diesem Zusammenhang betrachten wir das Informationswesen, obwohl angenommen werden könnte, es stelle im überschaubaren gewerblichen Betrieb kein Problem dar. Dennoch kann auch hier der Chef und Inhaber seine Mitarbeiter durchaus selbst über „wichtige Betriebsangelegenheiten" im Ungewissen lassen, mit entsprechenden Konsequenzen für die AZ. Unsere Erhebung liefert dazu die Daten der Tabelle 120.

Aus einem Vergleich dieser Verteilung mit den Antworten zur Aufgabenkenntnis (Tab. 118) ergibt sich, daß zwar auch bezüglich des Informationswesens eine Mehrheit der Mitarbeiter positive Angaben machen kann (überraschenderweise wiederum ohne erhebliche Abweichungen nach Betriebsgrößen), indem sie durch mündliche Hinweise, Anschläge oder gar Hauszeitungen orientiert werden, daß jedoch der Minderheitsanteil derjenigen Arbeitnehmer, die sich über fehlende betriebliche Informationen beklagen, um ein Mehrfaches größer ist als im Falle des Bereiches der eigenen Aufgaben gemäß Tabelle 118. Um das Informationswesen scheint es demnach deutlich weniger gut bestellt als um die Aufgabenabgrenzung. Immerhin beobachten wir aber eine Abnahme der Quote der Uninformierten mit wachsendem Einkommen und damit üblicherweise zunehmendem Einfluß im Betrieb (Tab. 121; vgl. *Gottschall,* 1978, S. 44), ferner auch mit dem Übergang von großstädtischen zu ländlichen Verhältnissen (Tab. 122). Im letzteren Fall stoßen wir wieder auf das schon mehrfach angesprochene Phänomen anscheinend „heiler" Gegebenheiten auf dem Lande.

Wir haben nicht geprüft, von wem die Informationen ausgehen bzw. vorenthalten werden. Diese Bezugspersonen dürften aber in den Kleinbetrieben in allererster Linie, in den Mittelbetrieben (nach unserer Einteilung) immer noch maßgeblich die Unternehmer/Inhaber selbst sein. Deren Informationsverhalten nimmt sich nach ihren eigenen Angaben aus, wie in Tab. 123 dargestellt (im Interesse ehrlicher Antworten wurde die Frage auf die zur Orientierung der Mitarbeiter verfügbare Zeit bezogen).

Diese Verteilung läßt sich mit der Tab. 120 nicht unmittelbar vergleichen, sie scheint uns indessen die dortigen Resultate cum grano salis zu bestätigen. Erstaunlich ist auf den ersten Blick insbesondere, daß die Quote positiver Angaben bei den Unternehmern sogar niedriger liegt als bei den Mitarbeitern. Offenbar erklärt sich dieser Sachverhalt aber mit den im Zweifel ausweichenden Antworten der Unternehmer („es kommt darauf an"), zumal auch der Anteil negativer Angaben unter demjenigen der Mitarbeiter liegt. Immerhin lassen die Daten in Tabelle 123 die Auskünfte der Mitarbeiter zum Informationswesen (gem. Tab. 120) und unseren Kommentar dazu realistisch erscheinen.

Für Großbetriebe wäre die Feststellung von Lücken im Informationswesen alles andere als überraschend, wie ein Blick in die Literatur rasch lehrt. Wenn wir uns dabei auf die jüngsten verfügbaren empirischen Daten beschränken (die alle aus bundesdeutschen Erhebungen stammen), so berichtet *Fischer* (1977, S. 14), „fast ein Drittel" der Befragten fühle sich nicht ausreichend informiert; nach *Gottschall* (1978, S. 44) variiert dieser Anteil je nach hierarchischer Stellung zwischen ca. 5 % für Vorstandsmitglieder und 50 % für ausführende Mitarbeiter, und gemäß einer Notiz in der *FAZ* (1977, Nr. 211, S. 12) halten sich gar „ganze 70 %" für ungenügend informiert.

Offenbar liegt aber nach unseren Daten auch im Gewerbe auf dem Gebiet der Weitergabe selbst wichtiger Informationen an die Mitarbeiter noch einiges im argen. Von größerem unmittelbarem Interesse ist diese Beobachtung für uns allerdings nur, wenn ein Informationsmangel sich negativ auf die zugehörige Z-Größe auswirkt.

Bei den Arbeitnehmern kommt — in Tab. 124 — ein positiver Zusammenhang zwischen „Informiertheit" und Organisationszufriedenheit zum Ausdruck, wie er deutlicher kaum sein könnte (vgl. hierzu *Lawler*, 1975, S. 2 und 6). Erwähnenswert scheint daneben, daß auch bei den Unternehmern — s. Tab. 125 — die entsprechenden Größen, Unterrichtung der Mitarbeiter und zugehörige Z der Unterrichtenden, nicht beziehungslos nebeneinander gesehen zu werden brauchen. Vielmehr scheinen diejenigen Interviewpartner, wenn auch auf relativ niedrigem Signifikanzniveau, zufriedener, die ihre Mitarbeiter am Informationsfluß angemessen teilhaben lassen, als ihre weniger offenen Berufskollegen. Warum die Daten (Tab. 125) diesen Eindruck vermitteln, ist weniger evident. Vielleicht vollzieht sich hier ein Rückwirkungsprozeß, indem sich die Z informierter Mitarbeiter auf die Betriebsinhaber überträgt, wobei dieser Prozeß durch ein allgemein gutes „Klima" begünstigt sein kann. Vielleicht stellt sich der Z-Effekt auch über die Verminderung der Isolation der Unternehmer ein, die zweifellos mit Orientierungsgesprächen zu den Mitarbeitern einhergeht. Solche Vermutungen bleiben zwar hypothetisch, bedeuten aber immerhin, daß die Interessen, die die „Sozialpartner" mit dem Informationswesen verbinden, durchaus nicht von vornherein konträr sein müssen (vgl. unsere Bemerkung zur Z-Entsprechung auf S. 118).

Diese Hinweise mögen zum Komplex der Zusammenhänge zwischen dem Bestehen organisatorischer Regelungen und der Verbreitung von

Organisationszufriedenheit genügen. Ergänzend sei wiederum auf einige Studien verwiesen, die allerdings nur die Verbindung zwischen organisatorischen Gegebenheiten und der allgemeinen AZ unter die Lupe nehmen. In der generellen Betrachtung scheint wichtig, daß nicht nur ein Mangel (wie oft genug in Kleinbetrieben), sondern ebenso ein Übermaß an Regelungen mit dem Effekt der Bürokratisierung (wie in etlichen Großbetrieben) zufriedenheitshemmend wirkt, wie schon früh festgestellt wurde (vgl. *Roethlisberger/Dickson*, 1949, S. 292 ff., *Jantke*, 1953, S. 130 ff., und *Schelsky*, 1953, S. 140). Bei gegebener Betriebsgröße wird eine Zunahme der AZ mit der „Flachheit" der Organisationsstruktur vermutet (*Porter/Lawler*, 1964, S. 135 ff.). Erwähnt sei noch, daß organisatorische Mängel keine Exklusivität in Betrieben marktwirtschaftlicher Ordnung darstellen; vielmehr ergab eine in den Westen gelangte empirische Erhebung unter Montagearbeitern in Großbetrieben der DDR hohe UZ-Quoten vor allem wegen mangelhafter Arbeitsorganisation (*Voigt*, 1973, S. 106 f.; *Messing*, 1978, S. 110 ff.). — Im übrigen verweisen wir wirderum auf die Quellenangaben bei *Bruggemann/Groskurth/Ulich* (1975, S. 72 f.) zu diesem Gebiet.

3. Beteiligung der Mitarbeiter an Betriebsentscheidungen

Die auch in der Schweiz schon jahrelang andauernde, oft allerdings ideologisch oder emotional belastete Diskussion um die Mitbestimmung ließ es uns ratsam erscheinen, diese Frage in unsere Erhebung einzuschließen, da von ihr erhebliche Einflüsse auf die AZ ausgehen könnten. Wir haben dabei jedoch den Begriff der Mitbestimmung vermieden, nicht nur weil er mit einer psychologischen Hypothek belastet scheint, sondern auch wegen der Assoziation des Begriffes mit einer formalisierten Einrichtung. Dabei kann es ja in gewerblichen Betrieben kaum um eine stehende Institution zur dauernden Erfüllung dieser Aufgabe gehen (vgl. hierzu die Überlegungen bei *Hugentobler*, 1976, S. 51 ff.); vielmehr stellt sich hier lediglich die Frage, ob die Mitarbeiter in irgendeiner Form am betrieblichen Entscheidungsprozeß beteiligt werden und wie sich sodann diese Beteiligung (bzw. ihr Fehlen) auf die entsprechende Z auswirkt.

Für die Zwecke der Erhebung wurde der Begriff der Beteiligung großzügig ausgelegt und auch dann akzeptiert, wenn die Befragten z. B. lediglich in irgendeiner Form konsultiert wurden (vgl. die Unterscheidung bei *Rich*, 1973, S. 43). Dennoch ist die Mitwirkung der Mitarbeiter nach ihren eigenen Angaben (s. Tab. 126) in keiner der unterschiedenen Betriebsgrößenklassen die Regel, erklären doch zwischen 40 und 50 % (in der Größenordnung vergleichbar *Hagen*, 1973, S. 159), sie seien am Entscheidungsprozeß nicht beteiligt. Bei denen, die dieses „Privileg" genießen, beschränkt es sich mehrheitlich auf die eigene Arbeitssituation, so daß eine ziemlich konstante Quote von rund 20 % der Mitarbeiter verbleibt, die am Willensbildungsprozeß in gesamtbetrieblichen Fragen mitwirken können. Auch die positiv Antwortenden äußerten immerhin gewisse Vorbehalte. So wurde in einigen Fällen ergänzt, die Beteiligung habe eher „pro-forma"-Charakter, und in den großen Betrieben wurde gelegentlich darauf hingewiesen, sie sei nur indirekt über die Arbeiterkommission gegeben.

Aufschlußreich ist nun der Vergleich der Mitarbeiterdaten aus dem Gewerbe mit den entsprechenden Angaben der Unternehmer, ergibt er doch — im Gegensatz zu mehreren früheren Beobachtungen im Zusammenhang der Organisation und Führung — nur hinsichtlich der arbeitsbezogenen Entscheidbeteiligung annähernde Übereinstimmung, während bezüglich übergeordneter Fragen die Unternehmer in signifikant größerer Zahl den Mitarbeitern Mitwirkungschancen zusprechen, als diese sie selber als gegeben sehen.

Die Prüfung unter Einzelmerkmalen bringt lediglich in der Gruppierung nach der Standortgröße deutliche Abweichungen von den Daten der Tabelle 126. Danach bleibt zwar ein Unterschied im Urteil zwischen den Unternehmern und den Mitarbeitern bestehen, verringert sich aber mit dem Übergang von großstädtischen zu ländlichen Standorten. Parallel dazu scheinen sich die Mitsprachechancen der gewerblichen Arbeitnehmer zu verbessern (s. Tab. 127 und 128).

Wenn wir nun den Einfluß einer Beteiligung der Mitarbeiter am betrieblichen Entscheidungsprozeß auf die Z mit Organisation und Führung prüfen, so ergibt sich auf seiten der Unternehmer, nicht überraschend, ein negativer Befund: Ihre Z-Äußerungen werden nicht signifikant beeinflußt durch ihre Gewährung oder Nichtgewährung von Mitsprachemöglichkeiten an die Mitarbeiter (s. Tab. 129). Für die Arbeitnehmer selbst errechnet sich ein Zusammenhang gemäß Tab. 130. Danach scheint eine Beteiligung der Mitarbeiter an Betriebsentscheidungen (selbst wichtiger Natur) ihre Z nicht spektakulär zu erhöhen (vgl. *Lattmann*, 1971, S. 17), wenngleich ein schwacher Zusammenhang in dem Sinne besteht, daß nicht auf diese Weise „privilegierte" Arbeitnehmer sich vergleichsweise eher „unzufrieden" und relativ seltener „zufrieden" äußern. Aufschlußreich ist ferner die Beobachtung, wonach eine Beteiligung lediglich an Entscheidungen zur eigenen Arbeitssituation mindestens so positiv auf die Z zu wirken scheint wie die Mitsprache bei übergeordneten Entscheiden. Folgerungen sind hier sicherlich vorsichtig zu ziehen, doch gewinnt der Betrachter den Eindruck, als ob die großen betrieblichen Grundsatzfragen dem einzelnen Mitarbeiter weniger auf den Nägeln brennen als seine individuellen Arbeitsanliegen, so daß eine Mitentscheidungsmöglichkeit bei ihnen eher z-fördernd zu wirken vermag als diejenige bei gesamtbetrieblichen Dingen. Doch halten wir fest, daß die Unterschiede gering sind.

In einer generellen Untersuchung würde eine zusätzliche Datenauswertung nach dem Qualifikationsniveau der Tätigkeiten der Befragten möglicherweise eine deutlichere Beziehung zwischen Mitsprachemöglichkeit und Z zutage fördern. So vermutet *Lattmann*, daß diese Chance allenfalls Mitarbeiter mit anspruchsvollen Tätigkeiten beglückt, kaum aber diejenigen, die eintönige Arbeit vorziehen (vgl. 1974, S. 124 ff.). Aus Gründen der Problematik einer Unterscheidung von Qualifikationsniveaus bei gewerblichen Tätigkeiten ist eine solche Auswertung für unser Datenmaterial jedoch nicht realisierbar. Wir erinnern dazu an unsere Feststellung, wonach repetitive Tätigkeiten für gewerbliche Verhältnisse weniger typisch sind, und an unseren Verzicht auf einen Einbezug ungelernter Kräfte in die Erhebung.

Wer sich im allgemeinen Schrifttum zum Verhältnis zwischen Mitsprachemöglichkeiten und AZ etwas umsieht, stößt auf ein Meinungsspektrum, das von einer uneingeschränkt positiven Sicht dieser Beziehung bis zur Bejahung der Relation mit deutlichen Vorbehalten reicht. Der ersteren Gruppe von Autoren kann etwa *Hillmann* zugerechnet werden, für den AZ ohne Lösung der „entscheidenden Frage" nach Mitbestimmung undenkbar ist (1970, S. 37); hinzuzufügen bleibt hier freilich, daß der Verf. AZ-Äußerungen ohnehin mißtraut (S. 36 f.). Andere Autoren sind weniger skeptisch und bejahen den in Rede stehenden Zusammenhang; wir verweisen — wie schon früher — auf Übersichten bei *Vroom* (1964, S. 115, 117 und 280) und bei *Bruggemann/Groskurth/Ulich* (1975, S. 69 und 73). Die Rezensenten schließen aber auch Autoren ein, die gewisse Vorbehalte anbringen (so *Vroom*, S. 118), oder formulieren selber bestimmte Voraussetzungen für eine positive Z-Wirkung von Mitsprachemöglichkeiten, etwa Nichtüberforderung durch das Entscheidungsproblem und Verwertung des Entscheidungsbeitrages (so *Bruggemann/Groskurth/Ulich*, S. 73).

Andere Forscher beziehen ihre Einschränkungen auf ein anderes Gebiet, wenn sie z. B. feststellen, daß der Z-Einfluß des Mitsprachespielraumes mit zunehmender Betriebsgröße abnimmt (in diesem Sinne *Beer*, 1964, S. 40, unter Anknüpfung an *Morse/Reimer*, 1956, und *Scheuch*, 1976 a, S. 320 f.), eine Beobachtung, die wir mit unserem Datenmaterial nicht zu verifizieren vermögen, während wir (in Tab. 126) gesehen haben, daß die Beteiligungsmöglichkeiten mit der Betriebsgröße (in unserer Klassierung) nicht abzunehmen brauchen.

Den hier betrachteten bundesdeutschen Erhebungen ist im übrigen das Ergebnis gemeinsam, daß der Mitbestimmung als Einflußfaktor der AZ in Äußerungen von Arbeitnehmern durchaus kein hervorragender Rang beigemessen wird (*Scheuch*, 1976a, S. 322 f.; *Bunz/Jansen/Schacht*, 1974, S. 19 und 27; *Schacht*, 1974, S. 21), ein bemerkenswertes Resultat in einem Land, in dem wie kaum anderswo die institutionalisierte Mitbestimmung auf die Fahnen geschrieben wurde. Wenn sie aber nicht als besonders bedeutsam eingestuft wird, erklärt sich unschwer der nur schwache Einfluß einer solchen Größe auf die AZ der Arbeitnehmer, wie wir ihn beobachtet haben. Wir dürfen daher wohl *Lattmann* (1971, S. 17, und 1974, S. 80) folgen, wenn er in Sachen Z-Wirkung der (institutionalisierten) Mitbestimmung ein verneinendes Urteil fällt. Zumindest aber ist das Wissen um die Wirkungen der Mitbestimmung „fragmentarisch, widersprüchlich und begrenzt" (*Dachler/Wilpert*, 1978, S. 29).

Von der Beziehung zwischen diesen beiden Größen abgesehen, bleibt aber noch anzufügen, daß die von uns befragten Unternehmer im Gewerbe, soweit sie ihre Mitarbeiter an Entscheidungen irgendwie beteiligen (s. Tab. 126, Spalte 5), durchweg sehr gute oder doch im ganzen positive Erfahrungen damit gemacht haben. Das schlechteste Urteil, das auch nur vereinzelt abgegeben wurde, lautete vorsichtig, es komme jeweils auf den Fall an. Damit wären wir zur Schlußfolgerung in Parenthese versucht, daß Mitsprachechancen der Mitarbeiter für die Arbeitgeber von gleich großem Interesse sind wie für die betroffenen Arbeitnehmer selbst, wenn auch aus unterschiedlichen Gründen.

4. *Zusammenfassung*

Die Prüfung des AZ-Faktors „Unternehmensorganisation und -führung" ergab — abweichend von den Feststellungen bei anderen Faktoren — für die Arbeitnehmer im Gewerbe sowohl höhere Z- wie auch UZ-Anteile, als sie in der Industrie ermittelt wurden. Zwischen den gewerblichen Mitarbeitern und den Unternehmern bestehen dagegen praktisch keine Unterschiede hinsichtlich dieser Z-Größe.

Die getrennte Analyse der innerhalb des besagten AZ-Faktors unterschiedenen drei einzelnen Aspekte bzw. Aspektbündel, nämlich Führung, Organisation/Planung und Entscheidbeteiligung, erbrachte folgende Hauptresultate:

Im Komplex „Führung" kristallisierte sich zunächst — für Mitarbeiter wie Unternehmer — eine deutliche positive Abhängigkeit der zugehörigen Z-Größe vom Format der Vorgesetztenpersönlichkeit heraus. Spezifischer wird diese Z bei den Mitarbeitern von der Aufgeschlossenheit im Betrieb gegenüber ihren Vorschlägen, bei den Unternehmern von der Brauchbarkeit der Vorschläge gefördert. Im weiteren Spezialfall der Beschwerden aus der Belegschaft erwies sich die Führungszufriedenheit der Mitarbeiter als Produkt der Behandlung solcher Reklamationen: Die

Vermutung der Zwecklosigkeit oder gar Gefährlichkeit von Beschwerden verursacht UZ, die Annahme guter Aussichten dagegen Z. Auf seiten der Unternehmer scheint diese Variante der Z negativ mit der Anzahl Beschwerdefälle korreliert zu sein.

Im Zusammenhang der Organisation und Planung ergab sich zunächst deutlich eine positive Wirkung aus dem Ausmaß der Wahrnehmung der Planungsfunktion auf die Z der Mitarbeiter, nicht jedoch auf diejenige der Unternehmer, also der Hauptträger der Planung. Sodann wurde festgestellt, daß auch eine klare Aufgabenabgrenzung die Z der Mitarbeiter erhöhen kann (während dieser Punkt für die Betriebsinhaber irrelevant ist). Noch deutlicher trat eine Abhängigkeit der Z bzw. UZ von der „Informiertheit" der Mitarbeiter über betriebliche Angelegenheiten zutage, zumal es um das Informationswesen im Gewerbe weniger gut bestellt ist als um die Aufgabenabgrenzung. Auch die „Informationsgeber" scheinen im übrigen mit zunehmender Offenheit an Befriedigung zu gewinnen, nicht nur die Empfänger.

Im Kontext schließlich der Beteiligung der Mitarbeiter am Entscheidungsprozeß im Betrieb konnte bei den Mitarbeitern selbst kein spektakulärer, bei den Unternehmern gar kein Einfluß der „Mitbestimmung" auf die hier betrachtete Z-Größe festgestellt werden. Im Zweifel scheint die Z-Wirkung einer Mitsprachemöglichkeit bezüglich der eigenen Arbeitssituation größer als bezüglich gesamtbetrieblicher Entscheidungen.

G. Kontrolle

In betriebswirtschaftlicher Betrachtung hat der Begriff der Kontrolle eine zweifache Bedeutung, meint er doch sowohl eine sachorientierte wie eine personenorientierte Überwachung bzw. die Ergebnis- und die Verhaltensüberwachung (*Siegwart/Menzl*, 1978) oder gröber Produktions- und Mitarbeiterüberwachung (*Katz/Maccoby/Morse*, 1950). Die Doppelcharakteristik der Kontrolle erschwert die Abgrenzung zur Führung. Dieses Problem haben wir aber für unsere Zwecke pragmatisch zu lösen versucht (s. unsere Bemerkung auf S. 117).

Die Vermutung spricht dafür, daß ein Einfluß auf die AZ vor allem von der mitarbeiterorientierten Variante der Kontrolle ausgeht. Bestätigende Ergebnisse finden sich schon in frühen Untersuchungen dieses Zusammenhanges (vgl. bei *Vroom*, 1964, S. 110). Dementsprechend haben wir die personale Dimension der Kontrolle vorrangig in die aspektweise Prüfung der Z-Wirkungen der Kontrolle einbezogen. Es geht dabei um das Vertrauen als Alternative der Überwachung und um die Frage der Fairneß. Die eher sachbezogene Seite der Kontrolle soll als

Orientierung der Mitarbeiter über die Kontrollergebnisse berücksichtigt werden.

Vorher wollen wir aber ähnlich wie bei den übrigen neun Determinanten den Effekt des Bereiches „Kontrolle“ insgesamt auf die ihm zugeordnete Z-Größe untersuchen. Gemeint ist damit einerseits die Z der Mitarbeiter mit der Handhabung der Kontrolle im Betrieb und andererseits die Z der Unternehmer mit der Möglichkeit der Ausübung von Kontrolle, also Macht und Einfluß.

Die entsprechende Verteilung in Tab. 131 ist offenbar nicht leicht sinnvoll zu interpretieren. Vergleichen wir zunächst die Daten aus den Klein- und Mittelbetrieben mit denen aus den großen Unternehmen (gemäß unserer Einteilung), so besteht zwar rechnerisch-formal zwischen ihnen eine überzufällige Beziehung, doch haben wir trotzdem Vorbehalte gegenüber einer Verwerfung der Nullhypothese, da uns faktisch die Abweichungen für weitreichende interpretierende Schlußfolgerungen zu geringfügig zu sein scheinen. Zwar ist die Quote der „sehr zufriedenen“ großbetrieblichen Mitarbeiter — entgegen unserer Erwartung — höher als der entsprechende Anteil im Gewerbe, doch eine deutliche Umkehrung tritt schon bei den „Zufriedenen“ ein, und auch hinsichtlich der Indifferenten ist das Bild in der Industrie eher weniger günstig als im Gewerbe, während sich die unzufriedenen Mitarbeiter praktisch gleich verteilen.

Wie dem auch sei, erlauben uns die Daten kaum eine forsche Folgerung von der Art, daß in großen Firmen im Vergleich zu kleineren Einheiten etwa durch schärfere oder umfassendere Kontrollen weniger diesbezügliche Zufriedenheit verbreitet sei (wie z. B. bei *Indik*, 1963, S. 378 und 380, und — wenngleich vorsichtiger — bei *Beer*, 1964, S. 35 ff., argumentiert wird). Wir begreifen jedenfalls die Feststellung von *Vroom* (1964, S. 105 f.), wonach über die Bedeutung der Überwachung als AZ-Dimension in der Literatur keine Einigkeit besteht.

Um auf unsere Erhebung zurückzukommen, erhielten wir durch Randbemerkungen der interviewten Mitarbeiter den Eindruck, daß die Z mit der Kontrolle u. a. davon abhängt, ob im individuellen Fall die Kontrollbefugnis oder die Kontrollunterwerfung dominiert, ein Gesichtspunkt, der seinerseits nicht zuletzt eine Funktion der hierarchischen Stellung ist. Da in Kleinbetrieben Vorgesetztenpositionen für Arbeitnehmer praktisch kaum existieren, wie schon früher betont wurde, herrscht dort die Kontrollunterwerfung vor. Indessen deuten unsere Daten (vgl. Spalten 1 und 2 in Tab. 131) nicht auf geringere Verbreitung von Kontroll-Z in den Kleinbetrieben hin. Diese Beobachtung mag mit einer individuell unterschiedlichen Bereitschaft zusammenhängen, sich kontrollieren zu lassen: Für manche Mitarbeiter sind Überwachungsmaßnahmen ohne weiteres annehmbar und normal, für andere ein nur widerwillig geduldeter Eingriff, so daß uns die Feststellung in der Literatur zu schematisch scheint, wonach Personen in der Arbeitssituation zufriedener sind, die nicht kontrolliert werden (vgl. *Lempert/Thomssen,* 1974, S. 141).

Auf derselben Linie liegt eine andere Einsicht, die wir empirisch-qualitativ gewannen, wonach nämlich die Zufriedenheit mit der Kontrolle vom Ordnungsbedürfnis und Sicherheitsstreben der Mitarbeiter beeinflußt zu werden scheint (vgl. auch *Mumford,* 1972, S. 195 f.). Danach sind bestimmte Mitarbeiter eher mit einer engmaschigen, andere eher mit einer großzügigen Handhabung der Kontrolle zufrieden (jetzt bezogen auf den ganzen Betrieb).

Mit wenigen dürren Stichworten wie Kontrollbefugnis oder -unterwerfung, Kontrollakzeptanz und Kontrollbedürfnis läßt sich freilich die Wirklichkeit der Überwachungssituation nur unzulänglich beschreiben, zeigen sich doch gerade hier — im Falle der grundsätzlich gegenläufigen Interessen zwischen Kontrollierenden und Kontrollierten — allenthaltben menschliche Stärken und Schwächen, etwa durch die Neigung der Beteiligten, eigene Schwierigkeiten zu minimieren. So wurden die Interviewer gerade in diesem Zusammenhang auf eminent menschliche Feststellungen aufmerksam gemacht, wonach zum Beispiel der direkte Vorgesetzte seine Leute warnt, wenn der übergeordnete Chef auftaucht, oder wonach sich dieser gern hinter dem unmittelbaren Vorgesetzten „versteckt".

Es scheint uns vorstellbar, daß solche hier nur angedeutete Einflüsse die reine Betriebsgrößenwirkung überlagern und auf diese Weise das schwer interpretierbare Bild der Tabelle 131 (Spalten 3 und 4) entstehen konnte.

Durchaus nicht unmittelbarer verständlich ist im Vergleich zu den Mitarbeiterdaten die Auswertung der analogen Angaben von seiten der Unternehmer. Eine plausible Erklärung durch einen dahinter wirksamen Einfluß bietet sich indessen auch hier an: Viele Unternehmer mögen Hemmungen haben, Zufriedenheit mit Macht- und Einflußmöglichkeiten unumwunden einzugestehen. Das mag namentlich den außergewöhnlich hohen Anteil indifferenter Angaben erklären (47 % in Spalte 5 der Tab. 131).

Sowohl auf seiten der Unternehmer wie bei den Mitarbeitern bleiben also, das ist einzugestehen, im Kontext der Gesamtwirkung der Kontrolle auf die zugeordnete Z-Größe noch einige Fragen offen. Wenn sich die Imponderabilien jedoch hinsichtlich ihrer Z-Wirkung in den Betrieben unterschiedlicher Größe kompensieren (die faktisch begrenzten Abweichungen vermitteln diesen Eindruck), geben sie uns keinen Anlaß, die Kontrolle als AZ-Determinante grundsätzlich in Frage zu stellen.

Die Auswertung nach unseren diversen soziologisch-demographischen Merkmalen liefert kaum aufsehenerregende Aufschlüsse. Eine Ausnahme bildet der recht eindeutige Zusammenhang, der sich zwischen dem Dienstalter und der Z mit der Kontrolle ergibt (s. Tab. 132). Diese Verteilung spricht für die Annahme, daß die kürzlich in den Betrieb eingetretenen Mitarbeiter die Aufsichtsmaßnahmen ganz überwiegend zufrieden akzeptieren, daß sich aber bei den schon länger in der Firma tätigen Arbeitnehmern, vermutlich durch (vermeintliche oder tatsächliche) Unzulänglichkeiten in der Kontrollausübung, eine Minderheit Indifferenter und Unzufriedener herausbildet, die immerhin größer ist als eine quantité négligeable. Hierin mag ein Ernüchterungs- oder Abnutzungsprozeß zum Ausdruck kommen, wie wir ihn auch schon im Zusammenhang der Organisation und Führung angesprochen haben (s. o. S. 118 f.).

Damit können wir uns der aspektweisen Betrachtung der Z-Wirkungen des Faktors Kontrolle zuwenden.

1. Kontrolle versus Vertrauen

„Vertrauen ist gut, Kontrolle ist besser." Dieses nicht von Zynismus freie Wort, das *Uljanow* (*Lenin*) zugeschrieben wird, mag im Hinblick auf die Wirksamkeit revolutionärer Kader, vielleicht sogar auf die nur ökonomisch betrachtete Effizienz in einem Betrieb seine Berechtigung haben. Wo indessen nicht nur den ökonomischen Belangen der Betriebe, sondern auch den menschlichen Anliegen der dort Tätigen Rechnung getragen werden soll, hat das ihnen entgegengebrachte Vertrauen nicht von vornherein einen tieferen Stellenwert zugunsten der Überwachung Vielmehr müssen die beiden Größen wohl komplementär gesehen werden. Unter diesem Axiom scheint es uns gerechtfertigt, im Zusammenhang der nicht leicht faßbaren Z-Wirkungen der Kontrolle auch die Frage nach dem Vertrauen und seinem diesbezüglichen Effekt zu stellen. Dabei geht es einerseits um das Vertrauen, das der Chef dem Arbeitseinsatz seiner Mitarbeiter (nach deren Auskunft) entgegenbringt, und andererseits darum, inwieweit (nach Angaben der Unternehmer) die Mitarbeiter Vertrauen gleichsam verdienen, inwieweit sich also die Unternehmer auf die Arbeitnehmer verlassen zu können glauben. Beide Varianten sind hinsichtlich ihres Einflusses auf die hier betrachtete Z-Größe zu prüfen.

Aus der Tabelle 133 läßt sich leicht ablesen, daß im Gewerbe wie in den großen Betrieben die überwiegende Mehrheit der Mitarbeiter den

Eindruck hat, der Chef glaube an ihren seriösen Einsatz. Innerhalb der gewerblichen Unternehmen stellt sich die Situation bei den Kleinbetrieben eher noch positiver dar als bei den mittleren Firmen (auf einem Signifikanzniveau aus Spalten 1 und 2 von p = [.981]), indem sich die ersten beiden Positionen praktisch umkehren und bei den negativen Nennungen die Anteile in Spalte 1 noch tiefer sind als in Spalte 2.

Die Umkehrung wiederholt sich in einer Auswertung nach der Standortgröße: Die Auskunft „völliges Vertrauen" wird mit dem Übergang von großstädtischen zu ländlichen Verhältnissen häufiger, die Angabe „ziemliches Vertrauen" relativ seltener. Ansonsten bleibt das gewonnene Bild bei der merkmalsweisen Auswertung ohne große Veränderungen bestehen.

Tab. 134 zeigt, wie es um die Verläßlichkeit der Mitarbeiter im Urteil der Unternehmer bestellt ist.

Obwohl die Formulierungen der den Tabellen 133 und 134 zugrunde liegenden Fragen nicht übereinstimmen konnten (schon durch die Ausrichtung einmal auf den einzelnen Mitarbeiter und im anderen Fall auf die ganze Belegschaft) und obwohl die „Chefs" der einen nicht voll mit den Unternehmern der anderen Frage identisch sind, ist die Ähnlichkeit der Verteilungen frappant (auch bei den Unternehmern übrigens ohne nennenswerte Verschiebungen bei der kriterienweisen Auswertung) und läßt die Schlußfolgerung zu, daß das Zusammenwirken zwischen den persönlich im gewerblichen Betrieb tätigen Inhabern und ihren Arbeitnehmern bei allen oben skizzierten menschlichen Schwächen auf einem breit fundierten gegenseitigen Vertrauensverhältnis beruht.

Der Einfluß dieser Situation auf die hier diskutierte Z-Größe ist in Tab. 135 und 136 dargestellt.

Die Aussagefähigkeit beider Tabellen leidet unter der kleinen Zahl negativer Antworten auf die „Vertrauensfrage". Immerhin läßt die auf die gewerblichen Mitarbeiter bezogene Tabelle 135 erkennen, daß die Z-Quoten hoch sind, wenn die im Betrieb tätigen Menschen den Eindruck haben können, ihr Vorgesetzter vertraue auf sie, und daß sich tiefere Z-Anteile errechnen, wenn dieser Eindruck fehlt. Damit ist ein positiver Einfluß vertrauensvoller Behandlung der Mitarbeiter auf deren entsprechende Z anzunehmen (und zumindest unter diesem Gesichtspunkt das eingangs zitierte boshafte Wort *Lenins* fragwürdig) und nebenbei die Bedeutung des zur Zeit in der Praxis kursierenden 3 C-Konzepts (communication, cooperation, confidence; vgl. *Heiberg,* 1978) wenigstens für ein Drittel erwiesen. Jedoch können wir (s. Tab. 136) nicht nachweisen, daß die Macht-Z der Unternehmer mit der Verläßlichkeit ihrer Mitarbeiter wächst.

2. *„Faire" Behandlung der Mitarbeiter*

Wir haben bereits angedeutet, die Kontrolle stelle eine psychologisch besonders heikle Managementfunktion dar. Um so wichtiger, durften wir vermuten, ist es deswegen, sie „richtig" und insbesondere so zu handhaben, daß nicht bestimmte Mitarbeiter bevorzugt werden. Entsprechend, aber ohne direkten Bezug auf die Überwachung, haben wir unsere Fragen formuliert, um uns über diese Seite der Kontrolle und ihre Z-Wirkungen Aufklärung zu verschaffen (s. Tab. 137).

Unabhängig von der Betriebsgröße haben die Mitarbeiter durchweg den Eindruck, „im allgemeinen vom Chef richtig behandelt" zu werden, eine Aussage, die in der hier zu beobachtenden Verteilung beinahe an eine Selbstverständlichkeit grenzt (und sich im übrigen bei Zusatzauswertungen im wesentlichen unverändert bestätigt). In solchen Situationen empfiehlt es sich, den betreffenden Gesichtspunkt spezifischer anzugehen. Im Zusammenhang der Fairneß haben wir daher zusätzlich die Frage nach einer allfälligen „Protektion" des Chefs für bestimmte Mitarbeiter gestellt.

Vor ihrer Beantwortung bleibt aber zu klären, ob den Unternehmern ihrerseits die richtige bzw. gerechte Behandlung ihrer Mitarbeiter vergleichbar leicht und selbstverständlich vorkommt (s. Tab. 138).

Ein systematischer Vergleich der Tabellen 137 und 138 ist zwar nicht zulässig. Betrachtet man sie informationshalber trotzdem nebeneinander, so muten die Daten der letzteren Übersicht doppelt aufschlußreich an: Zum einen ist offensichtlich ein fairer Umgang mit den Mitarbeitern aus der Optik der Unternehmer nicht so leicht, wie er für die Mitarbeiter selbstverständlich scheint. Die Chefs, so lassen ihre Auskünfte vermuten, haben oft genug um das angemessene Vorgehen zu ringen. Immerhin sind sie dabei zumeist erfolgreich — sonst würden die Urteile der Mitarbeiter kaum so positiv ausfallen. Zum anderen deuten die Daten der Tab. 138 mindestens darauf hin, daß für die Unternehmer die Schwierigkeiten aus der Aufsichtsfunktion mit der Betriebsgröße wachsen, während das Urteil der Mitarbeiter praktisch unverändert bleibt (s. Tab. 137). Ansonsten bleibt auch für die Betriebsinhaber das aufgezeigte Bild durch unsere Kriterien hindurch bestehen.

Für beide Gruppen ergeben sich aus dieser Fairneß-Frage Einflüsse gemäß Tab. 139 und 140 auf die zugeordnete Z-Größe:

Bezüglich der Mitarbeiter scheint sich unsere Hypothese zu bestätigen, wonach deren Z durch unrichtige bzw. ungerechte Behandlung von seiten der Vorgesetzten deutlich reduziert wird: Niemand von den (allerdings relativ wenigen) Mitarbeitern, denen ein solches Verhalten ihres Chefs widerfährt, fühlt sich trotzdem „sehr zufrieden"; wohl aber erklärt sich jeder Dritte unter ihnen ausdrücklich als unzufrieden. Einzuräumen ist dabei, daß die Befragten mit unrichtiger Behandlung verschiedene Dinge assoziieren konnten. Insbesondere war der Inhalt der Frage keineswegs etwa auf harte Behandlung eingeschränkt (hierfür sieht *Foa*, 1957, S. 161 ff., eine negative Beziehung mit der AZ).

Für die Unternehmer errechnet sich kein signifikanter Zusammenhang. Die Daten vermitteln aber den — überraschenden — Eindruck, daß diejenigen Betriebsinhaber eher mit ihrer Möglichkeit der Machtausübung zufrieden sind, die eine richtige und gerechte Behandlung ihrer Mitarbeiter schwierig finden. Vermutlich macht gerade diese Schwierigkeit den betreffenden Unternehmern in für sie positiver Weise bewußt, welche Machtmittel ihnen in die Hand gegeben sind, aber auch, daß sie auf Grenzen der Kontrolle über andere stoßen. Die Befriedigung wäre dann nicht eine Folge der Schwierigkeiten, sondern der Bewußtseinsbildung. Doch verlassen wir hier den relativ soliden Boden empirischer Belege zugunsten des weniger tragfähigen Terrains der Mutmaßungen.

Im Rahmen der Interpretation unserer Daten bleibt als letzter Punkt dieses Abschnitts die schon angekündigte Frage der Gleichbehandlung der Mitarbeiter zu prüfen (s. Tab. 141).

Zunächst ist dabei wie in Tabelle 137 festzustellen, daß die betriebsgrößenbedingten Unterschiede vernachlässigt werden können, jedenfalls im Vergleich der gewerblichen Unternehmen insgesamt mit den großen Betrieben. Auch eine Auswertung nach anderen Merkmalen ergibt keine weiterführenden Aufschlüsse. Hingegen belegt, so will uns scheinen, das Bild der Tabelle 141 in der Gegenüberstellung mit Tabelle 137 unsere Annahme, daß ein nicht unbeträchtlicher Teil der Mitarbeiter, die sich auf unsere allgemeine Frage als „richtig behandelt" erklären, auf die gezieltere Frage doch vermerkt, der Chef bevorzuge „bestimmte Leute". Oft wurde diese Angabe im Hinblick auf ausgesprochene Familienbetriebe gemacht. Damit dürfte von den meisten Befragten der Eindruck zugegeben sein, ihr Vorgesetzter verhalte sich insofern eigentlich doch nicht ganz fair. Eine Ausnahme machen lediglich diejenigen Mitarbeiter, die gleichzeitig einräumen, die Bevorzugten genössen ihre „Privilegien" aufgrund z. B. gehobener Stellung und/oder größerer Verantwortung berechtigterweise.

Wir beobachten hier also, daß eine allgemein formulierte Frage zu relativ wesentlich mehr positiven Antworten führen kann als eine spezifischere Frage im selben Bereich, eine Erscheinung, die uns noch im größeren Rahmen dieser Studie beschäftigen wird (Frage nach der Gesamt-AZ im Vergleich zu den Fragen nach den einzelnen AZ-Größen gemäß unserem Faktorenkatalog).

Welche Einflüsse ergeben sich nun aus der Bevorzugung von Mitarbeitern auf die entsprechende Z (der Nichtbevorzugten)? Hierzu gibt Tab. 142 Aufschluß. Diese Verteilung legt im Vergleich zur Tabelle 139 eine weitere bemerkenswerte Feststellung nahe: Zwar beeinflußt die Wahrnehmung einer Bevorzugung bestimmter Leute im Betrieb durch den Chef signifikant die zugeordnete Z-Größe der Wahrnehmenden (im negativen Sinne), doch scheint dieser Einfluß schwächer zu sein als derjenige aus dem Gefühl allgemein nicht „richtiger" Behandlung. Es gibt also wenige Mitarbeiter, die dieses Gefühl nähren, weil bei den meisten gewisse „Schönheitsfehler" im Aufsichtsverhalten des Vorgesetzten einen insgesamt positiven Eindruck nicht zu trüben vermögen. Wenn sich das Empfinden unfairen Chefverhaltens aber einmal bei den Betroffenen festsetzt, reduziert es deren Z erheblich (s. Tab. 139). Anders im spezifischen Fall der Bevorzugung: Es gibt zwar relativ mehr Mitarbeiter, die einen solchen Fehler beim Vorgesetzten registrieren, doch scheint man das gelassen hinzunehmen, so daß die sich ergebende Z-Wirkung, wohl auch durch den erwähnten Einfluß derjenigen, die die Bevorzugung für gerechtfertigt halten, schwächer bleibt (s. Tab. 142).

3. Orientierung über Kontrollergebnisse

In großen ökotechnischen Systemen mag sich für bestimmte Tätigkeiten eine Orientierung der Betroffenen über ihre Arbeitsergebnisse durch den Vorgesetzten erübrigen, wenn die Rückkopplung unmittelbar durch das System erfolgt. Ob dieser Fall an Bedeutung zunimmt (vgl. *Lepsius*, 1969, S. 27), bleibe in unserem Zusammenhang dahingestellt. Sicherlich ist er aber heute und auf lange Sicht für gewerbliche Verhältnisse nicht typisch (und wohl auch für größere Betriebe noch nicht die Regel), so daß es lohnend scheint zu prüfen, inwieweit die von seiten des Vorgesetzten fällige Unterrichtung der Mitarbeiter über die Ergebnisse ihres Einsatzes tatsächlich vorgenommen wird und welcher Einfluß davon auf die Kontroll-Z ausgeht. Dieser Sachverhalt wurde durch die unverfängliche Frage — naheliegenderweise nur an Mitarbeiter — angegangen, ob ihr Chef sich bezüglich der Güte ihrer Arbeit zu ihnen äußere.

Das Ergebnis der entsprechenden Tab. 143 ist nicht sonderlich erhebend: Im ganzen erfährt nur jeder fünfte bis sechste Mitarbeiter regelmäßig, ob er eigentlich seine Arbeit im Urteil des Chefs gut macht. Dabei sind die Unterschiede zwischen gewerblichen und großen Betrieben nicht stark ausgeprägt; hinsichtlich der beiden Extrempositionen („nie" und „regelmäßig") scheint die Situation in den großen Betrieben, sonst in den gewerblichen Firmen etwas günstiger zu sein. Bemerkenswerter sind indessen innerhalb des Gewerbes die Abweichungen zwischen kleinen und mittleren Unternehmen, indem die Mitarbeiter der ersteren offensichtlich häufiger orientiert werden (p = .991 aus Spalten 1 und 2). Eine Erklärung dafür mag im persönlichen Zusammenwirken zwischen dem Inhaber/Unternehmer und den angestellten Arbeitskräften zu suchen sein, das sich ja im Kleinbetrieb mit in der Regel nur einstufiger Organisation unmittelbarer und damit leichter herausbilden kann. Ideal spielt aber die Orientierung auch hier durchaus nicht, sondern nur vergleichsweise besser.

Gliedert man das Datenmaterial nach anderen Merkmalen auf, so ergeben sich überzufällige Zusammenhänge sowohl der Tätigkeitskategorie wie der Standortgröße mit der Häufigkeit der Orientierung. Zum einen beklagen sich die überwiegend manuell Tätigen im Vergleich zu ihren Kollegen in den Büros seltener über mangelnde Äußerungen des Chefs zu ihren Arbeitsergebnissen und werden offenbar regelmäßiger orientiert (s. Tab. 144). Die Ursache dafür dürfte in der besseren Kontrollmöglichkeit, wenn nicht im größeren Kontrollbedürfnis bei manueller Arbeit liegen, mit der Unterstellung, daß diese Sachverhalte in der Folge auch eher zur Orientierung über die Kontrollergebnisse führen. Zum anderen werden die Arbeitnehmer in Betrieben an ländlichen Standorten deutlich besser (d. h. regelmäßiger) über die Güte ihrer Arbeit informiert als ihre Kollegen in Großstadtunternehmen (s. Tab. 145). Die mögliche Erklärung für diese Beobachtung ist uns in anderen Zusammenhängen schon mehrfach begegnet; sie dürfte auch hier in den Kommunikationsverhältnissen zu suchen sein, die offenbar im ländlichen Milieu in einem umfassenden Sinne intakt oder zumindest weniger gestört sind als in der Großstadt, so gemeinplatzhaft sich eine solche Erklärung auch ausnehmen mag.

Damit können wir zur Frage der Auswirkungen des Tatbestandes gemäß Tabelle 143 auf die hier betrachtete Z-Größe übergehen.

Die Verteilung der diesbezüglichen Tab. 146 zeigt deutlich, daß das Ausmaß (die Häufigkeit) der Unterrichtung der Mitarbeiter über die Güte ihrer Arbeit durch den Vorgesetzten einen positiven Einfluß auf die Kontroll-Z der Betroffenen hat: Die Anteile der Zufriedenen werden um so höher, je regelmäßiger diese Orientierung erfolgt. Umgekehrt nehmen mit der Abnahme der Frequenz die Quoten der Unzufriedenen zu. Diese Feststellung stimmt mit etlichen Hinweisen in der allgemeinen AZ-Literatur überein. Einige Quellen hierzu finden sich bei *Bruggemann/Groskurth/Ulich* (1975, S. 73). Ergänzend verweisen wir auf eine Studie von *Lawler* (1975, S. 6). Die Publikationen basieren auf empirischen Daten aus unterschiedlichen Wirtschaftsbereichen, kommen aber alle zu Feststellungen, die unserem Ergebnis vergleichbar sind.

4. *Zusammenfassung*

Aus der Erfassung der Zufriedenheit mit der Kontrolle (Mitarbeiter) bzw. Macht (Unternehmer) ergaben sich relativ geringfügige Unterschiede zwischen den gewerblichen und den industriellen Arbeitnehmern zugunsten der ersteren. Größer ist die Abweichung zwischen den Unternehmern und den Mitarbeitern im Gewerbe, wiederum zugunsten dieser Arbeitnehmerkategorie.

Innerhalb des in Rede stehenden AZ-Faktors wurden drei Aspekte speziell behandelt, und zwar die Einflüsse des Vorgesetzten-Vertrauens in die Mitarbeiter, der Fairneß bei der Kontrolle und der Orientierung über die Kontrollergebnisse. Die Analyse ergab folgende Hauptresultate:

Vom Vertrauen, das die Vorgesetzten ihren Mitarbeitern entgegenbringen, als mutmaßlicher Komplementärgröße der Kontrolle scheint ein positiver Einfluß auf die entsprechende Z der „Vertrauensadressaten" auszugehen. Andererseits hat bei den Unternehmern der Eindruck von der Verläßlichkeit ihrer Mitarbeiter keine nachweisbare Wirkung auf die zugeordnete Z-Größe.

Im Zusammenhang der Fairneßfrage errechnete sich eine positive Beziehung zwischen der Wahrnehmung der Mitarbeiter, vom Vorgesetzten „richtig" behandelt zu werden, und ihrer Kontroll-Z. Eine etwas schwächere Z-Wirkung (diesmal im negativen Sinne) ergab sich im Falle des Eindrucks von einer Bevorzugung bestimmter Mitarbeiter durch den Chef bei den Nichtbevorzugten. Dagegen hat auf seiten der Unternehmer das Empfinden der Schwierigkeit „richtiger" Behandlung der Mitarbeiter kaum einen Einfluß auf die entsprechende Z.

Schließlich wurde nachgewiesen, daß das Ausmaß im Sinne der Häufigkeit einer Orientierung der Mitarbeiter über die Kontrollergebnisse deren entsprechende Z deutlich erhöht.

H. Einkommen und Sozialleistungen

Zur Beziehung zwischen den Arbeitsentgelten und der Arbeitszufriedenheit sind besonders zahlreiche Untersuchungen durchgeführt worden, zumal namentlich mit dem Einkommen eine meßbare Größe auf dem Spiel steht, mit der sich auf allen Seiten unmittelbare Interessen verbinden. Ohne daß wir eine Literaturübersicht bieten möchten, um die es uns ja auch hier nicht gehen kann, bleibt vor der Auswertung unseres eigenen Materials darauf hinzuweisen, daß im Schrifttum entweder eine direkte Beziehung zwischen dem Einkommen und der AZ beschrieben wird (mit dem Sonderfall der These *Herzbergs* und seiner Mitarbeiter, wonach dieser Zusammenhang vorwiegend im negativen Bereich spielt; vgl. *Herzberg/Mausner/Snyderman,* 1967, S. 81 ff.) oder differenzierter die Abhängigkeit der Z-Wirkung des Einkommens von der besonderen Bedeutung herausgestellt wird, die das materielle Entgelt annimmt. Diese Bedeutung kann nämlich durchaus verschieden sein, und zwar je nach dem Charakter, welcher der Größe „Geld" in der Bewertung des einzelnen zukommt. Bei einer groben Klassierung kann man Instrumental- und Selbstzweckcharakter auseinanderhalten. Im ersteren Fall spielt das Geldeinkommen die Rolle eines Mittels zur Befriedigung von Bedürfnissen, und zwar auf allen Stufen einer Leiter von den Existenzbedürfnissen bis zu denen der Selbstverwirklichung (z. B. nach der gängigen Einteilung von *Maslow,* 1978, S. 74 ff.), wobei zur Befriedigung der höheren Bedürfnisse dem Geld immer mehr Symbolcharakter zukommt. Das Geld kann aber auch funktional autonom werden und die Bedeutung eines Wertes in sich annehmen, so daß es insofern unmittelbar und nicht nur als Mittel ein Bedürfnis zu befriedigen vermag (vgl. *Lattmann,* 1975, S. 219 f., und *Bruggemann/Groskurth/Ulich,* 1975, S. 76 f.).

In diesem Fall ist u. E. am ehesten ein direkter Einfluß des Geldeinkommens auf die Z zu vermuten. Jedoch scheint es außerordentlich schwierig, empirisch von Fall zu Fall den Zweck der materiellen Entgelte im Sinne der obigen Klassierung zu ermitteln. Die Schwierigkeit ergibt sich auch aus der möglichen Überlagerung der Zwecke beim einzelnen Befragten.

Wir haben uns also auch bei einem quantitativen AZ-Faktor, wie ihn das Einkommen darstellt, zu bescheiden und uns aus einer längeren Liste möglicher Einflußgrößen in diesem Zusammenhang (vgl. *Seashore/Taber,* 1975, S. 336) auf einige empirisch erfaßbare Sachverhalte zu konzentrieren, die insbesondere die Bewertung der Höhe und der Sicherheit der materiellen Entgelte, getrennt voneinander und im direkten Paarvergleich, und ihre Wirkung auf die zugehörige Z-Größe einschließen.

Zuvor ist aber der Einfluß der Löhne und Sozialleistungen insgesamt auf die entsprechende Z zu prüfen, wobei bezüglich der Unternehmer jeweils die „Einkünfte aus dem Betrieb" angesprochen wurden.

In Tab. 147 wird zunächst sichtbar, daß sich die Einkommenszufriedenheit der Mitarbeiter in Gewerbe und Industrie (Spalten 3 und 4) weder im positiven noch im negativen Bereich nennenswert unterscheidet. Dagegen scheint sie innerhalb des Gewerbes mit der Betriebsgröße zuzunehmen (s. Spalten 1 und 2; $p = .594$). Diese Eindrücke stimmen nicht mit den Ergebnissen einiger bundesdeutscher Erhebungen überein, die eher auf eine Abnahme mit der Betriebsgröße hindeuten, bei allerdings engerem Bezug auf „Einkommenshöhe“ bzw. „Verdienstmöglichkeiten“ und bei anderer Größengruppierung (bis 100, 100 - 2 000 und über 2 000 Beschäftigte; vgl. *Bunz/Jansen/Schacht*, 1974, S. 27; *Schacht*, 1974, S. 21, und *Scheuch*, 1976 a, S. 320).

Hinter der dem Anschein nach „schlechteren“ Z-Verteilung in den Kleinbetrieben vermuten wir mehrere Gründe. Zum einen ist denkbar, daß die Löhne in den ausgesprochen kleinbetrieblichen Verhältnissen nicht systematisch z. B. nach Qualifikationsmerkmalen, sondern nach dem „Fingerspitzengefühl“ des Inhabers festgelegt, d. h. oft „über den Daumen gepeilt“ werden[9], was sich sowohl auf das Niveau wie auf die Abstufung zwischen den Mitarbeitern auswirken kann. Auf diesen Gesichtspunkt werden wir im folgenden Abschnitt über die Wirkungen der Lohnhöhe und -gerechtigkeit zurückkommen. Zusätzlich mag die zu vermutende höhere Transparenz bezüglich der Einkommen zwischen den Mitarbeitern in den Kleinbetrieben z-mindernd wirken. Weiter dürfte in einzelnen Fällen unpünktliche Lohnzahlung, auf welche die Interviewer hin und wieder hingewiesen wurden, eine z-bremsende Wirkung ausüben. Schließlich mögen die Kleinbetriebe ihren Mitarbeitern weniger umfassende freiwillige Sozialleistungen bieten bzw. bieten können als größere Unternehmen.

Dennoch ist festzustellen, daß die UZ-Quoten hinsichtlich der Einkommen auch in den Kleinbetrieben keineswegs beunruhigende Ausmaße annehmen und hohe Z-Anteile die Regel sind. (Die Hinweise einzelner Unternehmer, die Gewerkschaften schürten die Lohn-UZ, wurden nicht empirisch geprüft.)

Wenn wir wiederum auf einen Vergleich mit ausländischen und nichtgewerblichen Daten angewiesen sind, bleiben die UZ-Anteile gemäß Tabelle 147 deutlich unter anderen entsprechenden Quoten (z. B. 19 % bei *Bunz/Jansen/Schacht*, 1974, S. 63; 20 % bei *Schacht*, 1974, S. 11; 20 % bei *Thorsrud*, 1977, S. 5, nach *Emery/Phillips*, 1976). Vergleichbar sind unsere Anteile dem Ergebnis gemäß *Noelle-Neumann*, 1976, S. 21 (9 %), während eine österreichische Studie einen tieferen Wert ausweist (4 % bei *Bosse* [Hrsg.], 1976, S. 2). Auch im internationalen Vergleich scheint es danach übertrieben festzustellen (wie z. B. bei *Levison*, 1974, S. 30 ff.), breite Arbeitnehmerschichten, mindestens viel breitere, als gewöhnlich vermutet, seien mit ihrem Einkommen nicht zufrieden.

Immerhin ist einzuräumen — und damit kommen wir zum Vergleich der Z-Quoten der gewerblichen Mitarbeiter und der Unternehmer

[9] Nach der Erhebung *Hugentoblers* (1976, S. 228) wird in gleich vielen schweizerischen Kleinbetrieben des Produktionsgewerbes (mit bis zu 19 Beschäftigten wie in unserer Studie) der Lohn nach dem Fingerspitzengefühl wie aufgrund einer systematischen Qualifikation bestimmt.

(Spalten 3 und 5 in Tab 147) —, daß die Betriebsinhaber sich zu ihren Einkünften erwartungsgemäß deutlich zufriedener äußern als die Arbeitnehmer. Diese Beobachtung entspricht der Feststellung bei *Schacht* (1974, S. 14) für „freie, selbständige Berufe" (ohne Landwirtschaft) im Vergleich zu Arbeitnehmern in Nordrhein-Westfalen, nicht aber dem Resultat in der gleich angelegten Studie *Bunz/Jansen/Schacht* für das ganze deutsche Bundesgebiet (1974, S. 19, 63); danach sind die UZ-Quoten bei den Selbständigen sogar höher als bei den Arbeitnehmern. Für immer mehr Selbständige scheint sich in der Bundesrepublik Deutschland die Genugtuung über hohe Einkünfte mit dem Verdruß über die wachsende Belastung dieser Einkünfte zu kompensieren, eine Tendenz, die unsere Ergebnisse für die Schweiz nicht erkennen lassen.

Die Gesamtprüfung unserer Daten zur Einkommenszufriedenheit nach den Kriterien ergibt, daß nur die Einkommen selbst deutliche Wirkungen auf diese Größe haben.

In der Tat scheinen die Daten (s. Tab. 148 und 149), namentlich bei den gewerblichen Mitarbeitern, darauf hinzudeuten, daß die Einkommensbeträge einen eigenen Einfluß auf die dem Einkommen zugeordnete Z-Größe haben, zumal von den übrigen Kriterien keine hinreichend signifikanten Wirkungen ausgehen, die es nahegelegt hätten, ein umfassenderes Geflecht von Einflüssen zu vermuten. Damit scheint es möglich, daß die oben angesprochene funktionale Autonomie des Geldeinkommens jedenfalls im hier untersuchten Kontext stärker ist, als gemeinhin unterstellt wird. Diese Vermutung muß uns nicht veranlassen, *Taylors* Gedankengut von einem allzu simplen Zusammenhang zwischen materiellem Entgelt und Zufriedenheit wieder aufzugreifen. Doch ist offenbar die Z-Wirkung des Einkommens selbst auch nicht zu bagatellisieren. Zu Recht stellt Vroom schon zur Zeit weit verbreiteter *Herzberg*-Euphorie fest, daß immerhin eine Reihe empirischer Belege für eine positive Korrelation zwischen den in Rede stehenden Größen vorliegt (1964, S. 150). Die Wirkung des Einkommens auf den Gesamtkomplex der AZ bleibt im Teil III zu prüfen. Wir verstehen aber, warum das *RKW* an einem Kongreß „Menschengerechte Arbeit" — zum eigenen Erstaunen — feststellen mußte, daß der „Frage der Entlöhnung ... eine größere Bedeutung zukommt, als bisher angenommen" (1976, S. 297). Damit ist der Übergang zur näheren Betrachtung der Z-Implikationen gegeben, die mit der Höhe des Einkommens zusammenhängen.

1. Höhe und Gerechtigkeit des Einkommens

Die Vorstellungen bzw. Ansprüche der arbeitenden Menschen hinsichtlich der gerechten Höhe ihres Arbeitseinkommens orientieren sich, wenn man gängigen Auffassungen folgt, an zwei Merkmalsgruppen, zum einen an individuellen Merkmalen (namentlich an Leistung und Bedürfnissen), zum anderen am Einkommen von Vergleichs- oder Bezugspersonen[10]. In der Leistungsgesellschaft, wie sie bei allen Schwunderscheinungen im Grundsatz unsere Wirtschaftsordnung nach wie vor kennzeichnet, steht dabei die „Leistungsgerechtigkeit" im Vordergrund, was sich empirisch nachweisen läßt (*Bunz/Jansen/Schacht*, 1974, S. 70 f.; vgl. auch *Bayerisches Arbeitsministerium* [Hrsg.], 1976, S. 165). Somit mußte die Leistung als Einkommensdeterminante auf jeden Fall in unsere Erhebung einbezogen werden. Wir haben aber auch den Bedürfnisgesichtspunkt aufgenommen und den Einfluß des Einkommens möglicher Bezugspersonen zu eruieren versucht. Von allen entsprechenden Fragen wurden Aufschlüsse über Entstehung und Verbreitung von Einkommenszufriedenheit erwartet.

Werfen wir zunächst einen Blick auf die Beziehung zwischen Leistung und materiellem Entgelt, so wurde die betreffende Frage zunächst auf die Situation im Betrieb generell (Tab. 150) und dann auf den Befragten selbst (Tab. 151) bezogen.

Während gesamthaft offenbar zwischen Gewerbe und Industrie keinerlei Unterschiede in der Leistungsorientierung der materiellen Entgelte (im Urteil der Mitarbeiter) bestehen, fällt auf, daß innerhalb des Gewerbes in den Kleinfirmen diese Leistungsorientierung der Einkommen schwächer ausgeprägt zu sein scheint als in den Mittelbetrieben (p aus Spalten 1 und 2 = .779), was an die obige Feststellung zur Lohnbestimmung nach „Fingerspitzengefühl" erinnert (s. S. 277). Wenn, wie wir gesehen haben, die Leistung als Hauptkriterium der Lohnfestsetzung betrachtet wird, ist anzunehmen, daß die Arbeitnehmer vor allem eine Bezahlung entsprechend der Leistung als gerecht, richtig oder angemessen empfinden. Insofern besteht Übereinstimmung mit den Auskünften der Unternehmer, wenn diese ihrerseits zu rund 75 % erklären, die Löhne ihrer Mitarbeiter seien, gemessen an der Leistung, „gerade richtig" (5 % halten die Löhne für zu tief, 9 % für zu hoch, und die übrigen Unternehmer geben differenzierende Antworten).

---

[10] In der betriebswirtschaftlichen Literatur wird allerdings in den letzten Jahren eine Neigung sichtbar, auf das Stichwort „Lohngerechtigkeit" aus Gründen der mit ihr verbundenen Problematik lieber zu verzichten; vgl. *Börner*, 1969, S. 230 f., und die bei ihm referierten Publikationen. Wir können dieser verständlichen Neigung in unserem thematischen Zusammenhang nicht gut folgen, weil die Vermutung besteht, daß das Gefühl eines gerechten Einkommens, sei es begründet oder nicht, die AZ zu beeinflussen vermag; vgl. *Gutenberg*, 1976, S. 42.

Wichtiger ist für uns indessen das Urteil der Mitarbeiter bezüglich der *eigenen* Bezahlung (s. Tab. 151).

Die Tabelle ähnelt der vorangestellten Übersicht 150. Der Grund für diese Beobachtung liegt vermutlich darin, daß die Arbeitnehmer ihr Urteil bezüglich der eigenen Bezahlung auf den Betrieb insgesamt projizieren: Wer sich selber entsprechend seiner Leistung entlohnt fühlt, neigt zur Annahme, im Betrieb werde „man" durchweg nach diesem Merkmal bezahlt. Wenn trotzdem die positiven Nennungen der Tabelle 151 (1. Zeile) leicht über denen der Tabelle 150 liegen, so könnte sich darin der Versuch einzelner Befragter einer Selbstaufwertung bzw. der Vermeidung des Eingeständnisses einer unangemessenen Entlohnung äußern. Bei den industriellen Arbeitnehmern kommt dieser Versuch wohl auch im Ausweichen in eine unschlüssige Antwort zum Ausdruck.

Festzuhalten bleibt aber, daß offenbar runde drei Viertel der hier betrachteten Arbeitnehmergruppen den Eindruck haben, ihr Arbeitseinkommen entspreche ihrer Leistung (in der bundesdeutschen Erhebung äußerte dagegen statt einem Viertel mehr als ein Drittel der Befragten, ihre Leistung werde bei der Lohnbemessung zu wenig berücksichtigt; *Bunz/Jansen/Schacht*, 1974, S. 74).

Gruppieren wir die Urteile zur Leistungsorientiertheit des eigenen Einkommens nach unseren „Außenkriterien", so ergibt sich nur zu den Einkommenskategorien ein signifikanter Zusammenhang, indem — begreiflicherweise — mit dem Lohn die Überzeugung wächst, man sei entsprechend seiner Leistung bezahlt (s. Tab. 152). Dieses Beispiel illustriert zugleich, warum es gerechtfertigt war, die Größe „Einkommen" sowohl in die Kriterien (in *Neubergers* Terminologie „Außenkriterien"), d. h. Einflußfaktoren der AZ-Determinanten, wie unter die Determinanten selbst (gemäß *Neuberger* „Innenkriterien") einzureihen. Im ersteren Fall geht es lediglich um eine Einteilung in drei Einkommensgruppen, die gleichsam stellvertretend für Position und Bedeutung der Befragten im Betrieb stehen und insofern grundsätzlich alle AZ-Determinanten zu beeinflussen vermögen, im letzteren Fall dagegen, wie betont, differenzierter um einzelne Aspekte zwischen den Polen „Gerechtigkeit" und „Sicherheit" innerhalb der Determinante „Einkommen".

Wenn wir nunmehr prüfen, wie sich die Einschätzung der Leistungsorientiertheit der eigenen Lohntüte auf die Einkommenszufriedenheit auswirkt, ergibt sich das Bild der Tab. 153.

Nachdem wir oben bereits festgestellt haben, daß die Lohnzufriedenheit von der Lohnhöhe abhängt (s. S. 146), erbringt Tab. 153 nun deutlich den Nachweis, daß außer der absoluten Höhe des Lohnes auch seine gerechte Festsetzung als Z-Quelle betrachtet werden muß, und zwar zunächst im Sinne der Leistungsgerechtigkeit.

Es bleibt zu untersuchen, ob ein solcher Einfluß auch von der Bedürfnisgerechtigkeit ausgeht. Diese haben wir mit der Frage zu erfassen versucht, wie die Interviewpartner mit ihrem Lohn auskommen (Mitarbeiter) bzw. gerade heraus, inwieweit die Einkünfte den Bedürfnissen entsprechen (Unternehmer, die bei diesem Aspekt sinnvoll einbezogen werden konnten). Danach genügen die Einkommen den Bedürfnissen in der Verteilung gemäß Tab. 154.

Offensichtlich werden im großen Querschnitt die Einkommen der Arbeitnehmer deren Bedürfnissen in den meisten Fällen gerecht, wenn auch durchaus mit Abstufungen. So ist insbesondere festzuhalten, daß jeder vierte bis fünfte Arbeitnehmer mit seinem Zahltag nur leidlich („es geht") auszukommen scheint. Der Anteil der eindeutig negativen Antworten ist jedoch klein[11]. Noch wesentlich besser nimmt sich das Ergebnis bei den Selbständigen aus, erklärt von ihnen doch fast die Hälfte, ihre Einkünfte aus dem Betrieb entsprächen völlig ihren Bedürfnissen (obwohl diese kostspieliger sein mögen als bei ihren Mitarbeitern).

Freilich verändert sich dieses Gesamtbild für beide Personengruppen erwartungsgemäß mit der absoluten Höhe des Einkommens: Mit seiner Zunahme wächst der Anteil der voll bestätigenden Antworten signifikant (s. Tab. 155 und 156). Bei den Arbeitnehmern ist zudem eine — ebenfalls nicht unerwartete — Verschiebung mit der Haushaltsgröße zu beobachten: Die Bedürfnisgerechtigkeit des Einkommens nimmt vor allem mit dem Übergang vom Zwei- zum Mehrpersonenhaushalt signifikant ab (s. Tab. 157) — aus naheliegenden Gründen.

Welcher Einfluß geht nun von der Bedürfnisentsprechung der Einkommen auf die zugehörige Z aus? Die Ergebnisse der Auswertung sind in Tab. 158 und 159 dargestellt. Es wird leicht erkennbar, daß der zweite Aspekt eines „gerechten" Einkommens neben der Leistung, die Bedürfnislage, einen vergleichbar deutlichen Einfluß auf die hier betrachtete Z der Mitarbeiter im Gewerbe hat (Tab. 158). Diese Feststellung, die analog auch für die Unternehmer zu gelten scheint (Tab. 159), ist keineswegs überraschend, kann doch kaum erwartet werden, daß sich jemand mit seinem Einkommen zufrieden erklärt, wenn dieses schlecht oder gar überhaupt nicht seinen Bedürfnissen entspricht. Dabei spielt es eine geringe Rolle, wie hoch die individuellen Ansprüche objektiv und für sich allein sind; vielmehr ent-

[11] Die Studie *Bunz/Jansen/Schacht* weist für bundesdeutsche Arbeitnehmer erheblich höhere Vergleichsquoten aus (1974, S. 73): Zwischen 7 % (Angestellte) und 13 % (Facharbeiter) können sich mit ihrem Einkommen keinen „befriedigenden Lebensstandard" leisten.

scheidet das Maß der Übereinstimmung zwischen den Ansprüchen und dem Einkommen über die Einkommenszufriedenheit (so waren gemäß einer Untersuchung bei *Schöber,* 1968, S. 184 ff., unter selbständigen Handwerkern die Befragten mit den höchsten Gewinnansprüchen am wenigsten zufrieden; umgekehrt schienen bei *Strehle,* 1975, S. 22 f., St. Galler Textilheimarbeiterinnen mit extrem tiefen Löhnen infolge sehr bescheidener Ansprüche durchaus zufrieden). Genau darin liegt auch das Ergebnis der Tabellen 158 und 159, die insofern am Beispiel des Faktors Einkommen unsere AZ-Definition (s. o. S. 36) erhärten.

Die Ansprüche, so stellten wir zu Beginn dieses Abschnitts fest, haben nicht ausschließlich intrinsischen Charakter, sondern orientieren sich auch an Vergleichs- oder Bezugspersonen (vgl. *Bunz/Jansen/Schacht,* 1974, S. 61, und *Vroom,* 1964, S. 151). Daher empfiehlt sich zu untersuchen, ob deren Einkommen ebenfalls die entsprechende Z der Befragten unmittelbar zu beeinflussen vermag. Als Bezugspersonen haben wir die Geschwister der Interviewpartner gewählt, weil zu ihnen mehr Einkommenstransparenz erwartet werden durfte als zu Vergleichspersonen im beruflichen Umfeld. Vermutet wurde, daß wesentlich höhere Verdienste bei Geschwistern die Einkommens-Z der Befragten negativ beeinflussen würden. Dieser Fall war in der Verteilung der Tab. 160 gegeben:

Bemerkenswert scheint, daß die Unternehmer signifikant seltener als die Arbeitnehmer erklären, einkommensmäßig besser gestellte Geschwister zu haben, was indessen nicht weiter verwundert. Ebenso wenig überrascht, daß die Daten in entsprechender Auswertung einen Einfluß der Einkommenshöhe auf die obige Verteilung erkennen ließen: Je höher die Einkommen der Befragten, um so seltener ihr Hinweis auf besser verdienende Geschwister.

Wir wirken sich nun höhere Geschwister-Bezüge auf die Einkommens-Z der Befragten aus? Die Ergebnisse der Auswertung sind in Tab. 161 und 162 wiedergegeben.

Ein Zusammenhang darf wohl bei den Mitarbeitern angenommen werden, wenn auch weniger sicher als im Falle der Leistungsgerechtigkeit (Tab. 153) und der Bedürfnisentsprechung (Tab. 158). Danach scheinen namentlich höhere Einkommen gleich bei mehreren Geschwistern auf die ärmlicher dastehenden „Betroffenen" z-mindernd zu wirken. Im übrigen kommt nach unseren Daten anscheinend der „Gerechtigkeit" bezüglich des Lohnes, die man selber unmittelbar in seiner Arbeitssituation erfährt, höhere Bedeutung für die entsprechende Z zu als dem Verdienst selbst naher Verwandter. Möglicherweise geht vom Lohn der Kollegen ein größerer Z-Einfluß aus. Allerdings kommt *Peters* in bayerischen Gewerbebetrieben mit Kollegen als Vergleichspersonen (1974, S. 79) zum Ergebnis eines nur geringen Einflusses des Einkommens dieser Bezugspersonen auf die eigene Lohn-Z der Befragten. Bei den Unternehmern errechnet sich diesbezüglich mit unseren Daten, freilich auch als Folge sehr weniger relevanter Fälle, nicht einmal ein schwacher Zusammenhang.

Im Kontext der Höhe der materiellen Entgelte hätte grundsätzlich auch der Einfluß untersucht werden müssen, der im einzelnen von den betrieblichen Sozialleistungen ausgeht, soweit sie den Befragten finanzielle Vorteile bringen. Abgesehen von praktischen Gründen (ungebührliche Ausdehnung der Interviews), haben wir darauf verzichtet, weil ihre Wirkung im Sinne einer Bindung der Mitarbeiter an den Betrieb namentlich bei kleineren Firmen geringer zu sein scheint, als gewöhnlich angenommen wird (vgl. *Bunz/Jansen/Schacht*, 1974, S. 90 f).

Damit können wir uns dem neben Höhe und Gerechtigkeit des Einkommens zweiten Aspekt in diesem Kontext zuwenden, nämlich der mutmaßlichen Sicherheit der Bezüge und ihrer Wirkung auf die Einkommenszufriedenheit.

2. *Sicherheit des Einkommens*

Seit dem Ende der allgemeinen Wachstumseuphorie steht zu vermuten, daß der Sicherung der Einkommen ein höherer Stellenwert beigemessen wird als in den Boomjahren naiver wirtschaftlicher Fortschrittsgläubigkeit und daß sie deswegen die Einkommenszufriedenheit feststellbar mitzubeeinflussen vermag.

Die Sicherheit[12] der Erzielung laufender Einkünfte aus der Berufstätigkeit ist für Arbeitnehmer untrennbar mit der Aussicht verbunden, den Arbeitsplatz zu behalten, für Unternehmer mit den Existenzchancen ihres Betriebes. Hier konnten wir also mit unseren Fragen ansetzen. Die Urteile sind in Tab. 163 und 164 zusammengestellt.

Die Antworten der Mitarbeiter auf die Frage nach einem „einigermaßen sicheren, festen Arbeitsplatz" ergeben eine geradezu erstaunlich hohe Quote der Zuversichtlichkeit, wobei sich die Arbeitnehmer in großen Betrieben eher vorsichtiger äußern als ihre Kollegen in gewerblichen Verhältnissen (mit allerdings unsicherer Signifikanz). Dieses Ergebnis ist kaum mit der in der Literatur seit langem herumgebotenen „Faustregel" zu vereinbaren, wonach die großen Unternehmungen mehr Arbeitsplatzsicherheit bieten als Kleinbetriebe. An neuem Schrifttum verweisen wir hierzu nur auf *Kahn*, 1972, S. 192 (mit Blick auf andere Publikationen); *Wolff/Hofer*, 1975, S. 81 (mit allerdings vorsichti-

---

[12] Zum Sicherheitsbegriff in sozialen Zusammenhängen vgl. die gründliche Studie von *Kaufmann*, 1973.

ger Formulierung); *Kovach,* 1978, S. 65 ff., und *Scheuch,* 1976 a, S. 321 und 324 f. Der letztere Autor schränkt die Feststellung höherer Arbeitsplatzsicherheit in größeren Betrieben (ab 100 Beschäftigten) jedoch bereits selber ein, u. a. unter Verweis auf das geringere Risiko des Arbeitsplatzverlustes durch Automation im Kleinbetrieb. Auch die statistisch untermauerten Beobachtungen von *Beckermann* (1978, S. 5 f.) lassen Zweifel an der besagten „Faustregel" aufkommen.

Inwieweit sie objektiv in unseren Verhältnissen Gültigkeit beanspruchen kann, vermögen wir nicht zu beurteilen. Wichtiger ist für unser Vorhaben jedoch die Einschätzung der Sicherheit des Arbeitsplatzes durch die dort Tätigen, und sie fällt durchweg zu einem sehr hohen Anteil positiv aus, obwohl sich aus Randbemerkungen während der Erhebung ergibt, daß die Befragten sich zweifellos der Änderung der konjunkturellen Großwetterlage wie der strukturellen Verhältnisse bewußt waren. Einzelne wiesen z. B. auf einen Lohnrückgang durch Ausfall von Überstunden hin; andere bemerkten, ihre Arbeitsplätze seien bei Außenstehenden nunmehr fühlbar stärker gefragt.

Die Unternehmer teilen die Zuversichtlichkeit der Mitarbeiter nur begrenzt (Tab. 164): Eine deutlich höhere Quote äußert sich pessimistisch zu den Zukunftschancen ihres Betriebes oder traut sich kein Urteil zu. Hier scheint nun außerdem die Betriebsgröße (wenn auch auf schmaler Datenbasis und statistisch nicht signifikant) eine Rolle zu spielen, indem die Eigentümer von Kleinbetrieben ihre Aussichten zu höheren Anteilen skeptisch oder unsicher einschätzen als ihre Kollegen mit mittelgroßen Firmen.

Die Auswertung der Daten für beide Befragtengruppen nach den übrigen Merkmalen vermittelt keine zusätzlichen Einsichten mit Ausnahme eines Einflusses, der vom Standort auszugehen scheint, aber nicht leicht zu interpretieren ist. Während nämlich bei den Arbeitnehmern (s. Tab. 165) mit dem Übergang von großstädtischen zu ländlichen Verhältnissen die Einschätzung der Arbeitsplatzsicherheit sich immer optimistischer darstellt, gewinnt der Betrachter von der Verteilung der analogen Unternehmerurteile (Tab. 166) den entgegengesetzten Eindruck. Die erstere Feststellung fügt sich in den Rahmen unserer schon mehrfach gemachten Beobachtung vergleichsweise „glücklicher" Verhältnisse auf dem Lande. Der letztere Hinweis paßt kaum hinein. Möglicherweise bewerten die Betriebsinhaber ihre Aussichten realistischer. Vielleicht machen sie sich aber auf dem Lande in engerer Bindung und eher patriarchalischer Haltung mehr Sorgen um diesen ihren Betrieb und nehmen damit geradewegs den Mitarbeitern diesbezügliche Ängste ab, was beide Verteilungen erklären könnte.

Indessen sind das Mutmaßungen, die wir weder überprüfen können noch überprüfen müssen, weil für uns der Einfluß im Vordergrund steht, den die Urteile zur Einkommenssicherheit auf die Einkommenszufriedenheit ausüben.

Während sich die Einschätzung der Einkommenssicherheit auf die entsprechende Z-Größe bei den Arbeitnehmern (s. Tab. 167) deutlich — im positiven Sinne — auszuwirken scheint, ist bei den Unternehmern (s. Tab. 168) kein vergleichbarer Zusammenhang zu registrieren. Beide Beobachtungen stehen unter dem Vorbehalt kleiner Datenmassen bei den „negativen“ Nennungen. Mit dieser Einschränkung hält, so scheint uns, eine Interpretation nicht schwer: Auf seiten der unselbständig Tätigen resultiert der Einfluß der Sicherheitswahrnehmung vermutlich aus der zu Beginn dieses Abschnitts angesprochenen weit verbreiteten Sensibilisierung auf die Tatsache, daß die Arbeitsplätze keine naturgesetzliche Selbstverständlichkeit darstellen (wie es jahrzehntelang schien) — auch wenn sich die Befragten selbst in ihrer Position zumeist sicher fühlen.

Bei den Unternehmern hingegen könnte unser Ergebnis die These bestätigen, wonach ihr Sicherheitsstreben eine untergeordnete Rolle spielt, indem es hinter ihre Risikofreudigkeit zurücktritt. Diese sich anbietende Überlegung führt jedoch sogleich zur Frage, wie sich denn — bei beiden Befragtenkategorien — die Bestrebungen nach einerseits hohem und andererseits sicherem Einkommen zueinander verhalten.

3. *Höhe versus Sicherheit des Einkommens*

Die Ungewißheit bezüglich der Stellenwerte, die im Einkommenszusammenhang beiden augenscheinlich wichtigen Größen, Höhe wie Sicherheit, beigemessen werden, hat uns, wie angekündigt, veranlaßt, die Bewertung im direkten Paarvergleich durch die Interviewten selbst vornehmen zu lassen. Sie wurden dabei in ähnlicher Weise zur Vorstellung aufgefordert, zwischen zwei Arbeitsplätzen (bei Arbeitnehmern) bzw. zwei Betrieben (bei Unternehmern) wählen zu müssen, von denen der eine sichere, aber mäßige, der andere hohe, aber weniger gesicherte Einkünfte verspricht. Die Ergebnisse, die Tab. 169 veranschaulicht, dürfen z. T. als überraschend bezeichnet werden.

Zunächst ist augenscheinlich das Streben nach sicherem, stabilem Einkommen wesentlich stärker ausgeprägt als nach überdurchschnittlich hohen Bezügen, die aber einen spekulativ-unsicheren Einschlag haben. In dieser Beziehung besteht bei den Arbeitnehmern durch die Betriebsgrößen hindurch bzw. im Vergleich zwischen Gewerbe und Industrie auffällige Übereinstimmung. Das Ergebnis liegt auch auf der Linie einer kürzlich publizierten Studie der deutschen Bundesanstalt für Arbeit, wonach ein sicherer Arbeitsplatz heutzutage höher bewertet wird als ein besser bezahlter, aber „schwer einschätzbarer" Platz (s. *Deutsches Wirtschaftsblatt,* Nr. 17/1977, S. 1). Dieser Teil unserer Beobachtung scheint nicht mehr verwunderlich und durchaus ohne angestrengte Suche nach Zusammenhängen erklärbar: Wenn die Arbeitsplätze nicht mehr von vornherein gleichsam jedem garantiert sind, versteht man ihre Bedeutung entsprechend hoch einzuschätzen. Hinzu kommt, daß die Löhne in der Schweiz ein Niveau erreicht haben, das wenige Arbeitnehmer zwingen dürfte, mit höchster Priorität nach wesentlich höheren Bezügen zu streben. Möglicherweise stoßen wir hier auf eine Variante des *Maslow*-Effektes: In dem Masse, wie die Einkommen den Bedürfnissen genügen (vgl. Tab. 154), wird ihre Sicherung wichtiger als ihre weitere Aufstockung. (Wäre die Masse der Arbeitnehmer dagegen etwa noch weit vom Erreichen des Existenzminimums entfernt und hätte sie damit wenig zu verlieren, würde zwangsläufig das Streben nach höheren Mitteln vorherrschen.)

Damit ist bereits auch eine mögliche Erklärung des zunächst überraschenden Teils der Ergebnisse gemäß Tabelle 169 vorweggenommen, wonach die Sicherheitspriorität bei Unternehmern stärker verbreitet scheint als bei Arbeitnehmern (90 gegenüber 77 %), hatten wir doch in Tabelle 154 festgestellt, daß auf seiten der Unternehmer die Einkünfte noch wesentlich besser die Bedürfnisse zu decken erlauben als bei den Mitarbeitern, so daß sich bei den Betriebsinhabern der angesprochene *Maslow*-Effekt erst recht auswirken mag. Diese Annahme ließe freilich die verbreitete Vorstellung vom risikofreudig Gewinnchancen nutzenden Unternehmer in einem anderen Licht erscheinen und würde auch unseren Erklärungsversuch auf S. 153 (untergeordnete Rolle des Sicherheitsstrebens) fraglich werden lassen.

Möglicherweise erklärt sich aber, das ist zuzugeben, der hohe Anteil der sicherheitsorientierten Betriebsinhaber gemäß Tab. 169 einfacher aus der Tatsache der Verwendung des Reizwortes „spekulativ" in der betreffenden Unternehmerfrage, das Antworten zugunsten der Gegenposition provoziert haben kann, den Pretest zur Kontrolle des Erhebungsbogens aber passierte. Ein völlig schlüssiges Urteil müssen wir schuldig bleiben, doch scheint uns unsere erste Interpretation im Sinne von *Maslow* keineswegs gesucht oder konstruiert.

Für diese Annahme dürfte auch die Auswertung nach Kriterien sprechen, die für die als relevant vermuteten Merkmale zu einem Ergebnis führt, das den Erwartungen entspricht: Das Sicherheitsstreben scheint mit dem Lebensalter (s. Tab. 170 und 171) und mit dem „Dienstalter" (s. Tab. 172 und 173) zuzunehmen. Diese Feststellung legt wiederum die Schlußfolgerung nahe, daß sich die Einstellung der gewerblichen Unternehmer zur Alternative Höhe versus Sicherheit der Einkünfte weder grundsätzlich noch im Entwicklungsverlauf fundamental von derjenigen der gewerblichen Mitarbeiter unterscheidet. Das klassische Image vom Unternehmer als vorwärtsstürmendem Neuerer und „profit hunter“ ohne Rücksicht auf Gefahren und Risiken bedarf, so scheint uns, insoweit in der Tat zumindest für den Unternehmer im Gewerbe einer Korrektur, die wir wie folgt stark typisierend versuchen könnten: Er schätzt zwar seine Selbständigkeit und damit Unabhängigkeit (wie wir bereits früher, auf S. 114 f., unterstrichen haben und wie auch empirische Untersuchungen belegen, z. B. mit dem Ergebnis, wonach Unternehmer, die ihren Betrieb verlieren, oft einen neuen gründen; vgl. *Shapero*, 1977, S. 6, und *Susbauer*, 1978, S. 229 ff.), sucht aber gleichzeitig das Erreichte, insbesondere die Einkommensbasis, behutsam abzusichern und bewertet Sicherung und Sicherheit entsprechend hoch, im Zweifelsfall höher als die Gewinnsteigerung, so daß er bestenfalls als „moderate risk taker“ bezeichnet werden kann (*Timmons*, 1978, S. 9, *Bruun/Sörensen/Ravn*, 1979, S. 17 ff.; vgl. auch *Nitsche*, 1977, S. 133 f.).

Die am Schluß des vorangehenden Abschnittes aufgeworfene Frage (s. S. 153) ist also nach unseren Daten in dem Sinne zu beantworten, daß heutzutage bei gewerblichen Unternehmern wie bei Arbeitnehmern der Sicherheit der Einkünfte ein größerer Stellenwert zugemessen zu werden scheint als ihrer Höhe. Fassen wir nun aber die Wirkungen auf die Einkommenszufriedenheit zusammen.

4. Zusammenfassung

Die Einkommenszufriedenheit der Mitarbeiter im Gewerbe unterscheidet sich nicht nennenswert von derjenigen der industriellen Arbeitnehmer. Innerhalb des Gewerbes nimmt sie aber mit der Betriebsgröße zu. Die Einkunftszufriedenheit der Unternehmer liegt deutlich über der entsprechenden Größe der unselbständig Tätigen.

Speziell untersucht wurde der Einfluß der beiden Aspekte Höhe und Sicherheit der Einkommen. Im ersteren Zusammenhang stellte sich heraus, daß sowohl die absolute Höhe wie auch das individuelle Empfinden der Leistungs- und der Bedürfnisgerechtigkeit der Einkommensbeträge die zugehörige Z-Größe unzweifelhaft beeinflussen. Weniger wahrscheinlich, bei den Unternehmern sogar fraglich, ist eine Auswirkung höherer Bezüge bei Vergleichspersonen (Geschwistern) auf die Einkommenszufriedenheit der Interviewten; offenbar dominiert also die eigene Einkommenssituation nach objektiven wie subjektiven Maßstäben der Höhe.

Das Empfinden der Sicherheit der Erzielung von Einkünften (Sicherheit des Arbeitsplatzes bzw. gute Zukunftsaussichten des eigenen Betriebes) scheint daneben die Einkommenszufriedenheit nur bei den Mitarbeitern, kaum aber bei den Unternehmern zu fördern. Das bedeutet aber nicht etwa schwache Sicherheitsorientierung der Betriebsinhaber. Vielmehr scheint, wenn wir einmal die Wirkungen auf die AZ ausklammern, bei den Selbständigen wie den Unselbständigen das Streben nach Sicherung des Einkommens größer als dasjenige nach Steigerung zu sein, die Sicherheit also vor der Höhe zu rangieren.

I. Menschliche Beziehungen

In der allgemeinen Psychologie weiß man spätestens seit *Adler* (1927), in der Betriebspsychologie mit ihren Ausstrahlungen auf die Betriebswirtschaftslehre seit *Mayo* (1933 und 1945) um die Bedeutung der sozialen Interaktion zwischen Menschen mit einer gemeinsamen Aufgabe. Zwar bleibt trotzdem bis heute bei manchen Betriebswirtschaftern der Blick für soziale Zusammenhänge verschleiert, doch steht für alle Beobachter mit einer mehr als mechanistischen Sicht außer Zweifel, daß bei einer umfassenden Untersuchung betrieblicher Phänomene die menschlichen Beziehungen zwischen den im Betrieb Tätigen nicht außer acht gelassen werden dürfen. Das gilt erst recht für eine derart personengebundene Größe wie die AZ.

Wurden im Kontext des Faktors „Unternehmensorganisation und -führung" (s. S. 117 ff.) u. a. bereits einige Aspekte speziell der Beziehung zwischen Chef und Mitarbeitern behandelt, so ging es dort in erster Linie um die betriebliche Komponente, während jetzt das persönliche Element im Vordergrund steht (vgl. unsere Bemerkung auf S. 120). Immerhin ist auch dieses in unterschiedlicher Weise, d. h. mehr oder weniger stark, durch betriebliche Gegebenheiten beeinflußt: Einerseits können die menschlichen Beziehungen maßgeblich und unmittelbar durch das laufende, arbeitsbedingte Zusammenwirken bestimmt sein (vgl. das Beispiel bei *Lindemann*, 1975, S. 105). Andererseits können sie sich davon bereits gelöst haben und privaten Charakter annehmen. Da sie aber ohne den Betrieb nicht zustande kämen, scheint es gerechtfertigt, sie auch im letzteren Fall als Einflußgrößen der AZ zu prüfen. Mit beiden Varianten werden wir uns im folgenden beschäftigen und anschließend die Wirkung betrachten, die vom Betriebsklima als maßgeblich interaktionsbestimmtes Phänomen ausgeht. Vorher bleibt jedoch zu untersuchen, wie sich die Zufriedenheit mit dem Faktor „menschliche Beziehungen im Betrieb" insgesamt darstellt (s. Tab. 174).

Wie oben im Zusammenhang der Einkommenszufriedenheit (s. S. 144) ergeben sich auch hier keine auffälligen Abweichungen zwischen den Arbeitnehmern im Gewerbe insgesamt und in der Industrie, indem für beide Populationen vergleichbar hohe Z-Quoten registriert wurden. Sie liegen in der Größenordnung der Daten bei *Bunz/Jansen/Schacht*, 1974, S. 15, *Schacht*, 1974, S. 11, und *Bosse* [Hrsg.], 1976, S. 2. Bemerkenswert bleibt, daß sich nach *Bunz/Jansen/Schacht*, S. 27, die Kontaktzufriedenheit mit wachsender Betriebsgröße vermindert, eine empirische Beobachtung, die ähnlich von *Talacchi* (1960, S. 413) gemacht wurde.

Diese Feststellung gilt nach unseren Daten nur innerhalb der beiden gewerblichen Betriebsgrößenkategorien: Die Z mit den menschlichen Beziehungen nimmt vom kleinen zum mittleren Betrieb ab, jedenfalls bei den positiven und den indifferenten Nennungen (s. Spalten 1 und 2; p = [.996]). Nachdem außer den Kontakten zwischen den Mitarbeitern auch deren Beziehungen zu den Vorgesetzten eingeschlossen sind, bietet sich eine Erklärung für diese Feststellung mit der horizontal wie vertikal größeren „personalen Transparenz" im Kleinbetrieb an: Jeder kennt und trifft jeden. Das bedeutet keineswegs weniger Konfliktstoff als in größeren Einheiten (im Gegensatz zur Annahme von *Talacchi*, 1960, S. 401 f.), aber im Beziehungsfeld wissen doch alle, wo sie stehen und was sie voneinander zu halten haben, so daß im Bereich der menschlichen Kontakte klare Verhältnisse herrschen, in vertikaler Richtung nicht zuletzt dank der typischerweise einstufigen Hierarchie im Kleinbetrieb (s. o. S. 23).

Die Zufriedenheit der Unternehmer mit den berufsbedingten menschlichen Beziehungen scheint noch ausgeprägter zu sein als diejenige der Mitarbeiter im Gewerbe (Vergleich der Spalten 3 und 5 in Tab. 174). Bei der Interpretation ist jedoch zu beachten, daß die Angaben der Inhaber sich auf Kontakte „durch ... (die) Unternehmerposition" bezogen, also eher als die Mitarbeiterangaben („Kontakte ... hier") auch außerbetriebliche Begegnungen einschlossen, was die Vergleichbarkeit einschränken mag.

Die Gesamtprüfung der Daten zum AZ-Faktor „menschliche Beziehungen" nach Kriterien liefert für die Unternehmer keine zusätzlichen Aufschlüsse; für die Mitarbeiter ergibt sich lediglich aus der Größe des Betriebsstandortes ein deutlicher Außeneinfluß auf die besagte AZ-Größe (s. Tab. 175). Die augenscheinlich höhere Z mit den menschlichen Beziehungen im Betrieb, wie sie sich in ländlichen Orten gegenüber dem städtischen Milieu ergibt, dürfte hier eine Entsprechung zur höheren Z in den Kleinbetrieben (s. Tab. 174) bedeuten und eine analoge Erklärung zulassen: Im einen Falle wirkt das transparente Beziehungsgefüge unmittelbar im Betrieb zufriedenheitsfördernd, im anderen Falle wenigstens ersatzweise die Überschaubarkeit der persönlichen Verhältnisse auf dem Lande, die insofern in den Betrieb hineinzuwirken scheint oder sich projektionsartig auf den Betrieb übertragen mag.

Damit können wir zur Prüfung des Einflusses übergehen, den die drei angekündigten Einzelaspekte auf die Z mit den menschlichen Beziehungen ausüben.

1. *Fachliche Zusammenarbeit im Betrieb*

Unter dem Stichwort der fachlichen Zusammenarbeit denken wir — es wurde schon angedeutet — sowohl an das Zusammenwirken zwischen Mitarbeitern einer hierarchischen Ebene wie an dasjenige mit dem Vorgesetzten (auf eine „nach unten" ausgerichtete Frage wurde in der Mitarbeiter-Erhebung verzichtet, da sie für alle ausführenden Mitarbeiter, also aus bekannten Gründen einen Großteil der Befragten, irrelevant gewesen wäre). Entsprechend differenziert ist im folgenden die Auswertung vorzunehmen.

Die durchweg mit großer Mehrheit positiven Urteile — gemäß Tab. 176 — lassen begründete Zweifel an der Berechtigung einer überspitzt negativen Bewertung des Zusammenwirkens z. B. durch Kritiker an den Verhältnissen in der westlichen Arbeitswelt aufkommen, wenn von ihnen etwa behauptet wird, jeder stehe gegen jeden, und das „homo hominis lupus" gelte insbesondere in der betrieblichen Arbeitssituation (*Symanowski/Vilmar,* 1963, S. 92 und 96). Sieht man sich nach weiteren empirischen Belegen um, so liegen diese eher auf der Linie unserer Ergebnisse. Zum Beispiel ergab die Erhebung in Bayern vergleichbare Anteile von Arbeitnehmern, die ihre Zusammenarbeit mit den Kollegen als problemlos bezeichneten (*Bayerisches Arbeitsministerium* [Hrsg.], 1976, S. 139).

Betrachten wir unsere Daten unter dem Gesichtspunkt der Betriebsgröße, stoßen wir erneut auf das Phänomen der Übereinstimmung der Resultate zwischen dem Gewerbe insgesamt und der Industrie bei deutlichen Abweichungen innerhalb der gewerblichen Betriebsgrößen (p = [.976] aus Spalten 1 und 2 in Tab. 176), und zwar in dem Sinne, daß das Zusammenwirken in den Kleinbetrieben noch besser zu funktionieren scheint als in den mittleren Unternehmen unserer Nomenklatur. Wir können also *Scheuch* nicht folgen, wenn er feststellt, daß die diesbezüglichen Urteile „bei Mittelbetrieben besonders günstig sind und auch für Großbetriebe noch positiver als für Kleinbetriebe ausfallen" (1976 a, S. 3), bei allerdings anderer Größeneinteilung. Die Erklärung für unser Ergebnis bezüglich der Kleinfirmen ist wohl wiederum in den dort vorherrschenden „unkomplizierten sozialen Verhältnissen [der] engen Betriebsgemeinschaft" zu suchen (*Gablers Wirtschafts-Lexikon,* 1976, Band 3, Sp. 2383).

Die Auswertung unserer Daten aus dem Gewerbe unter den weiter erfaßten Kriterien deutet auf eine Beziehung zwischen dem Lebensalter und der „Güte" der Zusammenarbeit unter den Kollegen, wonach die Bewertung mit dem Alter zurückhaltender zu werden scheint (s. Tab. 177), eine Beobachtung, die sich aus einer altersbedingt wachsenden Nüchternheit erklären mag.

Wenn wir nunmehr prüfen, wie sich das Funktionieren der fachlichen Zusammenarbeit unter den Mitarbeitern auf deren Kontaktzufriedenheit auswirkt, so ergibt sich eine Konstellation, wie sie Tab. 178 zeigt.

Abgesehen von der Einschränkung der nur schwachen Besetzung der negativen Positionen, gewinnt der Betrachter den Eindruck, daß reibungsloses Zusammenwirken mit den Kollegen die entsprechende Z-Größe maßgeblich erhöht. Die vergleichbare Frage stellt sich hinsichtlich der Kooperation zwischen Mitarbeitern und Vorgesetzten, wobei die letzteren Unternehmer oder Angehörige des Kaders sein können.

Die Daten der Tab. 179 zeigen durch die unterschiedenen Kategorien hindurch weitreichende Übereinstimmung und lassen vermuten, daß sich das Zusammenwirken zwischen den Vorgesetzten und den Mitarbeitern im allgemeinen problemlos gestaltet, und zwar aus dem Gesichtswinkel beider Gruppen. Die Ergebnisse aus der Optik der Mitarbeiter entsprechen in der Tendenz (starkes Überwiegen der positiven Urteile) den Daten, wie sie auch aus anderen Erhebungen bekannt sind (vgl. insbesondere die mehrfach zitierten Studien der Arbeitsministerien in Bonn, Düsseldorf und München).

Bemerkenswert scheint sodann, daß die Urteile zur Zusammenarbeit mit dem Vorgesetzten (Tab. 179) durchaus ähnlich ausfallen wie diejenigen zur Kooperation mit den Kollegen (Tab. 176).

In die gleiche Richtung weisen die Feststellungen *Scheuchs* (1976 a, S. 3). Tatsächlich tendieren die Mitarbeiter mit guten „Noten" hinsichtlich der Kooperation mit den Kollegen auch zu einer positiven Bewertung der Zusammenarbeit mit dem Chef und umgekehrt.

Die kriterienweise Weiterauswertung unserer Daten fördert keine zusätzlichen Informationen zutage, so daß wir gleich den Einfluß der vertikalen Zusammenarbeit auf die hier in Rede stehende Kontaktzufriedenheit unter die Lupe nehmen können (s. Tab. 180 und 181).

Bei den Unternehmern wie bei den Mitarbeitern scheint eine positive Beziehung zwischen den verglichenen Größen zu bestehen. Bezüglich der Arbeitnehmer (Tab. 180) fällt darüber hinaus auf, daß die Z-Angaben zur vertikalen Kooperation weitgehend mit denen zur horizontalen (Tab. 178) übereinstimmen. Diese Beobachtung überrascht indessen nach dem registrierten Gleichlauf der Auskünfte zur Güte beider Varianten der Kooperation nicht mehr.

2. *Persönliche Beziehungen durch den Betrieb*

Die „privaten" zwischenmenschlichen Beziehungen, die durch den Betrieb entstanden sind, lassen sich an verschiedenen Merkmalen ablesen. Wir begnügen uns damit, zwei herauszugreifen, und zwar die Frage nach Begegnungen außerhalb der Arbeitszeit bzw. nach Freundschaften durch den Betrieb und die weitergehende Frage nach der Aussicht auf Rat und Hilfe in persönlichen Dingen. Von beiden Merkmalen wurde ein Einfluß auf die hier diskutierte Variante der AZ erwartet.

Die Verbreitung außerdienstlicher Verabredungen als Signal persönlicher Interaktionen ist in Tab. 182 dargestellt. Diese Daten scheinen die Feststellung zuzulassen, daß (gewollte) Begegnungen außerhalb der Arbeit je nach Betriebsgröße unterschiedlich häufig sind: Insbesondere nehmen sie offenbar mit dem Übergang von gewerblichen zu industriellen Größenverhältnissen ab, eine Beobachtung, die wir mit anderen Betrachtern zu teilen scheinen, wenngleich deren Fragen nicht so eindeutig auf den außerdienstlichen Bereich bezogen sind (vgl. z. B. *Indik,* 1963, S. 379 f.; *Beer,* 1964, S. 39; *Hagen,* 1973, S. 210). Mehreren Interviewern fielen während unserer Erhebung die „fühlbar schlechteren" persönlichen Kontakte in einigen der besuchten großen Betriebe so auf, daß sie uns besonders darauf aufmerksam machten.

Eine nicht mehr überraschende Entsprechung findet dieses Ergebnis in der Auswertung nach der Standortgröße, indem in ländlichen Verhältnissen außerdienstliche Treffen wesentlich häufiger sind (s. Tab. 183). Bemerkenswert scheint uns auch, daß signifikante Unterschiede nach dem Alter bestehen: Mit zunehmendem Lebensalter verlieren private Begegnungen zwischen Arbeitskollegen an Bedeutung (s. Tab. 184), wofür eine Reihe von Gründen maßgeblich sein kann (vgl. z. B. unsere Bemerkung auf S. 159). Schließlich spielt auch das Einkommen in diesem Zusammenhang eine bedeutende Rolle. Es läßt sich nämlich nachweisen, daß die private Kommunikation mit den Kollegen mit wachsendem Einkommen abnimmt (s. Tab. 185). Die Ursache dafür dürfte weniger im Bildungsniveau liegen (von der Ausbildung geht diesbezüglich z. B. kein signifikanter Einfluß aus), indem etwa „gehobene" Menschen eher anderweitige Kontakte als mit dem Betrieb pflegten, als in der mit höherem Einkommen gewöhnlich einhergehenden größeren zeitlichen Belastung oder auch in der größeren Rivalität zu den Kollegen.

Bei den Unternehmern reichte die gewählte Fragestellung zur Eruierung persönlich-privater Kontakte zu Mitarbeitern nicht aus, da hier Treffen außerhalb der Arbeitszeit durchaus arbeitsbedingte Gründe haben können. Deswegen haben wir eine stärkere Formulierung verwendet, und zwar die Frage nach im Betrieb geschlossenen „echten Freundschaften".

Während — in Tab. 186 — größenbedingte Unterschiede nicht nachweisbar sind, fällt auf, daß die Anknüpfung von Freundschaften im Betrieb für die Inhaber nicht typisch ist, was an sich nicht überrascht. Andererseits stützen die Daten keineswegs rundweg die These von der Einsamkeit der gewerblichen Unternehmer (*Saxberg*, 1967, S. 1). Zudem fällt der Anteil der bejahenden Antworten so groß aus, daß das Stereotyp vom Unternehmer als Menschenverächter und Ausbeuter einmal mehr erschüttert scheint. Immerhin bleibt zu ergänzen, daß die Quote der Freundschaften im Betrieb pflegenden Unternehmer anscheinend umgekehrt zu ihren Einkünften wächst (s. Tab. 187). Je bescheidener diese ausfallen, so könnte daraus gefolgert werden, desto niedriger ist die Schranke zwischen dem Betriebsinhaber und seinen Mitarbeitern. Wie erwartet, schließen die gewerblichen Unternehmer im ganzen jedoch eher positionsbedingte Freundschaften außerhalb des Betriebes (s. Tab. 188).

Den Einfluß der persönlichen Beziehungen im Betrieb auf die entsprechende Z-Größe zeigen für Mitarbeiter und Unternehmer die Tabellen 189 und 190.

Während persönliche Beziehungen in Form privater Begegnungen nach Feierabend die Kontaktzufriedenheit der Mitarbeiter offensichtlich fördern (Tab. 189), geht für die Unternehmer augenscheinlich keine analoge Wirkung von Freundschaften aus, die sie im Betrieb geschlossen haben (Tab. 190). Eine Erklärung dafür bietet sich mit dem Erwartungshorizont der Selbständigen an, der die Anknüpfung dermaßen enger Interaktionen nicht einschließen dürfte, zumal die Freundschaften der Unternehmer sich eher auf betriebsexterne Kreise konzentrieren (s. Tab. 188). Möglicherweise hätte eine entsprechende Frage nach „echten Freundschaften" an die Mitarbeiter ein ähnlicher Ergebnis gebracht.

Doch bleiben wir auf dem Boden unserer empirischen Daten und werfen wir einen Blick auf die Z-Wirkung, die von der Aussicht im Betrieb auf Rat und Hilfe in persönlichen Dingen ausgeht. Diese Unterstützung ist wiederum durch die Arbeitskollegen oder durch den Vorgesetzten denkbar und gemäß Tab. 191 verbreitet.

Die Abhängigkeit der vermuteten Aussicht auf Rat und Hilfe (die sich innerhalb des Gewerbes auch für die Kriterien Einkommen und Standortgröße herauskristallisiert [s. Tab. 192 und 193]) von der Betriebsgröße könnte dem Betrachter auf den ersten Blick suggerieren, er stoße auf eine tautologische, da selbstverständliche Beziehung: Bei zunehmender Anzahl Kollegen kann der einzelne natürlicherweise immer weniger damit rechnen, daß ihm „jeder“ (1. Zeile der Tab. 191) helfen würde, kennt er doch nicht einmal alle; ebensowenig kann er pauschal annehmen, „niemand“ (3. Zeile) würde ihm in persönlichen Problemen beistehen. Wenn die besagte Beziehung auch als selbstverständlich wahrgenommen würde, stände nun zu vermuten, daß sie die Kontaktzufriedenheit nicht beeinflußt. Eine Abhängigkeit ist jedoch unverkennbar, wie Tab. 194 zeigt.

Daß die hier diskutierte Z-Größe vom angenommenen Ausmaß der Hilfsbereitschaft der Kollegen auch in persönlichen Dingen positiv beeinflußt wird, ergibt sich aus der Verteilung deutlich. Ihre Struktur ändert sich im übrigen nicht, wenn die Mitarbeiter der großen Betriebe einbezogen werden, wie unsere Sonderauswertung für insgesamt 405 Befragte ergab.

Zusätzlich spricht einiges für die Annahme, daß auch eine entsprechende Aufgeschlossenheit von seiten des Chefs der in Rede stehenden Z-Größe förderlich ist. Die Verbreitung zunächst dieser Aufgeschlossenheit haben wir sowohl bei den Mitarbeitern wie bei den Unternehmern zu erkunden versucht (wobei wiederum „Chefs“ und „Unternehmer“ nicht voll identisch sind).

Eine klare Mehrheit der Mitarbeiter in gewerblichen wie in industriellen Verhältnissen glaubt mit der Hilfsbereitschaft ihrer Vorgesetzten auch in persönlichen Dingen sicher rechnen zu können. Allerdings scheint dieser Anteil mit wachsender Betriebsgröße zugunsten der vorsichtigeren Aussage abzunehmen, während die Quote der negativen Meinungen konstant bleibt. Dieses Ergebnis liegt auf der Linie der Münchner Studie, die eine vergleichbare Frage enthält (*Bayerisches Arbeitsministerium* [Hrsg.], 1976, S. 131), und läßt auch die Feststellung von *Fürstenberg* (1969, S. 232) glaubhaft erscheinen, wonach mehr als ein Drittel der Befragten aus der bei ihm referierten Stichprobe ihre Vorgesetzten als „Vertrauenspersonen“ betrachteten.

Im Gewerbe zeigt allerdings mit steigendem Einkommen und mit dem Übergang von ländlichen zu großstädtischen Verhältnissen die Neigung der Mitarbeiter, an die Hilfsbereitschaft ihrer Chefs zu glauben, eine schwindende Tendenz (s. Tab. 196 und 197) — eine Parallele zur Beurteilung der entsprechenden Einstellung im Hinblick auf die *Kollegen* (Tab. 192 und 193).

Andererseits betrachten sich die Unternehmer offenbar als noch deutlich aufgeschlossener (lies: zu einem höheren Anteil hilfsbereit) für die privaten Nöte ihrer Mitarbeiter, als diese ihren Chefs bescheinigen. Wie wirkt nun die vermutete persönliche Hilfsbereitschaft der Vorgesetzten auf die Kontaktzufriedenheit ihrer Mitarbeiter? Tab. 198 liefert Aufschluß hierzu.

Ebenso wie die über das Fachliche hinausgehende Hilfsbereitschaft der Arbeitskollegen (Tab. 194) übt auch die persönliche Aufgeschlossenheit des Vorgesetzten offensichtlich einen deutlichen positiven Einfluß auf die hier diskutierte Dimension der Mitarbeiterzufriedenheit aus. Diese Beobachtung deckt sich mit der bei *Engelhardt/Lück* (1973, S. 113 und 116) zitierten aus einer Kölner Diplomarbeit. Unsere Feststellung läßt sich ferner mit dem allgemeineren Hinweis von *Bruggemann/Groskurth/Ulich* (1975, S. 73, mit Querverweisen auf *Stollberg*, 1968, und *Locke*, 1973) vereinbaren, wonach gute persönliche, namentlich spannungsfreie Beziehungen zum Vorgesetzten die AZ fördern (ohne daß die Beziehungen im übrigen besonders eng sein müßten).

Nach der Prüfung des Einflusses der fachlichen Zusammenarbeit (1. Abschnitt dieses Kapitels) und der persönlichen Interaktionen und Unterstützungsaussichten auf die in Rede stehende Z-Größe bleibt noch, wie angekündigt, die Wirkung zu untersuchen, die vom Betriebsklima ausgeht. Dieses Phänomen könnte das komplexe Geflecht der menschlichen Beziehungen im Betrieb in seiner funktionalen Qualität brennglasartig widerspiegeln.

3. Güte des Betriebsklimas

Ähnlich wie in der Meteorologie geht es beim Klima eines Betriebes um den vorherrschenden atmosphärischen Zustand. Er beschreibt ein typisches Grundphänomen, ist also an das Zusammenwirken einer Mehrzahl von Menschen gebunden und unterliegt seinerseits unterschiedlichen Einflüssen. Maßgeblich im positiven wie im negativen Sinne scheint insbesondere das Funktionieren der in diesem Kapitel zur Diskussion stehenden zwischenmenschlichen Kommunikation bzw. die Wirksamkeit der Bewältigung von Konflikten (vgl. *Pfeffer*, 1956, S. 34; *Götte*, 1962, S. 53; *Forster*, 1978, S. 72). Nachdem wir auf unsere unmittelbaren Fragen zu den menschlichen Beziehungen in den Betrieben vorwiegend positive Urteile erhielten, steht demnach zu erwarten, daß auch das Betriebsklima insgesamt von der Mehrzahl der Befragten gut bewertet wird. Wenn die menschlichen Beziehungen mit der entsprechenden Z-Größe in einem engen Zusammenhang standen, darf folglich hinsichtlich des Betriebsklimas eine ähnliche Wirkung erwartet werden.

Betrachten wir aber zunächst, in welcher Verteilung „gute" und „schlechte" betriebsklimatische Verhältnisse — im Urteil der Mitarbeiter wie der Unternehmer — angetroffen wurden (s. Tab. 199).

Ein angenehmes Betriebsklima scheint danach in den gewerblichen wie industriellen Unternehmungen die Regel zu sein. Die Tatsache, daß eine etwa zur gleichen Zeit vom Gewerbeinstitut an der Hochschule St. Gallen im Auftragsverhältnis durchgeführte Erhebung im Elektrogewerbe vergleichbare Resultate erbrachte (14 % sehr gut, 59 % gut, 27 % übrige, bei n = 290), läßt vermuten, daß unsere Feststellung nicht nur in den einbezogenen Branchen gültig sein dürfte.

Schwieriger ist die Frage nach betriebsgrößenbedingten Unterschieden zu beantworten. Eine signifikante Abweichung zwischen den Daten aus dem Gewerbe insgesamt und den großen Betrieben (Spalten 3 und 4 in Tab. 199) besteht offenbar nicht.

Bei einer Beschränkung des Vergleichs auf die kleinen und die großen Firmen (Spalten 1 und 4) wandelt sich das Bild jedoch im Sinne einer noch günstigeren Situation in den ausgesprochenen Kleinbetrieben. Diese Feststellung entspricht dem Befund bei *Bunz/Jansen/Schacht* (1974, S. 185 f.).

Bezieht man die Unternehmerurteile in den Vergleich ein, so geben sie dem gewonnenen Bild zusätzliche Schärfe, wobei einzig auffällt, daß kein Betriebsinhaber das Klima in seinem Unternehmen als schlecht bezeichnet, im Gegensatz zu Quoten zwischen 6 und 10 % bei ihren Mitarbeitern.

Innerhalb des Kreises der gewerblichen Arbeitnehmer ergeben sich bemerkenswerterweise deutliche Abweichungen, wenn man die Daten nach dem Alter, der Dauer der Betriebszugehörigkeit und dem Zivilstand auswertet. Dabei zeigt sich eine Verschlechterung in der Bewertung des Betriebsklimas mit zunehmendem Lebens- und Dienstalter und mit den wachsenden familiären Verpflichtungen (s. Tab. 200, 201 und 202). Die möglichen Erklärungen dafür dürften verwandt sein, zumindest was die beiden ersten Kriterien betrifft: Der altersbedingte Übergang von der Begeisterungsbereitschaft zur Skepsis (vgl. unsere ähnliche Beobachtung im 1. Abschnitt, S. 159) mag mit der Zeit auf die Bewertung der atmosphärischen Gegebenheiten im Betrieb „abfärben". Hinzu tritt möglicherweise, daß man im Laufe der Jahre immer weniger Widerstandskraft gegenüber hetzenden, intrigierenden oder ähnlichen Einflüssen im Betrieb aufbringt. Zu Hause mag eine ähnliche Wirkung von den Einflüsterungen mancher Ehefrauen ausgehen (in unserer Beratungstätigkeit stießen wir verschiedentlich auf den Betriebsklimafaktor „Ehefrau"), wenn sich nicht auch hier lediglich Ernüchterung unter der Last der familiären Verpflichtungen breit macht.

Kommen wir aber zu den Wirkungen des Betriebsklimas auf die Kontaktzufriedenheit. Die Tabellen 203 und 204 lassen klar einen Zusammenhang zwischen der „Qualität" des Betriebsklimas und der zugehörigen Z-Größe erkennen. Bemerkenswert ist dabei insbesondere, daß auch die Unternehmer nicht über den atmosphärischen Niederungen ihres Betriebes zu schweben scheinen, sondern in vergleichbarer Weise wie ihre Mitarbeiter klimatisch bedingten Einflüssen auf ihre Grundgestimmtheit zu unterliegen scheinen.

Im übrigen muten unsere Ergebnisse den Betrachter kaum sensationell an, stehen sie doch im Einklang mit einer Reihe von Belegen in der allgemeinen AZ-Literatur (vgl. dazu die Hinweise bei *Bruggemann/Groskurth/Ulich,* 1975, S. 74). Dabei ist aber nicht zu übersehen, daß die Übereinstimmung weniger zahlreiche Studien umfaßt, als man angesichts der allenthalben unterstrichenen Bedeutung einer Größe wie das Betriebsklima meinen könnte. Offenbar ist es ihre Komplexität, die die Autoren zu unterschiedlichen Konzepten und unterschiedlichem Vorgehen veranlaßt. So wird zum Beispiel in den Studien für das Bonner und das Düsseldorfer Arbeitsministerium das Betriebsklima als eigene „Dimension" der AZ neben den kollegialen Kontakten abgefragt. Andere Autoren sehen den Zusammenhang zwischen dem Klima und der AZ so eng, daß sie beide Größen kurzerhand gleichsetzen, worauf schon hingewiesen wurde (s. o. S. 32). Wir halten jedoch fest, daß wir als eine unserer zehn übergeordneten Determinanten der AZ die menschlichen Beziehungen im Betrieb betrachten, denen ihrerseits verschiedene Facetten mit Ausstrahlung auf die Zufriedenheit eigen sind. Hierzu gehört auch das Betriebsklima. Offenbar bleiben aber diese Zusammenhänge durch gezieltere Erhebungen schärfer herauszuarbeiten. Resümieren wir unseren Beitrag zu dieser Diskussion.

4. *Zusammenfassung*

Mit den menschlichen Beziehungen im Betrieb sind die Arbeitnehmer im Gewerbe insgesamt und in der Industrie zu vergleichbar hohen Quoten zufrieden. Innerhalb des Gewerbes nimmt die Kontaktzufriedenheit aber mit der Betriebsgröße ab. Die analoge Z der gewerblichen Unternehmer liegt noch über derjenigen ihrer Mitarbeiter.

Im Rahmen der Prüfung von Einzelaspekten wurde der Einfluß untersucht, der von der fachlichen Zusammenarbeit, von den persönlichen Beziehungen durch den Betrieb und von der Qualität des Betriebsklimas ausgeht. Reibungsloses fachliches Zusammenwirken der Arbeitnehmer sowohl mit den Kollegen wie mit dem Vorgesetzten ist der Kontaktzufriedenheit förderlich. Ähnlich scheint diese Z bei den Unternehmern mit der Güte der Zusammenarbeit mit ihren Mitarbeitern zu wachsen.

Die Wirkung persönlicher Beziehungen auf die Kontaktzufriedenheit wurde zum einen an der Häufigkeit außerdienstlicher Zusammenkünfte gemessen. Für die Mitarbeiter im Gewerbe ergab sich dabei ein positiver Befund, nicht aber — mit einer zwangsläufig anderen Fragestellung — für die Unternehmer. Zum anderen wurde sie an der Aussicht auf Rat und Hilfe in persönlichen Dingen abgelesen. Auch hier war ein positiver Zusammenhang zu registrieren, und zwar unabhängig davon, ob sich den Mitarbeitern diese Aussicht bei den Kollegen oder beim Chef eröffnet.

Schließlich stellte sich heraus, daß ein gutes Betriebsklima die Kontaktzufriedenheit im Gewerbe bei den Arbeitnehmern wie bei den Betriebsinhabern erhöht.

J. Arbeitsbedingungen

Wenn wir die Arbeitsbedingungen bzw. — hinsichtlich der Unternehmer — die äußeren Bedingungen der beruflichen Tätigkeit als letzten AZ-Faktor in unsere Betrachtung einfügen, so besagt diese Tatsache nichts über das mutmaßliche Gewicht dieser Determinante. Die Bedeutung, die den zehn unterschiedenen Einzelfaktoren beizumessen ist, wird im dritten Teil zu vergleichen sein. Indessen dürfen wir hier schon feststellen, daß die Arbeitsbedingungen sicherlich zu denjenigen Determinanten zählen, deren Einfluß auf die AZ besonders plausibel ist. Wer könnte sich nicht vorstellen, daß etwa Streß oder Lärm bei der Arbeit die Stimmung beeinträchtigt! Um so mehr scheint es jedoch vonnöten, gerade diesen Faktorenkomplex nüchtern, also frei von Emotionen oder Vorurteilen, anzugehen. Unser Vorgehen läßt sich dadurch absichern, daß wir wiederum verschiedene Aspekte betrachten, die, wie uns scheint, sinnvoll zu drei Gruppen zusammengefaßt werden können:

Zum einen geht es um die Z-Einflüsse, die von der Belastung durch die Arbeit und durch den Arbeitsplatz selbst ausgehen. Zweitens dürfte es nicht unerheblich sein, wie die zeitliche Beanspruchung durch die Berufstätigkeit in die private Sphäre hineinragt, mit anderen Worten, wie lang die Arbeitswege sind und wie die Arbeitszeit geregelt ist; beide entscheiden schließlich über die Freizeit, die dem Arbeitenden täglich, wöchentlich und jährlich verbleibt. Drittens haben wir vermutet, daß es unabhängig von den derzeitigen Gegebenheiten eine Rolle für die Z mit den Arbeitsbedingungen spielt, ob diese in den Augen der Betroffenen verbesserungsfähig sind und — im positiven Falle — ob die Befragten selber etwas zur Verbesserung beitragen könnten.

Zunächst ist jedoch die Frage zu beantworten, wie sich die Zufriedenheit mit den Arbeitsbedingungen insgesamt darstellt. Die Antwort findet sich in Tab. 205.

Innerhalb der Gruppe der Arbeitnehmer scheint die Interpretation der Daten dieser Tabelle nicht einfach: Zwar deutet das Signifikanzniveau auf Unterschiede zwischen den Mitarbeitern in Gewerbe und Industrie hin, doch sind diese offenbar deswegen schwer zu erklären, weil bei der letzteren Gruppe der Anteil der indifferenten Nennungen auffällig hoch ist (20 %), während sowohl die Z- wie die UZ-Quoten tiefer liegen als im Gewerbe. Immerhin kann im Lichte unserer Daten keine Rede davon sein, daß die Arbeitsbedingungen im ganzen und die an ihnen orientierten Z-Äußerungen in den Klein- und Mittelbetrieben wesentlich schlechter aussähen als in den größeren Unternehmungen (ähnlich *Schacht,* 1974, S. 21, und *U. Müller,* 1976, S. 6, während *Bunz/Jansen/Schacht,* 1974, S. 27, und *Scheuch,* 1976 a, S. 319 ff., sogar eine Abnahme dieser Z-Größe mit wachsender Betriebsgröße registrieren), eine Unterstellung, der wir in der Praxis immer wieder begegnen, oft sogar in den gewerblichen Betrieben selbst.

Vergleichen wir die Arbeitnehmer-Ergebnisse innerhalb des Gewerbes (Spalten 1 und 2 der Tab. 205), so stoßen wir wiederum auf statistisch noch als signifikant anzusprechende Abweichungen (p = .867), doch ist ihre Interpretation auch hier problematisch, da in den Kleinbetrieben beide vorkommenden Extrempositionen („sehr zufrieden" und „unzufrieden") höhere Anteile erreichen als in den mittelgroßen Firmen, ganz ähnlich wie im Gesamtvergleich Gewerbe — Industrie. Für diese Beobachtung mag die einzige Erklärung, die noch nicht als Spekulation bezeichnet werden muß, darin liegen, daß bei Kleinbetrieben eher als in größeren Einheiten sowohl sehr gute wie ganz mäßige Arbeitsbedingungen vorkommen können, die sich in den entsprechenden Z-Äußerungen spiegeln (daß die Unterschiede lediglich auf Abweichungen der Ansprüche zwischen den klein- und den mittelbetrieblichen Arbeitnehmern zurückgehen, halten wir wegen mangelnder plausibler Ursachen für unwahrscheinlich). Damit gilt auch hier: Die Z-wirksamen Bedingungen der Arbeit werden mit abnehmender Betriebsgröße keineswegs durchgehend schlechter.

Bemerkenswert scheint für alle Arbeitnehmer, daß die Äußerung „sehr unzufrieden" im Zusammenhang der Arbeitsbedingungen überhaupt nicht vorkommt, eine Beobachtung, die wir sonst nur noch bei den Faktoren „Arbeitsleistung" und „Kontrolle" machen konnten. Daraus läßt sich, so möchten wir meinen, auf den nunmehr abgeschlossenen Prozeß des Verschwindens kraß menschenunwürdiger Bedingungen schließen, die bis weit in unser Jahrhundert hinein kennzeichnend zumindest für große Bereiche der industriellen Arbeitswelt waren (vgl. nur die seinerzeit viel zu wenig beachteten Ergebnisse der frühen empirischen Erhebung des *Vereins für Socialpolitik* u. a. zu den Arbeitsbedingungen der „Arbeiterschaft in der geschlossenen Großindustrie" [1912]).

Noch zufriedener geben sich die Unternehmer in diesem Zusammenhang. Allerdings ist durch die Orientierung ihrer Angaben weniger an den internen Verhältnissen als den äußeren Bedingungen der beruflichen Tätigkeit die Vergleichbarkeit mit den Äußerungen der Arbeitnehmer nicht ganz gewährleistet. Bemerkenswerterweise findet der auffallend hohe Anteil der „sehr zufriedenen" Unternehmer ein Pendant bei den „unzufriedenen", wo die Quote ebenfalls weit über derjenigen der Mitarbeiter liegt. Wir neigen dazu, diese Daten auf das Konto unternehmerischer Dynamik zu buchen, die erfreuliche Verhältnisse enthusiastisch, unbefriedigende Voraussetzungen mit ebenso unverhohlenem Unwillen quittiert. Für beide Varianten gibt es offenbar Anlässe, wobei auch hier den nachdenklichen Betrachter beruhigt, daß die positiven Urteile deutlich überwiegen.

Die Auswertung der Angaben der gewerblichen Unternehmer nach Kriterien führt zu keinen neuen Einsichten. Bei den gewerblichen Mitarbeitern beeinflußt — wiederum bemerkenswert, aber nicht mehr überraschend — die Standortgröße die Zufriedenheit mit den Arbeitsbedingungen, wie sich aus Tab. 206 ergibt. Die Ergebnisse — deutlich besser auf dem Lande als in städtischen Verhältnissen — liegen auf der Linie unserer Beobachtungen über mehrere AZ-Faktoren hinweg und dürften eine ähnliche Erklärung nahelegen: Es spricht zwar nicht viel für Annahme, daß die materiellen innerbetrieblichen Arbeitsbedingungen in ländlichen Unternehmungen besser wären als in städtischen. Jedoch präsentieren sich vielfach die äußeren Bedingungen im Umfeld des Betriebes günstiger, was insbesondere unproblematischere Arbeitswege einschließt (s. folgenden Abschnitt 2). Vor allem aber kann nachgewiesen werden (s. folgenden Abschnitt 1), daß Hektik und Streß durch die Arbeit in ländlichen Verhältnissen eine viel geringere Rolle spielen.

Kommen wir damit zur Untersuchung der Wirkungen, wie sie von den für unsere Studie auseinandergehaltenen Einzelaspekten der Arbeitsbedingungen auf die hier in Rede stehende Z-Größe ausgehen.

1. Gegebenheiten am Arbeitsplatz

Unter diesem Titel lassen sich sowohl die äußeren Behinderungen und Gefahren am Arbeitsplatz (Dreck, Lärm usw. sowie Unfallgefährdung) als auch die arbeitsbedingt unmittelbaren körperlichen und nervlichen Anstrengungen zusammenfassen. Sie mögen den entsprechenden Z-Grad je nach ihrer objektiven Ausprägung oder subjektiven Wahrnehmung (Eindruck der Überforderung?) beeinflussen. Damit drängt sich eine Auswertung unter beiden Gesichtspunkten auf.

Zu rund drei Vierteln, also in ihrer großen Mehrheit, erklären zunächst — laut Tabelle 207 — die Arbeitnehmer, keine unangenehme Arbeit zu haben (gemäß *Bosse* [Hrsg.], 1976, S. 2, fanden das in Österreich knapp 50 %). Unser Ergebnis wird eindeutig von der Betriebsgröße nicht beeinflußt, während aus der Bundesrepublik Deutschland Daten vorliegen, die für einen solchen Einfluß im Sinne einer Zunahme der Belästigung mit der Betriebsgröße — in allerdings anderer Einteilung — sprechen (vgl. *Scheuch,* 1976 a, S. 324, speziell für Schmutz und für Lärm, und *Bayerisches Arbeitsministerium* [Hrsg.], 1976, S. 63, für Lärm).

Für unsere Daten sei indessen daran erinnert, daß sie auf Erklärungen der Befragten beruhen, die, obschon auf einen Tatbestand gerichtet, doch persönliche Urteile darstellen und entsprechend geprägt sein können. So nimmt zum Beispiel innerhalb des Gewerbes (aber nicht nur dort) der Anteil Mitarbeiter mit einer erklärtermaßen unangenehmen Tätigkeit mit dem Lebensalter deutlich zu (s. Tab. 208) — wohl ohne daß vermutet werden muß, den Älteren würden in der Tat vornehmlich die äußerlich lästigen Arbeiten zugeschoben. Eine Parallele findet diese Beobachtung beim Dienstalter (s. Tab. 209). Nicht überraschend ist dagegen die Abnahme der Quote „unangenehme Arbeit" mit dem Übergang von manueller zu nichtmanueller Tätigkeit (Tab. 210).

Die Unterschiede in den Urteilen gewinnen für unsere Betrachtung allerdings nur dann an Interesse, wenn sie auf die Zufriedenheit durchschlagen. Gemäß Tab. 211 scheinen sich unangenehme äußere Bedingungen der Arbeit tatsächlich auf die entsprechende Zufriedenheit auszuwirken, sind doch die indifferenten und unzufriedenen Äußerungen im Falle lästiger Begleitumstände rund doppelt so häufig wie beim Fehlen von Unannehmlichkeiten; andererseits erklärt sich von den Benachteiligten im Vergleich zu den Nichtbetroffenen nur ein Bruchteil als sehr zufrieden.

In der Literatur finden sich zu dieser Frage des Zusammenhanges zwischen den Gegebenheiten am Arbeitsplatz und der entsprechenden Z-Größe kaum spezifische Hinweise[13]. Diese erstaunliche Feststellung läßt sich, so will uns scheinen, aus der Tatsache erklären, daß oft zwischen beiden Phänomenen nicht genügend scharf unterschieden wird.

---

[13] Einzig bei *Bosse* (Hrsg.), 1976, stoßen wir auf einige Daten aus Österreich. Danach äußern sich (S. 5) Angestellte bezüglich der „Freiheit von Umwelteinflüssen" wesentlich zufriedener als Arbeiter, da „natürlich ... Arbeiter Umwelteinflüssen stärker ausgesetzt [sind] als Angestellte" (S. 4). M. a. W. wird eine Wirkung dieser Einflüsse auf die AZ bejaht.

Eine besonders bedrohliche Form der Belastung am Arbeitsplatz stellt die Unfallgefahr dar. In welcher Verteilung sie gesehen wird, zeigt Tab. 212.

Eine Gefährdung des Arbeitsplatzes und damit des dort Tätigen durch Unfälle scheint nur bei einer Minderheit der Befragten eine so große Rolle zu spielen, daß sie von ihnen im Vergleich mit anderen Arbeitsplätzen immerhin gesehen wird, was bei zwischen 80 % und 87 % der einbezogenen Arbeitnehmer nicht der Fall ist (vgl. *Bosse* [Hrsg.], 1976, S. 2: Über 75). Die entsprechenden Urteile differieren weniger zwischen gewerblichen und industriellen Betrieben (Spalten 3 und 4 in Tab. 212) als zwischen den Kleinfirmen einerseits (Spalte 1) und den mittleren wie den größeren Unternehmen andererseits (Spalten 2 und 4; p = [.906] aus Kolonnen 1 und 2). Diese Feststellung steht im Einklang mit Ergebnissen in einzelnen der bundesdeutschen Studien; vgl. *Bunz/Jansen/Schacht,* 1974, S. 27, und *Scheuch,* 1976 a, S. 320 f. In beiden Fällen nimmt vergleichbar unserer Erhebung das Gefühl der Unfallsicherheit schon von einer recht niedrigen Betriebsgröße an zu (ab 100 Beschäftigten in der dort gewählten Einteilung).

Die weitere Auswertung unserer Daten nach Kriterien ergibt keine Anhaltspunkte zur Erklärung des festgestellten Sachverhalts, so daß wir auf Vermutungen angewiesen bleiben. Sie gehen dahin, daß entweder die im Regelfall viel größere Variationsbreite der Tätigkeiten im Kleinbetrieb das Unfallrisiko erhöht (z. B. durch weniger fest eingewöhnte Abläufe) oder in den größeren Unternehmungen Sicherheitsvorkehrungen stärker verbreitet sind.

Welche der beiden Möglichkeiten eher zutrifft, muß offen bleiben. Von größerem Interesse ist für uns ohnehin, wie sich die von den gewerblichen Arbeitnehmern eingeschätzte Unfallgefährdung auf ihre Z mit den Arbeitsbedingungen auswirkt. Dazu verweisen wir auf Tab. 213.

Mit hinreichender Deutlichkeit wird dort sichtbar, daß die Arbeitnehmer unter dem Eindruck einer Gefährdung durch Unfälle am Arbeitsplatz weniger Zufriedenheit empfinden als ohne diese latente Bedrohung. Wir stoßen damit auf einen Zusammenhang, wie ihn schon *Vroom* vermutet (1964, S. 181). Will man das Maß des Einflusses auf die Z an der Größe der Quoten ablesen, so scheint die Wirkung, die von der Unfallgefährdung ausgeht (gem. Tab. 213), annähernd derjenigen vergleichbar zu sein, welche sich aus unangenehmen Arbeitsbedingungen ergibt (gem. Tab. 211).

Beide Einflußgrößen stellen lästige Umgebungsfaktoren dar, ohne jedoch den arbeitenden Menschen unmittelbar physisch zu fordern. Eine solche Belastung ergibt sich dagegen aus den direkten Anstrengungen, die mit der Arbeitsverrichtung einhergehen. Auch ihre Verbreitung und ihre Wirkung auf die Z bleiben zu untersuchen.

Die entsprechende Tabelle 214 läßt deutlich erkennen, daß der Anteil Arbeitnehmer mit körperlich speziell anstrengender Tätigkeit mit wachsender Betriebsgröße abnimmt, daß aber gleichzeitig die Quote derjenigen mit besonderer nervlicher Belastung (Hektik, Streß usw.) in noch stärkerem Ausmaß ansteigt[14]. Die letztere Beobachtung deckt sich mit den Ergebnissen bei *Scheuch* (1976 a, S. 321, 324), während in der bayerischen Erhebung sowohl für die körperliche wie für die psychische Anstrengung (Arbeitstempo) eine Zunahme mit der Größe der Betriebe ermittelt wurde; s. *Bayerisches Arbeitsministerium* (Hrsg.), 1976, S. 75 und 77.

Die gleichzeitige Belastung durch beide Faktoren scheint nach unseren Daten in der Industrie etwas stärker verbreitet zu sein als im Gewerbe, ohne freilich eine sehr große Rolle zu spielen. Davon abgesehen, liegt der Anteil gar nicht speziell strapazierter Mitarbeiter bemerkenswerterweise im Gewerbe wesentlich über demjenigen in größeren Betrieben.

Werfen wir innerhalb der Gruppe der Arbeitnehmer in Klein- und Mittelbetrieben einen Blick auf die kriterienweise tabellierten Ergebnisse, so variiert die vorherrschende Belastungsart erwartungsgemäß mit dem Ausbildungsstand: Bei niedrigem Niveau dominiert die körperliche, bei gehobenem Level die nervliche Belastung (s. Tab. 215). Diese Verteilung findet ihr Pendant bei der Auswertung nach manueller und nichtmanueller Tätigkeit (Tab. 216) und nach der Höhe des Einkommens (Tab. 217). Ebenfalls im Rahmen unserer Erwartungen bewegen sich schließlich die Resultate im Stadt-Land-Vergleich, die wir bereits kurz vorweggenommen haben (s. o., S. 168 und die zugehörige Tab. 218).

Die Vermutung spricht nun für einen Einfluß besonderer Anstrengung körperlicher oder nervlicher Art bei der Arbeit auf die den Arbeitsbedingungen zugeordnete Z-Größe. Das Ergebnis der Auswertung zeigt Tab. 219. Aus ihren Daten kann (im Gegensatz etwa zum Hinweis bei *McMurray*, 1962, und *Chadwick-Jones*, 1969) nicht rundweg gefolgert werden, daß sich besondere körperliche oder nervliche Anstrengungen bei der Arbeit auf die entsprechende Z-Größe auswirkten (außer allenfalls, wenn sie sich kumulieren). Diese Feststellung ist auf den ersten Blick um so überraschender, als wir gesehen haben (s. Tab. 211 und 213), daß die Umgebungsfaktoren am Arbeitsplatz sehr wohl einen Einfluß auf die hier betrachtete Z-Größe ausüben dürften,

---

[14] Daran dürften die Wirkungen von Immissionen am Arbeitsplatz nicht beteiligt sein, da wir gesehen haben, daß sie nicht mit der Betriebsgröße variieren (Tab. 207).

Faktoren, von denen doch der arbeitende Mensch vergleichsweise weniger betroffen wird als von der Bürde seiner Tätigkeit selbst, wie sie der Tabelle 219 zugrunde liegt. Eine Erklärung für unsere zunächst erstaunliche Beobachtung ist aber wohl durch folgende Überlegung aufzuspüren: Die Schwere der Arbeit wird bereits mit der Wahl eines bestimmten Berufes und/oder einer bestimmten Tätigkeit akzeptiert. Sie geht also von vornherein in den Erwartungshorizont ein und verursacht dadurch allein keine Unzufriedenheit. Diese Akzeptanz ist nicht lediglich individuell bedingt, sondern dürfte letztlich auf dem christlich-abendländischen Arbeitsethos beruhen, wonach der Mensch im Schweiße seines Angesichts sein Brot verdienen soll. Eine auch schwere Belastung durch die Arbeit wird also ohne Z-Einbußen hingenommen.

Die Frage nach einer Auswirkung auf die Z stellt sich neu wohl erst dann, wenn die Belastung zu einer subjektiv wahrgenommenen *Über*lastung wird, wenn also dem Arbeitenden für sein Empfinden zu viel abverlangt wird. Dieser Gesichtspunkt bleibt demnach noch genauer zu prüfen, wobei hier auch die Unternehmer sinnvoll eingeschlossen werden können (s. Tab. 220).

Während von den Arbeitnehmern unabhängig von der Größe der Betriebe, in denen sie tätig sind, nur ungefähr jeder zehnte den Eindruck hat, daß die Arbeit ihm zu viel abverlange, fühlt sich fast die Hälfte der Unternehmer von der Arbeitslast überfordert. Nach Randbemerkungen wird diese Tatsache jedoch keineswegs immer als unangenehm empfunden, sondern oft als „natürlich für einen Unternehmer" bezeichnet und in Kauf genommen. Die berufliche Überforderung scheint vielfach sogar zum Erwartungskatalog der Unternehmer zu gehören — ganz ähnlich wie die Anstrengung der Arbeit bei den unselbständig Tätigen.

Die Verteilung der Unternehmeraufgaben zeigt durch alle Kriterien hindurch keine bedeutenden Verschiebungen. Bei den Arbeitnehmern scheinen sich die Anteile der nach ihren eigenen Auskünften Überlasteten mit dem Ausbildungsniveau, dem Einkommen und dem Übergang von manueller zu nichtmanueller Tätigkeit zu erhöhen (s. Tab. 221 - 223), eine bemerkenswerte Parallele zum Auftreten nervlicher Anstrengung durch die Arbeit (s. Tab. 215 - 217), die die Vermutung nahelegt, daß sich ein Überlastungsempfinden eher mit einer Übersteigerung der nervlichen als der körperlichen Anstrengung einstellt.

Angesichts der umrissenen Konstellation darf man gespannt sein, wie sich eine Überforderung durch die Arbeit auf die entsprechende Z-Größe auswirkt.

Die Tabellen 224 und 225 lassen den Betrachter in der Tat bemerkenswerte Zusammenhänge vermuten. Die Arbeitnehmer im Gewerbe reagieren, wie wir gesehen haben (s. Tab. 219), nicht mit Unzufriedenheit auf eine auch größere Belastung durch ihre Arbeit. Ein spürbarer Druck auf die Zufriedenheit beginnt jedoch allem Anschein nach dann, wenn sich die Belastung zu einer eigentlichen Überforderung auswächst (s. Tab. 224). Offenbar ist demnach wohl die *Be*lastung, nicht aber die *Über*lastung Bestandteil des Erwartungskatalogs beim gewerblichen Arbeitnehmer.

Dagegen scheint sich bei den Unternehmern das Überforderungsempfinden durchaus mit Z-Gefühlen zu „vertragen". Ein Blick auf Tab. 225 läßt einen gar vermuten, daß Arbeitsüberlastung einen positiven Einfluß auf die Zufriedenheit der geplagten Unternehmer haben kann, möglicherweise über die stolze Wahrnehmung als eine Art Statussymbol. Weniger spekulativ ist indessen wohl auch hier die Interpretation mit dem Erwartungshorizont, der im Falle der Arbeitnehmer nur eine (auch große) Belastung einschließt, im Falle der Unternehmer aber auch die Überlastung, mit der man sich zu leben gezwungen wähnt. Eine lästige Realität tut damit der Zufriedenheit keinen Abbruch, wenn sie in den Erwartungen vorweggenommen wird. Diese Feststellung illustriert in, wie uns scheint, besonders plastischer Weise unsere AZ-Definition (s. S. 36).

Freilich ist damit der Kontext der Arbeits- bzw. Tätigkeitsbedingungen und ihrer spezifischen Z-Wirkungen noch nicht genügend ausgeleuchtet. Wir haben uns jetzt einem Aspektbündel zuzuwenden, das in etwas loserer Beziehung zum Arbeitsplatz selbst steht, aber durchaus die hier untersuchte Z-Größe beeinflussen könnte.

2. *Arbeitsweg und Arbeitszeit*

Die Arbeitszeit, namentlich die Dauer des täglichen Einsatzes, war in frühen Epochen des Industriezeitalters vor allem im Zusammenhang mit der gewöhnlich durch sie bewirkten individuellen Erschöpfung zu beurteilen; von Freizeit war ohnehin kaum die Rede. Seitdem jedoch die täglichen 24 Stunden auch an einem normalen Werktag nur noch zu rund einem Drittel durch die Berufsarbeit beansprucht werden, hat dieser Zusammenhang an Bedeutung verloren (womit die Existenz erschöpfender bzw. überdurchschnittlich anstrengender Tätigkeiten keineswegs geleugnet wird, vgl. Tab. 214). Arbeitsdauer und Arbeitseinteilung werden stattdessen in zunehmendem Maße unter dem Gesichtspunkt ihrer Wirkung auf die verbleibende Freizeit diskutiert und in diesem Sinne, so steht zu vermuten, auch zu einer Subdeterminante der Arbeitszufriedenheit im Rahmen des Faktors „Arbeitsbedingungen". Nicht minder dürfte das für die Länge wie Hindernisfreiheit und damit die „Absolvierungsdauer“ der Arbeitswege gelten, beeinflussen sie doch ebenfalls den täglich verfügbaren Zeitraum, der dem arbeitenden Menschen für sein Privatleben verbleibt. Nach der Prüfung der Z-Wirkungen, die von den Arbeitszeiten und Arbeitswegen ausgehen, können wir sodann versuchen, den Z-Einfluß der Verfügbarkeit von Freizeit auch unmittelbar zu erforschen.

Bezüglich der Dauer, mit der die Mitarbeiter zum Zurücklegen des Weges zwischen Wohnung und Arbeitsplatz rechnen müssen, ergeben sich nach Tab. 226 offenbar betriebsgrößenbedingt geringfügige Unterschiede, die zudem leicht erklärbar scheinen: Je größer ein Betrieb ist, um so mehr Beschäftigte zieht er auch aus nicht unmittelbar benachbarten Gegenden an. Um so größer wird damit auch der Anteil Arbeitnehmer, die ihren Arbeitsweg als zu lang empfinden. Sehen wir uns die als zu lang beurteilten Wegzeiten genauer an, so streuen sie zwischen 10 (!) Minuten (im Fall eines gewerblichen Arbeitnehmers) und 90 Minuten (bei einem Industriebeschäftigten). Dabei war eine relative Zunahme der Industriebeschäftigten mit der Dauer der Wegzeiten zu verzeichnen.

Auch die Beobachtung läßt sich gut interpretieren, wonach innerhalb des Gewerbes die Quote der Befragten mit zu lange dauerndem Anmarschweg mit der Ortsgröße wächst, ist es doch keine Frage, daß diese tägliche Zwangsstrecke in aller Regel in den Großstädten sowohl durch größere Entfernung wie durch höhere Verkehrsdichte mehr Zeit beansprucht als auf dem Lande (s. Tab. 227). Zwei Erklärungsmöglichkeiten bieten sich dagegen an, wenn wir feststellen, daß der Anteil der über zu lange Arbeitswege Klagenden mit dem Dienstalter abzunehmen tendiert (s. Tab. 228): Entweder gewöhnen sich die Betroffenen im Laufe der Jahre an ihre Anmarschzeiten und finden sie schließlich nicht mehr zu lang (auch unter Ausschöpfung aller Verkürzungsmöglichkeiten), oder sie verlassen den Betrieb wieder und vermindern so die betreffende Quote.

Haben nun aber die Urteile zur Akzeptierbarkeit der Arbeitsweglängen einen Einfluß auf die Z mit den Arbeitsbedingungen? Wie die Daten der Tab. 229 erkennen lassen, scheint in der Tat ein Zusammenhang zu bestehen. Er äußert sich zwar nicht spektakulär, aber immerhin sichtbar darin, daß die Quote „sehr zufrieden“ bei den Befragten mit zu langem Arbeitsweg nur halb so hoch ist wie bei den diesbezüglich Bessergestellten und daß sich dieses Bild bei den indifferenten Nennungen umkehrt.

Eine mindestens ebenso deutliche Z-Wirkung dürfte von der Regelung der Arbeitszeit ausgehen, ist man ihr doch während der beruflichen Tätigkeit ständig unterworfen, während der Weg zur Arbeit für die Betroffenen gewöhnlich nur zweimal am Tage ein Ärgernis darzustellen vermag.

Die in den großen Betrieben geäußerten Urteile zur Arbeitszeit (s. Tab. 230) liegen zwischen denjenigen in den beiden gewerblichen Größenkategorien; mit anderen Worten besteht wohl ein signifikanter Unterschied zwischen den kleinen und mittleren Firmen ($p = .904$ aus Spalten 1 und 2), nicht aber zwischen gewerblichen Betrieben insgesamt und industriellen Unternehmungen. Relativ am wenigsten günstig wird danach die Situation in den Firmen mittlerer Größe beurteilt; für die großen Unternehmen ergeben sich etwas mehr positive Nennungen, und vergleichsweise am besten fallen die Urteile in den Kleinfirmen aus.

Dieses Ergebnis ist nicht leicht zu deuten, und auch die Auswertung von Randbemerkungen während der Interviews hilft nicht weiter: Sie beschränken sich auf gelegentliche positive Hinweise zur Gleitzeitregelung (diese decken sich mit den befürwortenden Nennungen in der bayerischen Erhebung; s. *Bayerisches Arbeitsministerium* [Hrsg.], 1976, S. 101). Ebensowenig bringt ein Blick in die Literatur weitere Aufschlüsse. Im Gegenteil lassen widersprüchliche Ergebnisse die Interpretation noch problematischer werden. So findet *Scheuch* (1976 a, S. 320 f.) die vergleichsweise ungünstigsten Daten in den Kleinfirmen vor, *Schacht* (1974, S. 21) jedoch ausgeprägt in den Großbetrieben, während sich nach den Ergebnissen bei *Bunz/Jansen/Schacht* (1974, S. 27) die mittleren Unternehmungen positiv von den beiden anderen Kategorien (mit je etwa gleichlautenden Daten) abheben. Eine Parallele zu unseren Ergebnissen findet sich lediglich in der österreichischen Studie, und zwar mit der Feststellung, daß im Durchschnitt 78 % der Befragten ihre Arbeitszeiteinteilung akzeptabel finden (*Bosse* [Hrsg.], 1976, S. 2).

Statt auf eine Antwort auf unsere oben formulierte Frage stoßen wir also im Schrifttum auf zusätzliche Deutungsprobleme. Abgesehen von den methodischen Gründen (z. B. Vergleichbarkeit; s. unsere früheren Bemerkungen), die mit dafür maßgebend sein mögen, vermuten wir eine Erklärungsmöglichkeit für die Betriebsgrößenunterschiede in der Tatsache, daß die Arbeitszeitregelung einen Komplex aus mehreren Elementen darstellt (Dauer der Arbeitszeit, Verteilung auf Tage und Wochen, Pausenhäufigkeit und -dauer, Flexibilität der Einteilung usw.), die je in den verschieden großen Betrieben unterschiedlich geordnet und damit für die Betroffenen unterschiedlich günstig sein mögen. Die schwierig deutbare Verteilung würde sich dann als Saldogröße erklären.

Für unsere Zwecke spielt das Problem indessen eine untergeordnete Rolle, weil wir uns weniger auf die Ursachen der unterschiedlichen

Arbeitszeiturteile konzentrieren als auf ihre Wirkung, mit anderen Worten den Einfluß, den eine — aus welchem Grunde auch immer — als ungünstig oder günstig empfundene Regelung auf die zugehörige Z-Größe der Mitarbeiter im Gewerbe ausübt. Da eine Auswertung der Arbeitszeiturteile nach anderen Kriterien keine auffälligen Abweichungen sichtbar macht, können wir uns unmittelbar dieser Ermittlung zuwenden (s. Tab. 231).

Der positive Zusammenhang, der offenbar die beiden betrachteten Variablen verbindet, tritt erwartungsgemäß deutlich zutage. Auffällig ist insbesondere die selten hohe Quote Unzufriedener unter denjenigen Arbeitnehmern, die einer ungünstigen Arbeitszeitregelung ausgesetzt sind, bei allerdings niedriger absoluter Zahl der Betroffenen. Bei den diesbezüglich bessergestellten Mitarbeitern ist der Anteil der „Sehr Zufriedenen" am höchsten und bei denen mit indifferenten Angaben entsprechend die Position „Weder zufrieden noch unzufrieden". Trotzdem darf aber nicht übersehen werden, daß auch hier, freilich mit der „Güte" der Arbeitszeiturteile abnehmend, die „zufriedenen" Äußerungen bei allen Angaben dominieren. Das letztere Ergebnis findet eine Entsprechung im Resultat einer unlängst durchgeführten Erhebung des Zürcher Instituts *Publitest* (danach sind fast 70 % der Berufstätigen in der Schweiz mit ihrer Arbeitszeit zufrieden; *Neue Zürcher Zeitung*, Nr. 110 vom 14. 5. 1979, S. 17).

Wir haben verschiedentlich unsere Vermutung hervorgehoben, wonach die Arbeitswege und die Arbeitszeiten ihren (inzwischen nachgewiesenen) Einfluß auf die Zufriedenheit der freizeitbestimmenden Wirkung zu verdanken haben. Es drängt sich nunmehr, wie angekündigt, auf, den Z-Einfluß der Verfügbarkeit von Freizeit auch unmittelbar zu erforschen. Die diesen Komplex anpeilende Frage konnte sinnvoll ebenfalls den Unternehmern gestellt werden.

Die entsprechende Tabelle 232 dürfte auf den Betrachter kaum überraschend wirken, spiegelt sie doch bezüglich der Arbeitnehmer die Auswirkungen einer Arbeitswoche von höchstens 44 Stunden Länge wider, die durchschnittlich rund 90 % der unselbständig Tätigen ausreichend Freizeit beschert, während bei den Unternehmern nur eine ziemlich knappe Mehrheit dieses Privileg genießt. An diese Wirklichkeit hat sich, so will uns scheinen, eine breite Öffentlichkeit längst gewöhnt, und es dürfte vielen schwerfallen, sich vorzustellen, daß noch in diesem Jahrhundert der Traum breiter Arbeiterkreise außer auf einen existenzsichernden Lohn auf ein wenig Zeit neben der Arbeit gerichtet war, wie das Gedicht von *Richard Dehmel* illustriert, das erst 1920 entstand:

Der Arbeitsmann

Wir haben ein Bett, wir haben ein Kind,
mein Weib!
Wir haben auch Arbeit, und gar zu zweit,
und haben die Sonne und Regen und Wind,
und uns fehlt nur eine Kleinigkeit,
um so frei zu sein, wie die Vögel sind:
Nur Zeit.

Wenn wir Sonntags durch die Felder gehn,
mein Kind,
und über den Ähren weit und breit
das blaue Schwalbenvolk blitzen sehn:
oh, dann fehlt uns nicht das bißchen Kleid,
um so schön zu sein, wie die Vögel sind:
Nur Zeit.

Nur Zeit! wir wittern Gewitterwind,
wir Volk.
Nur eine kleine Ewigkeit;
uns fehlt ja nichts, mein Weib, mein Kind,
als all das, was durch uns gedeiht,
um so kühn zu sein, wie die Vögel sind.
Nur Zeit!

Eher besinnen sich heute kritische Geister bereits auf die schon beim mehrmals zitierten Philosophen *Schopenhauer* formulierte Befürchtung, wonach „freie Muße dem gewöhnlichen Menschen bald zur Last, ja, endlich zur Qual [wird], wenn er sie nicht, mittelst allerlei erkünstelter und fingierter Zwecke, ... auszufüllen vermag" (1976, S. 42 f.). Dieses Problem, sollte es tatsächlich bestehen, beschäftigt die Selbständigen einstweilen wesentlich weniger ...

Bei einer kriterienweisen Auswertung der Daten aus dem Gewerbe erfährt die Verteilung gemäß Tabelle 232 keine wesentlichen Verschiebungen — mit Ausnahme einer altersbedingten Differenzierung (s. Tab. 233 und 234). Danach äußern bei Arbeitnehmern wie Unternehmern in den mittleren Lebensjahren überdurchschnittlich viele Befragte, sie hätten zu wenig Freizeit, während dieser Anteil bei jenen deutlich abnimmt, die die Schwelle der 50 überschritten haben, eine Beobachtung, die sich — bei objektiv vermutlich gleicher verfügbarer Freizeit — aus dem Lebenszyklus ergeben mag: In den Jahren der Lebensmitte ist natürlicherweise der Bedarf an arbeitsfreier Zeit durch familiäre und häusliche Verpflichtungen größer als in fortgerücktem Alter, wenn eine allmähliche Entlastung von solchen Pflichten einzutreten pflegt.

Der Z-Einfluß der Verfügbarkeit von Freizeit ergibt sich aus Tab. 235 und 236. Diese beiden Tabellen lassen sich nicht im gleichen Atemzug interpretieren. Bei den Mitarbeitern (Tab. 235) gewinnt der Leser den

Eindruck eines Zusammenhangs besonders im negativen Bereich, wonach ein Mangel an Freizeit überdurchschnittlich oft mit Unzufriedenheit oder doch Indifferenz einhergeht. Die entsprechende Beziehung auf der positiven Seite kommt weniger deutlich (da nur bei den „Zufriedenen") zum Ausdruck. Immerhin kann aber im Lichte unserer Daten keine Rede davon sein, daß reichliche Freizeit etwa die hier in Rede stehende AZ vermindere, wie es *Noelle-Neumann* (1977) — freilich mit einem umfassenderen Zufriedenheitsbegriff — aus ihren Allensbacher Längsschnittdaten herausliest, was an *Thomas von Aquin* gemahnt, in dessen Sicht träge verbrachte Mußezeit traurig macht. Eine ähnliche Folgerung suggeriert das oben (S. 177) angezogene *Schopenhauer*-Zitat. Aber eben: Unsere Daten zum Zusammenhang zwischen Z mit den Arbeitsbedingungen und Verfügbarkeit von Freizeit stützen solche Thesen nicht, sondern lassen auf eine positive Beziehung schließen. In jedem Fall dürfte jedoch *Vroom* (1964, S. 155) zuzustimmen sein, wonach die Freizeit der Arbeitnehmer ihre AZ beeinflußt.

Für Unternehmer (s. Tab. 236) kann diese Feststellung allerdings keine Geltung beanspruchen. Bei ihnen scheint es vielmehr so zu sein, daß weder Freizeit noch Freizeitmangel sich erheblich auf die Z auswirken. Damit erscheint unsere Feststellung (gemäß Tab. 232) vom erklärten Freizeitmangel bei fast jedem zweiten Unternehmer in wesentlich milderem Licht. Offenbar sind ihre Tätigkeitserwartungen so beschaffen, daß Freizeit keine conditio sine qua non für ihre Zufriedenheit darstellt (vgl. *Parker*, 1973, S. 6).

3. *Eigener Einfluß auf die Gestaltung der Arbeitsbedingungen*

Während wir in den ersten beiden Abschnitten dieses Kapitels versucht haben, die Gegebenheiten am Arbeitsplatz bzw. ihre Wahrnehmung durch die dort tätigen Menschen anzuvisieren und ihre Wirkungen auf die entsprechende Z-Größe abzuschätzen, geht es uns nunmehr um die Frage nach der Verbesserungsfähigkeit der Arbeitsbedingungen und dem möglichen Beitrag der Befragten in diesem Zusammenhang. Maßgebend dabei ist die Vermutung, daß es der Z förderlich sein kann, wenn der Eindruck besteht, die Gegebenheiten — seien sie auch ungünstig (lästige, gefährliche, anstrengende oder unpraktische Bedingungen) — könnten unter eigenem Einsatz der Betroffenen besser gestaltet werden. Gleichzeitig bedeutet dieser Komplex eine Ergänzung der Aussagen zur Mitwirkung der Mitarbeiter an betrieblichen Entscheidungen (s. S. 130 ff.), und zwar durch einen konkreten Anwendungsfall aus dem Gebiet der Arbeitsbedingungen — mit immerhin der begrenzten Möglichkeit autonomer Einflußnahme durch den Arbeitenden. Daher scheint es gerechtfertigt, eine Z-Wirkung aus der Beteiligungsmöglichkeit in der hier ausgeleuchteten Dimension der Z mit den Arbeitsbedingungen zu suchen statt wie oben der Z mit Organisation und Führung.

Während dieser Aspekt für Unternehmer gegenstandslos ist, schließt er für Mitarbeiter zwei Gesichtspunkte ein, erstens die Frage der Verbesserungsfähigkeit der Arbeitsbedingungen in den Augen der Betroffenen überhaupt und — soweit sie bejaht wird — zweitens die Frage nach der eigenen Mitwirkungschance und ihrem möglichen Z-Einfluß.

Ohne nennenswerte Unterschiede in den Betriebsgrößenklassen glauben — nach Tab. 237 — rund zwei Drittel der Arbeitnehmer, daß die Gegebenheiten an ihrem Arbeitsplatz besser gestaltet werden könnten. Da unsere Frage nicht im Hinblick auf die Äußerung von Kritik gestellt wurde oder sie gar bezweckte, dürfen die bejahenden Mitarbeiter keineswegs von vornherein als „Miesmacher" beurteilt, sondern können im Gegenteil genau so gut als interessiert, aufgeschlossen und mitdenkend betrachtet werden. Dementsprechend ist vorstellbar, daß ihre verneinenden Kollegen nicht unbedingt Musterknaben des Betriebes, sondern möglicherweise schlicht angepaßt, denkfaul oder passiv sind. Es gibt ohne Zweifel Menschen mit geringem Interesse selbst an der Gestaltung ihres unmittelbaren Arbeitsplatzes (vgl. *Hasenack*, 1977, S. 103). Unsere Überlegung dürfte durch die Tatsache gestützt werden, daß innerhalb des Gewerbes (aber nicht nur dort) der „Ja"-Anteil mit dem Lebensalter abnimmt und mit dem Ausbildungsniveau wächst (Tab. 238 und 239).

Gleichviel, unser Augenmerk richtet sich vor allem auf die Einschätzung der Möglichkeiten eines eigenen Beitrages zur Verbesserung der Arbeitsbedingungen (soweit diese Verbesserung überhaupt gesehen wird), weil wir dahinter eine weitere Z-Determinante vermuten.

Überraschenderweise ergibt sich in Tab. 240 der Eindruck, daß mit wachsender Betriebsgröße relativ mehr Mitarbeiter meinen, an einer Verbesserung ihrer Arbeitsbedingungen mitwirken zu können. Insbesondere ist bei den industriellen Arbeitnehmern der Anteil Befragter tiefer, die diese Möglichkeit verneinen. Hieraus weitreichende Schlußfolgerungen zu ziehen, wäre aber wohl voreilig, da die höhere Quote der unsicheren oder ausgebliebenen Antworten bei dieser Gruppe die Interpretation problematisch werden läßt.

Wir stoßen insofern auf Abweichungen zum Bild, wie es sich im Zusammenhang der Arbeitnehmermitwirkung an wichtigen betrieblichen Entscheidungen bot (s. Tab. 126): Unterschiedlich ist der Betriebsgrößeneinfluß, und unterschiedlich ist auch (mit rund einem Drittel bzw. zwei Dritteln) der „Ja"-Anteil bezüglich der arbeitsorientierten Einflußnahme. Erklärungen dafür mögen sich daraus ergeben, daß es zum einen im hier behandelten Kontext der Arbeitsbedingungen um vergleichsweise konkrete Dinge geht, die in begrenztem Ausmaß vom Arbeitnehmer auch ohne hochoffizielle Entscheidungen beeinflußt werden können (man denke an den oft recht beträchtlichen Handlungsspielraum am einzelnen Arbeitsplatz) und daß zum anderen in Tabelle 240 nur die Optimisten hinsichtlich der Verbesserungsfähigkeit ihrer Arbeitsbedingungen einbezogen sind. Der Anteil positiver Nennungen gemäß Tabelle 240 bleibt denn auch bei einer Auswertung durch alle Kriterien hindurch im wesentlichen unverändert hoch.

Im Gegensatz zu den übrigen untersuchten Einzelaspekten von möglichem Einfluß auf die Z mit den Arbeitsbedingungen, welche — ausgenommen die speziellen Arbeitsanstrengungen — alle Signifikanzniveaus von rund 0.9 und darüber ergaben, errechnet sich in diesem Falle (s. Tab. 241) nur ein schwacher Hinweis auf einen Zusammenhang. Damit stoßen wir nun auf eine Parallele zu unseren Betrachtungen bezüglich der Entscheidbeteiligung der Arbeitnehmer. Sie stand ja ebenfalls zu der ihr zugeordneten Z-Größe nur in einer schwachen Beziehung (s. Tab. 130). Selbst wenn wir trotz der formulierten Einschränkung den hier geprüften Aspekt anstelle der Z mit den Arbeitsbedingungen auf die Z mit Organisation und Führung (wie bei der „Mitbestimmung") beziehen, errechnet sich kein höheres Signifikanzniveau.

Der Einfluß einer Mitarbeiterchance zur eigenen Beteiligung an der Verbesserung der Arbeitsbedingungen auf die betreffende Z-Größe dieser Mitarbeiter ist also wohl nur als relativ gering zu veranschlagen. Eine plausible Erklärung dafür scheint sich anzubieten: Alle anderen im Zusammenhang der Arbeitsbedingungen betrachteten Aspekte sind sehr konkret und werden täglich erlebt. Ihr Stellenwert für die Betroffenen steht fest. Daneben bleibt eine konditional angesprochene bloße Möglichkeit offenbar zu vage, als daß sie massiv in das Z-Empfinden der sie genießenden Arbeitnehmer eindringen könnte.

4. *Zusammenfassung*

Im Kontext der Zufriedenheit mit den Arbeitsbedingungen (Arbeitnehmer) bzw. Tätigkeitsbedingungen (Unternehmer) liegen bei den Mitarbeitern sowohl die Z- wie die UZ-Quoten in der Industrie tiefer als im Gewerbe. Ähnlich bleiben innerhalb des Gewerbes bei den mittelgroßen Firmen beide vorkommenden Extrempositionen hinter den entsprechenden Werten für die Kleinbetriebe zurück.

Bei den gewerblichen Unternehmern andererseits liegt sowohl der Anteil der „sehr zufriedenen" wie derjenige der „unzufriedenen" Nennungen deutlich über den entsprechenden Daten der Mitarbeiter.

Im einzelnen wurden erstens eine Reihe von Gegebenheiten am Arbeitsplatz selbst sowie zweitens die Dauer der Beanspruchung durch An- und Abmarschwege wie Arbeitszeiten und drittens die eigenen Möglichkeiten zur Mitgestaltung der Arbeitsbedingungen im Hinblick auf ihre Z-Wirkungen untersucht.

In der ersten Gruppe ergab sich, daß unangenehme Arbeitsbedingungen (wie Dreck, Lärm usw.), Unfallgefährdung und Überforderungsgefühl bei den Mitarbeitern Z-mindernd wirken können, während von bloßer Arbeitsanstrengung ein solcher Einfluß nicht auszugehen scheint. Bei den Unternehmern vermag das Gefühl einer Überforderung ebensogut Z-steigernd wie Z-mindernd zu wirken.

In der zweiten Gruppe von Einzelaspekten stellten sich folgende Zusammenhänge heraus: Zu lange Wege zum Arbeitsort und als ungünstig empfundene Arbeitszeiten wirken allem Anschein nach bei den Arbeitnehmern negativ auf die Z mit den arbeitsbedingten Gegebenheiten. Dieser Einfluß wurde für das Komplement der zeitlichen Beanspruchung durch die Arbeit, die verfügbare Freizeit, bestätigt. Für die Unternehmer konnte der entsprechende Nachweis nicht erbracht werden.

Im dritten Abschnitt wurde eine — allerdings relativ unsichere — positive Beziehung zwischen einerseits der Chance eines eigenen Beitrages zur Verbesserung der Arbeitsbedingungen und andererseits der Zufriedenheit mit diesen Bedingungen ermittelt.

DRITTER TEIL

Die Gesamtarbeitszufriedenheit in gewerblichen Betrieben aus der Sicht der eigenen Untersuchung

Nach unserer ausführlichen (aber noch immer kaum vollständigen) Darstellung zur Struktur und Wirkungsweise der *einzelnen* AZ-Faktoren geht es nun um die Gewinnung eines *Gesamt*bildes. Wie angekündigt (s. o. S. 64 f.), bieten sich dazu zwei Wege an, die wir beide beschreiten wollen, zum einen die unmittelbare Erforschung der AZ als Globalgröße durch entsprechend ausgerichtete Fragen (s. folgendes Kapitel A), zum andern die Zusammenfügung der Ergebnisse bezüglich der einzelnen AZ-Faktoren zu einer Gesamtgröße, die die Möglichkeit eines Vergleichs zwischen beiden Varianten der Gesamtarbeitszufriedenheit — nach ihrer Überführung in Indexform — eröffnet (s. folgendes Kapitel B).

A. Die Arbeitszufriedenheit als Globalgröße

Der Erörterung der AZ als Gesamtphänomen wollen wir nicht vergleichbar viel Raum widmen wie derjenigen der zehn Einzelfaktoren, obwohl andere Autoren sich sogar auf die Gesamtbetrachtung beschränken und auf den Versuch einer Aufgliederung verzichten. Die von uns gewählte Gewichtung geht auf eine prinzipielle und eine pragmatische Überlegung zurück. Grundsätzlich besteht bei einer Konzentration auf die AZ als Gesamtgröße stärker als bei einer schwerpunkthaft analytischen Betrachtung das Risiko spekulativer Aussagen — wie bei jedem Gegenstand hoher Komplexität. Hinzu kommt als praktische Überlegung, daß die Gesamtbetrachtung einen steinigen Boden für Maßnahmen zur Beeinflussung der AZ liefert, weil man auf dem globalen Feld kaum bestimmen kann, wo und mit welchen Mitteln angesetzt werden soll. Andererseits wollen wir aber den Gedanken an Maßnahmen nicht ausklammern (s. 4. Teil).

Wenn wir damit der Gesamtbetrachtung den ihr u. E. zukommenden Stellenwert neben dem Approach nach Einzelfaktoren zugewiesen haben, so drängen sich gleichwohl mehrere Aspekte auf, unter denen versucht werden kann, das Zustandekommen von AZ als Globalgröße wenn nicht transparent zu machen, so doch wenigstens von außen zu beleuchten. Wir können diese Aspekte gruppieren unter den Stichworten des Verhältnisses von Erwartungen und Wirklichkeit, des Fortschrittes auf dem Berufsweg und des Einflusses der Arbeit auf das Privatleben.

Vorher bleibt jedoch die Frage zu beantworten, wie weit überhaupt AZ als Gesamtgröße bei Arbeitnehmern und Unternehmern verbreitet ist. Die betreffende Frage lautete für beide Gruppen: „Wenn Sie einmal an *alles* denken, was mit Ihrer Tätigkeit ... zusammenhängt, wie zufrieden sind Sie dann ...?"

Die Antworten sind in Tab. 242 (s. Anhang) zusammengefaßt. Für die Arbeitnehmer aller unterschiedenen Kategorien stimmen die Ergebnisse erstaunlich weit überein, indem sich die Abweichungen überwiegend auf wenige Prozentpunkte beschränken. Einzig die Quoten „Zufrieden" in den Kleinfirmen und „Unzufrieden" in den Industriebetrieben fallen etwas stärker aus dem gleichartig strukturierten Bild, ohne aber weitreichende Schlußfolgerungen daraus zu rechtfertigen. Es ist schon hier uneingeschränkt festzuhalten, daß das Gewerbe in der Gesamtschau seinen Mitarbeitern zumindest vergleichbare Chancen bietet, in ihrer Tätigkeit Befriedigung zu finden. Die für das nächste Kapitel vorgesehene Umrechnung in Indexwerte bezweckt im übrigen, das gewonnene Bild noch schärfer zu konturieren.

Deutlicher scheinen dagegen die Unterschiede zwischen den Unternehmern und den unselbständig Tätigen: Nicht weniger als 96 % der Betriebsinhaber äußern sich „sehr zufrieden" oder „zufrieden". Eine unbedeutende Minderheit von 4 % ist unschlüssig, und als unzufrieden bezeichnet sich überhaupt niemand.

Insgesamt können wir von durchweg positiver Grundgestimmtheit ausgehen, die bei den Unternehmern noch ausgeprägter zum Ausdruck kommt als bei den Mitarbeitern.

Die Auswertung — im Gewerbe — nach den diversen Kriterien liefert die höchsterreichten Signifikanzwerte für jeweils ein *anderes* Merkmal bei Unternehmern und Mitarbeitern (s. Tab. 243 und 244).

Nach diesen Daten beeinflußt bei den Mitarbeitern offenbar (wie schon im Kontext mehrer Einzelfaktoren) der Standort des Betriebes ihre Gesamt-AZ in dem Sinne, daß mit dem Übergang von großstädtischen zu ländlichen Verhältnissen die Z-Quote wächst. Die Zunahme errechnet sich allerdings nur zu Lasten des Anteils der Indifferenten, während der kleine Bodensatz der Unzufriedenen gleich zu bleiben scheint. Das Dienstalter spielt, wie die weitere Auswertung erkennen ließ, in diesem Zusammenhang ebenso wenig eine Rolle wie die übrigen Kriterien. Umgekehrt dürfte — im Lichte der Tab. 244 — bei den Unternehmern die Gesamt-AZ mit der Dauer ihrer selbständigen Tätigkeit zunehmen, während die Standortgröße und die übrigen Kriterien keinen bestimmten Einfluß sichtbar werden ließen.

Zur Deutung des Standorteinflusses erinnern wir an unsere Überlegungen hinsichtlich der Faktoren Anerkennung, Organisation/Führung, menschliche Beziehungen und Arbeitsbedingungen, die sinngemäß wohl auch hier Gültigkeit beanspruchen können. Offenbar bestätigt sich das ländliche Milieu in der typischen Ausprägung des Dorfes als befriedigender Kontrapunkt zu einer entfremdenden städtischen Welt (vgl. die bemerkenswerte Studie *Ilien/Jeggle*, 1978, S. 171).

Wenn mit der Dauer der selbständigen Tätigkeit die AZ als Gesamtgröße wächst, so scheint diese Beobachtung darauf hinzudeuten, daß bei allen Problemen und Schwierigkeiten, denen sich die gewerblichen Unternehmer heute ausgesetzt sehen, die Befriedigung aus der Tätigkeit allfällige Versuchungen zu Frustration und Resignation überzukompensieren vermag. Sie scheinen mit der Dauer der Bewährung nicht zu wachsen, sondern, wohl im Gleichlauf mit zunehmender Beherrschung der Probleme, zu schrumpfen: „Es wächst der Mensch mit seinen größern Zwecken" (*Schiller* in Anlehnung an *Seneca*).

Wie stellen sich nun Verbreitung und Zustandekommen der Gesamt-AZ unter den drei angekündigten Aspekten oder Aspektgruppen dar?

1. Übereinstimmung von Erwartungen und Wirklichkeit

Im zweiten Teil dieser Studie, der sich mit den Wirkungen der unterschiedenen Faktoren auf die AZ befaßte, wurde zumeist geprüft, wie die realen Gegebenheiten bezüglich dieser Faktoren die entsprechenden Z-Größen beeinflussen. Dahinter stand regelmäßig die Überlegung, daß bei gegebenen Erwartungen der Befragten deren AZ eine Funktion der Erfüllung dieser Ansprüche in der rauhen Wirklichkeit ist (vgl. unsere AZ-Definition). Wenn wir empirisch stärker auf die Erfüllungs- als auf die Erwartungsseite gesetzt haben, so sind wir dabei von der bereits zitierten (s. S. 37) Annahme ausgegangen, daß sich die Erwartungen zumindest auf Dauer auf das Realisierungspotential einpendeln, und zwar je nach dessen Entwicklung im Sinne der Herabsetzung[1] oder der Steigerung[2].

---

[1] Wie durch *Eugen Roth* illustriert:

Man wird bescheiden

Ein Mensch erhofft sich fromm und still,
Daß er einst das kriegt, was er will.
Bis er dann doch dem Wahn erliegt,
Und schließlich das will, was er kriegt.

Davon abgesehen, schien es wesentlich unproblematischer, die Realitäten — wenn auch durch die Brille der Befragten — als die Ansprüche, noch dazu *faktorenweise*, zu erfassen.

Hinsichtlich der Tätigkeit *insgesamt* sollten die Wunschvorstellungen dem arbeitenden Menschen indessen eher bewußt sein bzw. durch eine gezielte Frage bewußt gemacht werden können, so daß wir hier versuchen durften, den Grad der Übereinstimmung zwischen den Vorstellungen von der Tätigkeit (als sie aufgenommen wurde) und der Tätigkeit selbst unmittelbar zu erfragen. Die Antworten lassen sich sodann wie üblich mit den unabhängig davon gemachten AZ-Äußerungen vergleichen und sollten auf diese Weise eine Verifizierung unserer Haupthypothese ermöglichen, wie sie in unsere AZ-Definition eingegangen ist.

Die Daten der Tab. 245 scheinen den Schluß zu rechtfertigen, daß bei Selbständigen wie Unselbständigen in den meisten Fällen die Realität der Tätigkeit im Betrieb den Erwartungen, unter denen sie angetreten wurde, einigermaßen entspricht. Bei näherem Hinsehen ergibt sich aber der Eindruck von Unterschieden im Übereinstimmungsgrad, wonach innerhalb der Kategorie der Arbeitnehmer mit wachsender Betriebsgröße verhältnismäßig mehr relativierende Angaben gemacht werden und die Divergenzen zwischen den beiden verglichenen Größen zunehmen. Bemerkenswert scheint gleichzeitig, daß durchweg nur wenige Befragte seinerzeit keine konkreten Vorstellungen mit ihrer neuen Tätigkeit verbanden. Je größer der Arbeitgeberbetrieb, um so öfter scheint man jedoch mit seinen Vorstellungen vom „Job" dort in die Irre zu gehen oder mit Erwartungen anzutreten, die sich in der Folge nicht erfüllen.

Der Vergleich der Ergebnisse zwischen den Betriebsinhabern und den Arbeitnehmern innerhalb des Gewerbes zeigt dagegen überraschende Ähnlichkeiten und keineswegs etwa eine bessere Entsprechung bei den Unternehmern, wobei hier durchaus sowohl das Anspruchsniveau wie das Realisierungspotential über den entsprechenden Größen der Mitarbeiter liegen mögen. Entscheidend für die im folgenden zu prüfende Wirkung auf die AZ ist aber nach unserer Annahme nicht das Niveau, sondern der Grad der Übereinstimmung von Vorstellungen und Gegebenheiten.

---

[2] Wie bei *Wilhelm Busch* besungen:

Wonach du sehnlich ausgeschaut,
Es wurde dir beschieden.
Du triumphierst und jubelst laut:
Jetzt hab ich endlich Frieden!
Ach, Freundchen, rede nicht so wild,
Bezähme deine Zunge!
Ein jeder Wunsch, wenn er erfüllt,
Kriegt augenblicklich Junge.

Eine über die wirtschaftlichen Implikationen hinausgehende Frage bleibt dabei, wie die Erwartungen zustande kamen (vgl. dazu *Blood/Hulin*, 1967, S. 284 ff.; *Near/Rice/Hunt*, 1978, S. 248 ff.). Wir haben immerhin versucht, den wirtschaftlich relevanten Vorstellungen, also einem Ergebnis dieses Prozesses, näherzukommen, und zwar durch die Frage nach den maßgeblichen Anlässen für die Wahl der jetzigen Stelle. Die Frage erwies sich jedoch als unergiebig, indem die meisten Antworten nichtssagend auf „Interesse" hinausliefen (vgl. zu derartigen Fragen unsere Bemerkung auf S. 47). Die entsprechende Frage an die Selbständigen wurde sehr konkret formuliert und zielte lediglich auf die Angabe ab, wie sie „eigentlich Unternehmer geworden" sind. Aus den Antworten ergab sich, daß rund je ein Drittel ihren Betrieb geerbt, gekauft und selber gegründet haben. Diese Varianten zur Genesis der Selbständigkeit wurden mit den Angaben zur Entsprechung von Vorstellungen und Wirklichkeit verglichen. Es errechnete sich jedoch kein signifikanter Zusammenhang[3], und die bei *Deeks* (1976, S. 199 f.) betonte Unterschiedlichkeit der Auskünfte insbesondere von Gründern und Nichtgründern bestätigte sich insoweit nicht.

Begnügen wir uns also mit den Auskünften, wie sie sich in Tabelle 245 darstellen und wie sie sich im übrigen durch die Kriterien hindurch in ihrer Verteilung bestätigen, und prüfen die Wirkung, die vom Übereinstimmungsgrad auf die Gesamt-AZ im Gewerbe ausgeht (s. Tab. 246 und 247). Dies ist schließlich unser Hauptanliegen.

Obwohl auch hier wie schon in vielen früheren Fällen die schwach besetzten „negativen" Positionen die rechnerisch deutliche Signifikanz zu Tabelle 246 problematisch erscheinen lassen, spricht bezüglich der gewerblichen Mitarbeiter das Bild der Verteilung zweifellos für die vermutete Abhängigkeit der Gesamt-AZ vom Maß der Übereinstimmung zwischen Vorstellungen und Wirklichkeit, indem sich mit abnehmender Entsprechung „sehr zufriedene" und „zufriedene" Nennungen zur Mitte oder zur „unzufriedenen" Seite hin verschieben. Bei mangelnder Übereinstimmung erklären sich schließlich gleich viele Befragte als „unzufrieden" wie als „sehr zufrieden". Trotzdem dominieren auch hier die Zufriedenen — ganz ähnlich, wie wir es schon bei allen untersuchten Einzelfaktoren feststellen konnten.

Somit gewinnen wir den Eindruck, daß bezüglich der Arbeitnehmer im Gewerbe unsere Hauptannahme (auf der auch unsere AZ-Definition beruht) zutrifft, wonach die AZ mit dem Grad der Entsprechung zwischen Erwartungen und Erfüllung variiert. Im Schrifttum findet sich hierzu eine lange Reihe von Hinweisen (weniger von empirischen Belegen); wir

[3] In einem durch *U. Baldegger* bearbeiteten, diese Studie weiterführenden Projekt zum Thema der Motivation von Betriebsgründern wird den Erwartungen angehender Unternehmer speziell und gezielt nachgegangen.

erinnern an unsere Zitate im Rahmen unserer Überlegungen zur Definition (s. o. S. 33 ff.) und verweisen ergänzend auf *Locke*, 1969, S. 316, *Gellerman*, 1972, S. 308, sowie auf das Schema bei *Hagen*, 1973, S. 191.

Eine Hervorhebung der Persönlichkeitsstruktur als maßgebliche Einflußgröße der AZ (wie z. B. bei *Eleonore Höfner*, 1975) steht nicht im Widerspruch zu unserem Befund, sondern ergänzt ihn, da sich diese Struktur ihrerseits auf die Erwartungen und auf die Wahrnehmung der Wirklichkeit auswirken kann. So dürfte sich z. B. die AZ eines Optimisten von derjenigen eines chronischen Schwarzsehers unterscheiden, doch würde die empirische Verifizierung dieser Annahme zusätzliche Informationen erfordern.

Eine plausible Illustration ermöglicht im Zusammenhang der AZ-Wirkungen von Erwartungen und Realität die Beobachtung des *Instituts für Demoskopie* ([Hrsg.], 1977, S. 47 f.), wonach in der Bundesrepublik Deutschland Gewerkschaftsmitglieder wesentlich massierter Ansprüche auf Lohnerhöhung und Arbeitszeitverkürzung erhoben als nichtorganisierte Arbeitnehmer. Die Studie bezieht diese Daten nicht auf die AZ, doch ist nach unserer hier geprüften These leicht vorstellbar, in welcher der beiden Beschäftigtenkategorien mehr Zufriedenheit herrschen dürfte (vgl. unseren Hinweis auf Randbemerkungen einzelner der von uns befragten Unternehmer im Hinblick auf gewerkschaftliche Aktivitäten, oben S. 145).

Bei der vergleichbaren Prüfung der Unternehmer-Daten (s. Tab. 247) erweist sich der Chi^2-Test nicht nur als problematisch, sondern zeigt nicht einmal einen auch nur rechnerisch signifikanten Zusammenhang, und zwar dank der Tatsache, daß zum einen nur zehn Unternehmer von mangelnder Übereinstimmung zwischen Vorstellungen und Wirklichkeit sprachen und daß sich zum anderen, wie schon gezeigt, niemand gesamthaft als unzufrieden oder gar sehr unzufrieden erklärte. Nun dürfte auf dem Niveau der Plausibilität gerade diese doppelte Feststellung für die Annahme unserer Hypothese (gute Übereinstimmung = hohe AZ) sprechen. In der Tat wäre wohl auch nicht leicht einzusehen, warum dieser Zusammenhang bei den Selbständigen nicht zutreffen sollte, haben wir doch keine Anhaltspunkte für eine Vermutung, wonach die Betriebsinhaber etwa *fundamental* anderen psychologischen „Gesetzmäßigkeiten" unterständen als ihre Mitarbeiter.

Gleichwohl, ein Rest von Unbehagen angesichts des „Beweisnotstandes" bei beiden Befragtenkategorien bleibt. Holen wir daher in einem zweiten Anlauf noch etwas weiter aus und prüfen den Sachverhalt der Entsprechung von Vorstellungen und Wirklichkeit durch eine zusätzliche Frage mit der indirekten Formulierung, ob man einem „guten Freund" die Aufnahme einer Tätigkeit im Betrieb des Befragten empfehlen würde. Dabei wurde unterstellt, daß eine solche Empfehlung wohl nur in Frage käme, wenn sich die eigenen Vorstellungen im Betrieb bewahrheitet haben. Diese Frage eignete sich allerdings realistischerweise nur für Unselbständige, nicht für Unternehmer, weil bei ihnen kaum mit einer offenen Distanzierung vom eigenen Unternehmen gerechnet werden konnte.

Die Verteilung in Tab. 248 enthüllt insgesamt, daß durchweg die große Mehrheit der Arbeitnehmer, nämlich runde drei Viertel, die Tätigkeit im gegebenen Betrieb so positiv beurteilen, daß sie sie uneingeschränkt einem Freund empfehlen würden, während etwa 10 % Zweifel hätten und weitere rund 10 % davon abraten würden. Bei genauerem Hinsehen ergeben sich Unterschiede weniger zwischen gewerblichen und industriellen Betrieben als zwischen den ausgesprochenen Kleinfirmen einerseits und allen übrigen Betrieben andererseits ($p = .879$ aus Spalten 1 und 2 und $p = .745$ aus Spalten 1, 2 und 4). Danach liegt in der letzteren Gruppe der Anteil der positiven Nennungen deutlich tiefer, derjenige der negativen Nennungen (und damit der negativen Urteile über den eigenen Betrieb) leicht höher als bei den Kleinfirmen. Außerdem nimmt die Quote der ratlosen Antworten („weiß nicht" ...) offenbar mit der Betriebsgröße zu — als Folge wachsender Schwierigkeit, einen Überblick über den Betrieb als Grundlage der Beurteilung zu gewinnen, oder als Folge der Erschwerung des Urteils durch allenfalls abteilungsweise gegebene Unterschiede, wie sich aus Randbemerkungen ergab. Bemerkenswerterweise sind die Abweichungen vom Mittel bei einer Auswertung nach der Standortgröße noch ausgeprägter: „Abraten" würden in großstädtischen Verhältnissen volle 28 %, auf dem Lande aber nur gerade 6 % (s. Tab. 249). Indessen müssen in diesem Zusammenhang nicht nur betriebliche, sondern auch exogene Einflüsse auf die Antworten vermutet werden, so z. B. ein breiteres Angebot alternativer Stellen in der Stadt.

Bestätigt sich nun im indirekten Vorgehen die Wirkung mehr oder weniger erfüllter Erwartungen auf die AZ? Gemäß Tab. 250 ergibt sich rechnerisch ein Zusammenhang zwischen realisierten Vorstellungen und AZ auf maximalem Signifikanzniveau. Dieses Ergebnis stützt zweifellos die bisherigen Überlegungen zur Annahme bzw. Nichtverwerfung unserer Haupthypothese. Hinzuzufügen bleibt ihr lediglich, daß eine *bevorstehende* Erfüllung von Ansprüchen ähnlich positiv auf die AZ wirken kann wie die schon *eingetretene* Erfüllung (vgl. *Rosenstiel*, 1975, S. 417 f.), eine Annahme, die wir noch prüfen werden.

Statt dessen müssen wir unseren Kreis noch etwas weiter ziehen und betonen, daß die in unserer Definition angesprochene „Arbeitssituation" nicht nur vordergründig-momentane Gegebenheiten beschreibt, sondern umfassend verstanden werden muß. Namentlich ist sie naturgemäß eine Funktion der Berufswahl. Mit anderen Worten würde sich die Arbeitssituation dem arbeitenden Menschen selbstverständlich ganz anders darstellen, wenn er sich seinerzeit für einen anderen Beruf entschieden hätte. Die Lage, in die er sich jetzt gestellt sieht, kann in ihrer Wirkung auf die AZ also kaum unter Loslösung von seinem Beruf erschöpfend beurteilt werden.

In den Kontext der Entsprechung von Erwartungen und Wirklichkeit ist daher abschließend die Frage der Berufswahl einzubeziehen: Entsprechung hier dürfte ebenfalls AZ-relevant sein.

Wir stützen uns wiederum auf eine indirekte Frage, indem wir lediglich wissen wollten, ob die Befragten, nochmals jung und erneut vor die Wahl gestellt, sich wiederum für den jetzigen Beruf entscheiden würden. Eine positive Antwort, so unsere Vermutung, spricht für die Realisierung der Vorstellungen, die sich seinerzeit mit dem gewählten Beruf und der durch ihn vorbestimmten Tätigkeit verbanden, und müßte die AZ als komplexe Gesamtgröße daher positiv beeinflussen, und zwar sowohl bei den Unternehmern wie bei den Mitarbeitern.

Nach Tabelle 251 würden die meisten Berufstätigen ihren Beruf wiederwählen, doch scheint die Mehrheit nicht so ausgeprägt, wie man es angesichts der traditionellen mitteleuropäischen Vorstellungen von einer Bindung an den Beruf erwarten könnte. Im Lichte unserer Daten würde die bei *Max Frisch* (Biografie, 1967) dramatisch bearbeitete Vermutung, der Mensch könne seine Biographie nur wiederholen, wohl vorsichtiger formuliert werden. In unserem Zusammenhang macht sich vielleicht bereits die seit einigen Jahren aufgekommene öffentliche Diskussion um die „berufliche Mobilität" bemerkbar, wonach breite Schichten von Arbeitnehmern mit der Notwendigkeit eines Berufswechsels rechnen müssen. Jedenfalls handelt es sich bei unseren Daten kaum um ein Zufallsresultat im Sinne eines „Ausreißers"; denn andere Erhebungen bestätigen unsere Quote in der Größenordnung (*Basler Versicherungsgruppe* [Hrsg.], 1978, S. 102: 50 % würden ihren Beruf nochmals wählen; *Scheuch,* 1976 a, S. 319: 62 %). Eine Umfrage der Handwerkskammer Stuttgart unter jungen Meistern erbrachte zwar eine deutlich höhere Quote (83 %, s. *Deutsches Handwerksblatt,* Nr. 3/1979, S. 76), doch mag sich hier das Hochgefühl der soeben absolvierten Meisterprüfung ausgewirkt haben.

Betrachten wir unsere Ergebnisse aber differenzierter. Dabei zeigt sich, daß ähnlich wie in Tabelle 248 die Grenzlinie auffälliger Unterschiede offenbar nicht zwischen den gewerblichen und den industriellen Betrieben verläuft, sondern zwischen den Kleinfirmen und den übrigen Unternehmungen (p = .988 aus Spalten 1 und 2 und p = .959 aus Spalten 1, 2 und 4): In den Kleinbetrieben liegt der Anteil Nennungen zugunsten einer Wiederwahl desselben Berufs um rund 10 % höher und die Quote der Entscheide dagegen mindestens in diesem Ausmaß tiefer als in den anderen Firmen. Noch deutlicher zugunsten ihres jetzigen Berufs votierten die Unternehmer, wobei sich wiederum in den Kleinfirmen die Verteilung „besser" darstellt als in den Mittelbetrieben (s. Tab. 252).

Da „Unternehmer" kein Beruf ist, scheint nach diesem Ergebnis immerhin die Selbständigkeit auf die Bewertung des erlernten Berufs „abzufärben". Somit dürften die Unterschiede nach dem Status (selbständig oder nicht) und wohl auch nach der Betriebsgröße unsere Behauptung (s. S. 189) stützen, wonach die individuelle Tätigkeitssituation unter Isolation von der Berufsbewertung nicht hinreichend erfaßt werden kann.

Ergänzend bleibt darauf hinzuweisen, daß, von diesen Zusammenhängen abgesehen, nach unseren Ermittlungen nur die Anzahl absolvierter Berufswechsel die Frage der Wiederwahl signifikant beeinflußt (s. Tab. 253), allerdings nicht entsprechend unseren Erwartungen: Mit wachsender Anzahl Berufswechseln nimmt nämlich der Eindruck, jetzt den richtigen Beruf zu haben, den man auch wiederwählen würde, nicht etwa zu, sondern ab. Der umstellungsfreudige Arbeitnehmer kommt demnach nicht etwa von Mal zu Mal seinem Idealberuf näher; vielmehr scheint im Gegenteil die Fähigkeit oder Bereitschaft der tieferen Bindung an einen Beruf zusehends zu schrumpfen. Bei den Unternehmern besteht eine solche Beziehung nicht nachweisbar, jedoch mag das rechnerisch daran liegen, daß nur wenige ihren Beruf gewechselt haben.

Besteht nun ein positiver Zusammenhang zwischen der Bereitschaft zur Wiederwahl des jetzigen Berufs (als weiteres Indiz für die Realisierung arbeitsbezogener Vorstellungen) und der Gesamt-AZ? Die Tabellen 254 und 255 fügen sich recht gut in das Bild, das wir bereits vom Zustandekommen der Gesamt-AZ gewonnen haben, und stützen auch aus dem Blickwinkel „Beruf" die oben angestellten Überlegungen zur Entsprechung von Erwartungen und Wirklichkeit.

Wir können damit unmittelbar zum zweiten der drei angekündigten Aspektbündel überleiten, der beruflichen Karriere, und prüfen, wie sie sich auf die Gesamt-AZ auswirkt.

2. Beurteilung der eigenen Karriere und Karriereaussichten

Im zweiten Teil dieser Studie (S. 66 ff.) haben wir die Aufstiegs- bzw. Expansionsmöglichkeiten innerhalb der *Einzel*determinanten der AZ untersucht. Dabei ging es um die Chancen, die sich den Befragten in der jetzigen Position eröffnen. Im Zusammenhang der *Gesamt*-AZ ist — unter dem Stichwort „Karriere" — der Blickwinkel naturgemäß größer und muß Erfolg wie Erfolgsaussichten im Rahmen der Berufstätigkeit überhaupt und die sich daraus ergebenden AZ-Wirkungen anvisieren. Dieser Komplex ist also nicht an den jetzigen Betrieb gebunden, sondern schließt die Möglichkeit eines Stellenwechsels bzw. einer Aufgabe des Betriebes ein. Es scheint daher sinnvoll, sowohl den heutigen Stand und die weiteren Aussichten auf der Erfolgsleiter allgemein und ihre AZ-Effekte wie spezieller mögliche Gedanken an einen Stellenwechsel bzw. eine Betriebsaufgabe und ihre Wirkung auf die AZ zu prüfen.

Ein Vergleich der Äußerungen der Arbeitnehmer in Gewerbe und Industrie zum heute erreichten Stand in ihrer Karriere (Spalten 3 und 4 in Tab. 256) vermittelt den — statistisch allerdings wenig sicheren — Eindruck, daß sich die beruflichen Wünsche der gewerblichen Mitarbeiter im ganzen etwas besser erfüllt haben als diejenigen ihrer Kollegen in größeren Betrieben, und zwar durch die höheren Quoten auf den oberen und die tieferen Anteile auf den unteren „Sprossen" einer „Leiter" von der vollkommenen Nichterfüllung bis zur vollkommenen Erfüllung dieser Wünsche. Innerhalb des Gewerbes errechnen sich für die mittleren Betriebe leicht bessere Werte als für die Kleinfirmen, aber ebenfalls auf sehr niedrigem Signifikanzniveau ($p = [.579]$ aus Spalten 1 und 2), so daß sich weitreichende Folgerungen aus dieser Beobachtung verbieten.

Wesentlich deutlicher und sicherer zeigen sich Abweichungen zwischen den Äußerungen der Unternehmer und der Mitarbeiter im Gewerbe (Spalten 3 und 5 in Tab. 256). Danach sind bei den Selbständigen eindeutig mehr berufliche Anliegen in Erfüllung gegangen als bei den Arbeitnehmern, und ganz negative Angaben kamen gar nicht vor. Es scheint demnach nicht übertrieben festzustellen, daß das Potential der beruflichen Selbstverwirklichung in der unternehmerischen Selbständigkeit deutlich größer ist als bei angestellter Tätigkeit, eine Beobachtung, die sich in der weniger allgemein gehaltenen Frage hinter Tabelle 245 noch nicht ergab.

Hervorzuheben bleibt jedoch, daß die Unterschiede bei beiden Betrachtungsweisen (gewerbliche versus industrielle Arbeitnehmer und gewerbliche Arbeitnehmer versus Unternehmer) in der Zukunftsperspektive zur Abschwächung neigen; mit anderen Worten sehen für die Zeit in drei Jahren Angehörige aller Kategorien eine verbesserte Verwirklichung ihrer beruflichen Absichten. Das äußert sich darin, daß sich auf der „Leiter" für alle Gruppen die Verteilung der Angaben nach oben verschiebt (im Vergleich der Tabellen 256 und 257[4]). Diese Feststellung ver-

[4] Die Anzahl Fälle in Tab. 257 liegt leicht unter derjenigen in Tab. 256, weil sich einzelne Befragte keine Zukunftsprognose zutrauten.

anschaulicht das große Gewicht, das dem „Prinzip Hoffnung“ in der beruflichen Entwicklung beizumessen ist. Um so tragischer mögen die Fälle der Hoffnungslosigkeit sein, die sich hinter den vereinzelten Nennungen zur untersten Sprosse der Leiter verbergen, wonach die Betroffenen auch für die Zeit in drei Jahren keinerlei Erfüllung beruflicher Wünsche erwarten. Einzelne dieser Befragten ließen in den Interviews hier denn auch deutlich Resignation erkennen.

Wie üblich wurden die Daten der Befragten aus dem Gewerbe (Mitarbeiter wie Unternehmer) zusätzlich merkmalsweise aufgeschlüsselt. Dabei ergaben sich bei den Selbständigen für kein Kriterium signifikante Zusammenhänge zu *beiden* Äußerungen (hinsichtlich Gegenwart und Zukunft); bei den Arbeitnehmern dagegen scheinen solche Zusammenhänge mit den Kriterien Lebensalter und Einkommen zu bestehen. In der Auswertung nach dem Alter zeigte sich erwartungsgemäß, daß beim Gegenwartsurteil die jugendlichen Arbeitnehmer noch weiter unten auf der Leiter stehen als ihre älteren Kollegen, während die mittelalterlichen Arbeitnehmer schon etwas aufgerückt sind und die über 50jährigen Mitarbeiter sich entweder am Ziel ihrer Wünsche sehen (größte Belegung bei Ziffer 0 der Skala; vgl. Tab. 258) oder aber in einzelnen Fällen resignieren. Im übrigen scheinen die Hoffnungen durchweg nach oben zu tendieren, wie ein Blick auf die Bewertung des zukünftigen Standes auf der Karriereleiter zeigt (Tab. 259): Eine Verschiebung nach oben wird in allen drei Alterskategorien deutlich sichtbar, am wenigsten jedoch naturgemäß in der höchsten Altersgruppe.

Die zwei entsprechenden Tabellen mit der Auswertung nach den Einkommensgruppen (Tab. 260 und 261) lassen eine vergleichbare Tendenz erkennen. In der Gegenwart konzentrieren sich die Angehörigen der unteren Einkommenskategorie auf die Mitte der Leiter, während für die mittlere und die obere Gruppe die Schwergewichte der Urteile verständlicherweise bereits etwas weiter oben liegen. Für die Zukunft erwarten die meisten Angehörigen aller drei Kategorien eine Verschiebung in Richtung Spitze der Leiter, ohne daß jedoch für irgendeine Gruppe die größte Häufigkeit auf die höchste Stufe entfällt. Trotzdem wird auch in der Einkommensauswertung das hohe Maß Hoffnung und Optimismus hinsichtlich der beruflichen Aussichten sichtbar, das die große Mehrheit der Befragten in allen Kategorien auszeichnet.

Wirken sich nun die errungene und die erwartete Position auf der Erfolgsleiter auf die AZ aus? Die Tabellen 262 und 263 zeigen das Ergebnis unserer Auswertung.

Was die Arbeitnehmer im Gewerbe betrifft, scheint Tabelle 262 den erwarteten Eindruck zu bestätigen, wonach je nach Verwirklichung der beruflichen Wünsche die AZ ein unterschiedliches Niveau erreicht. Zwar bleibt überraschend der Anteil der „zufriedenen“ Nennungen durch alle (jetzt horizontal angedeuteten) „Leitersprossen“ hindurch offenbar einigermaßen konstant, doch ist die Zunahme der Quote der sehr zufriedenen Mitarbeiter mit steigendem Erfüllungsgrad recht gut sichtbar, während in der gleichen Richtung die „Weder/noch“-Angaben abzunehmen scheinen und die „unzufriedenen“ Nennungen verschwinden.

Bei den Unternehmerdaten (Tab. 263) macht sich einmal mehr die insgesamt schmale Zahlenbasis bemerkbar. Zudem erhielten wir weder Bekenntnisse zu den untersten Sprossen der Erfolgsleiter noch — wie bekannt — Äußerungen der Unzufriedenheit. Dadurch ist ein statistischer Nachweis des Einflusses vom Maß der Erfüllung unternehmerischer Anliegen auf die Unternehmer-AZ nicht möglich. Die Plausibilität scheint uns indessen ähnlich wie in Tabelle 247 für einen positiven Zusammenhang zwischen den beiden betrachteten Größen zu sprechen, und zwar gerade aufgrund der Datenkonzentration „links oben“ in Tabelle 263.

Aus der Einschätzung des in drei Jahren mutmaßlich erreichten Erfolges ergibt sich eine Wirkung auf die AZ, wie sie die Tabellen 264 und 265 ausweisen.

Die Tabelle 264 mit den zukunftsbezogenen Angaben ähnelt in ihrer Struktur erstaunlich der Tabelle 262 mit den gegenwartsorientierten Äußerungen: Zwar sind, wie beschrieben, die Schwergewichte absolut zur Spitze hin (in der Darstellung nach links) verlagert, doch ist die relative Verteilung der AZ-Angaben vergleichbar, indem offensichtlich auch in Tabelle 264 mit dem Anstieg auf der Stufenleiter des Erfolges der Anteil der sehr zufriedenen Mitarbeiter wächst, während die Quote „Zufrieden“ eher gleich bleibt und die indifferenten Nennungen abnehmen. Einzig die 4 % „unzufriedenen“ Angaben auf der zweithöchsten Erfolgssprosse fallen aus dem Rahmen der Vergleichbarkeit heraus und scheinen auch nicht leicht erklärbar. Möglicherweise stammen diese Angaben von überdurchschnittlich ehrgeizigen Mitarbeitern, die zwar ihren Aufstieg voraussehen, denen aber ein Platz auf der prognostizierten zweithöchsten Erfolgsstufe noch nicht genügt, um zufrieden zu sein.

Gleichviel, unsere Ergebnisse scheinen uns zur Schlußfolgerung zu berechtigen, daß erst bevorstehende berufliche Erfolge ebenso gut AZ zu bewirken vermögen wie schon erreichte. Diese Feststellung dürfte unsere bereits angesprochene, aber noch nicht belegte These (s. o. S. 188) nunmehr bestätigen.

Es mag sogar sein, daß die erst zu erringenden Positionen die AZ stärker beeinflussen als die bereits erreichten Erfolge. Diese Vermutung scheint jedenfalls für Unternehmer nicht ganz abwegig, wenn wir die Tabellen 263 und 265 vergleichen. Die Verteilung der zukunftsorientierten Nennungen läßt bei aller mageren Besetzung mindestens so sehr wie diejenige der gegenwartsbezogenen Angaben einen Zusammenhang zwischen dem Stand auf der Erfolgsleiter und der AZ vermuten, und auch rechnerisch kann, wenn überhaupt, bei Tabelle 265 noch eher von Signifikanz gesprochen werden als im Falle der Tabelle 263.

Am Anfang dieses Abschnitts zum Stichwort Karriere haben wir bereits darauf hingewiesen, daß hier die Möglichkeit eines Stellenwechsels bzw. einer Aufgabe des jetzigen Betriebes eingeschlossen werden muß; schließlich ist in unserer Wirtschaftsordnung die berufliche Laufbahn nicht an den Betrieb gebunden, in dem man zur Zeit seinen Lebensunterhalt verdient. Andererseits ist die Neigung zu Stellenwechsel oder Betriebstreue für das Gewerbe außerordentlich relevant, besteht doch weitherum der Eindruck eines Verlustes von Arbeitskräften an Großbetriebe und öffentliche Arbeitgeber, der nicht durch eine Zuwanderung aus diesen Bereichen kompensiert wird.

Das Verhältnis zwischen dem Gedanken, den Betrieb zu verlassen bzw. aufzugeben, und der AZ dürfte freilich recht komplexer Natur sein. Die Vermutung spricht nämlich dafür, daß sich die beiden Größen wechselseitig beeinflussen: Unzufriedenheit im jetzigen Betrieb mag den Plan an eine Loslösung von ihm reifen lassen (was uns noch beschäftigen wird), und umgekehrt kann das gedankliche Liebäugeln mit den Möglichkeiten einer Veränderung, die sich zudem in rosigem Licht darstellen mögen, Mißmut mit der jetzigen Situation verursachen. Auf jeden Fall scheint es lohnend zu prüfen, ob überhaupt eine Beziehung zwischen den beiden Größen besteht, welche von ihnen auch dominieren mag. Da der Wechsel des Betriebes weniger einschneidend ist und häufiger vorkommt als der Wechsel des Berufs[5], brauchte die entsprechende Frage nicht wie im Berufskontext konditional („Würden Sie ...?“) gestellt zu werden, sondern ließ sich real („Haben Sie ...?“) formulieren. Das Resultat der Auswertung findet sich in Tab. 266.

Danach haben von den Arbeitnehmern fast die Hälfte schon einmal mit dem Gedanken gespielt, die Stelle zu wechseln, und zwar beinahe unabhängig von der Größe des Betriebes, in dem sie jetzt tätig sind, was den oben formulierten Eindruck von einem „Verlustsaldo“ bei den Arbeitnehmern zuungunsten des Gewerbes nicht bestätigt. In den Kleinfirmen scheint der Anteil der möglichen Kandidaten für einen Wechsel sogar um eine Spur kleiner zu sein.

---

[5] In unserer Erhebung sind 71 % aller befragten Arbeitnehmer und 83 % der Unternehmer ihrem Beruf, aber nur 14 bzw. 26 % ihrem ersten Betrieb — nach der Lehrzeit — treu geblieben. (Die überraschend tiefe Quote bei den Unternehmern im zweiten Fall erklärt sich damit, daß, wie die Befragung ebenfalls ergab, die meisten vor dem Einstieg in die Selbständigkeit in anderen Betrieben unselbständig tätig waren.)

Dagegen verfallen offenbar die Unternehmer viel seltener auf den Gedanken an eine Aufgabe ihres Betriebes. Diese Beobachtung scheint gut damit erklärbar, daß zum einen die Bindung des Inhabers an seinen Betrieb naturgemäß ungleich größer sein dürfte als beim Arbeitnehmer und daß zweitens eine Lösung des Unternehmers von seiner Firma mit erheblich größeren Umständen und Risiken verbunden ist. So läßt sich die vergleichsweise niedrige „Ja"-Quote bei den Selbständigen deuten, obwohl für beide Befragtenkategorien schon die unbestimmte Möglichkeit eine Bejahung dieser Frage rechtfertigte.

Auch bezüglich der Arbeitnehmer scheint im übrigen die Verteilung der „Wechselwilligen" und der „Seßhaften" in einer realistischen Größenordnung zu liegen; so erbrachte eine bundesdeutsche Studie (*Fürstenberg,* 1969, S. 232 ff.) unter Chemiearbeitern einen vergleichbaren Anteil von 67 % der Befragten, die ihren Arbeitsplatz nicht zu wechseln beabsichtigen.

Wenn wir zur Betrachtung der Daten aus dem Gewerbe übergehen, stoßen wir zunächst bei der Auswertung nach den im einzelnen unterschiedenen besonderen Merkmalen auf einige Zusammenhänge, die die Abweichungen zwischen Unternehmern und Mitarbeitern noch stärker hervortreten lassen. So nimmt beispielsweise mit wachsender Dauer der Betriebszugehörigkeit die Zahl der Arbeitnehmer signifikant zu, die schon ernsthaft an einen Wechsel gedacht haben (s. Tab. 267), während von der Dauer der selbständigen Tätigkeit bei den Unternehmern kein solcher Einfluß auszugehen scheint. In beiden Kategorien spielt dagegen das Einkommen eine Rolle, aber anscheinend durchaus gegensätzlich, indem bei den Arbeitnehmern mit steigendem Einkommen der Gedanke an einen Wechsel mehr Gewicht erhält (s. Tab. 268), während die vergleichbare Überlegung bei den Selbständigen mit der Zunahme der Einkünfte an Bedeutung zu verlieren scheint (s. Tab. 269).

Wir wollen uns darauf beschränken, diese immerhin auffälligen Unterschiede festzuhalten, ohne ihnen im einzelnen nachzugehen (obwohl sich Erklärungen dafür anbieten), und unsere Aufmerksamkeit sogleich der Beziehung zwischen dem Gedanken an einen Stellenwechsel bzw. eine Betriebsaufgabe einerseits und der Gesamt-AZ andererseits zuwenden (s. Tab. 270 und 271).

Wie wir schon betont haben (s. o. S. 194), ist die Interpretation dieser Daten nicht problemlos möglich, weil wir vermutlich davon ausgehen müssen, daß die beiden verglichenen Größen sich wechselseitig bedingen, daß also keine Beziehung vorliegt, bei der die eine (unabhängige) Variable überwiegend Ursache, die andere (abhängige) überwiegend Wirkung darstellt. Daß aber ein überzufälliger — negativer — Zusammenhang zwischen der erwogenen Möglichkeit eines Wechsels und der

Gesamt-AZ besteht, dürfte zumindest bei den Arbeitnehmern (Tab. 270) angenommen werden können. Wir werden im Teil IV auf das Verhältnis zwischen AZ und Stellenwechsel zurückkommen.

Bei den Unternehmern (Tab. 271) kann der vergleichbare Zusammenhang nur mit geringerer Wahrscheinlichkeit angenommen werden. Dieses Ergebnis muß indessen nicht überraschen, ist doch die Aufgabe des eigenen Betriebes, wie wir gesehen und erläutert haben (s. Tab. 266 und Bemerkungen dazu), keineswegs ein auch nur „platonisch" vorrangiges Anliegen und ist zudem von Gesamtarbeitsunzufriedenheit bei den Unternehmern ohnehin keine Rede.

Damit können wir uns der letzten angekündigten Gruppe von Aspekten zuwenden, die sich unter dem Stichwort des Stellenwerts der Arbeit im Leben bzw. des Einflusses der Arbeit auf das Privatleben zusammenfassen lassen und von denen ebenfalls zu erwarten war, daß sie zur Erklärung des Zustandekommens von AZ als Gesamtgröße beizutragen vermögen.

3. Zum Stellenwert der Arbeit im Leben

Ohne Zweifel ist das Arbeitsleben mannigfach mit den übrigen Lebensbereichen verzahnt, die wir als „Privatleben" kategorisieren können. Demgemäß erscheint die AZ als nur eine Komponente der umfassenderen Lebenszufriedenheit (vgl. *Near/Rice/Hunt,* 1978, S. 248 ff.). Eine Betrachtung dieser übergeordneten Größe insgesamt fiel indessen für unsere Studie schon aus Gründen der Stoffeingrenzung nicht in Betracht. Auch im Zusammenhang dieses Abschnitts kann es nur darum gehen, ausgewählte Aspekte des Arbeitslebens in ihrer Wirkung auf die Gesamt-AZ (nicht die Lebenszufriedenheit) zu betrachten, die besonders deutlich auf den Privatbereich übergreifen. Entschieden haben wir uns für die Sorgen und Nöte in der Arbeitssituation, die schon allein angesichts der zeitlichen Beanspruchung schlechthin kaum vom Privatleben der Betroffenen (seien sie selbständig oder unselbständig tätig) getrennt werden können, und für den Komplex einer Verwandtschaft zwischen der Arbeit und der Freizeitgestaltung bzw. der Tätigkeit im Betrieb und zu Hause. Dabei wurde angenommen, daß Sorgen bei der Arbeit bzw. unternehmerischen Tätigkeit die Gesamt-AZ drücken und daß eine Verbindung zwischen Arbeit und Freizeitbeschäftigung der Gesamt-AZ förderlich ist.

Im ersteren Zusammenhang ergab sich ein Bild gemäß Tab. 272. In allen unterschiedenen Arbeitnehmergruppen äußerten relativ die meisten Befragten, und das scheint als erstes bemerkenswert, sie hätten keine Sorgen. Diese Angabe machte in den Kleinbetrieben fast jeder zweite Mitarbeiter, in den übrigen Unternehmungen etwa jeder dritte.

Die Mehrheit unter den weniger Glücklichen zeigte sich besorgt über eine Verschlechterung der wirtschaftlichen Lage ihres Betriebes infolge konjunktureller Unsicherheit, wobei diese Besorgnis mit zunehmender Betriebsgröße leicht ansteigt. Die Tabelle scheint aber auch zu zeigen, daß sich eine solche Sorge nicht gleich zur Furcht um die eigene wirtschaftliche Sicherheit auswachsen muß. So fühlten sich weder im Gewerbe noch in der Industrie nennenswerte Anteile der Belegschaften von Entlassung oder auch nur von Kurzarbeit bedroht. Die in der öffentlichen Diskussion oft betonte stärkere konjunkturelle Gefährdung der Arbeitnehmer in den Kleinbetrieben scheint also nach deren eigenem Urteil ins Reich der Legende zu gehören (vgl. hierzu auch unsere Feststellungen auf S. 151 f.).

Bemerkenswert ist ferner das breite Spektrum der Nöte, die den Arbeitnehmer bedrängen können, zählt doch die Sammelposition „Andere Sorgen" zu den am stärksten besetzten Positionen schon bei der hier betrachteten ersten Nennung. Bei der zweiten Nennung rückte sie sogar an die Spitze — wobei aber betont werden muß, daß nur jeder zehnte Arbeitnehmer eine zweite Sorge benennen konnte (und nur jeder hundertste eine dritte, bei drei zulässigen Nennungen). Hinter diesen „anderen Sorgen" verbirgt sich eine längere Liste unterschiedlicher Kümmernisse von zu schlechter Bezahlung bis zu menschlichen Konflikten.

Für den entsprechenden Katalog bei den Unternehmern (Tab. 273) haben wir naturgemäß andere Anliegen und Schwerpunkte erwartet. Überrascht hat uns dann aber doch der minimale Anteil von Betriebsinhabern, die erklärten, keine Sorgen zu haben. Doppelt so gewichtig wie bei den Mitarbeitern sind dafür bei den Betriebsinhabern im Gewerbe Kümmernisse im Zusammenhang mit der wirtschaftlichen Lage, die in der Erhebung eine einsame Spitzenposition erreichten. Von bedeutendem Gewicht sind daneben die Personalprobleme, die bei den Zweitnennungen an die Spitze rückten. Im übrigen bekundeten die Unternehmer merklich weniger Mühe als die Arbeitnehmer, uns auch eine zweite und dritte Sorge zu benennen.

Im ganzen kann aus der Gegenüberstellung wohl gefolgert werden, daß die Selbständigen erheblich stärker von Nöten geplagt scheinen als die Mitarbeiter. Auch bei diesen differenziert sich das Bild jedoch bei genauerem Hinsehen. Die kriterienweise Auswertung ergab nämlich, daß die Arbeitnehmer im Gewerbe (aber nicht nur im Gewerbe) mit zunehmendem Ausbildungsstand, Dienstalter und Einkommen immer seltener erklären, keine Sorgen zu haben. Mit anderen Worten scheinen sich mit Ausbau und Festigung der Position im Betrieb die leidigen Kümmernisse auch bei den Mitarbeitern zu mehren. Ein ähnlicher „Verstärker-Effekt" ließ sich allerdings bei den Unternehmern mit ihrem generell höheren „Sorgen-Niveau" nicht feststellen.

Hat nun die Verbreitung von Sorgen bei der Arbeit bzw. unternehmerischen Tätigkeit den schon angesprochenen Einfluß auf die Gesamt-AZ?

Bezüglich der Arbeitnehmer (Tab. 274) deuten die Daten auf einen negativen Zusammenhang zwischen Sorgen und Gesamt-AZ hin: Die nicht von Sorgen Betroffenen bekennen sich eher als „sehr zufrieden", während ihre sorgenbelasteten Kollegen vergleichsweise häufiger indifferent zu sein scheinen. In beiden Gruppen herrscht jedoch die Nennung „Zufrieden" vor. Bei den Selbständigen (Tab. 275) dagegen kann von einer signifikanten Beziehung zwischen den untersuchten Größen nicht die Rede sein. Dies mag auf die geringe Zahl Unternehmer zurückzuführen sein, die sich als sorgenfrei bezeichnen. Wenn indessen tatsächlich kein Zusammenhang bestehen sollte, so wäre diese Beobachtung nicht mehr überraschend, sondern würde an unsere Feststellungen zur Arbeitsüberlastung erinnern, die sich bei den Selbständigen ebenfalls mit Zufriedenheitsempfindungen „verträgt" (s. o. S. 173), weil mit ihr in der unternehmerischen Tätigkeit gerechnet wird. So wäre hier ganz ähnlich die Sorgenlast bei den Unternehmern größer als bei den Mitarbeitern, ohne aber auf die AZ durchzuschlagen, da sie innerhalb des Erwartungshorizontes liegt.

Als weiterer Komplex, der aus der Arbeitssituation in das Privatleben übergreift und die AZ beeinflussen könnte, wurde die mögliche Verbindung zwischen Arbeit und Freizeitgestaltung bezeichnet. Wie stark sie verbreitet ist, zeigt Tab. 276 (zur Wirkung der Verfügbarkeit von Freizeit s. o. S. 176 ff.):

Die Verteilung vermittelt, wenn nicht statistisch gesichert, so doch „optisch" den Eindruck, daß unter den Arbeitnehmern der Anteil derjenigen mit der Betriebsgröße abnimmt, die ihre betrieblichen und privaten Tätigkeiten in irgendeiner Weise zu verbinden wissen bzw. bei denen eine solche Verbindung besteht. Jedenfalls geht es dabei um eine Gruppe von immerhin rund 30 % der unselbständig Tätigen, also keineswegs um eine quantité négligeable. Erstaunlich ist sodann im Vergleich zwischen Arbeitnehmern und Betriebsinhabern im Gewerbe, daß bei den letzteren dieser Konnex offenbar nicht häufiger gegeben scheint oder hergestellt wird, vermutet man bei ihnen doch als Regel geradezu ein Zusammenfallen von betrieblicher Tätigkeit und privatem Hobby, wie einzelne Unternehmer den Interviewern gegenüber auch betonten. Jedoch ist diese Identität augenscheinlich nicht der Normalfall.

Hinzuweisen bleibt im übrigen auf die Beobachtung, wonach auch bei den Betriebsinhabern dieser Anteil mit der Betriebsgröße abzunehmen scheint (s. Tab. 277). Die Entsprechung zu den Mitarbeitern legt es nahe zu vermuten, daß die Verknüpfung der Tätigkeiten im Betrieb und zu Hause mit der handwerklichen Ausrichtung zusammenhängt, wie sie für die Kleinfirmen viel eher typisch ist als für Mittelbetriebe. Die Verbindung zwischen Arbeit und Freizeitgestaltung würde sich danach in erster Linie auf die Abwandlung der „Werktätigkeit" zum „Werkeln" zu Hause beziehen und weniger bedeuten, daß etwa die Arbeit in einem umfassenden Sinne zum Hobby gemacht oder eine „höchst persönliche Synthese von Arbeit und Spiel gefunden" wäre (*Balz*, 1963, S. 369). Für diese Vermutung spricht wohl auch die beobachtete Abnahme der Tätigkeitskombination mit dem Einkommen, und zwar sowohl bei den Arbeitnehmern wie bei den Betriebsinhabern (s. Tab. 278 und 279). Wirkt sich die besagte Kombination trotz dieser Einschränkung fördernd auf die Gesamt-AZ aus?

In beiden Gruppen (s. Tab. 280 und 281) spricht zwar die Plausibilität für den erwarteten positiven Einfluß der Tätigkeitsverbindung zwischen Betrieb und Freizeit auf die Gesamt-AZ, doch steht diese Aussage statistisch auf unsicheren Füßen; der Zusammenhang scheint insofern schwach ausgeprägt, als er jeweils nur bei den „Sehr Zufriedenen" deutlich wird.

Damit wollen wir den Versuch einer unmittelbaren Erforschung der AZ als Globalgröße abschließen und uns nach dem Resümee unserer Ergebnisse hierzu der Zusammenfügung der Resultate bezüglich der zehn einzelnen AZ-Faktoren zu einer Gesamtgröße zuwenden, also der Ermittlung einer im wörtlichen Sinne synthetischen Gesamt-AZ. Sie kann alsdann der unmittelbar gewonnenen Gesamt-AZ (nach deren Überführung in eine zweckmäßige Form) vergleichend gegenübergestellt werden.

4. *Zusammenfassung*

Im Rahmen unserer gezielten Untersuchung der AZ als Globalgröße ergab sich für die Arbeitnehmer aller unterschiedenen Kategorien weitgehende Übereinstimmung auf hohem Niveau. Noch zufriedener äußerten sich wiederum die Unternehmer, von denen sich niemand als unzufrieden bezeichnete. Insgesamt kann also von durchweg positiver Grundgestimmtheit ausgegangen werden.

Auch bei der Betrachtung der Gesamt-AZ wurden zur Erklärung ihres Zustandekommens verschiedene Aspekte herangezogen, die wir gruppiert haben unter den Stichworten des Verhältnisses von Erwartungen und Wirklichkeit, des Fortschrittes auf dem Berufsweg und des Einflusses der Arbeit auf das Privatleben.

In der ersten Gruppe ergab sich beim direkten Approach für die gewerblichen Arbeitnehmer in Übereinstimmung mit unserer Definition der AZ ihre Abhängigkeit vom Grad der Entsprechung zwischen den

Erwartungen an die Tätigkeit und ihrer Erfüllung in der Realität. Bei den Unternehmern ließ sich diese Beziehung statistisch nicht nachweisen; die Plausibilität sprach aber ebenfalls dafür. Eine indirekte Prüfung dieses Zusammenhanges mit zwei verschiedenen Fragen bestätigte die Ergebnisse auf der ganzen Linie.

Im darauffolgenden Kontext der eigenen Karriere und Karriereaussichten zeigte sich, daß der *erreichte* Stand auf der beruflichen Erfolgsleiter die AZ der Arbeitnehmer und dem Anschein nach auch diejenige der Unternehmer positiv zu beeinflussen vermag; bei den letzteren scheinen die Erfolgs*aussichten* sogar relativ stärker AZ-fördernd zu wirken als der schon erreichte Stand. Diese Aussichten ließen auch bei den Arbeitnehmern einen positiven AZ-Einfluß erkennen.

Im dritten Aspektbündel ging es um die AZ-Wirkung von Sorgen in der Arbeitssituation (die in den privaten Bereich überzugreifen vermögen) und von Verbindungen zwischen Arbeit und Freizeitgestaltung. Bei den Mitarbeitern scheinen arbeitsbedingte Sorgen die AZ zu vermindern, während eine vergleichbare Beziehung bei den Unternehmern nicht registriert werden konnte — vor allem mangels Befragten, die sich als sorgenfrei bezeichneten. Vom Bestehen einer Verbindung zwischen der Tätigkeit im Betrieb und zu Hause scheint kein gesicherter Einfluß auf die AZ auszugehen. Die Wahrscheinlichkeit dafür nimmt sich aber bei den Selbständigen höher aus als bei den Arbeitnehmern.

B. Die Arbeitszufriedenheit als Aggregat der Einzelfaktoren und im Gesamtvergleich

Der Zweck dieses Kapitels wurde angesprochen und ist vorgezeichnet: Es geht um die Integration der zehn einzelnen AZ-Faktoren zu einer einzigen quantitativ formulierten Gesamt-AZ und ihren Vergleich mit der unmittelbar erhobenen Globalgröße. Dieses Vorhaben empfiehlt sich allerdings erst, nachdem wir die Einzelfaktoren in ihrem Verhältnis zueinander (und zur Globalgröße) kritisch betrachtet und geprüft haben (s. folgenden Abschnitt 1), um erstens ihre relative Bedeutung zu ermitteln und um zweitens genügend sicher zu gehen, ob sie die Aggregation überhaupt zulassen. Diese Zusammenfügung ist im folgenden Abschnitt 2 vorzunehmen und mit einem Gesamtvergleich abzuschließen.

1. Das Verhältnis der Einzelfaktoren zueinander und zur Globalgröße

Die Bedeutung, die den Einflußgrößen der AZ im Quervergleich beizumessen ist, haben wir in der konsekutiven Einzelbetrachtung (s. Teil II) ausklammern müssen. Sie ist indessen, namentlich im Hinblick auf eine planmäßige Beeinflussung der AZ (s. Teil IV), alles andere als unerheblich und daher nun in unsere Erörterung einzubeziehen. Auch hier stehen zwei Wege zu den benötigten Informationen offen: Zum einen konnten den Interviewpartnern gezielte Fragen gestellt werden, auf welche sie die für sie wichtigsten AZ-Faktoren selber zu benennen hatten, auf welche wir also individuelle Aussagen erhielten. Zum andern läßt sich die Bedeutung der Einzelgrößen an den in Indexform umzurechnenden Antworten auf die betreffenden Indexfragen ablesen. Die Indizes stellen den Versuch einer Objektivierung im Sinne der Bildung eines Mittelwertes aus den Angaben aller Befragten zu jedem Faktor dar. Beide Wege zur Prüfung der Bedeutung der AZ-Komponenten werden im folgenden beschritten.

Auf unsere Frage, „was ... am wichtigsten" sei, damit man mit seiner Arbeit bzw. Tätigkeit „zufrieden sein kann", ergab sich die Verteilung gemäß Tab. 282.

Bei der besagten Frage waren die Antworten aus einem vor jedem Interview neu gemischten Kartensatz auszuwählen. Dadurch wurde eine zu starke Besetzung „oberer" Positionen (und eine Unterbesetzung der letzten Zeilen) vermieden, wie sie sonst bei derartigen Fragen leicht auftritt. Es ergibt sich eine spaltenweise recht gut gestreute Verteilung ohne auffällige Dominanz bestimmter Positionen. Dennoch läßt sich aus der Tabelle unschwer herauslesen, daß von allen Arbeitnehmern offenbar der Anerkennung ihrer Arbeit die größte Bedeutung für die AZ beigemessen wird. Fast gleich bedeutsam scheinen im Gewerbe die menschlichen Beziehungen zu sein, während in den großen Betrieben das Leistungserlebnis als AZ-Quelle den zweiten Rangplatz einnimmt. Bei den Unternehmern liegt die Dominanz wesentlich eindeutiger auf dem besonderen (selbständigen, schöpferischen) Charakter der Tätigkeit vor dem Faktor Verantwortung.

Die Bedeutung der AZ-Faktoren ist, wenngleich auf unterschiedliche Weise, in zahlreichen Untersuchungen erforscht worden, freilich in aller Regel weder bei Unternehmern[6] noch gewerblichen Arbeitnehmern. Wenn wir uns trotzdem in der Literatur umsehen, so finden wir bei *Hagen* (1973, S. 197) für ebenfalls schweizerische Arbeitnehmer als die zwei hauptsächlichen Faktoren das Einkommen (namentlich die Sicherheit des Einkommens) und die Art der Arbeit. „Unsere" Faktoren spielen nach dieser Studie daneben eine ebenfalls hervorragende Rolle. Das wird erkennbar, obwohl die Faktoreneinteilung sich von der durch uns ge-

[6] Nach den beiden einzigen uns bekannten Ausnahmen ergaben sich für Selbständige wie bei uns als wichtigste Faktoren die Art der Tätigkeit (mit ganz großem Abstand vor allen übrigen gemäß einer Erhebung der bundesdeutschen Versicherungsgesellschaft *Thuringia* [Hrsg.], 1978, S. 55) bzw. die Art der Tätigkeit und die Arbeitsleistung (*Hollingsworth/Hand*, 1976, S. 34 f.).

wählten unterscheidet. Gemäß einer weiteren analogen Erhebung unter süddeutschen Industriearbeitern (*Thum,* 1971, S. 75) figurieren die Anerkennung auf dem ersten Platz (wie bei uns) und die Art der Arbeit im zweiten Rang. Die bereits zitierte bayrische Studie weist als wichtigste Faktoren das Einkommen und die Arbeitsbedingungen aus, denen die menschlichen Beziehungen unmittelbar folgen (*Bayerisches Arbeitsministerium* [Hrsg.], 1976, S. 164). Nach einer anderen süddeutschen Untersuchung (*Sand,* 1973, S. 47) wird ähnlich dem Einkommen und den menschlichen Beziehungen der höchste Stellenwert beigemessen. Gemäß *Lindemann* (1975, S. 109) lautet die Rangfolge genauso wie in der bayrischen Studie. Eine Reihe weiterer bundesdeutscher Untersuchungen weist übereinstimmend den menschlichen Beziehungen den ersten Rangplatz zu, vor dem Einkommen (speziell der „Einkommensform"; s. *Bunz/Jansen/Schacht,* 1974, S. 27, und *Schacht,* 1974, S. 21), der Art der Arbeit (*Neuberger,* 1975, S. 9 ff.) bzw. den Arbeitsbedingungen (*Scheuch,* 1976 a, S. 322). Nach der amerikanischen Untersuchung von *Gluskinos/Kestelman* (1971, S. 240) dominiert das Einkommen vor den menschlichen Beziehungen. Zu einem ähnlichen Ergebnis kommen ferner *Bowers/Franklin* (1977, S. 17); nach ihren Daten spielen nur die Entwicklungsmöglichkeiten eine noch größere Rolle. Gemäß *Ruth Johnston* für eine australische Erhebung ergaben sich die Art der Arbeit und die menschlichen Beziehungen als wichtigste AZ-Faktoren (1975, S. 486).

Unsere Ergebnisse gemäß Tabelle 282 fügen sich also recht gut in das Bild, wie es sich aus der Gegenüberstellung verschiedener Studien in Umrissen ergibt und von weiteren bestätigt wird. Wir könnten es damit als offenbar „stimmig" auf sich beruhen lassen und unmittelbar zur Bildung der Indizes aus den Faktoren übergehen. Trotzdem stellt sich uns vorher noch die Frage, wie denn die präsentierten Bedeutungsurteile zustande gekommen sein mögen, genauer: Resultieren sie aus besonders ausgeprägten Erfüllungsdefiziten, wie etwa *Hagen* (1973, S. 202) vermutet und auch *Neuberger* (1975, S. 29) diskutiert? Der letztere wird noch deutlicher, indem er in Anlehnung an einen empirischen Befund bei *Smith/Kendall/Hulin* (1969, S. 144) die Annahme einer negativen Korrelation zwischen den AZ-Werten für die einzelnen Faktoren und ihrer Bedeutung im Urteil der Betroffenen formuliert. Danach wäre zum Beispiel bei vergleichsweise tiefer Z mit dem Einkommen die Bedeutung dieses Faktors für den Empfänger besonders groß. Zu dieser Vermutung können wir uns hier noch nicht abschließend äußern, sondern werden bei der Präsentation der AZ-Indizes darauf zurückkommen.

Wohl aber lassen sich hier bereits die Angaben zum Gewicht der Faktoren mit der Information darüber vergleichen, inwieweit sie in den Betrieben mehr oder weniger positiv ausgeprägt gegeben sind. Praktisch ließen sich solche Auskünfte gewinnen, indem Punkt für Punkt zu einem

Vergleich des eigenen Betriebes bzw. Übersichtsbereiches mit anderen Firmen aufgefordert wurde. Bei jeder Nennung im Sinne eines „Hier besser" durften wir davon ausgehen, daß es um den betreffenden Faktor im jeweiligen Betrieb angemessen gut bestellt ist. Vorsichtigerweise haben wir von diesen Angaben für jede Position die Nennungen „Hier schlechter" abgezogen. Auf diese Weise ergab sich die Tabelle 283.

Innerhalb der zehn Einzelfaktoren errechneten sich für die gemäß Tabelle 282 als besonders bedeutsam eingestuften Positionen per Saldo keineswegs auffällig „schwache" Urteile. Im Gegenteil stechen hier im wesentlichen dieselben Faktoren wie dort hervor, namentlich die menschlichen Beziehungen und die Anerkennung. Aus diesem Datenvergleich kann also nicht gefolgert werden, die Bedeutungsurteile resultierten aus Erfüllungsdefiziten; unsere Zahlen hier lassen eher auf einen positiven als einen negativen Zusammenhang schließen.

Damit wollen wir zur zweiten Möglichkeit überleiten, die uns die Prüfung der Wichtigkeit der AZ-Komponenten gestattet. Sie signalisiert gleichzeitig den Übergang von einer Betrachtung gezielt und individuell abgerufener Bedeutungsurteile zur objektiven Registrierung der Bedeutung an der Größe der nunmehr zu berechnenden Indexwerte.

Ihr Vergleich erfordert freilich vorab eine methodische Klärung, die bei der konsekutiven Untersuchung der einzelnen Aspekte noch nicht angesprochen wurde. Es geht um die Frage, ob sie sich überhaupt genügend voneinander unterscheiden, damit sie sinnvoll als separate AZ-Faktoren behandelt werden können. Mit anderen Worten darf offenbar ihre Interkorrelation nicht übermäßig hoch sein. Andererseits ist aus verschiedenen Gründen von vornherein ein gewisses Maß an Interkorrelation zu erwarten (vgl. *Neuberger*, 1975, S. 30, und *Vroom*, 1964, S. 103f.):

— Alle Faktoren wurden nach demselben Verfahren erfaßt und unterliegen damit denselben methodischen Problemen (wie wir sie zu Anfang unserer Studie erläutert haben)
— Zwischen den einzelnen Faktoren mögen funktionale Zusammenhänge bestehen (z. B. mag eine Lohnerhöhung auch als Anerkennung empfunden werden)
— Bestimmte Befragte urteilen generell kritisch oder günstig
— (Un-)Zufriedenheit mit einem Faktor kann auf die (Un-)Zufriedenheit mit den anderen Faktoren ausstrahlen.

Die dadurch fällige Überprüfung ergab den in Tab. 284 bis 286 wiedergegebenen Befund.

Die Tabellen lassen deutlich werden, daß in der Tat Interkorrelationen bestehen. Sie sind alle positiv und offensichtlich bei den Arbeitnehmern ausgeprägter als bei den Unternehmern (sowohl die Signifikanzwerte wie die Korrelationswerte liegen durchweg höher — bei allerdings größerer Stichprobe). Übermäßige Ausschläge nach oben kommen jedoch nicht vor, wobei statistisch auch die verhältnismäßig homogenen Befragtenpopulationen eine Rolle spielen dürften (s. o. S. 44; vgl. hierzu *King*, 1970, S. 52). Bei den Arbeitnehmern fällt außerdem auf, daß fünf der zehn Faktoren stärker mit der Gesamtgröße als mit anderen Faktoren korrelieren, ein plausibles Ergebnis, das wir sogar als Regelfall erwartet hätten.

Einen noch besseren Überblick verspricht die Überführung der Korrelationsdaten in Durchschnittswerte. Für das Verhältnis zwischen den zehn einzelnen AZ-Faktoren einerseits und das Verhältnis der einzelnen Faktoren zur Gesamtgröße (Betrieb insgesamt) andererseits errechnen sich die in Tab. 287 wiedergegebenen Interkorrelationen.

Danach streuen bei den Arbeitnehmern die den Einzelfaktoren zugehörigen Größen zwischen .15 und .31, wobei der Faktor Arbeitsleistung auffällig nach unten abweicht; seine durchschnittliche Korrelation mit den übrigen Faktoren bleibt deutlich unter der Norm. Nicht überraschend fällt mit .35 der Höchstwert auf die mittlere Korrelation des Betriebes insgesamt mit den zehn Einzelfaktoren, bedeutet doch diese Feststellung, daß erwartungsgemäß die Faktoren mit der Ganzheit der betrieblichen Situation enger verknüpft sind als untereinander. Dieser Sachverhalt scheint allerdings bei den Unternehmern nicht gegeben, läßt sich jedenfalls mit der Korrelationsanalyse nicht belegen (die hier in Anbetracht teilweise niedriger Signifikanzniveaus ohnehin problematisch ist).

Das Ergebnis dieser Analyse gestattet jedoch zweifellos für beide Befragtenkategorien die Bejahung der oben aufgeworfenen Frage, ob sich die Faktoren genügend voneinander unterscheiden, um eine Berechnung von „Einzelzufriedenheiten" vertretbar werden zu lassen. Andere Autoren bejahen diese Frage selbst noch bei Korrelationswerten um .40 (vgl. *Peters*, 1974, S. 111 f.; *Neuberger*, 1975, S. 34, und *Neuberger*, 1976 a, S. 81 und Zusammenfassung am Anfang).

Damit steht der Übertragung der Antworten auf die Indexfragen in Indexwerte, die untereinander verglichen werden können, nichts mehr entgegen. Sie ist im Sinne einer *Likert*-Skala rechnerisch leicht zu bewerkstelligen. Unser Vorgehen folgt damit der weitaus am häufigsten verwendeten Methode zur quantitativen Erfassung und Darstellung von AZ (*Neuberger*, 1974 a, S. 96). Den fünf möglichen Angaben von „Sehr zufrieden" bis „Sehr unzufrieden" wurden Punktwerte zwischen 5 und 1 zugeordnet. Aus diesen und den beobachteten Häufigkeiten ließen sich die gewünschten Indexwerte als gewogene arithmetische Durchschnitte rechnerisch problemlos ermitteln[7]. Ein methodisches Problem besteht freilich in der Frage, ob die Abstände zwischen den fünf Punktwerten tatsächlich gleich sind. In der Tat scheint es nicht von vornherein selbstverständlich, daß beispielsweise der Schritt von „Sehr zufrieden" zur Angabe „Zufrieden" genau gleich groß ist wie derjenige von der Indifferenz zum „Unzufrieden". Äquidistanz wird aber — verbreiteter Übung folgend (vgl. *Hofstede,* 1976, S. 10) — in der besagten Durchschnittsrechnung unterstellt. Statistisch formuliert, bedeutet diese Tatsache, daß nicht nur eine Rangordnung, sondern eine gleichmäßige Abstufung vorgenommen und daß damit statt einer Ordinalskala eine Intervallskala gebildet wird. Die Diskussion hierzu in der einschlägigen Literatur ist rege, und Sachverhalte wie in unserem Falle werden in Anbetracht der Äquidistanzproblematik durchaus vorsichtig beurteilt. So liest man etwa, ein Rangordnungsverfahren werde in solchen Fällen gleichsam in ein Intervallverfahren „verwandelt", wobei aber das „Erbe der Rangordnungsmethode ... unverkennbar" bleibe (*Schrader,* 1973, S. 67). Oder es wird subtil erklärt, die *Likert*-Skala sei „ihrem Anspruch nach" eine Intervallskala, es lasse sich jedoch nicht entscheiden, ob der Anspruch zu Recht bestehe (*Mayntz/Holm/Hübner,* 1969, S. 58). Die Reihe derartiger Zitate ließe sich fortsetzen.

Die methodischen Vorbehalte, die auf diese Weise zum Ausdruck kommen, sind zweifellos ernst zu nehmen. Dennoch scheint uns, daß alles in allem der „praktische" Vorteil der Gewinnung von Übersicht durch die skizzierte Skalierungsweise schwerer wiegt als die nicht zu leugnende grundsätzliche Problematik, die dem Vorgehen innewohnt.

Mit dieser methodischen Einschränkung wurden nun die Indizes für das Gewerbe errechnet, die sich aus Tab. 288 ergeben. Sie stellen sich als Diagramm folgendermaßen dar (s. S. 206):

Im hier behandelten Zusammenhang geht es um eine Betrachtung der AZ-Indizes untereinander (der Vergleich zwischen Unternehmern und Mitarbeitern folgt im nächsten Abschnitt). Lesen wir also die Spalten 1

[7] Zahlenbeispiel:

Ausprägungen	Anzahl Nennungen	Punktwert	Produkt
Sehr zufrieden	72	5	360
Zufrieden	237	4	948
Weder zufrieden noch unzufrieden	31	3	93
Unzufrieden	9	2	18
Sehr unzufrieden	2	1	2
Summe	351		1421

Der Indexwert beträgt 1421 : 351 = 4.05.

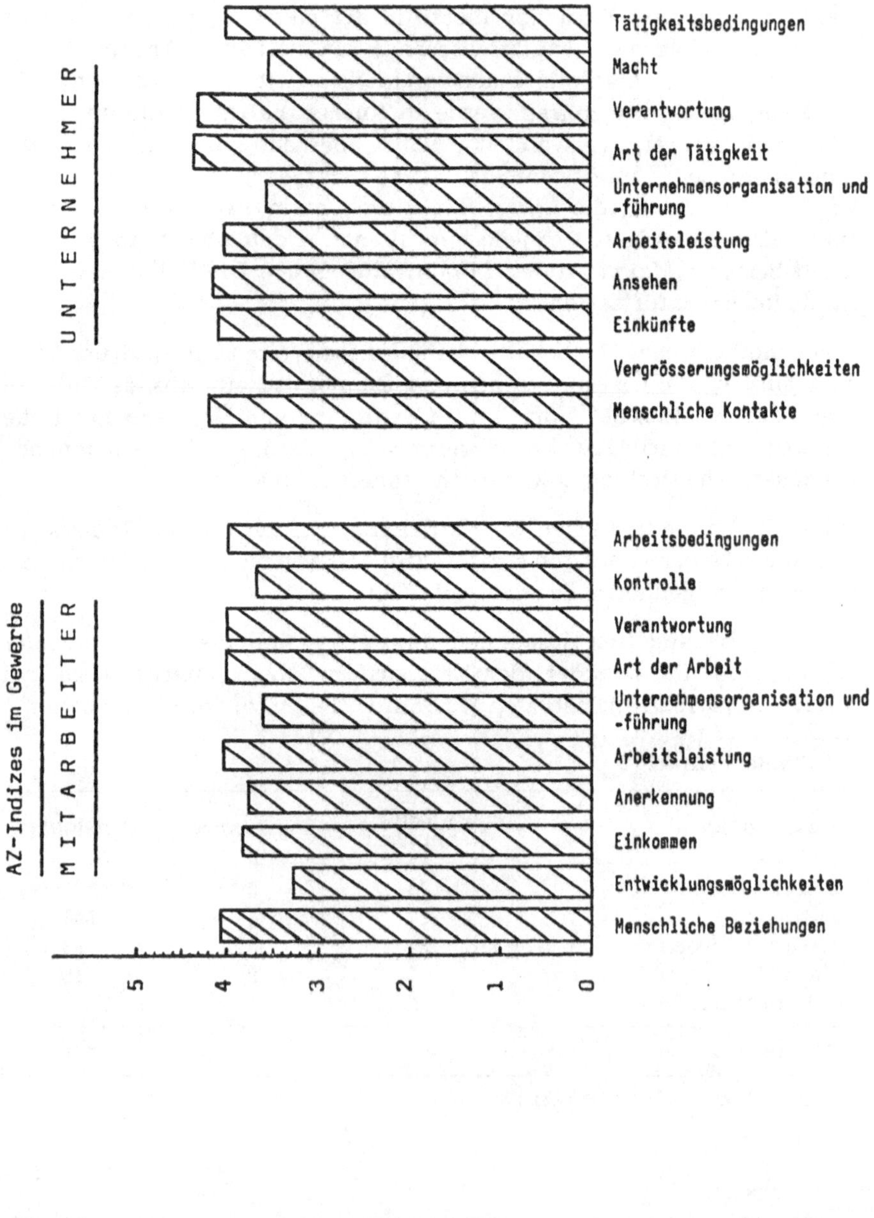
Tätigkeitsbedingungen
Macht
Verantwortung
Art der Tätigkeit
Unternehmensorganisation und -führung
Arbeitsleistung
Ansehen
Einkünfte
Vergrösserungsmöglichkeiten
Menschliche Kontakte
UNTERNEHMER
Arbeitsbedingungen
Kontrolle
Verantwortung
Art der Arbeit
Unternehmensorganisation und -führung
Arbeitsleistung
Anerkennung
Einkommen
Entwicklungsmöglichkeiten
Menschliche Beziehungen
MITARBEITER
AZ-Indizes im Gewerbe
5
4
3
2
1
0

und 3 der Tabelle 288 von oben nach unten, so registrieren wir in beiden Fällen zwar keine Riesenabstände unter den Z-Werten, aber doch deutliche Abstufungen: Zwischen dem höchsten und dem tiefsten Indexwert liegt sowohl bei den Arbeitnehmern wie bei den Unternehmern eine Spanne von 18 %. Die größten Beiträge zur AZ erbringen offenbar bei den Mitarbeitern die persönlichen Kontakte im Betrieb, das Leistungsgefühl und eine anregende Arbeit, bei den Inhabern die selbständige, schöpferische Tätigkeit und die Übernahme von Verantwortung. Am unteren Ende der Rangliste figurieren bei den Unselbständigen die Entwicklungsmöglichkeiten und der Komplex Organisation/Führung. Beide Faktoren stehen auch bei den Unternehmern weit am Ende der Rangordnung; das Schlußlicht bildet hier jedoch die heikle Größe Macht und Einfluß.

Vergleichen wir nun die Bedeutung der AZ-Faktoren, wie sie sich objektiviert aus der Liste in Tabelle 288 ergibt, mit der Bedeutung gemäß den Angaben auf unsere gezielten Fragen (s. Tab. 282), so stimmen die Schwerpunkte bei den Unternehmern überein: Sie messen mehrheitlich und erklärtermaßen der Art der Tätigkeit und der Übernahme von Verantwortung die größte Bedeutung für die AZ bei. Gemäß Tabelle 288 hat sich nun herausgestellt, daß diesen beiden Faktoren, gemessen an ihrem Beitrag zur AZ, tatsächlich auch das größte Gewicht zukommt.

Auf seiten der Mitarbeiter ist eine solche Übereinstimmung nur bezüglich der menschlichen Beziehungen festzustellen. Der Anerkennung wird zwar maximale Bedeutung für die AZ zugeschrieben; als faktischer Stifterin von AZ gebührt ihr dagegen nur ein unterer Rangplatz. Umgekehrt spielt das Leistungsgefühl offensichtlich eine führende Rolle als AZ-Produzent, wird aber nicht ausdrücklich als vorrangig bedeutsam bezeichnet.

Im Spiegel unserer Daten aus den Tabellen 282 und 288 können wir gleichwohl kaum die bei *Neuberger* (1975, S. 29) formulierte und oben (S. 202) schon aufgegriffene Annahme einer negativen Korrelation zwischen den tatsächlichen AZ-Werten der einzelnen Faktoren und ihrer ausdrücklich erklärten Bedeutung im Urteil der Betroffenen bestätigen. Eine Sonderauswertung ergab in der Mehrzahl der Fälle nicht einmal signifikante Zusammenhänge zwischen den jeweiligen Positionen der beiden Datenreihen (s. Tab. 289). *Neuberger* selbst gelangt schließlich zum Ergebnis, daß „praktisch kein Zusammenhang besteht" (1975, S. 55). Indessen wollen wir festhalten, daß unsere beiden Ergebnisreihen im Einklang mit dem Spektrum der Resultate im Schrifttum bleiben, wie sie bereits referiert wurden (s. o. S. 201 f.).

Damit können wir uns der Aggregierung der Einzelfaktoren und dem Gesamtvergleich der AZ-Ergebnisse zuwenden.

2. *Aggregierung der Einzelfaktoren und Gesamtvergleich*

Die Zusammenfügung unserer zehn Einzelfaktoren zu einer Gesamtgröße verlangt zunächst einen Entscheid darüber, ob die Faktoren gleich oder unterschiedlich gewichtet werden sollen. Denkt man an eine Differenzierung, stellt sich sogleich die Frage, wie eine solche sinnvoll vorgenommen werden kann. Die Verwendung der individuell erhaltenen Bedeutungsurteile, die sich anzubieten scheint, verbietet sich angesichts ihrer fraglichen Zusammenhänge mit den Indexpositionen, auf die wir soeben hingewiesen haben. Eine Reihe von Autoren hat sich mit diesem Problem befaßt, ohne indessen zu einer brauchbaren Lösung zu kommen. Sofern das Ergebnis ihrer Überlegungen mehr als eine unverbindliche verbale Formel ist (etwa der Art, daß die globale AZ als Summe der einzelnen spezifischen Arbeitszufriedenheiten aufgefaßt werden könne; s. *Larouche/Lévesque/Delorme*, 1973, S. 80), wird entweder vorgeschlagen, im Zweifelsfall auf die Addition zu verzichten (vgl. *Neuberger*, 1974 a, S. 104) und von vornherein stärker auf eine Globalgröße abzustellen, oder aber angeregt, die Aggregation ungewichtet vorzunehmen, da eine Gewichtung selten zu einer Verbesserung oder Präzisierung führe (vgl. *Seashore/Taber*, 1975, S. 337, die hierzu weitere Autoren zitieren, und *Hofstede*, 1976, S. 1). Insbesondere wird dabei geltend gemacht, daß eine Gewichtung — wenn auch durch die Befragten unbewußt vorgenommen — bereits in den unterschiedlichen Antworten liege.

Wir wollen auf die Zusammenfügung der Einzeldeterminanten nicht verzichten, zumal sie trotz ihrer methodischen Problematik keinesfalls unüblich ist. Unsere Abwägung der mit beiden Varianten der Aggregation einhergehenden Probleme veranlaßte uns schließlich zum Entscheid, ein einfaches arithmetisches Mittel aus den Indexwerten der zehn Faktoren zu bilden. Auf diese Weise und unter Einbeziehung der Indexwerte aus der *unmittelbaren* Frage nach der Gesamt-AZ wurde in Aufteilung nach Betriebsgrößen die Tabelle 288 zur Tabelle 290 ergänzt.

Formal ist zunächst auf die befriedigende bis hohe Korrelation zwischen den beiden unterschiedlich gewonnenen Gesamtgrößen hinzuweisen. Sie erreicht — auf maximalem Signifikanzniveau — für die Arbeitnehmer im Gewerbe knapp 0.6 und für die Betriebsinhaber rund 0.4, während man bei derartigen Analysen normalerweise schon froh ist, wenn man Werte über 0.3 erhält (vgl. *Schrader*, 1971, S. 179). Damit ist belegt, daß die beiden Größen zwar alles andere als identisch sind (sonst hätte sich nachträglich die Doppelberechnung als unnötig herausgestellt), daß sie aber zweifellos als miteinander verwandt bezeichnet werden dürfen. Die Aggregierung der Faktoren erweist sich somit als sinnvoll, führt sie doch zu einem Gesamtwert, der zwar mit unserer direkt gewonnenen Globalgröße nicht übereinstimmt, aber ihr doch vergleichbar ist.

Sowohl bei den Mitarbeitern wie bei den Unternehmern fällt nun auf, daß der Wert der aggregierten Größe — in beiden Fällen mit ähnlichem Ausmaß — hinter demjenigen der Globalgröße zurückbleibt. Diese Beobachtung ist jedoch nicht ungewöhnlich, sondern auch bei anderen Untersuchungen gemacht worden (vgl. z. B. *Staines/Quinn,* 1979, S. 9). Eine Deutung fällt nicht schwer: Hinsichtlich einzelner Aspekte der Arbeitssituation mag der arbeitende Mensch dies und jenes nachteilig finden und sich dadurch zu eingeschränkten Z-Äußerungen veranlaßt sehen, die die Gesamtgröße bei der Aggregierung nach unten beeinflussen. Bei der Globalfrage gibt jedoch der „over-all"-Eindruck den Ausschlag, der einzelne Vorbehalte zugunsten eines positiven Gesamturteils zurücktreten lassen kann. Wir glauben also nicht wie *Linde* an das Zustandekommen eines solchen Urteils in erster Linie dadurch, daß eine negative Äußerung die Befragten in den Geruch einer „Selbstverneinung der gesellschaftlichen Existenz" (1967, S. 45) bringen könnte — und das gegenüber einem ebenso unpersönlichen wie unbekannten Interviewer!

Fügen wir hierzu eine Illustration aus einem anderen Gebiet an: In einer Untersuchung „Zürich im Urteil seiner Bewohner" äußerten sich 70 % der Befragten zufrieden mit ihrer Stadt. Auf einzelne Einrichtungen angesprochen, z. B. die öffentlichen Verkehrsmittel, kam dagegen nur knapp jeder Zweite zu einem positiven Urteil (*Stadtplanungsamt Zürich* [Hrsg.], 1976, S. 16 und 19). Auch auf einem Gebiet ohne Verdacht auf Prestige-Implikationen können also die Äußerungen zu Einzelaspekten vom Gesamturteil abweichen.

Vergleichen wir zweitens in Tabelle 290 die Indexwerte zwischen den Arbeitnehmern im Gewerbe und den Betriebsinhabern (Spalten 3 und 7), so fällt auf, daß die letzteren in beiden Varianten etwas höhere AZ-Werte erreichen. Die geringen und statistisch nicht gesicherten Unterschiede veranlassen den Betrachter zu eher behutsamer Interpretation. Immerhin zeigen vereinzelte Studien mit analogen Quervergleichen ein ähnliches Bild — mit ebenfalls nur kleinen Abstufungen. Auf einer Gesamt-AZ-Skala zwischen −3 und +3 ergab sich z. B. in der Erhebung von *Bunz/Jansen/Schacht* (1974, S. 16 und 19) für die freien Berufe ein Indexwert von 1,7 und für Arbeitnehmer ein solcher von 1,6. (In der Paralleluntersuchung von *Schacht* [1974, S. 10 und 14] lauten die entsprechenden Werte 2,0 und 1,6.)

Im Falle der aggregierten AZ läßt sich der Unterschied unmittelbar aus dem Datenmaterial erklären, liegen doch die Indexwerte der Unternehmer nur bei zwei der zehn Faktoren unter denjenigen der Mitarbeiter, und zwar bei den Faktoren „Führung" und „Macht", wo es den

Unternehmern in der Befragung offenbar nicht recht behaglich war, wie wir früher festgestellt haben.

Vom reinen Rechenexempel abgesehen, scheinen auch die materiellen Unterschiede hinter den nüchternen Zahlen recht gut erklärbar: Die größten Abweichungen zeigen sich bei den Faktoren Ansehen/Anerkennung, Art der Arbeit/Tätigkeit und Verantwortung. Gerade sie spiegeln die besondere Stellung der gewerblichen Unternehmer wider, die ja im klassischen Fall gleichzeitig Kapitalgeber (Eigentümer), Manager und Innovator (Produzent individueller, oft schöpferischer Leistungen) sind (vgl. unsere Hinweise S. 26 und 58). Das Ansehen litt zwar vor allem in den sechziger Jahren unter ideologischer Agitation, hat sich aber in letzter Zeit nachweislich verbessert und ist seither als vergleichsweise hoch einzuschätzen (vgl. *EMNID-Institut,* 1974, mit dem Hinweis auf zwei Längsschnittuntersuchungen, und die Studie der Zürcher *Publitest* [Hrsg.], 1977, speziell für gewerbliche Unternehmer). Die neu gewonnene Wertschätzung für die Selbständigen mag mit ihrer wieder gerühmten Rolle als Anbieter von Arbeitsplätzen zusammenhängen — Tatsache bleibt, daß sie respektables neues Ansehen genießen und daraus hohe Befriedigung abzuleiten vermögen. Daß ihre selbständige und selbstverantwortliche Erwerbstätigkeit ihnen große Zufriedenheit verschafft, ist vollends einleuchtend für eine soziale Kategorie, die an den griechischen Demiurgen erinnert. Damit wirkt in der Tat die im Vergleich zu den Mitarbeitern allem Anschein nach höhere Gesamt-AZ unserer Unternehmer keineswegs überraschend, sei sie nun aggregiert oder von vornherein global erfaßt.

Abgesehen vom Gesamtvergleich Unternehmer/Mitarbeiter, liefert Tabelle 290 eine weitere Gruppe von Informationen, nämlich zum Einfluß der Betriebsgrößen. Der vorwiegend zahlenorientierte Betrachter könnte der Zusammenstellung rasch folgendes Ergebnis entnehmen: Sowohl bezüglich der aggregierten AZ wie bezüglich der originären Gesamt-AZ nimmt die Zufriedenheit bei den Arbeitnehmern mit der Betriebsgröße leicht ab, bei den Unternehmern dagegen — etwas ausgeprägter — zu. Eine solche Feststellung stände nach unseren zahlreichen Beobachtungen im Rahmen der Besprechung der Einzelfaktoren zumindest für die Mitarbeiter im Einklang mit unseren Erwartungen. Sie würde auch mit den Hinweisen in der begrenzten Anzahl Publikationen übereinstimmen, die die Gesamt-AZ unter dem Gesichtspunkt der Betriebsgröße (freilich nicht gewerbespezifisch) behandeln und für Arbeitnehmer ebenfalls durchweg zum Ergebnis einer inversen Beziehung zwischen Betriebsgröße und AZ kommen. Wir verweisen hierzu auf die Thesen oder empirischen Belege bei *Roethlisberger/Dickson,* 1949, S. 292 ff., *Talacchi,* 1960, S. 405, *Indik,* 1963, S. 380, *Beer,* 1964, S. 37 ff., *Kovach,* 1978, S. 74 und 83, *Bunz/Jansen/Schacht,* 1974, S. 27, und *Schacht,*

1974, S. 21. Bemerkenswert ist, daß die beiden letzteren Studien wie unsere eigenen Daten nur sehr kleine AZ-Unterschiede zwischen den Betriebsgrößen ausweisen.

Begründet werden in der Literatur die Abweichungen hauptsächlich mit Unterschieden bei den Faktoren Art der Arbeit (zu weit gehende Spezialisierung in den Großbetrieben) und menschliche Beziehungen (zu unpersönliche Verhältnisse in den großen Einheiten). Diese Determinanten erinnern an die Liste der Variablen, die auch in allgemeiner Sicht immer wieder als die bedeutendsten Stifter von AZ bezeichnet werden (vgl. S. 201 f.). Gerade mit diesen Faktoren indessen können wir die minimalen AZ-Unterschiede zwischen Gewerbe- und Industriebetrieben nicht erklären (s. Positionen 1 und 7 in Tab. 290): Die Z aus den menschlichen Beziehungen scheint im Gewerbe nur um eine Spur höher (in den mittleren Firmen bleibt sie noch unter dem Wert für die großen), und die Z aus der Art der Arbeit errechnet sich für die großen Betriebe sogar höher als für die gewerblichen Firmen gleich welcher Größe. Der schmale Überhang zugunsten des Gewerbes kommt in unserem Falle für die aggregierte AZ rechnerisch vielmehr durch die Wirkungen der Faktoren Anerkennung, Verantwortung und Kontrolle zustande (vgl. dazu unsere Bemerkungen in den Kapiteln II B, II D und II G).

Nun drängt sich der Verdacht auf, die Unterschiede seien deswegen so gering, weil auch die „großen" Betriebe in unserer Größeneinteilung nicht riesig genug sind, als daß sie deutlichere Abweichungen hervorgebracht hätten. Dazu ist jedoch zweierlei festzustellen: Erstens liegt die Durchschnittsgröße der von uns als „große Betriebe" einbezogenen Unternehmungen faktisch bei 725 Beschäftigten, also weit über den gewerblichen Kategorien mit weniger als 200 Personen. Zum zweiten wird im Schrifttum mehrfach betont, es komme für die Entstehung von AZ nicht unbedingt auf die Größe einer Unternehmung insgesamt an, sondern eher auf die Größe des Übersichtsbereiches aus der Optik des einzelnen Mitarbeiters, also diejenige der Abteilung oder gar Unterabteilung bzw. der Arbeitsgruppe oder des gemeinsamen Arbeitsraumes (vgl. *Hewitt/Parfit*, 1953, S. 42, *Beer*, 1964, S. 42 f., und *Porter/Lawler*, 1965, S. 312 ff.). Solche Einheiten sind mit über 200 Beschäftigten aber zweifellos als groß zu bezeichnen, so daß unsere Einteilung die geringen Differenzen kaum erklären dürfte.

Etwas deutlicher (wenn auch nicht signifikant) wirkt gemäß Tabelle 290 — innerhalb des Gewerbes — die betriebsgrößenbedingte AZ-Abstufung bei den Selbständigen, und zwar hier im Sinne einer AZ-Zunahme mit wachsender Zahl der von ihnen beschäftigten Mitarbeiter. Dazu scheinen im Falle der aggregierten AZ insbesondere die Z-Werte aus den Einkünften, den Tätigkeitsbedingungen und dem Gefühl der Übernahme von Verantwortung beizutragen. Diese Feststellung, sollte sie tatsächlich zutreffen, wäre durchaus einleuchtend. Nicht den Erwartungen entspräche einzig die Beobachtung, wonach die Inhaber kleiner Firmen mit ihrem Ansehen zufriedener scheinen als ihre Unternehmerkollegen, die einen mittleren Betrieb hinter sich wissen (zu diesem Faktor vgl. unsere Hinweise S. 210).

Eine vergleichbare Auswertung für Unternehmer haben wir im Schrifttum nicht gefunden. In Analogie können wir jedoch auf Erhebungen verweisen, die eine AZ-Zunahme mit wachsender Betriebsgröße für gehobene und Spitzenmanager in Unternehmen oberhalb unserer Größeneinteilung ergaben, in Gesellschaften also, wo typischerweise die Führungsfunktion und die Kapitalgeberfunktion aufgespalten sind und angestellte Manager die erstere Aufgabe als ein Element der Unternehmerrolle zu erfüllen haben. Resultate mit dem besagten Trend finden sich etwa bei *Porter/Lawler*, 1965, S. 318 (mit Verweis auf ähnliche Untersuchungen), *Cummings/El Salmi*, 1970, S. 8, und *Marshall/Cooper*, 1979, S. 93.

Bleiben wir aber auf dem Boden der Realitäten: Unser AZ-Vergleich nach Betriebsgrößen bei Arbeitnehmern und Unternehmern ergab plausible Ergebnisse, die jedoch statistisch nicht genügend signifikant sind und praktisch nur geringfügige Unterschiede zeigen, so daß sie allenfalls Vermutungen tatsächlich bestehender Abweichungen zulassen. Fassen wir bei den Unselbständigen speziell den Vergleich Gewerbe—Industrie ins Auge, so können wir in gleicher Weise eine Schlußfolgerung nur behutsam ziehen. Danach ist anscheinend die AZ im Gewerbe um eine Spur höher. Die Nullhypothese kann aber nicht verworfen werden, und sie bedeutet immerhin, daß die AZ in den gewerblichen Betrieben jedenfalls nicht hinter derjenigen in der Industrie zurückbleibt.

Demgegenüber ergab gewerbeintern die Auswertung der vier zentralen Größen (aggregierte AZ und originäre Gesamt-AZ je für Mitarbeiter und Unternehmer) höhere Signifikanzniveaus für das Kriterium Ortsgröße, wie Tab. 291 zeigt.

Danach nimmt die AZ in beiden Versionen bei den gewerblichen Arbeitnehmern mit dem Übergang von großstädtischen über städtische zu ländlichen Verhältnissen als Standort ihres Betriebes zu, während die Abstufung bei den Betriebsinhabern — wiederum in beiden Varianten — in der entgegengesetzten Richtung verläuft. Nachdem wir bei der Behandlung der *Einzel*faktoren in vier der zehn Fälle bereits auf die Bedeutung dieses Kriteriums aufmerksam wurden (und zwar im Zusammenhang der Anerkennung, der Organisation und Führung, der menschlichen Beziehungen und der Arbeitsbedingungen) und sie ähnlich bei der isolierten Erörterung der AZ als Globalgröße zum Ausdruck kam, fällt dieses Ergebnis hinsichtlich der Mitarbeiter nicht mehr überraschend aus. Die Haupterklärungsmöglichkeiten wurden früher bereits angeschnitten und dürften in weniger hochgeschraubten Ansprüchen der ländlichen Arbeitnehmer und/oder in objektiv besseren Gegebenheiten („heile Welt", vgl. auch den Hinweis auf die „vorindustrielle Soziokultur" bei *Lattmann,* 1972, S. 34) auf dem Lande zu suchen sein, sofern die angesprochene Beziehung nicht auf den Einfluß intervenierender Variabler zurückzuführen ist, deren Kenntnis und empirische Verifikation sich uns entziehen. Immerhin wird auch in der Literatur, z. B. unter dem Stichwort vom Einfluß des „Urbanisierungsgrades", mehrfach auf einen unserer Beziehung entsprechenden Zusammenhang zwischen Standortgröße und AZ hingewiesen. Einige dieser Publikationen sind bei *Bruggemann/Groskurth/Ulich* (1975, S. 104 ff.) referiert, darunter die klassische Studie hierzu von *Turner/Lawrence* (1965), die die AZ-Abweichungen zwischen „Town" und „City" u. a. mit einer unterschiedlichen Einschätzung der Arbeit durch die Arbeitnehmer begründet (die „Town"-Arbeiter sahen ihre Tätigkeit positiver). Andere Autoren machen allerdings Einschränkungen, und der schon zitierte *Talacchi* fand keinen signifikanten Zusammenhang zwischen Ortsgröße und AZ (1960, S. 408 f.).

Halten wir aber fest, daß unsere Erhebung eine solche Beziehung für beide Versionen der Gesamt-AZ ergab. Davon abgesehen, spricht in der Tat auch kognitiv vieles für den Zusammenhang, und Parallelen bieten sich an. So berichtete beispielsweise die Tagespresse vor einiger Zeit über eine Studie der Europäischen Gemeinschaft, wonach die Bewohner der kleineren Mitgliedsländer durchweg zufriedener mit ihrem Leben sind als ihre Mitmenschen in den großen Nachbarstaaten (vgl. *St. Galler Tagblatt,* Beilage vom 6. 2. 77, S. 5). Auch diese Beobachtung dürfte mit der Überschaubarkeit der Verhältnisse in Verbindung zu bringen sein (freilich wohl weniger mit dem Anspruchsniveau).

Um so erstaunlicher ist nun allerdings auf den ersten Blick unser Ergebnis, wonach bei den Selbständigen die Gesamt-AZ in beiden Varianten im Großstadtmilieu größer ist als auf dem Lande, mit zwar nur kleinen Abweichungen im Falle der aggregierten Größe, aber recht deutlichen Unterschieden bei der originären Gesamt-AZ (s. Tab. 291), erstaunlich nicht zuletzt deswegen, weil wir in der Einzelbetrachtung noch nicht auf einen solchen Zusammenhang stießen. Im Schrifttum haben wir zu diesem Komplex keine Äußerungen gefunden, doch scheint unsere Beobachtung bezüglich der Unternehmer ebenfalls durchaus erklärbar: Auf dem Lande mögen sie das unbehagliche Gefühl haben, bei allem gesellschaftlichen Prestige von ihren weniger „privilegierten" Mitmenschen vielleicht nicht mißgünstig, aber doch kritisch beäugt zu werden und einer Art sozialer Kontrolle des Verhaltens ausgesetzt zu sein, wie sie in der relativen Anonymität der Großstadt zwangsläufig weniger besteht und wie wir sie in der Praxis an Beispielen verschiedentlich erlebt haben. Möglicherweise sind die Unterschiede zusätzlich auf bessere geschäftliche Chancen im städtischen Umfeld zurückzuführen.

Unsere Erklärungsversuche müssen indessen durch punktuelle Erfahrungen gestützte Vermutungen bleiben, weil das empirische Datenmaterial zur Verifikation nicht ausreicht.

Damit sind die durchgehend signifikanten Zusammenhänge erschöpft, die unsere Daten zwischen den Kriterien und beiden Formen der Gesamt-AZ je für Unternehmer und Mitarbeiter ergaben. Auch innerhalb der zwei Befragtenkategorien stießen wir auf kein weiteres Kriterium, das eine signifikante Beziehung zu beiden AZ-Varianten und damit eine doppelt gesicherte Abhängigkeit erkennen ließ. Diese Beobachtung hat uns etwas überrascht, sind doch im Rahmen unserer Einzelbesprechung der Faktoren immer wieder Abhängigkeiten von bestimmten Kriterien aufgetreten.

In anderen Untersuchungen wurden solche Einflüsse zwar festgestellt, insbesondere ausgehend vom Lebensalter, Dienstalter und Ausbildungsstand, jedoch stimmen die Ergebnisse keineswegs überein. Bezüglich des ersten dieser Merkmale stößt man etwa auf folgende Versionen:

— Zunahme der AZ mit dem Alter, entweder linear oder nach zunächst wellenförmigem Verlauf (vorherrschende These, vgl. *Bernberg*, 1954, S. 393 ff.; *von Haller Gilmer*, 1961, S. 199 f.; *Hulin/Smith*, 1965, S. 209 ff.; *Gibson/Klein*, 1970, S. 411 ff.; *Lawrence*, 1972, S. 327 ff.; *Altimus/Tersine*, 1973, S. 53 ff.; *Bunz/Jansen/Schacht*, 1974, S. 23; *Seashore/Taber*, 1975, S. 354; *Wright/Hamilton*, 1978, S. 1140 ff.)

— U-förmiger oder ähnlicher Verlauf der AZ mit zunehmendem Lebensalter (*Morse/Weiß*, 1955, S. 191 ff.; *Herzberg, u. a.*, 1957; *Form/Geschwender*, 1962, S. 228 ff.; *Saleh/Otis*, 1964, S. 425 ff.; *Kornhauser*, 1965)

— Fraglicher Zusammenhang zwischen Lebensalter und AZ (*Neuberger*, 1975, S. 68)

Hinsichtlich der Dauer der Betriebszugehörigkeit werden folgende Meinungen vertreten:

— Positiver Zusammenhang zwischen Dienstalter und AZ (*Neue Zürcher Zeitung* vom 2. 11. 1976, S. 31, über eine Erhebung des Schweizerischen Kaufmännischen Vereins; *Groskurth*, 1974, S. 285)

— Negativer Zusammenhang (*Gibson/Klein*, 1970, S. 411 ff.)

— Problematischer Zusammenhang (*Neuberger*, 1975, S. 68)

In bezug auf das Verhältnis zwischen Ausbildungsniveau und AZ schließlich sind die Aussichten weniger kontrovers: Mit wenigen Ausnahmen, bei denen eine inverse Beziehung vermutet wird (z. B. bei

Lawrence, 1972, S. 327 ff.), in deren Richtung aber unsere — ungesicherten — Daten ebenfalls deuten[8], kommen die Autoren zur Feststellung eines positiven Zusammenhangs (so etwa *Bunz/Jansen/Schacht*, 1974, S. 23; *Schacht*, 1974, S. 18; *Ydo*, 1947, S. 228 f.; *Symanowski/Vilmar*, 1963, S. 22, 48, 109 f.; *Deutsches Handwerksblatt*, 1974, S. 31; *Daheim*, 1969, S. 365 und 384; *Sdrawomyslow/Jadow*, 1964, S. 1020, für sowjetische Arbeiter; *Blauner*, 1966, S. 474 f.).

Nach dieser gedrängten Übersicht über Äußerungen zu möglichen Einflüssen von Größen, die wir als Kriterien bezeichnet haben, auf die Gesamt-AZ im Vergleich zu unseren eigenen empirischen Feststellungen wollen wir skizzieren, was unsere Daten zu den AZ-Wirkungen aussagen, welche sich aus der Herkunft unserer Faktoren ergeben. Wir denken an deren Zweiteilung in intrinsische und extrinsische oder in Kontent- und Kontextfaktoren, die bezüglich ihrer Effekte insbesondere während der sechziger Jahre im Gefolge der Untersuchungen von *Herzberg* lebhaft diskutiert wurde. Da wir uns an die Faktorenliste von *Herzberg* angelehnt haben (s. unseren Hinweis S. 42 f.), ist auch seine Zweiteilung gegeben: Arbeitsleistung, Anerkennung/Ansehen, Art der Arbeit/Tätigkeit, Verantwortung sowie Entwicklungs-/Vergrößerungsmöglichkeiten (s. Kapitel A - E im Teil II) werden den intrinsischen Faktoren zugerechnet, die restlichen Determinanten (s. Kapitel F - J im Teil II) als extrinsische Faktoren aufgefaßt. *Herzberg* und seine Mitarbeiter kommen nun zum Ergebnis, daß die erstere Gruppe (von ihnen meist als „satisfiers" oder Motivatoren bezeichnet) maßgeblich AZ verursacht, während die letztere Gruppe nur schwach in dieser Richtung wirkt. Umgekehrt sind die Kontextfaktoren („dissatisfiers" oder Hygienefaktoren) — im Falle mangelhafter Gegebenheit — vor allem für die Entstehung von Arbeitsunzufriedenheit verantwortlich, während die Kontentfaktoren kaum in der negativen Richtung wirken (*Herzberg/Mausner/Snyderman*, 1967, S. 79 ff., und *Herzberg*, 1968 a, S. 71 ff.). Die scharf unterschiedene Wirkungsweise der beiden Gruppen hat diesem Gedankengebäude die Bezeichnung als „Zweifaktorentheorie" eingebracht.

Wenn wir nun unser Datenmaterial unter diesem Gesichtspunkt betrachten wollen, empfiehlt sich nochmals ein Blick zurück auf die Tabellen 290 und 282, die uns wiederum einen doppelten Approach ermöglichen. Stellen wir auf die Bedeutung der AZ-Faktoren ab, wie sie von den Interviewpartnern auf unsere gezielte Frage angegeben wurde (Tab. 282), so verteilen sich bei den gewerblichen Mitarbeitern die ersten

---

[8] Gerundete Indexwerte der aggregierten AZ für gewerbliche Mitarbeiter:

Angelernt	3,9
Abgeschlossene Berufslehre	3,8
Abgeschlossene Meisterausbildung	3,7
Hochschule usw.	3,5

und die zweiten fünf Faktoren je hälftig auf die beiden Kategorien (Spalte 3 gruppiert nach der Rangfolge der Bedeutung). Von einem größeren Gewicht der intrinsischen Faktoren kann hier also nicht gesprochen werden. Eher ist diese Vermutung für die Unternehmer angezeigt: Hier entfallen die ersten drei Ränge auf Kontentfaktoren (gem. Spalte 5).

Sofern wir die Bedeutung der einzelnen Faktoren für das Zustandekommen von Gesamt-AZ an den Indexwerten ablesen (Tab. 290), ist sie im Falle der gewerblichen Mitarbeiter für die extrinsischen und die intrinsischen Faktoren genau gleich groß (Durchschnitte aus beiden Gruppen gemäß Spalte 3 je 3,85), und *Herzbergs* These wird wiederum nicht gestützt. Bei den Unternehmern dagegen errechnet sich aus den intrinsischen Faktoren mit 4,09 ein leicht höherer Durchschnittswert als aus den extrinsischen (3,88; gemäß Spalte 7), was mindestens prinzipiell im Einklang mit der diskutierten Vermutung steht.

Somit liefert unsere summarische Prüfung bei beiden Vorgehensarten bezüglich der Arbeitnehmer im Gewerbe keinen Hinweis einer Bestätigung der Theorie von *Herzberg,* wohl aber bezüglich der Betriebsinhaber. Für eine zuverlässige empirische Bewertung des Zweifaktorenkonzepts müßte zumindest eine differenziertere Prüfung vorgesehen werden. Auch so indessen überrascht unsere Ausbeute keineswegs, ist doch in der Literatur die Meinung weit verbreitet, diese Theorie sei zumindest derzeit unbelegbar, zumal sie noch nie durch eine andere als die *Herzberg*sche Methode selbst (das umstrittene „critical-incident"-Verfahren) empirisch gestützt worden sei (vgl. *Bruggemann/Groskurth/Ulich,* 1975, S. 79 ff., und ihre Hinweise auf eine Reihe anderer Kritiker, der noch *Hagen* [1973, S. 201] anzufügen bleibt). Unsere eigene Beobachtung bei den Unternehmern zugunsten des Konzepts, die eher einen Hinweis darstellt, reicht zur Erschütterung der Unbelegbarkeitsthese noch nicht aus.

Halten wir uns jedoch nicht über Gebühr bei einem Meinungsstreit auf, der schon seit Jahren als unentscheidbar gilt (vgl. *Smith/Cranny,* 1968, S. 467 ff.; *Bockman,* 1971, S. 155 ff.; *Soliman,* 1970, S. 452 ff.; *Rosenstiel,* 1972, S. 439). Vielmehr liegt uns daran, zum Abschluß der empirischen Auswertung von der Index- und damit Durchschnittsbetrachtung, die durchweg recht hohe AZ-Werte ergab, wieder abzugehen und gesondert die Unzufriedenheits- und Indifferenzanteile zusammenzufassen — nicht zuletzt im Hinblick auf die anschließende Diskussion von Maßnahmen mit dem Ziel der Erhöhung der AZ.

Die entsprechende Tabelle 292 verlangt keine Kommentierung der einzelnen Positionen, liefert sie doch logischerweise zumindest in dem Sinne ein Spiegelbild der Tabelle 290, daß die höchsten Werte hier (in

Tab. 292) den tiefsten Ergebnissen dort entsprechen und umgekehrt. Die gesonderte Auswertung macht aber deutlich, in welch hohem Maße bei insgesamt niedrigen Indifferenz- und Unzufriedenheitsanteilen die Daten faktorenweise variieren, ist doch die Streuung ungleich größer als bei den durch Mittelwertbildung gewonnenen Indexwerten in Tab. 290. Diese Streuung zwischen 8 und 55 % bzw. 4 und 52 % bei den Arbeitnehmern sowie 3 und 48 % bei den Unternehmern geht überwiegend auf das Konto derjenigen Befragten, die sich als weder zufrieden noch unzufrieden ausgaben, da die „unzufriedenen" und „sehr unzufriedenen" Anteile lediglich zwischen 2 und 15 % bzw. 2 und 21 % sowie 0 und 13 % schwanken. Daß aber die im Urteil unentschiedenen Interviewpartner eher den unzufriedenen als den zufriedenen Zeitgenossen zuzurechnen sind, zeigt die Beobachtung, wonach hohe Indifferenzanteile zumeist mit hohen UZ-Quoten einhergehen. Bei der Planung von Maßnahmen zur AZ-Beeinflussung dürfen also offenbar — das läßt sich hier schon feststellen — die „Unentschiedenen" nicht außer acht gelassen werden.

Betrachten wir die Anteile der unzufriedenen und sehr unzufriedenen Befragten für sich allein, so liegen sie insgesamt sehr tief, in der globalen Version noch unter denjenigen, die sich aus der Aggregation ergeben. Auf die Globalfrage erklärte sich unter den Betriebsinhabern sogar überhaupt niemand als unzufrieden.

Obwohl, wie wir verschiedentlich betont haben, Vergleiche mit anderen Untersuchungen nur mit Vorbehalten angestellt werden können (zu den Unterschieden in Erhebungsmethoden und Zielgruppen tritt jetzt ein unterschiedlich umfassender, teilweise relativierender UZ-Begriff hinzu), drängt sich hier doch erneut ein Blick in das Schrifttum auf. Dabei stellen wir fest, daß in der Regel ebenfalls recht tiefe UZ-Quoten ermittelt wurden, daß sich aber auch Ausnahmen finden. Aus einem bunten Spektrum über einen langen Zeitraum hinweg wollen wir folgende Publikationen herausgreifen, die teilweise ihrerseits einen Überblick oder Rückblick über mehrere Studien vermitteln:

- *Levenstein*, 1912, S. 405: 82 % (D)
- *Hoppock*, 1935, S. 6: ca. 33 % (USA), S. 250: 14 % (USA)
- *Herzberg, u. a.*, 1957, S. 2 ff.: 13 % (USA, Durchschnitt aus vielen Untersuchungen)
- *Sdrawomyslow/Jadow*, 1964, S. 1020: 16 % (UdSSR)
- *Friedeburg*, 1966, S. 109 f.: 37 % (D)
- *Sarapata*, 1967, S. 217: 41 % (PL)
- *Fürstenberg*, 1969, S. 283: 33 % (D)
- *Hagen*, 1973, S. 169: 11 % (CH)
- *Barbash*, 1974, S. 7: Zwischen 5 und 20 % (verschiedene Länder)
- *Bunz/Jansen/Schacht*, 1974, S. 15: 15 % (D, Durchschnitt)
- *Deutsches Handwerksblatt*, 1974, S. 31: 10 % (D)

— *Schacht*, 1974, S. 11: 16 % (D, Durchschnitt)
— *Noelle-Neumann*, 1976, S. XXX: 6 % (D)
— *Schweisheimer*, 1977, S. 90: 15 - 20 % (USA)
— *Thurmann*, 1977, S. 276 (für Jugendliche zwischen 18 und 24): Zwischen 9 und 40 % (verschieden weit entwickelte Länder, darunter CH 11 %)
— *Basler Versicherungsgruppe*, 1978, S. 100: 7 % (CH).

Wenn man aus dieser Datensammlung eine Tendenz herauszulesen sucht, dann scheint es, daß die AUZ mit der Aufwärtsentwicklung der Volkswirtschaften bzw. Wohlstandsniveaus schrumpft, und zwar bis zu einem Bodensatz von zwischen etwa 5 und 20 %, daß sie also auch im besten Falle nicht ganz verschwindet (unser Nullergebnis bei den Unternehmern bleibt offenbar eine Ausnahmeerscheinung). Nun überrascht keineswegs die weite Verbreitung von AUZ bei einer „labor force" im Zustand der Massenarmut am Rande des Existenzminimums (vgl. die deutsche Zahl aus dem Jahre 1912). Erstaunlich ist aber, daß im internationalen Vergleich über methodisch bedingte Abweichungen hinaus AUZ-Unterschiede zwischen Ländern bestehen zu bleiben scheinen, die hinsichtlich ihres Entwicklungsstandes als ähnlich fortgeschritten einzustufen sind. Doch über die Gründe hierzu Spekulationen anzustellen, würde weit über unser thematisches Anliegen hinausführen.

Festhalten wollen wir aus der Gegenüberstellung lediglich, daß die Schweiz zu den Ländern mit den niedrigsten AUZ-Quoten gehört (s. obige Quellenangaben) und daß sich innerhalb der Schweiz die diesbezüglichen gewerblichen Daten mit denjenigen aus dem industriellen Bereich zumindest messen können (s. Tab. 292). Freilich liefert dieses Ergebnis keinen Grund zur Selbstzufriedenheit (vgl. *Thorsrud*, 1977, S. 3), weil erstens die — wie beschrieben — zum negativen Ende der AZ-Skala hinüber neigende Grauzone der Indifferenten wesentlich größer ist als der Anteil der erklärtermaßen Unzufriedenen und weil zweitens trotz nachweislich tiefer AUZ-Quoten ein Rest von allgemeinem (also nicht etwa gewerbespezifischem) Unbehagen zu bleiben scheint. Es gibt Längsschnittstudien, deren Ergebnisse sogar auf einen Anstieg bzw. Wiederanstieg der allgemeinen AUZ seit den sechziger Jahren hindeuten (vgl. *Noelle-Neumann*, 1977, Nr. 186, für die Jahre 1962 und 1976, *Staines/Quinn*, 1979, S. 9, für 1969 und 1977, und *Cooper, u. a.*, 1979, S. 117 ff., über 25 Jahre). Davon abgesehen, scheint nicht nur für pessimistische Gesellschaftskritiker außer Zweifel zu stehen, daß heute selbst bei an sich großer Verbreitung von AZ weitherum eine eher gedrückte Grundstimmung registriert werden muß, vielleicht eine Art „wollüstiges Unbehagen im Wohlstand" (*Gasser*, 1979, S. 4). Nolens volens kommen wir hier auf das Phänomen der allgemeinen Lebenszufriedenheit bzw. -unzufriedenheit zurück, das hinter der augenscheinlichen Diskrepanz zwischen erklärter AZ und unerklärtem (wie unbewiesenem) Restunbehagen wirksam sein mag (vgl. *Portigal*, 1973, S. 14 ff., und *Strauss*, 1974, S. 90).

Sollte diese Überlegung zutreffen, wäre immerhin vorstellbar, daß latenter Lebensunmut einmal auf die an sich vorherrschende AZ durchschlägt. Womöglich wäre gar „Unzufriedenheit mobilisierbar, da [sie] nur dünn durch Zufriedenheit überlagert" sein könnte (*Tenbruck*, 1974, S. 28).

Diese Gedanken im Anschluß an die Vermutung, daß die AUZ — trotz immer noch wachsendem Wohlstand und einer umfassenden Verbesserung der Bedingungen in der Arbeitswelt — spürbar zunehmen könnte, führen uns wieder zum begrifflichen Ausgangspunkt dieser Studie zurück, wonach die AZ abhängt vom Grad der Entsprechung zwischen den Erwartungen des arbeitenden Menschen und ihrer Erfüllung in der Realität. Danach besteht in der Tat die Möglichkeit, daß die AZ trotz nachweisbarer objektiver Verbesserungen abnimmt, weil die Ansprüche der Erfüllung „davonlaufen". In der betrieblichen Praxis braucht es also zweifellos einige Anstrengung, das subtile Gleichgewicht nicht nur zu stabilisieren, sondern womöglich auf ein höheres Niveau emporzuheben, letztlich im realen Interesse der Wettbewerbsfähigkeit am Arbeitsmarkt. Es besteht nämlich vorderhand keine Gefahr, daß die große Mehrheit der Schweizer die Befürchtung entwickelt, sie müsse „an einer Überdosis Zufriedenheit sterben", wie sie *Dali* über sich geäußert haben soll. Damit kommen wir — nach der Zusammenfassung dieses Kapitels — zum abschließenden Teil unserer Arbeit, der möglichen Maßnahmen zur Beeinflussung der AZ gewidmet ist.

3. Zusammenfassung

Im Rahmen der Betrachtung des Verhältnisses der einzelnen AZ-Faktoren zueinander wurde ihre vergleichweise Bedeutung zum einen direkt abgefragt, zum anderen an den errechneten Indexwerten abgelesen. Nach dem ersteren Approach ergaben sich als wichtigste Faktoren bei den gewerblichen Mitarbeitern die Anerkennung und die menschlichen Beziehungen, bei den Unternehmern der besondere Charakter der Tätigkeit und die Übernahme von Verantwortung. Zugleich waren es im wesentlichen dieselben Faktoren, bei denen besonders oft angegeben wurde, sie seien im eigenen Betrieb besser als in anderen Betrieben erfüllt. Nach der zweiten Vorgehensweise wurden bei den gewerblichen Arbeitnehmern die menschlichen Beziehungen und das Leistungsgefühl, bei den Betriebsinhabern wiederum die Art der Tätigkeit und die Übernahme von Verantwortung als bedeutendste AZ-Faktoren ermittelt. Besonders niedrige AZ-Beiträge erbringen andererseits bei den Unselbständigen die — begrenzten — Entwicklungsmöglichkeiten und der Faktor Unternehmensorganisation und -führung. Dieselben Faktoren sowie die Größe Macht und Einfluß rangieren bei den Selbständigen am Ende der Skala.

Die Betrachtung der Gesamtgrößen zur AZ ergab, daß die AZ aus der Faktorenaggregation bei beiden Befragtengruppen hinter derjenigen aus der unmittelbaren Globalfrage zurückbleibt, wobei die Unternehmer in beiden AZ-Varianten etwas höhere Werte erreichten als die Mitarbeiter. Bei diesen scheint die AZ mit der Betriebsgröße abzunehmen, bei jenen zu wachsen. Mit größerer Signifikanz ergab sich in beiden Kategorien eine Abhängigkeit der AZ von der Größe des Betriebsstandortes, und zwar invers bei den gewerblichen Arbeitnehmern und positiv bei den Eigentümern.

Ein Vergleich nur der Anteile der Unzufriedenen und Indifferenten (die sonst in den Durchschnittsgrößen aufgehen, wie sie die Indexwerte darstellen) brachte zwar erwartungsgemäß eine Bestätigung der Ergebnisse aus der Prüfung der Indexwerte, doch traten die Unterschiede hier ausgeprägter hervor.

VIERTER TEIL

Auswirkungen und Konsequenzen in der gegebenen AZ-Situation

Der Darstellung der Verbreitung von AZ bei Mitarbeitern und Unternehmern im Gewerbe haben wir nunmehr einige Anregungen zur gezielten Beeinflussung der AZ anzufügen. Dies geschieht keineswegs nur, um dem konfuzianischen Aphorismus nachzuleben, wonach das Wesen des Wissens in der Anwendung besteht. Vielmehr sollen die folgenden Überlegungen den verantwortlichen Führungskräften in der betrieblichen Praxis Denkanstöße zu konkreten Maßnahmen liefern, mit denen die AZ der dort tätigen Menschen je nach betriebsindividuellem Bedarf stabilisiert oder erhöht werden könnte.

Diese Bemerkung führt uns zurück an den Ausgangspunkt unserer Studie, nämlich die Klagen mancher gewerblicher Unternehmer, sie verlören qualifizierte Arbeitskräfte an große und an öffentliche Betriebe. Nun haben wir gesehen, daß die AZ im Gewerbe (jedenfalls in den exemplarisch ausgewählten Branchen Holz und Metall) keineswegs hinter derjenigen in großen Unternehmungen zurückbleibt, also kaum die mögliche Abwanderung von Arbeitskräften zu erklären vermag — sofern diese tatsächlich in großem Ausmaß stattfindet[1]. Damit stellt sich sogleich die Frage, ob Vorkehrungen zur Stabilisierung oder Erhöhung der AZ überhaupt erforderlich scheinen. Hinzu kommt ja, wie wir gesehen haben, daß die Zahl der Indifferenten und Unzufriedenen gesamthaft und für die Mehrzahl der Einzelfaktoren vergleichsweise gering ist. Bei solchen Überlegungen bleibt indessen zu berücksichtigen, daß zum einen jeder Betrieb im Falle mangelnder Attraktivität für die Mitarbeiter individuell Gefahr läuft, wichtige Kräfte zu verlieren, und zum anderen selbst einzelne Unzufriedene ansteckend wirken können und das Betriebsklima maßgeblich zu verschlechtern vermögen. Zur Illustration mag der Hinweis dienen, wonach in der Bundesrepublik Deutschland viele Betriebe Bedenken haben, Arbeitslose mit der Bereitschaft zu einem beruflichen Abstieg zu beschäftigen, weil sich deren erwartete AUZ auf andere Mitarbeiter übertragen könnte (*Waßner*, 1977, S. 9 f.).

---

[1] Die Daten der letzten Eidgenössischen Betriebszählung 1975 sprechen in der Gegenüberstellung mit 1965 keineswegs auf der ganzen Linie dafür (*Eidgenössisches Statistisches Amt* [Hrsg.], 1977).

Nun gibt es eine Reihe von Autoren, welche AUZ nicht nur gleichmütig registrieren, sondern geradezu begrüßen, weil sie sie als Triebfeder von Aktivitäten zu einer Verbesserung der Situation betrachten, als Quelle eines Handelns in Richtung auf persönlichen und/oder betrieblichen Fortschritt (vgl. *Homans*, 1968; *Gellerman*, 1972, S. 60; *Albers*, 1977, S. 483 ff.; *Seashore/Taber*, 1975, S. 366; *Lindner*, 1977; *Freilinger/Meinelmayr*, 1978, S. 14 f.), schließlich gar als „des Managers beste Freundin" (*Heller*, 1973, S. 314). Freilich werden derartige Aussagen nicht selten wenigstens teilweise wieder zurückgenommen oder doch relativiert. Auch davon abgesehen, möchten wir sie in unserem Zusammenhang nicht überbewerten, gehen doch bei solchen Feststellungen die Urheber von einem anderen AZ-Begriff aus, wonach Zufriedenheit gleichbedeutend ist mit Sattheit und Trägheit, während sie nach unserer Definition eine positive Grundgestimmtheit darstellt, die Aktivität und Initiative keineswegs ausschließt.

In dieser Form stellt sie, so möchten wir folgern, zweifellos eine Größe dar, deren Beeinflussung gezielte Anstrengungen rechtfertigt. Schließlich ist der berufstätige Mensch nicht, wie es früher versucht wurde, als „optimizing animal" richtig zu begreifen, sondern — wenn schon in tierhafter Beschreibung — als „satisfizing animal" (zitiert bei *Brauchlin*, 1979, S. 18 f.). Besonders einleuchtend verspricht die Begründung für unsere Aussage zu werden, wenn wir uns die Folgen der Arbeits*unzu*friedenheit vor Augen führen.

Damit ist die Gliederung des Schlußteils dieser Arbeit vorgegeben. Es geht zum einen um die möglichen Auswirkungen von AUZ und Indifferenz im Betrieb (die Indifferenz ist, wie wir [S. 217] gesehen haben, im Zweifelsfall eher der Unzufriedenheit zuzuordnen und daher in diese Betrachtungen einzuschließen). Zum anderen sind einige Überlegungen zur Frage anzustellen, wie das AZ-Niveau positiv beeinflußt werden kann. Wenn wir somit dafür plädieren, daß der AZ in der betrieblichen Praxis mehr Aufmerksamkeit geschenkt wird, wollen wir keineswegs den Eindruck erwecken, dem Hedonismus in der Arbeitswelt das Wort zu reden, etwa in der Weise, wie es Äußerungen einzelner Publizisten nahelegen (vgl. unter den modernen Epikureern vor allem *Dichter*, 1977, S. 70). Wohl aber meinen wir, daß die Anstrengungen zur AZ-Förderung beide Zweige der AZ im Visier haben müssen, die Erwartungen wie die realen Gegebenheiten. Daraus ergibt sich eine Zweiteilung des Kapitels zu den möglichen Beeinflussungsmaßnahmen.

Im übrigen wird dieser Schlußteil zwangsläufig durch drei Einschränkungen gekennzeichnet sein: Zum einen haben wir uns auf Anregungen bzw. Verhaltensimpulse zu beschränken. Zum zweiten müssen wir hier auf den „unreifen" Versuch verzichten, „im Stile der mathematisch-experimentellen Naturwissenschaften" vorzugehen (*Ravetz*, 1973, S. 415) und fixfertige Universalrezepte mit Erfolgsgarantie anzubieten („Ergreife Maßnahme A, damit Erfolg B eintritt"). Drittens wollen wir uns in Bescheidenheit üben und anerkennen, daß auch nach dieser Studie eine beträchtliche Lücke zwischen der methodischen Tatbestandsaufnahme und der praxisorientierten Maßnahmenplanung zu schließen bleiben dürfte (vgl. *Vroom*, 1964, S. 288).

A. Mögliche Folgen von Arbeitsunzufriedenheit

Bemerkenswerterweise ist die Liste der Fachleute, die sich mit den Auswirkungen der AZ bzw. AUZ beschäftigen, wesentlich kürzer als diejenige der Experten, die die Ursachen zu ergründen suchen. Unter den ersteren herrscht dennoch so wenig Einigkeit wie in der großen „Gemeinde" der Ursachenforscher. Die Unterschiede in den Auffassungen beginnen bereits mit der Frage, ob die Grundgestimmtheit in der Arbeitssituation überhaupt das beobachtbare Verhalten der „Gestimmten" zu steuern vermöge. Eine Minderheit von Autoren verneint diese Frage, allen voran *Locke* (1970). Nach seiner Auffassung bewirkt AZ lediglich eine Zuwendung zur positiv bewerteten Größe und AUZ eine Abwendung vom negativ beurteilten Objekt. Hier ist auch die kaum bestrittene Auffassung einzuordnen, AUZ könne zur Frustration führen, wie sie bei *Bruggemann/Groskurth/Ulich* im Zusammenhang ihrer AZ-Morphologie formuliert wird (1975, S. 132 ff.).

Die meisten Autoren, die sich mit diesem Komplex befassen, schreiben der AZ und insbesondere der AUZ indessen weitergehende und sichtbare Wirkungen zu. Wir wollen hier nicht auf die möglichen gesellschaftlichen Effekte eingehen, wie sie etwa von Soziologen beschrieben werden, wonach weit verbreitete Unzufriedenheit in der Arbeitswelt eine Gefahr für den Weiterbestand unserer Gesellschaftsordnung darstellen könnte (so z. B. resümiert bei *Schürch*, 1978, S. 9). Auch wir halten solche — wenngleich hypothetische — Feststellungen nicht für abwegig, haben uns aber auf Wirkungen im Bereich der Betriebe zu konzentrieren, mit dem Nebeneffekt einer leichteren Vermeidung ausgreifender Spekulationen.

Um unsere Erhebungsbogen nicht zu überfrachten, mußten wir allerdings auf die eigene Gewinnung empirischer Informationen zu den Folgen der AZ/AUZ verzichten; ein diesbezüglicher Hinweis konnte einzig im Kontext der Beziehung zwischen AZ und Stellenwechsel gegeben werden (s. o. S. 395 und 399). Daher sind wir im folgenden maßgeblich auf die Sekundärliteratur angewiesen.

Im Schrifttum, das freilich (inzwischen bekanntermaßen) kaum gewerbespezifische Aussagen bietet, konzentrieren sich die Hinweise auf drei Gruppen von Auswirkungen niedriger AZ bei Mitarbeitern, und zwar Absenzen, Leistungsmangel und Stellenwechsel. Alle sind im folgenden kurz zu referieren, während wir hinsichtlich der Selbständigen auf eigene Mutmaßungen angewiesen bleiben.

1. Absenzen

Die klassische und mit weitreichender Übereinstimmung unter den Autoren vertretene Meinung zu den Wirkungen von Arbeitsunzufriedenheit auf die Fehlzeiten im Betrieb geht dahin, daß sie sich unmittelbar und natürlich wahrnehmbar einstellen, daß sie aber durch eine AZ-Erhöhung vermieden oder doch vermindert werden können (vgl. *Metzner/Mann,* 1953, S. 468; *Indik,* 1963, S. 380; *Vroom,* 1964, S. 179; *Kahn,* 1972, S. 195; *Sutermeister/Saxberg,* 1973, S. 9; *Bunz/Jansen/Schacht,* 1974, S. 4; *Ballerstedt, u. a.,* 1975, S. 263; *Bruggemann/Groskurth/Ulich,* 1975, S. 138; *Department of Employment* [Hrsg.], 1975; *Schwartmann,* 1975; *Gruneberg,* 1976, S. XIII; *Frankfurter Allgemeine Zeitung* vom 12. 9. 1977, S. 12). Einige der Autoren vermitteln ihrerseits einen Überblick über weitere literarische Belege im Sinne dieser Aussage. Die Beweiskraft der Quellen ist aber unterschiedlich zu beurteilen, und während manche Forscher apodiktisch argumentieren, der Zusammenhang sei zweifelsfrei empirisch nachgewiesen, neigen andere zu einem vorsichtigeren Urteil. Selbst bei empirischem Vorgehen kann nach dem heutigen Stand der Forschung allenfalls der positiv-korrelative Zusammenhang zwischen AUZ und Absenzen als gesichert gelten. Die Existenz kausaler Beziehungen steht zu vermuten, bleibt aber einstweilen noch zu belegen (vgl. *Bruggemann/Groskurth/Ulich,* S. 138).

Von diesem methodischen Vorbehalt abgesehen, scheint uns dringend geboten, die Größe Absenzen auch inhaltlich etwas genauer anzusehen. Die möglichen Einflüsse von AUZ auf die Fehlzeiten dürften z. B. nicht zwangsläufig so unmittelbar und gradlinig zustande kommen, wie es die oft wenig differenzierende vorherrschende Meinung will. So kann das Wegbleiben von der Arbeit zwar eine direkte Folge der AUZ sein, indem sie den Betroffenen zum „Blaumachen" veranlaßt. Ebenso ist aber denkbar, daß die AUZ die Aufmerksamkeit und Konzentration bei der Arbeit vermindert, was dann etwa zu Unfällen als unmittelbare Absenzursache führen kann. Und drittens mag die AUZ psychosomatische wie psychische Wirkungen haben, d. h. Krankheiten verursachen, die ihrerseits Fehlzeiten bedingen. Schließlich können diese auch durch eine Flucht in Alkohol und andere Drogen entstehen. Die AUZ kann also offenbar durchaus auf verschiedene Weise Absenzen bewirken, und der Zusammenhang mag je nachdem unterschiedlich eng sein (vgl. *Peters,* 1974, S. 113).

Einzelne Autoren kommen indessen zum Ergebnis, die besagte AUZ-Wirkung stelle sich bei empirischem Vorgehen als unsicher heraus (*Neuberger*, 1974a, S. 154ff.) oder sei gar nicht nachweisbar (*Nicholson/Brown/Chadwick-Jones*, 1976, S. 728ff.). Eine solche Argumentation aus wissenschaftlicher Sorgfalt in ganz bestimmten Erhebungskonstellationen ist methodisch zu begrüßen. Sie bedeutet aber kaum endgültig, daß es bezüglich der Absenzen gleichgültig ist, ob die Mitarbeiter in ihrer Arbeitssituation zufrieden sind oder nicht. Wir möchten sogar noch weiter gehen und meinen, daß selbst bei Unternehmern Ausfälle auftreten können, wenn ihnen ihre Tätigkeit keine angemessene Befriedigung bietet. Solche Absenzen der Inhaber selber dürften namentlich dem skizzierten dritten Typ zuzurechnen sein; denn Krankheiten durch AUZ kann man sich bei aller Motivation und Willensanstrengung, die bei den Selbständigen in hohem Maße vorausgesetzt werden dürfen, kaum entziehen; die Streßleiden zeigen das deutlich. Umgekehrt bildet AZ — für beide Gruppen — einen umfassenden Faktor emotionaler und gesundheitlicher Stabilität (vgl. *Institut für Sozial- und Arbeitsmedizin* in Neue Zürcher Zeitung vom 18. 1. 1978, S. 56) und damit der Vermeidung von Absenzen, soweit sie nicht auf andere Ursachen zurückzuführen sind.

2. *Leistungsmangel*

Während im Zusammenhang der AUZ-Folgen bezüglich der Absenzen in der Literatur weitreichende Übereinstimmung besteht, kann davon hinsichtlich der Größe Leistung keine Rede sein. Dabei spricht die Vermutung prima vista für eine recht einfache Beziehung: AZ wirkt fördernd auf die Arbeitsleistung und AUZ hemmend. Wir haben jedoch bereits auf den Doppelcharakter der Leistung im Verhältnis zur AZ hingewiesen (s. o. S. 66) und damit die Komplexität dieser Beziehung hervorgehoben. Selbst wenn wir uns jetzt auf eine Betrachtung ihrer Eigenschaft als abhängige Variable (Leistungsergebnis statt Leistungserlebnis) beschränken, ist der Zusammenhang gleichwohl nicht als simpel zu bezeichnen. Das dürfte mindestens zwei Gründe haben. Zum einen handelt es sich bei der AZ/AUZ um eine personenbezogene Stimmungsgröße, bei der Leistung um eine objektorientierte Effizienzgröße. Beide sind daher von Natur aus nicht nahtlos einander zuzuordnen. Zum anderen kann die „Leistung" als solche durchaus verschiedene Dinge bedeuten, z. B. eine bestimmte Ausbringungsqualität, eine absolute Produktionsmenge und eine relative (auf eine spezifische Einsatzeinheit bezogene) Produktionsmenge, die üblicherweise als Produktivität bezeichnet wird.

Angesichts solcher Überlegungen überrascht es den Betrachter kaum, wenn ihm ein Blick in die Literatur ein buntes Spektrum von Daten und

Meinungen zum Einfluß der AZ auf die Leistung enthüllt. Danach wird entweder ein Zusammenhang gesehen (sei er nun positiv oder negativ) oder abgelehnt, oder aber das Urteil fällt vorsichtig differenzierend aus.

Zur ersten Gruppe (positiver Zusammenhang) zählen die Äußerungen, die man nach dem „gesunden Menschenverstand" erwarten würde und bei Bedarf mit einem *Goethe*-Zitat untermauern kann (etwa „Lust und Liebe sind die Fittiche zu großen Taten"). Hier sind auch werbewirksame betriebliche Selbstdarstellungen einzuordnen, vom Muster z. B. der Behauptung einer großen europäischen Fluggesellschaft in einer kürzlich lancierten Inseratserie („we believe the happier we are the better we work") oder der Anzeige eines deutschen Automobilkonzerns („wer zufrieden arbeitet, arbeitet besser"). Unter den verhältnismäßig zahlreichen wissenschaftlichen Publikationen mit dieser Auffassung finden sich sogar vereinzelte Hinweise mit Blick auf Kleinbetriebe, z. B. *Sutermeister/Saxberg* (1973, S. 9) und *Peters* (1974, S. 114). Beispiele für die These eines negativen Zusammenhanges zwischen AZ und Leistung bieten u. a. *Katz* (1949, S. 160) sowie *Katz/Maccoby/Gurin/Floor* (1951) nach Angabe bei *Schneider* (1957, S. 201).

Keine Beziehung zwischen den beiden Größen sehen etwa *Brayfield/Crockett* (1955, S. 396 ff.) und neueren Datums *Nicholson/Wall/Lischeron* (1977, S. 499 ff.).

Angesichts solcher divergierender Ergebnisse haben sich schon relativ früh in der noch kurzen Geschichte der AZ-Forschung zwei prominente Autoren die Mühe gemacht, Urteile hierzu vollständiger als für unsere Zwecke angezeigt zusammenzutragen, und kommen beide zu einer Bestätigung des Eindrucks, daß jegliche Beziehung möglich scheint: In 26 Studien, die *Herzberg* mit Mitarbeitern zum Komplex AZ und Produktivität verglich, wurde 14mal ein positiver, dreimal ein negativer und neunmal überhaupt kein Zusammenhang registriert (*Herzberg, u. a.*, 1957). *Vroom* (1964, S. 183) nahm 20 Beiträge unter die Lupe, in denen Korrelationskoeffizienten angegeben waren, und stellte fest, daß die Koeffizienten zwischen +.86 und −.31 variierten. Die mittlere Korrelation (Median) erreichte mit +.14 einen höchst bescheidenen Wert. Damit kann in der Tat nicht generell von einem starken Einfluß der AZ auf die Leistung ausgegangen werden (vgl. ähnlich *Homans*, 1968, S. 235 ff., *Neuberger*, 1974 a, S. 168 ff., und *Gruneberg*, 1976, S. XIII).

Vielmehr sind offenbar seriöse Feststellungen hierzu nur differenziert zu treffen, d. h. unter Beachtung der jeweils gegebenen besonderen Umstände (*Kahn*, 1972, S. 193). Dieser Hinweis trägt der Annahme Rechnung, daß dritte Variable den Einfluß der AZ auf die Leistung zu überlagern vermögen. Als solche Variable werden etwa angeboten oder diskutiert:

- Vorhandensein von Reserven im Fähigkeitspotential der Mitarbeiter (*Bruggemann/Groskurth/Ulich*, 1975, S. 142)
- Beschaffenheit der Arbeitsbedingungen (ebenda), welche insofern nicht nur die AZ beeinflussen
- Aussicht auf ein bestimmtes Resultat der Arbeit (*Homans*, 1968, S. 238 f.)
- Frequenz der Belohnung (ebenda)
- Für die Arbeit erforderliche Qualifikation der Mitarbeiter (*Likert*, 1972)

Die Liste ließe sich verlängern. Davon abgesehen, begnügen sich manche Autoren mit dem allgemeinen Hinweis auf den möglichen Einfluß dritter Größen.

Diese kleine Auswahl von Zitaten dürfte zur Bestätigung unserer Feststellung am Anfang dieses Abschnitts ausreichen, wonach der Zusammenhang zwischen AZ bzw. AUZ und Leistung alles andere als einfach ist. Beim Versuch in der Praxis, die AZ zu erhöhen, darf also offenbar nicht unreflektiert von der Erwartung ausgegangen werden, damit nehme automatisch die Leistung zu.

Nun scheint es sehr wohl möglich, daß bei bestimmten Führungskräften das Interesse an AZ-Fragen erst durch die Hoffnung auf Leistungssteigerungen mobilisiert wird und rasch wieder schwindet, wenn die Leistungszunahme ausbleibt, wie *Bruggemann/Groskurth/Ulich* (1975, S. 137) nicht ohne Sarkasmus vermerken. Sollte diese Beobachtung wirklich zutreffen, so würde uns dies indessen nicht nur tragisch anmuten, wäre doch damit immerhin die Gefahr vermieden, daß AZ-Anstrengungen bei den Adressaten ähnlich in Mißkredit geraten wie seinerzeit die Human-Relations-Kampagnen.

Auch der Leistungsaspekt ist nicht lediglich mit Blick auf die Arbeitnehmer zu behandeln. Vielmehr dürfen wir uns auch hier sinnvoll die Frage stellen, ob AZ oder AUZ der Betriebsinhaber ebenfalls Folgen für ihre Leistung haben können. Mit allen Vorbehalten läßt sich ein solcher Einfluß in der Tat vorstellen, und zwar vor allem im negativen Bereich, im Sinne eines nicht vollen Leistungseinsatzes bei — aus welchen Gründen auch immer — unzufriedenen Unternehmern. Auch sie sind schließlich keine „Übermenschen" — und wenn, dann nur für eine bestimmte Zeit, in der versucht wird, die AUZ zu überwinden. Auf der positiven Seite vermuten wir dagegen weniger, daß eine Steigerung der AZ sich in entsprechend erhöhter Leistung niederschlägt, steht doch in aller Regel und aus bekannten Gründen die Arbeitsleistung der Selbständigen ohnehin auf hohem Niveau (vgl. die obige Bemerkung zu den Reserven im Potential, die hier wohl sinngemäß gilt).

3. *Stellenwechsel*

Von den drei Auswirkungen mangelnder AZ stellt das Verlassen des Betriebes bzw. — im Falle der Unternehmer — die Betriebsaufgabe die drastischste dar, gleichzeitig aber auch die am besten meßbare. Die Meinungen, die man zum Verhältnis zwischen AUZ und „Fluktuation" (dem üblichen, wenn auch schwammigen Begriff) in der Literatur vorfindet, sind wesentlich weniger geteilt als namentlich im Falle der Leistung. Genauer gesagt, herrscht praktisch Einigkeit hinsichtlich des Bestehens eines solchen Einflusses, und die Abweichungen betreffen im wesentlichen das Maß dieses Einflusses. Wiederum ohne Anspruch auf Vollständigkeit verweisen wir auf eine Reihe literarischer Belege, die dem Leser teilweise bereits geläufig sind: *Indik*, 1963, S. 380; *Vroom*, 1964, S. 175 f. (mit Verweis auf weitere Autoren); *Kahn*, 1972, S. 193; *Sutermeister/Saxberg*, 1973, S. 9; *Bunz/Jansen/Schacht*, 1974, S. 4; *Ballerstedt, u. a.*, 1975, S. 263; *Department of Employment* (Hrsg.), 1975; *Gruneberg*, 1976, S. XIII; *Nicholson/Wall/Lischeron*, 1977, S. 499 ff.

Unser besonderes Interesse verdienen Publikationen, die über gezielte Anstrengungen zur Erhöhung der AZ und eine damit einhergehende Verminderung der Fluktuationsrate berichten, wie es etwa *Hulin* (1968, S. 122 ff.) und *Schlitzberger* (1975, Bd. 2, S. 50) tun. Auch unsere eigenen Daten können in diesem Komplex herangezogen werden. Wie erinnerlich, deuten sie (vgl. Tab. 180 und 181 und Kommentar dazu) ebenfalls auf die Existenz eines Zusammenhanges zwischen AZ und Stellenwechsel hin, wobei wir von einer interdependenten Beziehung ausgegangen sind und uns zudem auf die Fluktuations*neigung* (gemäß *Neuberger*, 1974 a, S. 151) beschränken mußten. Trotzdem wird im Schrifttum wohl zu Recht darauf hingewiesen, daß die Beziehung hier deutlicher in Erscheinung tritt als im Falle der Absenzen und des Leistungsmangels (vgl. *Vroom*, 1964, S. 186). Der Zusammenhang darf als empirisch gesichert gelten (*Bruggemann/Groskurth/Ulich*, 1975, S. 138) und scheint stabil, wenn auch nicht besonders hoch: Aus einem umfassenden Vergleich empirischer Untersuchungen ermittelt *Neuberger* einen durchschnittlichen Korrelationskoeffizienten von −.25 bis −.30 (1974 a, S. 144 f.). Diese Beobachtung verbindet er berechtigterweise mit der Warnung, Fluktuation unbesehen als Indikator für AUZ zu verwenden (ebenda, S. 144). Aus dem nämlichen Grunde haben wir uns bei der Vorbereitung unseres Projektes nicht dazu entschließen können, etwa Kündigungsziffern als Meßgrößen der AZ bzw. AUZ zu verwenden (s. S. 43 f.).

Auch stark empfundene AUZ braucht übrigens aus einem eminent praktischen Grund durchaus nicht in jedem Fall zur Stellenaufgabe zu führen, und zwar insbesondere dann nicht, wenn sich keine angemessene Alternative bietet (vgl. *Vroom*, 1964, S. 178). Es ist also vorstellbar, daß

AUZ bei für den Arbeitnehmer unsicherer Arbeitsmarktlage weniger häufig zu Kündigungen führt als in Boom-Zeiten. Ein bremsender Einfluß dürfte sich auch dann geltend machen, wenn der Stellenwechsel mit einem Ortswechsel verbunden ist, wobei der Widerstand gegen die Änderung zweifellos wächst, falls dadurch berufliche oder schulische Interessen von Familienangehörigen berührt werden.

Trotz aller Einschränkungen ist aber festzuhalten, daß AUZ zweifellos Kündigungen verursachen kann. Unter Umständen vermag der Mißmut die Betroffenen sogar zu einem Wechsel ihres Berufs zu veranlassen, wobei indessen zahlenmäßig der Berufswechsel eine wesentlich weniger große Rolle spielt als der Stellenwechsel (s. unseren Hinweis auf S. 194, Fußnote 5).

Schließlich bleibt darauf hinzuweisen, daß AUZ bei den Selbständigen eine dem Stellenwechsel vergleichbare Wirkung haben kann, nämlich die der Betriebsaufgabe. Der Entschluß dazu bedeutet aber einen wesentlich größeren Schritt als im Falle der Arbeitnehmer die Kündigung und wird sicher nicht leichten Herzens gefaßt (vgl. hierzu unsere Hinweise auf S. 195 und 196).

4. *Zusammenfassung*

Einzelne Autoren verneinen einen Einfluß der AZ bzw. AUZ auf das beobachtbare Verhalten der betreffenden Berufstätigen. Zumeist wird eine solche Auswirkung jedoch bejaht. Ihre Prüfung konnte nicht in die eigene Erhebung einbezogen werden. Das allgemeine Schrifttum hierzu erlaubt eine Unterscheidung von drei Gruppen solcher Effekte: Fehlzeiten, Leistungsmangel und Stellenwechsel.

Hinsichtlich der Absenzen besteht weitgehende Einigkeit, daß sie sich als Folge von AUZ häufen können, wenn sie sich auch, wie wir hinzuzufügen hatten, je nach Art der Fehlzeiten mehr oder weniger direkt einstellen mögen.

In bezug auf den Leistungseinfluß der AZ sind die Meinungen in der Literatur geteilt. Sie reichen von der Annahme einer positiven Wirkung der AZ auf die Leistung über die (seltener vertretene) These eines negativen Zusammenhanges bis zur Vermutung, es bestehe weder diese noch jene Beziehung. Danach scheint jeglicher Zusammenhang möglich, was bedeuten dürfte, daß der besagte Einfluß von dritten Variablen überlagert wird.

Was die Möglichkeit eines Stellenwechsels als Auswirkung von AUZ betrifft, herrscht praktisch Übereinstimmung in der Meinung, daß sie besteht, wobei die Abweichungen von dieser Meinung gradueller Natur bleiben.

Die Feststellungen im Hinblick auf die Arbeitnehmer gelten mit Einschränkungen sinngemäß für die Unternehmer: Auch bei ihnen kann AUZ zu Fehlzeiten, Leistungseinbußen und selbst zur Betriebsaufgabe führen.

Unsere Hinweise belegen, daß die AZ bzw. AUZ nicht irgendein psychologisches Phänomen ohne nennenswerte Bedeutung für den Betrieb darstellt, sondern eine Größe von schwer zu unterschätzender wirtschaftlicher Tragweite. Damit sind zweifellos Überlegungen gerechtfertigt, wie die AZ im Betrieb positiv beeinflußt werden kann. Dieses Ziel sollte allerdings nicht vorrangig im Interesse der Steigerung der Wirtschaftlichkeit verfolgt werden (wie es etwa im Bericht des *ASM* [Hrsg.], 1975, S. 173, anklingt); vielmehr steht ihm, will man seine Diskreditierung bei den Mitarbeitern vermeiden, ein eigener Stellenwert zu, wobei der Effekt einer Erhöhung der Wirtschaftlichkeit gleichsam als — nicht unwillkommenes — Nebenprodukt anzusprechen wäre.

B. Angemessene betriebswirtschaftliche Beeinflussungsmaßnahmen

Mehrfach, bereits in unseren begrifflichen Überlegungen (s. S. 36), sodann in einem speziellen Abschnitt (S. 184 ff.) und schließlich am Ende der Auswertung unserer empirischen Daten (s. S. 219), haben wir betont, daß die AZ sowohl von den Erwartungen des Individuums wie von ihrer Erfüllung in der rauhen Wirklichkeit abhängt. Wollen wir die AZ gezielt beeinflussen, müssen wir also beide Seiten ins Kalkül einbeziehen, auch wenn wir annehmen, die Wirkung der Ansprüche sei schwächer (vgl. S. 37 und 48). Damit bietet sich die Gliederung des weiteren Vorgehens an: Wir werden uns zunächst über die Beeinflussung der Ansprüche, sodann über die Gestaltung der Gegebenheiten in der Arbeitssituation Gedanken machen. Das Ziel ist in beiden Fällen die Erhöhung der AZ.

1. Zur Beeinflussung der Ansprüche

Halten wir zunächst die situativen Verhältnisse konstant und setzen bei den Erwartungen an, so verlangt eine Steigerung der AZ prinzipiell eine Verminderung der Ansprüche an diese Verhältnisse. Wir könnten daher anknüpfen an unsere Hinweise auf die Einstellung und die Appelle, wie sie für den Pietismus und teilweise für das Zeitalter der Aufklärung typisch waren (s. S. 29 f.). Sie zielten ja auf Gewinnung von Zufriedenheit durch Bescheidung der Wünsche. Einige charakteristische Äußerungen dazu haben wir angeführt. Sie lassen sich leicht durch weitere Quellen aus jener Zeit ergänzen[2]. Freilich ist jedoch das Lob der

Selbstbeschränkung kein Novum der Neuzeit, eine Feststellung, die unschwer belegt werden kann, z. B. bereits mit *Sokrates* („Wie Vieles gibt es doch, was ich nicht nötig habe") und *Aristoteles* („Das Glück gehört denen, die sich selber genügen"). Eher darf wohl umgekehrt festgestellt werden, daß die Befürwortung einer praktisch schrankenlosen Expansion der Ansprüche auf vielen Gebieten, z. B. unter dem Titel wachsenden Wohlstandes, unserer Zeit vorbehalten blieb. Auch heute gibt es zwar — und nicht nur unter Theologen — Apologeten der „klassischen" Tugend einer Selbstbeschränkung der Wünsche, doch verhallen bis jetzt ihre Rufe ungehört oder werden belächelt, wenn nicht bekämpft. Einschränkungen werden allenfalls unter externen Sachzwängen widerstrebend vorgenommen, aber kaum freiwillig praktiziert.

Wozu diese gesellschaftskritisch anmutenden Feststellungen? Es geht hier um die Frage, ob und wie die mit der Arbeitssituation verbundenen Ansprüche in den Betrieben beeinflußt werden können. Dabei haben wir nicht zu bewerten, ob diese Erwartungen überhöht scheinen, sondern gehen lediglich — um es zu wiederholen — davon aus, daß die AZ bei konstanten situativen Verhältnissen zunimmt, wenn die arbeitsbezogenen Wünsche zurückgeschraubt werden. Den Beeinflussungsversuchen sollte dabei zugute kommen, daß die Ansprüche gewöhnlich nicht abstrakt bleiben, sondern recht eindeutig ausgeprägt zu sein pflegen, zumindest soweit sie die Einzelfaktoren betreffen (vgl. *Albers*, 1977, S. 357).

Dennoch müssen wir uns angesichts der oben angestellten Überlegungen davor hüten, Illusionen zu hegen. In einer verbreiteten Grundeinstellung, die die Zufriedenheitssteigerung einseitig mit der Mehrung von Wohlstand und Bequemlichkeit assoziiert, dürften die Führungskräfte im einzelnen Betrieb einen schweren Stand haben, die ihre Mitarbeiter zu einer Beschränkung der arbeitsverbundenen Ansprüche veranlassen möchten, wenn die Anspruchsinflation allenthalben weiterhin fröhliche Urständ feiert. Dabei denken wir im Sinne unseres Faktorenkataloges

---

[2] Drei verschiedenartige Beispiele für viele seien hier nachgetragen. *Christian Fürchtegott Gellert* appellierte:

Genieße, was dir Gott beschieden,
Entbehre gern, was du nicht hast,
Ein jeder Stand hat seinen Frieden,
Ein jeder Stand auch seine Last.

(aus dem Lied „Zufriedenheit mit seinem Zustande", o. J.).

Schließlich tendiert auch ein nicht ganz unbekannter *Goethe*-Vers in diese Richtung:

Willst du immer weiter schweifen?
Sieh', das Gute liegt so nah.
Lerne nur das Glück ergreifen:
Denn das Glück ist immer da.

Die *Gebrüder Grimm* kleiden den Aufruf zur Bescheidung in die Form des Märchens vom Fischer un syner Fru (das *Günter Grass* die Vorlage für seinen Roman „Der Butt", 1977, lieferte).

durchaus nicht nur an die materiellen Wunschvorstellungen. Aber betriebsisoliert in einer hedonistischen Umwelt Selbstbescheidung zu verlangen oder gar Askese zu predigen, verheißt prinzipiell keine großen Aussichten, ganz abgesehen von der Tatsache, daß der einzelne Unternehmer bei solchen Appellen an seine Mitarbeiter alles andere als frei wäre, ist ihm doch außerhalb der sozialpsychologischen Zwänge durch externe (gesetzliche und gesamtvertragliche) Vorschriften, die eine ganze Reihe unserer Faktoren betreffen, nur ein begrenzter Handlungs- und Einflußspielraum gelassen — was keine Wertung, sondern eine Feststellung bedeutet.

Wenn wir also feststellen müssen, es bestünden prinzipiell keine großen Aussichten zu einer Beeinflussung der Ansprüche auf betrieblicher Ebene, so schließt diese Formulierung immerhin die Möglichkeit ein, daß unter bestimmten Voraussetzungen doch die Erwartungen der im Betrieb Tätigen im Interesse der Steigerung ihrer AZ gebremst bzw. zurückgeschraubt werden können. Diese Voraussetzungen können im einzelnen Betrieb, beim Unternehmer und bei den Mitarbeitern selbst zu suchen sein.

Im ersten Fall sind sie gegeben, wenn die Vorstellungen der Arbeitnehmer eines Betriebes im Vergleich zu denen in ähnlichen Unternehmungen offensichtlich zu weit gehen. Nehmen wir ein Beispiel zum Faktor Arbeitsbedingungen: Ein holzverarbeitender Betrieb verfügt über moderne Einrichtungen zur Verminderung der Staubentwicklung in der Produktion, die in bestimmten Tätigkeitssparten der Holzbranche ein technologisch bedingtes Problem darstellt. Trotzdem bewirkt ein Mitarbeiter, der früher in einem pharmazeutischen Betrieb tätig war, durch kritische Bemerkungen, daß die Ansprüche seiner Kollegen an die Staubfreiheit zu einem objektiv nicht erfüllbaren Ausmaß steigen. Hier hat der leitende Mann die Möglichkeit, durch Aufklärungsarbeit — etwa Hinweise auf die Situation in typischen Betrieben der Branche oder auf den technologischen Sachzwang — die Erwartungen auf ein vertretbares Maß herabzusetzen (vgl. das oben zitierte *Gellert*-Lied, wonach „jeder Stand ... seine Last" hat, und das Problem des Tertium comparationis).

Im zweiten Fall verlagert sich die Voraussetzung der Beeinflußbarkeit auf den Unternehmer. Zu denken ist hier etwa an eine Situation, in welcher der fragliche Betrieb keinen Vorsprung gegenüber vergleichbaren Unternehmen der Branche hat, sondern im Gegenteil — z. B. durch strukturelle oder konjunkturelle Gegebenheiten — um seine Existenz kämpfen muß. Wenn deswegen von den Mitarbeitern Einschränkungen verlangt werden, haben entsprechende Appelle nur Aussicht auf anhaltenden Erfolg, falls der Unternehmer in seiner Vorbildfunktion mit gutem Beispiel vorangeht, in einem Unternehmer-Mitarbeiter-Verhältnis, wie es etwa *Tuchtfeldt* (1977, S. 16) charakterisiert. Unter Umständen genügt es dann nicht, mit dem Luxusauto nur noch nachts zu fahren (das Beispiel ist nicht aus der Luft gegriffen), sondern drängt sich ein größeres Opfer auf. Dies scheint nicht unbedingt eine Frage der objektiven Bedürfnisse, sondern der psychologischen Wirkung.

Drittens kann die Voraussetzung der Beeinflußbarkeit der Mitarbeiter-Ansprüche auch bei den Mitarbeitern selbst liegen. Ob sie gegeben ist, dürfte nämlich davon abhängen, wie die Motivationsstruktur der Betriebsangehörigen (s. *Fürstenberg*, 1964, S. 62, in Anlehnung an *Max Weber*) beschaffen ist. So zeigen sich die überwiegend wertrational und die traditional eingestellten Mitarbeiter vermutlich aufgeschlossener für Appelle zur Selbstbeschränkung als die vor allem emotional und die zweckrational bestimmten.

Doch halten wir fest, daß auf betrieblicher Ebene keine großen Möglichkeiten einer erheblichen Beeinflussung der Ansprüche bestehen. Wo dies doch der Fall ist, bleibt außerdem zu berücksichtigen, daß wegen der menschlichen Trägheit und der begrenzten „Schaltkapazität" des Bewußtseins die angestrebte Einstellungsänderung nur langsam vor sich zu gehen pflegt (vgl. *Lindemann*, 1975, S. 14 ff.).

Mit unseren Überlegungen zur betriebsinternen Beeinflussung der AZ auf der Erwartungsseite haben wir bis jetzt die Arbeitnehmer anvisiert. Noch schwieriger wird eine Antwort auf diese Frage, wenn wir an die AZ der Unternehmer denken. Das Problem stellt sich bei ihnen noch pointierter, weil offen bleibt, von wem die Einflußnahme ausgehen soll, sind doch die gewerblichen Unternehmer definitionsgemäß die höchste Instanz in ihren Firmen. Abgesehen vom skizzierten Fall, in dem sich die Inhaber in ihrer Vorbildfunktion genötigt sehen, sich propagierte Einschränkungen ihrer Mitarbeiter auch selber zu Herzen zu nehmen, fehlt auf betrieblicher Ebene schlechthin die Instanz, die den Inhabern empfehlen könnte, überzogene Erwartungen abzubauen. Dieser Fall tritt namentlich dann ein, wenn die Mitarbeiter durchaus zufrieden sind und nur der Unternehmer durch unrealistische Vorstellungen von AUZ geplagt wird. Als mögliche Mahner zur Selbstbeschränkung bleiben dann nur externe Berater, welcher Richtung auch immer, einschließlich der eigenen Ehefrau, sofern diese nicht an einer Hypertrophie der Ansprüche mitschuldig sind.

Natürlich klingen solche Betrachtungen wenig betriebswirtschaftlich. Sie sind es auch im strengen Wortsinn nicht. Doch können wir sie bei der Überlegung, auf welche Weise die AZ der Mitarbeiter wie der Unternehmer gezielt zu steigern wäre, nicht schlichtweg ausklammern, indem wir *nur* bei den situativen Gegebenheiten ansetzen. Diese Einsicht beginnt sich insbesondere in der gewaltig angeschwollenen Welle zur „Humanisierung der Arbeitswelt" erst allmählich durchzusetzen (so etwa bei *Eleonore Höfner*, 1975, und *Matthöfer*, 1977, S. 18).

Andererseits wollen wir damit keineswegs einseitigen Aufrufen zur Selbstbeschränkung das Wort reden und die Beeinflussung der realen Verhältnisse trotz ihrer empirisch belegten Bedeutung für die AZ vernachlässigen. Der „arme Mann im Toggenburg" beschrieb dieses Erfordernis vor zweihundert Jahren mit unübertrefflicher Bildhaftigkeit: „'s ist ja dumm, einem, der vor uns her hinkt, Schwielen und Blasen an den Füßen hat, alleweil zuzurufen: Zufrieden, zufrieden!" (*Ulrich Bräker*, 1780/1977, S. 8). Dieser Spruch soll indessen lediglich die Notwendigkeit eines Einbezugs der realen Situation in die Maßnahmenplanung illustrieren und keineswegs aussagen, die Arbeitssituation sei katastrophal — dies stände im Gegensatz zu den eigenen empirischen Feststellungen.

2. *Zur Beeinflussung der Gegebenheiten*

Bei der Planung möglicher Maßnahmen zur Beeinflussung der Situation in der betrieblichen Arbeitswelt mit dem Ziel der AZ-Steigerung bestand einige Versuchung, einfach auf die Anregungen und Vorschläge zur „Humanisierung" der Arbeit zu verweisen, die in den letzten Jahren in großer Zahl erschienen sind[3]. Dieses Vorhaben erwies sich allerdings rasch als unzweckmäßig, und zwar aus mehreren Gründen:

---

[3] *Alioth, A.*, 1978: Entwicklung und Einführung alternativer Arbeitsformen, Diss. St. Gallen; *Bluestone, I.*, 1977: Creating a new world of work, in: International Labour Review, Nr. 1, S. 1 ff.; *Bureau International du Travail*, 1979: Les nouvelles formes d'organisation du travail, Genève. *Carl-Backhaus-Stiftung* (Hrsg.), 1976: Menschengerechte Arbeitsbedingungen in der betrieblichen Praxis: Modelle humaner Arbeitsgestaltung, Ahrensburg; *Cherns, A.*, 1978: Perspectives on the quality of working life, in: International Studies of Management and Organization, S. 38 ff.; *Cooper, G. L./Mumford, E.* (Hrsg.), 1978: The quality of working life in Western and Eastern Europe, London; *Davis, L. E.*, 1977: Enhancing the quality of working life: Developments in the United States, in: International Labour Review, Nr. 1, S. 53 ff.; *Deutscher Gewerkschaftsbund* (Hrsg.), 1978: Menschengerechte Arbeitsgestaltung, Köln; *Dickson, P.*, 1977: Work revolution, London; *Engels, W.* (Hrsg.), 1978: Neue Wege in der Arbeitswelt, Frankfurt/New York; *Friedmann, P./Schmahl, K.*, 1979: Rationalisierung durch Humanisierung? Ziele, Bedingungen und Auswirkungen der Einführung von „teilautonomen Gruppen" unter besonderer Berücksichtigung der Qualifikationen der betroffenen Arbeitskräfte, Köln; *Gaitanides, M.*, 1976: Industrielle Arbeitsorganisation und technische Entwicklung. Produktionstechnische Möglichkeiten qualitativer Verbesserungen der Arbeitsbedingungen, Berlin/New York; *Gaugler, E./Kolb, M./Ling, B.*, 1977: Humanisierung der Arbeitswelt und Produktivität. Literaturanalyse, praktizierte Beispiele, Empfehlungen für die Praxis, 2. Aufl., Ludwigshafen/Rhein; *Glaser, E.*, 1978: Productivity gains through worklife improvement, London; *Gohl, J.* (Hrsg.), 1977: Arbeit im Konflikt. Probleme der Humanisierungsdebatte, München; *Gottlieb-Duttweiler-Institut* (Hrsg.), 1978: Humanisierung des Arbeitslebens, Rüschlikon; *Hasenack, W.*, 1977: Arbeitshumanisierung und Betriebswirtschaft. Fließband- und Gruppenarbeit im Wettbewerb; *Heckert, St.*, 1977: Arbeitsstrukturierung in der Kleinserienmontage — ein Beitrag zur

— Die Konzepte sind oft wenig differenziert

— Manche beziehen sich dermaßen auf kleine betriebliche Teilgebiete, daß sich die hehren Ziele ad absurdum führen (Beispiel: „Humanisierung" der Kaffeepausenregelung)

— Die meisten Anregungen beschränken sich auf drei unserer Faktoren (Art der Arbeit, Arbeitsbedingungen und Organisation und Führung)

— Viele Vorschläge verraten die einseitige Handschrift von Technokraten

— Das bloß modische Parfum ist vielfach zu aufdringlich

— Die Anregungen orientieren sich in aller Regel an großbetrieblichen Verhältnissen mit Serien- und Massenfertigung (wo sie auch ihre Hauptberechtigung haben)

---

humanen Arbeitswelt, in: Betriebswirtschaftliche Forschung und Praxis, Heft 5, S. 395 ff.; *den Hertog, F. J.*, 1977: Humanisierung des Arbeitsplatzes, Bern; *den Hertog, F. J.*, 1978: Arbeitsstrukturierung. Experimente aus Holland, Bern/Stuttgart/Wien; *Hettinger, Th.*, 1975: Humanisierung der Arbeit. Die Anwendung der Arbeitswissenschaft in der betrieblichen Praxis, Köln; *Hill, W.*, 1977: Arbeitsmotivation und Arbeitsgestaltung, in: Unternehmung, Nr. 2, S. 109 ff.; *Hofstede, G.*, 1977: Humanization of work: The role of values in a Third Industrial Revolution, Brussels; *Hungenberg, W.*, 1979: Humanisierung der Arbeit ist mehr als ein Schlagwort, in: Bürotechnik, Nr. 2, S. 160 f.; *Jenkins, D.*, 1978: The West German humanization of work program, London; *Im Oberdorf, B.*, 1979: Humanisierung der Arbeitswelt — ein Organisationsproblem, Diss. Zürich; *Institut der deutschen Wirtschaft* (Hrsg.), 1976: Die Humanisierung. Industriearbeit im Wandel, Köln; *International Council for the Quality of Working Life* (Hrsg.), 1979: Working on the quality of working life. Developments in Europe, den Haag. *International Labour Office*, 1978: Bibliography on major aspects of the humanisation of work and the quality of working life, 2. Aufl., Genf; *International Labour Office*, 1979: New forms of work organisation, Bd. 1: Case studies from seven industrialised countries: Denmark, Norway and Sweden, France, Federal Republic of Germany, United Kingdom, United States, Genf; *Keil, G./Oster, A.* (Hrsg.), 1976: Humanisierung des Arbeitslebens, Bad Honnef/Rhein; *Kraus, W.*, 1979: Humanisierung der Arbeitswelt. Gestaltungsmöglichkeiten in Japan und in der Bundesrepublik Deutschland, Tübingen/Basel; *Kreikebaum, H.*, 1977: Humanität der Arbeitswelt, in: Zeitschrift für Betriebswirtschaft, Nr. 8, S. 481 ff.; *Kubicek, H.*, 1979: Dimensionen der Humanisierung des Arbeitslebens. Eine Analyse ausgewählter Buchveröffentlichungen unter besonderer Berücksichtigung betriebswirtschaftlicher Literatur, in: Die Betriebswirtschaft, Heft 4, S. 663 - 680; *Laflamme, M.*, 1978: Dix approches pour humaniser et développer les organisations: Science du comportement et développement organisationnel, Paris; *Langseth, P.*, 1979: Selbstgesteuerte Arbeitsgruppen als Mittel zur Auslösung von Demokratisierungsprozessen in einer norwegischen Bank, Diss. St. Gallen, Oslo; *Lattmann, Ch.*, 1974: Die Humanisierung der Arbeit und die Demokratisierung der Unternehmung, Bern/Stuttgart; *Legge, Haren/Mumford, Enid*, 1978: Designing organisations for satisfaction and efficiency, Farnborough/Hants; *Lindemann, P.*, 1977: Entwicklungstendenzen für die Arbeitswelt von morgen, in: *Kresse, W./Alt, W.* (Hrsg.): Jahrbuch für Betriebswirte 1977, Stuttgart; *Mank, P.*, 1977: Betriebswirtschaftliche Probleme einer Humanisierung der Arbeitswelt, Göttingen; *Matthöfer, H.*, 1977: Humanisierung der Arbeit und Produktivität in der Industriegesellschaft, Köln/Frankfurt a. M.; *Meier, B.*, 1979: Humanisierung der Arbeit in der Sozialen Marktwirtschaft, Köln; *Mertz, U., u. a.*, 1978: Humanisierung der Arbeit. ZfB-Diskussion-Forum, in: Zeitschrift für Betriebswirtschaft, Nr. 1, S. 64 ff.; *Müller, J. C.*, 1978: Humani-

Mit diesen kritischen Bemerkungen sei die Bedeutung der Humanisierungsanstrengungen beileibe nicht in Frage gestellt, ist doch damit trotz mancher Auswüchse eine Bewegung ausgelöst worden, die überholte Verhältnisse in einigen Bereichen namentlich der „large scale"-Güterproduktion nachhaltig zu ändern verheißt.

Jedoch zielen die vorherrschenden Absichten der Humanisierung gleichsam in ihrer Standardausrichtung an den charakteristischen Be-

---

sierungsanforderungen an die Unternehmung und Partizipationskonzepte als organisatorische Lösungsmöglichkeiten, Bad Honnef; *Mulder, M.*, 1977: The daily power game. International series on the quality of working life, Bd. 1977, Amsterdam; *Öchsler, W. A.*, 1979: Auswirkungen neuer Formen der Arbeitsorganisation, in: Zeitschrift für Organisation, Heft 2, S. 83 ff.; *Ortsman, O.*, 1978: Changer le travail, Paris; *Ottaway, R. N.*, 1977: Humanising the work place: New proposals and perspectives, London; *Patzak, G./Koch, J.*, 1977: Die Gestaltung von Arbeitssystemen unter besonderer Berücksichtigung der Entlohnung und ihre Auswirkungen auf die Arbeitszufriedenheit, in: Wirtschaftspolitische Blätter, Nr. 4, S. 28 ff.; *Peitzmann, St. M.*, 1978: „Neue Arbeitsorganisationen" in einem Unternehmen der Elektroindustrie, in: Zeitschrift für Betriebswirtschaft, Nr. 6, S. 499 ff.; *Pfeiffer, W./Staudt, E.*, 1977: Konsequenzen neuer Formen der Arbeitsorganisation, Ergebnisse einer Experimentierreihe in der elektronischen Industrie, in: Unternehmung, Nr. 2, S. 81 ff.; *Pieroth, E.*, 1977: Humanisierung der Arbeitswelt: Anspruch und Durchsetzung, in: Betriebswirtschaftliche Forschung und Praxis, Heft 5, S. 404 ff.; *Pöhler, W.*, 1979: Damit die Arbeit menschlicher wird. Fünf Jahre Aktionsprogramm Humanisierung des Arbeitslebens, Bonn; *Preiß, Christiane*, 1977: Humanisierung der Arbeitswelt. Darstellung und Diskussion der technisch-ökonomischen Entstehungsbedingungen, der theoretischen Konzepte und der praktischen Modelle, Köln; *Rich, A./Ulich, E.*, 1978: Arbeit und Humanität. Öffentliche interdisziplinäre Veranstaltung der Universität Zürich und der Eidgenössischen Technischen Hochschule, Königstein/Ts.; *Richter, K./Pfeiffer, W.* (Hrsg.), 1978: Einführung neuer Formen der Arbeitsorganisation in Industriebetrieben. Betriebswirtschaftliche Analyse und ökonomische Bewertung, Göttingen; *Rühl, G.*, 1976 b: Arbeitsstrukturierung heute und morgen, Bergisch Gladbach; *Sahm, A.*, 1976: Humanisierung der Arbeitswelt. Verhaltenstraining statt Verordnung, Freiburg; *Sahm, A.*, 1977: Humanisierung im Führungsstil, Frankfurt/M.; *Schemberger, P.*, 1979: Weniger Streß, mehr Leistung, in: Manager Magazin, Nr. 3, S. 50 ff.; *Schloz, U. A.*, 1977: Humanisierung der Arbeit, Frankfurt/M.; *Schmidt, H.*, 1979: Gewinnen und Motivieren von Mitarbeitern. Hinweise für die Personalplanung in Klein- und Mittelbetrieben, Frankfurt/Main; *Schmidt, H./Weber, W.* (Hrsg.), 1979: Arbeitsökonomie — Menschliche Arbeit im Betrieb, Königstein/Ts.; *Schnalzer, H.*, 1978: Zur Erhöhung der Arbeitszufriedenheit. Ein Beitrag zur Präzisierung und Begründung unterschiedlicher Zielvorstellungen, Frankfurt/Main; *Thomaschewski, A.*, 1978: Individuelle Fundamentalbedürfnisse als Grundlage für die Humanisierung der Arbeitswelt, ein theoretischer Ansatz, Diss. Trier; *Ulich, E./Groskurth, P./Bruggemann, Agnes*, 1973: Neue Formen der Arbeitsgestaltung. Möglichkeiten und Probleme einer Verbesserung der Qualität des Arbeitslebens, Frankfurt/Main; *Wachtler, G.*, 1979: Humanisierung der Arbeit und Industriesoziologie, Stuttgart; *Weg, F. J.*, 1977: Neue Formen der betrieblichen Arbeitsgestaltung, Frankfurt/Main; *Winterhager, D.*, 1975: Humanisierung der Arbeitswelt. Gesetzliche Vorschriften, Modelle, Pläne und Kontroversen, Berlin/New York; *Work Research Unit* (Hrsg.), 1975: Work restructuring projects and experiments in the United Kingdom, London; *Work Research Unit* (Hrsg.), 1976: Work restructuring projects and experiments in the United States of America, London; *Wunderer, R.*, 1979: Humane Personal- und Organisationsentwicklung, Berlin.

dürfnissen in gewerblichen Betrieben vorbei — für die sie ja auch nicht formuliert wurden.

Es gilt also hinsichtlich der Beeinflussung der Gegebenheiten zwecks AZ-Erhöhung im Gewerbe eigene Überlegungen anzustellen. Dabei bleibt zu berücksichtigen, daß solche Bemühungen nur dann Erfolge versprechen, wenn bestimmte Voraussetzungen erfüllt sind: Zunächst sollten sie nicht Zufallsexperimente (im unstatistischen Sinne) sein, sondern auf einem ziel- und anwendungsorientierten Konzept beruhen (vgl. *Hruschka,* 1976, S. VI, und *Rühl,* 1976 b, S. 92 f.). Daraus folgt die zweite Voraussetzung, wonach solche Anstrengungen in den unternehmerischen Gesamtzusammenhang einzubetten sind und dabei im Interesse „ganzheitlichen" Vorgehens betriebswirtschaftliche wie psychologische Anforderungen integrieren müssen (vgl. *Alderfer,* 1969, S. 418 ff., *Churchman,* 1973, S. 72, und *Hasenack,* 1977, gem. Besprechung durch *K. Hax,* 1978, S. 94). Hier findet nochmals unser Verlangen nach Einbezug auch der Erwartungen seine Rechtfertigung, doch darf ebenfalls auf der jetzt zur Diskussion stehenden Erfüllungsseite bei der Maßnahmenplanung der Gesamtzusammenhang nicht aus den Augen verloren werden.

Aus diesem Erfordernis läßt sich die dritte Voraussetzung ableiten, die im betriebsindividuellen Vorgehen besteht (vgl. *Tripartite Steering Group* [Hrsg.], 1975, S. 23, *Ulich,* 1976, S. 345, und *Pathak/Burton/Zigli,* 1977, S. 32). Auch diese Anforderung dürfte unmittelbar einleuchten, sind doch Maßnahmen zur AZ-Steigerung offenbar bei denjenigen Faktoren anzusetzen, deren AZ-Beitrag zu wünschen übrig läßt. Dies können selbstverständlich von Betrieb zu Betrieb unterschiedliche Faktoren sein. Wenn wir daher im Anschluß an die Auflistung der Voraussetzungen auf der Basis unserer empirischen Daten ein eigenes Konzept skizzieren, ist uns bewußt, daß sich die entsprechenden Überlegungen bei der Anwendung in der Praxis jeweils auf die Erhebungsergebnisse des betreffenden Betriebes oder der betreffenden organisatorischen Einheit abstützen müssen. Angesichts des Erfordernisses zu betriebsindividuellem Vorgehen beschleicht den Betrachter im übrigen — zumindest einstweilen noch — einiges Unbehagen, wenn er vernimmt, daß in Deutschland bereits Gedankenspiele in Richtung einer gesetzlichen Verpflichtung der Betriebe zur Gewährleistung des „psychischen Wohlbefindens" ihrer Mitarbeiter veranstaltet werden (vgl. den Bericht im *Manager Magazin,* Nr. 9/1976, S. 102 ff., über die Studie von *Bisani/Remer/Wunderer*) und daß in Schweden sogar schon eine vertragliche Vereinbarung zwischen den Sozialpartnern über Maßnahmen zur AZ-Erhöhung besteht (*Hubert,* 1975, S. 2).

Als vierte Voraussetzung für den Erfolg von Bemühungen um eine AZ-Steigerung betrachten wir die richtige Setzung von Schwerpunkten (vgl. *Herzberg,* 1968 b, S. 61 f., und *Thorsrud,* 1977, S. 2 f.). Das postulierte ganzheitliche Vorgehen bedeutet nämlich keineswegs, daß gleichsam in einem einzigen epochemachenden Anlauf die Gesamtheit der AZ-Faktoren einer tiefgreifenden Verbesserungskur unterzogen wird. Sie könnte leicht in eine Roßkur ausarten, bei der Erhöhung der AZ schließlich unter die Hufe käme. Die Gründe für die Setzung von Prioritäten liegen unseres Erachtens auf der Hand, indem zum einen das Totalverfahren praktisch unmöglich und zum anderen für Faktoren mit nachweislich hohem AZ-Beitrag eine Beeinflussung nicht nötig wäre.

Schließlich ist weniger eine Voraussetzung als eine Bedingung, daß bei den Bemühungen um eine AZ-Steigerung die Wirtschaftlichkeit des Betriebes, allenfalls von einer kurzen Übergangsphase abgesehen, gewahrt bleibt; denn so wenig die Maßnahmen zugunsten der AZ im primären Interesse der Wirtschaftlichkeitssteigerung liegen sollten (s. unsere Bemerkung S. 230), so wenig können sie andererseits am existenzsichernden ökonomischen Prinzip vorbeigeplant werden. Es ist also zu verlangen, daß die Wirtschaftlichkeit mindestens nicht absinkt.

Wie kann man sich nun in Beachtung dieser Voraussetzungen ein Konzept zur AZ-Steigerung durch Beeinflussung bestimmter betrieblicher Gegebenheiten vorstellen? Als theoretisch vertretbaren und praktisch gangbaren Weg betrachten wir ein Vorgehen, das bei Faktoren ansetzt, die einen der Zielsetzung nicht genügenden oder doch einen unterdurchschnittlichen Beitrag zur aggregierten AZ erbringen (wie wir schon betont haben, eignet sich die unmittelbar erfaßte Gesamt-AZ wegen ihrer Komplexität weniger zur gezielten Beeinflussung). In unserem Fall ergeben sich die einzelnen AZ-Beiträge der unterschiedenen Faktoren aus den Zeilen 1 - 10 der Tabelle 290. Sie sind, je für Mitarbeiter und Unternehmer, zweckmäßig nach ihrer Höhe zu gruppieren. Die so im unteren Teil der Rangordnung auftauchenden Faktoren beanspruchen nun unsere besondere Aufmerksamkeit — allerdings mit Unterschieden, die sich nicht nur auf die Rangordnung selbst zurückführen lassen. Uns scheint nämlich, daß im Interesse der Wirkung unserer geplanten Beeinflussungsmaßnahmen berücksichtigt werden sollte, welche Bedeutung den besagten Faktoren für die AZ nach der eigenen Erklärung der Befragten zukommt (gemäß Tab. 282). Wenn also nach der Indexauswertung ein bestimmter Faktor zwar wenig AZ stiftet, gleichzeitig aber auch mehrheitlich als nicht besonders bedeutsam für die AZ empfunden und bezeichnet wird, so verdient die betreffende Größe vermutlich weniger Aufmerksamkeit, als wenn ein großer „lag" zwischen den Positionen dieser Größe in den beiden Rangreihen sichtbar wird, wonach die ausdrücklich erklärte Bedeutung groß (vorderer Rangplatz), der tatsächliche AZ-Beitrag aber klein (hinterer Rangplatz) ist[4].

[4] Unproblematisch ist der umgekehrte Fall: AZ-Beitrag groß und erklärte Bedeutung gering.

Da, wie wir gesehen haben (s. o. S. 202 und 207), die „automatische" Beziehung einer negativen Korrelation (hoher Platz in einer Reihe bedeutet niedrigen Platz in der anderen und umgekehrt) nicht besteht, ist die hier angestellte Überlegung zugunsten eines faktorweisen Positionenvergleichs zwischen beiden Rangreihen offensichtlich gerechtfertigt. Für unsere Daten ergeben sich folgende Rangordnungen (s. S. 240).

Aus dieser Gegenüberstellung lassen sich diejenigen Faktoren unmittelbar entnehmen, bei denen die Diskrepanz zwischen (hoher) erklärter Bedeutung und (tiefer) errechneter Bedeutung besonders groß ist. Es handelt sich für die Mitarbeiter um die Größen Anerkennung, Einkommen und Entwicklungsmöglichkeiten sowie für die Unternehmer um die Faktoren Arbeitsleistung, Organisation und Führung und (analog wie bei den Arbeitnehmern) Vergrößerungsmöglichkeiten.

Im folgenden werden wir zu diesen fünf Faktoren einige Beeinflussungsmöglichkeiten skizzieren, wobei wir noch einmal darauf hinweisen, daß diesen faktorenbezogenen Überlegungen zugunsten einer Einwirkung auf die AZ Beispielscharakter und nicht Grundsatzcharakter beizumessen ist, weil sich in konkreten betrieblichen Untersuchungen nach diesem Vorgehensmuster selbstverständlich andere Prioritäten ergeben können als in unserer überbetrieblich repräsentativen Erhebung.

a) Anerkennung

Im Teil II (s. S. 78) haben wir in diesen Faktor ausdrücklich das Ansehen einbezogen, das die Mitarbeiter (wie die Unternehmer) bei außenstehenden Beobachtern genießen. Dieses Element der Anerkennung ist allerdings nur schwer, langsam und mit unsicheren Erfolgsaussichten durch betriebliche Bemühungen — um Image und Public Relations — zu beeinflussen. Weniger problematisch scheint der Versuch, betriebsintern auf diese Größe Einfluß zu nehmen, zumal dazu genügend Grund besteht: Wir wissen nicht erst seit unserer empirischen Erhebung (vgl. neben der Übersicht auf S. 240 auch Tabelle 292 sowie die Einzelhinweise im Kapitel II B, insbesondere S. 82), sondern aus beratungs- und weiterbildungsbedingter Zusammenarbeit mit gewerblichen Betrieben, daß namentlich die Anerkennung von Mitarbeiterleistungen noch in einer Anzahl Fälle ein Mauerblümchendasein fristet, die uns zu hoch scheint. Noch immer gibt es offenbar zahlreiche gewerbliche Unternehmer, deren größtes Lob[5] für die Mitarbeiter in Schweigen besteht (die aber ihre Kritik unverblümt äußern), obwohl sie erklärtermaßen wissen, daß Anerkennung[5] eine wichtige Rolle spielt (s. Tab. 33). Andererseits ist aus der

[5] Für unsere Zwecke brauchen wir nicht subtil zwischen Anerkennung (bezogen auf Ergebnisse) und Lob (gerichtet auf Personen) zu unterscheiden (wie z. B. bei *Golas*, 1976, S. 112), können uns vielmehr beide nicht losgelöst von Personen vorstellen (vgl. *Böckmann*, 1978, S. 64).

Vergleich der Rangreihen der AZ-Faktoren aus erklärter ("subjektiver", s. Tab. 282) und errechneter ("objektiver", s. Tab. 290) Bedeutung

Rangfolge aus erklärter Bedeutung	Rangfolge aus errechneter Bedeutung
Gewerbliche Mitarbeiter	
Frage M 10	Indexfragen M 1 - M 10
Gemäss Tabelle 282, Spalte 3	Gemäss Tabelle 290, Spalte 3
1 Anerkennung	1 Menschliche Beziehungen
2 Menschliche Beziehungen	2 Arbeitsleistung
3 Einkommen	3 Art der Arbeit
Entwicklungsmöglichkeiten	4 Verantwortung
Arbeitsleistung	5 Arbeitsbedingungen
Arbeitsbedingungen	6 Einkommen
7 Verantwortung	7 Anerkennung
Unternehmensorganisation und -führung	8 Kontrolle
9 Art der Arbeit	9 Unternehmensorganisation und -führung
10 Kontrolle	10 Entwicklungsmöglichkeiten
Unternehmer	
Frage U 9	Indexfragen U 1 - U 10
Gemäss Tabelle 282, Spalte 5	Gemäss Tabelle 290, Spalte 7
1 Art der Tätigkeit	1 Art der Tätigkeit
2 Verantwortung	2 Verantwortung
3 Arbeitsleistung	3 Menschliche Kontakte
4 Menschliche Kontakte	4 Ansehen
5 Unternehmensorganisation und -führung	5 Einkünfte
6 Vergrösserungsmöglichkeiten	6 Arbeitsleistung
7 Ansehen	7 Tätigkeitsbedingungen
8 Tätigkeitsbedingungen	8 Unternehmensorganisation und -führung
9 Einkünfte	Vergrösserungsmöglichkeiten
10 Macht	10 Macht

Literatur bekannt (vgl. *Likert*, 1972, S. 101, sowie die von ihm referierten Studien) und durch unsere Daten (außer der Übersicht auf S. 240 s. Tab. 34) von neuem empirisch belegt, wie bedeutsam die Anerkennung für den arbeitenden Menschen ist. Nichts spricht insbesondere dafür, daß Anerkennung für gute Leistungen oder richtiges Verhalten etwa weniger wichtig wäre als Kritik für Leistungsmängel oder Fehler. Vorenthaltene Anerkennung im Sinne immaterieller Belohnung wiegt bezüglich der AZ-Folgen mindestens vergleichbar schwer wie vorenthaltener materieller Lohn (vgl. nochmals Tab. 292 und Übersicht S. 240 sowie *Klee/Brändle*, 1973, S. 137).

Damit haben wir aus praktischer Sicht noch einmal bestätigt, was unsere Daten bereits an Aufschlüssen geliefert haben. Wollen wir nun durch gezielte Maßnahmen in einem Betrieb, wo diese Größe noch im argen liegt, erreichen, daß in Sachen Anerkennung für Mitarbeiter zugunsten erhöhter AZ mehr getan wird, so ist unseres Erachtens gleichzeitig auf drei Dinge zu dringen.

Zum einen müssen anerkennende Bemerkungen ehrlich gemeint sein (vgl. *Cohen*, 1978, S. 44). Ab sofort nach allen Seiten in der Art eines warmen Regens Lobsprüche an die Mitarbeiter auszugießen, weil es nun anscheinend sein muß, könnte leicht kontraproduktiv wirken, da die „neue Masche" vermutlich rasch durchschaut würde.

Zweitens — dieser Punkt hängt mit dem ersten zusammen — sollte immer eine Beziehung zwischen dem Lob und der Größe bestehen, für die es ausgesprochen wird, zum Beispiel eine bestimmte Arbeitsleistung oder ein bestimmtes Leistungsergebnis. So gewinnt der Mitarbeiter den — berechtigten — Eindruck, daß er die Anerkennung, die er erhält, selber zu beeinflussen vermag (*Lawler*, 1976, S. 1269), während unverdientes oder übertriebenes Lob ähnlich negativ wirkt wie vorenthaltenes Lob (*Lawler*, 1977, S. 247).

Drittens dürfte es nicht genügen, einmal beiläufig eine anerkennende Bemerkung zu murmeln, als wenn man sie schon halb wieder zurücknehmen möchte. Ein spontan geäußertes, klares Lob ist sicher nicht abzulehnen. Jedoch sollte darüber hinaus mit jedem Mitarbeiter periodisch Bilanz gezogen werden, zum Beispiel aufgrund einer Leistungsbewertung, die auch im Gewerbebetrieb alles andere als abwegig ist und sich heute auf praktisch (d. h. ohne Beizug von „Schriftgelehrten") verwendbare Wegleitungen stützen kann (z. B. *Lattmann*, 1975). Bei solchen Anlässen bleibt dann Anerkennung ebenso auszusprechen wie Kritik.

Aus diesen Anregungen ergibt sich, daß es keineswegs eines großen betrieblichen Aufwandes bedarf, um den Faktor Anerkennung im Interesse einer AZ-Steigerung positiv zu beeinflussen. Auch sind wir skeptisch gegenüber der Vermutung, Anerkennung müsse immer mit „handfesten"

Vorteilen ausgedrückt oder doch verbunden werden, etwa mit Beförderungs- oder Einkommensversprechungen. Wir haben ja bei allen nicht geleugneten Interkorrelationen zwischen den AZ-Faktoren gezeigt, daß die Anerkennung eine Determinante sui generis darstellt.

Wohl aber bedürfte es in unserem fiktiven Betrieb wahrscheinlich vor allem einer Anstrengung, um den Unternehmer bzw. Vorgesetzten zu einer Einstellungsänderung zu veranlassen, damit er den Schritt von der Einsicht in die Bedeutung der Anerkennung zu einem entsprechenden Verhalten gegenüber seinen Mitarbeitern vollzieht.

b) Einkommen

Zur Beeinflussung der von uns ebenfalls umfassend verstandenen Größe Einkommen, auf deren Stellenwert sich weitere Hinweise erübrigen, kommen nach unseren Feststellungen im Teil II (Kapitel H, S. 143 ff.) zweierlei Möglichkeiten in Frage: Entweder wird bei der — absoluten oder relativen — Höhe der Einkommen oder bei der Sicherheit ihrer Erzielung für die Mitarbeiter angesetzt. Da in der Praxis auch im letzteren Fall eine Senkung der Löhne kaum je zur Debatte steht, läuft faktisch gewöhnlich der Entscheid zwischen den Varianten auf die Setzung einer Priorität hinaus. Diese hat sich im spezifischen Betrieb vernünftigerweise an den Sachverhalten mit den höchsten ermittelten Unzufriedenheits- und Indifferenzquoten auszurichten, damit diese gesenkt werden und die AZ ansteigt.

Für unseren fiktiven Gewerbebetrieb, in welchem die ermittelten Daten mit denen der Repräsentativerhebung zusammenfallen, bedeutet diese Überlegung, daß in erster Linie etwas unternommen werden müßte, um die 22 % Mitarbeiter (s. Tab. 151), die sich nicht leistungsgerecht entlohnt wähnen, vom Gegenteil zu überzeugen. Schließlich erklären sich unter ihnen volle 30 % als unzufrieden und weitere 29 % als indifferent (Tab. 153), also nur gut 40 % als zufrieden gegenüber einer durchschnittlichen Z-Quote für den Faktor Einkommen von gegen 80 % (Tab. 147). Um der unbehaglichen Überzeugung, man werde nicht seiner Leistung gemäß honoriert, zu begegnen, kann sich der Unternehmer bzw. Vorgesetzte auf seine persönliche Überzeugungskraft verlassen — sofern er sie hat. Nachhaltiger dürfte allerdings auch hier eine systematisierte Leistungsbeurteilung wirken, mit der den Mitarbeitern die gerechte Einstufung „bewiesen“ werden kann.

Ob Überzeugungsversuch oder Beweis, in jedem Fall ist dabei unterstellt, daß die Leistungsgerechtigkeit der Einkommen im Betrieb tatsächlich gegeben ist. Wo dies nicht genügend sicher der Fall scheint, können die Mitarbeiter auf Dauer nur überzeugt werden, nachdem diese Anforderung erfüllt worden ist. Alles andere würde bloße Beschwichtigung bedeuten, welcher die Dauerwirkung auf die AZ vermutlich versagt bliebe.

Weniger problematisch stellt sich im gegebenen Fall, wie wir gesehen haben (s. Tab. 154), der Komplex der Bedürfnisgerechtigkeit des Lohns dar, aber nur deswegen, weil sie durchweg erfüllt ist (für den gegenteiligen Fall scheint die UZ-Wirkung nämlich sehr groß zu sein, vgl. Tab. 158).

Als ebenso wichtig wie die absolute individuelle Höhe der Einkommen (Mindestbeträge sind ohnehin in aller Regel gesamtarbeitsvertraglich vorgegeben) aufgrund der Leistungen und/oder der Bedürfnisse ist die Anforderung einzuschätzen, daß die Einkommensrelationen zu den Bezugspersonen „stimmen". Wir haben die Bedeutung „richtig" bemessener relativer Einkommen mit dem Vergleich zu den Einkommen von Geschwistern veranschaulicht (s. Tab. 160 und 161). Insbesondere drückt der Fall mehrerer Geschwister mit wesentlich höherem Verdienst deutlich auf die Einkommenszufriedenheit der Betroffenen. Nun können nicht gut betriebliche Maßnahmen hinsichtlich der Einkommen von Geschwistern der Mitarbeiter geplant werden. Wohl aber ist die Einkommensstruktur im Betrieb kritisch unter die Lupe zu nehmen, muß doch — gerade in den überschaubaren gewerblichen Verhältnissen — davon ausgegangen werden, daß sich die Mitarbeiter die gewünschte Lohntransparenz verschaffen, auch wenn sie offiziell (wie im Regelfall) nicht gewährt wird. Da durch die Mitarbeiter informell gewonnene Vergleichsdaten unvollständig oder verzerrt sein mögen, drängt sich in diesem Zusammenhang eine Prüfung der Frage auf, ob die Transparenz nicht von vornherein formell hergestellt werden sollte.

Die offene Lohnpolitik hat indessen auch ihre Nachteile. Dagegen wird weniger bestritten, wie wichtig ein aufgrund eines innerbetrieblichen Quervergleichs als gerecht empfundener Lohn für die AZ ist (vgl. *Patchen,* 1961, *Rosenstiel,* 1972, S. 73 f., *Gottschall,* 1977, S. 49 ff., *Lawler,* 1977, S. 201). Jedoch gibt es auch hier einschränkende Meinungen; wir erinnern an die Feststellung bei *Peters* (1974, S. 79) aufgrund ihrer Erhebung in bayrischen Gewerbebetrieben. Danach beeinflußt der Lohnvergleich zwar die Zufriedenheit mit der Bezahlung, ist aber „nicht ausschlaggebend dafür". Trotzdem möchten wir bei unserer Empfehlung bleiben, bei der Planung von Maßnahmen zur Erhöhung der Einkommenszufriedenheit die Einkommensstruktur nicht außer acht zu lassen, damit nicht am Ende unberechtigte oder zweifelhafte Disparitäten den Erfolg der Maßnahmen in Frage stellen.

Schließlich bleibt bei den Überlegungen zur Einkommenshöhe zu entscheiden, in welcher Weise materielle Verbesserungen vorgesehen werden sollen, soweit die Prüfung dieses Komplexes ergibt, daß solche tatsächlich fällig werden. Die Aufstockung der Mitarbeiterbezüge braucht nicht in Form einer Erhöhung des Lohnes im engeren Sinne zu geschehen, da sich durchaus auch in Klein- und Mittelbetrieben andere Formen anbieten (vgl. *Siegwart*, 1971 b, und *Hugentobler*, 1976, S. 191 ff.). Insbesondere ist hier an Prämien zu denken, weil sie neben ihrer zufriedenheitsfördernden Wirkung, die hier zur Diskussion steht, gleichzeitig unmittelbar die Arbeitsleistung zu erhöhen vermögen. Die Erfolgsbeteiligung als Sonderform der Prämie kommt allerdings in gewerblichen Firmen weniger in Betracht: Als Gewinnbeteiligung führt sie zu Problemen bei marktbedingten Gewinneinbußen oder gar Verlusten (vgl. *Lattmann*, 1975, S. 223). In der Variante als „Produktivitätsbeteiligung" setzt sie die genaue Vorkalkulierbarkeit der Produktionsleistungen voraus, damit eine seriöse Berechnung der Produktivitätssteigerung mit Hilfe eines Soll-Ist-Vergleichs möglich wird. Diese Anforderung ist wegen der typischen Leistungsstruktur im Gewerbe (keine Serien- und Massenfertigung) in der Regel nicht erfüllt. Immerhin sind uns Ausnahmen des erfolgreichen Einsatzes einer Produktivitätsbeteiligung in kleineren Betrieben bekannt.

Sofern der Spielraum, der für Lohnerhöhungen und Prämien zur Verfügung steht, zu schmal wird, müssen andere Arten materieller Vergünstigungen in Betracht gezogen werden, die den Betrieb nicht unmittelbar kostenmäßig belasten. Hier denken wir insbesondere an die Kapitalbeteiligung für Mitarbeiter, die in jüngster Zeit innerhalb weniger Jahre eine immerhin registrierenswerte Verbreitung gefunden hat. So ergab eine Umfrage der *Schweizerischen Handels-Zeitung* (Nr. 36/ 1977, S. 1 f.), daß 5 % der Arbeitnehmer in der Schweiz aufgrund betrieblicher Maßnahmen am in der Wirtschaft arbeitenden Kapital beteiligt sind und daß alle Beteiligungsmodelle einen „durchschlagenden Erfolg" verzeichneten. Von positiven Erfahrungen und großem Interesse der Arbeitnehmer in der Schweiz spricht auch *Lyk* (1976, S. 35). Die Bewährung beschränkt sich nicht auf Großunternehmen: Nach der ersten umfassenden deutschen Studie auf diesem Gebiet (*Guski/Schneider*, 1977) zählt jede dritte aller 200 untersuchten Unternehmungen mit Maßnahmen zwecks betrieblicher Vermögensbildung zur Kategorie der Klein- und Mittelbetriebe (in unserer Größeneinteilung).

Vereinzelte Beispiele beteiligender Unternehmungen haben große Publizität erfahren, allen voran der „Fall Porst" in Deutschland, der freilich weit über die Kapitalbeteiligung der Mitarbeiter hinausgeht (vgl. den Bericht in *„Die Zeit"* vom 6. 2. 1976 und den Vortrag von *H. Porst* an der Hochschule St. Gallen vom 27. 1. 1977). In der Schweiz fand der Fall der Glashütte Hergiswil erhebliche Beachtung. Von solchen Einzelfällen abgesehen, ist es um die Mitarbeiterbeteiligung bis jetzt erstaunlich still geblieben. Trotzdem müssen wir es uns versagen, näher auf diese mögliche Maßnahme zur AZ-Steigerung einzugehen, und begnügen uns mit einem erneuten Hinweis auf die erwähnten Publikationen von *Lyk* und *Guski/Schneider* sowie auf die Beiträge von *Drechsler* (1976) und *Wyß* (1979, S. 33), aus denen Einzelheiten, auch zur möglichen Ausgestaltung der Beteiligung, entnommen werden können.

Neben dem Aspekt der Höhe und Gerechtigkeit des Einkommens haben wir den Gesichtspunkt der Sicherheit der Einkommenserzielung hervorgehoben und zu zeigen versucht (s. Tab. 167), daß auch ein als nicht gesichert empfundener Arbeitsplatz AUZ hervorzurufen bzw. zu verstärken vermag. Je größer die Zahl der diesbezüglich verunsicherten Mitarbeiter ist, um so gebieterischer drängt sich daher auch hierzu der Versuch auf, die AUZ zu steuern. Dies dürfte namentlich dann wichtig werden, wenn der Betrieb in besonderem Maße durch konjunkturelle oder strukturelle Einflüsse bedroht scheint. Er wird dann im Interesse der Existenzerhaltung ohnehin geeignete Maßnahmen planen. Speziell zur Vorbeugung gegen die Ausbreitung von AUZ dürfte sich die gezielte, regelmäßige und dabei wirklichkeitsgetreue Unterrichtung der Mitarbeiter über Lage, Aussichten und Sicherungsmaßnahmen des Betriebes empfehlen; denn es darf nicht einmal in Kleinbetrieben davon ausgegangen werden, daß solche Vorkehrungen sich auch ohne besondere Informationen in der gewünschten Weise herumsprechen und so gleichsam von selber die Verunsicherung abbauen werden.

c) Entwicklungsmöglichkeiten

Dieser Faktor ist, wie wir gesehen haben (s. S. 240), im Rahmen der Überlegungen zur AZ-Steigerung durch gezielte betriebswirtschaftliche Maßnahmen für beide Befragtengruppen von Belang, weil er hier wie dort mit 55 bzw. 37 % (Tab. 292) weit überdurchschnittlich hohe Quoten aus UZ und Indifferenz ergab und zugleich als recht wichtig für die AZ erklärt wurde. Im Teil II (s. S. 107 ff.) haben wir unter dieser Determinante für die Arbeitnehmer die Möglichkeiten zum Lernen bei der Arbeit und durch gezielte Weiterbildung sowie zum Aufstieg und für die Betriebsinhaber die Chancen zur Vergrößerung ihres Betriebes behandelt.

Wenn wir uns zunächst über sinnvolle Maßnahmen zur Erhöhung der Mitarbeiter-AZ Gedanken machen wollen, wäre sie vermutlich mit dem vergleichsweise geringsten Aufwand und bei zweifellos bestehenden Möglichkeiten mit dem Aspekt des Lernens „on the job“ zu versuchen.

Indessen ist der Spielraum dafür in unserem Modellfall eingeengt durch die Feststellung, wonach drei Viertel der Arbeitnehmer bereits von ihrer Lernchance bei der Arbeit überzeugt sind (Tab. 79). Entwicklungsfördernde Maßnahmen müßten also zunächst die konkreten Arbeitsaufgaben der restlichen 25 % unter die Lupe nehmen. Denkbar ist, daß sich eine *Unterforderung* der Betroffenen herausstellt. Dann würde sich entweder eine Umsetzung des Mitarbeiters an eine anspruchsvollere Aufgabe oder aber die Aufwertung der bestehenden Funktion aufdrängen, z. B. mit den bereits klassischen Mitteln des „Job enrichment" oder des „Job enlargement" (vgl. dazu die in Fußnote 3, S. 234 ff., angeführte Literatur), will man nicht eine gewisse Unruhe riskieren, die durch regelmäßige interne Wechsel mit einer „Job rotation" in den Betrieb kommen kann — zugunsten immerhin eines umfassenden Erfahrungspotentials, das dadurch erworben wird (vgl. *Werner*, 1972, S. 78).

Ebenfalls möglich ist freilich, daß einzelne Mitarbeiter von ihrer Funktion deutlich *überfordert* werden. Damit wäre u. U. vom Lernen bei der Arbeit ebenfalls keine Rede. Auch hier kommt eine Umsetzung der betreffenden Mitarbeiter — an eine einfachere Aufgabe — in Betracht, falls sie nicht durch individuelle Förderung in ihrer jetzigen Position „aufgebaut" werden können (vgl. *Likert*, 1972, S. 101).

Ein zweites Maßnahmenpaket wäre auf die gezielte Weiterbildung der Arbeitnehmer auszurichten, haben wir doch festgestellt, daß echte Möglichkeiten dazu einer wesentlich kleineren Gruppe als beim Lernen „on the job" offenstehen (nämlich nur jedem zweiten, s. Tab. 82), während ihr Fehlen der Indifferenz und Unzufriedenheit deutlich Vorschub leistet (Tab. 85). Freilich ist die Entsendung von Mitarbeitern an externe Weiterbildungskurse oder die Planung betriebsinterner Veranstaltungen in der Regel mit nicht unbeträchtlichen pagatorischen Aufwendungen verbunden. Zudem geht gewöhnlich im Ausmaß der Dauer solcher Kurse Arbeitszeit verloren, weil sie höchstens zum Teil in der Freizeit absolviert werden können.

In Anbetracht der möglichen Wirkung einer maßgeblichen Verminderung der hohen AUZ beim Faktor Entwicklungschancen darf trotzdem die Weiterbildung der Mitarbeiter nicht vernachlässigt werden, ganz zu schweigen von den betrieblichen Notwendigkeiten. Immerhin müssen einige Bedingungen erfüllt sein, damit der angestrebte Erfolg sich einstellt, etwa:

— Die zur Weiterbildung „abkommandierten" Mitarbeiter müssen selber echtes Interesse mitbringen

— Das Weiterbildungsprogramm muß dem Leistungsstand der teilnehmenden Mitarbeiter (und den Bedürfnissen wie Zielvorstellungen des Betriebs) entsprechen oder angepaßt werden (vgl. *Lattmann*, 1975, S. 146 f.)

— Die erworbenen Kenntnisse und Fähigkeiten sind in der Folge auch dem Betrieb nutzbar zu machen (ohne den Transfer in die betriebliche Praxis ist auf Dauer weder dem Unternehmen noch den weitergebildeten Mitarbeitern gedient)

— Die Weiterbildung muß auf Dauer angelegt sein (*Lattmann,* 1975, S. 146)

Schon diese nicht näher begründete Auswahl an Bedingungen einer Weiterbildung im Sinne der angestrebten Z-Wirkung läßt erkennen, daß eine unreflektierte Belegung solcher Programme gleichsam aus Opportunismus ihren Zweck kaum nachhaltig erreichen und aus diesem Grunde womöglich die derzeitig spürbare Bereitschaft zu Weiterbildungsanstrengungen wieder schwinden lassen würde.

Als zweiter Komplex im Rahmen der Entfaltung der Mitarbeiter stehen die Aufstiegschancen zur Diskussion. Wir haben gezeigt, daß ein diesbezüglicher Mangel die AZ massiv im negativen Sinne beeinflußt, indem die Summe aus Indifferenten und Unzufriedenen nicht weniger als 71 % erreicht (Tab. 90, Sp. 2). Hier wäre also dringend etwas zu unternehmen. Nur setzen uns die strukturellen Gegebenheiten im Gewerbe enge Grenzen, weil Aufstiegspositionen entweder praktisch fehlen (in den Kleinbetrieben) oder dünn gesät sind (in den mittleren Firmen), so daß es förmlich überrascht hat, wenn trotzdem jeder Dritte Möglichkeiten des „Weiterkommens hier im Betrieb" bejahte, auch in den Kleinbetrieben (s. Tab. 86 und kommentierende Bemerkung auf S. 112).

Natürlich fällt die Schaffung voller formeller Kaderpositionen mit dem einzigen oder hauptsächlichen Zweck der Aufstockung unserer Entwicklungszufriedenheit außer Betracht, müssen sich doch die Beeinflussungsmaßnahmen bei aller betonten Verselbständigung von vordergründig ökonomischen Zielsetzungen in den wirtschaftlichen Datenkranz des Betriebes einfügen: AZ hilft letztlich niemandem in einem nicht mehr existenzfähigen Unternehmen. Realistisch scheinen uns dagegen ersatzweise zwei Möglichkeiten der Mitarbeiterförderung, die immerhin als „Weiterkommen" empfunden werden können. Zum einen denken wir an die vermehrte Übertragung einzelner, spezifischer Führungsfunktionen an Mitarbeiter. Dadurch entstehen auch im idealtypisch einstufig organisierten Kleinbetrieb bestimmte Funktionsschwerpunkte, die wir oben (S. 112) als „chefentlastende Zwischenpositionen" zu charakterisieren versucht haben. Sie hätten z. B. „nebenamtliche" Stellvertretungs- oder Kontrollaufgaben, ohne vollausgebaute hierarchische Instanzen zwischen dem Unternehmer und den übrigen Mitarbeitern, zu sein.

Die zweite Möglichkeit einer Förderung des „Weiterkommens" ist gedanklich in der Nähe der ersten Variante anzusiedeln. Wir denken an die verstärkte Delegation von Ausführungskompetenzen (statt wie oben Leitungsfunktionen) durch die Unternehmer an die Mitarbeiter[6], ein

Mittel, das wahrhaftig nicht neu, aber in vielen Gewerbebetrieben noch immer alles andere als selbstverständlich ist. Hier wären vermutlich noch Z-Punkte gutzumachen.

Andererseits dürfen wir die Möglichkeiten, AZ-erhöhend auf den Faktor „Entwicklung" einzuwirken, nicht überschätzen. Es besteht nämlich das Risiko, daß die schließlich mit viel Enthusiasmus mobilisierten Reserven einer Aufwertung der Mitarbeiterpositionen zu einem guten Teil auf Desinteresse stoßen. Wir erinnern an unsere Feststellung, wonach unter denjenigen gewerblichen Arbeitnehmern, die schon jetzt ihre Weiterkommenschance sehen, über ein Drittel auf deren Wahrnehmung verzichtet (Tab. 92). Es bleibt offen, ob diese Verteilung unter denjenigen anders wäre, die die Chance bis jetzt *nicht* haben ... Sollte es dagegen bei ihnen ähnlich aussehen, ständen wir offenbar vor einem tiefer liegenden Motivationsproblem, bei dessen Lösung betriebswirtschaftliche Maßnahmen allein nicht mehr greifen.

Damit leiten wir zur Überlegung über, wie AZ-Defizite bei den Unternehmern vermindert werden könnten. Realistisch sind auch hier die Einwirkungsmöglichkeiten zugunsten der Entwicklungschancen zu beurteilen. Bei den Betriebsinhabern ist zwar der Anteil derjenigen, die sich an der Grenze ihrer Entwicklungs-, d. h. hier Ausdehnungsmöglichkeiten sehen, kleiner als die analoge Quote bei den Arbeitnehmern, erreicht aber doch volle 40 % (Tab. 86, Sp. 5)[7]. Von diesen erklärt sich praktisch die Hälfte unzufrieden oder indifferent gegenüber durchschnittlich 37 % bei diesem Faktor (Tab. 91). Obwohl auch hier die Nutzung der Chancen, nachdem sie einmal den Unternehmern nähergebracht worden ist, unsicher ist, bleibt doch offensichtlich zur Verminderung der UZ trotz begrenzter Erfolgsaussichten keine Wahl, als genau an diesem Punkt einzusetzen.

Mit anderen Worten geht es darum, den Betriebsinhabern, die sich — aus anderen als unbeeinflußbaren Gründen (z. B. vorgerücktes Lebensalter) — am Plafond ihrer Expansionschancen sehen, klarzumachen, daß und wo trotz allem Pessimismus Wachstumsmöglichkeiten bestehen und wie sie genutzt werden könnten. Dabei wären die Hindernisse in Betracht zu ziehen, die sich in den Augen der Unternehmer einer Vergrößerung in den Weg stellen (vgl. Tab. 96). Die praktische Frage ist freilich, wer diese Aufklärungsarbeit leisten soll, nachdem innerbetriebliche Stellen dafür kaum in Frage kommen (vgl. S. 233). Es bleiben über-

[6] Die Tabelle 69 zur Verfügbarkeit von Kompetenzen bezieht sich lediglich auf den Istzustand, die jetzige Aufgabe, nicht auf Aufstockungsmöglichkeiten oder -wünsche.

[7] Als bemerkenswert haben wir im übrigen auch hier registriert, daß von den Optimisten nur jeder zweite die Vergrößerungschance, die er sieht, auch ausnutzen möchte, daß also der Wachstumsdrang im Gewerbe keine universelle Erscheinung ist; s. Tabelle 92, Sp. 5, und Kommentar S. 114 f.

betriebliche Instanzen, wie Förderungsinstitute, Verbandsexperten, individuelle Berater, Bankfachleute sowie unter Umständen Unternehmerkollegen und öffentliche Stellen.

Noch weiter dem betrieblichen Einfluß entrückt ist die Aufgabe der UZ-Verminderung im vorliegenden Fall, wenn sich nicht lediglich in der Wahrnehmung skeptischer Betriebsinhaber, sondern aufgrund objektiver Gegebenheiten nur begrenzte Wachstumsaussichten eröffnen, eine Gedankenvariante, die in der Wirklichkeit allerdings die Ausnahme darstellt, sofern alle Optionen für den Unternehmer zur Diskussion stehen. Treten trotzdem einmal massive Sachzwänge als Wachstumshindernisse auf, von denen nicht nur Einzelfälle betroffen sind, bleibt letztlich der Ruf nach geeigneten wirtschaftspolitischen Maßnahmen im Interesse der Vermeidung oder Verminderung um sich greifender Unternehmerfrustration — freilich ein durchaus nicht attraktiver Gedanke.

Damit haben wir wie schon im Zusammenhang der Beeinflussung der Ansprüche (S. 233) die Schlußfolgerung gezogen, daß eine Erhöhung der Unternehmer-AZ kaum durch interne betriebswirtschaftliche Vorkehrungen denkbar ist, sondern daß es des Einflusses außenstehender Instanzen bedarf — sofern die Selbstmotivierung, auf welche wie bei allen Führungskräften in Spitzenpositionen vorrangig gezählt werden muß, auf Dauer nicht ausreicht. Diese Überlegung gilt — das dürfen wir vorwegnehmen — auch für die folgenden zwei letzten Faktoren, die wir hinsichtlich der Unternehmer-AZ in unsere Betrachtung einschließen.

d) Arbeitsleistung

Um die Zufriedenheit der Betriebsinhaber mit ihrer eigenen Arbeitsleistung ist es deutlich weniger schlecht bestellt als um die soeben diskutierte Z-Größe. Statt 37 % erklären sich beim Faktor Leistung „nur“ 14 % der Unternehmer unzufrieden oder indifferent (Tab. 292). Jedoch zählt diese Größe zu den drei einzigen Faktoren, bei denen die besagte Quote höher liegt als bei den gewerblichen Mitarbeitern (s. ebenda). Zudem ist die Diskrepanz zwischen der erklärten und der errechneten Bedeutung auch bezüglich dieses Faktors bei den Betriebsinhabern beträchtlich, und diese Diskrepanz lieferte uns ja das Merkmal für die Auswahl der vorrangig zu beeinflussenden Faktoren.

Wenn wir uns nun allerdings über Maßnahmen zur Erhöhung der Leistungs-AZ unter den Selbständigen Gedanken machen und wiederum sinnvollerweise bei den Einzelaspekten ansetzen wollen, wo überdurchschnittlich hohe UZ-Quoten ermittelt wurden, stoßen wir auf ein praktisches Problem: Drei Aspekte wurden in diesem Zusammenhang auf ihre Z-Wirkung geprüft, die Möglichkeit des Einsatzes der individuellen Fähigkeiten (S. 70 ff.), die Einschätzung der eigenen Bedeutung für den

Betrieb (S. 73 ff.) und die Einschätzung der eigenen Leistung (S. 76 ff.). Nur beim letzten Aspekt jedoch ergab sich ein Anhaltspunkt für einen Einfluß auf die hier diskutierte Z-Größe (s. Tab. 20 und Bemerkung S. 76 f.). Einzig bei dieser Komponente bestände demnach einige Aussicht auf Z-Erfolge durch gezielte Beeinflussungsmaßnahmen.

Wenn also jeder vierte oder fünfte Unternehmer nicht regelmäßig am Abend mit dem Gefühl heimkehren kann, etwas geleistet zu haben (Tab. 19, Sp. 5), wie wir konkret erforschten, so müßten wir vorkehren, daß Empfindungen der Vergeblichkeit, des Leerlaufs, bloßer Routinearbeit, unökonomischen Vorgehens usw. in Zukunft vermieden werden. Dazu bieten sich, soweit wir sehen, im wesentlichen zwei Möglichkeiten.

Zum einen wäre dem betroffenen Unternehmer die Teilnahme an einer seriösen und genügend umfassenden Schulung auf dem Gebiet rationeller und systematischer Arbeits- wie Entscheidungstechnik zu empfehlen. Dabei muß es durchaus nicht um triviale Rezepte mit dem Charakter von Binsenweisheiten gehen, wie etwa die jüngsten Publikationen von *Brauchlin* (1977 und 1978) zur Entscheidungsmethodik belegen. Eine solche Ausbildung kann, wenn sie in der Folge tatsächlich zu einer Änderung des Verhaltens führt, die Konzentration auf eigentliche Unternehmertätigkeiten erleichtern und damit entsprechend das Leistungsgefühl stärken und die Leistungszufriedenheit steigern.

Allerdings sind dieser Konzentration durch Sachzwänge Grenzen gesetzt. Man denke etwa an schwer delegierbare bürokratische Funktionen als Folge staatlicher Regelungen und Vorschriften, die immer mehr Chefzeit beanspruchen (Ausmaß und Beispiele s. bei *Pleitner*, 1978, S. 2). Solchen Belastungen können sich die Unternehmer in der Regel um so weniger entziehen, je kleiner ihre Betriebe sind.

Als zweite Möglichkeit zur Stärkung des Leistungsgefühls denken wir daher an den planmäßigen Erfahrungsaustausch mit Unternehmerkollegen derselben Branche. Die gehobene betriebswirtschaftliche Literatur hat dieses Mittel noch kaum zur Kenntnis genommen. Trotzdem darf nach unseren eigenen Erfahrungen in der Praxis bestimmt damit gerechnet werden, daß diese Art der Zusammenarbeit bei Erfüllung einiger Voraussetzungen den beteiligten Betriebsinhabern eine maßgebliche Erhöhung ihrer auch persönlichen Effizienz ermöglicht. Wo diese doch auf Grenzen stößt (vgl. oben), vermag wenigstens die Gewißheit der gleichen Erfahrungen bei den Kollegen wachsende Unzufriedenheit mit der eigenen Arbeitsleistung zu verhindern oder wieder abzubauen.

e) Organisation und Führung

Im Zusammenhang dieses Faktors erreicht bei den Unternehmern die Unbehaglichkeitsquote insgesamt ein ähnliches Ausmaß wie im Falle der Vergrößerungsmöglichkeiten, nämlich 38 % (13 % Unzufriedene und 25 % Indifferente). Die möglichen Ansatzpunkte für Beeinflussungsmaßnahmen sind hier zweifellos zahlreicher, die Erfolge damit aber noch unsicherer. Wir halten uns daher bei der Maßnahmenskizzierung zweckmäßigerweise wiederum an die Bereiche, wo sich konkret nach unseren eigenen Daten auffällig hohe UZ-Quoten ergaben. Das Ziel müßte auch hier sein, diese zu vermindern, um die Z mit Organisation und Führung — und über sie schließlich die aggregierte Gesamt-AZ — zu verbessern.

Wie erinnerlich, wurde bei folgenden vier Bereichen ein Einfluß auf die OFZ (Zufriedenheit mit Organisation und Führung) der Betriebsinhaber ermittelt, bei der Selbsteinschätzung als Chef, der Belastung durch Mitarbeiterreklamationen, der Wahrnehmung der Planungsfunktion und der Mitarbeiterorientierung.

Im Zusammenhang der Selbstbewertung als Vorgesetzter fanden sich in der Runde der Unternehmer mit selbst erteilten „sehr guten" Noten keinerlei Unzufriedene oder auch nur Indifferente, wohl aber zusammen 45 % unter den lediglich „ziemlich guten" Chefs (Tab. 106, Sp. 1 und 2). Je höher sich die Unternehmer als Vorgesetzte einschätzen, um so zufriedener scheinen sie also zu sein (S. 122). Um die OFZ anzuheben, müßte daher unter diesem Aspekt etwas in Sachen Schulung der Führungsqualitäten, nicht zuletzt mit dem Zweck einer Steigerung des Selbstvertrauens, unternommen werden. Welche Eigenschaften ein „guter" Chef vor allem haben sollte, welche Qualitäten demnach schwerpunktmäßig zu fördern wären, wurde von den Unternehmern selber angegeben: Fähigkeit, Aufgeschlossenheit speziell bezüglich der Menschenführung und fachliche Qualifikation, Vorstellungen übrigens, die sich nicht fundamental von denen der Mitarbeiter unterscheiden, sondern nur graduell (Tab. 100), indem die Unternehmer den fachlichen Aspekt stärker betonen als die Arbeitnehmer. Diese Ähnlichkeit in den Ansprüchen an den fähigen Vorgesetzten bietet die Chance, die Schulung der Unternehmer relativ konfliktfrei gleichzeitig an den menschlichen und an den wirtschaftlichen Anforderungen auszurichten, „Ökonomität und Humanität" zu verbinden (*Mellerowicz/Peeckel*, 1976, Vorwort) und Führungsstil wie Führungsverhalten zu „humanisieren" (*Sahm*, 1977). Was dabei in der Praxis jenseits aller modischen Schlagworte not tut, sind konkret nutzbare Führungsempfehlungen (vgl. *Macharzina*, 1977, S. 7 ff.).

Im Rahmen des zweiten Aspektes stellte sich heraus, daß Mitarbeiterreklamationen (auch wenn sie nicht häufig vorkommen) auf die OFZ zu drücken vermögen. Mindestens nahmen die klaren Zufriedenheitsbekundungen mit dem Auftreten von Reklamationen ab (Tab. 114). Hier bieten sich nun keine Sofortmaßnahmen zur AZ-Steigerung an. Bevor solche Schritte geplant und ergriffen werden, bliebe vielmehr abzuklären, warum sich Mitarbeiter beschweren. Zum einen ist nämlich denkbar, daß Gründe rein persönlicher Natur dafür maßgebend sind. Es gibt beispielsweise Mitarbeiter, die zum Jammern neigen (genauso, wie Unternehmer mit dieser Neigung existieren, nach dem Motto „lerne klagen, ohne zu leiden"). Zum anderen muß aber auch damit gerechnet werden, daß unbedeutend scheinende Reklamationen Alarmsignale für schwerwiegende Probleme im Betrieb darstellen, die sehr ernst genommen werden wollen. Die Mehrheit der Mitarbeiter neigt nämlich erfahrungsgemäß keineswegs dazu, sich beim Inhaber ohne echte Gründe zu beklagen. Hier wäre also vor der Maßnahmenplanung besonders dringend eine ernsthafte Situationsanalyse angezeigt.

Im dritten Bereich — Wahrnehmung der Planungsfunktion — stellte sich überraschend heraus, daß die aus Unzufriedenheits- und Indifferenzangaben zusammengefaßte Maßgröße des unternehmerischen Unbehagens bei einer Planung „im einzelnen" mit 49 % deutlich höher lag als im Falle einer bloßen Planung „in großen Zügen" (37 %, Tab. 117, Sp. 1 und 2). Aus dieser Beobachtung wird niemand die Schlußfolgerung ziehen wollen, das Planen im Gewerbebetrieb einzuschränken, um so die OFZ zu vergrößern. Wohl aber enthüllt dieses Ergebnis die schweren Probleme, mit denen sich die Unternehmer gerade im Gewerbe konfrontiert sehen, wenn sie ernsthaft versuchen, das zukünftige Geschick ihres Betriebes vorausschauend zu erfassen und zu lenken. Über die Schwierigkeiten dabei als Folge namentlich der besonderen Charakteristik des gewerblichen Leistungsangebotes hilft gutgemeintes Zureden smarter Neunmalkluger keinesfalls hinweg.

Dennoch bleibt unsere Aufgabe, der Planung die offensichtlichen Schrecken zu nehmen. Dazu bedarf es der Ermunterung an die Adresse der Betriebsinhaber, sich nicht abschrecken zu lassen, die bereits gemachten Erfahrungen systematischer auszuwerten und unter Umständen auch bei Kollegen abzurufen. Sodann können sie immerhin die Hilfe kompetenter externer Förderungs- und Beratungsinstanzen in Anspruch nehmen. Nicht zu unterschätzen ist schließlich bei der Planung die Nutzbarmachung von Hilfsmitteln, von der Verwendung individuell entwickelter Formulare über kennzahlenorientierte Kontrollsysteme bis zum Einsatz der Elektronischen Datenverarbeitung, die nun endlich auch in Mittel- und Kleinbetrieben Einzug halten kann (*Güttinger,* 1979, S. 2 ff.).

Was den letzten der Aspekte mit Einfluß auf die OFZ der Betriebsinhaber, die Mitarbeiterorientierung, betrifft, stellten wir fest, daß diejenigen Unternehmer, die „keine Zeit“ zur Unterrichtung ihrer Mitarbeiter selbst über „wichtige Betriebsangelegenheiten“ haben, eher zur UZ neigen als ihre Kollegen, die sich die Zeit nehmen (Tab. 125). Die Beeinflussungsmaßnahmen müßten hier zweifellos davon abhängig gemacht werden, ob wirklich die verfügbare Zeit den Engpaß darstellt oder ob mit diesem Argument lediglich mangelnde Bereitschaft zur Mitarbeiterorientierung verdeckt werden soll (vgl. unseren Hinweis auf S. 128 zur Formulierung der betreffenden Frage). Im ersteren Fall würde sinngemäß unser Vorschlag zur Rationalisierung der persönlichen Arbeitstechnik s. S. 250) hier im Hinblick auf den Zugewinn verfügbarer Zeit eine ergänzende Bedeutung erlangen.

Im letzteren Fall läge das Problem tiefer. Dann müßte nämlich der Unternehmer zunächst vom Sinn einer besseren Informationspolitik überzeugt werden, sei es mit dem Hinweis auf die höhere OFZ seiner offeneren Berufskollegen (mit freilich zweifelhafter Aussicht auf Erfolg), sei es mit dem Verweis auf einen Gleichlauf der Mitarbeiterinteressen zumindest im Informationswesen (vgl. S. 129), sei es schließlich mit der Aussicht auf einen objektiv größeren Betriebserfolg (sofern man im Zweifelsfall genügend sicher davon ausgehen kann).

Der Erfolg einer besseren Mitarbeiterorientierung ist freilich an die Bedingung geknüpft (vgl. unsere entsprechende Bemerkung auf S. 241 im Zusammenhang der Anerkennung), daß nicht ein bloßes Strohfeuer entfacht wird und der Informationsfluß mit der Asche bereits wieder austrocknet, sondern daß die Unterrichtung zu einer regelmäßig eingeplanten Veranstaltung wird und darüber hinaus sowohl echte wie wahre Informationen liefert.

3. *Zusammenfassung*

Die Beeinflussung der AZ kann grundsätzlich auf der Erwartungs- und der Erfüllungsseite versucht werden, und zwar durch eine Herabsetzung der Ansprüche und eine Verbesserung der realen Gegebenheiten.

Der Verminderung der Ansprüche durch geeignete Beeinflussungsmaßnahmen sind auf betrieblicher Ebene enge Grenzen gesetzt. Die Möglichkeit dazu hängt jedenfalls von bestimmten Voraussetzungen ab: Die Arbeitnehmererwartungen sind im Vergleich zu denen in ähnlichen Betrieben offensichtlich überzogen, die Motivationsstruktur der Mitarbeiter kommt den Beeinflussungsversuchen entgegen, und die Unternehmer gehen in Vorbildfunktion mit gutem Beispiel voran. Von wem die Beeinflussung ausgehen soll, ist bei den Arbeitnehmern keine Frage, wohl aber bei den Betriebsinhabern. Bei ihnen fallen praktisch nur externe Instanzen in Betracht.

Größere Bedeutung kommt im betrieblichen Bereich der Erhöhung der AZ durch eine Verbesserung der Gegebenheiten zu. Sie scheint an folgende Voraussetzungen bzw. Bedingungen gebunden:

— Ziel- und anwendungsorientiertes Konzept

— Einbettung in den unternehmerischen Gesamtzusammenhang

— Betriebsindividuelles Vorgehen

— Setzung von Schwerpunkten

— Wahrung der Wirtschaftlichkeit des Betriebes.

Wird eine Steigerung der AZ in einem gegebenen Betrieb angestrebt, so ist die Erhebung der betriebsspezifischen Ausgangsdaten nach einem Vorgehen, das z. B. demjenigen in dieser Studie vergleichbar sein kann, unerläßlich. Die Verbesserungsmaßnahmen sind anschließend zweckmäßig bei denjenigen AZ-Faktoren anzusetzen, bei welchen sich ein besonders großer Unterschied zwischen der erklärten Bedeutung und der errechneten Bedeutung ergeben hat, und zwar in dem Sinne, daß sie als wichtig eingeschätzt werden, aber tatsächlich derzeit nur unterdurchschnittliche AZ-Beiträge erbringen.

In unserem Falle waren dies die Faktoren Anerkennung, Einkommen und Entwicklungsmöglichkeiten bei den gewerblichen Mitarbeitern sowie Arbeitsleistung, Organisation/Führung und ebenfalls Entwicklungsmöglichkeiten bei den Unternehmern.

Zu jedem dieser als Beispiele betrachteten Faktoren wurden einige Anregungen skizziert, auf welche Weise sie mit dem Ziel einer AZ-Steigerung durch geeignete betriebswirtschaftliche bzw. betriebliche Maßnahmen beeinflußt werden könnten. Dabei ergab sich für die Unternehmer wiederum das Problem der Träger dieser Maßnahmen.

Unsere Anregungen bewegten sich zwangsläufig auf dem Boden der Praxis gewerblicher Betriebe und haben notwendig fragmentarischen Charakter. Ausgeklammert blieb ein Problem, dessen sich jeder bewußt sein sollte, der praktische Steuerungsmaßnahmen auf diesem Gebiet plant, die unbequeme Möglichkeit nämlich, daß eine AZ-Erhöhung bei einem Faktor trotz der nachgewiesenen positiven Interkorrelationen zwischen den Faktoren (s. S. 203 f.) eine AZ-Abnahme bei einer anderen Determinante nach sich ziehen könnte, daß AZ-Steigerungen also möglicherweise ein „mixed blessing" (*Alderfer*, 1969, S. 418 ff.) darstellen.

Außer Zweifel steht aber die Chance, die Arbeitszufriedenheit durch gezielte Maßnahmen positiv zu beeinflussen, wobei sie durchaus nicht zwangsläufig mit erheblichen Aufwendungen verbunden sind. Als unzweifelhaft darf nach unseren empirischen Daten jedoch auch gelten, daß sich die im Gewerbe verbreitete Arbeitszufriedenheit (ermittelt am Beispiel der Holz- und der Metallbranche) im Quervergleich durchaus mit derjenigen in der Industrie zu messen vermag.

Wenn wir damit an den ersten Anstoß zu dieser Studie wieder anknüpfen (s. Vorwort), dürfen wir feststellen, daß eine allfällige Abwanderung qualifizierter Arbeitskräfte aus dem Gewerbe sich nicht pauschal mit AZ-Defiziten erklären läßt, eben weil die AZ derjenigen in großen Betrieben nicht nachsteht. Dieses Ergebnis verdient u. E. verbreitet zu werden, nicht zuletzt zur Vorbeugung gegen ungerechtfertigte Fluktuationsneigungen und zur Betonung der Attraktivität einer Betätigung im Gewerbe. Damit soll freilich kein einstimmiges Loblied auf diesen Wirtschaftsbereich angestimmt werden. Vielmehr ist einzuräumen, daß es hier wie in anderen Bereichen zweifellos Betriebe mit Mängeln gibt, die auf die AZ drücken können. Jedoch sind solche Erscheinungen nicht die Regel und daher betriebsindividuell anzugehen und abzustellen. Unsere Studie liefert zusätzlich zum Nachweis allgemein und auch im Quervergleich hoher AZ im Gewerbe ein Muster möglichen Vorgehens, wenn sich in einem gegebenen Betrieb eine Überprüfung der AZ aufdrängt. Postuliert haben wir dabei, die AZ nicht in den Dienst der Wirtschaftlichkeitssteigerung zu stellen, sie aber auch nicht unter Vernachlässigung des ökonomischen Prinzips zu fördern.

Literaturverzeichnis

Adams, J. S., 1963: Toward an understanding of inequity, in: Journal of Abnormal and Social Psychology, Bd. 67, S. 422 ff.

Adler, A., 1931: Menschenkenntnis, 4. Aufl., Leipzig

Adorno, Th. W., 1962: Zur Logik der Sozialwissenschaften, in: Kölner Zeitschrift für Soziologie und Sozialpsychologie, S. 249 ff.

— 1972: Soziologische Schriften I, Frankfurt a. M.

— 1973: Philosophische Terminologie, Bd. 1, Frankfurt a. M.

— *u. a.*, 1975: Empirische Sozialforschung, in: *Buck-Morß, Susan/Tiedemann*, R. (Hrsg.): Soziologische Schriften II, zweite Hälfte, Frankfurt a. M., S. 327 ff.

Albers, H.-J., 1977: Zufriedenheit in Arbeit und Ausbildung, Trier

Alderfer, C. P., 1969: Job enlargement and the organizational context, in: Personnel Psychology, S. 418 ff.

Alioth, A., 1978: Entwicklung und Einführung alternativer Arbeitsformen, Diss. St. Gallen, o. O.

Altimus, C. A./*Tersine*, R. J., 1973: Chronological age and job satisfaction: the young blue collar worker, in: Academy of Management Journal, Bd. 16, S. 53 ff.

Andreae, C.-A., *u. a.*, 1962: Der industrielle Mittelstand in der Wettbewerbsordnung, Köln/Berlin/Bonn/München

Argyris, C., 1964: Integrating the individual and the organization, New York

Arnold, W./*Eysenck*, H. J./*Meili*, R. (Hrsg.), 1971: Lexikon der Psychologie, 3 Bände, Freiburg i. Br./Basel/Wien

ASM Arbeitgeberverband schweizerischer Maschinen- und Metall-Industrieller (Hrsg.), 1975: Neue Arbeitsformen. Möglichkeiten und Voraussetzungen in der Maschinen- und Metallindustrie, Zürich

Atteslander, P., 1975: Methoden der empirischen Sozialforschung, 4. Aufl., Berlin/New York

Austeda, F., 1963: Philosophie der Arbeit, in: *Endres*, R./*Endres*, Stephanie (Hrsg.): Die Arbeit, Wien/München/Zürich, S. 35 ff.

Bahrdt, H. P., 1962: Die Angestellten, in: *Feuersenger*, M. (Hrsg.): Gibt es noch ein Proletariat?, Frankfurt/Main

Ballerstedt, E., *u. a.*: 1975: Soziologischer Almanach, Frankfurt/New York

Balz, F., 1963: Arbeit und Spiel, in: *Endres*, R./*Endres*, Stephanie (Hrsg.): Die Arbeit, Wien/München/Zürich, S. 364 ff.

Barbash, J., 1976: Job satisfaction attitudes surveys. OECD Industrial relations programme, Paris

Basler Versicherungsgruppe (Hrsg.), 1978: Interview mit der Menschheit, Basel

Bass, B. M., 1968: Organizational psychology, Boston Illinois (3. Druck)

Bayerisches Staatsministerium für Arbeit und Sozialordnung (Hrsg.), 1976: Wo drückt uns der Schuh? Arbeitnehmer in Bayern beurteilen ihre Arbeitswelt, München

Beckermann, Th., 1978: Das Handwerk als Stabilisator am Arbeitsmarkt, in: Unterlagen zu den „Rencontres de St-Gall", St. Gallen

Beer, M., 1964: Organizational size and job satisfaction, in: Journal of the Academy of Management, March, S. 34

Berekoven, L., *u. a.*, 1975: Zur Genauigkeit mündlicher Befragungen in der Sozialforschung, Bern/Frankfurt a. M.

Bernberg, R. E., 1954: Socio-psychological factors in industrial morale: relation of age to morale, in: Personnel Psychology, Bd. 7, S. 393 ff.

Bisani, F./*Remer*, A./*Wunderer*, R., 1976: Mehr Freude am Arbeitsplatz, in: Manager Magazin, Heft 9, S. 102 ff.

Blatter, S., 1976: Genormte Tage, verschüttete Zeit, Frankfurt a. M.

Blauner, R., 1964: Alienation and freedom, Chicago Illinois

— 1966: Work satisfaction and industrial trends in modern society, in: *Bendix*, R./*Lipset*, S. M. (Hrsg.): Class, status and power, London

Blood, M. R./*Hulin*, Ch. L., 1967: Alienation, environmental characteristics, and worker responses, in: Journal of Applied Psychology, Nr. 3, S. 284 ff.

Bluestone, I., 1977: Creating a new world of work, in: International Labour Review, Nr. 1, S. 1 ff.

Blum, M. L./*Naylor*, J. C., 1968: Industrial psychology, New York/Evanston/London/Tokyo

Bockman, V. M., 1971: The Herzberg controversy, in: Personnel Psychology, S. 155 ff.

Böckmann, W., 1978: Der Antrieb muß von innen kommen, in: Manager Magazin, Nr. 7, S. 57 ff.

Böhrs, H., 1973: Arbeit, in: Handwörterbuch der Organisation, Stuttgart, Sp. Nr. 85 ff.

Börner, D., 1969: Lohngerechtigkeit in betriebswirtschaftlicher Sicht, in: *Gaugler*, E. (Hrsg.): Verantwortliche Betriebsführung, Stuttgart

Bolton, J. E., *u. a.*, 1972: Small firms. Report of the Committee of Inquiry on Small Firms (Bolton Report), London

Bosse, L. (Hrsg.), 1976: Zufriedenheit mit dem Arbeitsplatz, Pressemitteilung des Österreichischen Statistischen Zentralamtes, Wien, vom 1. April

Bowers, D. G./*Franklin*, J. L., 1977: American work values and preferences, in: University of Michigan Business Review, Nr. 2, S. 14 ff.

Bräker, U., 1780: Gerichtsnacht, bearb. von J. *Engel-Denis*, St. Gallen, 1977

Brauchlin, E., 1973: Der Dienstweg, Bern/Stuttgart

— 1977: Brevier der betriebswirtschaftlichen Entscheidungslehre, Bern/Stuttgart

— 1978: Problemlösungs- und Entscheidungsmethodik, Bern/Stuttgart

— 1979: Allgemeine Unternehmungslehre und Entscheidungsmethodik, 3. Teil (Skriptum der Hochschule St. Gallen)

Braun, S., *u. a.*, 1955: Arbeiter, Management, Mitbestimmung, Stuttgart/Düsseldorf

Brayfield, A. H./*Crockett*, W. H., 1955: Employee attitudes and employee performance, in: Psychological Bulletin, Bd. 52, September, S. 396 ff.

Brayfield, A. H./*Rothe*, H. F., 1951: An index of job satisfaction, in: Journal of Applied Psychology, Bd. 35, S. 307 ff.

Brayfield, A. H./*Wells*, R. V./*Strate*, N. W., 1957: Interrelationships among measures of job satisfaction and general satisfaction, in: Journal of Applied Psychology, S. 201 ff.

Bruggemann, Agnes/*Groskurth*, P./*Ulich*, E. 1975: Arbeitszufriedenheit, Bern

Bruggemann, Agnes/*Mohr*, A., 1973: Planung und Realisierung des Personaleinsatzes in einem neu errichteten Betrieb, Bonn-Bad Godesberg (unveröffentlichter Forschungsbericht der Friedrich-Ebert-Stiftung)

Bruun, O./*Sørensen*, P. /*Ravn*, N., 1979: Dänische Unternehmer, in: Internationales Gewerbearchiv, Heft 1, S. 17 ff.

Bullock, R. P., 1952: Social factors related to job satisfaction. A technique for the measurement of job satisfaction, Columbus Ohio

Bundesministerium für Wirtschaft (Hrsg.), 1976: Mittelstand, Leistung und Wettbewerb, Mittelstandsfibel 1976, Bonn-Duisdorf

Bunz, A. R./*Jansen*, R./*Schacht*, K., 1974: Qualität des Arbeitslebens, soziale Kennziffern zu Arbeitszufriedenheit und Berufschancen, bearbeitet im Auftrage des Bundesministers für Arbeit und Sozialordnung durch das Infas, Bonn

Bureau International du Travail, 1979: Les nouvelles formes d'organisation du travail, Bd. 1: Danemark, Norvège, Suède, République fédérale d'Allemagne, France, Royaume-Uni, Etats-Unis; Bd. 2: Italie, Inde, République démocratique allemande, URSS. Evaluation de l'intérêt des nouvelles formes d'organisation du travail, Genève

Busch, W., 1941: Niemals, in: Schein und Sein, Leipzig

Campbell, J. P./*Dunnette*, M. D./*Lawler*, E. E. III/*Weick*, K. E. Jr., 1970: Managerial behavior, performance and effectiveness, New York

Caplan, R. D., *u. a.*, 1975: Job demands and worker health: Main effects and occupational differences, Ann Arbor Michigan

Caplow, Th., 1964: Principles of organization, New York

Carell, E., 1953: Arbeit, in: Handwörterbuch der Sozialwissenschaften, 5. Lieferung, Stuttgart/Tübingen/Göttingen, S. 229 ff.

Carl-Backhaus-Stiftung (Hrsg.), 1976: Menschengerechte Arbeitsbedingungen in der betrieblichen Praxis: Modelle humaner Arbeitsgestaltung, Ahrensburg

Carnap, R., 1948: Introduction to semantics, 3. Aufl., Cambridge Massachusetts

Cattell, R. B., 1973: Die empirische Erforschung der Persönlichkeit, Weinheim

Chadwick-Jones, J. K., 1969: Automation and behavior, New York

Champagne, J. E./*King*, D. C., 1967: Job satisfaction factors among underprivileged workers, in: Personnel and Guidance Journal, S. 429 ff.

Chein, I., 1972: Einführung in das Stichprobenverfahren, in: *Selltiz*, Claire, *u. a.*: Untersuchungsmethoden der Sozialforschung, Teil II, Neuwied/Darmstadt, S. 325 ff.

Cherns, A., 1978: Perspectives on the quality of working life, in: International Studies of Management and Organization, S. 38 ff.

Churchman, C. W., 1973: Philosophie des Managements, Freiburg i. Br. (Original: Challenge to reason, 1968)

Clement, W./*Chini*, L. W., 1976: Entwicklungsstand der Personalplanung in der Industrie und im Großgewerbe Österreichs, Wien

Cohen, P., 1978: Peter Cohen über falsches Lob, in: bilanz, Nr. 5, S. 44

Conze, W., 1972: Arbeit, in: *Brunner*, O./*Conze*, W./*Koselleck*, R. (Hrsg.): Geschichtliche Grundbegriffe, Bd. I, Stuttgart, S. 154 ff.

Cooper, G. L./*Mumford*, E. (Hrsg.), 1978: The quality of working life in Western and Eastern Europe, London

Cooper, M. R., *u. a.*, 1979: Changing employee values: deepening discontent?, in: Harvard Business Review, Bd. 57, Nr. 1, S. 117 ff.

Crites, J. O., 1969: Vocational psychology. The study of vocational behavior, New York

Cummings, L. L./*El Salmi*, A. M., 1970: The impact of role diversity, job level, and organizational size on managerial satisfaction, in: Administrative Science Quarterly, Bd. 15, S. 1 ff.

Dachler, H. P./*Wilpert*, B., 1978: Conceptual dimensions and boundaries of participation in organizations: a critical evaluation, in: Administrative Science Quarterly, Nr. 1, S. 1 ff.

Daheim, H., 1969: Soziologie der Berufe, in: *König*, R. (Hrsg.): Handbuch der Empirischen Sozialforschung, II. Bd., Stuttgart, S. 358 ff.

Dahrendorf, R., 1959: Sozialstruktur des Betriebes, Wiesbaden

Dalton, G. W./*Lawrence*, P. R., 1971: Motivation and control in organizations, Homewood Illinois/Georgetown Ontario

Davis, L. E., 1957: Job design and productivity: A new approach, in: Personnel, Bd. 33, S. 418 ff.

— 1971: Job satisfaction research: The post-industrial view, in: Industrial Relations, Heft 2, S. 176 ff.

— 1977: Enhancing the quality of working life: Developments in the United States, in: International Labour Review, Nr. 1, S. 53 ff.

Dawis, R. V./*England*, G. W./*Lofquist*, L. H., 1964: A theory of work adjustment, Bulletin 38 des Industrial Relations Center, University of Minnesota, Minneapolis Minnesota

Deckert, R., *u. a.*, 1979: Das Management in Klein- und Mittelbetrieben, Köln

Deeks, J., 1976: The small firm owner-manager. Entrepreneurial behaviour and management practice, New York/London

Department of Employment (Hrsg.), 1975: Informationsbroschüre über die Work Research Unit, London

Deutsche Verlags-Anstalt (Hrsg.), 1976: Der menschenwürdige Arbeitsplatz — eine Aufforderung fürs Handwerk? Eine Diskussion, Sonderdruck, Stuttgart

Deutscher Gewerkschaftsbund (Hrsg.), 1978: Menschengerechte Arbeitsgestaltung, Köln

Deutsches Handwerksblatt, 1974: 87 % mit Arbeitsplatz zufrieden, in Heft 1, S. 31

— 1979: Berufswahl ohne Reue, Jungmeisterbefragung, in Heft 3, S. 76

Deutsches Wirtschaftsblatt, 1977: Arbeitsplatztreue, in Nr. 17 vom 8. September, S. 1

Dichter, E., 1977: Interview „Revolution auf leisen Sohlen“, in: Wirtschaftswoche, Nr. 19 vom 29. April, S. 70

Dickson, P., 1977: Work revolution, London

Dornseiff, F., 1959: Der deutsche Wortschatz nach Sachgruppen, Berlin

Drechsler, W., 1976: Konsequente Vermögenspolitik: Aktien für alle und Beteiligungen für Mitarbeiter, Stuttgart

Dubislav, W., 1931: Die Definition, 3. Aufl., Berlin

Duden: Großer Duden, 1970, Band 10: Bedeutungswörterbuch, Mannheim

— Das große Wörterbuch der deutschen Sprache in 6 Bänden, ab 1976, Mannheim

Dunnette, M. D./*Campbell*, J. P./*Hakel*, M. D., 1967: Factors contributing to job satisfaction and job dissatisfaction in six occupational groups, in: Organizational Behavior and Human Performance, Nr. 2, S. 143 ff.

Eidg. Statistisches Amt (Hrsg.), 1969: Industriestatistik vom September 1968, in: Die Volkswirtschaft, Heft 12, S. 600

— 1976: Statistisches Jahrbuch der Schweiz, Basel

— 1977: Eidgenössische Betriebszählung 1975, Bd. 1, Bern

Einstein, A., 1972: Mein Weltbild, Frankfurt/Berlin/Wien

Emery, F./*Phillips*, C., 1976: Living at work, Canberra

EMNID-Institut, 1974: Repräsentativ-Befragung zum Ansehen der Unternehmer, zitiert in: Deutsches Handwerksblatt, 1977, Heft 7, S. II f.

Endres, R., 1963: Die materielle Kultur der Geschichtslosen, in: *Endres*, R./*Endres*, Stephanie (Hrsg.): Die Arbeit, Wien/München/Zürich, S. 9 ff.

Engelhardt, G. v./*Lück*, H. E., 1973: Aspekte der Arbeitszufriedenheit von Lehrern verschiedener schulischer Bereiche, in: Psychologie in Erziehung und Unterricht, Bd. 20, S. 113 ff.

Engels, W. (Hrsg.), 1978: Neue Wege in der Arbeitswelt, Frankfurt/New York

Erbslöh, E., 1972: Interview, Stuttgart

Eßler, W. K., 1970: Wissenschaftstheorie I, Definition und Reduktion, Freiburg i. Br.

Evans, M. G., 1969: Conceptual and operational problems in the measurement of various aspects of job satisfaction, in: Journal of Applied Psychology, Bd. 53, S. 93 ff.

Ferber, Chr. von, 1959: Arbeitsfreude, Wirklichkeit und Ideologie, Stuttgart

Feyerabend, P. K., 1964: Über konservative Züge in den Wissenschaften ... und ihre Beseitigung, in: *Szczesny*, G. (Hrsg.): Club Voltaire, Jahrbuch für kritische Aufklärung I, 2. Aufl., München, S. 280 ff.

Fischer, L./*Lück*, H. E., 1972: Entwicklung einer Skala zur Messung von AZ (SAZ), in: Psychologie und Praxis, S. 64 ff.

Fischer, O., 1968: Das Gewerbe und seine Organisationen, in: *Schweizerischer Gewerbeverband* (Hrsg.): Das Gewerbe in der Schweiz, Bern, S. 10 ff.

— 1976: Der Schweizerische Gewerbeverband, in: Bulletin der Schweizerischen Kreditanstalt, Juli, S. 16

Fischer, R., 1977: Die Arbeitswelt im Urteil von Arbeitnehmern, in: Personal, Nr. 1, S. 13 ff.

Florio, M. R., 1971 und 1972: Was ist Arbeit?, in: Industrielle Organisation, Nr. 8/1971, S. 343 ff., Nr. 12/1971, S. 565 ff., und Nr. 1/1972, S. 30 ff.

Foa, U. G., 1976: Relation of worker's expectation to satisfaction with supervisor, in: *Gruneberg*, M. M. (Hrsg.): Job satisfaction — A Reader, London/Basingstoke, S. 109 ff.

Ford, R. N., 1969: Motivation through the work itself, New York

Form, W./*Geschwender*, J. A., 1962: Social reference basis of job satisfaction: The case of manual workers, in: American Sociological Review, Bd. 27, S. 228 ff.

Forster, W., 1978: Das Konzept und die Dimensionen des Organisationsklimas, Diss. HSG, Zürich

Fourastié, J., 1977: Les sciences économiques, leurs limites et leurs conséquences, Vortrag an der Hochschule St. Gallen vom 27. April

Frankfurter Allgemeine Zeitung, 1977: Wo beim Job der Schuh drückt, in: Nr. 211 vom 12. September, S. 12

Freilinger, Chr./*Meinelmayr*, H., 1978: Berufszufriedenheit und Persönlichkeitsstruktur. Empirische Daten zur Führungslehre, in: Management heute, Nr. 4, S. 14 f.

French, J. R. P./*Roß*, I. C./*Kirgy*, S., 1958: Employee participation in a program of industrial change, in: Personnel, Bd. 35, S. 16 ff.

Friedeburg, L. von, 1963: Soziologie des Betriebsklimas, Studien zur Deutung empirischer Untersuchungen in industriellen Großbetrieben, Frankfurt/Main

— 1966: Soziologie des Betriebsklimas, in: Frankfurter Beiträge zur Soziologie, Frankfurt/Main

Friedmann, G., 1956: Le travail en miettes, spécialisation et loisirs, Paris

Friedmann, P./*Schmahl*, K., 1979: Rationalisierung durch Humanisierung? Ziele, Bedingungen und Auswirkungen der Einführung von „teilautonomen Gruppen" unter besonderer Berücksichtigung der Qualifikationen der betroffenen Arbeitskräfte, Köln

Friedrichs, J., 1973: Methoden empirischer Sozialforschung, Reinbek

Frisch, M., 1967: Biografie: Ein Spiel, Frankfurt am Main

— 1976: Von den Möglichkeiten zum Frieden, in: Frankfurter Allgemeine Zeitung, Nr. 210 vom 20. September, S. 5 f.

Fritschi, P./*Meyer*, Ruth/*Schweizer*, W., 1976: Ein neuer Stichprobenplan für ein gesamtschweizerisches Sample, in: Schweizerische Zeitschrift für Soziologie, Nr. 3, S. 149 ff.

Fürstenberg, F., 1964: Grundfragen der Betriebssoziologie, Köln/Opladen

— 1969: Die Soziallage der Chemiearbeiter, industrie-soziologische Untersuchungen in rationalisierten und automatisierten Chemiebetrieben, Neuwied/Berlin

Gablers Wirtschafts-Lexikon, 1976, 9. Aufl., 6 Bände, Wiesbaden

Gaitanides, M., 1976: Industrielle Arbeitsorganisation und technische Entwicklung. Produktionstechnische Möglichkeiten qualitativer Verbesserungen der Arbeitsbedingungen, Berlin/New York

Gallup Opinion Index, 1973: Job satisfaction and productivity, Princeton New Jersey

Galtung, J., 1967: Theory and methods of social research, Oslo

Gasser, Chr., 1952: Die optimale Organisationsstruktur, in: Industrielle Organisation, Nr. 12, S. 325 ff.

— 1979: Unternehmer? — Ja, Unternehmer!, in: HSG-Information, Nr. 3, S. 4

Gaugler, E./*Kolb*, M./*Ling*, B., 1977: Humanisierung der Arbeitswelt und Produktivität. Literaturanalyse, praktizierte Beispiele, Empfehlungen für die Praxis, Ludwigshafen/Rhein

Gaugler, E./*Martin*, A., 1979: Personalunterschiede bei Klein-, Mittel- und Großbetrieben, in: Personal, Heft 1

Geist, H., 1963: Work satisfaction and scores on a picture interest inventory, in: Journal of Applied Psychology, Nr. 6, S. 369 ff.

Gellerman, S., 1972: Motivation und Leistung, Düsseldorf

Gellert, Chr. F., o. J.: Geistliche Oden und Lieder, in: Fabeln und Erzählungen, Berlin

Gibson, J. L./*Klein*, St. M., 1970: Employee attitudes as a function of age and lenght of service: a reconceptualization, in: Academy of Management Journal, Nr. 4, S. 411 ff.

Glaser, E., 1978: Productivity gains through worklife improvement, London

Gluskinos, U. M./*Kestelman*, B. J., 1971: Management and labor leaders' perception of workers needs as compared with self-reported needs, in: Personnel Psychology, Nr. 24

Götte, M., 1962: Betriebklima, Göttingen

Gohl, J. (Hrsg.), 1977: Arbeit im Konflikt. Probleme der Humanisierungsdebatte, München

Golas, H. G., 1976: Der Mitarbeiter, Essen

Goldmann, R. B., 1975: Work values, six Americans in a Swedish plant, vervielfältigter Bericht, Ithaca New York

Goldthorpe, J., *u. a.*, 1968: The affluent worker: industrial attitudes and behaviour, Cambridge GB

Gorb, P., 1978: Small firms' big realities, in: Management Today, February, S. 62 ff.

Gottlieb-Duttweiler-Institut (Hrsg.), 1978: Humanisierung des Arbeitslebens, Rüschlikon

Gottschall, D., 1977: Die Utopie vom gerechten Lohn, in: Manager Magazin, Nr. 11, S. 49 ff.

— 1978: Der Chef stellt sich, in: Manager Magazin, Nr. 5, S. 42 ff.

Graf, O., 1956: Arbeit, in: Handwörterbuch der Betriebswirtschaft, 3. Aufl., Bd. I, Stuttgart, Sp. 155 ff.

Graudenz, W., 1977: Wie beliebt ist der deutsche Unternehmer?, in: Stern, Nr. 7 vom 3. Februar, S. 82 ff.

Grass, G., 1977: Der Butt, Darmstadt/Neuwied

Grimm, J./*Grimm*, W., 1914: Deutsches Wörterbuch, 16. Band, hrsg. von G. *Rosenhagen*, Leipzig

Grimms Märchen, hrsg. von *Helbling*, C., o. J. (ca. 1950): Von dem Fischer un syner Fru, 1. Band, Zürich

Groskurth, P., 1974: Arbeitszufriedenheit als normatives Problem, in: Arbeit und Leistung, Nr. 11, S. 285 ff.

Gruneberg, M. M. (Hrsg.), 1976: Job satisfaction — a reader, London/Basingstoke

Guba, E. G., 1958/59: Morale and satisfaction: A study in past-future time perspective, in: Administrative Science Quarterly, Bd. 3, S. 195 ff.

Güttinger, H., 1979: Der Einsatz von EDV im Mittel- und Kleinbetrieb, in: *Schweizerisches Institut für gewerbliche Wirtschaft* (Hrsg.): Instituts-Mitteilungen, Nr. 39, S. 2 ff.

Guion, R. M., 1958: The problem of terminology, in: Personnel Psychology, S. 59 ff.

Gurin, G./*Veroff*, J./*Feld*, Sheila, 1960: Americans view their mental health (a nationwide interview survey), New York

Guski, H. C./*Schneider*, H. J., 1977: Betriebliche Vermögensbildung in der Bundesrepublik Deutschland, Köln

Gutenberg, E., 1976: Grundlagen der Betriebswirtschaftslehre, 1. Bd., 22. Aufl., Berlin/Heidelberg/New York

Gutersohn, A., 1969: Wandlungen in der Struktur der Gewerbebetriebe, in: *Ulrich*, H./*Ganz-Keppeler*, Vera (Hrsg.): Strukturwandlungen der Unternehmung, Berlin/Stuttgart, S. 123 ff.

— 1977: Das Gewerbe in der freien Marktwirtschaft, Bd. I, 2. Aufl., Berlin/München/St. Gallen

Hänni, R., 1973: Anmutungsqualität, in: Lexikon der Psychologie, 1. Bd., Freiburg/Basel/Wien, Sp. 111 f.

Hagen, E. K., 1973: Arbeitsmotive von Gastarbeitern. Ergebnisse einer Befragung schweizerischer und italienischer Arbeitskräfte in der Schweiz, Diss. St. Gallen, Bissingen

Haller Gilmer, B. von, 1961: Industrial Psychology, New York

Hamann, F., 1972: Beitrag zur arbeitswissenschaftlichen Bewertung manueller Fließarbeit in der elektrotechnischen Industrie, Diss. Darmstadt

Handyside, J. D., 1961: Satisfactions and aspirations, in: Occupational Psychology, Bd. 35, S. 213 ff.

Hansen, J., 1975: Reaktionen der Arbeitnehmer auf neue Formen und Bedingungen von Arbeit, in: *Gottlieb Duttweiler Institut* (Hrsg.): Arbeiten ohne Fließband, Brennpunkte, Zürich/Stuttgart, S. 117 ff.

Hartmann, H., 1970: Empirische Sozialforschung, München

Harvey, R. A./*Smith*, R. D., 1972: Need satisfaction in retail management: An empirical study, in: Journal of Retailing, Nr. 3, S. 89 ff.

Hasenack, W., 1977: Arbeitshumanisierung und Betriebswirtschaft, Fließband im Wettbewerb, München/Berlin

Hax, K., 1978: Buchbesprechung zu *Hasenack*, W., 1977: Arbeitshumanisierung und Betriebswirtschaft, Fließband und Gruppenarbeit im Wettbewerb, in: Schmalenbachs Zeitschrift für betriebswirtschaftliche Forschung, Heft 1, S. 94.

Heckert, St., 1977: Arbeitsstrukturierung in der Kleinserienmontage — ein Beitrag zur humanen Arbeitswelt, in: Betriebswirtschaftliche Forschung und Praxis, Heft 5, S. 395

Heiberg, G., 1978: Personalführung in Krisenzeiten, Vortrag am Internationalen Management Symposium an der HSG, vom 24. Mai, St. Gallen

Heinrich, W., 1949: Definition „Gewerbe“, in: *Schweiz. Institut für gewerbliche Wirtschaft* (Hrsg.): Protokoll der Rencontres de St-Gall, St. Gallen, S. 29

— 1967: Die Klein- und Mittelbetriebe und das Problem der Konzentrationen, in: Gewerbliche Rundschau, Heft 4, S. 3 ff.

— 1977: Gewerbewissenschaft und Wirtschaftspolitik, in: *Institut für Gewerbeforschung* (Hrsg.): Neue Grundlagen der Gewerbepolitik, Wien, S. 17 ff.

Heller, R., 1973: Manager m.b.H., Hamburg (Original: The Naked Manager, 1972)

Hengst, M., 1967: Einführung in die mathematische Statistik und ihre Anwendung, Mannheim

Herrmann, Th., 1972: Lehrbuch der empirischen Persönlichkeitsforschung, 2. Aufl., Göttingen

Hertog, F. J. den, 1977: Humanisierung des Arbeitsplatzes, Bern

— 1978: Arbeitsstrukturierung. Experimente aus Holland, Bern/Stuttgart/Wien

Herzberg, F., 1968 a: Work and the nature of man, London

— 1968 b: One more time: How do you motivate employees?, in: Harvard Business Review, Nr. 1, S. 53 ff.

— 1957: Job attitudes: Review of research and opinion, in: Psychological Service of Pittsburgh, Pittsburgh Pennsylvania

Herzberg, F./*Mausner*, B./*Snyderman*, Barbara, 1967: The motivation to work, 2. Aufl., New York

Hess, W., 1976: Die Mitbestimmung als ein Instrument zur Humanisierung der Arbeitswelt, in: Neue Zürcher Zeitung, Nr. 61 vom 13./14. März, S. 17 f.

Hettinger, Th., 1975: Humanisierung der Arbeit. Die Anwendung der Arbeitswissenschaft in der betrieblichen Praxis, Köln

Heyne, M., 1905: Deutsches Wörterbuch, 1. Bd., 2. Aufl., Leipzig

Hewitt, D./*Parfit*, J., 1953: A note on working morale and size of group, in: Occupational Psychology, Bd. 27, S. 38 ff.

Hill, W., 1977: Arbeitsmotivation und Arbeitsgestaltung, in: Unternehmung, Nr. 2, S. 109 ff.

Hill, W./*Fehlbaum*, R./*Ulrich*, P., 1974: Organisationslehre, Bd. I, Bern/Stuttgart

Hillmann, G., 1970: Die Befreiung der Arbeit, Reinbek

Höfner, Eleonore, 1975: Persönlichkeitsstruktur und Arbeitszufriedenheit. Eine Untersuchung an mittleren Führungskräften, München

Hofstaetter, W./*Peters*, U., 1930: Sachwörterbuch der Deutschkunde, Leipzig/Berlin

Hofstede, G., 1976: The importance of being Dutch. National and occupational differences in work goal importance, in: International Studies of Management and Organization, Bd. 5, Nr. 4, S. 5 ff. (Original: Nationaliteits- en beroepsverschillen in werkorientatie, in: *Drenth*, P. J. D./*Willems*, P. J./ *Wolff*, Ch. J. de (Hrsg.): Arbeids- en Organisatiepsychologie, Deventer 1973)

— 1977: Humanization of work: The role of values in a Third Industrial Revolution, Brussels

Hollingsworth, A. T./*Hand*, H. H., 1976: Educational guidelines for successful black, withe and Cuban entrepreneurs, in: Journal of Small Business Management, Bd. 14, S. 31 ff.

Homans, G. C., 1968: Elementarformen sozialen Verhaltens, Köln/Opladen (Original: Social behavior: Its elementary forms, 1961)

Hoppe, F., 1930: Erfolg und Mißerfolg, in: Psychologische Forschung, Bd. 14, S. 1 ff.

Hoppock, R., 1935: Job satisfaction, New York/London

Hort, W., 1931: Arbeit und Potential, in: Handwörterbuch der Naturwissenschaften, 2. Aufl., 1. Bd., Jena

Hruschka, E., 1976: Wettbewerbschancen für Klein- und Mittelbetriebe. Ein Katalog betriebswirtschaftlicher Förderungsmaßnahmen, Stuttgart

Hubert, T., 1975: Cats, hats and mercenaries, in: International Management Development, Heft 3, S. 2 f.

Hugentobler, W., 1976: Personalführung im Klein- und Mittelbetrieb, Diss. Zürich, Bern

Hulin, C. L., 1968: Effects of changes in job satisfaction levels on employee turnover, in: Journal of Applied Psychology, S. 122 ff.

Hulin, C. L./*Smith*, Patricia C., 1965: A linear model of job satisfaction, in: Journal of Applied Psychology, Nr. 3, S. 209 ff.

Hungenberg, W., 1979: Humanisierung der Arbeit ist mehr als ein Schlagwort,

Ilien, A./*Jeggle*, U., 1978: Leben auf dem Dorf. Zur Sozialgeschichte des Dorfes und Sozialpsychologie seiner Bewohner, Opladen

Im Oberdorf, B., 1979: Humanisierung der Arbeitswelt — ein Organisationsproblem, Diss. Zürich

Indik, B. P., 1963: Some effects of organization size on member attitudes and behaviour, in: Human Relations, Bd. 16, S. 369 ff.

Institut der deutschen Wirtschaft (Hrsg.), 1976: Die Humanisierung. Industriearbeit im Wandel, Köln

Institut für Demoskopie, 1976: Untersuchung zum Ansehen der Unternehmer, zitiert in: Deutsches Handwerksblatt, 1977, Heft 4, S. II f.

— 1977: Was die Deutschen von Arbeitskampf, Arbeitszeitverkürzung und von der Kritik der Gewerkschaften an der Bundesregierung halten, in: Stern, Nr. 5 vom 20. Januar, S. 46 ff.

Institut für Sozial- und Arbeitsmedizin, 1978: Streß macht herzkrank (Bericht über Untersuchung durch Stiftung Volkswagenwerk), in: Neue Zürcher Zeitung, Nr. 14 vom 18. Januar, S. 56

International Council for the Quality of Working Life (Hrsg.), 1979: Working on the quality of working life. Developments in Europe, den Haag

International Labour Office (Hrsg.), 1978: Bibliography on major aspects of the humanisation of work and the quality of working life, 2. Aufl., Genf

— 1979: New forms of work organisation, Bd. 1: Case studies from seven industrialised countries: Denmark, Norway, Sweden, France, Federal Republic of Germany, United Kingdom, United States, Genf

Jantke, C., 1953: Bergmann und Zeche, Tübingen

Jenkins, D., 1978: The West German humanization of work program. A preliminary assessment, London

Jevons, W. St., 1871: Theory of political economy, zitiert bei *Heinrich*, W., *u. a.*, 1969: Othmar Spann, Gesamtausgabe, Bd. 2: Die Haupttheorien der Volkswirtschaftslehre auf lehrgeschichtlicher Grundlage, Graz

Johnston, Ruth, 1975: Rémunération et satisfaction dans le travail. Quelques résultats d'enquêtes, in: Revue internationale du travail, Nr. 5, S. 483 ff.

Kahn, R. L., 1972: The meaning of work: Interpretations and proposals for measurement, in: *Campbell*, A./*Converse*, Ph. E. (Hrsg.): The human meaning of social change, New York, S. 159 ff.

Katz, D., *u. a.*, 1951: Productivity supervision and morale among railroad workers, Ann Arbor Michigan

Katz, D./*Maccoby*, N./*Morse*, Nancy C., 1950: Productivity, supervision, and morale in an office situation, Ann Arbor Michigan

Kaufmann, F. X., 1973: Sicherheit als soziologisches und sozialpolitisches Problem. Untersuchungen zu einer Wertidee hochdifferenzierter Gesellschaften, 2. Aufl., Stuttgart

Kaufmann, H., 1962: Task performance, expected performance, and responses to failures as functions of imbalance in the self-concept, Philadelphia Pennsylvania (unveröffentlichte Dissertation)

Keil, G./*Oster*, A. (Hrsg.), 1976: Humanisierung des Arbeitslebens, Bad Honnef/Rhein

Kellerer, H., 1963: Theorie und Technik des Stichprobeverfahrens, 3. Aufl., München

— 1965: Statistik im modernen Wirtschafts- und Sozialleben, Reinbek bei Hamburg

Kennedy, J. E./*O'Neill*, H. E., 1958: Job content and workers' opinions, in: Journal of Applied Psychology, Bd. 42, S. 372 ff.

Kern, H./*Schumann*, M., 1973: Industriearbeit und Arbeiterbewußtsein, Forschungsprojekt des RKW, Teile 1 und 2, 2. Aufl., Frankfurt/Main

Kerr, W. A., 1947: Labor turnover and its correlates, in: Journal of Applied Psychology, Bd. 31, S. 366 ff.

— 1948: On validity and reliability of the job satisfaction tear ballot, in: Journal of Applied Psychology, Nr. 3, S. 275 ff.

Kilgus, E., 1973: Grundlagen der Unternehmungsführung im Gewerbe, 2. Aufl., Bern

Killingsworth, J. S. M., 1974: Sources of work satisfaction in Australia, in: Australian Psychologist, Nr. 2, S. 126 ff.

King, N., 1970: Clarification and evaluation of the two-factor theory of job satisfaction, in: Psychological Bulletin, Nr. 1, S. 18 ff.

Klee, J./*Brändle*, R., 1973: Grundlagen der modernen Unternehmensführung, Frankfurt/New York

Klein-Blenkers, F., 1978: Zum Einsatz von Führungspersonal in mittelständischen Betrieben. Ergebnisse einer empirischen Analyse, in: Informationen zur Mittelstandsforschung, Nr. 30, S. 3 ff.

Kleppe, Th. S., 1975: The role of the Small Business Administration in enterprise development, in: *The Center for Venture Management* (Hrsg.): Entrepreneurship and enterprise development, Milwaukee Wisconsin, S. 471 ff.

Kluge, F., 1934: Etymologisches Wörterbuch der deutschen Sprache, 11. Aufl., Berlin/Leipzig (bearb. von Alfred *Götze*)

Knaurs Lexikon, 1974, München/Zürich

Knöchel, Doris, o. J.: Zur Entwicklung der Unternehmensgrößenstrukturen in der Wirtschaft, Studie des Instituts für Mittelstandsforschung im Auftrage des Bundesministers für Wirtschaft, Köln

Koch, H., 1976: Zur Frage der Konzeption der betriebswirtschaftlichen Theorie, in: Schmalenbachs Zeitschrift für betriebswirtschaftliche Forschung und Praxis, Heft 12, S. 805 ff.

Korch, H., *u. a.*, 1972: Die wissenschaftliche Hypothese, Berlin (Ost)

Korman, A. K., 1968: Task success, task popularity, and self-esteem as influences on task liking, in: Journal of Applied Psychology, Bd. 52, S. 484 ff.

Kornhauser, A., 1965: Mental health of the industrial worker, New York

Kosiol, E., 1966: Die Unternehmung als wirtschaftliches Aktionszentrum, Reinbek bei Hamburg

Kovach, K. A., 1976: Organization size as related to job satisfaction, absenteeism and turnover, Diss. an der University of Maryland, College Park Maryland

Kraus, W., 1979: Humanisierung der Arbeitswelt. Gestaltungsmöglichkeiten in Japan und in der Bundesrepublik Deutschland, Tübingen/Basel

Krech, D./*Crutchfield*, R. S., 1974: Grundlagen der Psychologie, Bd. 1, Weinheim/Basel (amerik. Original in 1. Auflage 1968)

Kreikebaum, H., 1977: Humanität der Arbeitswelt, in: Zeitschrift für Betriebswirtschaft, Nr. 8, S. 481 ff.

Kriz, J., 1973: Statistik in den Sozialwissenschaften, Reinbek bei Hamburg

Kubicek, H., 1976: Buchbesprechung zu *Churchman*, C. W., 1973: Philosophie des Managements, in: Schmalenbachs Zeitschrift für betriebswirtschaftliche Forschung, Heft 3, S. 181 ff.

— 1979: Dimensionen der Humanisierung des Arbeitslebens. Eine Analyse ausgewählter Buchveröffentlichungen unter besonderer Berücksichtigung betriebswirtschaftlicher Literatur, in: Die Betriebswirtschaft, 39. Jg./1979, Heft 4, S. 663 - 680.

Ladner, O., 1974: Job Enlargement im Bürobereich, in: Industrielle Organisation, Heft 1, S. 25 ff.

Laflamme, M., 1978: Dix approches pour humaniser et développer les organisations: Science du comportement et développement organisationnel, Paris

Langseth, P., 1979: Selbstgesteuerte Arbeitsgruppen als Mittel zur Auflösung von Demokratisierungsprozessen in einer norwegischen Bank. Diss. St. Gallen/Oslo

Larouche, V./*Lévesque*, A./*Delorme*, F., 1973: Satisfaction au travail: Problèmes associés à la mesure, in: Relations industrielles (Québec), Nr. 1, S. 76 ff.

Lattmann, Ch., 1971: Betriebliche Mitbestimmung. Arbeitszufriedenheit und Betriebsklima, in: *Institut für Betriebswirtschaft* (Hrsg.): Mitbestimmung in der Unternehmung, St. Gallen

— 1972: Das norwegische Modell der selbstgesteuerten Arbeitsgruppe, Bern

— 1974: Die Humanisierung der Arbeit und die Demokratisierung der Unternehmung, Bern/Stuttgart

— 1975: Die Leistungsbeurteilung als Führungsmittel, Bern/Stuttgart

Lawler, E., 1975: Joint planning teams improve management, in: ISR Newsletter, Nr. 3, S. 2 und 6

Lawler, E. E. III, 1976: Control systems in organizations, in: *Dunnette*, M. D. (Hrsg.): Handbook of industrial and organizational psychology, Chicago Illinois, S. 1247 ff.

— 1977: Motivierung in Organisationen, Bern/Stuttgart

Lawler, E. E./*Hall*, D. R., 1970: Relationship of job characteristics to job involvement, satisfaction and intrinsic motivation, in: Journal of Applied Psychology, Bd. 54, Nr. 4, S. 305 ff.

Lawler, E. E./*Porter*, L. W., 1967: Antecedent attitudes of effective managerial performance, in: Organizational Behavior and Human Performance, Nr. 2, 122 ff.

Lawrence, A. C., 1972: Individual differences in work motivation, in: Human Relations, Bd. 25, S. 327 ff.

Legge, Karen/*Mumford*, Enid, 1978: Designing organisations for satisfaction and efficiency, Farnborough/Hants

Lempert, W./*Thomssen*, W., 1974: Berufliche Erfahrung und gesellschaftliches Bewußtsein, Stuttgart

Leonard, S./*Weitz*, J., 1971: Task enjoyment and task perseverance in relation to task success and self-esteem, in: Journal of Applied Psychology, Bd. 55, S. 414 ff.

Lepsius, M. R., 1969: Strukturen und Wandlungen im Industriebetrieb, München

Lersch, Ph., 1970: Aufbau der Person, 11. Aufl., München

Levenstein, A., 1912: Die Arbeiterfrage, München

Levison, A., 1974: The working-class majority, New York

Lexikon der Psychologie, 1971: s. *Arnold*, W./*Eysenck*, H. J./*Meili*, R. (Hrsg.)

Ley, H., 1977: Mensch contra Arbeit, in: Neue Zürcher Zeitung, Nr. 270 vom 17. November, S. 50.

Likert, R., 1972: Neue Ansätze der Unternehmungsführung, Bern/Stuttgart (Original: New patterns of management, 1961)

Linde, H., 1967: Soziale Determinanten der Zufriedenheit. Ein Beitrag zur soziologischen Analyse von Zufriedenheitsäußerungen und -haltungen, in: *Jürgensen*, H. (Hrsg.): Jahrbuch für Sozialwissenschaft, Bd. 18, Göttingen, S. 32 ff.

Lindemann, P., 1975: Die Arbeitswelt von morgen, Stuttgart

— 1977: Entwicklungstendenzen für die Arbeitswelt von morgen, in: *Kresse*, W./*Alt*, W. (Hrsg.): Jahrbuch für Betriebswirte 1977, Stuttgart, S. 100 ff.

Lindner, T., 1977: Humanitätsprinzip versus Organisationsdynamik, Vortrag am Internationalen Management Symposium an der HSG vom 24. Mai, St. Gallen

Locke, E. A., 1965: The relationship of task success to task liking and satisfaction, in: Journal of Applied Psychology, Bd. 49, S. 379 ff.

— 1969: What is job satisfaction?, in: Organizational Behavior and Human Performance, Nr. 4, S. 309 ff.

— 1970: Job satisfaction and job performance: A theoretical analysis, in: Organizational Behavior and Human Performance, Nr. 5, S. 484 ff.

— 1973: The nature and consequences of job satisfaction, in: *Dunnette*, M. D. (Hrsg.): Handbook of industrial and organizational psychology, Skokie Illinois

Lyk, R. A., 1976: Positive Erfahrungen mit vermögenswirksamen Mitarbeiterbeteiligungen, in: Neue Zürcher Zeitung, Nr. 255 vom 30./31. Oktober, S. 35

MacKinney, A. C./*Wernimont*, P. F./*Galitz*, W. D., 1962: Has specialization reduced job satisfaction?, in: Personnel, S. 8 ff.

Macharzina, K., 1977: Neuere Entwicklungen in der Führungsforschung, in: Zeitschrift für Organisation, Nr. 1, S. 7 ff.

Manager Magazin (Hrsg.), 1973: Personal-Management: Führungsprofile, in Nr. 5, S. 69 ff.

Mank, P., 1977: Betriebswirtschaftliche Probleme einer Humanisierung der Arbeitswelt, Göttingen

Mann, F. C./*Williams*, L. K., 1962: Some effects of the changing work environment in the office, in: Journal of Social Issues, Bd. 18, S. 90 ff.

Marriott, R./*Denerley*, R. A., 1955: A method of interviewing used in studies of workers attitudes: II. Validity of the method and discussion of the results, in: Occupational Psychology, Bd. 29, S. 69 ff.

Marshall, Judy/*Cooper*, C. L., 1979: Work experiences of middle and senior managers: The pressure and satisfactions, in: Management International Review, Heft 1, S. 81 ff.

Maslow, A. H., 1978: Motivation und Persönlichkeit, 2. erw. Aufl., Olten (Original: Motivation and Personality, 1954)

Matthöfer, H., 1977: Humanisierung der Arbeit und Produktivität in der Industriegesellschaft, Köln/Frankfurt a. M.

Mayntz, Renate/*Holm*, K./*Hübner*, P., 1969: Einführung in die Methoden der empirischen Soziologie, Köln/Opladen

Mayo, E., 1933: The human problems of an industrial civilization, Boston Massachusetts

— 1945: The social problems of an industrial civilization, Boston Massachusetts

McMurray, R. N., 1962: Mental illness: Society's and industry's six billion dollar burden, in: Personnel Administration, Bd. 25, S. 4 ff.

Meier, B., 1976: Die Humanisierung. Industriearbeit im Wandel, Köln

— 1979: Humanisierung der Arbeit in der Sozialen Marktwirtschaft, Köln

Mellerowicz, K./*Peeckel*, A., 1976: Sozialorientierte Unternehmensführung, Freiburg i. Br.

Mertz, U., *u. a.,* 1978: Humanisierung der Arbeit, ZfB-Diskussions-Forum, in: Zeitschrift für Betriebswirtschaft, Nr. 1, S. 64 ff.

Messing, M., 1978: Arbeitszufriedenheit im Systemvergleich. Eine empirische Untersuchung an Bau- und Montagearbeitern in beiden Teilen Deutschlands, Stuttgart/Berlin/Köln/Mainz

Metzner, Helen/*Mann,* F., 1953: Employee attitudes and absences, in: Personnel Psychology, S. 467 ff.

Mills, J. D., 1967: Job satisfaction in large factories, in: Personnel Practice Bulletin, Bd. 23, S. 252 ff.

Morse, Nancy C., 1953: Satisfactions in the white collar job, Ann Arbor Michigan

Morse, Nancy C./*Reimer,* E., 1956: The experimental change of a major organizational variable, in: Journal of Abnormal and Social Psychology, Bd. 52, S. 120 ff.

Morse, Nancy C./*Weiss,* R. S., 1955: The function and meaning of work and the job, in: American Sociological Review, Bd. 20, S. 191 ff.

Müller, J. C., 1978: Humanisierungsanforderungen an die Unternehmung und Partizipationskonzepte als organisatorische Lösungsmöglichkeiten, Bad Honnef

Münsterberg, H., 1919: Psychologie und Wirtschaftsleben, 4. Aufl., Leipzig

Mulder, M., 1977: The daily power game. International series on the quality of working life, Amsterdam

Mumford, Enid, 1972: Job satisfaction. A study of computer specialists, London

Myrdal, G., 1977: Notiz in Frankfurter Allgemeine Zeitung, Nr. 85 vom 13. April, S. 13

Naujoks, W., 1975: Unternehmensgrößenbezogene Strukturpolitik und gewerblicher Mittelstand, Göttingen

Near, Janet P./*Rice,* R. W./*Hunt,* R. G., 1978: Work and extra-work correlates of life and job satisfaction, in: Academy of Management Journal, Bd. 21, Nr. 2, S. 248 ff.

Netsch, K., 1963: Arbeit formt die Sprache, in: *Endres,* R./*Endres,* Stephanie (Hrsg.): Die Arbeit, Wien/München/Zürich, S. 430 ff.

Neuberger, O., 1974 a: Messung der Arbeitszufriedenheit. Verfahren und Ergebnisse, Stuttgart

— 1974 b: Theorien der Arbeitszufriedenheit, Stuttgart

— 1975: Die Messung der Zufriedenheit mit Aspekten der Arbeitssituation, Heft 13 der Reihe Problem und Entscheidung, München/Augsburg

— 1976 a: Der Arbeits-Beschreibungs-Bogen. Ein Verfahren zur Messung von Arbeitszufriedenheit. München

— 1976 b: Führungsverhalten und Führungserfolg, Berlin

Neuberger, O./*Allerbeck,* Mechthild, 1978: Messung und Analyse von Arbeitszufriedenheit. Erfahrungen mit dem „Arbeitsbeschreibungs-Bogen (ABB)“, Bern/Stuttgart/Wien

Neue Zürcher Zeitung, 1976: Erfahrungen der Arbeitgeber in der Rezession. Starker Rückgang des Personalwechsels — zahlreiche Offerten auf Stellenausschreibungen. Sicherheit des Arbeitsplatzes besonders gefragt, in: Nr. 61 vom 13./14. März, S. 31.

Neue Zürcher Zeitung, 1977: Das Gewerbe und seine Organisationen, in: Nr. 20 vom 25. Januar, S. 20

Nicholson, N./*Brown*, C. A./*Chadwick-Jones*, J. K., 1976: Absence from work and job satisfaction, in: Journal of Applied Psychology, Nr. 6, S. 728 ff.

Nicholson, N./*Wall*, T./*Lischeron*, J., 1977: The predictability of absence and propensity to leave from employees' job satisfaction and attitudes toward influence in decision-making, in: Human Relations, Nr. 6, S. 499 ff.

Nieder, P., 1977: Zur Erfassung von Arbeitszufriedenheit, in: Zeitschrift für Organisation, Nr. 4, S. 193 ff.

Nitsche, R., 1977: Unternehmer — Soll und Haben, Köln

Noelle-Neumann, Elisabeth (Hrsg.), 1976: Allensbacher Jahrbuch der Demoskopie, Wien/München/Zürich

— 1977: Macht Fernsehen träge und traurig?, in: Frankfurter Allgemeine Zeitung, Beilage „Bilder und Zeiten" vom 13. August

Nowack, W., 1975: Soziale Indikatoren und amtliche Statistik, in: *Soziolog. Institut der Universität Zürich* (Hrsg.): Soziale Indikatoren, Zürich, S. 28 ff.

Ochs, E., *u. a.*, 1942 - 1974: Badisches Wörterbuch, Lahr/Schwarzwald

Oechsler, W. A., 1979: Auswirkungen neuer Formen der Arbeitsorganisation, in: Zeitschrift für Organisation, Heft 2, S. 83 ff.

Ortsman, O., 1978: Changer le travail, Paris

Osipow, S. H., 1972: Succes and preference: a replication and extension, in: Journal of Applied Psychology, Bd. 56, S. 179 ff.

O'Toole, J., *u. a.*, 1974: Work in America, Cambridge Massachusetts

Ottaway, R. N., 1977: Humanising the work place: New proposals and perspectives, London

Palmer, Gladys L., 1957: Attitudes toward work in an industrial community, in: American Journal of Sociology, Bd. 68.

Parker, St. R., 1973: Arbeit und Freizeit — eine Einheit?, in: gdi topics, Heft 6, S. 5 ff.

Patchen, M., 1961: The choice of wage comparisons, Englewood Cliffs New Jersey

— 1970: Participation, achievement, and involvement on the job, Englewood Cliffs New Jersey

Pathak, D. S./*Burton*, G. E./*Zigli*, R. M., 1977: A comparative study of work incentives for professional employees, in: business review, Nr. 4, S. 27 ff.

Patzak, G./*Koch*, J., 1977: Die Gestaltung von Arbeitssystemen unter besonderer Berücksichtigung der Entlohnung und ihre Auswirkungen auf die Arbeitszufriedenheit, in: Wirtschaftspolitische Blätter, Nr. 4, S. 28 ff.

Peitzmann, St. M., 1978: „Neue Arbeitsorganisationen" in einem Unternehmen der Elektroindustrie, in: Zeitschrift für Betriebswirtschaft, Nr. 6, S. 499 ff.

Pekrun, R., 1968: Das deutsche Wort, 4. Aufl., München/Zürich

Peters, Vera, 1974: Empirische Untersuchung über Arbeitszufriedenheit in einem Handwerksbetrieb, unveröffentlichte Diplomarbeit, München

Petersen, E., *u. a.*, 1968: Trivsel på arbeijdspladsen, 2 Bände, Kopenhagen

Pfeffer, K. H., 1956: Handwörterbuch der Politik, Darmstadt

Pfeiffer, W./*Staudt*, E., 1977: Konsequenzen neuer Formen der Arbeitsorganisation. Ergebnisse einer Experimentierreihe in der elektronischen Industrie, in: Die Unternehmung, Nr. 2, S. 81 ff.

Pfeil, E./*Friedrichs*, J., 1965: Überlegungen zum Problem rollenbedingter Interviewantworten, in: Zeitschrift für Markt- und Meinungsforschung, Nr. 8, S. 1877 ff.

Phillips, B. S., 1970: Empirische Sozialforschung. Strategie und Taktik, Wien/New York

Pieroth, E., 1977: Humanisierung der Arbeitswelt: Anspruch und Durchsetzung, in: Betriebswirtschaftliche Forschung und Praxis, Heft 5, S. 404 ff.

Pleitner, H. J., 1978: Impacts of welfare state regulations on the small enterprise, in: *Escuela de Organización Industrial* (Hrsg.): Business environment and public policy, opportunities and problems for the small enterprise, Madrid

Pöhler, W., 1979: Damit die Arbeit menschlicher wird. Fünf Jahre Aktionsprogramm Humanisierung des Arbeitslebens, Bonn

Pollock, F., 1964: Automation. Materialien zur Beurteilung ihrer ökonomischen und sozialen Folgen, Frankfurt/M.

Porst, H., 1977: Vortrag an der Hochschule St. Gallen

Porter, L. W., 1961: A study of perceived need satisfactions in bottom and middle management jobs, in: Journal of Applied Psychology, Bd. 45, S. 1 ff.

Porter, L. W./*Lawler*, E. E. III, 1964: The effects of „tall" versus „flat" organization structures on managerial job satisfaction, in: Personnel Psychology, Bd. 17, Nr. 2, S. 135 ff.

— 1965: Properties of organization structure in relation to job attitudes and job behavior, in: Psychological Bulletin, Nr. 1, S. 303 ff.

Portigal, A. H. (Hrsg.), 1973: Measuring the quality of working life (Canada Department of Labour), Ottawa

— 1976: Towards the measurement of work satisfaction. The OECD social indicator development programme, Paris

Preiß, Christine, 1977: Humanisierung der Arbeitswelt. Darstellung und Diskussion der technisch-ökonomischen Entstehungsbedingungen, der theoretischen Konzepte und der praktischen Modelle, Köln

Publitest AG (Hrsg.), 1977: Ergebnisse einer Umfrage zum Bild der Schweizer von Unternehmerpersönlichkeiten, Zürich

Quinn, R. P./*Staines*, G. L./*McCullough*, Margaret R., 1974: Job satisfaction: Is there a trend? (U.S. Department of Labor), Washington D.C.

Raithel, H., 1976: Wunder des Saldos, in: Manager Magazin, Heft 6, S. 48 ff.

Rationalisierungskuratorium der Deutschen Wirtschaft (Hrsg.), 1976: Menschengerechte Arbeit. Erfahrungsaustausch zwischen Forschung und betrieblicher Praxis. Dokumente zum RKW-Kongreß am 6. und 7. April 1976, Frankfurt/M.

Ravetz, J. R., 1973: Die Krise der Wissenschaft, Darmstadt (Original: Scientific knowledge and its social problems, 1971)

Rich, A., 1973: Mitbestimmung in der Industrie, Zürich

Rich, A./*Ulich*, E., 1978: Arbeit und Humanität. Öffentliche interdisziplinäre Veranstaltung der Universität Zürich und der Eidgenössischen Technischen Hochschule, Königstein/Ts.

Richter, K./*Pfeiffer*, W. (Hrsg.), 1978: Einführung neuer Formen der Arbeitsorganisation in Industriebetrieben. Betriebswirtschaftliche Analyse und ökonomische Bewertung, Göttingen

Riedel, M., 1976: Arbeiten, Spielen, Handeln, Begriffskritik an Kategorien der Sozialwissenschaften, in: Neue Zürcher Zeitung, Nr. 95 vom 24./25. April, S. 67

Robertson, R. M., 1973: The small business ethic in America, in: *Carson*, D. (Hrsg.): The vital majority, Washington D.C., S. 27 ff.

Robinson, J. P./*Athanasiou*, R./*Head*, K. B., 1969: Measures of occupational attitudes and occupational characteristics, Appendix A to Measures of political attitudes, Ann Arbor Michigan

Röglin, H.-Chr., 1974: Unternehmer in Deutschland, Düsseldorf

Röhrich, L., 1973: Lexikon der sprichwörtlichen Redensarten, Freiburg/Basel/Wien

Roethlisberger, F. J./*Dickson*, W. J., 1949: Management and the worker, Cambridge Massachusetts

Rosenstiel, L. von, 1972: Motivation im Betrieb. Motive beruflicher Arbeit, München

— 1975: Die motivationalen Grundlagen des Verhaltens in Organisationen. Leistung und Zufriedenheit, Berlin

Roth, E., 1936: Ein Mensch. Heitere Verse, 3. Aufl., Weimar

Roth, G. D., 1967: Die Finanzierung von Mittel- und Kleinunternehmen, Baden-Baden/Homburg vor der Höhe

Rückert, F., 1870: Gedichte, 1. und 2. Teil, 16. Aufl., Frankfurt a. M.

Ruff, Th., 1976: Diskussionsbeitrag, in: *Deutsche Verlags-Anstalt* (Hrsg.): Der menschenwürdige Arbeitsplatz — eine Aufforderung fürs Handwerk?, Sonderdruck eines Kontaktgesprächs zwischen Handwerkspitze und Forschungsministerium, Stuttgart, S. 6

Rühl, G., 1976 a: Motivation von Mitarbeitern und Vorgesetzten, Exposé für die Rencontres de St-Gall 1976, St. Gallen

— 1976 b: Arbeitsstrukturierung heute und morgen, Bergisch Gladbach

Rühli, E., 1973: Unternehmungsführung und Unternehmungspolitik 1, Bern/Stuttgart

Rüssel, A., 1961: Arbeitspsychologie, Bern/Stuttgart

Rüttinger, B./*Rosenstiel*, L. von/*Molt*, W., 1974: Motivation des wirtschaftlichen Verhaltens, Stuttgart/Berlin/Köln/Mainz

St. Galler Tagblatt (Hrsg.), 1977: In kleinen Staaten zufriedener, in: Beilage vom 6. Februar

Sahm, A., 1976: Humanisierung der Arbeitswelt. Verhaltenstraining statt Verordnung, Freiburg i. Br.

— 1977: Humanisierung im Führungsstil, Frankfurt/M.

Saleh, S. D./*Otis*, J. L., 1964: Age and level of job satisfaction, in: Personnel Psychology, S. 425 ff.

Sand, H., 1973: Fragen zur Arbeitszufriedenheit, in: management international review, Heft 4/5, S. 44 f.

Sarapata, A., 1967: Die Fluktuation der Arbeitskräfte in Polen, in: Soziologische Aspekte der Arbeitskräftebewegung, Ostberlin

Savigny, E. v., 1970: Grundkurs im wissenschaftlichen Definieren, München

Saxberg, B. O., 1976: Ärger mit dem Unternehmerdasein als Folge sozialer Isolierung, in: Internationales Gewerbearchiv, Heft 2, S. 114 ff.

Schacht, K., 1974: Indikatoren zur Humanisierung der Arbeitswelt, Forschungsbericht im Auftrag des Ministers für Arbeit, Gesundheit und Soziales des Landes Nordrhein-Westfalen, Essen

Schanz, G., 1975: Nochmals: Zwei Arten des Empirismus, in: Schmalenbachs Zeitschrift für betriebswirtschaftliche Forschung, Heft 12, S. 801 ff.

Schelsky, H., 1953: Wandlungen der deutschen Familie in der Gegenwart, Dortmund

Schemberger, P., 1979: Weniger Streß, mehr Leistung (Humanisierung im Managementbereich), in: Manager Magazin, Nr. 3, S. 50 ff.

Scheuch, E. K., 1973: Das Interview in der Sozialforschung, in: *König, R.* (Hrsg.): Handbuch der empirischen Sozialforschung, Bd. 2, 3. Aufl., Stuttgart, S. 66 ff.

— 1974: Auswahlverfahren in der Sozialforschung, in: *König, R.* (Hrsg.): Handbuch der empirischen Sozialforschung, Bd. 3a, 3. Aufl., Stuttgart, S. 1 ff.

— 1976a: Die Bedeutung kleinerer und mittlerer Betriebe für die Sozialordnung einer modernen Industriegesellschaft, in: *Oppenländer, K. H.* (Hrsg.): Die gesellschaftliche Funktion kleiner und mittlerer Unternehmen, München, S. 303 ff.

— 1976b: Was bedeutet Arbeitszufriedenheit?, in: St. Galler Tagblatt vom 19. September

Schlitzberger, H. H., 1975: Erfahrungen mit der Arbeitsstrukturierung, in: Zeitschrift für Arbeitswissenschaft, Nr. 2, S. 98 ff.

Schloz, U. A., 1977: Humanisierung der Arbeit. Überlegungen zur Kritik integrativer Organisationskonzepte und neuer Formen der Organisation industrieller Arbeit, Frankfurt/M.

Schmid, P., 1978: Geist ist unbeliebt, in: Neue Zürcher Zeitung, Zeitfragen, Nr. 209 vom 9./10. September, S. 37.

Schmidt, H., 1979: Gewinnen und Motivieren von Mitarbeitern. Hinweise für die Personalplanung in Klein- und Mittelbetrieben, Frankfurt/Main

Schmidt, H./*Weber*, W. (Hrsg.), 1979: Arbeitsökonomie — Menschliche Arbeit im Betrieb, Band 2: Humane Arbeitsgestaltung, Königstein/Ts.

Schmölders, G., 1970: Untersuchung zum Ansehen der Unternehmer, zitiert in: Deutsches Handwerksblatt, 1977, Heft 4, S. II f.

— 1973: Der Unternehmer in Wirtschaft und Gesellschaft (Selbstbilduntersuchung bei 365 Unternehmern), Essen

Schnalzer, H., 1978: Zur Erhöhung der Arbeitszufriedenheit. Ein Beitrag zur Präzisierung und Begründung unterschiedlicher Zielvorstellungen, Frankfurt/Main

Schneider, E. V., 1957: Industrial sociology, New York/Toronto/London

Schnitker, P., 1976: Diskussionsvotum, in: *Deutsche Verlags-Anstalt* (Hrsg.): Der menschenwürdige Arbeitsplatz — eine Aufforderung fürs Handwerk?, Sonderdruck eines Kontaktgesprächs zwischen Handwerkspitze und Forschungsministerium, Stuttgart, S. 2 f.

Schöber, P., 1968: Die Wirtschaftsmentalität der westdeutschen Handwerker, Köln/Opladen

Schopenhauer, A., 1851: Parerga und Paralipomena: kleine philosophische Schriften. Erster und zweiter Band, Berlin

— 1976: Aphorismen zur Lebensweisheit, Frankfurt/Main

Schrader, A., 1973: Einführung in die empirische Sozialforschung, 2. Aufl., Stuttgart/Berlin/Köln/Mainz

Schürch, R. D., 1978: Darum stinkt's den Jungen, in: Brückenbauer vom 17. März, S. 3

Schwartmann, J., 1975: Praktische Arbeitsstrukturierung in der Autoindustrie, Referat anläßlich der Öffentlichen Fachtagung des Verbandes für Arbeitsstudien REFA e.V., Konstanz

Schweisheimer, W., 1977: Warum sind viele Arbeiter unzufrieden mit ihrer Tätigkeit?, in: Gewerkschaftliche Rundschau, Heft 3, S. 90 ff.

Schweizerische Handels-Zeitung, 1977: Mitbeteiligung entwächst den Kinderschuhen. Jeder 8. bis 10. Arbeitnehmer in der Schweiz ist Mitarbeiter-Aktionär, in: Nr. 36 vom 8. September, S. 1 f.

Schweizerisches Institut für gewerbliche Wirtschaft (Hrsg.), 1977: Fünfter Betriebsvergleich im schweizerischen Baugewerbe, St. Gallen

Scott, T. B., *u. a.*, 1960: A definition of work adjustment, Bulletin 30 des Industrial Relations Center, University of Minnesota, Minneapolis Minnesota

Sdrawomyslow, A. G./*Jadow*, W. A., 1964: Erfahrungen aus einer konkreten Untersuchung des Verhältnisses zur Arbeit (übersetzt aus dem Russischen), in: Gesellschaftswissenschaftliche Beiträge, Nr. 10, Ostberlin

Seashore, St. E., 1973: Job satisfaction as an indicator of quality of employment, Arbeitsunterlage für das Symposium on Social Indicators of the Quality of Working Life, Canada Department of Labour, Ottawa

— 1974: Job satisfaction as an indicator of the quality of employment, in: Social Indicators Research, Nr. 1, S. 135 ff.

Seashore, St. E./*Taber*, Th. D., 1975: Job satisfaction indicators and their correlates, in: American Behavioral Scientist, Nr. 3, S. 333 ff.

Seidman, J., *u. a.*, 1958: The worker views his union, Chicago Illinois

Selg, H./*Bauer*, W., 1973: Forschungsmethoden der Psychologie, 2. Aufl., Stuttgart

Selvin, H. C., 1957: A critique of tests of significance in survey research, in: American Sociological Review, Bd. 22, S. 526 ff.

Senglet, J.-J., 1975: Soziale Indikatoren aus der Sicht der amtlichen Statistik, in: *Soziologisches Institut der Universität Zürich* (Hrsg.): Soziale Indikatoren, Zürich, S. 32 ff.

Seyffert, R., 1972: Wirtschaftslehre des Handels, 5. Aufl., Opladen

Shapero, A., 1977: Die heimatlosen Unternehmer, in: Unternehmerisches Handeln, Sonderdruck der Zeitschrift „psychologie heute", Weinheim/Basel, S. 3 ff.

Siegwart, H., 1971 a: Die optimale Sortimentsgestaltung in Klein- und Mittelbetrieben, Bern/Stuttgart

— 1971 b: Leistungsanerkennungssystem für obere Führungskräfte von kleinen und mittleren Unternehmungen, Bern

Siegwart, H./*Menzl*, I., 1978: Kontrolle als Führungsaufgabe, Stuttgart

Sirota, D., 1959: Some effects of promotional frustration on employees' understanding of, and attitudes toward, management, in: Sociometry, Bd. 22, S. 273 ff.

Sixtl, F., 1967: Meßmethoden der Psychologie, Weinheim

Smith, Patricia C., *u. a.*, 1963: Cornell studies of job satisfaction, 6 Bände, Ithaca New York

Smith, Patricia C.,/*Cranny*, C. J., 1968: Psychology of men at work, in: Annual Review of Psychology, Bd. 19, S. 467 ff.

Smith, Patricia C./*Kendall*, L. M./*Hulin*, Ch. L., 1969: The measurement of satisfaction in work and retirement, Chicago Illinois

Soliman, H. M., 1970: Motivation hygiene theory of job attitudes: An empirical investigation and an attempt to reconcile both the one- and the two-factor theories of job attitudes, in: Journal of Applied Psychology, Bd. 54, S. 452 ff.

Sprachbrockhaus, 1972, 8. Aufl., Wiesbaden

Stadtplanungsamt Zürich (Hrsg.), 1976: Zürich im Urteil seiner Bewohner, Bericht über Publikation des Stadtplanungsamtes Zürich, in: Neue Zürcher Zeitung, Nr. 276 vom 24. November, S. 39.

Staines, G. L./*Quinn*, R. P., 1979: Job satisfaction declines in major aspects of work, in: World of work report of the Work in America Institute, Nr. 2, S. 1 ff.

Steiner, J./*Reske*, W., 1978: Zum Einsatz von Führungspersonal in mittelständischen Betrieben, Köln

Steinmann, H./*Kumar*, B., 1976: Angst vor der Rückkehr, in: Manager Magazin, Nr. 12, S. 84 ff.

Stollberg, R., 1968: Arbeitszufriedenheit — theoretische und praktische Probleme, Berlin (Ost)

Straub, E., 1975: Bedeutung und Lage der kleinen und mittleren Industriebetriebe in der Schweiz, Einführung in die Enquête betreffend mittlere und kleinere Fabrikationsunternehmungen, Zürich

Strauss, G., 1974: Workers: Attitudes and adjustments, in: *Rosow*, J. M. (Hrsg.): The worker and the job: Coping with change, Englewood Cliffs New Jersey

Strehle, A., 1975: Heimarbeit und Gottesfurcht, in: Prisma, Juni, S. 22 f.

Susbauer, J. C., 1978: Kleinbetrieb, Unternehmer und regionale Entwicklung in amerikanischer Sicht, in: Internationales Gewerbearchiv, Nr. 4, S. 229 ff.

Sutermeister, R. A./*Saxberg*, B. O., 1973: Human motivation in the smaller enterprise, in: Journal of Small Business Management, S. 7 ff.

Swoboda, H., 1971: Knaurs Buch der modernen Statistik, München/Zürich

— 1973: Die Qualität des Lebens, vom Wohlstand zum Wohlbefinden, Stuttgart

Symanowski, H./*Vilmar*, F., 1963: Die Welt des Arbeiters. Junge Pfarrer berichten aus der Fabrik, Frankfurt/Main

Talacchi, S., 1960: Organization size, individual attitudes and behavior: An empirical study, in: Administrative Science Quarterly, Bd. 5, S. 398 ff.

Tannenbaum, A. S., 1969: Social psychology of the work organization, Belmont California

Tenbruck, F. H., 1974: Was für ein Land sind wir geworden? Die Bundesrepublik nach fünfundzwanzig Jahren: zufrieden und unruhig, perfekt und haltlos, in: Deutsche Zeitung vom 4. Januar, S. 28

Thom, R., 1974: „Moderne Mathematik“: Ein erzieherischer und philosophischer Irrtum?, in: *Otte*, M. (Hrsg.): Mathematiker über die Mathematik, Berlin/Heidelberg/New York, S. 371 ff.

Thomaschewski, A., 1978: Individuelle Fundamentalbedürfnisse als Grundlage für die Humanisierung der Arbeitswelt, ein theoretischer Ansatz, Diss. Trier

Thorsrud, E., 1977: Work and the quality of life, Exposé für gdi-Referentenmeeting „Arbeitsentwicklung“ vom 11. - 13. Mai, Rüschlikon

Thum, W., 1971: Empirische Studie zu den innerbetrieblichen Einflußfaktoren des Betriebsklimas, Diss. Fribourg, München, 1972

Thuringia Versicherungs-Aktiengesellschaft (Hrsg.), 1978: Selbstbild, Rollenverständnis und soziale Einschätzung, München

Tidl, Maria, 1963: Literatur um die Arbeit, in: *Endres*, R./*Endres*, Stephanie (Hrsg.): Die Arbeit, Wien/München/Zürich, S. 440 ff.

Timmons, J. A., 1978: Characteristics and role demands of entrepreneurship, in: American Journal of Small Business, Nr. 1, S. 5 ff.

Tosi, H. L./*Chesser*, R. J./*Carroll*, S. J. 1972: A dynamic model of certain aspects of the superior-subordinate relationship, Eastern Academy of Management, o. O.

Tripartite Steering Group on Job Satisfaction (Hrsg.), 1975: Making work more satisfying, London

Trossmann, M., 1979: Der Schweizerische Gewerbeverband 1879 - 1979, in: *Schweizerischer Gewerbeverband* (Hrsg.): Das Gewerbe in der Schweiz, Zug

Trow, D. B., 1957: Autonomy and job satisfaction in task-oriented groups, in: Journal of Abnormal and Social Psychology, Bd. 54, S. 204 ff.

Tuchtfeldt, E., 1977: Die soziale Dimension der Marktwirtschaft, Vortrag am Internationalen Management Symposium an der HSG vom 23. Mai

Turner, A. N./*Lawrence*, P. R., 1965: Industrial jobs and the worker, Boston Massachusetts

Turner, A. N./*Miclette*, A. L., 1962: Sources of satisfaction in repetitive work, in: Occupational Psychology, Bd. 36, S. 215 ff.

Ulich, E., 1976: Über mögliche Auswirkungen von Arbeitsstrukturierung auf Zufriedenheit und Beanspruchung, in: Fortschrittliche Betriebsführung und Industrial Engineering, Nr. 6, S. 343 ff.

Ulich, E./*Groskurth*, P./*Bruggemann*, Agnes, 1973: Neue Formen der Arbeitsgestaltung. Möglichkeiten und Probleme einer Verbesserung der Qualität des Arbeitslebens, Frankfurt/Main

Ulrich, H./*Bernhard* A., 1974: Organisationsbrevier, 6. Aufl., Bern

Verein für Socialpolitik (Hrsg.), 1912: Verhandlungen des Vereins für Socialpolitik in Nürnberg 1911, in: Schriften des Vereins für Sozialpolitik, 138. Bd., Leipzig

Vilmar, F., 1974: Industrielle Arbeitswelt, Grundlagen einer kritischen Betriebssoziologie, Stein/Nürnberg/Freiburg i. Ue.

Vögeli, F., 1966: Die Arbeitszufriedenheit von Konstrukteuren, Diss. St. Gallen, Winterthur

Voigt, D., 1973: Montagearbeiter in der DDR, eine empirische Untersuchung über Industriebauarbeiter in den volkseigenen Großbetrieben, Darmstadt/Neuwied

Vorort des Schweizerischen Handels- und Industrievereins (Hrsg.), 1975: Enquête des Vororts betreffend mittlere und kleinere Fabrikationsunternehmungen, Zürich

Vroom, V. H., 1962: Ego-involvement, job satisfaction, and job performance, in: Personnel Psychology, Bd. 15, S. 159 ff.

— 1964: Work and motivation, New York/London/Sydney

Wachtler, G., 1979: Humanisierung der Arbeit und Industriesoziologie, Stuttgart

Wahrig, G., 1970: Deutsches Wörterbuch, Gütersloh

Walker, Ch. R./*Guest*, R. H., 1952: The man on the assembly line, in: Harvard Business Review, Bd. 30, S. 71 ff.

Walker, J./*Marriott*, R., 1951: A study of some attitudes to factory work, in: Occupational Psychology, Bd. 25, S. 181 ff.

Walter-Busch, E., 1975: Probleme der Wissenschaftstheorie in der Methodenlehre empirischer Sozialforschung, in: Zeitschrift für Soziologie, Heft 1, S. 46 ff.

— 1977 a: Arbeitszufriedenheit in der Wohlstandsgesellschaft, Bern/Stuttgart

— 1977 b: Labyrinth der Humanwissenschaften, Bern

Waser, P. G., 1978: Die universitäre Einheit von Lehre und Forschung, Zürich

Waßner, F., 1977: Jungakademiker sind samt und sonders Alhi's, in: Frankfurter Allgemeine Zeitung vom 8. Januar, S. 9 f.

Weg, F. J., 1977: Neue Formen der betrieblichen Arbeitsgestaltung, Frankfurt/Main

Wehrle, E., 1960: Gewerbepolitik und Konzentration, in: *Arndt*, H. (Hrsg.): Die Konzentration in der Wirtschaft, 2. Bd.: Ursachen der Konzentration, Berlin, S. 1353 ff.

Weiss, D. J., *u. a.*, 1967: Manual for the Minnesota Satisfaction Questionnaire, Minneapolis Minnesota

Werner, H. D., 1972: Motivation und Führungsorganisation, Heidelberg

Wernet, W., 1954: Das gewerblich-kleinbetriebliche Element im modernen Industrialismus, in: Schmollers Jahrbuch, Bd. 1974, Berlin, S. 641 ff.

— 1967: Handwerk im Wettbewerb, Münster/Westf.

— 1970: Handwerk, in: *Akademie für Raumforschung und Landesplanung* (Hrsg.): Handwörterbuch der Raumforschung und Raumordnung, 2. Aufl., Hannover, Sp. 1160 ff.

Wessels, Th., 1964: Gewerbepolitik, in: *Beckerath*, E. von, *u. a.* (Hrsg.): Handwörterbuch der Sozialwissenschaften, 50. Lieferung, Stuttgart/Tübingen/Göttingen, S. 507 ff.

White, R. W., 1959: Motivation reconsidered: The concept of competence, in: Psychological Review, Bd. 66, S. 297 ff.

Wilson, G. D., 1971: Stichwort „Einstellung“, in: *Arnold*, W./*Eysenck*, H. J./ *Meili*, R. (Hrsg.): Lexikon der Psychologie, 1. Bd., Freiburg/Basel/Wien, Sp. 447 ff.

Winterhager, D., 1975: Humanisierung der Arbeitswelt. Gesetzliche Vorschriften, Modelle, Pläne und Kontroversen, Berlin/New York

Wirtschafts- und Sozialausschuß der Europäischen Gemeinschaften (Hrsg.), 1975: Die Lage der Klein- und Mittelbetriebe in der Europäischen Gemeinschaft, Brüssel

Wirtschaftswoche, 1978: Alles versteckte Krisenherde, in: Nr. 47 vom 17. November, S. 72 ff.

Wittgenstein, L., 1969: Schriften, Bd. 1, Frankfurt a. M.

Wofford, J. C., 1971: The motivational bases of job satisfaction and job performance, in: Personnel Psychology, Bd. 24, S. 501 ff.

Wolf, M. G., 1970: Need gratification theory: a theoretical reformulation of job satisfaction/dissatisfaction and job motivation, in: Journal of Applied Psychology, Bd. 54, Nr. 1, S. 87 ff.

Wolff, H./*Hofer*, P., 1975: Analyse und Prognose der Unternehmensgrößenstruktur, Bericht im Auftrag des Bundesministers für Wirtschaft, Basel

Woodward, Joan, 1965: Industrial organizations: Theory and practice, London

Work Research Unit (Hrsg.), 1975: Work restructuring projects and experiments in the United Kingdom, London

— 1976: Work restructuring projects and experiments in the United States of America, London

Wright, J. D./*Hamilton*, R. F., 1978: Work satisfaction and age: some evidence for the ‚job change‘ hypothesis, in: Social Forces, Nr. 4, S. 1140 ff.

Wunderer, R., 1979: Humane Personal- und Organisationsentwicklung, Berlin

Wyatt, S./*Marriott*, R., 1965: A study of attitudes to factory work, in: *Lawrence*, P. R./*Seiler*, J. A. (Hrsg.): Organizational behavior and administration, Homewood Illinois, S. 184 ff.

Wyss, E., 1979: Eigentumsförderung aus der Sicht der Unternehmung, in: Neue Zürcher Zeitung, Nr. 146 vom 27. Juni, S. 33

Ydo, M. G., 1947: Plezier in het werk, Leiden

Zaleznik, A./*Moment*, D., 1967: The dynamics of interpersonal behavior, 2. Aufl., New York/London/Sydney

Die Zeit, 1976: Von der Utopie zur Wirklichkeit. Wie sich das Porst-Modell in der Krise gewandelt hat, in: Ausgabe vom 6. Februar, S. 25 f.

Zollinger, R., 1969: Die zahlenmäßige Bedeutung und Entwicklung des schweizerischen Gewerbes 1939 - 1965, in: Gewerbliche Rundschau, Heft 1, S. 3 ff.

Anhang

Tab. 1 (betr. Indexfragen M 5 und U 5): Zufriedenheit mit Arbeitsleistung

	Mitarbeiter				Unternehmer (nur gewerbliche Betriebe)
	Gewerbliche Betriebe			Grosse Betriebe	
	3 - 19 Besch.	20 - 199 Besch.	Summe 1 + 2	200 und mehr Besch.	
	1	2	3	4	5
	%	%	%	%	%
Sehr zufrieden	14	14	14	13	23
Zufrieden	79	79	79	83	62
Weder zufrieden noch unzufrieden	6	6	6	-	10
Unzufrieden	2	1	2	4	4
Sehr unzufrieden	-	-	-	-	-
Summe	101	100	101	100	99
Anzahl Fälle	200	151	351	54	77

Anmerkung: Das Zeichen - bedeutet, dass keine Nennungen vorkamen. M steht für Mitarbeiter, U für Unternehmer.

Signifikanztest[1)]:
p = .758 aus Spalten 3 und 4,
p = .975 aus Spalten 3 und 5.

1) Der Signifikanztest beruht auf dem Chi^2-Modell. Die Chi^2-Werte wurden nach der üblichen Formel berechnet:

$$Chi^2 = \sum_{i=1}^{k} \frac{(f_{e_i} - f_{b_i})^2}{f_{e_i}},$$

wobei fe = erwartete Häufigkeiten in den einzelnen Tabellenfeldern

f_b = beobachtete Häufigkeiten in den einzelnen Tabellenfeldern

k = Anzahl Tabellenfelder

Die so ermittelten Chi^2-Werte stellen - unter Berücksichtigung der Tabellengrösse (Anzahl "Freiheitsgrade") - ein Mass für die Wahrscheinlichkeitsgrösse p dar. Diese markiert das Signifikanzniveau und damit die Sicherheitsgrenze für die Aussage, ob das Ergebnis zufällig zustandegekommen ist oder zwischen den verarbeiteten Datenreihen ein Zusammenhang besteht. Einen "überzufälligen" Zusammenhang wollen wir, zulässiger Uebung folgend, bei p-Werten ab 0.9 als gegeben ansehen (bei p = 0.9 besteht also ein Fehlerrisiko von 0.1); bei einem Niveau um 0.8 kann man höchstens noch von "relativ niedriger" Signifikanz sprechen. (Zu diesen methodischen Hinweisen vgl. Kriz, 1973, S. 193ff., und Schrader, 1973, S. 168ff.) Dagegen besteht unter den Fachleuten keine Einigkeit über die Notwendigkeit der Einschränkung, wonach der Signifikanztest nur verwendet werden darf, wenn nach einer Faustregel z.B. kein Erwartungswert unter 1 liegt und gleichzeitig minimal 75 % der Erwartungswerte mindestens 5 erreichen (so bei Kriz, 1973, S. 157). Manche Experten vertreten die Meinung, diese Einschränkung könne vernachlässigt werden (so z.B. Keel, Mathematiker und Statistiker an der Hochschule St. Gallen, am 22. November 1977). Wir haben daher die p-Werte, bei denen die obige Faustregel nicht erfüllt war, zwar wiedergegeben, aber in Klammern gesetzt. - Von der zusätzlichen Verwendung des Kontingenztests wollen wir aus Gründen seiner Unzweckmässigkeit absehen.

Tab. 2 (betr. Indexfrage M 5): Zufriedenheit mit Arbeitsleistung nach Einkommensgruppen (Mitarbeiter in gewerblichen Betrieben)

	Bis 2500 Fr. monatlich	2501-3000 Fr. monatlich	Ueber 3000 Fr. monatlich	Durchschnitt 1 - 3
	1	2	3	4
	%	%	%	%
Sehr zufrieden	11	15	22	14
Zufrieden	79	81	75	79
Weder zufrieden noch unzufrieden	7	4	2	6
Unzufrieden	2	-	2	2
Sehr zufrieden	-	-	-	-
Summe	99	100	101	101
Anzahl Fälle	202	94	55	351

p = (,814)

Tab. 3 (betr. Frage M 18): Abgeschlossenheit der Arbeit (Mitarbeiter)

	Gewerbliche Betriebe	Grosse Betriebe	Summe
	3 - 199 Beschäftigte	200 und mehr Beschäftigte	1 + 2
	1	2	3
	%	%	%
Arbeit in sich abgeschlossen	53	50	53
Teil grösserer Arbeit	36	43	37
Je nach Aufgabe verschieden	10	7	10
Weiss nicht/Keine Antwort	0	-	0
Summe	99	100	100
Anzahl Fälle	350	54	404

p = .219

Anmerkung: Die Ziffer 0 bedeutet, dass die Nennungen weniger als 0,5 % ausmachten.

Tab. 4 (betr. Frage M 18): Abgeschlossenheit der Arbeit, nach Betriebsstandort (Mitarbeiter in gewerblichen Betrieben)

	Grossstadt und Agglomeration[a]	Stadt und Agglomeration[b]	Land	Durchschnitt 1 - 3
	1	2	3	4
	%	%	%	%
Arbeit in sich abgeschlossen	37	53	59	53
Teil grösserer Arbeit	54	41	28	36
Je nach Aufgabe verschieden	7	6	12	10
Weiss nicht/keine Antwort	1	-	-	0
Summe	99	100	99	99
Anzahl Fälle	68	81	201	350

p = .999

Anmerkung: Bezüglich der Agglomerationen halten wir uns an die Abgrenzung des Eidg. Statistischen Amtes gemäss seiner Aufstellung vom Juli 1974.

a) Orte mit über 100 000 Einwohnern.
b) Orte mit zwischen 10 000 und 99 999 Einwohnern.

Tab. 5 (betr.Frage M 18): Zufriedenheit mit Arbeitsleistung nach Abgeschlossenheit der Arbeit (Mitarbeiter in gewerblichen Betrieben)

	Arbeit in sich abgeschlossen	Teil grösserer Arbeit	Je nach Aufgabe verschieden	Weiss nicht/ Keine Antwort	Durchschnitt 1 - 4
	1	2	3	4	5
	%	%	%	%	%
Sehr zufrieden	19	11	-	-	14
Zufrieden	75	79	94	(100)	79
Weder zufrieden noch unzufrieden	4	9	6	-	6
Unzufrieden	2	2	-	-	2
Summe	100	101	100	(100)	101
Anzahl Fälle	187	127	35	1	350

p = (.888)

Anmerkung: Bei weniger als 30 Fällen/Nennungen pro Spalte bzw. weniger als 5 möglichen Fällen/Nennungen pro Spaltenposition wurden die zugehörigen %-Zahlen in Klammern gesetzt, da die Aussagefähigkeit dieser Werte eingeschränkt ist (vgl. Mayntz/Holm/Hübner, 1969, S. 76).

Tab. 6 (betr. Fragen U 15 und M 19): Einsatz der Fähigkeiten

	Mitarbeiter				Unternehmer (nur gewerbliche Betriebe)
	Gewerbliche Betriebe			Grosse Betriebe	
	3 - 19 Beschäftigte	20 - 199 Beschäftigte	Summe 1 + 2	200 und mehr Beschäftigte	
	1	2	3	4	5
	%	%	%	%	%
Voller Einsatz	83	67	76	63	82
Zeitweiser Einsatz	11	16	13	20	17
Mangelnder Einsatz	6	17	11	17	1
Weiss nicht / keine Antwort	1	-	0	-	-
Summe	101	100	100	100	100
Anzahl Fälle	200	151	351	54	77

p = (.791) aus Spalten 3 und 4

p = .935 aus Spalten 3 und 5

Tab. 7 (betr. Frage M 19): Einsatz der Fähigkeiten nach Berufsausbildung (Mitarbeiter in gewerblichen Betrieben)

	Angelernt	Abgeschlossene Berufslehre	Abgeschlossene Meisterausbildung	HTL, Hochschule und andere	Durchschnitt 1 - 4
	1	2	3	4	5
	%	%	%	%	%
Voller Einsatz	87	76	60	(50)	76
Zeitweiser Einsatz	3	14	20	(29)	13
Mangelnder Einsatz	10	9	20	(21)	11
Weiss nicht/keine Antwort	-	0	-	-	0
Summe	100	99	100	(100)	100
Anzahl Fälle	63	254	20	14	351

p n.b. (nicht berechnet)

Tab. 8 (betr. Frage U 15): Einsatz der Fähigkeiten nach Berufsausbildung (Unternehmer)

Voller Einsatz	(100)	88	87	(50)	82
Zeitweiser Einsatz	-	13	13	(42)	17
Mangelnder Einsatz	-	-	-	(8)	1
Weiss nicht/keine Antwort	-	-	-	-	-
Summe	(100)	101	100	(100)	100
Anzahl Fälle	2	40	23	12	77

p n.b.

Tab. 9 (betr. Frage M 20): Verwirklichung eigener Ideen (Mitarbeiter)

	Gewerbliche Betriebe			Grosse Betriebe
	3 - 19 Beschäftigte	20 - 199 Beschäftigte	Summe 1 + 2	200 und mehr Beschäftigte
	1	2	3	4
	%	%	%	%
Ja, möglich	91	81	87	89
Nein, nicht möglich	9	19	13	11
Weiss nicht/keine Antwort	-	-	-	-
Summe	100	100	100	100
Anzahl Fälle	200	151	351	54

p = .976

Tab. 10 (betr. Frage M 20): Verwirklichung eigener Ideen, nach Dauer der Betriebszugehörigkeit (Mitarbeiter in gewerblichen Betrieben)

	Unter 1 Jahr	1 - 6 Jahre	Ueber 6 Jahre	Durchschnitt 1 - 3
	1	2	3	4
	%	%	%	%
Ja, möglich	74	84	91	87
Nein, nicht möglich	26	16	9	13
Weiss nicht/keine Antwort	-	-	-	-
Summe	100	100	100	100
Anzahl Fälle	34	143	174	351

p = .991

Tab. 11 (betr. Frage M 20): Verwirklichung eigener Ideen, nach Einkommenshöhe (Mitarbeiter in gewerblichen Betrieben)

	Bis 2500 Fr. monatlich	2501 - 3000 Fr. monatlich	Ueber 3000 Fr. monatlich	Durchschnitt 1-3
	1	2	3	4
	%	%	%	%
Ja, möglich	83	90	93	87
Nein, nicht möglich	17	10	7	13
Weiss nicht/keine Antwort	-	-	-	-
Summe	100	100	100	100
Anzahl Fälle	202	94	55	351

p = .919

Tab. 12 (betr. Frage M 19): Gesamt-AZ nach Einsatz der Fähigkeiten (Mitarbeiter in gewerblichen Betrieben)

	Voller Einsatz	Zeitweiser Einsatz	Mangelnder Einsatz	Weiss nicht/ Keine Antwort	Durchschnitt 1 - 4
	1	2	3	4	5
	%	%	%	%	%
Sehr zufrieden	21	17	14	-	19
Zufrieden	72	61	54	(100)	69
Weder zufrieden noch unzufrieden	7	17	22	-	10
Unzufrieden	0	4	8	-	2
Sehr unzufrieden	-	-	3	-	0
Summe	100	99	101	(100)	100
Anzahl Fälle	267	46	37	1	351

p = (1,000)

Tab. 13 (betr.Frage M 20): Gesamt-AZ nach Verwirklichung eigener Ideen (Mitarbeiter in gewerblichen Betrieben)

	Ja, möglich	Nein, nicht möglich	Durchschnitt 1 + 2
	1	2	3
	%	%	%
Sehr zufrieden	21	9	19
Zufrieden	70	62	69
Weder zufrieden noch unzufrieden	8	21	10
Unzufrieden	1	9	2
Sehr unzufrieden	0	-	0
Summe	100	101	100
Anzahl Fälle	304	47	351

p = (1.000)

Tab. 14 (betr. Fragen U 16 und M 21): Einschätzung der eigenen Bedeutung für den Betrieb

	Mitarbeiter				Unternehmer (nur gewerbliche Betriebe)
	Gewerbliche Betriebe			Grosse Betriebe	
	3 - 19 Beschäftigte	20 - 199 Beschäftigte	Summe 1 + 2	200 und mehr Beschäftigte	
	1	2	3	4	5
	%	%	%	%	%
Betrieb würde ohne meinen Einsatz funktionieren	87	88	87	87	56
Betrieb würde nicht ohne meinen Einsatz funktionieren	8	9	9	13	35
Kommt darauf an	5	2	4	-	9
Weiss nicht / keine Antwort	-	1	0	-	-
Summe	100	100	100	100	100
Anzahl Fälle	200	151	351	54	77

p = (.631) aus Spalten 3 und 4

p = (1.000 aus Spalten 3 und 5

Tab. 15 (betr. Frage U 16): Einschätzung der eigenen Bedeutung für den Betrieb, nach Betriebsgrösse (Unternehmer)

	Gewerbliche Betriebe		
	3 - 19 Beschäftigte	20 - 199 Beschäftigte	Durchschnitt 1 + 2
	1	2	3
	%	%	%
Betrieb würde ohne meinen Einsatz funktionieren	51	(75)	56
Betrieb würde nicht ohne meinen Einsatz funktionieren	39	(19)	35
Kommt darauf an	10	(6)	9
Weiss nicht/keine Antwort	-	-	-
Summe	100	(100)	100
Anzahl Fälle	61	16	77

p = .781

Tab. 16 (betr. Frage M 21): Einschätzung der eigenen Bedeutung für den Betrieb, nach Tätigkeitskategorie. (Mitarbeiter in gewerblichen Betrieben)

	Ueberwiegend manuelle Tätigkeiten	Ueberwiegend nichtmanuelle Tätigkeiten	Durchschnitt 1 + 2
	1	2	3
	%	%	%
Betr. würde ohne meinen Einsatz funkt.	91	76	87
Betr. würde nicht ohne meinen Einsatz funktionieren	5	20	9
Kommt darauf an	4	4	4
Weiss nicht/k. Antwort	0	-	0
Summe	100	100	100
Anzahl Fälle	275	76	351

p n.b. (nicht berechnet)

Tab. 17 (betr. Frage M 21): Einschätzung der eigenen Bedeutung für den Betrieb, nach Berufsausbildung (Mitarbeiter in gewerblichen Betrieben)

	Angelernt	Abgeschlossene Berufslehre	Abgeschlossene Meisterausbildung	HTL, Hochschule und andere	Durchschnitt 1 - 4
	1	2	3	4	5
	%	%	%	%	%
Betrieb würde ohne meinen Einsatz funktionieren	94	89	70	(50)	87
Betrieb würde nicht ohne meinen Einsatz funktionieren	2	7	30	(36)	9
Kommt darauf an	5	3	-	(14)	4
Weiss nicht/keine Antwort	-	0	-	-	0
Summe	101	99	100	(100)	100
Anzahl Fälle	63	254	20	14	351

p zwischen (.995) und (.999)

Tab. 18 (betr. Frage M 21): Einschätzung der eigenen Bedeutung für den Betrieb, nach Einkommen (Mitarbeiter in gewerblichen Betrieben)

	Bis 2500 Fr. monatlich	2501 - 3000 Fr. monatlich	Ueber 3000 Fr. monatlich	Durchschnitt 1-3
	1	2	3	4
	%	%	%	%
Betr. würde ohne meinen Einsatz funkt.	93	84	75	87
Betr. würde nicht ohne meinen Einsatz funktionieren	4	12	18	9
Kommt darauf an	3	3	7	4
Weiss nicht/k. Antwort	-	1	-	0
Summe	100	100	100	100
Anzahl Fälle	202	94	55	351

p = (.993)

Tab. 19 (betr. Fragen U 17 und M 22): Gefühl am Abend, etwas geleistet zu haben

	Mitarbeiter				Unternehmer (nur gewerbliche Betriebe)
	Gewerbliche Betriebe			Grosse Betriebe	
	3 - 19 Beschäftigte	20 - 199 Beschäftigte	Summe 1 + 2	200 und mehr Beschäftigte	
	1	2	3	4	5
	%	%	%	%	%
Ja, meistens	88	82	85	78	78
Ja, oft	7	11	8	15	19
Mal ja, mal nein	6	6	6	6	3
Nein, selten	1	1	1	2	-
Nein, praktisch nie	-	1	0	-	-
Weiss nicht/ keine Antwort	-	-	-	-	-
Summe	102	101	100	101	100
Anzahl Fälle	200	151	351	54	77

p = (.552) aus Spalten 3 und 4

p = (.959) aus Spalten 3 und 5

Tab. 20 (betr. Frage U 17): Zufriedenheit mit Arbeitsleistung, nach Leistungsgefühl (Unternehmer)

	Ja, meistens	Ja, oft	Mal ja, mal nein	Nein, selten	Nein, praktisch nie	Durchschnitt 1 - 5
	1	2	3	4	5	6
	%	%	%	%	%	%
Sehr zufrieden	30	-	-	-	-	23
Zufrieden	60	(67)	(100)	-	-	62
Weder zufrieden noch unzufrieden	5	(33)	-	-	-	10
Unzufrieden	5	-	-	-	-	4
Summe	100	(100)	(100)	-	-	99
Anzahl Fälle	60	15	2	-	-	77

p = (.986)

Tab. 21 (betr. Frage M 22): Zufriedenheit mit Arbeitsleistung, nach Leistungsgefühl (Mitarbeiter in gewerblichen Betrieben)

Sehr zufrieden	16	7	-	-	-	14
Zufrieden	81	66	55	(100)	(100)	79
Weder zufrieden noch unzufrieden	3	24	20	-	-	6
Unzufrieden	-	3	25	-	-	2
Summe	100	100	(100)	(100)	(100)	101
Anzahl Fälle	299	29	20	2	1	351

p = (1.000)

Tab. 22 (betr. Indexfragen M 4 und U 4): Zufriedenheit mit Anerkennung/Ansehen

	Mitarbeiter				Unternehmer (nur gewerbliche Betriebe)
	Gewerbliche Betriebe			Grosse Betriebe	
	3 - 19 Beschäftigte	20 - 199 Beschäftigte	Durchschnitt 1 + 2	200 und mehr Beschäftigte	
	1	2	3	4	5
	%	%	%	%	%
Sehr zufrieden	14	15	14	13	22
Zufrieden	61	60	60	48	70
Weder zufrieden noch unzufrieden	17	15	16	30	8
Unzufrieden	8	11	9	9	-
Sehr unzufrieden	1	1	1	-	-
Summe	101	102	100	100	100
Anzahl Fälle	200	151	351	54	77

p =(.835) aus Spalten 3 und 4

p =(.991) aus Spalten 3 und 5

Tab. 23 (betr. Indexfrage M 4): Zufriedenheit mit Anerkennung, nach Betriebsstandort (Mitarbeiter in gewerblichen Betrieben)

	Grossstadt und Agglomeration	Stadt und Agglomeration	Land	Durchschnitt 1 - 3
	1	2	3	4
	%	%	%	%
Sehr zufrieden	10	12	16	14
Zufrieden	53	54	65	60
Weder zufrieden noch unzufrieden	22	16	14	16
Unzufrieden	13	17	4	9
Sehr unzufrieden	1	-	0	1
Summe	99	99	99	100
Anzahl Fälle	68	81	202	351

p = .992

Tab. 24 (betr. Frage M 23): Einschätzung der Mitarbeiterposition durch den Chef in den Augen der Mitarbeiter

	Gewerbliche Betriebe			Grosse Betriebe
	3 - 19 Beschäftigte	20 - 199 Beschäftigte	Durchschnitt 1 + 2	200 und mehr Beschäftigte
	1	2	3	4
	%	%	%	%
Ja, Chef sieht meine Position für wichtig an	89	86	87	89
Nein, nicht	6	8	7	4
Weiss nicht/keine Antwort	6	6	6	7
Summe	101	100	100	100
Anzahl Fälle	200	150	350	54

p = .324 aus Spalten 3 und 4

Tab. 25 (betr. Frage U 18): Einschätzung der Unternehmerposition durch die Mitarbeiter in den Augen der Unternehmer

Ja, Mitarbeiter erkennen mehrheitlich Bedeutung	83	94	85
Nein, nicht	12	6	11
Weiss nicht / keine Antwort	5	-	4
Summe	100	100	100
Anzahl Fälle	61	16	77

p n.b.

Tab. 26 (betr. Frage M 23): Mitarbeitereinschätzung durch den Chef in den Augen der Mitarbeiter, nach Dauer der Betriebszugehörigkeit (gewerbliche Mitarbeiter)

	Unter 1 Jahr	1 - 6 Jahre	Ueber 6 Jahre	Durchschnitt 1 - 3
	1	2	3	4
	%	%	%	%
Ja, Chef sieht meine Position für wichtig an	82	83	92	87
Nein, nicht	9	9	3	7
Weiss nicht/Keine Antwort	9	8	4	6
Summe	100	100	99	100
Anzahl Fälle	34	143	173	350

p = .918

Tab. 27 (betr. Frage M 23): Mitarbeitereinschätzung durch den Chef in den Augen der Mitarbeiter, nach Einkommen (gewerbliche Mitarbeiter)

	bis 2500 Fr. monatlich	2501 - 3000 Fr. monatlich	Ueber 3000 Fr. monatlich	Durchschnitt 1 - 3
	1	2	3	4
	%	%	%	%
Ja, Chef sieht meine Position für wichtig an	85	90	93	87
Nein, nicht	7	5	5	7
Weiss nicht/Keine Antwort	8	4	2	6
Summe	100	99	100	100
Anzahl Fälle	202	93	55	350

p = .629

Tab. 28 (betr. Frage U 18): Unternehmereinschätzung durch die Mitarbeiter in den Augen der Unternehmer, nach Einkünften

Ja, Mitarbeiter erkennen mehrheitlich Bedeutung	(80)	(84)	88	85
Nein, nicht	-	(16)	10	11
Weiss nicht/Keine Antwort	(20)	-	2	4
Summe	(100)	(100)	100	100
Anzahl Fälle	5	17	55	77

p n.b.

Tab. 29 (betr. Frage U 18): Zufriedenheit mit Anerkennung, nach Unternehmereinschätzung durch die Mitarbeiter in den Augen der Unternehmer

	Ja, Mitarbeiter erkennen mehrheitlich Bedeutung	Nein, nicht	Weiss nicht/ Keine Antwort	Durchschnitt 1 - 3
	1	2	3	4
	%	%	%	%
Sehr zufrieden	23	(22)	-	22
Zufrieden	69	(67)	(100)	70
Weder zufrieden noch unzufrieden	8	(11)	-	8
Summe	100	(100)	(100)	100
Anzahl Fälle	65	9	3	77

p zwischen (.300) und (.500)

Tab. 30 (betr. Frage M 23): Zufriedenheit mit Anerkennung, nach Mitarbeitereinschätzung durch den Chef in den Augen der Mitarbeiter (in gewerblichen Betrieben)

	Ja, Chef sieht meine Position für wichtig an	Nein, nicht	Weiss nicht/ Keine Antwort	Durchschnitt 1 - 3
	1	2	3	4
	%	%	%	%
Sehr zufrieden	15	(4)	(10)	14
Zufrieden	63	(39)	(43)	61
Weder zufrieden noch unzufrieden	14	(35)	(24)	16
Unzufrieden	7	(22)	(24)	9
Sehr unzufrieden	1	-	-	1
Summe	100	(100)	(101)	101
Anzahl Fälle	306	23	21	350

p = (.997)

Tab. 31 (betr. Frage U 25a): Zufriedenheit mit Anerkennung nach Ansehen im Betrieb (Unternehmer)

Trägt Ihre Unternehmertätigkeit zu Ihrem Ansehen im Betrieb bei?	Ja	Nein	Weiss nicht/ Keine Antwort	Durchschnitt 1 - 3
	1	2	3	4
	%	%	%	%
Sehr zufrieden	25	(17)	-	22
Zufrieden	69	(67)	(86)	70
Weder zufrieden noch unzufrieden	6	(17)	(14)	8
Summe	100	(101)	(100)	100
Anzahl Fälle	64	6	7	77

p n.b.

Tab. 32 (betr. Frage M 24): Anerkennung guter Leistungen durch den Chef

	Mitarbeiter			
	Gewerbliche Betriebe			Grosse Betriebe
	3 - 19 Beschäftigte	20 - 199 Beschäftigte	Durchschnitt 1 + 2	200 und mehr Beschäftigte
	1	2	3	4
	%	%	%	%
Ja, anerkannt	68	65	67	63
Nein, selbstverständlich	30	35	32	31
Weiss nicht/Keine Antwort	2	1	1	6
Summe	100	101	100	100
Anzahl Fälle	200	150	350	54

p = .873 aus Spalten 3 und 4

Tab. 33 (betr.Frage U 19): Bedeutung der Anerkennung von Mitarbeiterleistungen (Unternehmer)

	Gewerbliche Betriebe		
	1 - 19 Beschäftigte	20 - 199 Beschäftigte	Durchschnitt 1 + 2
	1	2	3
	%	%	%
Anerkennung wichtig	89	(100)	91
Kommt darauf an	10	-	8
Anerkennung nicht wichtig	2	-	1
Weiss nicht/Keine Antwort	-	-	-
Summe	101	(100)	100
Anzahl Fälle	61	16	77

p = (.636)

Tab. 34 (betr. Frage M 25): Bedeutung der Anerkennung guter Leistungen für die Mitarbeiter

	Gewerbliche Betriebe			Grosse Betriebe
	3 - 19 Beschäftigte	20 - 199 Beschäftigte	Durchschnitt 1 + 2	200 und mehr Beschäftigte
	1	2	3	4
	%	%	%	%
Anerkennung wichtig	94	93	93	100
Anerkennung nicht wichtig	7	7	7	-
Weiss nicht/Keine Antwort	-	1	0	-
Summe	101	101	100	100
Anzahl Fälle	200	150	350	54

p = (.860) aus Spalten 3 und 4

Tab. 35 (betr. Frage M 25): Bedeutung der Anerkennung guter Leistungen für die Mitarbeiter, nach Betriebsstandort (gewerbliche Betriebe)

	Grossstadt und Agglomeration	Stadt und Agglomeration	Land	Durchschnitt 1 - 3
	1	2	3	4
	%	%	%	%
Anerkennung wichtig	91	95	93	93
Anerkennung nicht wichtig	9	5	6	7
Weiss nicht/Keine Antwort	-	-	0	0
Summe	100	100	99	100
Anzahl Fälle	68	80	202	350

p = (.195).

Tab. 36 (betr.Indexfrage M 4): Zufriedenheit mit Anerkennung nach erlebter Anerkennung (Mitarbeiter in gewerblichen Betrieben[a])

	Leistungen werden anerkannt	Leistungen für selbstverständlich genommen	Weiss nicht/ Keine Antwort	Durchschnitt 1 - 3
	1	2	3	4
	%	%	%	%
Sehr zufrieden	21	2	-	14
Zufrieden	72	38	(20)	60
Weder zufrieden noch unzufrieden	7	33	(40)	16
Unzufrieden	0	25	(40)	9
Sehr unzufrieden	-	2	-	1
Summe	100	100	(100)	100
Anzahl Fälle	233	112	5	350

p = (1.000)

a) Diese Auswertung entfällt für Unternehmer, da nicht umgekehrt diese der formellen Anerkennung ihrer Leistungen durch die Mitarbeiter bedürfen ... Als analoge Grösse bei den Unternehmern können wir stattdessen am ehesten das betriebsinterne Ansehen (s.o. Tab. 31) bezeichnen.

Tab. 37 (betr. Fragen U 23 und M 37): Meinung der Angehörigen von Stelle bzw. Tätigkeit der Befragten

	Mitarbeiter				Unternehmer (nur gewerbliche Betriebe)
	Gewerbliche Betriebe			Grosse Betriebe	
	3 - 19 Beschäftigte	20 - 199 Beschäftigte	Durchschnitt 1 + 2	200 und mehr Beschäftigte	
	1	2	3	4	5
	%	%	%	%	%
Sehr gute Meinung	32	25	29	31	29
Gute Meinung	54	56	55	41	58
Weder gute noch schlechte Meinung	6	6	6	15	1
Schlechte Meinung	3	3	3	7	3
Sehr schlechte Meinung	-	1	0	-	-
Unbekannte Meinung u.a. a)	6	9	7	6	9
Summe	101	100	100	100	100
Anzahl Fälle	200	151	351	54	77

p = (.941) aus Spalten 3 und 4

p = (.330) aus Spalten 3 und 5

---

a) Hier wurden die Befragten ohne Angehörige einbezogen.

Tab. 38 (betr. Indexfrage U 4): Zufriedenheit mit Ansehen nach Resonanz bei den Angehörigen (Unternehmer)

	Angehörige haben von meiner Tätigkeit ...						Durchschnitt 1 - 6
	...sehr gute Meinung	...gute Meinung	...weder gute noch schlechte Meinung	... schlechte Meinung	...sehr schlechte Meinung	...mir unbekannte Meinung u.a.	
	1	2	3	4	5	6	7
	%	%	%	%	%	%	%
Sehr zufrieden	36	15	-	-	-	(29)	22
Zufrieden	59	78	-	(100)	-	(57)	70
Weder zufrieden noch unzufrieden	5	7	(100)	-	-	(14)	8
Summe	100	100	(100)	(100)	-	(100)	100
Anzahl Fälle	22	45	1	2	-	7	77

p = (.974)

Tab. 39 (betr. Indexfrage M 4): Zufriedenheit mit Ansehen nach Resonanz bei den Angehörigen (gewerbliche Mitarbeiter)

	Angehörige haben von meiner Stelle ...						Durchschnitt 1 - 6
	...sehr gute Meinung	...gute Meinung	...weder gute noch schlechte Meinung	... schlechte Meinung	...sehr schlechte Meinung	...mir unbekannte Meinung u.a.	
	1	2	3	4	5	6	7
	%	%	%	%	%	%	%
Sehr zufrieden	22	12	(5)	-	-	12	14
Zufrieden	66	60	(60)	(40)	-	52	60
Weder zufrieden noch unzufrieden	8	19	(30)	(20)	-	16	16
Unzufrieden	4	8	(5)	(40)	-	20	9
Sehr unzufrieden	-	0	-	-	(100)	-	1
Summe	100	99	(100)	(100)	(100)	100	100
Anzahl Fälle	102	193	20	10	1	25	351

p = (1.000)

Tab. 40 (betr. Fragen U 25b und M 39): Beitrag der Tätigkeit/ Arbeit zum externen Ansehen

	Mitarbeiter				Unternehmer (nur gewerbliche Betriebe)
	Gewerbliche Betriebe			Grosse Betriebe	
	3 - 19 Beschäftigte	20 - 199 Beschäftigte	Durchschnitt 1 + 2	200 und mehr Beschäftigte	
	1	2	3	4	5
	%	%	%	%	%
Ja, trägt bei	82	83	83	76	84
Nein, trägt nicht bei	10	12	11	17	12
Weiss nicht/Keine Antwort	8	5	7	7	4
Summe	100	100	101	100	100
Anzahl Fälle	200	151	351	54	77

p = .569 aus Spalten 3 und 4

p aus Spalten 3 und 5 n.b.

Tab. 41 (betr. Frage M 39): Beitrag der Arbeit zum externen Ansehen, nach Betriebsstandort (Mitarbeiter in gewerblichen Betrieben)

	Grossstadt und Agglomeration	Stadt und Agglomeration	Land	Durchschnitt 1 - 3
	1	2	3	4
	%	%	%	%
Ja, trägt bei	78	81	85	83
Nein, trägt nicht bei	18	12	8	11
Weiss nicht/Keine Antwort	4	6	7	7
Summe	100	99	100	101
Anzahl Fälle	68	81	202	351

p = .777

Tab. 42 (betr. Indexfrage U 4): Zufriedenheit mit Ansehen nach Gewinnung von externem Ansehen (Unternehmer)

	Meine Tätigkeit trägt zu meinem Ansehen ausserhalb des Betriebes bei...			Durchschnitt 1 - 3
	Ja	Nein	Weiss nicht/ Keine Antwort	
	1	2	3	4
	%	%	%	%
Sehr zufrieden	23	(22)	-	22
Zufrieden	69	(78)	(67)	70
Weder zufrieden noch unzufrieden	7	-	(33)	8
Summe	99	(100)	(100)	100
Anzahl Fälle	65	9	3	77

p n.b.

Tab. 43 (betr. Indexfrage M 4): Zufriedenheit mit Ansehen nach Gewinnung von externem Ansehen (gewerbliche Mitarbeiter)

	Meine Arbeit trägt zu meinem Ansehen ausserhalb des Betriebes bei...			Durchschnitt 1 - 3
	Ja	Nein	Weiss nicht/ Keine Antwort	
	1	2	3	4
	%	%	%	%
Sehr zufrieden	15	11	(13)	14
Zufrieden	62	47	(65)	60
Weder zufrieden noch unzufrieden	14	29	(22)	16
Unzufrieden	9	11	-	9
Sehr unzufrieden	0	3	-	1
Summe	100	101	(100)	100
Anzahl Fälle	290	38	23	351

p = (.870)

Tab. 44 (betr. Indexfragen M 7 und U 7): Zufriedenheit mit Art der Arbeit bzw. Tätigkeit

	Mitarbeiter				Unternehmer (nur gewerbliche Betriebe)
	Gewerbliche Betriebe			Grosse Betriebe	
	3 - 19 Beschäftigte	20 - 199 Beschäftigte	Durchschnitt 1 + 2	200 und mehr Beschäftigte	
	1	2	3	4	5
	%	%	%	%	%
Sehr zufrieden	22	23	23	43	40
Zufrieden	67	60	64	39	53
Weder zufrieden noch unzufrieden	10	10	10	11	6
Unzufrieden	2	7	4	6	-
Sehr unzufrieden	-	1	0	2	-
Summe	101	101	101	101	99
Anzahl Fälle	200	151	351	54	77

p = (.995) aus Spalten 3 und 4
p = (.988) aus Spalten 3 und 5

Tab. 45 (betr. Indexfrage M 7):Zufriedenheit mit Art der Arbeit nach Tätigkeitskategorie (gewerbliche Mitarbeiter)

	Ueberwiegend manuelle Tätigkeiten	Ueberwiegend nichtmanuelle Tätigkeiten	Durchschnitt 1 + 2
	1	2	3
	%	%	%
Sehr zufrieden	20	30	23
Zufrieden	65	60	64
Weder zufrieden noch unzufrieden	11	4	10
Unzufrieden	3	6	4
Sehr unzufrieden	0	-	0
Summe	99	100	101
Anzahl Fälle	274	77	351

p zwischen ,900 und ,950

Tab. 46 (betr. Frage M 26): Abwechslungsgrad der Arbeit nach Betriebsgrösse

	Mitarbeiter			
	Gewerbliche Betriebe			Grosse Betriebe
	3 - 19 Beschäftigte	20 - 199 Beschäftigte	Durchschnitt 1 + 2	200 und mehr Beschäftigte
	1	2	3	4
	%	%	%	%
Meine Arbeit bietet ... Abwechslung				
sehr viel	51	32	43	28
ziemlich viel	41	50	45	48
weder viel noch wenig	4	9	6	13
ziemlich wenig	4	7	5	7
sehr wenig	1	1	1	4
Summe	101	99	100	100
Anzahl Fälle	200	150	350	54

p = .940 aus Spalten 3 und 4

Tab. 47 (betr. Indexfrage M 7): Zufriedenheit mit Art der Arbeit nach Abwechslungsgrad der Arbeit (gewerbliche Mitarbeiter)

	Meine Arbeit bietet ... Abwechslung					Durchschnitt 1 - 5
	sehr viel	ziemlich viel	weder viel noch wenig	ziemlich wenig	sehr wenig	
	1	2	3	4	5	6
	%	%	%	%	%	%
Sehr zufrieden	38	13	(5)	(5)	-	23
Zufrieden	55	70	(82)	(53)	(67)	63
Weder zufrieden noch unzufrieden	5	14	(9)	(16)	-	10
Unzufrieden	2	3	(5)	(26)	-	4
Sehr unzufrieden	-	-	-	-	(33)	0
Summe	100	100	(101)	(100)	(100)	100
Anzahl Fälle	150	156	22	19	3	350

p = (1.000)

Tab. 48 (betr. Fragen M 30 und U 21): Möglichkeit, durch die Arbeit private Probleme zu vergessen

	Mitarbeiter				Unternehmer (nur gewerbliche Betriebe)
	Gewerbliche Betriebe			Grosse Betriebe	
	3 - 19 Beschäftigte	20 - 199 Beschäftigte	Durchschnitt 1 + 2	200 und mehr Beschäftigte	
	1	2	3	4	5
	%	%	%	%	%
Ja, Möglichkeit	58	51	55	43	57
Nein, keine Möglichkeit	29	35	31	35	18
Habe keine privaten Probleme	12	13	12	15	25
Weiss nicht/Keine Antwort	2	1	1	7	-
Summe	101	100	99	100	100
Anzahl Fälle	200	151	351	54	77

p = .975 aus Spalten 3 und 4,

p = .991 aus Spalten 3 und 5.

Tab. 49 (betr. Indexfrage U 7): Zufriedenheit mit Art der Tätigkeit nach der Möglichkeit, private Probleme zu vergessen (Unternehmer)

	Ja, Möglichkeit	Nein, keine Möglichkeit	Habe keine privaten Probleme	Weiss nicht/ Keine Antwort	Durchschnitt 1 - 4
	1	2	3	4	5
	%	%	%	%	%
Sehr zufrieden	45	(29)	37	-	40
Zufrieden	48	(57)	63	-	53
Weder zufrieden noch unzufrieden	7	(14)	-	-	6
Summe	100	(100)	100	-	99
Anzahl Fälle	44	14	19	0	77

p n.b.

Tab. 50 (betr. Indexfrage M 7): Zufriedenheit mit Art der Arbeit nach der Möglichkeit, private Probleme zu vergessen (gewerbliche Mitarbeiter)

Sehr zufrieden	26	14	26	(40)	23
Zufrieden	64	66	60	(20)	64
Weder zufrieden noch unzufrieden	7	12	12	(40)	10
Unzufrieden	3	7	2	-	4
Sehr unzufrieden	-	1	-	-	0
Summe	100	100	100	(100)	101
Anzahl Fälle	193	110	43	5	351

p = (.949)

Tab. 51 (betr. Frage M 27): Freiheit bei der Arbeitsausführung,nach Einkommen (gewerbliche Mitarbeiter)

	bis 2500 Fr. monatlich	2501 - 3000 Fr. monatlich	Ueber 3000 Fr. monatlich	Durchschnitt 1 - 3
	1	2	3	4
	%	%	%	%
Bei der Ausführung meiner Arbeit bin ich ...				
sehr frei	30	46	78	42
ziemlich frei	57	44	18	47
weder frei noch unfrei	8	6	4	7
wenig frei	4	3	-	3
überhaupt nicht frei	1	-	-	1
Summe	100	99	100	100
Anzahl Fälle	202	93	55	350

p = (1.000)

Tab. 52 (betr. Indexfrage M 7): Zufriedenheit mit Art der Arbeit nach Freiheit bei der Arbeitsausführung (gewerbliche Mitarbeiter)

	Bei der Ausführung meiner Arbeit bin ich ...					Durchschnitt 1 - 5
	sehr frei	ziemlich frei	weder frei noch unfrei	wenig frei	überhaupt nicht frei	
	1	2	3	4	5	6
	%	%	%	%	%	%
Sehr zufrieden	32	18	-	(18)	-	23
Zufrieden	59	67	(67)	(64)	(50)	63
Weder zufrieden noch unzufrieden	8	11	(21)	-	(50)	10
Unzufrieden	2	4	(13)	(18)	-	4
Sehr unzufrieden	1	-	-	-	-	0
Summe	100	100	(101)	(100)	(100)	100
Anzahl Fälle	147	166	24	11	2	350

p = (.998)

Tab. 53 (betr. Frage M 28): Einfluss auf Arbeitstempo nach Betriebsgrösse

	Mitarbeiter			
	Gewerbliche Betriebe			Grosse Betriebe
	3 - 19 Beschäftigte	20 - 199 Beschäftigte	Durchschnitt 1 + 2	200 und mehr Beschäftigte
	1	2	3	4
	%	%	%	%
Kann Arbeitstempo selber bestimmen	80	57	70	44
Arbeitstempo steht fest	6	28	15	31
Kommt auf Arbeit an	15	15	15	24
Summe	101	100	100	99
Anzahl Fälle	200	151	351	54

p = .999 aus Spalten 3 und 4

Tab. 54 (betr. Indexfrage M 7): Zufriedenheit mit Art der Arbeit nach Einfluss auf Arbeitstempo (gewerbliche Mitarbeiter)

	Kann Arbeitstempo selber bestimmen	Arbeitstempo steht fest	Kommt auf Arbeit an	Durchschnitt 1 - 3
	1	2	3	4
	%	%	%	%
Sehr zufrieden	24	22	17	23
Zufrieden	64	56	67	63
Weder zufrieden noch unzufrieden	9	13	10	10
Unzufrieden	3	7	6	4
Sehr unzufrieden	-	2	-	0
Summe	100	100	100	100
Anzahl Fälle	245	54	52	351

p = (.767)

Tab. 55 (betr. Frage M 31): Möglichkeit, sich selbständig zu machen, nach Betriebsgrösse

	Mitarbeiter			
	Gewerbliche Betriebe			Grosse Betriebe
	3 - 19 Beschäftigte	20 - 199 Beschäftigte	Durchschnitt 1 + 2	200 und mehr Beschäftigte
	1	2	3	4
	%	%	%	%
Möglichkeit besteht	74	68	71	63
Möglichkeit besteht nicht	25	30	27	35
Weiss nicht/keine Antwort	2	1	2	2
Summe	101	99	100	100
Anzahl Fälle	200	151	351	54

p = .541 aus Spalten 3 und 4

Tab. 56 (betr. Frage M 31): Möglichkeit, sich selbständig zu machen, nach Alter (gewerbliche Mitarbeiter)

	18 - 34 Jahre	35 - 49 Jahre	50 und mehr Jahre	Durchschnitt 1 - 3
	1	2	3	4
	%	%	%	%
Möglichkeit besteht	77	72	58	71
Möglichkeit besteht nicht	21	26	41	27
Weiss nicht/keine Antwort	2	2	1	2
Summe	100	100	100	100
Anzahl Fälle	173	93	85	351

p = (.984)

Tab. 57 (betr. Frage M 31): **Möglichkeit, sich selbständig zu machen,** nach Berufsausbildung (gewerbliche Mitarbeiter)

	Angelernt	Abgeschlossene Berufslehre	Abgeschlossene Meisterausbildung	HTL, Hochschule und andere	Durchschnitt 1 - 4
	1	2	3	4	5
	%	%	%	%	%
Möglichkeit besteht	46	74	(100)	(93)	71
Möglichkeit besteht nicht	49	25	-	(7)	27
Weiss nicht/keine Antwort	5	1	-	-	2
Summe	100	100	(100)	(100)	100
Anzahl Fälle	63	254	20	14	351

p n.b.

Tab. 58 (betr. Frage M 31): **Möglichkeit, sich selbständig zu machen,** nach Tätigkeitskategorie (gewerbliche Mitarbeiter)

	Ueberwiegend manuelle Tätigkeiten	Ueberwiegend nichtmanuelle Tätigkeiten	Durchschnitt 1 + 2
	1	2	3
	%	%	%
Möglichkeit besteht	68	83	71
Möglichkeit besteht nicht	30	17	27
Weiss nicht/keine Antwort	2	-	2
Summe	100	100	100
Anzahl Fälle	274	77	351

p n.b.

Tab. 59 (betr. Frage M 31): Möglichkeit, sich selbständig zu machen, nach Einkommen (gewerbliche Mitarbeiter)

	bis 2500 Fr. monatlich	2501 - 3000 Fr. monatlich	Ueber 3000 Fr. monatlich	Durchschnitt 1 - 3
	1	2	3	4
	%	%	%	%
Möglichkeit besteht	60	84	91	71
Möglichkeit besteht nicht	38	15	9	27
Weiss nicht/keine Antwort	2	1	-	2
Summe	100	100	100	100
Anzahl Fälle	202	94	55	351

p = (1.000)

Tab. 60 (betr. Indexfragen M 8 und U 8): Zufriedenheit mit der Verantwortung

	Mitarbeiter				Unternehmer (nur gewerbliche Betriebe)
	Gewerbliche Betriebe			Grosse Betriebe	
	3 - 19 Beschäftigte	20 - 199 Beschäftigte	Durchschnitt 1 + 2	200 und mehr Beschäftigte	
	1	2	3	4	5
	%	%	%	%	%
Sehr zufrieden	13	17	15	19	32
Zufrieden	77	71	74	65	65
Weder zufrieden noch unzufrieden	7	7	7	6	3
Unzufrieden	3	5	4	9	-
Sehr unzufrieden	-	-	-	2	-
Summe	100	100	100	101	100
Anzahl Fälle	199	151	350	54	77

p = (.967) aus Spalten 3 und 4

p = .999 aus Spalten 3 und 5

Tab. 61 (betr. Indexfrage M 8): Zufriedenheit mit der Verantwortung nach Tätigkeitskategorie (gewerbliche Mitarbeiter)

	Ueberwiegend manuelle Tätigkeiten	Ueberwiegend nichtmanuelle Tätigkeiten	Durchschnitt 1 + 2
	1	2	3
	%	%	%
Sehr zufrieden	11	26	15
Zufrieden	78	59	74
Weder zufrieden noch unzufrieden	7	9	7
Unzufrieden	4	5	4
Sehr unzufrieden	-	-	-
Summe	100	99	100
Anzahl Fälle	274	76	350

P zwischen .995 und .999

Tab. 62 (betr. Indexfrage M 8): Zufriedenheit mit der Verantwortung nach Einkommen (gewerbliche Mitarbeiter)

	Bis 2500 Fr. monatlich	2501-3000 Fr. monatlich	Ueber 3000 Fr. monatlich	Durchschnitt 1 - 3
	1	2	3	4
	%	%	%	%
Sehr zufrieden	10	16	29	15
Zufrieden	78	73	62	74
Weder zufrieden noch unzufrieden	6	9	7	7
Unzufrieden	5	2	2	4
Sehr unzufrieden	-	-	-	-
Summe	99	100	100	100
Anzahl Fälle	201	94	55	350

p = .983

Tab. 63 (betr. Indexfrage M 8): Zufriedenheit mit der Verantwortung, nach Berufsausbildung (gewerbliche Mitarbeiter)

	Angelernt	Abgeschlossene Berufslehre	Abgeschlossene Meisterausbildung	HTL, Hochschule und andere	Durchschnitt 1 - 4
	1	2	3	4	5
	%	%	%	%	%
Sehr zufrieden	13	13	(25)	(36)	15
Zufrieden	81	75	(60)	(50)	74
Weder zufrieden noch unzufrieden	2	8	(10)	(14)	7
Unzufrieden	5	4	(5)	-	4
Sehr unzufrieden	-	-	-	-	-
Summe	101	100	(100)	(100)	100
Anzahl Fälle	63	253	20	14	350

p unter (.750)

Tab. 64 (betr. Fragen M 33 und U 22a): Verantwortungsgefühl der Kollegen bzw. Mitarbeiter für ihre Arbeit in den Augen der Befragten

	Mitarbeiter				Unternehmer (nur gewerbliche Betriebe)
	Gewerbliche Betriebe			Grosse Betriebe	
	3 - 19 Beschäftigte	20 - 199 Beschäftigte	Durchschnitt 1 + 2	200 und mehr Beschäftigte	
	1	2	3	4	5
	%	%	%	%	%
Ausser Chef fühlt sich kaum einer verantwortlich	4	1	3	-	3
Nur Minderheit fühlt sich verantwortlich	15	23	18	33	9
Die meisten fühlen sich verantwortlich	39	56	46	43	47
Praktisch alle fühlen sich verantwortlich	40	19	31	4	40
Weiss nicht/keine Antwort	3	2	3	20	1
Summe	101	101	101	100	100
Anzahl Fälle	200	151	351	54	77

p = 1.000 aus Spalten 3 und 4,

p = . 734 aus Spalten 3 und 5.

Tab. 65 (betr.Frage M 32): Wunsch nach mehr/weniger Verantwortung

	Mitarbeiter			
	Gewerbliche Betriebe			Grosse Betriebe
	3 - 19 Beschäftigte	20 - 199 Beschäftigte	Durchschnitt 1 + 2	200 und mehr Beschäftigte
	1	2	3	4
	%	%	%	%
Möchte lieber mehr Verantwortung	35	36	36	48
Jetzige Situation richtig	58	54	56	46
Möchte lieber weniger Verantwortung	6	8	7	6
Weiss nicht/keine Antwort	2	1	1	-
Summe	101	99	100	100
Anzahl Fälle	200	151	351	54

p = (.702) aus Spalten 3 und 4

Tab. 66 (betr. Frage M 32): Wunsch bezüglich mehr/weniger Verantwortung, nach Alter (gewerbliche Mitarbeiter)

	18 - 34 Jahre	35 - 49 Jahre	50 und mehr Jahre	Durchschnitt 1 - 3
	1	2	3	4
	%	%	%	%
Möchte lieber mehr Verantwortung	43	42	14	36
Jetzige Situation richtig	49	55	72	56
Möchte lieber weniger Verantwortung	8	3	9	7
Weiss nicht/keine Antwort	1	-	5	1
Summe	101	100	100	100
Anzahl Fälle	173	93	85	351

p = 1.000

Tab. 67 (betr. Frage M 32): Wunsch bezüglich mehr/weniger Verantwortung, nach Berufsausbildung (gewerbliche Mitarbeiter)

	Angelernt	Abgeschlossene Berufslehre	Abgeschlossene Meisterausbildung	HTL, Hochschule und andere	Durchschnitt 1 - 4
	1	2	3	4	5
	%	%	%	%	%
Möchte lieber mehr Verantwortung	21	37	50	(57)	36
Jetzige Situation richtig	71	54	45	(36)	56
Möchte lieber weniger Verantwortung	8	7	5	-	7
Weiss nicht/keine Antwort	-	2	-	(7)	1
Summe	100	100	100	(100)	100
Anzahl Fälle	63	254	20	14	351

p zwischen .750 und .900

Tab. 68 (betr. Indexfrage M 8): Zufriedenheit mit der Verantwortung nach Wunsch bezüglich Verantwortung (gewerbliche Mitarbeiter)

	Möchte lieber mehr Verantwortung	Jetzige Situation richtig	Möchte lieber weniger Verantwortung	Weiss nicht/ keine Antwort	Durchschnitt 1 - 4
	1	2	3	4	5
	%	%	%	%	%
Sehr zufrieden	12	17	(8)	-	15
Zufrieden	67	78	(83)	(80)	74
Weder zufrieden noch unzufrieden	12	4	(8)	(20)	7
Unzufrieden	9	2	-	-	4
Sehr unzufrieden	-	-	-	-	-
Summe	100	101	(99)	(100)	100
Anzahl Fälle	125	196	24	5	350

p = (.996)

Tab. 69 (betr.Frage M 34): Kompetenzen zur Ausführung der Arbeit

	Mitarbeiter			
	Gewerbliche Betriebe			Grosse Betriebe
	3 - 19 Beschäftigte	20 - 199 Beschäftigte	Durchschnitt 1 + 2	200 und mehr Beschäftigte
	1	2	3	4
	%	%	%	%
Genügend Kompetenzen	91	86	89	83
Nicht genügend Kompetenzen	9	13	11	17
Weiss nicht/keine Antwort	-	1	0	-
Summe	100	100	100	100
Anzahl Fälle	200	151	351	54

p = (.571) aus Spalten 3 und 4

Tab. 70 (betr. Indexfrage M 8): Zufriedenheit mit der Verantwortung nach Verfügbarkeit von Kompetenzen zur Arbeitsausführung (gewerbliche Mitarbeiter)

	Genügend Kompetenzen	Nicht genügend Kompetenzen	Weiss nicht/ keine Antwort	Durchschnitt 1 - 3
	1	2	3	4
	%	%	%	%
Sehr zufrieden	16	5	-	15
Zufrieden	75	71	(100)	74
Weder zufrieden noch unzufrieden	5	21	-	7
Unzufrieden	4	3	-	4
Sehr unzufrieden	-	-	-	-
Summe	100	100	(100)	100
Anzahl Fälle	311	38	1	350

p = (.977)

Tab. 71 (betr. Frage M 35): Kompetenzen zur Erteilung von Weisungen

	Mitarbeiter			
	Gewerbliche Betriebe			Grosse Betriebe
	3 - 19 Beschäftigte	20 - 199 Beschäftige	Durchschnitt 1 + 2	200 und mehr Beschäftigte
	1	2	3	4
	%	%	%	%
Habe Weisungskompetenzen	71	73	72	78
Habe keine Weisungskompetenzen	29	26	28	22
Weiss nicht/keine Antwort	1	1	1	-
Summe	101	100	101	100
Anzahl Fälle	200	151	351	54

p = .458 aus Spalten 3 und 4

Tab. 72 (betr. Indexfrage M 8): Zufriedenheit mit der Verantwortung nach Verfügbarkeit von Weisungskompetenzen (gewerbliche Mitarbeiter)

	Habe Weisungskompetenzen	Habe keine Weisungskompetenzen	Weiss nicht/ keine Antwort	Durchschnitt 1 - 3
	1	2	3	4
	%	%	%	%
Sehr zufrieden	18	5	-	15
Zufrieden	72	79	(100)	74
Weder zufrieden noch unzufrieden	7	8	-	7
Unzufrieden	3	7	-	4
Sehr unzufrieden	-	-	-	-
Summe	100	99	(100)	100
Anzahl Fälle	250	97	3	350

p = (.965)

Tab. 73 (betr. Indexfragen M 2 und U 2): Zufriedenheit mit den Entwicklungsmöglichkeiten

	Mitarbeiter				Unternehmer (nur gewerbliche Betriebe)
	Gewerbliche Betriebe			Grosse Betriebe	
	3 - 19 Beschäftigte	20 - 199 Beschäftigte	Durchschnitt 1 + 2	200 und mehr Beschäftigte	
	1	2	3	4	5
	%	%	%	%	%
Sehr zufrieden	5	5	5	15	8
Zufrieden	40	38	39	33	55
Weder zufrieden noch unzufrieden	41	40	40	31	27
Unzufrieden	13	16	14	19	10
Sehr unzufrieden	2	-	1	2	-
Summe	101	99	99	100	100
Anzahl Fälle	200	151	351	54	77

p = (.923) aus Spalten 3 und 4

p = .928 aus Spalten 3 und 5

Tab. 74 (betr. Indexfrage M 2): Zufriedenheit mit den Entwicklungsmöglichkeiten nach Alter (gewerbliche Mitarbeiter)

	18 - 34 Jahre	35 - 49 Jahre	50 und mehr Jahre	Durchschnitt 1 - 3
	1	2	3	4
	%	%	%	%
Sehr zufrieden	9	4	-	5
Zufrieden	41	40	34	39
Weder zufrieden noch unzufrieden	31	43	56	40
Unzufrieden	18	12	8	14
Sehr unzufrieden	1	1	1	1
Summe	100	100	99	99
Anzahl Fälle	173	93	85	351

p = .998

Tab. 75 (betr. Indexfrage M 2): Zufriedenheit mit den Entwicklungsmöglichkeiten nach Dauer der Betriebszugehörigkeit (gewerbliche Mitarbeiter)

	Unter 1 Jahr	1 - 6 Jahre	Ueber 6 Jahre	Durchschnitt 1 - 3
	1	2	3	4
	%	%	%	%
Sehr zufrieden	15	3	6	5
Zufrieden	38	44	35	39
Weder zufrieden noch unzufrieden	26	35	48	40
Unzufrieden	21	15	11	14
Sehr unzufrieden	-	3	-	1
Summe	100	100	100	99
Anzahl Fälle	34	143	174	351

p = (.995)

Tab. 76 (betr. Indexfrage M 2):Zufriedenheit mit den Entwicklungsmöglichkeiten nach Berufsausbildung (gewerbliche Mitarbeiter)

	Angelernt	Abgeschlossene Berufslehre	Abgeschlossene Meisterausbildung	HTL, Hochschule und andere	Durchschnitt 1 - 4
	1	2	3	4	5
	%	%	%	%	%
Sehr zufrieden	2	5	(10)	(29)	5
Zufrieden	44	38	(45)	(21)	39
Weder zufrieden noch unzufrieden	46	41	(20)	(36)	40
Unzufrieden	8	15	(20)	(7)	14
Sehr unzufrieden	-	1	(5)	(7)	1
Summe	100	100	(100)	(100)	99
Anzahl Fälle	63	254	20	14	351

p zwischen .900 und .950

Tab. 77 (betr. Indexfrage U 2): Zufriedenheit mit den Entwicklungsmöglichkeiten, nach Alter (Unternehmer)

	18 - 34 Jahre	35 - 49 Jahre	50 und mehr Jahre	Durchschnitt 1 - 3
	1	2	3	4
	%	%	%	%
Sehr zufrieden	-	16	-	8
Zufrieden	(89)	53	47	55
Weder zufrieden noch unzufrieden	(11)	13	50	27
Unzufrieden	-	18	3	10
Sehr unzufrieden	-	-	-	-
Summe	(100)	100	100	100
Anzahl Fälle	9	38	30	77

p = (.999)

Tab. 78 (betr. Indexfrage U 2): Zufriedenheit mit den Entwicklungsmöglichkeiten, nach Einkünften (Unternehmer)

	bis 2500 Fr. monatlich	2501 - 3000 Fr. monatlich	Ueber 3000 Fr. monatlich	Durchschnitt 1 - 3
	1	2	3	4
	%	%	%	%
Sehr zufrieden	-	(6)	9	8
Zufrieden	(60)	(38)	58	55
Weder zufrieden noch unzufrieden	(40)	(56)	18	27
Unzufrieden	-	-	15	10
Sehr unzufrieden	-	-	-	-
Summe	(100)	(100)	100	100
Anzahl Fälle	5	17	55	77

p = (.924)

Tab. 78 (betr.Frage M 36): Gefühl, bei der Arbeit etwas zu lernen

	Mitarbeiter			
	Gewerbliche Betriebe			Grosse Betriebe
	3 - 19 Beschäftigte	20 - 199 Beschäftigte	Durchschnitt 1 + 2	200 und mehr Beschäftigte
	1	2	3	4
	%	%	%	%
Ja, sicher	78	70	75	70
Ja, ein wenig	19	20	19	13
Nein, kaum	2	8	5	11
Nein, überhaupt nicht	2	2	2	6
Weiss nicht/keine Antwort	-	-	-	-
Summe	101	100	101	100
Anzahl Fälle	200	151	351	54

p = .952 aus Spalten 3 und 4

Tab. 80 (betr. Frage M 36): Gefühl, bei der Arbeit etwas zu lernen, nach Alter (gewerbliche Mitarbeiter)

	18 - 34 Jahre	35 - 49 Jahre	50 und mehr Jahre	Durchschnitt 1 - 3
	1	2	3	4
	%	%	%	%
Ja, sicher	80	69	69	75
Ja, ein wenig	16	24	20	19
Nein, kaum	3	8	5	5
Nein, überhaupt nicht	1	-	6	2
Weiss nicht/Keine Antwort	-	-	-	-
Summe	100	101	100	101
Anzahl Fälle	173	93	85	351

p = (.993)

Tab. 81 (betr. Indexfrage M 2): Zufriedenheit mit den Entwicklungsmöglichkeiten nach Gefühl des Lernens bei der Arbeit (gewerbliche Mitarbeiter)

	Ja, lerne sicher	Ja, ein wenig	Nein, kaum	Nein, überhaupt nicht	Weiss nicht/ keine Antwort	Durchschnitt 1 - 5
	1	2	3	4	5	6
	%	%	%	%	%	%
Sehr zufrieden	7	-	-	-	-	5
Zufrieden	44	25	(31)	-	-	39
Weder zufrieden noch unzufrieden	39	45	(44)	(67)	-	40
Unzufrieden	10	28	(25)	(17)	-	14
Sehr unzufrieden	1	1	-	(17)	-	1
Summe	101	99	(100)	(101)	-	99
Anzahl Fälle	262	67	16	6	-	351

p = (1.000)

Tab. 82 (betr. Frage M 40): Möglichkeiten der Weiterbildung

	Mitarbeiter			
	Gewerbliche Betriebe			Grosse Betriebe
	3 - 19 Beschäftigte	20 - 199 Beschäftige	Durchschnitt 1 + 2	200 und mehr Beschäftigte
	1	2	3	4
	%	%	%	%
Gute Möglichkeiten	57	54	55	61
Wenig Möglichkeiten	37	41	38	33
Weiss nicht/keine Antwort	7	5	6	6
Summe	101	100	99	100
Anzahl Fälle	200	151	351	54

p = .277 aus Spalten 3 und 4

Tab. 83 (betr. Frage M 40): Möglichkeiten der Weiterbildung, nach Alter (gewerbliche Mitarbeiter)

Gute Möglichkeiten	62	58	38	55
Wenig Möglichkeiten	33	38	51	38
Weiss nicht/keine Antwort	5	4	12	6
Summe	100	100	101	99
Anzahl Fälle	173	93	85	351

p = .998

Tab. 84 (betr. Frage M 40): Möglichkeiten der Weiterbildung, nach Betriebsstandort (gewerbliche Mitarbeiter)

	Grossstadt und Agglomeration	Stadt und Agglomeration	Land	Durchschnitt 1 - 3
	1	2	3	4
	%	%	%	%
Gute Möglichkeiten	47	49	60	55
Wenig Möglichkeiten	49	46	32	38
Weiss nicht/keine Antwort	4	5	7	6
Summe	100	100	99	99
Anzahl Fälle	68	81	202	351

p = .919

Tab. 85 (betr. Indexfrage M 2): Zufriedenheit mit den Entwicklungsmöglichkeiten nach Fortbildungschancen (gewerbliche Mitarbeiter)

	Gute Chancen	Wenig Chancen	Weiss nicht/ keine Antwort	Durchschnitt 1 - 3
	1	2	3	4
	%	%	%	%
Sehr zufrieden	9	1	-	5
Zufrieden	48	24	(45)	39
Weder zufrieden noch unzufrieden	35	48	(45)	40
Unzufrieden	7	24	(9)	14
Sehr unzufrieden	0	2	-	1
Summe	99	99	(99)	99
Anzahl Fälle	194	135	22	351

p = (1.000)

Tab. 86 (betr. Fragen M 38a und U 24a): Möglichkeit des Weiterkommens (Mitarbeiter) bzw. der Ausdehnung (Unternehmer)

	Mitarbeiter				Unternehmer (nur gewerbliche Betriebe)
	Gewerbliche Betriebe			Grosse Betriebe	
	3 - 19 Beschäftigte	20 - 199 Beschäftigte	Durchschnitt 1 + 2	200 und mehr Beschäftigte	
	1	2	3	4	5
	%	%	%	%	%
Habe Möglichkeit	34	34	34	48	58
Habe keine Möglichkeit	64	62	63	46	40
Weiss nicht/keine Antwort	2	4	3	6	1
Summe	100	100	100	100	99
Anzahl Fälle	200	151	351	54	77

p = .943 aus Spalten 3 und 4

p = 1.000 aus Spalten 3 und 5

Tab. 87 (betr. Frage M 38a): Möglichkeiten des Weiterkommens, nach Dauer der Betriebszugehörigkeit (gewerbliche Mitarbeiter)

	Unter 1 Jahr	1 - 6 Jahre	Ueber 6 Jahre	Durchschnitt 1 - 3
	1	2	3	4
	%	%	%	%
Habe Möglichkeit	47	40	27	34
Habe keine Möglichkeit	50	55	72	63
Weiss nicht/Keine Antwort	3	5	1	3
Summe	100	100	100	100
Anzahl Fälle	34	143	174	351

p = .992

Tab. 88 (betr. Frage M 38a): Möglichkeiten des Weiterkommens, nach Alter (gewerbliche Mitarbeiter)

	18 - 34 Jahre	35 - 49 Jahre	50 und mehr Jahre	Durchschnitt 1 - 3
	1	2	3	4
	%	%	%	%
Habe Möglichkeit	49	25	14	34
Habe keine Möglichkeit	47	73	85	63
Weiss nicht/Keine Antwort	4	2	1	3
Summe	100	100	100	100
Anzahl Fälle	173	93	85	351

p = 1.000

Tab. 89 (betr. Frage U 24a): Möglichkeiten der Ausdehnung, nach Alter (Unternehmer)

Habe Möglichkeit	(56)	71	43	58
Habe keine Möglichkeit	(33)	29	57	40
Weiss nicht/Keine Antwort	(11)	-	-	1
Summe	(100)	100	100	99
Anzahl Fälle	9	38	30	77

p = (.989)

Tab. 90 (betr. Indexfrage M 2): Zufriedenheit mit den Entwicklungsmöglichkeiten nach Aufstiegschance (gewerbliche Mitarbeiter)

	Habe Chance zum Weiterkommen	Habe keine Chance zum Weiterkommen	Weiss nicht/ keine Antwort	Durchschnitt 1 - 3
	1	2	3	4
	%	%	%	%
Sehr zufrieden	16	-	-	5
Zufrieden	58	29	(50)	39
Weder zufrieden noch unzufrieden	18	53	(20)	40
Unzufrieden	8	16	(30)	14
Sehr unzufrieden	-	2	-	1
Summe	100	100	(100)	99
Anzahl Fälle	120	221	10	351

p = (1.000)

Tab. 91 (betr. Indexfrage U 2): Zufriedenheit mit den Entwicklungsmöglichkeiten nach Ausdehnungschance (Unternehmer)

	Habe Ausdehnungschance	Habe keine Ausdehnungschance	Weiss nicht/ keine Antwort	Durchschnitt 1 - 3
	1	2	3	4
	%	%	%	%
Sehr zufrieden	11	3	-	8
Zufrieden	58	48	(100)	55
Weder zufrieden noch unzufrieden	20	39	-	27
Unzufrieden	11	10	-	10
Sehr unzufrieden	-	-	-	-
Summe	100	100	(100)	100
Anzahl Fälle	45	31	1	77

p = (.458)

Tab. 92 (betr. Fragen M 38b und U 24b): Wunsch des Weiterkommens (Mitarbeiter) bzw. der Ausdehnung (Unternehmer) bei gegebener Möglichkeit

	Mitarbeiter				Unternehmer (nur gewerbliche Betriebe)
	Gewerbliche Betriebe			Grosse Betriebe	
	3 - 19 Beschäftigte	20 - 199 Beschäftigte	Durchschnitt 1 + 2	200 und mehr Beschäftigte	
	1	2	3	4	5
	%	%	%	%	%
Wunsch besteht	59	69	63	73	51
Wunsch besteht nicht	40	31	36	18	49
Weiss nicht/keine Antwort	1	-	1	8	-
Summe	100	100	100	100	100
Anzahl Fälle	68	52	120	26	45

p = .970 aus Spalten 3 und 4,

p = (.728) aus Spalten 3 und 5

Tab. 93 (betr. Indexfrage M 2): Zufriedenheit mit den Entwicklungsmöglichkeiten nach Aufstiegswunsch (gewerbliche Mitarbeiter)

	Aufstiegswunsch besteht	Aufstiegswunsch besteht nicht	Weiss nicht/ keine Antwort	Durchschnitt 1 - 3
	1	2	3	4
	%	%	%	%
Sehr zufrieden	22	2	(100)	16
Zufrieden	55	63	-	58
Weder zufrieden noch unzufrieden	13	28	-	18
Unzufrieden	9	7	-	8
Sehr unzufrieden	-	-	-	-
Summe	99	100	(100)	100
Anzahl Fälle	76	43	1	120

p = (.986)

Tab. 94 (betr. Indexfrage U 2): Zufriedenheit mit den Entwicklungsmöglichkeiten nach Ausdehnungswunsch (Unternehmer)

	Ausdehnungswunsch besteht	Ausdehnungswunsch besteht nicht	Weiss nicht/ keine Antwort	Durchschnitt 1 - 3
	1	2	3	4
	%	%	%	%
Sehr zufrieden	(9)	(14)	-	11
Zufrieden	(70)	(45)	-	58
Weder zufrieden noch unzufrieden	(9)	(32)	-	20
Unzufrieden	(13)	(9)	-	11
Sehr unzufrieden	-	-	-	-
Summe	(101)	(100)	-	100
Anzahl Fälle	23	22	-	45

p = (.791)

Tab. 95 (betr. Frage M 38d): Hindernisse für das Weiterkommen (Mitarbeiter)

	Gewerbliche Betriebe			Grosse Betriebe
	3 - 19 Beschäftigte	20 - 199 Beschäftigte	Durchschnitt 1 + 2	200 und mehr Beschäftigte
	1	2	3	4
	%	%	%	%
Mangel an Vorbildung/Fähigkeiten	10	16	12	24
Kollegen/Rivalen	2	2	2	3
Ungerechtigkeit des Chefs	1	-	0	-
Höchstmögliche Position schon erreicht	20	26	23	13
Persönliches Pech einschliesslich Krankheiten, Unfälle	2	3	2	3
Mangel an gehobenen Stellen im Betrieb	51	23	39	3
Alter	10	19	14	50
Andere Hindernisse	3	9	6	3
Weiss nicht/Keine Antwort	1	2	1	-
Summe	100	100	99	99
Anzahl Nennungen	166	124	290	30
Anzahl Fälle	128	93	221	25

p n. b.

Tab. 96 (betr. Frage U 24d): Hindernisse für das Ausdehnen, nach Alter (Unternehmer)

	18 - 49 Jahre	50 und mehr Jahre	Durchschnitt 1 + 2
	1	2	3
	%	%	%
Harter Konkurrenzkampf	-	(9)	5
Ungünstige Wirtschaftslage	(43)	(9)	26
Umstrukturierung in unserer Sparte	(5)	-	2
Mangel an Personal	(10)	(9)	9
Mangel an Kapital	(19)	(18)	19
Alter	(5)	(41)	23
Andere Hindernisse, z.B. schlechter Standort	(19)	(14)	16
Weiss nicht/Keine Antwort	-	-	-
Summe	(101)	(100)	100
Anzahl Nennungen	21	22	43
Anzahl Fälle	15	16	31

p n. b.

Tab. 97 (betr. Indexfragen M 6 und U 6): Zufriedenheit mit Organisation und Führung

	Mitarbeiter				Unternehmer (nur gewerbliche Betriebe)
	Gewerbliche Betriebe			Grosse Betriebe	
	3 - 19 Beschäftigte	20 - 199 Beschäftigte	Durchschnitt 1 + 2	200 und mehr Beschäftigte	
	1	2	3	4	5
	%	%	%	%	%
Sehr zufrieden	11	14	12	7	10
Zufrieden	58	48	53	52	52
Weder zufrieden noch unzufrieden	16	25	20	31	25
Unzufrieden	15	12	13	9	13
Sehr unzufrieden	1	2	1	-	-
Summe	101	101	99	99	100
Anzahl Fälle	200	151	351	54	77

p = .755 aus Spalten 3 und 4

p = .279 aus Spalten 3 und 5

Tab. 98 (betr. Indexfrage M 6): Zufriedenheit mit Organisation und Führung nach Dauer der Betriebszugehörigkeit (gewerbliche Mitarbeiter)

	Unter 1 Jahr	1 - 6 Jahre	Ueber 6 Jahre	Durchschnitt 1 - 3
	1	2	3	4
	%	%	%	%
Sehr zufrieden	32	13	8	12
Zufrieden	38	54	56	53
Weder zufrieden noch unzufrieden	15	18	22	20
Unzufrieden	12	13	14	13
Sehr unzufrieden	3	3	-	1
Summe	100	101	100	99
Anzahl Fälle	34	143	174	351

p = (.994)

Tab. 99 (betr. Indexfrage M 6): Zufriedenheit mit Organisation und Führung nach Betriebsstandort (gewerbliche Mitarbeiter)

	Grossstadt und Agglomeration	Stadt und Agglomeration	Land	Durchschnitt 1 - 3
	1	2	3	4
	%	%	%	%
Sehr zufrieden	10	12	13	12
Zufrieden	40	41	63	53
Weder zufrieden noch unzufrieden	26	27	14	20
Unzufrieden	22	15	10	13
Sehr unzufrieden	1	5	-	1
Summe	99	100	100	99
Anzahl Fälle	68	81	202	351

p = 1.000

<u>Anmerkung</u>: Zur Ortsgrösseneinteilung s. Tab. 4.

Tab. 100 (betr. Fragen M 42a und U 27a): Erwartungen, Vorstellungen von einem "guten Chef" (drei Nennungen zulässig)

	Mitarbeiter				Unternehmer (nur gewerbliche Betriebe)
	Gewerbliche Betriebe			Grosse Betriebe	
	3 - 19 Beschäftigte	20 - 199 Beschäftigte	Durchschnitt 1 + 2	200 und mehr Beschäftigte	
	1	2	3	4	5
	%	%	%	%	%
Fähigkeit der Menschenführung	15	21	18	19	24
Erfahrung, fachliches Können	16	12	14	16	23
Aufgeschlossenheit, menschliches Verständnis	29	28	29	24	16
Organisationstalent	11	10	10	10	13
Unterstützung bei der Arbeit	9	10	9	12	6
Charakter	14	16	15	18	12
Intelligenz	1	1	1	1	1
Fleiss	1	1	1	-	2
Andere	3	1	2	1	4
Weiss nicht/Keine Antwort	0	-	-	-	-
Summe	99	100	99	101	101
Anzahl Nennungen	472	352	824	135	200
Anzahl Fälle	200	151	351	54	77

Die Nennungen wurden in der Tabelle zusammengefasst. Bei getrennter Auswertung ergaben sich folgende p-Werte:

Aus Spalten 3 und 4: 1. Nennung p = (.270)
2. Nennung p = (.488)
3. Nennung p = (.556)

Aus Spalten 3 und 5: 1. Nennung p = (.988)
2. Nennung p = (1.000)
3. Nennung p = (.887)

Tab. 101 (betr. Frage M 42b): Zutreffen der Erwartungen beim eigenen Chef (direkten Vorgesetzten) (drei Nennungen zulässig)

	Mitarbeiter			
	Gewerbliche Betriebe			Grosse Betriebe
	3 - 19 Beschäftigte	20 - 199 Beschäftigte	Durchschnitt 1 + 2	200 und mehr Beschäftigte
	1	2	3	4
	%	%	%	%
Fähigkeit der Menschenführung	11	19	15	17
Erfahrung, fachliches Können	18	12	15	13
Aufgeschlossenheit, menschliches Verständnis	30	27	29	25
Organisationstalent	7	8	7	10
Unterstützung bei meiner Arbeit	8	8	8	11
Charakter	14	15	15	18
Intelligenz	1	1	1	1
Fleiss	1	1	1	-
Andere	2	0	2	1
Weiss nicht/keine Antwort	8	8	8	5
Summe	100	99	101	101
Anzahl Nennungen	368	280	648	114
Anzahl Fälle	200	151	351	54

Die Nennungen wurden in der Tabelle zusammengefasst. Bei getrennter Auswertung ergaben sich aus Spalten 3 und 4 folgende p-Werte:

1. Nennung p = (.294)
2. Nennung p = (.689)
3. Nennung p = (.420)

Tab. 102 (betr. Fragen M 42c und U 27b): Einschätzung des Chefs durch die Mitarbeiter und Selbsteinschätzung der Unternehmer als Chef

	Mitarbeiter				Unternehmer (nur gewerbliche Betriebe)
	Gewerbliche Betriebe			Grosse Betriebe	
	3 - 19 Beschäftigte	20 - 199 Beschäftigte	Durchschnitt 1 + 2	200 und mehr Beschäftigte	
	1	2	3	4	5
	%	%	%	%	%
Sehr guter Chef	41	41	41	31	10
Ziemlich guter Chef	46	40	43	50	61
Weder guter noch schlechter Chef	10	11	11	13	16
Eher schlechter Chef	3	6	4	4	3
Sehr schlechter Chef	1	-	0	-	-
Weiss nicht bzw. kann ich nicht beurteilen/ keine Antwort	-	1	1	2	10
Summe	101	99	100	100	100
Anzahl Fälle	200	151	351	54	77

p = (.309) aus Spalten 3 und 4

p = (1.000) aus Spalten 3 und 5

Tab. 103 (betr. Frage M 42c): Einschätzung des Chefs durch die Mitarbeiter, nach Betriebsstandort (gewerbliche Mitarbeiter)

	Grossstadt und Agglomeration	Stadt und Agglomeration	Land	Durchschnitt 1 - 3
	1	2	3	4
	%	%	%	%
Sehr guter Chef	29	26	52	41
Ziemlich guter Chef	46	44	42	43
Weder guter noch schlechter Chef	19	19	4	11
Eher schlechter Chef	3	11	1	4
Sehr schlechter Chef	1	-	-	0
Weiss nicht bzw. kann ich nicht beurteilen/Keine Antwort	1	-	0	1
Summe	99	100	99	100
Anzahl Fälle	68	81	202	351

p = (1.000)

Tab. 104 (betr. Frage U 27b): Selbsteinschätzung der Unternehmer als Chef, nach Berufsausbildung

	Angelernt	Abgeschlossene Berufslehre	Abgeschlossene Meisterausbildung	HTL, Hochschule und andere	Durchschnitt 1 - 4
	1	2	3	4	5
	%	%	%	%	%
Sehr guter Chef	-	7	(13)	(17)	10
Ziemlich guter Chef	(50)	58	(74)	(50)	61
Weder guter noch schlechter Chef	-	18	(13)	(17)	16
Eher schlechter Chef	-	3	-	(8)	3
Sehr schlechter Chef	-	-	-	-	-
Kann ich nicht beurteilen	(50)	15	-	(8)	10
Summe	(100)	101	(100)	(100)	100
Anzahl Fälle	2	40	23	12	77

p. n. b.

Tab. 105 (betr. Indexfrage M 6): Zufriedenheit mit Organisation und Führung nach Urteil über den Chef (gewerbliche Mitarbeiter)

	Sehr guter Chef	Ziemlich guter Chef	Weder guter noch schlechter Chef	Eher schlechter Chef	Sehr schlechter Chef	Weiss nicht/ keine Antwort	Durchschnitt 1 - 6
	1	2	3	4	5	6	7
	%	%	%	%	%	%	%
Sehr zufrieden	21	7	-	(7)	-	-	12
Zufrieden	61	55	24	(21)	-	(100)	53
Weder zufrieden noch unzufrieden	9	24	43	(21)	-	-	20
Unzufrieden	8	11	30	(43)	(100)	-	13
Sehr unzufrieden	-	2	3	(7)	-	-	1
Summe	99	99	100	(99)	(100)	(100)	99
Anzahl Fälle	145	152	37	14	1	2	351

p = (1.000)

Tab. 106 (betr. Indexfrage U 6): Zufriedenheit mit Organisation und Führung nach Selbsteinschätzung der Unternehmer als Chef

Sehr zufrieden	(25)	4	-	(50)	-	(38)	10
Zufrieden	(75)	51	(75)	-	-	(13)	52
Weder zufrieden noch unzufrieden	-	34	(8)	-	-	(25)	25
Unzufrieden	-	11	(17)	(50)	-	(25)	13
Sehr unzufrieden	-	-	-	-	-	-	-
Summe	(100)	100	(100)	(100)	-	(101)	100
Anzahl Fälle	8	47	12	2	-	8	77

p = (.995)

Tab. 107 (betr. Frage M 44): Urteile der Mitarbeiter über die Aufnahme ihrer Ideen und Vorschläge

	Gewerbliche Betriebe			Grosse Betriebe
	3 - 19 Beschäftigte	20 - 199 Beschäftigte	Durchschnitt 1 + 2	200 und mehr Beschäftigte
	1	2	3	4
	%	%	%	%
Meist ernsthaft aufgenommen	90	85	88	89
Meist nicht ernsthaft aufgenommen	5	11	7	7
Weiss nicht/keine Antwort	6	3	5	4
Summe	101	99	100	100
Anzahl Fälle	200	151	351	54

p = (.040) aus Spalten 3 und 4

Tab. 108 (betr. Frage U 29): Urteile der Unternehmer über die Ideen und Vorschläge der Mitarbeiter

Meist sehr gut	13	(19)	14
Im allgemeinen brauchbar	54	(50)	53
Mal brauchbar, mal nicht	28	(13)	25
Im allgemeinen wenig brauchbar	-	(6)	1
Meist nutzlos	-	(6)	1
Bekomme selten Ideen und Vorschläge	5	(6)	5
Weiss nicht/keine Antwort	-	-	-
Summe	100	(100)	99
Anzahl Fälle	61	16	77

p = (.843)

Tab. 109 (betr. Indexfrage M 6): Zufriedenheit mit Organisationen und Führung nach Aufnahme von Mitarbeitervorschlägen (gewerbliche Mitarbeiter)

	Meist Aufnahme	Meist keine Aufnahme	Weiss nicht/ keine Antwort	Durchschnitt 1 - 3
	1	2	3	4
	%	%	%	%
Sehr zufrieden	14	-	(6)	12
Zufrieden	55	31	(56)	53
Weder zufrieden noch unzufrieden	19	27	(13)	20
Unzufrieden	11	35	(25)	13
Sehr unzufrieden	1	8	-	1
Summe	100	101	(100)	99
Anzahl Fälle	309	26	16	351

p = (.999)

Tab. 110 (betr. Indexfrage U 6): Zufriedenheit mit Organisation und Führung nach Qualität der Mitarbeitervorschläge (Unternehmer)

	Sehr gut	Brauchbar	Mal brauchbar, mal nicht	Wenig brauchbar	Nutzlos	Bekomme selten Vorschläge	Weiss nicht/ keine Antwort	Durchschnitt 1 - 7
	1	2	3	4	5	6	7	8
	%	%	%	%	%	%	%	%
Sehr zufrieden	(18)	2	(11)	(100)	(100)	(25)	-	10
Zufrieden	(36)	61	(53)	-	-	(25)	-	52
Weder zufrieden noch unzufrieden	(36)	22	(32)	-	-	-	-	25
Unzufrieden	(9)	15	(5)	-	-	(50)	-	13
Sehr unzufrieden	-	-	-	-	-	-	-	-
Summe	(99)	100	(101)	(100)	(100)	(100)	-	100
Anzahl Fälle	11	41	19	1	1	4	-	77

p = (.989)

Tab. 111 (betr. Frage M 46): Behandlung von Reklamationen an den Chef

	Mitarbeiter			
	Gewerbliche Betriebe			Grosse Betriebe
	3 - 19 Beschäftigte	20 - 199 Beschäftigte	Durchschnitt 1 + 2	200 und mehr Beschäftigte
	1	2	3	4
	%	%	%	%
Reklamation hätte Zweck	79	78	79	78
Reklamation hätte keinen Zweck	11	9	10	6
Reklamation wäre nachteilig	2	4	3	4
Es käme darauf an	6	7	6	11
Weiss nicht/Keine Antwort	3	3	3	2
Summe	101	101	101	101
Anzahl Fälle	200	151	351	54

p = (.432) aus Spalten 3 und 4

Tab. 112 (betr. Frage U 31a): Belastung der Unternehmer durch Mitarbeiterreklamationen

	Gewerbliche Betriebe		
	3 - 19 Beschäftigte	20 - 199 Beschäftigte	Durchschnitt 1 + 2
	1	2	3
	%	%	%
Befasst mit Reklamationen ...			
... ja, allzu oft	2	-	1
... ja, oft genug	2	(6)	3
... es geht	3	(25)	8
... nein, eher selten	36	(56)	40
... nein, praktisch nie	57	(13)	48
Weiss nicht/keine Antwort	-	-	-
Summe	100	(100)	100
Anzahl Fälle	61	16	77

p = (.996)

Tab. 113 (betr. Indexfrage M 6): Zufriedenheit mit Organisation und Führung nach Behandlung von Reklamationen (gewerbliche Mitarbeiter)

	Reklamation hätte Zweck	Reklamation hätte keinen Zweck	Reklamation wäre nachteilig	Es käme darauf an	Weiss nicht/ keine Antwort	Durchschnitt 1 - 5
	1	2	3	4	5	6
	%	%	%	%	%	%
Sehr zufrieden	13	9	(10)	(5)	(22)	12
Zufrieden	57	21	(40)	(57)	(56)	53
Weder zufrieden noch unzufrieden	19	32	(20)	(14)	(11)	20
Unzufrieden	9	38	(30)	(19)	(11)	13
Sehr unzufrieden	1	-	-	(5)	-	1
Summe	99	100	(100)	(100)	(100)	99
Anzahl Fälle	277	34	10	21	9	351

p = (.998)

Tab. 114 (betr. Indexfrage U 6): Zufriedenheit mit Organisation und Führung nach Belastung durch Mitarbeiterreklamationen (Unternehmer)

	Befasst mit Reklamationen ... ... ja, allzu oft	... ja, oft genug	... es geht	... nein, eher selten	... nein, praktisch nie	Weiss nicht/ keine Antwort	Durchschnitt 1 - 6
	1	2	3	4	5	6	7
	%	%	%	%	%	%	%
Sehr zufrieden	-	(100)	-	10	8	-	10
Zufrieden	(100)	-	(50)	39	67	-	52
Weder zufrieden noch unzufrieden	-	-	(33)	39	11	-	25
Unzufrieden	-	-	(17)	13	14	-	13
Sehr unzufrieden	-	-	-	-	-	-	-
Summe	(100)	(100)	(100)	101	100	-	100
Anzahl Fälle	1	2	6	32	36	-	77

p = (.992)

Tab. 115 (betr. Fragen M 43 und U 28): Wahrnehmung der Planungsfunktion

	Mitarbeiter				Unternehmer (nur gewerbliche Betriebe)
	Gewerbliche Betriebe			Grosse Betriebe	
	3 - 19 Beschäftigte	20 - 199 Beschäftigte	Durchschnitt 1 + 2	200 und mehr Beschäftigte	
	1	2	3	4	5
	%	%	%	%	%
Es wird im einzelnen geplant	27	44	34	72	31
Es wird in grossen Zügen geplant	58	47	53	22	53
Es wird kaum geplant	11	5	9	4	12
Es wird nicht geplant	2	1	1	-	3
Weiss nicht/keine Antwort	3	3	3	2	1
Summe	101	100	100	100	100
Anzahl Fälle	200	151	351	54	77

p = (1.000) aus Spalten 3 und 4

p = (.363) aus Spalten 3 und 5

Tab. 116 (betr. Indexfrage M 6): Zufriedenheit mit Organisation und Führung nach Wahrnehmung der Planungsfunktion (gewerbliche Mitarbeiter)

	Es wird im einzelnen geplant	Es wird in grossen Zügen geplant	Es wird kaum geplant	Es wird nicht geplant	Weiss nicht/keine Antwort	Durchschnitt 1 - 5
	1	2	3	4	5	6
	%	%	%	%	%	%
Sehr zufrieden	17	10	3	(25)	(18)	12
Zufrieden	52	59	33	-	(36)	53
Weder zufrieden noch unzufrieden	18	22	13	-	(18)	20
Unzufrieden	12	7	47	(75)	(27)	13
Sehr unzufrieden	2	1	3	-	-	1
Summe	101	99	99	(100)	(99)	99
Anzahl Fälle	119	187	30	4	11	351

p = (1.000)

Tab. 117 (betr. Indexfrage U 6): Zufriedenheit mit Organisation und Führung nach Wahrnehmung der Planungsfunktion (Unternehmer)

Sehr zufrieden	(13)	12	-	-	-	10
Zufrieden	(38)	51	(100)	(50)	-	52
Weder zufrieden noch unzufrieden	(37)	22	-	-	(100)	25
Unzufrieden	(12)	15	-	(50)	-	13
Sehr unzufrieden	-	-	-	-	-	-
Summe	(100)	100	(100)	(100)	(100)	100
Anzahl Fälle	24	41	9	2	1	77

p = (.858)

Tab. 118 (betr. Frage M 47): Kenntnis der eigenen Aufgaben

	Mitarbeiter			
	Gewerbliche Betriebe			Grosse Betriebe
	3 - 19 Beschäftigte	20 - 199 Beschäftigte	Durchschnitt 1 + 2	200 und mehr Beschäftigte
	1	2	3	4
	%	%	%	%
Kenne meine Aufgaben genau	94	96	95	93
Meine Aufgaben sind mir etwas unklar	7	4	5	7
Keine Antwort	-	-	-	-
Summe	101	100	100	100
Anzahl Fälle	200	151	351	54

p = .444 aus Spalten 3 und 4

Tab. 119 (betr. Frage M 47): Kenntnis der eigenen Aufgaben, nach Berufsausbildung (gewerbliche Mitarbeiter)

	Angelernt	Abgeschlossene Berufslehre	Abgeschlossene Meisterausbildung	HTL, Hochschule und andere	Durchschnitt 1 - 4
	1	2	3	4	5
	%	%	%	%	%
Kenne meine Aufgaben genau	94	97	80	(71)	95
Meine Aufgaben sind mir etwas unklar	6	3	20	(29)	5
Keine Antwort	-	-	-	-	-
Summe	100	100	100	(100)	100
Anzahl Fälle	63	254	20	14	351

p n.b.

Tab.119a(betr. Indexfrage M 6): Zufriedenheit mit Organisation und Führung nach Kenntnis der eigenen Aufgaben (gewerbliche Mitarbeiter)

	Kenne meine Aufgaben genau	Meine Aufgaben sind mir etwas unklar	Durchschnitt 1 + 2
	1	2	3
	%	%	%
Sehr zufrieden	12	(15)	12
Zufrieden	54	(37)	53
Weder zufrieden noch unzufrieden	20	(21)	20
Unzufrieden	13	(16)	13
Sehr unzufrieden	1	(11)	2
Summe	100	(100)	100
Anzahl Fälle	332	19	351

p = (.989)

Tab. 120 (betr. Frage M 48): Orientierung der Mitarbeiter über "wichtige Betriebsangelegenheiten"

	Gewerbliche Betriebe			Grosse Betriebe
	3 - 19 Beschäftigte	20 - 199 Beschäftigte	Durchschnitt 1 + 2	200 und mehr Beschäftigte
	1	2	3	4
	%	%	%	%
Werde informiert	76	79	77	72
Werde nicht informiert	22	20	21	22
Weiss nicht/keine Antwort	3	1	2	6
Summe	101	100	100	100
Anzahl Fälle	200	151	351	54

p = .808 aus Spalten 3 und 4

Tab. 121 (betr. Frage M 48): Orientierung der Mitarbeiter über "wichtige Betriebsangelegenheiten", nach Einkommen (gewerbliche Mitarbeiter)

	Bis 2500 Fr. monatlich	2501 - 3000 Fr. monatlich	Ueber 3000 Fr. monatlich	Durchschnitt 1 - 3
	1	2	3	4
	%	%	%	%
Werde informiert	70	86	89	77
Werde nicht informiert	29	10	11	21
Weiss nicht/keine Antwort	1	4	-	2
Summe	100	100	100	100
Anzahl Fälle	202	94	55	351

p = (1.000)

Tab. 122 (betr. Frage M 48): Orientierung der Mitarbeiter über "wichtige Betriebsangelegenheiten", nach Betriebsstandort (gewerbliche Mitarbeiter)

	Grossstadt und Agglomeration	Stadt und Agglomeration	Land	Durchschnitt 1 - 3
	1	2	3	4
	%	%	%	%
Werde informiert	69	72	82	77
Werde nicht informiert	30	28	15	21
Weiss nicht/keine Antwort	1	-	2	2
Summe	100	100	99	100
Anzahl Fälle	68	81	202	351

p = (.975)

Tab. 123 (betr. Frage U 32): Orientierung der Mitarbeiter über "wichtige Betriebsangelegenheiten" nach Angabe der Unternehmer

	Gewerbliche Betriebe		
	3 - 19 Beschäftigte	20 - 199 Beschäftigte	Durchschnitt 1 + 2
	1	2	3
	%	%	%
Nehme mir Zeit zur Orientierung	66	50	62
Verschieden, kommt darauf an	18	44	24
Habe meist keine Zeit zur Orientierung	16	6	14
Summe	100	100	100
Anzahl Fälle	61	16	77

p = (.912)

Tab. 124 (betr. Indexfrage M 6): Zufriedenheit mir Organisation und Führung nach Orientierung der Mitarbeiter über "wichtige Betriebsangelegenheiten" (gewerbliche Mitarbeiter)

	Werde informiert	Werde nicht informiert	Weiss nicht/ Keine Antwort	Durchschnitt 1 - 3
	1	2	3	4
	%	%	%	%
Sehr zufrieden	13	9	-	12
Zufrieden	59	30	(83)	53
Weder zufrieden noch unzufrieden	18	24	(17)	20
Unzufrieden	8	32	-	13
Sehr unzufrieden	1	4	-	1
Summe	99	99	(100)	99
Anzahl Fälle	271	74	6	351

p = (1.000)

Tab. 125 (betr. Indexfrage U 6): Zufriedenheit mit Organisation und Führung nach Orientierung der Mitarbeiter über "wichtige Betriebsangelegenheiten" (Unternehmer)

	Nehme mir Zeit zur Orientierung	Verschieden, kommt darauf an	Habe meist keine Zeit zur Orientierung	Durchschnitt 1 - 3
	1	2	3	4
	%	%	%	%
Sehr zufrieden	11	(11)	(8)	10
Zufrieden	57	(56)	(25)	52
Weder zufrieden noch unzufrieden	21	(28)	(33)	25
Unzufrieden	11	(6)	(33)	13
Sehr unzufrieden	-	-	-	-
Summe	100	(101)	(99)	100
Anzahl Fälle	47	18	12	77

p = (.717)

Tab. 126 (betr. Fragen M 45 und U 30a): Beteiligung der Mitarbeiter an wichtigen Betriebsentscheidungen

	Mitarbeiter				Unternehmer (nur gewerbliche Betriebe
	Gewerbliche Betriebe			Grosse Betriebe	
	3 - 19 Beschäftigte	20 - 199 Beschäftigte	Durchschnitt 1 + 2	200 und mehr Beschäftigte	
	1	2	3	4	5
	%	%	%	%	%
Beteiligung an arbeitsbezogenen Entscheidungen	39	26	34	31	38
Beteiligung an gesamtbetrieblichen Entscheidungen	20	22	21	22	34
Keine Beteiligung	39	50	44	41	29
Weiss nicht/Keine Antwort	2	1	2	6	-
Summe	100	99	101	100	101
Anzahl Fälle	200	151	351	54	77

p = .657 aus Spalten 3 und 4

p = .980 aus Spalten 3 und 5

Tab. 127 (betr. Frage M 45): Beteiligung der Mitarbeiter an wichtigen Betriebsentscheidungen, nach Betriebsstandort (gewerbliche Mitarbeiter)

	Grossstadt und Agglomeration	Stadt und Agglomeration	Land °	Durchschnitt 1 - 3
	1	2	3	4
	%	%	%	%
Beteiligung an arbeitsbezogenen Entscheidungen	15	31	41	34
Beteiligung an gesamtbetrieblichen Entscheidungen	19	25	20	21
Keine Beteiligung	65	43	37	44
Weiss nicht/keine Antwort	1	1	2	2
Summe	100	100	100	101
Anzahl Fälle	68	81	202	351

p = .998

Tab. 128 (betr. Frage U 30a): Beteiligung der Mitarbeiter an wichtigen Betriebsentscheidungen, nach Betriebsstandort (Unternehmer)

Beteiligung an arbeitsbezogenen Entscheidungen	(29)	(38)	40	38
Beteiligung an gesamtbetrieblichen Entscheidungen	(36)	(62)	26	34
Keine Beteiligung	(36)	-	34	29
Weiss nicht/keine Antwort	-	-	-	-
Summe	(101)	(100)	100	101
Anzahl Fälle	14	13	50	77

p = (.932)

Tab. 129 (betr. Indexfrage U 6): Zufriedenheit mit Organisation und Führung nach Beteiligung der Mitarbeiter an wichtigen Betriebsentscheidungen (Unternehmer)

	Beteiligung an arbeitsbezogenen Entscheidungen	Beteiligung an gesamtbetrieblichen Entscheidungen	Keine Beteiligung	Durchschnitt 1 - 3
	1	2	3	4
	%	%	%	%
Sehr zufrieden	7	15	(9)	10
Zufrieden	52	46	(59)	52
Weder zufrieden noch unzufrieden	24	31	(18)	25
Unzufrieden	17	8	(14)	13
Sehr unzufrieden	-	-	-	-
Summe	100	100	(100)	100
Anzahl Fälle	29	26	22	77

p = (.207)

Tab. 130 (betr. Indexfrage M 6): Zufriedenheit mit Organisation und Führung nach Beteiligung an wichtigen Betriebsentscheidungen (gewerbliche Mitarbeiter)

	Beteiligung an arbeitsbezogenen Entscheidungen	Beteiligung an gesamtbetrieblichen Entscheidungen	Keine Beteiligung	Weiss nicht/ keine Antwort	Durchschnitt 1 - 4
	1	2	3	4	5
	%	%	%	%	%
Sehr zufrieden	17	10	10	(17)	12
Zufrieden	54	60	49	(67)	53
Weder zufrieden noch unzufrieden	17	19	22	(16)	20
Unzufrieden	10	8	19	-	13
Sehr unzufrieden	2	3	1	-	1
Summe	100	100	101	(100)	99
Anzahl Fälle	118	73	154	6	351

p = (.708)

Tab. 131 (betr. Indexfragen M 9 und U 9): Zufriedenheit mit Kontrolle bzw. Macht

	Mitarbeiter				Unternehmer (nur gewerbliche Betriebe)
	Gewerbliche Betriebe			Grosse Betriebe	
	3 - 19 Beschäftigte	20 - 199 Beschäftigte	Durchschnitt 1 + 2	200 und mehr Beschäftigte	
	1	2	3	4	5
	%	%	%	%	%
Sehr zufrieden	9	10	9	13	6
Zufrieden	70	61	66	48	45
Weder zufrieden noch unzufrieden	12	16	13	26	47
Unzufrieden	11	13	12	13	1
Sehr unzufrieden	-	-	-	-	-
Summe	102	100	100	100	99
Anzahl Fälle	200	151	351	54	77

p = .953 aus Spalten 3 und 4

p = 1.000 aus Spalten 3 und 5

Tab. 132 (betr. Indexfrage M 9): Zufriedenheit mit Kontrolle nach Dauer der Betriebszugehörigkeit (gewerbliche Mitarbeiter)

	Unter 1 Jahr	1 - 6 Jahre	Ueber 6 Jahre	Durchschnitt 1 - 3
	1	2	3	4
	%	%	%	%
Sehr zufrieden	26	7	7	9
Zufrieden	62	69	64	66
Weder zufrieden noch unzufrieden	6	15	14	13
Unzufrieden	6	9	15	12
Sehr unzufrieden	-	-	-	-
Summe	100	100	100	100
Anzahl Fälle	34	143	174	351

p = .994

Tab. 133 (betr.Frage M 50): Vertrauen des Chefs in die Mitarbeiter (in deren Urteil)

	Gewerbliche Betriebe			Grosse Betriebe
	3 - 19 Beschäftigte	20 - 199 Beschäftigte	Durchschnitt 1 + 2	200 und mehr Beschäftigte
	1	2	3	4
	%	%	%	%
Vertraut mir völlig	55	38	47	46
Vertraut mir ziemlich	40	54	46	44
Unentschieden	4	3	3	6
Vertraut mir kaum	1	3	2	-
Vertraut mir überhaupt nicht	0	-	0	-
Weiss nicht/keine Antwort	1	3	2	4
Summe	101	101	100	100
Anzahl Fälle	200	151	351	54

p = (.299) aus Spalten 3 und 4

Tab. 134 (betr.Frage U 33): Verlässlichkeit der Mitarbeiter im Urteil der Unternehmer

	Gewerbliche Betriebe		
	3 - 19 Beschäftigte	20 - 199 Beschäftigte	Durchschnitt 1 + 2
	1	2	3
	%	%	%
Kann mich praktisch auf jeden verlassen	54	(50)	53
Kann mich auf die meisten verlassen	38	(50)	40
Ziemlich schwer zu sagen	2	-	1
Kann mich nur auf einzelne verlassen	7	-	5
Kann mich praktisch auf keinen verlassen	-	-	-
Summe	101	(100)	99
Anzahl Fälle	61	16	77

p = (.367)

Tab. 135 (betr. Indexfrage M 9): Zufriedenheit mit Kontrolle nach Vertrauen des Chefs in die Mitarbeiter (gewerbliche Mitarbeiter)

	Vertraut mir völlig	Vertraut mir ziemlich	Unentschieden	Vertraut mir kaum	Vertraut mir überhaupt nicht	Weiss nicht/ keine Antwort	Durchschnitt 1 - 6
	1	2	3	4	5	6	7
	%	%	%	%	%	%	%
Sehr zufrieden	12	7	-	-	-	(17)	9
Zufrieden	64	71	(45)	(43)	(100)	(50)	66
Weder zufrieden noch unzufrieden	11	14	(9)	(29)	-	(33)	13
Unzufrieden	13	8	(46)	(28)	-	-	12
Sehr unzufrieden	-	-	-	-	-	-	-
Summe	100	100	(100)	(100)	(100)	(100)	100
Anzahl Fälle	166	160	11	7	1	6	351

p = (.960)

Tab. 136 (betr. Indexfrage U 9): Zufriedenheit mit Macht nach Verlässlichkeit der Mitarbeiter (Unternehmer)

	Praktisch jeder verlässlich	Die meisten verlässlich	Schwer zu sagen	Nur einzelne verlässlich	Praktisch keiner verlässlich	Durchschnitt 1 - 5
	1	2	3	4	5	6
	%	%	%	%	%	%
Sehr zufrieden	5	10	-	-	-	6
Zufrieden	44	48	(100)	(25)	-	46
Weder zufrieden noch unzufrieden	51	39	-	(75)	-	47
Unzufrieden	-	3	-	-	-	2
Sehr unzufrieden	-	-	-	-	-	-
Summe	100	100	(100)	(100)	-	101
Anzahl Fälle	41	31	1	4	-	77

p = (.194)

Tab.137 (betr.Frage M 51): Behandlung durch den Chef
(im Urteil der Mitarbeiter)

	Gewerbliche Betriebe			Grosse Betriebe
	3 - 19 Beschäftigte	20 - 199 Beschäftigte	Durchschnitt 1 + 2	200 und mehr Beschäftigte
	1	2	3	4
	%	%	%	%
Man wird richtig behandelt	92	87	89	91
Man wird nicht richtig behandelt	7	9	8	6
Weiss nicht/keine Antwort	2	4	3	4
Summe	101	100	100	101
Anzahl Fälle	200	151	351	54

p = (.186) aus Spalten 3 und 4

Tab. 138 (betr.Frage U 34): Schwierigkeit der Mitarbeiter-Behandlung (für die Unternehmer)

	Gewerbliche Betriebe		
	3 - 19 Beschäftigte	20 - 199 Beschäftigte	Durchschnitt 1 + 2
	1	2	3
	%	%	%
Richtige/gerechte Behandlung der Mitarbeiter ist...			
... schwierig	20	50	26
... in der Schwierigkeit fallabhängig	18	6	16
... nicht schwierig	62	44	58
Summe	100	100	100
Anzahl Fälle	61	16	77

p = (.958)

Tab. 139 (betr. Indexfrage M 9): Zufriedenheit mit Kontrolle nach richtiger Behandlung durch den Chef (gewerbliche Mitarbeiter)

	Man wird richtig behandelt	Man wird nicht richtig behandelt	Weiss nicht/ keine Antwort	Durchschnitt 1 - 3
	1	2	3	4
	%	%	%	%
Sehr zufrieden	10	-	(10)	9
Zufrieden	69	41	(40)	66
Weder zufrieden noch unzufrieden	12	26	(10)	13
Unzufrieden	9	33	(40)	12
Sehr unzufrieden	-	-	-	-
Summe	100	100	(100)	100
Anzahl Fälle	314	27	10	351

p = (1.000)

Tab. 140 (betr. Indexfrage U 9): Zufriedenheit mit Macht nach Schwierigkeit der Mitarbeiter-Behandlung (Unternehmer)

	Richtige Behandlung ist schwierig	Es kommt darauf an	Richtige Behandlung ist nicht schwierig	Durchschnitt 1 - 3
	1	2	3	4
	%	%	%	%
Sehr zufrieden	(15)	(8)	2	6
Zufrieden	(50)	(33)	47	45
Weder zufrieden noch unzufrieden	(35)	(58)	49	47
Unzufrieden	-	-	2	1
Sehr unzufrieden	-	-	-	-
Summe	(100)	(99)	100	99
Anzahl Fälle	20	12	45	77

p = (.547)

Tab. 141 (betr.Frage M 52): Bevorzugung von Mitarbeitern durch den Chef (im Urteil der Mitarbeiter)

	Gewerbliche Betriebe			Grosse Betriebe
	3 - 19 Beschäftigte	20 - 199 Beschäftigte	Durchschnitt 1 + 2	200 und mehr Beschäftigte
	1	2	3	4
	%	%	%	%
Chef verhält sich zu allen Mitarbeitern gleich	78	69	74	74
Chef bevorzugt bestimmte Leute	20	27	23	22
Weiss nicht/keine Antwort	3	4	3	4
Summe	101	100	100	100
Anzahl Fälle	200	151	351	54

p = .009 aus Spalten 3 und 4

Tab. 142 (betr. Indexfrage M 9): Zufriedenheit mit Kontrolle nach Gleichbehandlung durch den Chef (gewerbliche Mitarbeiter)

	Chef verhält sich zu allen Mitarbeitern gleich	Chef bevorzugt bestimmte Leute	Weiss nicht/ keine Antwort	Durchschnitt 1 - 3
	1	2	3	4
	%	%	%	%
Sehr zufrieden	11	5	-	9
Zufrieden	68	59	(58)	66
Weder zufrieden noch unzufrieden	11	19	(33)	13
Unzufrieden	10	18	(8)	12
Sehr unzufrieden	-	-	-	-
Summe	100	101	(99)	100
Anzahl Fälle	259	80	12	351

p = .970

Tab. 143 (betr.Frage M 49): Orientierung der Mitarbeiter über Güte-Ergebnis der Arbeitskontrolle

	Gewerbliche Betriebe			Grosse Betriebe
	3 - 19 Beschäftigte	20 - 199 Beschäftigte	Durchschnitt 1 + 2	200 und mehr Beschäftigte
	1	2	3	4
	%	%	%	%
Mein Chef orientiert mich ...				
... nie	12	21	16	13
... selten	33	40	36	50
... öfter	38	23	31	17
... regelmässig	18	14	16	19
Keine Antwort	0	2	1	2
Summe	101	100	100	101
Anzahl Fälle	200	151	351	54

p = .835 aus Spalten 3 und 4

Tab. 144 (betr. Frage M 49): Orientierung der Mitarbeiter über Kontrollergebnis, nach Tätigkeitskategorie (gewerbliche Mitarbeiter)

	Ueberwiegend manuelle Tätigkeiten	Ueberwiegend nichtmanuelle Tätigkeiten	Durchschnitt 1 + 2
	1	2	3
	%	%	%
Mein Chef orientiert mich ...			
... nie	14	21	16
... selten	34	43	36
... öfter	35	19	31
... regelmässig	16	14	16
Keine Antwort	1	3	1
Summe	100	100	100
Anzahl Fälle	276	75	351

p n.b.

Tab. 145 (betr. Frage M 49): Orientierung der Mitarbeiter über Kontrollergebnis, nach Betriebsstandort (gewerbliche Mitarbeiter)

	Grossstadt und Agglomeration	Stadt und Agglomeration	Land	Durchschnitt 1 - 3
	1	2	3	4
	%	%	%	%
Mein Chef orientiert mich ...				
... nie	32	16	10	16
... selten	27	49	34	36
... öfter	32	23	34	31
... regelmässig	7	11	21	16
Keine Antwort	1	-	1	1
Summe	99	99	100	100
Anzahl Fälle	68	81	202	351

p = 1.000

Tab. 146 (betr. Indexfrage M 9): Zufriedenheit mit Kontrolle nach Orientierung über Kontrollergebnisse (gewerbliche Mitarbeiter)

	Mein Chef orientiert mich ... ... nie	... selten	... öfters	... regelmässig	Keine Antwort	Durchschnitt 1 - 5
	1	2	3	4	5	6
	%	%	%	%	%	%
Sehr zufrieden	2	10	10	13	(25)	9
Zufrieden	55	63	69	77	(50)	66
Weder zufrieden noch unzufrieden	22	15	12	5	-	13
Unzufrieden	22	12	9	5	(25)	12
Sehr unzufrieden	-	-	-	-	-	-
Summe	101	100	100	100	(100)	100
Anzahl Fälle	55	126	110	56	4	351

p = (.966)

Tab. 147 (betr. Indexfragen M 3 und U 3): Zufriedenheit mit Löhnen und Sozialleistungen (Mitarbeiter) bzw. Einkünften aus dem Betrieb (Unternehmer)

	Mitarbeiter				Unternehmer (nur gewerbliche Betriebe)
	Gewerbliche Betriebe			Grosse Betriebe	
	3 - 19 Beschäftigte	20 - 199 Beschäftigte	Durchschnitt 1 + 2	200 und mehr Beschäftigte	
	1	2	3	4	5
	%	%	%	%	%
Sehr zufrieden	13	17	15	13	23
Zufrieden	63	66	64	69	66
Weder zufrieden noch unzufrieden	14	11	13	11	6
Unzufrieden	10	5	8	6	4
Sehr unzufrieden	1	1	1	2	-
Summe	101	100	101	101	99
Anzahl Fälle	200	151	351	54	77

p = (.104) aus Spalten 3 und 4

p = .876 aus Spalten 3 und 5

Tab. 148 (betr. Indexfrage M 3): Lohnzufriedenheit nach Lohnkategorien (gewerbliche Mitarbeiter)

	Bis 2500 Fr. monatlich	2501 -3000 Fr. monatlich	Ueber 3000 Fr. monatlich	Durchschnitt 1 - 3
	1	2	3	4
	%	%	%	%
Sehr zufrieden	11	11	33	15
Zufrieden	62	70	60	64
Weder zufrieden noch unzufrieden	17	10	4	13
Unzufrieden	8	10	4	8
Sehr unzufrieden	1	-	-	1
Summe	99	101	101	101
Anzahl Fälle	202	94	55	351

p = .999

Tab. 149 (betr. Indexfrage U 3): Einkunftszufriedenheit nach Einkunftskategorien (Unternehmer)

Sehr zufrieden	-	(6)	31	23
Zufrieden	(60)	(76)	64	66
Weder zufrieden noch unzufrieden	(40)	(12)	2	6
Unzufrieden	-	(6)	4	4
Sehr unzufrieden	-	-	-	-
Summe	(100)	(100)	101	99
Anzahl Fälle	5	17	55	77

p = (.988)

Tab. 150 (betr. Frage M 53_a): Bezahlung im Betrieb entsprechend Leistung (Mitarbeiter)

	Gewerbliche Betriebe			Grosse Betriebe
	3 - 19 Beschäftigte	20 - 199 Beschäftigte	Durchschnitt 1 + 2	200 und mehr Beschäftigte
	1	2	3	4
	%	%	%	%
Bezahlung entsprechend Leistung	71	77	74	74
Bezahlung nicht entsprechend Leistung	26	18	22	22
Weiss nicht/keine Antwort	4	5	4	4
Summe	101	100	100	100
Anzahl Fälle	200	151	351	54

p = .005 aus Spalten 3 und 4

Tab. 151 (betr.Frage M 53b): Eigene Bezahlung entsprechend Leistung (Mitarbeiter)

	Gewerbliche Betriebe			Grosse Betriebe
	3 - 19 Beschäftigte	20 - 199 Beschäftigte	Durchschnitt 1 + 2	200 und mehr Beschäftigte
	1	2	3	4
	%	%	%	%
Bin entsprechend Leistung bezahlt	74	80	77	76
Bin nicht entsprechend Leistung bezahlt	25	18	22	17
Weiss nicht/keine Antwort	2	2	2	7
Summe	101	100	101	100
Anzahl Fälle	200	151	351	54

p = .965 aus Spalten 3 und 4

Tab. 152 (betr. Frage M 53b): Eigene Bezahlung entsprechend Leistung, nach Einkommenskategorien (gewerbliche Mitarbeiter)

	Bis 2500 Fr. monatlich	2501 - 3000 Fr. monatlich	Ueber 3000 Fr. monatlich	Durchschnitt 1 - 3
	1	2	3	4
	%	%	%	%
Bin entsprechend Leistung bezahlt	72	78	91	77
Bin nicht entsprechend Leistung bezahlt	25	21	9	22
Weiss nicht/keine Antwort	2	1	-	2
Summe	99	100	100	101
Anzahl Fälle	202	94	55	351

p = (.940)

Tab. 153 (betr.Indexfrage M 3): Lohnzufriedenheit nach Leistungsorientiertheit des Lohns (gewerbliche Mitarbeiter)

	Bin entsprechend Leistung bezahlt	Bin nicht entsprechend Leistung bezahlt	Weiss nicht/ keine Antwort	Durchschnitt 1 - 3
	1	2	3	4
	%	%	%	%
Sehr zufrieden	18	4	-	15
Zufrieden	71	37	(100)	64
Weder zufrieden noch unzufrieden	9	29	-	13
Unzufrieden	3	26	-	8
Sehr unzufrieden	-	4	-	1
Summe	101	100	(100)	101
Anzahl Fälle	269	76	6	351

p = (1.000)

Tab. 154 (betr. Fragen M 55 und U 37): Bedürfnisgerechtigkeit der Löhne (Mitarbeiter) bzw. Einkünfte aus dem Betrieb (Unternehmer)

	Mitarbeiter				Unternehmer (nur gewerbliche Betriebe)
	Gewerbliche Betriebe			Grosse Betriebe	
	3 - 19 Beschäftigte	20 - 199 Beschäftigte	Durchschnitt 1 + 2	200 u. mehr Beschäftigte	
	1	2	3	4	5
	%	%	%	%	%
Voll gegeben	9	11	10	11	47
Gegeben	62	59	61	63	38
Es geht	26	26	26	19	12
Kaum gegeben	3	3	3	7	3
Ueberhaupt nicht gegeben	-	1	0	-	1
Keine Antwort	1	-	0	-	-
Summe	101	100	100	100	101
Anzahl Fälle	198	151	349	54	77

p = .490 aus Spalten 3 und 4

p = 1.000 aus Spalten 3 und 5

Tab. 155 (betr. Frage M 55): Bedürfnisgerechtigkeit der Einkommen, nach Einkommenskategorien (gewerbliche Mitarbeiter)

Voll gegeben	8	7	22	10
Gegeben	57	67	64	61
Es geht	31	22	15	26
Kaum gegeben	4	3	-	3
Ueberhaupt nicht gegeben	1	-	-	0
Keine Antwort	0	-	-	0
Summe	101	99	101	100
Anzahl Fälle	200	94	55	349

p = .965

Tab. 156 (betr. Frage U 37): Bedürfnisgerechtigkeit der Einkünfte nach Einkunftskategorien (Unternehmer)

	Bis 2500 Fr. monatlich	2501 - 3000 Fr. monatlich	Ueber 3000 Fr. monatlich	Durchschnitt 1 - 3
	1	2	3	4
	%	%	%	%
Voll gegeben	(20)	(6)	62	47
Gegeben	(40)	(63)	29	38
Es geht	(40)	(25)	5	12
Kaum gegeben	-	(6)	2	3
Ueberhaupt nicht gegeben	-	-	2	1
Keine Antwort	-	-	-	-
Summe	(100)	(100)	100	101
Anzahl Fälle	5	17	55	77

p = (.995)

Tab. 157 (betr. Frage M 55): Bedürfnisgerechtigkeit der Einkommen nach Haushaltsgrösse (gewerbliche Mitarbeiter)

	Alleinstehend	Zweipersonenhaushalt	Mehrpersonenhaushalt	Durchschnitt 1 - 3
	1	2	3	4
	%	%	%	%
Voll gegeben	15	18	5	10
Gegeben	63	63	59	61
Es geht	18	18	33	26
Kaum gegeben	3	2	3	3
Ueberhaupt nicht gegeben	-	-	1	0
Keine Antwort	1	-	-	0
Summe	100	101	101	100
Anzahl Fälle	94	62	193	349

p = .989

Tab. 158 (betr. Indexfrage M 3): Lohnzufriedenheit nach Bedürfnisentsprechung des Lohns (gewerbliche Mitarbeiter)

	Voll gegeben	Gegeben	Es geht	Kaum gegeben	Ueber-haupt nicht gegeben	Keine Antwort	Durch-schnitt 1 - 6
	1	2	3	4	5	6	7
	%	%	%	%	%	%	%
Sehr zufrieden	59	13	2	-	-	-	15
Zufrieden	35	75	58	(10)	-	-	64
Weder zufrieden noch unzufrieden	6	8	25	(20)	-	(100)	13
Unzufrieden	-	4	14	(50)	-	-	8
Sehr unzufrieden	-	-	-	(20)	(100)	-	1
Summe	100	100	99	(100)	(100)	(100)	101
Anzahl Fälle	34	212	91	10	1	1	349

p = (1,000)

Tab. 159 (betr. Indexfrage U 3): Einkunftszufriedenheit nach Bedürfnisentsprechung der Einkünfte (Unternehmer)

Sehr zufrieden	47	3	-	-	-	-	23
Zufrieden	47	90	(78)	(50)	-	-	66
Weder zufrieden noch unzufrieden	6	3	(11)	(50)	-	-	6
Unzufrieden	-	3	(11)	-	(100)	-	4
Sehr unzufrieden	-	-	-	-	-	-	-
Summe	100	99	(100)	(100)	(100)	-	99
Anzahl Fälle	36	29	9	2	1	-	77

p = (1,000)

Tab. 160 (betr. Fragen M 5 und U 5): Geschwister mit höherem Einkommen

Geschwister mit wesentlich höherem Verdienst:	Gewerbliche Betriebe	
	Mitarbeiter	Unternehmer
	1	2
	%	%
Nein [a)]	63	82
Ja, ein Bruder bzw. eine Schwester	19	8
Ja, mehrere Geschwister	10	4
Verdienst unbekannt/keine Antwort	8	6
Summe	100	100
Anzahl Fälle	351	77

p = .985

a) Hierzu zählen auch die Fälle, in denen keine Geschwister vorhanden sind.

Tab. 161 (betr. Indexfrage M 3): Lohnzufriedenheit nach Einkommen von Geschwistern (gewerbliche Mitarbeiter)

Geschwister mit wesentlich höherem Verdienst	Nein	Ja, ein Bruder bzw. eine Schwester	Ja, mehrere Geschwister	Verdienst unbekannt/ keine Antwort	Durchschnitt 1 - 4
	1	2	3	4	5
	%	%	%	%	%
Sehr zufrieden	16	16	6	10	15
Zufrieden	65	61	65	66	64
Weder zufrieden noch unzufrieden	11	15	12	21	13
Unzufrieden	8	8	12	3	8
Sehr unzufrieden	0	-	6	-	1
Summe	100	100	101	100	101
Anzahl Fälle	222	66	34	29	351

p = (.869)

Tab. 162 (betr. Indexfrage U 3): Einkunftszufriedenheit nach Einkommen von Geschwistern (Unternehmer)

Sehr zufrieden	24	(50)	-	-	23
Zufrieden	65	(50)	(100)	(80)	66
Weder zufrieden noch unzufrieden	6	-	-	(20)	6
Unzufrieden	5	-	-	-	4
Sehr unzufrieden	-	-	-	-	-
Summe	100	(100)	(100)	(100)	99
Anzahl Fälle	63	6	3	5	77

p = (.390)

Tab. 163 (betr.Frage M 54): Sicherheit des Arbeitsplatzes (Mitarbeiter)

	Gewerbliche Betriebe			Grosse Betriebe
	3 - 19 Beschätigte	20 - 199 Beschäftigte	Durchschnitt 1 + 2	200 und mehr Beschäftigte
	1	2	3	4
	%	%	%	%
Sicherer Arbeitsplatz	92	93	92	87
Nicht sicherer Arbeitsplatz	5	5	5	7
Weiss nicht/keine Antwort	4	2	3	6
Summe	101	100	100	100
Anzahl Fälle	200	151	351	54

p = (.531) aus Spalten 3 und 4

Tab. 164 (betr.Frage U 36): Beurteilung der Zukunftsaussichten des Betriebes (Unternehmer)

Eher optimistisch	69	81	71
Eher pessimistisch	16	13	16
Kein Urteil	15	6	13
Summe	100	100	100
Anzahl Fälle	61	16	77

p = (.424)

Tab. 165 (betr. Frage M 54): Sicherheit des Arbeitsplatzes, nach Betriebsstandort (gewerbliche Mitarbeiter)

	Grossstadt und Agglomeration	Stadt und Agglomeration	Land	Durchschnitt 1 - 3
	1	2	3	4
	%	%	%	%
Sicherer Arbeitsplatz	87	91	94	92
Nicht sicherer Arbeitsplatz	12	6	2	5
Weiss nicht/keine Antwort	1	2	4	3
Summe	100	99	100	100
Anzahl Fälle	68	81	202	351

p = (.982)

Tab. 166 (betr. Frage U 36): Beurteilung der Zukunftsaussichten des Betriebes, nach Standort (Unternehmer)

Eher optimistisch	(79)	(85)	66	71
Eher pessimistisch	-	(8)	22	16
Kein Urteil	(21)	(8)	12	13
Summe	(100)	(101)	100	100
Anzahl Fälle	14	13	50	77

p = (.780)

Tab. 167 (betr.Indexfrage M 3): Lohnzufriedenheit nach Beurteilung der Lohnsicherheit (gewerbliche Mitarbeiter)

	Sicherer Arbeitsplatz	Nicht sicherer Arbeitsplatz	Weiss nicht/ keine Antwort	Durchschnitt 1 - 3
	1	2	3	4
	%	%	%	%
Sehr zufrieden	16	-	-	15
Zufrieden	64	(71)	(64)	64
Weder zufrieden noch unzufrieden	12	(18)	(27)	13
Unzufrieden	8	(12)	-	8
Sehr unzufrieden	1	-	(9)	1
Summe	101	(101)	(100)	101
Anzahl Fälle	323	17	11	351

p = (.971)

Tab. 168 (betr.Indexfrage U 3): Einkunftszufriedenheit nach Beurteilung der Einkunftssicherheit (Unternehmer)

	Ueber betriebliche Zukunft optimistisch	Ueber betriebliche Zukunft pessimistisch	Kein Urteil	Durchschnitt 1 - 3
	1	2	3	4
	%	%	%	%
Sehr zufrieden	25	(17)	(20)	23
Zufrieden	62	(75)	(80)	66
Weder zufrieden noch unzufrieden	7	(8)	-	6
Unzufrieden	5	-	-	4
Sehr unzufrieden	-	-	-	-
Summe	99	(100)	(100)	99
Anzahl Fälle	55	12	10	77

p = (.183)

Tab. 169 (betr. Fragen M 56a und U 38): Höhe versus Sicherheit der Einkünfte

	Mitarbeiter				Unternehmer (nur gewerbliche Betriebe)
	Gewerbliche Betriebe			Grosse Betriebe	
	3 - 19 Beschäftigte	20 - 199 Beschäftigte	Durchschnitt 1 + 2	200 und mehr Beschäftigte	
	1	2	3	4	5
	%	%	%	%	%
Ziehe Sicherheit vor	79	75	77	76	90
Ziehe Verdienst- bzw. Gewinnmöglichkeit vor	19	20	19	20	8
Es kommt darauf an	2	4	3	4	3
Weiss nicht/keine Antwort	1	1	1	-	-
Summe	101	100	100	100	101
Anzahl Fälle	200	151	351	54	77

p = (.110) aus Spalten 3 und 4

p = (.915) aus Spalten 3 und 5

Tab. 170 (betr. Frage M 56a): Höhe versus Sicherheit der Einkünfte, nach Alter (gewerbliche Mitarbeiter)

	18 - 34 Jahre	35 - 49 Jahre	50 und mehr Jahre	Durchschnitt 1 - 3
	1	2	3	4
	%	%	%	%
Ziehe Sicherheit vor	69	82	88	77
Ziehe Verdienstmöglichkeit vor	28	14	6	19
Es kommt darauf an	1	4	5	3
Weiss nicht/keine Antwort	1	-	1	1
Summe	99	100	100	100
Anzahl Fälle	173	93	85	351

p = (1.000)

Tab. 171 (betr. Frage U 38): Höhe versus Sicherheit der Einkünfte, nach Alter (Unternehmer)

Ziehe Sicherheit vor	(89)	84	97	90
Ziehe Gewinnmöglichkeit vor	(11)	11	3	8
Es kommt darauf an	-	5	-	3
Weiss nicht/keine Antwort	-	-	-	-
Summe	(100)	100	100	101
Anzahl Fälle	9	38	30	77

p = (.537)

Tab. 172 (betr. Frage M 56a): Höhe versus Sicherheit der Einkünfte, nach Dauer der Betriebszugehörigkeit (gewerbliche Mitarbeiter)

	Unter 1 Jahr	1 - 6 Jahre	Ueber 6 Jahre	Durchschnitt 1 - 3
	1	2	3	4
	%	%	%	%
Ziehe Sicherheit vor	65	72	84	77
Ziehe Verdienstmöglichkeit vor	35	24	12	19
Es kommt darauf an	-	3	3	3
Weiss nicht/keine Antwort	-	1	1	1
Summe	100	100	100	100
Anzahl Fälle	34	143	174	351

p = (.977)

Tab. 173 (betr. Frage U 38): Höhe versus Sicherheit der Einkünfte, nach Dauer der Tätigkeit als Unternehmer

Ziehe Sicherheit vor	(100)	(67)	95	90
Ziehe Gewinnmöglichkeit vor	-	(20)	5	8
Es kommt darauf an	-	(13)	-	3
Weiss nicht/keine Antwort	-	-	-	-
Summe	(100)	(100)	100	101
Anzahl Fälle	1	15	61	77

p = (.989)

Tab. 174 (betr. Indexfragen M 1 und U 1): Zufriedenheit mit den menschlichen Kontakten

	Mitarbeiter				Unternehmer (nur gewerbliche Betriebe)
	Gewerbliche Betriebe			Grosse Betriebe	
	3 - 19 Beschäftigte	20 - 199 Beschäftigte	Durchschnitt 1 + 2	200 und mehr Beschäftigte	
	1	2	3	4	5
	%	%	%	%	%
Sehr zufrieden	24	19	22	24	32
Zufrieden	70	62	66	59	57
Weder zufrieden noch unzufrieden	4	15	9	11	5
Unzufrieden	3	3	3	6	5
Sehr unzufrieden	-	1	0	-	-
Summe	101	100	100	100	99
Anzahl Fälle	200	151	351	54	77

p = (.249) aus Spalten 3 und 4

p = (.803) aus Spalten 3 und 5

Tab. 175 (betr. Indexfrage M 1): Zufriedenheit mit den menschlichen Kontakten nach Betriebsstandort (gewerbliche Mitarbeiter)

	Grossstadt und Agglomeration	Stadt und Agglomeration	Land	Durchschnitt 1 - 3
	1	2	3	4
	%	%	%	%
Sehr zufrieden	19	19	24	22
Zufrieden	62	63	69	66
Weder zufrieden noch unzufrieden	12	16	5	9
Unzufrieden	6	2	2	3
Sehr unzufrieden	1	-	-	0
Summe	100	100	100	100
Anzahl Fälle	68	81	202	351

p = (.975)

Tab. 176 (betr. Frage M 57a): Zusammenarbeit mit den Kollegen (Mitarbeiter)

	Gewerbliche Betriebe			Grosse Betriebe
	3 - 19 Beschäftigte	20 - 199 Beschäftigte	Durchschnitt 1 + 2	200 und mehr Beschäftigte
	1	2	3	4
	%	%	%	%
Sehr gut	40	28	35	33
Im ganzen gut	54	62	58	57
Weder gut noch schlecht	4	8	5	7
Eher schlecht	2	1	2	2
Sehr schlecht	-	1	1	-
Summe	100	100	101	99
Anzahl Fälle	200	151	351	54

p = (.045) aus Spalten 3 und 4

Tab. 177 (betr. Frage M 57a): Zusammenarbeit mit den Kollegen, nach Alter (gewerbliche Mitarbeiter)

	18 - 34 Jahre	35 - 49 Jahre	50 und mehr Jahre	Durchschnitt 1 - 3
	1	2	3	4
	%	%	%	%
Sehr gut	40	31	27	35
Im ganzen gut	54	67	55	58
Weder gut noch schlecht	3	-	15	5
Eher schlecht	2	2	1	2
Sehr schlecht	1	-	1	1
Summe	100	100	99	101
Anzahl Fälle	173	93	85	351

p = (1.000)

Tab. 178 (betr. Indexfrage M 1): **Kontaktzufriedenheit nach Güte der Zusammenarbeit mit den Kollegen (gewerbliche Mitarbeiter)**

	Sehr gut	Im ganzen gut	Weder gut noch schlecht	Eher schlecht	Sehr schlecht	Durchschnitt 1 - 5
	1	2	3	4	5	6
	%	%	%	%	%	%
Sehr zufrieden	37	16	-	-	-	22
Zufrieden	58	73	(63)	(33)	-	66
Weder zufrieden noch unzufrieden	4	9	(26)	(50)	-	9
Unzufrieden	1	2	(11)	(17)	(50)	3
Sehr unzufrieden	-	-	-	-	(50)	0
Summe	100	100	(100)	(100)	(100)	100
Anzahl Fälle	122	202	19	6	2	351

p = (1.000)

Tab. 179 (betr. Fragen M 57b und U 39): Zusammenarbeit mit dem Chef (Mitarbeiter) bzw. mit den Mitarbeitern (Unternehmer)

	Mitarbeiter				Unternehmer (nur gewerbliche Betriebe)
	Gewerbliche Betriebe			Grosse Betriebe	
	3 - 19 Beschäftigte	20 - 199 Beschäftigte	Durchschnitt 1 + 2	200 und mehr Beschäftigte	
	1	2	3	4	5
	%	%	%	%	%
Sehr gut	38	33	36	37	40
Im ganzen gut	55	55	55	54	58
Weder gut noch schlecht	7	7	7	9	1
Eher schlecht	1	4	2	-	-
Sehr schlecht	-	1	0	-	-
Summe	101	100	100	100	99
Anzahl Fälle	200	150	350	54	77

p = (.227) aus Spalten 3 und 4

p = (.786) aus Spalten 3 und 5

Tab. 180 (betr. Indexfrage M 1): Kontaktzufriedenheit nach Güte der Zusammenarbeit mit dem Chef (gewerbl.Mitarbeiter)

	Zusammenarbeit mit dem Chef ist . . .					Durchschnitt 1 - 5
	sehr gut	im ganzen gut	weder gut noch schlecht	eher schlecht	sehr schlecht	
	1	2	3	4	5	6
	%	%	%	%	%	%
Sehr zufrieden	33	18	-	-	-	22
Zufrieden	61	73	(50)	(37)	(100)	66
Weder zufrieden noch unzufrieden	5	7	(37)	(25)	-	9
Unzufrieden	1	2	(13)	(25)	-	3
Sehr unzufrieden	-	-	-	(13)	-	0
Summe	100	100	(100)	(100)	(100)	100
Anzahl Fälle	125	192	24	8	1	350

p = (1.000)

Tab.181 (betr. Indexfrage U 1): Kontaktzufriedenheit nach Güte der Zusammenarbeit mit den Mitarbeitern (Unternehmer)

	Zusammenarbeit mit den Mitarbeitern ist . . .					Durchschnitt 1 - 5
	sehr gut	im ganzen gut	weder gut noch schlecht	eher schlecht	sehr schlecht	
	1	2	3	4	5	6
	%	%	%	%	%	%
Sehr zufrieden	52	18	(100)	-	-	32
Zufrieden	42	69	-	-	-	57
Weder zufrieden noch unzufrieden	3	7	-	-	-	5
Unzufrieden	3	7	-	-	-	5
Sehr unzufrieden	-	-	-	-	-	-
Summe	100	101	(100)	-	-	99
Anzahl Fälle	31	45	1	-	-	77

p = (.932)

Tab. 182 (betr. Frage M 60): Ausserdienstliche Treffen mit Arbeitskollegen (Mitarbeiter)

	Gewerbliche Betriebe			Grosse Betriebe
	3-19 Beschäftigte	20-199 Beschäftigte	Durchschnitt 1 + 2	200 und mehr Beschäftigte
	1	2	3	4
	%	%	%	%
Oft	15	13	14	6
Ab und zu	46	48	46	39
Praktisch nie	27	25	26	24
Nie	12	15	13	31
Keine Antwort	1	-	1	-
Summe	101	101	100	100
Anzahl Fälle	200	151	351	54

p = (.992) aus Spalten 3 und 4

Tab. 183 (betr. Frage M 60): Ausserdienstliche Treffen mit Arbeitskollegen, nach Betriebsstandort (gewerbliche Mitarbeiter)

	Grossstadt und Agglomeration	Stadt und Agglomeration	Land	Durchschnitt 1 - 3
	1	2	3	4
	%	%	%	%
Oft	4	6	20	14
Ab und zu	38	49	48	46
Praktisch nie	28	31	23	26
Nie	29	14	7	13
Keine Antwort	-	-	1	1
Summe	99	100	99	100
Anzahl Fälle	68	81	202	351

p = 1.000

Tab. 184 (betr. Frage M 60): Ausserdienstliche Treffen mit Arbeitskollegen, nach Alter (gewerbliche Mitarbeiter)

	18 - 34 Jahre	35 - 49 Jahre	50 und mehr Jahre	Durchschnitt 1 - 3
	1	2	3	4
	%	%	%	%
Oft	21	11	2	14
Ab und zu	50	45	41	46
Praktisch nie	20	27	36	26
Nie	8	17	20	13
Keine Antwort	1	-	-	1
Summe	100	100	99	100
Anzahl Fälle	173	93	85	351

p = 1.000

Tab. 185 (betr. Frage M 60): Ausserdienstliche Treffen mit Arbeitskollegen, nach Einkommen (gewerbliche Mitarbeiter)

	Bis 2500 Fr. monatlich	2501 - 3000 Fr. monatlich	Ueber 3000 Fr. monatlich	Durchschnitt 1 - 3
	1	2	3	4
	%	%	%	%
Oft	19	9	4	14
Ab und zu	44	51	49	46
Praktisch nie	27	23	25	26
Nie	9	16	22	13
Keine Antwort	0	1	-	1
Summe	99	100	100	100
Anzahl Fälle	202	94	55	351

p = .980

Tab. 186 (betr. Frage U 42a): Im Betrieb geschlossene Freundschaften

	3-19 Beschäftigte	20-199 Beschäftigte	Durchschnitt 1 + 2
	1	2	3
	%	%	%
Freundschaften geschlossen	28	25	27
Schwer zu sagen	16	13	16
Keine Freundschaften geschlossen	56	62	57
Summe	100	100	100
Anzahl Fälle	61	16	77

p =.123

Tab. 187 (betr. Frage U 42a): Im Betrieb geschlossene Freundschaften, nach Einkünften (Unternehmer)

	Bis 2500 Fr. monatlich	2501 - 3000 Fr. monatlich	Ueber 3000 Fr. monatlich	Durchschnitt 1 - 3
	1	2	3	4
	%	%	%	%
Freundschaften geschlossen	(60)	31	24	27
Schwer zu sagen	(40)	19	11	16
Keine Freundschaften geschlossen	-	50	65	57
Summe	(100)	(100)	100	100
Anzahl Fälle	5	16	55	76

p = (.935)

Tab. 188 (betr. Frage U 42b: Freundschaften ausserhalb des Betriebes dank Unternehmerposition

	3 - 19 Beschäftigte	20 - 199 Beschäftigte	Durchschnitt 1 + 2
	1	2	3
	%	%	%
Freundschaften geschlossen	69	75	70
Schwer zu sagen	5	6	5
Keine Freundschaften geschlossen	26	19	25
Summe	100	100	100
Anzahl Fälle	61	16	77

p = (.181)

Tab. 189 (betr. Indexfrage M 1): Kontaktzufriedenheit nach Häufigkeit ausserdienstlicher Treffen mit Arbeitskollegen (gewerbliche Mitarbeiter)

	Oft	Ab und zu	praktisch nie	Nie	Keine Antwort	Durchschnitt 1 - 5
	1	2	3	4	5	6
	%	%	%	%	%	%
Sehr zufrieden	35	25	15	11	-	22
Zufrieden	61	67	68	63	(100)	66
Weder zufrieden noch unzufrieden	2	7	12	15	-	9
Unzufrieden	2	1	4	9	-	3
Sehr unzufrieden	-	-	-	2	-	0
Summe	100	100	99	100	(100)	100
Anzahl Fälle	49	163	91	46	2	351

p = (.990)

Tab. 190 (betr. Indexfrage U 1): Kontaktzufriedenheit nach Freundschaften im Betrieb (Unternehmer)

	Freundschaften geschlossen	Schwer zu sagen	Keine Freundschaften geschlossen	Durchschnitt 1 - 3
	1	2	3	4
	%	%	%	%
Sehr zufrieden	(29)	(42)	32	32
Zufrieden	(57)	(58)	57	57
Weder zufrieden noch unzufrieden	(5)	-	7	5
Unzufrieden	(9)	-	4	5
Sehr unzufrieden	-	-	-	-
Summe	(100)	(100)	100	99
Anzahl Fälle	21	12	44	77

p = (.154)

Tab. 191 (betr. Frage M 59a): Aussicht auf persönl. Rat und Hilfe durch Arbeitskollegen (Mitarbeiter)

	Gewerbliche Betriebe			Grosse Betriebe
	3 - 19 Beschäftigte	20 - 199 Beschäftigte	Durchschnitt 1 + 2	200 und mehr Beschäftigte
	1	2	3	4
	%	%	%	%
Ja, bei jedem	36	23	30	11
Bei einzelnen ja, bei anderen nein	41	50	45	72
Nein, bei niemandem	17	16	17	11
Weiss nicht/ keine Antwort/ will keine Hilfe	6	11	8	6
Summe	100	100	100	100
Anzahl Fälle	200	151	351	54

p = (.998) aus Spalten 3 und 4

Tab. 192 (betr. Frage M 59a): Aussicht auf persönl. Rat und Hilfe durch Arbeitskollegen, nach Einkommen (gewerbliche Mitarbeiter)

	Bis 2500 Fr. monatlich	2501 - 3000 Fr. monatlich	Ueber 3000 Fr. monatlich	Durchschnitt 1 - 3
	1	2	3	4
	%	%	%	%
Ja, bei jedem	37	23	18	30
Bei einzelnen ja, bei anderen nein	45	44	49	45
Nein, bei niemandem	13	21	22	17
Weiss nicht/keine Antwort/will keine Hilfe	5	12	11	8
Summe	100	100	100	100
Anzahl Fälle	202	94	55	351

p [illegible] .981

Tab. 193 (betr. Frage M 59a): Aussicht auf persönl. Rat und Hilfe durch Arbeitskollegen, nach Betriebsstandort (gewerbliche Mitarbeiter)

	Grossstadt und Agglomeration	Stadt und Agglomeration	Land	Durchschnitt 1 - 3
	1	2	3	4
	%	%	%	%
Ja, bei jedem	12	25	39	30
Bei einzelnen ja, bei anderen nein	44	56	41	45
Nein, bei niemandem	24	15	15	17
Weiss nicht/keine Antwort/will keine Hilfe	21	5	5	8
Summe	101	101	100	100
Anzahl Fälle	68	81	202	351

p = 1.000

Tab. 194 (betr. Indexfrage M 1): Kontaktzufriedenheit nach Aussicht auf persönl. Rat und Hilfe durch Arbeitskollegen (gewerbliche Mitarbeiter)

	Ja, bei jedem	Bei einzelnen ja, bei anderen nein	Nein, bei niemandem	Weiss nicht/ keine Antwort/ will keine Hilfe	Durchschnitt 1 - 4
	1	2	3	4	5
	%	%	%	%	%
Sehr zufrieden	39	16	9	14	22
Zufrieden	56	73	60	76	66
Weder zufrieden noch unzufrieden	4	9	19	3	9
Unzufrieden	1	1	12	3	3
Sehr unzufrieden	-	-	-	3	0
Summe	100	99	100	99	100
Anzahl Fälle	107	158	58	28	351

p = (1.000)

Tab. 195 (betr. Fragen M 59b und U 41): Aussicht auf persönl. Rat und Hilfe durch den Chef bzw. Bereitschaft dazu

	Mitarbeiter				Unternehmer (nur gewerbliche Betriebe)
	Gewerbliche Betriebe			Grosse Betriebe	
	3-19 Beschäftigte	20-199 Beschäftigte	Durchschnitt 1 + 2	200 und mehr Beschäftigte	
	1	2	3	4	5
	%	%	%	%	%
Sichere Aussicht/ Bereitschaft	79	70	75	67	89
50:50, kommt darauf an	10	19	14	22	9
Keine Aussicht/ Bereitschaft	6	7	7	6	1
Keine Antwort u.ä.	5	4	5	6	-
Summe	100	100	101	101	99
Anzahl Fälle	200	151	351	54	77

p = .564 aus Spalten 3 und 4
p = .972 aus Spalten 3 und 5

Tab. 196 (betr. Frage M 59b): Aussicht auf persönl. Rat und Hilfe durch den Chef, nach Einkommen (gewerbliche Mitarbeiter)

	Bis 2500 Fr. monatlich	2501 - 3000 Fr. monatlich	Ueber 3000 Fr. monatlich	Durchschnitt 1 - 3
	1	2	3	4
	%	%	%	%
Sichere Aussicht	83	64	65	75
50 : 50	9	21	20	14
Keine Aussicht	5	7	9	7
Weiss nicht/keine Antwort/will keine Hilfe	3	7	5	5
Summe	100	99	99	101
Anzahl Fälle	202	94	55	351

p = .989

Tab. 197 (betr. Frage M 59b): Aussicht auf persönl. Rat und Hilfe durch den Chef, nach Betriebsstandort (gewerbliche Mitarbeiter)

	Grossstadt und Agglomeration	Stadt und Agglomeration	Land	Durchschnitt 1 - 3
	1	2	3	4
	%	%	%	%
Sichere Aussicht	68	68	80	75
50 : 50	16	14	13	14
Keine Aussicht	9	10	4	7
Weiss nicht/keine Antwort/will keine Hilfe	7	9	2	5
Summe	100	101	99	101
Anzahl Fälle	68	81	202	351

p = .946

Tab. 198 (betr. Indexfrage M 1): Kontaktzufriedenheit nach Aussicht auf persönl. Rat und Hilfe durch den Chef (gewerbliche Mitarbeiter)

	Sichere Aussicht	50 : 50	Keine Aussicht	Weiss nicht/ keine Antwort/ will keine Hilfe	Durchschnitt 1-4
	1	2	3	4	5
	%	%	%	%	%
Sehr zufrieden	25	14	(4)	(19)	22
Zufrieden	67	63	(57)	(81)	66
Weder zufrieden noch unzufrieden	7	16	(17)	-	9
Unzufrieden	1	6	(17)	-	3
Sehr unzufrieden	-	-	(4)	-	0
Summe	100	99	(99)	(100)	100
Anzahl Fälle	263	49	23	16	351

p = (1.000)

Tab. 199 (betr. Fragen M 58 und U 40): Beurteilung des Betriebsklimas

	Mitarbeiter				Unternehmer (nur gewerbliche Betriebe)
	Gewerbliche Betriebe			Grosse Betriebe	
	3 - 19 Beschäftigte	20 - 199 Beschäftigte	Durchschnitt 1 + 2	200 und mehr Beschäftigte	
	1	2	3	4	5
	%	%	%	%	%
Sehr gut	18	15	17	11	16
Gut	63	52	58	57	65
Weder gut noch schlecht	13	23	18	28	19
Schlecht	5	9	7	4	-
Sehr schlecht	1	1	1	-	-
Weiss nicht/keine Antwort	1	-	0	-	-
Summe	101	100	101	100	100
Anzahl Fälle	200	151	351	54	77

p = (.526) aus Spalten 3 und 4

p = (.728) aus Spalten 3 und 5

Tab. 200 (betr. Frage M 58): Beurteilung des Betriebsklimas, nach Alter (gewerbliche Mitarbeiter)

	18 - 34 Jahre	35 - 49 Jahre	50 und mehr Jahre	Durchschnitt 1 - 3
	1	2	3	4
	%	%	%	%
Sehr gut	21	16	9	17
Gut	61	57	53	58
Weder gut noch schlecht	13	20	25	18
Schlecht	5	5	12	7
Sehr schlecht	-	1	1	1
Weiss nicht/keine Antwort	1	-	-	0
Summe	101	99	100	101
Anzahl Fälle	173	93	85	351

p = (.945)

Tab. 201 (betr. Frage M 58): Beurteilung des Betriebsklimas, nach Dauer der Betriebszugehörigkeit (gewerbliche Mitarbeiter)

	Unter 1 Jahr	1 - 6 Jahre	Ueber 6 Jahre	Durchschnitt 1 - 3
	1	2	3	4
	%	%	%	%
Sehr gut	35	21	10	17
Gut	44	61	59	58
Weder gut noch schlecht	15	13	22	18
Schlecht	3	5	9	7
Sehr schlecht	-	-	1	1
Weiss nicht/keine Antwort	3	-	-	0
Summe	100	100	101	101
Anzahl Fälle	34	143	174	351

p = (1.000)

Tab. 202 (betr. Frage M 58): Beurteilung des Betriebsklimas, nach Zivilstand/Haushaltsgrösse (gewerbliche Mitarbeiter)

	Alleinstehend	Zweipersonen-haushalt	Mehrpersonen-haushalt	Durchschnitt 1 - 3
	1	2	3	4
	%	%	%	%
Sehr gut	20	17	15	17
Gut	64	57	56	58
Weder gut noch schlecht	11	17	21	18
Schlecht	5	5	8	7
Sehr schlecht	-	3	-	1
Weiss nicht/keine Antwort	-	-	1	0
Summe	100	99	101	101
Anzahl Fälle	94	63	194	351

p = (.917)

Tab. 203 (betr. Indexfrage M 1): Kontaktzufriedenheit nach Güte des Betriebsklimas (gewerbliche Mitarbeiter)

	Sehr gut	Gut	Weder gut noch schlecht	Schlecht	Sehr schlecht	Weiss nicht/keine Antwort	Durchschnitt 1 - 6
	1	2	3	4	5	6	7
	%	%	%	%	%	%	%
Sehr zufrieden	47	22	6	-	-	-	22
Zufrieden	47	72	71	(57)	-	(100)	66
Weder zufrieden noch unzufrieden	3	6	15	(35)	-	-	9
Unzufrieden	2	0	8	(9)	(50)	-	3
Sehr unzufrieden	-	-	-	-	(50)	-	0
Summe	99	100	100	(101)	(100)	(100)	100
Anzahl Fälle	59	204	62	23	2	1	351

p = (1.000)

Tab. 204 (betr. Indexfrage U 1): Kontaktzufriedenheit nach Güte des Betriebsklimas (Unternehmer)

	Sehr gut	Gut	Weder gut noch schlecht	Schlecht	Sehr schlecht	Weiss nicht/keine Antwort	Durchschnitt 1 - 6
	1	2	3	4	5	6	7
	%	%	%	%	%	%	%
Sehr zufrieden	(67)	26	(27)	-	-	-	32
Zufrieden	(33)	70	(33)	-	-	-	57
Weder zufrieden noch unzufrieden	-	2	(20)	-	-	-	5
Unzufrieden	-	2	(20)	-	-	-	5
Sehr unzufrieden	-	-	-	-	-	-	-
Summe	(100)	100	(100)	-	-	-	99
Anzahl Fälle	12	50	15	-	-	-	77

p = (1.000)

Tab. 205 (betr. Indexfragen M 10 und U 10): Zufriedenheit mit den Arbeits- bzw. Tätigkeitsbedingungen

	Mitarbeiter				Unternehmer (nur gewerbliche Betriebe)
	Gewerbliche Betriebe			Grosse Betriebe	
	3 - 19 Beschäftigte	20 - 199 Beschäftigte	Durchschnitt 1 + 2	200 und mehr Beschäftigte	
	1	2	3	4	5
	%	%	%	%	%
Sehr zufrieden	16	11	14	13	34
Zufrieden	68	78	72	65	40
Weder zufrieden noch unzufrieden	11	9	10	20	14
Unzufrieden	6	2	4	2	12
Sehr unzufrieden	-	-	-	-	-
Summe	101	100	100	100	100
Anzahl Fälle	200	151	351	54	77

p = .878 aus Spalten 3 und 4

p = 1.000 aus Spalten 3 und 5

Tab. 206 (betr. Indexfrage M 10): Zufriedenheit mit den Arbeitsbedingungen nach Betriebsstandort (gewerbliche Mitarbeiter)

	Grossstadt und Agglomeration	Stadt und Agglomeration	Land	Durchschnitt 1 - 3
	1	2	3	4
	%	%	%	%
Sehr zufrieden	6	10	18	14
Zufrieden	76	72	71	72
Weder zufrieden noch unzufrieden	13	14	7	10
Unzufrieden	4	5	3	4
Sehr unzufrieden	-	-	-	-
Summe	99	101	99	100
Anzahl Fälle	68	81	202	351

p = .917

Tab. 207 (betr. Frage M 64a): Verbreitung unangenehmer Arbeit, z.B. Dreck, Lärm usw. (Mitarbeiter)

	Gewerbliche Betriebe			Grosse Betriebe
	3 - 19 Beschäftigte	20 - 199 Beschäftigte	Durchschnitt 1 + 2	200 und mehr Beschäftigte
	1	2	3	4
	%	%	%	%
Arbeit ist unangenehm	25	27	26	26
Arbeit ist nicht unangenehm	72	73	72	72
Keine Antwort	3	-	2	2
Summe	100	100	100	100
Anzahl Fälle	200	151	351	54

p = ,003 aus Spalten 3 und 4

Tab. 208 (betr. Frage M 64a): Verbreitung unangenehmer Arbeit, nach Alter (gewerbliche Mitarbeiter)

	18 - 34 Jahre	35 - 49 Jahre	50 und mehr Jahre	Durchschnitt 1 - 3
	1	2	3	4
	%	%	%	%
Arbeit ist unangenehm	20	29	34	26
Arbeit ist nicht unangenehm	79	69	64	72
Keine Antwort	1	2	2	2
Summe	100	100	100	100
Anzahl Fälle	173	93	85	351

p = (.881)

Tab. 209 (betr. Frage M 64a): Verbreitung unangenehmer Arbeit, nach Dauer der Betriebszugehörigkeit (gewerbliche Mitarbeiter)

	Unter 1 Jahr	1 - 6 Jahre	Ueber 6 Jahre	Durchschnitt 1 - 3
	1	2	3	4
	%	%	%	%
Arbeit ist unangenehm	12	21	33	26
Arbeit ist nicht unangenehm	88	78	64	72
Keine Antwort	-	1	3	2
Summe	100	100	100	100
Anzahl Fälle	34	143	174	351

p = (.990)

Tab. **210** (betr. Frage M 64a): Verbreitung unangenehmer Arbeit, nach Tätigkeitskategorie (gewerbliche Mitarbeiter)

	Ueberwiegend manuelle Tätigkeiten	Ueberwiegend nichtmanuelle Tätigkeiten	Durchschnitt 1 + 2
	1	2	3
	%	%	%
Arbeit ist unangenehm	31	9	26
Arbeit ist nicht unangenehm	67	91	72
Keine Antwort	2	-	2
Summe	100	100	100
Anzahl Fälle	275	76	351

p n.b.

Tab. 211 (betr. Indexfrage M 10): Zufriedenheit mit den Arbeitsbedingungen nach unangenehmem Charakter der Arbeit (gewerbliche Mitarbeiter)

	Arbeit ist unangenehm	Arbeit ist nicht unangenehm	Keine Antwort	Durchschnitt 1 - 3
	1	2	3	4
	%	%	%	%
Sehr zufrieden	3	17	(33)	14
Zufrieden	75	72	(67)	72
Weder zufrieden noch unzufrieden	15	8	-	10
Unzufrieden	7	3	-	4
Sehr unzufrieden	-	-	-	-
Summe	100	100	(100)	100
Anzahl Fälle	91	254	6	351

p = (.994)

Tab. 212 (betr. Frage M 65c): Unfallgefährdung des Arbeitsplatzes (Mitarbeiter)

	Gewerbliche Betriebe			Grosse Betriebe
	3 - 19 Beschäftigte	20 - 199 Beschäftigte	Durchschnitt 1 + 2	200 u. mehr Beschäftigte
	1	2	3	4
	%	%	%	%
Mein Arbeitsplatz nicht stärker unfallgefährdet als andere	80	87	83	87
Mein Arbeitsplatz stärker unfallgefährdet als andere	19	13	16	11
Weiss nicht/keine Antwort	2	-	1	2
Summe	101	100	100	100
Anzahl Fälle	200	151	351	54

p = (.470) aus Spalten 3 und 4

Tab. 213 (betr. Indexfrage M 10): Zufriedenheit mit den Arbeitsbedingungen nach Unfallgefährdung (gewerbliche Mitarbeiter)

	Arbeitsplatz nicht besonders unfallgefährdet	Arbeitsplatz stärker unfallgefährdet	Weiss nicht / keine Antwort	Durchschnitt 1 - 3
	1	2	3	4
	%	%	%	%
Sehr zufrieden	15	7	-	14
Zufrieden	73	70	(67)	72
Weder zufrieden noch unzufrieden	9	14	(33)	10
Unzufrieden	3	9	-	4
Sehr unzufrieden	-	-	-	-
Summe	100	100	100	100
Anzahl Fälle	292	56	3	351

p = (.887)

Tab. 214 (betr. Frage M 64b): Spezielle Arbeitsanstrengung (Mitarbeiter)

	Gewerbliche Betriebe			Grosse Betriebe
	3 - 19 Beschäftigte	20 - 199 Beschäftigte	Durchschnitt 1 + 2	200 u. mehr Beschäftigte
	1	2	3	4
	%	%	%	%
Arbeit körperlich speziell anstrengend	39	22	32	17
Arbeit nervlich speziell anstrengend	13	32	21	44
Arbeit körperlich und nervlich speziell anstrengend	10	9	10	13
Arbeit nicht speziell anstrengend	39	36	38	26
Keine Antwort	-	-	-	-
Summe	101	99	101	100
Anzahl Fälle	200	151	351	54

p = .999 aus Spalten 3 und 4

Tab. 215 (betr. Frage M 64b): Spezielle Arbeitsanstrengung, nach Berufsausbildung (gewerbliche Mitarbeiter)

	Angelernt	Abgeschlossene Berufslehre	Abgeschlossene Meisterausbildung	HTL, Hochschule und andere	Durchschnitt 1 - 4
	1	2	3	4	5
	%	%	%	%	%
Arbeit körperlich anstrengend	48	30	(20)	(7)	32
Arbeit nervlich anstrengend	8	21	(30)	(71)	21
Arbeit körperlich und nervlich anstrengend	13	9	(10)	-	10
Arbeit nicht speziell anstrengend	32	40	(40)	(21)	38
Keine Antwort	-	-	-	-	-
Summe	101	100	(100)	(99)	101
Anzahl Fälle	63	254	20	14	351

p n.b.

Tab. 216 (betr. Frage M 64b): Spezielle Arbeitsanstrengung, nach Tätigkeitskategorie (gewerbliche Mitarbeiter)

	Ueberwiegend manuelle Tätigkeiten	Ueberwiegend nichtmanuelle Tätigkeiten	Durchschnitt 1 + 2
	1	2	3
	%	%	%
Arbeit körperlich anstrengend	39	4	32
Arbeit nervlich anstrengend	12	55	21
Arbeit körperlich und nervlich anstrengend	11	5	10
Arbeit nicht speziell anstrengend	38	36	38
Keine Antwort	-	-	-
Summe	100	100	101
Anzahl Fälle	276	75	351

p n.b.

Tab. 217 (betr. Frage M 64b): Spezielle Arbeitsanstrengung, nach Einkommen (gewerbliche Mitarbeiter)

	Bis 2500 Fr. monatlich	2501 - 3000 Fr. monatlich	Ueber 3000 Fr. monatlich	Durchschnitt 1 - 3
	1	2	3	4
	%	%	%	%
Arbeit körperlich anstrengend	40	30	5	32
Arbeit nervlich anstrengend	8	26	60	21
Arbeit körperlich und nervlich anstrengend	9	13	5	10
Arbeit nicht speziell anstrengend	43	32	29	38
Keine Antwort	-	-	-	-
Summe	100	101	99	101
Anzahl Fälle	202	94	55	351

p = 1.000

Tab. 218 (betr. Frage M 64b): Spezielle Arbeitsanstrengung, nach Betriebsstandort (gewerbliche Mitarbeiter)

	Grossstadt und Agglomeration	Stadt und Agglomeration	Land	Durchschnitt 1 - 3
	1	2	3	4
	%	%	%	%
Arbeit körperlich anstrengend	26	27	35	32
Arbeit nervlich anstrengend	32	30	14	21
Arbeit körperlich und nervlich anstrengend	7	9	11	10
Arbeit nicht speziell anstrengend	34	35	40	38
Keine Antwort	-	-	-	-
Summe	99	101	100	101
Anzahl Fälle	68	81	202	351

p = .982

Tab. 219 (betr. Indexfrage M 10): Zufriedenheit mit den Arbeitsbedingungen nach körperlicher oder nervlicher Arbeitsanstrengung (gewerbliche Mitarbeiter)

	Arbeit körperlich anstrengend	Arbeit nervlich anstrengend	Arbeit körperlich und nervlich anstrengend	Arbeit nicht speziell anstrengend	Keine Antwort	Durchschnitt 1 - 5
	1	2	3	4	5	6
	%	%	%	%	%	%
Sehr zufrieden	19	12	6	13	-	14
Zufrieden	68	73	74	76	-	72
Weder zufrieden noch unzufrieden	11	8	18	8	-	10
Unzufrieden	3	7	3	4	-	4
Sehr unzufrieden	-	-	-	-	-	-
Summe	101	100	101	101	-	100
Anzahl Fälle	111	74	34	132	-	351

p = .612

Tab. 220 (betr. Fragen M 63 und U 43): Ueberforderung durch die Arbeit

	Mitarbeiter				Unternehmer (nur gewerbliche Betriebe)
	Gewerbliche Betriebe			Grosse Betriebe	
	3 - 19 Beschäftigte	20 - 199 Beschäftigte	Durchschnitt 1 + 2	200 und mehr Beschäftigte	
	1	2	3	4	5
	%	%	%	%	%
Ja, überfordert	7	12	9	9	47
Nein, nicht überfordert	93	87	90	91	53
Weiss nicht/keine Antwort	1	1	1	-	-
Summe	101	100	100	100	100
Anzahl Fälle	200	151	351	54	77

p = (.143) aus Spalten 3 und 4

p = aus Spalten 3 und 5 n.b.

Tab. 221 (betr. Frage M 63): Ueberforderung durch die Arbeit, nach Berufsausbildung (gewerbliche Mitarbeiter)

	Angelernt	Abgeschlossene Berufslehre	Abgeschlossene Meisterausbildung	HTL, Hochschule und andere	Durchschnitt 1 - 4
	1	2	3	4	5
	%	%	%	%	%
Ja, überfordert	3	9	15	(29)	9
Nein, nicht überfordert	95	91	85	(71)	90
Weiss nicht/keine Antwort	2	0	-	-	1
Summe	100	100	100	(100)	100
Anzahl Fälle	63	254	20	14	351

p n.b.

Tab. 222 (betr. Frage M 63): Ueberforderung durch die Arbeit, nach Einkommen (gewerbliche Mitarbeiter)

	Bis 2500 Fr. monatlich	2501 - 3000 Fr. monatlich	Ueber 3000 Fr. monatlich	Durchschnitt 1 - 3
	1	2	3	4
	%	%	%	%
Ja, überfordert	6	12	15	9
Nein, nicht überfordert	93	87	85	90
Weiss nicht/keine Antwort	0	1	-	1
Summe	99	100	100	100
Anzahl Fälle	202	94	55	351

p = (.733)

Tab. 223 (betr. Frage M 63): Ueberforderung durch die Arbeit, nach Tätigkeitskategorie (gewerbliche Mitarbeiter)

	Ueberwiegend manuelle Tätigkeiten	Ueberwiegend nichtmanuelle Tätigkeiten	Durchschnitt 1 + 2
	1	2	3
	%	%	%
Ja, überfordert	8	13	9
Nein, nicht überfordert	91	87	90
Weiss nicht/keine Antwort	1	-	1
Summe	100	100	100
Anzahl Fälle	276	75	351

p n.b.

Tab. 224 (betr. Indexfrage M 10): Zufriedenheit mit den Arbeitsbedingungen nach Ueberforderungsgefühl (gewerbliche Mitarbeiter)

	Ja, überfordert	Nein, nicht überfordert	Weiss nicht / keine Antwort	Durchschnitt 1 - 3
	1	2	3	4
	%	%	%	%
Sehr zufrieden	3	15	-	14
Zufrieden	66	73	(50)	72
Weder zufrieden noch unzufrieden	22	9	-	10
Unzufrieden	9	3	(50)	4
Sehr unzufrieden	-	-	-	-
Summe	100	100	(100)	100
Anzahl Fälle	32	317	2	351

p = (.999)

Tab. 225 (betr. Indexfrage U 10): Zufriedenheit mit den Tätigkeitsbedingungen nach Ueberforderungsgefühl (Unternehmer)

Sehr zufrieden	47	22	-	34
Zufrieden	25	54	-	40
Weder zufrieden noch unzufrieden	14	15	-	14
Unzufrieden	14	10	-	12
Sehr unzufrieden	-	-	-	-
Summe	100	101	-	100
Anzahl Fälle	36	41	-	77

p = .970

Tab. 226 (betr. Frage M 65a): Beurteilung des Arbeitsweges (Mitarbeiter)

	Gewerbliche Betriebe			Grosse Betriebe
	3 - 19 Beschäftigte	20 - 199 Beschäftigte	Durchschnitt 1 + 2	200 und mehr Beschäftigte
	1	2	3	4
	%	%	%	%
Finde Wegdauer zu lang	13	15	14	20
Finde Wegdauer nicht zu lang	87	85	86	80
Weiss nicht/keine Antwort	1	1	1	-
Summe	101	101	101	100
Anzahl Fälle	200	150	350	54

p = (.619) aus Spalten 3 und 4

Tab. 227 (betr. Frage M 65a): Beurteilung des Arbeitsweges, nach Betriebsstandort (gewerbliche Mitarbeiter)

	Grossstadt und Agglomeration	Stadt und Agglomeration	Land	Durchschnitt 1 - 3
	1	2	3	4
	%	%	%	%
Finde Wegdauer zu lang	21	14	11	14
Finde Wegdauer nicht zu lang	79	86	88	86
Weiss nicht/keine Antwort	-	-	1	1
Summe	100	100	100	101
Anzahl Fälle	68	81	201	350

p = (.711)

Tab. 228 (betr. Frage M 65a): Beurteilung des Arbeitsweges, nach Dauer der Betriebszugehörigkeit (gewerbliche Mitarbeiter)

	Unter 1 Jahr	1 - 6 Jahre	Ueber 6 Jahre	Durchschnitt 1 - 3
	1	2	3	4
	%	%	%	%
Finde Wegdauer zu lang	29	16	9	14
Finde Wegdauer nicht zu lang	68	84	91	86
Weiss nicht/keine Antwort	3	-	1	1
Summe	100	100	101	101
Anzahl Fälle	34	143	173	350

p = (.997)

Tab. 229 (betr. Indexfrage M 10): Zufriedenheit mit den Arbeitsbedingungen nach Beurteilung des Arbeitsweges (gewerbliche Mitarbeiter)

	Finde Wegdauer zu lang	Finde Wegdauer nicht zu lang	Weiss nicht / keine Antwort	Durchschnitt 1 - 3
	1	2	3	4
	%	%	%	%
Sehr zufrieden	8	15	-	14
Zufrieden	73	72	(50)	72
Weder zufrieden noch unzufrieden	15	9	-	10
Unzufrieden	4	4	(50)	4
Sehr unzufrieden	-	-	-	-
Summe	100	100	(100)	100
Anzahl Fälle	48	300	2	350

p = (.970)

Tab. 230 (betr. Frage M 65b): Beurteilung der Arbeitszeit (Mitarbeiter)

	Gewerbliche Betriebe			Grosse Betriebe
	3 - 19 Beschäftigte	20 - 199 Beschäftigte	Durchschnitt 1 + 2	200 und mehr Beschäftigte
	1	2	3	4
	%	%	%	%
Finde meine Arbeitszeitregelung ... gut	86	78	82	81
... weder gut noch schlecht	10	14	12	11
... schlecht	3	8	5	7
Weiss nicht/keine Antwort	1	-	1	-
Summe	100	100	100	99
Anzahl Fälle	200	151	351	54

p = (.116) aus Spalten 3 und 4

Tab. 231 (betr. Indexfrage M 10): Zufriedenheit mit den Arbeitsbedingungen nach Beurteilung der Arbeitszeit (gewerbliche Mitarbeiter)

	Finde meine Arbeitszeitregelung .... gut	...weder gut noch schlecht	... schlecht	Weiss nicht/ keine Antwort	Durchschnitt 1 - 4
	1	2	3	4	5
	%	%	%	%	%
Sehr zufrieden	16	7	-	-	14
Zufrieden	73	70	(63)	(100)	72
Weder zufrieden noch unzufrieden	8	20	(11)	-	10
Unzufrieden	3	3	(26)	-	4
Sehr unzufrieden	-	-	-	-	-
Summe	100	100	(100)	(100)	100
Anzahl Fälle	289	41	19	2	351

p = (1.000)

Tab. 232 (betr. Fragen M 66 und U 44): Verfügbarkeit von Freizeit

	Mitarbeiter				Unternehmer (nur gewerbliche Betriebe)
	Gewerbliche Betriebe			Grosse Betriebe	
	3 - 19 Beschäftigte	20 - 199 Beschäftigte	Durchschnitt 1 + 2	200 und mehr Beschäftigte	
	1	2	3	4	5
	%	%	%	%	%
Habe genügend Freizeit	92	87	89	89	57
Habe nicht genügend Freizeit	9	13	11	11	43
Weiss nicht/keine Antwort	-	-	-	-	-
Summe	101	100	100	100	100
Anzahl Fälle	200	151	351	54	77

p = .101 aus Spalten 3 und 4

p = 1.000 aus Spalten 3 und 5

Tab. 233 (betr. Frage M 66): Verfügbarkeit von Freizeit, nach Alter (gewerbliche Mitarbeiter)

	18 - 34 Jahre	35 - 49 Jahre	50 und mehr Jahre	Durchschnitt 1 - 3
	1	2	3	4
	%	%	%	%
Habe genügend Freizeit	88	85	96	89
Habe nicht genügend Freizeit	12	15	4	11
Weiss nicht/keine Antwort	-	-	-	-
Summe	100	100	100	100
Anzahl Fälle	173	93	85	351

p = .964

Tab. 234 (betr. Frage U 44): Verfügbarkeit von Freizeit, nach Alter (Unternehmer)

Habe genügend Freizeit	(44)	53	67	57
Habe nicht genügend Freizeit	(56)	47	33	43
Weiss nicht/keine Antwort	-	-	-	-
Summe	(100)	100	100	100
Anzahl Fälle	9	38	30	77

p = .636

Tab. 235 (betr. Indexfrage M 10): Zufriedenheit mit den Arbeitsbedingungen nach Verfügbarkeit von Freizeit (gewerbliche Mitarbeiter)

	Habe genügend Freizeit	Habe nicht genügend Freizeit	Durchschnitt 1 + 2
	1	2	3
	%	%	%
Sehr zufrieden	14	14	14
Zufrieden	74	59	72
Weder zufrieden noch unzufrieden	9	16	10
Unzufrieden	3	11	4
Sehr unzufrieden	-	-	-
Summe	100	100	100
Anzahl Fälle	314	37	351

p = .945

Tab. 236 (betr. Indexfrage U 10): Zufriedenheit mit den Tätigkeitsbedingungen nach Verfügbarkeit von Freizeit (Unternehmer)

	Habe genügend Freizeit	Habe nicht genügend Freizeit	Durchschnitt 1 + 2
	1	2	3
	%	%	%
Sehr zufrieden	32	36	34
Zufrieden	43	36	40
Weder zufrieden noch unzufrieden	11	18	14
Unzufrieden	14	9	12
Sehr unzufrieden	-	-	-
Summe	100	99	100
Anzahl Fälle	44	33	77

p = .266

Tab. **237** (betr. Frage M 62a): Verbesserungsfähigkeit der Arbeitsbedingungen (Mitarbeiter)

	Gewerbliche Betriebe			Grosse Betriebe
	3 - 19 Beschäftigte	20 - 199 Beschäftigte	Durchschnitt 1 + 2	200 u. mehr Beschäftigte
	1	2	3	4
	%	%	%	%
Arbeitsbedingungen könnten verbessert werden	65	65	65	67
Arbeitsbedingungen könnten nicht verbessert werden	33	34	33	30
Weiss nicht / keine Antwort	3	1	2	4
Summe	101	100	100	101
Anzahl Fälle	200	151	351	54

p = .343 aus Spalten 3 und 4

Tab. 238 (betr. Frage M 62a): Verbesserungsfähigkeit der Arbeitsbedingungen, nach Alter (gewerbliche Mitarbeiter)

	18 - 34 Jahre	35 - 49 Jahre	50 und mehr Jahre	Durchschnitt 1 - 3
	1	2	3	4
	%	%	%	%
Arbeitsbedingungen könnten verbessert werden	74	67	44	65
Arbeitsbedingungen könnten nicht verbessert werden	25	31	53	33
Weiss nicht/keine Antwort	1	2	4	2
Summe	100	100	101	100
Anzahl Fälle	173	93	85	351

p = (1.000)

Tab. 239 (betr. Frage M 62a): Verbesserungsfähigkeit der Arbeitsbedingungen, nach Berufsausbildung (gewerbliche Mitarbeiter)

	Angelernt	Abgeschlossene Berufslehre	Abgeschlossene Meisterausbildung	HTL, Hochschule und andere	Durchschnitt 1 - 4
	1	2	3	4	5
	%	%	%	%	%
Arbeitsbed. könnten verbessert werden	49	68	80	(50)	65
Arbeitsbed.könnten nicht verbessert werdn	49	30	20	(50)	33
Weiss nicht/keine Antwort	2	2	-	-	2
Summe	100	100	100	(100)	100
Anzahl Fälle	63	254	20	14	351

p n.b.

Tab. 240 (betr. Frage M 62b): Eigener Beitrag zur Verbesserung der Arbeitsbedingungen (Mitarbeiter)

	Gewerbliche Betriebe			Grosse Betriebe
	3 - 19 Beschäftigte	20 - 199 Beschäftigte	Durchschnitt 1 + 2	200 u. mehr Beschäftigte
	1	2	3	4
	%	%	%	%
Ja, eigener Beitrag möglich	63	67	65	69
Nein, eigener Beitrag nicht möglich	35	31	33	22
Weiss nicht / keine Antwort	2	2	2	8
Summe	100	100	100	99
Anzahl Fälle	129	98	227	36

p = .922 aus Spalten 3 und 4

Tab. 241 (betr. Indexfrage M 10): **Zufriedenheit mit den Arbeitsbedingungen nach Möglichkeit eigenen Beitrages zu ihrer Verbesserung (gewerbliche Mitarbeiter)**

	Eigener Beitrag möglich	Eigener Beitrag nicht möglich	Weiss nicht/ keine Antwort	Durchschnitt 1 - 3
	1	2	3	4
	%	%	%	%
Sehr zufrieden	11	9	(20)	11
Zufrieden	76	68	(40)	73
Weder zufrieden noch unzufrieden	10	16	(20)	12
Unzufrieden	3	7	(20)	4
Sehr unzufrieden	-	-	-	-
Summe	100	100	(100)	100
Anzahl Fälle	147	75	5	227

p = (.716)

Tab. 242 (betr. Indexfragen M 11 und U 11): Gesamtarbeitszufriedenheit

	Mitarbeiter				Unternehmer (nur gewerbliche Betriebe)
	Gewerbliche Betriebe			Grosse Betriebe	
	3 - 19 Beschäftigte	20 - 199 Beschäftigte	Durchschnitt 1 + 2	200 u. mehr Beschäftigte	
	1	2	3	4	5
	%	%	%	%	%
Sehr zufrieden	18	21	19	20	27
Zufrieden	73	64	69	65	69
Weder zufrieden noch unzufrieden	8	12	10	9	4
Unzufrieden	2	2	2	6	-
Sehr unzufrieden	-	1	0	-	-
Summe	101	100	100	100	100
Anzahl Fälle	200	151	351	54	77

p = (.510) aus Spalten 3 und 4

p = (.792) aus Spalten 3 und 5

Tab. 243 (betr. Indexfrage M 11): Gesamtarbeitszufriedenheit nach Betriebsstandort (gewerbliche Mitarbeiter)

	Grossstadt und Agglomeration	Stadt und Agglomeration	Land	Durchschn. 1 - 3
	1	2	3	4
	%	%	%	%
Sehr zufrieden	12	16	23	19
Zufrieden	69	68	69	69
Weder zufrieden noch unzufrieden	16	15	5	10
Unzufrieden	2	1	2	2
Sehr unzufrieden	1	-	-	0
Summe	100	100	99	100
Anzahl Fälle	68	81	202	351

p = (.974)

Tab. 244 (betr. Indexfrage U 11): Gesamtarbeitszufriedenheit nach Dauer der Tätigkeit als selbständiger Unternehmer

	Unter einem Jahr	1 - 6 Jahre	Ueber 6 Jahre	Durchschn. 1 - 3
	1	2	3	4
	%	%	%	%
Sehr zufrieden	-	(7)	33	27
Zufrieden	(100)	(80)	66	69
Weder zufrieden noch unzufrieden	-	(13)	2	4
Unzufrieden	-	-	-	-
Sehr unzufrieden	-	-	-	-
Summe	(100)	(100)	101	100
Anzahl Fälle	1	15	61	77

p = (.911)

Tab. 245 (betr. Fragen M 1 und U 1): Uebereinstimmung von Tätigkeitsvorstellungen und Tätigkeit

	Mitarbeiter				Unternehmer (nur gewerbliche Betriebe)
	Gewerbliche Betriebe			Grosse Betriebe	
	3 - 19 Beschäftigte	20 - 199 Beschäftigte	Durchschnitt 1 + 2	200 u. mehr Beschäftigte	
	1	2	3	4	5
	%	%	%	%	%
Vorstellungen übertroffen	8	11	9	4	6
Vollkommene Uebereinstimmung	52	38	46	33	49
Im ganzen Uebereinstimmung	29	37	32	39	30
Kaum Uebereinstimmung	5	9	7	17	6
Keine Uebereinstimmung	2	3	2	4	6
Hatte keine Vorstellungen	3	1	2	4	1
Keine Antwort	2	-	1	-	1
Summe	101	99	99	101	99
Anzahl Fälle	200	151	351	54	77

p = (.930) aus Spalten 3 und 4
p = (.549) aus Spalten 3 und 5

Tab. 246 (betr. Indexfrage M 11): Gesamtarbeitszufriedenheit nach Uebereinstimmung von Tätigkeitsvorstellungen und Tätigkeit (gewerbliche Mitarbeiter)

	Vorstellungen übertroffen 1	Vollkommene Uebereinstimmung 2	Im ganzen Uebereinstimmung 3	Kaum oder keine Uebereinstimmung 4	Hatte keine Vorstellungen 5	Keine Antwort 6	Durchschnitt 1 - 6 7
Sehr zufrieden	24	24	14	10	(13)	-	19
Zufrieden	70	68	71	57	(87)	(100)	69
Weder zufrieden noch unzufrieden	6	6	13	23	-	-	10
Unzufrieden	-	1	2	10	-	-	2
Sehr unzufrieden	-	1	-	-	-	-	0
Summe	100	100	100	100	(100)	(100)	100
Anzahl Fälle	33	163	114	30	8	3	351

p = (.969)

Tab. 247 (betr. Indexfrage U 11): Gesamtarbeitszufriedenheit nach Uebereinstimmung von Tätigkeitsvorstellungen und Tätigkeit (Unternehmer)

Sehr zufrieden	-	38	(26)	(10)	-	-	27
Zufrieden	(80)	59	(70)	(90)	(100)	(100)	69
Weder zufrieden noch unzufrieden	(20)	3	(4)	-	-	-	4
Unzufrieden	-	-	-	-	-	-	-
Sehr unzufrieden	-	-	-	-	-	-	-
Summe	(100)	100	(100)	(100)	(100)	(100)	100
Anzahl Fälle	5	37	23	10	1	1	77

p = (.165)

Tab. 248 (betr. Frage M 8): Empfehlung einer Tätigkeit im eigenen Betrieb an einen interessierten Freund (Mitarbeiter)

	Gewerbliche Betriebe			Grosse Betriebe
	3 - 19 Beschäftigte	20 - 199 Beschäftigte	Durchschnitt 1 + 2	200 und mehr Beschäftigte
	1	2	3	4
	%	%	%	%
Würde zuraten	79	74	77	74
Wäre im Zweifel	11	9	10	9
Würde abraten	10	14	12	11
Weiss nicht / keine Antwort	1	3	2	6
Summe	101	100	101	100
Anzahl Fälle	200	151	351	54

p = .637 aus Spalten 3 und 4

Tab. 249 (betr. Frage M 8): Empfehlung einer Tätigkeit im eigenen Betrieb an einen interessierten Freund, nach Betriebsstandort (gewerbliche Mitarbeiter)

	Grossstadt und Agglomeration	Stadt und Agglomeration	Land	Durchschn. 1 - 3
	1	2	3	4
	%	%	%	%
Würde zuraten	59	78	82	77
Wäre im Zweifel	10	10	10	10
Würde abraten	28	11	6	12
Weiss nicht / keine Antwort	3	1	1	2
Summe	100	100	99	101
Anzahl Fälle	68	81	202	351

p = 1.000

Tab. 250 (betr. Indexfrage M 11): Gesamtarbeitszufriedenheit nach Empfehlung des eigenen Betriebes bei Freunden (gewerbliche Mitarbeiter)

	Würde zuraten	Wäre im Zweifel	Würde abraten	Weiss nicht / keine Antwort	Durchschnitt 1 - 4
	1	2	3	4	5
	%	%	%	%	%
Sehr zufrieden	23	9	5	(17)	19
Zufrieden	69	83	59	(50)	69
Weder zufrieden noch unzufrieden	7	9	27	(33)	10
Unzufrieden	1	-	7	-	2
Sehr unzufrieden	-	-	2	-	0
Summe	100	101	100	(100)	100
Anzahl Fälle	269	35	41	6	351

p = (1.000)

Tab. 251 (betr. Fragen M 7 und U 7): Wiederwahl des jetzigen Berufs bei neu gegebener Wahlmöglichkeit

	Mitarbeiter				Unternehmer (nur gewerbliche Betriebe)
	Gewerbliche Betriebe			Grosse Betriebe	
	3 - 19 Beschäftigte	20 - 199 Beschäftigte	Durchschnitt 1 + 2	200 und mehr Beschäftigte	
	1	2	3	4	5
	%	%	%	%	%
Ja, Entscheid für jetzigen Beruf	64	56	60	54	73
Nein, Entscheid für anderen Beruf	27	40	33	41	16
Weiss nicht/keine Antwort	9	4	7	6	12
Summe	100	100	100	101	101
Anzahl Fälle	200	151	351	54	77

p = .490 aus Spalten 3 und 4

p = .992 aus Spalten 3 und 5

Tab. 252 (betr. Frage U 7): Wiederwahl des jetzigen Berufs bei neu gegebener Wahlmöglichkeit, nach Betriebsgrösse (Unternehmer)

	3 - 19 Beschäftigte	20 - 199 Beschäftigte	Durchschnitt 1 + 2
	1	2	3
	%	%	%
Ja, Entscheid für jetzigen Beruf	75	63	73
Nein, Entscheid für anderen Beruf	11	31	16
Weiss nicht / keine Antwort	13	6	12
Summe	99	100	101
Anzahl Fälle	61	16	77

p = (.863)

Tab. 253 (betr. Frage M 7): Wiederwahl des jetzigen Berufs bei neu gegebener Wahlmöglichkeit, nach Anzahl Berufswechseln (gewerbliche Mitarbeiter)

	Beruf nicht gewechselt	Beruf einmal gewechselt	Beruf mehrmals gewechselt	Durchschn. 1 - 3
	1	2	3	4
	%	%	%	%
Ja, Entscheid für jetzigen Beruf	65	49	45	60
Nein, Entscheid für anderen Beruf	28	47	40	33
Weiss nicht / keine Antwort	7	4	15	7
Summe	100	100	100	100
Anzahl Fälle	250	81	20	351

p = .992

Tab. 254 (betr. Indexfrage M 11): Gesamtarbeitszufriedenheit nach Wiederwahl des jetzigen Berufs (gewerbliche Mitarbeiter)

	Ja, Entscheid für jetzigen Beruf	Nein, Entscheid für anderen Beruf	Weiss nicht / keine Antwort	Durchschn. 1 - 3
	1	2	3	4
	%	%	%	%
Sehr zufrieden	23	12	(21)	19
Zufrieden	69	70	(63)	69
Weder zufrieden noch unzufrieden	7	13	(17)	10
Unzufrieden	0	4	-	2
Sehr unzufrieden	-	1	-	0
Summe	99	100	(101)	100
Anzahl Fälle	212	115	24	351

p = (.978)

Tab. 255 (betr. Indexfrage U 11): Gesamtarbeitszufriedenheit nach Wiederwahl des jetzigen Berufs (Unternehmer)

Sehr zufrieden	38	-	-	27
Zufrieden	59	(92)	(100)	69
Weder zufrieden noch unzufrieden	4	(8)	-	4
Unzufrieden	-	-	-	-
Sehr unzufrieden	-	-	-	-
Summe	101	(100)	(100)	100
Anzahl Fälle	56	12	9	77

p = (.981)

Tab. 256 (betr. Fragen M 17a und U 14a): Stand auf der Erfolgsleiter heute

	Mitarbeiter				Unternehmer (nur gewerbliche Betriebe)
	Gewerbliche Betriebe			Grosse Betriebe	
	3 - 19 Beschäftigte	20 - 199 Beschäftigte	Durchschnitt 1 + 2	200 u. mehr Beschäftigte	
	1	2	3	4	5
	%	%	%	%	%
Alle beruflichen bzw. unternehmerischen Wünsche haben sich bis jetzt erfüllt					
0	11	15	12	9	17
1	15	16	15	13	23
2	27	33	30	23	40
3	29	22	26	30	16
4	13	9	12	15	4
5	3	2	2	8	-
6	2	3	2	2	-
Kein beruflicher bzw. unternehmerischer Wunsch hat sich bis jetzt erfüllt					
Summe	100	100	99	100	100
Anzahl Fälle	200	150	350	53	77

p = .609 aus Spalten 3 und 4

p = .983 aus Spalten 3 und 5

Tab. 257 (betr. Fragen M 17b und U 14b): Mutmasslicher Stand auf der Erfolgsleiter in drei Jahren

	Mitarbeiter				Unternehmer (nur gewerbliche Betriebe)
	Gewerbliche Betriebe			Grosse Betriebe	
	3 - 19 Beschäftigte	20 - 199 Beschäftigte	Durchschnitt 1 + 2	200 u. mehr Beschäftigte	
	1	2	3	4	5
	%	%	%	%	%
Alle beruflichen bzw. unternehmerischen Wünsche werden in drei Jahren erfüllt sein					
0	17	17	17	18	18
1	33	34	34	24	44
2	27	28	27	32	26
3	15	16	15	20	8
4	6	4	5	6	3
5	2	1	1	-	-
6	1	-	0	-	-
Kein beruflicher bzw. unternehmerischer Wunsch wird in drei Jahren erfüllt sein					
Summe	101	100	99	100	99
Anzahl Fälle	195	145	340	50	72

p = (.187) aus Spalten 3 und 4

p = (.569) aus Spalten 3 und 5

Tab. 258 (betr. Frage M 17a): Stand auf der Erfolgsleiter heute, nach Alter (gewerbliche Mitarbeiter)

	18 - 34 Jahre	35 - 49 Jahre	50 und mehr Jahre	Durchschnitt 1 - 3
	1	2	3	4
	%	%	%	%
Alle beruflichen Wünsche haben sich bis jetzt erfüllt				
0	3	13	30	12
1	9	23	20	15
2	29	39	23	30
3	34	19	18	26
4	17	6	6	12
5	4	-	1	2
6	3	-	2	2
Kein beruflicher Wunsch hat sich bis jetzt erfüllt				
Summe	99	100	100	99
Anzahl Fälle	173	93	84	350

p = (1.000)

Tab. 259 (betr. Frage 17b): Mutmasslicher Stand auf der Erfolgsleiter in drei Jahren, nach Alter (gewerbliche Mitarbeiter)

	18 - 34 Jahre	35 - 49 Jahre	50 und mehr Jahre	Durchschnitt 1 - 3
	1	2	3	4
	%	%	%	%
Alle beruflichen Wünsche werden in drei Jahren erfüllt sein				
0	11	17	30	17
1	36	37	25	34
2	30	30	17	27
3	16	11	20	15
4	5	5	5	5
5	2	-	1	1
6	-	-	1	0
Kein beruflicher Wunsch wird in drei Jahren erfüllt sein				
Summe	100	100	99	99
Anzahl Fälle	171	93	76	340

p = (0.983)

Tab. 260 (betr. Frage M 17a): Stand auf der Erfolgsleiter heute, nach Einkommen (gewerbliche Mitarbeiter)

	Bis 2500 Fr.	2501 - 3000 Fr.	Ueber 3000 Fr.	Durchschnitt 1 - 3
	1	2	3	4
	%	%	%	%
Alle beruflichen Wünsche haben sich bis jetzt erfüllt				
0	8	17	20	12
1	13	18	20	15
2	22	39	44	30
3	36	17	7	26
4	15	6	7	12
5	3	1	2	2
6	3	1	-	2
Kein beruflicher Wunsch hat sich bis jetzt erfüllt				
Summe	100	99	100	99
Anzahl Fälle	201	94	55	350

p = (1.000)

Tab. 261 (betr. Frage M 17b): Mutmasslicher Stand auf der Erfolgsleiter in drei Jahren, nach Einkommen (gewerbliche Mitarbeiter)

	Bis 2500 Fr.	2501 - 3000 Fr.	Ueber 3000 Fr.	Durchschnitt 1 - 3
	1	2	3	4
	%	%	%	%
Alle beruflichen Wünsche werden in drei Jahren erfüllt sein				
0	14	20	23	17
1	27	40	45	34
2	30	28	17	27
3	21	10	4	15
4	6	2	9	5
5	2	-	2	1
6	1	-	-	0
Kein beruflicher Wunsch wird in drei Jahren erfüllt sein				
Summe	101	100	100	99
Anzahl Fälle	195	92	53	340

p = (.992)

Tab. 262 (betr. Indexfrage M 11): Gesamtarbeitszufriedenheit nach Stand auf der Erfolgsleiter heute (gewerbliche Mitarbeiter)

Alle beruflichen Wünsche haben sich bis jetzt erfüllt	0	1	2	3	4	5	6	Kein beruflicher Wunsch hat sich bis jetzt erfüllt	Durchschnitt 0 - 6
	%	%	%	%	%	%	%		%
Sehr zufrieden	28	20	23	14	9	(25)	(14)	Sehr zufrieden	19
Zufrieden	63	76	69	68	71	(75)	(43)	Zufrieden	69
Weder zufrieden noch unzufrieden	9	4	7	15	15	-	(14)	Weder zufrieden noch unzufrieden	10
Unzufrieden	-	-	1	1	5	-	(29)	Unzufrieden	2
Sehr unzufrieden	-	-	-	1	-	-	-	Sehr unzufrieden	0
Summe	100	100	100	99	100	(100)	(100)	Summe	100
Anzahl Fälle	43	54	105	92	41	8	7	Anzahl Fälle	350

p = (.999)

Tab. 263 (betr. Indexfrage U 11): Gesamtarbeitszufriedenheit nach Stand auf der Erfolgsleiter heute (Unternehmer)

Alle unternehmerischen Wünsche haben sich bis jetzt erfüllt	0	1	2	3	4	5	6	Kein unternehmerischer Wunsch hat sich bis jetzt erfüllt	Durchschnitt 0 - 6
	%	%	%	%	%	%	%		%
Sehr zufrieden	(38)	(28)	26	(25)	-	-	-	Sehr zufrieden	27
Zufrieden	(62)	(72)	68	(67)	(100)	-	-	Zufrieden	69
Weder zufrieden noch unzufrieden	-	-	6	(8)	-	-	-	Weder zufrieden noch unzufrieden	4
Unzufrieden	-	-	-	-	-	-	-	Unzufrieden	-
Sehr unzufrieden	-	-	-	-	-	-	-	Sehr unzufrieden	-
Summe	(100)	(100)	100	(100)	(100)	-	-	Summe	100
Anzahl Fälle	13	18	31	12	3	-	-	Anzahl Fälle	77

p = (.189)

Tab. 264 (betr. Indexfrage M 11): Gesamtarbeitszufriedenheit nach mutmasslichem Stand auf der Erfolgsleiter in drei Jahren (gewerbliche Mitarbeiter)

Alle beruflichen Wünsche werden in drei Jahren erfüllt sein	0	1	2	3	4	5	6	Kein beruflicher Wunsch wird in drei Jahren erfüllt sein	Durchschnitt 0 - 6
	%	%	%	%	%	%	%		%
Sehr zufrieden	33	21	16	13	(6)	(25)	(100)	Sehr zufrieden	20
Zufrieden	62	68	73	63	(83)	(50)	-	Zufrieden	68
Weder zufrieden noch unzufrieden	5	7	11	21	(11)	-	-	Weder zufrieden noch unzufrieden	10
Unzufrieden	-	4	-	-	-	(25)	-	Unzufrieden	2
Sehr unzufrieden	-	-	-	2	-	-	-	Sehr unzufrieden	0
Summe	100	100	100	99	(100)	(100)	(100)	Summe	100
Anzahl Fälle	58	114	93	52	18	4	1	Anzahl Fälle	340

p = (.999)

Tab. 265 (betr. Indexfrage U 11): Gesamtarbeitszufriedenheit nach mutmasslichem Stand auf der Erfolgsleiter in drei Jahren (Unternehmer)

Alle unternehmerischen Wünsche werden in drei Jahren erfüllt sein	0	1	2	3	4	5	6	Kein unternehmerischer Wunsch wird in drei Jahren erfüllt sein	Durchschnitt 0 - 6
	%	%	%	%	%	%	%		%
Sehr zufrieden	(46)	19	(32)	-	-	-	-	Sehr zufrieden	25
Zufrieden	(54)	78	(68)	(83)	(100)	-	-	Zufrieden	71
Weder zufrieden noch unzufrieden	-	3	(5)	(17)	-	-	-	Weder zufrieden noch unzufrieden	4
Unzufrieden	-	-	-	-	-	-	-	Unzufrieden	-
Sehr unzufrieden	-	-	-	-	-	-	-	Sehr unzufrieden	-
Summe	(100)	100	(100)	(100)	(100)	-	-	Summe	100
Anzahl Fälle	13	32	19	6	2	-	-	Anzahl Fälle	72

p = (.696)

Tab. 266 (betr. Fragen M 11a und U 10a): Gedanken an Stellenwechsel (Mitarbeiter) oder Betriebsaufgabe (Unternehmer)

	Mitarbeiter				Unternehmer (nur gewerbl. Betriebe)
	Gewerbliche Betriebe			Grosse Betriebe	
	3 - 19 Beschäftigte	20 - 199 Beschäftigte	Durchschnitt 1 + 2	200 u. mehr Beschäftigte	
	1	2	3	4	5
	%	%	%	%	%
Ja	44	48	46	46	29
Nein	56	52	54	54	70
Weiss nicht / keine Antwort	-	-	-	-	1
Summe	100	100	100	100	100
Anzahl Fälle	200	151	351	54	77

p = .047 aus Spalten 3 und 4

p = (.997) aus Spalten 3 und 5

Tab. 267 (betr. Frage M 11a): Gedanken an Stellenwechsel, nach Dauer der Betriebszugehörigkeit (gewerbliche Mitarbeiter)

	Unter 1 Jahr	1 - 6 Jahre	Ueber 6 Jahre	Durchschnitt 1 - 3
	1	2	3	4
	%	%	%	%
Ja	29	39	55	46
Nein	71	61	45	54
Weiss nicht / keine Antwort	-	-	-	-
Summe	100	100	100	100
Anzahl Fälle	34	143	174	351

n = .997

Tab. 268 (betr. Frage M 11a): Gedanken an Stellenwechsel, nach Einkommen (gewerbliche Mitarbeiter)

	Bis 2500 Fr. monatlich	2501 - 3000 Fr. monatlich	Ueber 3000 Fr. monatlich	Durchschnitt 1 - 3
	1	2	3	4
	%	%	%	%
Ja	42	49	56	46
Nein	58	51	44	54
Weiss nicht / keine Antwort	-	-	-	-
Summe	100	100	100	100
Anzahl Fälle	202	94	55	351

p = .883

Tab. 269 (betr. Frage U 10a): Gedanken an Betriebsaufgabe, nach Einkünften (Unternehmer)

	Bis 2500 Fr. monatlich	2501 - 3000 Fr. monatlich	Ueber 3000 Fr. monatlich	Durchschnitt 1 - 3
	1	2	3	4
	%	%	%	%
Ja	(60)	50	20	29
Nein	(40)	50	78	70
Weiss nicht / keine Antwort	-	-	2	1
Summe	(100)	100	100	100
Anzahl Fälle	5	16	55	76

p = (.912)

Tab. 270 (betr. Indexfrage M 11): Gesamtarbeitszufriedenheit und Gedanken an Stellenwechsel (gewerbliche Mitarbeiter)

	Ja, dachte schon an Stellenwechsel	Nein, dachte noch nicht an Stellenwechsel	Weiss nicht / keine Antwort	Durchschnitt 1 - 3
	1	2	3	4
	%	%	%	%
Sehr zufrieden	14	24	-	19
Zufrieden	68	69	-	69
Weder zufrieden noch unzufrieden	14	6	-	10
Unzufrieden	3	1	-	2
Sehr unzufrieden	1	-	-	0
Summe	100	100	-	100
Anzahl Fälle	161	190	-	351

p = (.997)

Tab. 271 (betr. Indexfrage U 11): Gesamtarbeitszufriedenheit und Gedanken an Betriebsaufgabe (Unternehmer)

	Ja, dachte schon an Aufgabe	Nein, dachte noch nicht an Aufgabe	Weiss nicht / keine Antwort	Durchschnitt 1 - 3
	1	2	3	4
	%	%	%	%
Sehr zufrieden	(14)	33	-	27
Zufrieden	(77)	65	(100)	69
Weder zufrieden noch unzufrieden	(9)	2	-	4
Unzufrieden	-	-	-	-
Sehr unzufrieden	-	-	-	-
Summe	(100)	100	(100)	100
Anzahl Fälle	22	54	1	77

p = (.727)

Tab. 272 (betr. Frage M 9): Sorgen in Verbindung mit der Arbeit (Mitarbeiter)

	Gewerbliche Betriebe			Grosse Betriebe
	3 - 19 Beschäftigte	20 - 199 Beschäftigte	Durchschnitt 1 + 2	200 und mehr Beschäftigte
	1	2	3	4
	%	%	%	%
Verschlechterung Geschäftsgang	25	29	27	30
Entlassung	2	3	3	2
Kurzarbeit	-	1	0	-
Krankheit	4	5	4	-
Alter, nachlassende Leistung	3	2	2	2
Aenderungen, Probleme am Arbeitsplatz	5	6	5	9
Andere Sorgen	11	20	15	19
Habe keine Sorgen	45	34	40	37
Weiss nicht/keine Antwort	6	1	4	2
Summe	101	101	100	101
Anzahl Fälle	200	151	351	54

p = (.338) aus Spalten 3 und 4

Tab. 273 (betr. Frage U 8): Sorgen in Verbindung mit der unternehmerischen Tätigkeit

	Unternehmer (gewerbliche Betriebe)
	%
Verschlechterung Geschäftsgang	57
Kostensteigerung	8
Konkurrenzdruck	1
Personalprobleme	17
Wirtschaftspolitische Massnahmen	4
Krankheit	1
Andere Sorgen	5
Habe keine Sorgen	6
Weiss nicht/keine Antwort	-
Summe	99
Anzahl Fälle	77

Tab. 274 (betr. Indexfrage M 11): **Gesamtarbeitszufriedenheit nach** Sorgen bei der Arbeit (gewerbliche Mitarbeiter)

	Habe Sorgen	Habe keine Sorgen	Weiss nicht/ keine Antwort	Durchschnitt 1 - 3
	1	2	3	4
	%	%	%	%
Sehr zufrieden	16	25	(8)	19
Zufrieden	69	69	(77)	69
Weder zufrieden noch unzufrieden	13	4	(15)	10
Unzufrieden	2	2	-	2
Sehr unzufrieden	1	-	-	0
Summe	101	100	(100)	100
Anzahl Fälle	197	141	13	351

p = (.815)

Tab. 275 (betr. Indexfrage U 11): **Gesamtarbeitszufriedenheit nach** Sorgen bei der unternehmerischen Tätigkeit

Sehr zufrieden	26	(40)	-	27
Zufrieden	70	(60)	-	69
Weder zufrieden noch unzufrieden	4	-	-	4
Unzufrieden	-	-	-	-
Sehr unzufrieden	-	-	-	-
Summe	100	(100)	-	100
Anzahl Fälle	72	5	-	77

p = (.275)

Tab. 276 (betr. Fragen M 15 und U 12): Verbindung zwischen Arbeit und Freizeitgestaltung

	Mitarbeiter				Unternehmer (nur gewerbliche Betriebe)
	Gewerbliche Betriebe			Grosse Betriebe	
	3 - 19 Beschäftigte	20 - 199 Beschäftigte	Durchschnitt 1 + 2	200 und mehr Beschäftigte	
	1	2	3	4	5
	%	%	%	%	%
Ja, es gibt Verbindung	37	30	34	28	29
Nein, es gibt keine Verbindung	63	69	66	70	71
Weiss nicht / keine Antwort	1	1	1	2	-
Summe	101	100	101	100	100
Anzahl Fälle	200	151	351	54	77

p = (.580) aus Spalten 3 und 4

p = (.482) aus Spalten 3 und 5

Tab. 277 (betr. Frage U 12): Verbindung zwischen unternehmerischer Tätigkeit und Freizeitgestaltung, nach Betriebsgrösse (Unternehmer)

	3 - 19 Beschäftigte	20 - 199 Beschäftigte	Durchschnitt 1 + 2
	1	2	3
	%	%	%
Ja, es gibt Verbindung	31	19	29
Nein, es gibt keine Verbindung	69	81	71
Weiss nicht / keine Antwort	-	-	-
Summe	100	100	100
Anzahl Fälle	61	16	77

p = .630

Tab. 278 (betr. Frage M 15): **Verbindung zwischen Arbeit und Freizeitgestaltung, nach Einkommen (gewerbliche Mitarbeiter)**

	Bis 2500 Fr.	2501 - 3000 Fr.	Ueber 3000 Fr.	Durchschnitt 1 - 3
	1	2	3	4
	%	%	%	%
Ja, es gibt Verbindung	39	29	25	34
Nein, es gibt keine Verbindung	60	71	75	66
Weiss nicht / keine Antwort	1	-	-	1
Summe	100	100	100	101
Anzahl Fälle	202	94	55	351

p = (.845)

Tab. 279 (betr. Frage U 12): **Verbindung zwischen unternehmerischer Tätigkeit und Freizeitgestaltung, nach Einkünften (Unternehmer)**

Ja, es gibt Verbindung	(60)	38	24	29
Nein, es gibt keine Verbindung	(40)	63	76	71
Weiss nicht / keine Antwort	-	-	-	-
Summe	(100)	101	100	100
Anzahl Fälle	5	16	55	76

p = (.840)

Tab. 280 (betr. Indexfrage M 11): Gesamtarbeitszufriedenheit nach Verbindung zwischen Arbeit und Freizeitgestaltung (gewerbliche Mitarbeiter)

	Ja, es gibt Verbindung	Nein, es gibt keine Verbindung	Weiss nicht/ keine Antwort	Durchschnitt 1 - 3
	1	2	3	4
	%	%	%	%
Sehr zufrieden	23	17	(50)	19
Zufrieden	69	69	(50)	69
Weder zufrieden noch unzufrieden	8	11	-	10
Unzufrieden	1	2	-	2
Sehr unzufrieden	-	0	-	0
Summe	101	99	(100)	100
Anzahl Fälle	119	230	2	351

p = (.208)

Tab. 281 (betr. Indexfrage U 11): Gesamtarbeitszufriedenheit nach Verbindung zwischen unternehmerischer Tätigkeit und Freizeitgestaltung (Unternehmer)

	Ja, es gibt Verbindung	Nein, es gibt keine Verbindung	Weiss nicht / keine Antwort	Durchschnitt 1 - 3
	1	2	3	4
	%	%	%	%
Sehr zufrieden	(41)	22	-	27
Zufrieden	(55)	75	-	69
Weder zufrieden noch unzufrieden	(5)	4	-	4
Unzufrieden	-	-	-	-
Sehr unzufrieden	-	-	-	-
Summe	(101)	101	-	100
Anzahl Fälle	22	55	-	77

p = (.782)

Tab. 282 (betr. Fragen M 10 und U 9): Die wichtigsten Faktoren der AZ (drei Nennungen zulässig)

	Mitarbeiter				Unternehmer (nur gewerbliche Betriebe)
	Gewerbliche Betriebe			Grosse Betriebe	
	3 - 19 Beschäftigte	20 - 199 Beschäftigte	Durchschnitt 1 + 2	200 u. mehr Beschäftigte	
	1	2	3	4	5
	%	%	%	%	%
Gefühl, etwas zu leisten	13	8	11	17	16
Anerkennung, Ansehen	16	16	16	18	4
Art der Arbeit, Tätigk.	5	5	5	5	25
Uebernahme v. Verantw.	9	10	9	12	17
Entwicklungs-/Vergrösserungsmöglichkeiten	11	10	11	13	7
Organisation und Führung des Betriebes	8	10	9	4	11
Kontrolle, Macht	1	2	2	1	-
Einkommen, Einkünfte	10	12	11	12	2
Menschl. Beziehgen, Kont.	15	15	15	12	15
Arbeits-, Tätigkeitsbed.	12	11	11	7	3
Weiss nicht/keine Antwort	-	-	-	-	-
Summe	100	99	100	101	100
Anzahl Nennungen	582	447	1029	162	225
Anzahl Befragte	200	149	349	54	77

Die Nennungen wurden in der Tabelle zusammengefasst. Bei getrennter Auswertung ergaben sich folgende p-Werte:

Aus Spalten 3 und 4:	1. Nennung	p = (.652)
	2. Nennung	p = (.969)
	3. Nennung	p = (.890)
Aus Spalten 3 und 5:	1. Nennung	p = (1.000)
	2. Nennung	p = (1.000)
	3. Nennung	p = (1.000)

Tab. 283 (betr. Fragen M 16 und U 13): Ausprägung der Faktoren - Vergleich des eigenen Betriebes bzw. Uebersichtsbereiches mit anderen

		Mitarbeiter				Unternehmer (nur gewerbliche Betriebe)
		Gewerbliche Betriebe			Grosse Betriebe	
		3 - 19 Beschäftigte	20 - 199 Beschäftigte	Durchschnitt 1 + 2	200 und mehr Beschäftigte	
		1	2	3	4	5
		%	%	%	%	%
Arbeitsleistung der Mitarbeiter	H.b.[a]	39	20	31	15	45
p = .872 aus Spalten 3 und 4 p = .884 aus Spalten 3 und 5	H.g.[b]	57	63	59	70	47
Anerkennung durch den Chef	H.b.	33	36	34	18	37
p = .759 aus Spalten 3 und 4 p = .997 aus Spalten 3 und 5	H.g.	47	38	43	52	81
Art der Arbeit	H.b.	35	27	32	28	36
p = .276 aus Spalten 3 und 4 p = .549 aus Spalten 3 und 5	H.g.	55	57	56	54	58
Verantwortung/Kompetenzen d. Mitarbeiter	H.b.	42	24	34	18	46
p = .845 aus Spalten 3 und 4 p = .886 aus Spalten 3 und 5	H.g.	48	55	51	52	38
Entfaltungsmöglichkeit d. Mitarbeiter	H.b.	8	2	5	4	26
p = .227 aus Spalten 3 und 4 p = .997 aus Spalten 3 und 5	H.g.	44	50	47	52	61
Organisation und Führung des Betriebes	H.b.	5	23	12	7	23
p = .850 aus Spalten 3 und 4 p = 1.000 aus Spalten 3 und 5	H.g.	45	37	41	56	63
Aufsicht/Kontrolle durch den Chef	H.b.	27	17	23	7	18
p = .775 aus Spalten 3 und 4 p = .912 aus Spalten 3 und 5	H.g.	48	55	51	59	39
Einkommen/Sozialleistungen	H.b.	12	38	23	25	42
p = .932 aus Spalten 3 und 4 p = .988 aus Spalten 3 und 5	H.g.	62	50	57	41	58
Menschliche Beziehungen	H.b.	45	27	37	25	43
p = .683 aus Spalten 3 und 4 p = .890 aus Spalten 3 und 5	H.g.	40	49	44	53	51
Arbeitsbedingungen	H.b.	28	30	29	23	31
p = .651 aus Spalten 3 und 4 p = .094 aus Spalten 3 und 5	H.g.	60	52	57	50	55
Betrieb als ganzes	H.b.	38	48	42	18	43
p = .998 aus Spalten 3 und 4 p = .061 aus Spalten 3 und 5	H.g.	53	42	48	74	49
Anzahl Fälle		200	151	351	54	77

a) "Hier besser" abzüglich "Hier schlechter"
b) "Hier gleich"

Die p-Werte wurden vor der Saldierung der Nennungen "Hier besser" und "Hier schlechter" errechnet.

Tab. 284 (betr. Indexfragen M 1 - M 11): Interkorrelation der AZ-Faktoren (gewerbliche Mitarbeiter)

	1 Menschliche Beziehungen	2 Entwicklungsmöglichkeiten	3 Einkommen	4 Anerkennung	5 Arbeitsleistung	6 Organisation und Führung	7 Art der Arbeit	8 Verantwortung	9 Kontrolle	10 Arbeitsbedingungen
2 Entwicklungsmöglichkeiten	.214									
3 Einkommen	.257	.327								
4 Anerkennung	.304	.348	.357							
5 Arbeitsleistung	.074 p=.835	.150 p=.995	.187	.141 p=.992						
6 Organisation und Führung	.262	.327	.251	.367	.119 p=.974					
7 Art der Arbeit	.230	.288	.275	.347	.261	.263				
8 Verantwortung	.294	.321	.290	.329	.191	.215	.348			
9 Kontrolle	.242	.214	.271	.284	.040 p=.549	.380	.195	.216		
10 Arbeitsbedingungen	.251	.365	.404	.341	.191	.382	.266	.310	.297	
11 Betrieb insgesamt	.275	.384	.366	.368	.199	.330	.490	.391	.242	.409

Die p-Werte sind nur aufgeführt, wenn sie unter 1.000 liegen.

Tab. 285 (betr. Indexfragen M 1 - M 11): Interkorrelation der AZ-Faktoren (alle Arbeitnehmer)

	1 Mensch-liche Bezie-hungen	2 Entwick-lungs-möglich-keiten	3 Ein-kommen	4 Aner-kennung	5 Arbeits-leistung	6 Organi-sation und Führung	7 Art der Arbeit	8 Verant-wortung	9 Kon-trolle	10 Arbeits-bedin-gungen
2 Entwick-lungs-möglich-keiten	.243									
3 Einkommen	.266	.351								
4 Anerken-nung	.310	.376	.359							
5 Arbeits-leistung	.091 p=.931	.164 p=.999	.183	.163 p=.999						
6 Organisa-tion und Führung	.262	.300	.263	.361	.101 p=.958					
7 Art der Arbeit	.276	.335	.266	.366	.282	.255				
8 Verant-wortung	.297	.341	.260	.329	.201	.206	.411			
9 Kontrolle	.233	.220	.270	.292	.029 p=.441	.387	.198	.197		
10 Arbeits-bedingun-gen	.273	.359	.381	.335	.168 p=.999	.367	.285	.273	.283	
11 Betrieb insgesamt	.348	.404	.376	.411	.230	.328	.518	.401	.259	.421

Die p-Werte sind nur aufgeführt, wenn sie unter 1.000 liegen.

Tab. 286 (betr. Indexfragen U 1 - U 11): Interkorrelation der AZ-Faktoren (Unternehmer)

	1 Menschliche Kontakte	2 Vergrösserungsmöglichkeiten	3 Einkünfte	4 Ansehen	5 Arbeitsleistung	6 Organ. Gestaltung und Führung	7 Art der Tätigkeit	8 Verantwortung	9 Macht und Einfluss	10 Tätigkeitsbedingungen
2 Vergrösserungsmöglichkeiten	.084 p=.535									
3 Einkünfte	.021 p=.147	.246 p=.969								
4 Ansehen	.236 p=.961	.109 p=.653	.184 p=.891							
5 Arbeitsleistung	.058 p=.382	.229 p=.955	.212 p=.936	.156 p=.823						
6 Organ. Gestaltung und Führung	.046 p=.310	.110 p=.657	.250 p=.972	.217 p=.942	.322 p=.996					
7 Art der Tätigkeit	.076 p=.491	.350 p=.998	.348 p=.998	.219 p=.944	.238 p=.963	.090 p=.564				
8 Verantwortung	.311 p=.994	.205 p=.926	.339 p=.997	.371 p=.999	.428 p=1.000	.310 p=.994	.565 p=1.000			
9 Macht und Einfluss	.071 p=.459	.309 p=.994	.184 p=.891	.300 p=.992	.226 p=.952	.115 p=.680	.143 p=.785	.075 p=.481		
10 Tätigkeitsbedingungen	.045 p=.302	.117 p=.688	.105 p=.638	.264 p=.980	.060 p=.397	.092 p=.573	.068 p=.441	.284 p=.988	.078 p=.502	
11 Betrieb insgesamt	.067 p=.440	.239 p=.963	.282 p=.987	.166 p=.852	.295 p=.991	.160 p=.835	.341 p=.998	.332 p=.997	.012 p=.080	.203 p=.923

Tab. 287: Mittlere Interkorrelationen der AZ-Faktoren (arithmetische Mittelwerte [2])

	1 Mensch-liche Bezie-hungen/ Kontakte	2 Entwick-lungs-/ Vergrös-serungs-möglich-keiten	3 Einkom-men/ Ein-künfte	4 Anerken-nung/ Ansehen	5 Arbeits-leistung	6 Organi-sation und Führung	7 Art der Arbeit/ Tätig-keit	8 Verant-wortung	9 Kontrol-le/ Macht	10 Arbeits-/ Tätig-keits-bedin-gungen	11 Betrieb insge-samt
Gewerbliche Mitarbeiter	.24	.28	.29	.31	.15	.29	.28	.28	.24	.31	.35
Unternehmer	.11	.20	.21	.23	.21	.18	.23	.32	.17	.12	.21

2) Im Median, wie er hier ebenfalls sinnvoll verwendet werden könnte, ergeben sich vergleichbare Grössenordnungen:

	1	2	3	4	5	6	7	8	9	10	11
Gewerbliche Mitarbeiter	.25	.32	.28	.34	.15	.26	.27	.29	.24	.31	.37
Unternehmer	.07	.21	.21	.22	.23	.12	.22	.31	.14	.09	.22

Tab. 288 (betr. Indexfragen M 1 - M 10 und U 1 - U 10):
AZ-Indizes im Gewerbe

	Mitarbeiter		Unternehmer	
	Indexwert	Standard-abweichung	Indexwert	Standard-abweichung
	1	2	3	4
1 Menschliche Beziehungen/Kontakte	4.07	0.667	4.17	0.750
2 Entwicklungs-/Vergrösserungsmöglichkeiten	3.34	0.825	3.60	0.782
3 Einkommen/Einkünfte	3.84	0.796	4.09	0.672
4 Anerkennung/Ansehen	3.79	0.815	4.14	0.531
5 Arbeitsleistung	4.05	0.513	4.05	0.705
6 Unternehmensorganisation und -führung	3.62	0.915	3.60	0.847
7 Art der Arbeit/Tätigkeit	4.04	0.711	4.34	0.598
8 Verantwortung	4.00	0.615	4.30	0.515
9 Kontrolle/Macht	3.72	0.786	3.57	0.637
10 Arbeits-/Tätigkeitsbedingungen	3.96	0.629	3.96	0.979
Anzahl Fälle	351		77	

Tab. 289 (betr. Fragen M 10 und U 9 sowie Indexfragen M 1 - M 10 und U 1 - U 10): Signifikanzniveaus der Zusammenhänge zwischen der erklärten Bedeutung und dem tatsächlichen AZ-Wert der Faktoren

	Mitarbeiter	Unternehmer
	1	2
1 Menschliche Beziehungen/Kontakte	.281	.672
2 Entwicklungs-/Vergrösserungsmöglichkeiten	.998	.842
3 Einkommen/Einkünfte	.995	.079
4 Anerkennung/Ansehen	.995	.457
5 Arbeitsleistung	.343	.697
6 Unternehmensorganisation und -führung	.740	.863
7 Art der Arbeit/Tätigkeit	1.000	.416
8 Verantwortung	.454	.691
9 Kontrolle/Macht	.981	.000
10 Arbeits-/Tätigkeitsbedingungen	.253	.921

Tab. 290 (betr. Indexfragen M 1 - M 11 und U 1 - U 11):
Arbeitszufriedenheit nach Betriebsgrösse

	Mitarbeiter				Unternehmer		
	Gewerbliche Betriebe			Grosse Betriebe	Gewerbliche Betriebe		
	3 - 19 Beschäftigte	20 - 199 Beschäftigte	Durchschnitt 1 + 2	200 und mehr Beschäft.	3 - 19 Beschäftigte	20 - 199 Beschäftigte	Durchschnitt 5 + 6
	1	2	3	4	5	6	7
1 Menschliche Beziehungen/Kontakte	4.15*)	3.95*)	4.07	4.02*)	4.15	4.25	4.17
2 Entwicklungs-/Vergrösserungsmöglichkeiten	3.34	3.33	3.34 +)	3.41	3.56	3.75	3.60 +)
3 Einkommen/Einkünfte	3.79	3.91	3.84	3.85	4.02	4.38	4.09
4 Anerkennung/Ansehen	3.81	3.77	3.79 +)	3.65	4.16	4.06	4.14 +)
5 Arbeitsleistung	4.05	4.05	4.05 +)	4.06	4.08	3.94	4.05 +)
6 Unternehmensorganisation und -führung	3.63	3.60	3.62	3.57	3.57	3.69	3.60
7 Art der Arbeit/Tätigkeit	4.09*)	3.98*)	4.04 +)	4.15*)	4.30	4.50	4.34 +)
8 Verantwortung	4.00	3.99	4.00 +)	3.89	4.25	4.50	4.30 +)
9 Kontrolle/Macht	3.76*)	3.68*)	3.72 +)	3.61*)	3.56	3.63	3.57 +)
10 Arbeits-/Tätigkeitsbedingungen	3.95*)	3.99*)	3.96 +)	3.89*)	3.89	4.25	3.96 +)
Gesamt-AZ aus Aggregation der Faktoren (1 - 10)	3.86 s=0.405	3.83 s=0.463	3.85 s=0.430	3.81 s=0.495	3.95 s=0.338	4.10 s=0.420	3.98 s=0.359
Gesamt-AZ aus unmittelbarer Frage (11)	4.07 a) s=0.563	4.03 a) s=0.687	4.05 c) s=0.619	4.00 a) s=0.727	4.20 b) s=0.511	4.38 b) s=0.500	4.23 c) s=0.510
Anzahl Fälle	200	151	351	54	61	16	77

s = Standardabweichung
*) je Zeile $p \geqq .900$ (bei den Unternehmern liegen alle p-Werte unter .900)
+) je Zeile $p \geqq .900$
a) p = .539
b) p = .568
c) p = .792

Korrelationen zwischen Gesamt-AZ aus Faktorenaggregation und Gesamt-AZ aus unmittelbarer Frage:

Gewerbliche Mitarbeiter: k = .595 mit p = 1.000
Unternehmer: k = .397 mit p = 1.000

Tab. 291 (betr. Indexfragen M 1 - M 11 und U 1 - U 11): Arbeitszufriedenheit im Gewerbe, nach Betriebsstandort

		Grossstadt und Agglomeration	Stadt und Agglomeration	Land	Durchschnitt 1 - 3	Signifikanzniveau p
		1	2	3	4	5
Mitarbeiter	Gesamt-AZ aus Aggregation der Faktoren (1 - 10)	3.67 s = 0.473	3.78 s = 0.482	3.92 s = 0.371	3.85 s = 0.430	1.000
	Gesamt-AZ aus unmittelbarer Frage (11)	3.88 s = 0.681	3.99 s = 0.602	4.14 s = 0.591	4.05 s = 0.619	.974
	Anzahl Fälle	68	81	202	351	
Unternehmer	Gesamt-AZ aus Aggregation der Faktoren (1 - 10)	4.06 s = 0.372	4.00 s = 0.392	3.96 s = 0.351	3.98 s = 0.359	.576
	Gesamt-AZ aus unmittelbarer Frage (11)	4.50 s = 0.519	4.30 s = 0.480	4.14 s = 0.495	4.23 s = 0.510	.816
	Anzahl Fälle	14	13	50	77	

s = Standardabweichung

Tab. 292 (betr. Indexfragen M 1 - M 11 und U 1 - U 11):
Anteile der Indifferenten und Unzufriedenen
(Unzufriedene allein in Klammern)

	Mitarbeiter		Unternehmer (nur gewerbliche Betriebe)
	Gewerbliche Betriebe	Grosse Betriebe	
	3 - 199 Beschäftigte	200 und mehr Beschäftigte	
	1	2	3
	%	%	%
1 Menschliche Beziehungen/Kontakte	12 (3)	17 (6)	10 (5)
2 Entwicklungs-/Vergrösserungsmöglichkeiten	55 (15)	52 (21)	37 (10)
3 Einkommen/Einkünfte	22 (9)	19 (8)	10 (4)
4 Anerkennung/Ansehen	26 (10)	39 (9)	8 (-)
5 Arbeitsleistung	8 (2)	4 (4)	14 (4)
6 Unternehmensorganisation und -führung	34 (14)	40 (9)	38 (13)
7 Art der Arbeit/Tätigkeit	14 (4)	19 (8)	6 (-)
8 Verantwortung	11 (4)	17 (11)	3 (-)
9 Kontrolle/Macht	25 (12)	39 (13)	48 (1)
10 Arbeits-/Tätigkeitsbedingungen	14 (4)	22 (2)	26 (12)
Anteile aus Aggregation (1 - 10)	22 (8)	27 (9)	20 (5)
Anteile aus unmittelbarer Frage (11)	12 (2)	15 (6)	4 (-)
Anzahl Fälle	351	54	77

Signifikanzwerte s. Tabellen zu Anfang der Kapitel II A - II J und III A

Schweizerisches Institut für gewerbliche Wirtschaft
an der Hochschule St.Gallen
für Wirtschafts- und Sozialwissenschaften

Institut suisse de recherches pour l'artisanat et les petites et moyennes entreprises commerciales de l'Ecole des Hautes Etudes économiques et sociales de St-Gall

Swiss Research Institute of Small Business
St.Gall Graduate School of Economics, Business and Public Administration

Telefon 071/233461
Postcheck 90-11357
St.Gallische Creditanstalt Konto 89.409.05

9000 St.Gallen,
Dufourstrasse 48

Die Zukunftsaussichten der gewerblichen Betriebe hängen in allererster Linie davon ab, ob weiterhin genügend und qualifizierte Nachwuchskräfte rekrutiert werden können. Nachdem heute materiell, d.h. bei den Löhnen, Sozialleistungen usw., die kleineren und mittleren Betriebe im wesentlichen mit den grossen gleichgezogen haben, ist die Nachwuchsrekrutierung offensichtlich eine Frage des allgemeinen "Wohlfühlens", der Arbeitszufriedenheit der Mitarbeiter in den gewerblichen Unternehmen geworden. Sollte Unzufriedenheit verbreitet sein, würde es sich also empfehlen, die Ursachen dafür aufzuspüren. Falls die Mitarbeiter dagegen mehrheitlich von ihrer Tätigkeit befriedigt sind, wäre diese Tatsache wirksam in der Oeffentlichkeit bekanntzumachen.

Diese Ueberlegungen haben uns zur Aufnahme eines entsprechenden Forschungsvorhabens veranlasst, das vom Schweizerischen Nationalfonds finanziert wird. Die Frage nach der Arbeitszufriedenheit lässt sich objektiv nur beantworten, indem man mit Arbeitnehmern spricht. Wir planen daher, in einer repräsentativ ausgewählten Reihe von gewerblichen Betrieben je bis zu sieben Mitarbeitern (deutscher Muttersprache) zu interviewen. Dabei werden wir uns auf einen sorgfältig vorbereiteten Erhebungsbogen stützen, der die Durchführung der Befragung in höchstens einer Stunde pro Person gewährleistet. Zusätzlich möchten wir in jedem der erwähnten Betriebe auch dem Chef (Unternehmer) einige Fragen zum thematischen Zusammenhang stellen.

In die Stichprobe der Firmen, die beteiligt werden sollten, fiel auch Ihr Unternehmen. Wir erlauben uns daher die Anfrage, ob Sie mit der Durchführung der Erhebung in Ihrem Betrieb - wahrscheinlich im Oktober 1974 - einverstanden wären. Die gewonnenen Informationen würden selbstverständlich streng vertraulich behandelt. Ausserdem weisen wir darauf hin, dass es sich bei unserem Vorhaben um eine wissenschaftliche Studie ohne kommerziellen, politischen oder gar ideologischen Hintergrund handelt.

Im Falle Ihres Einverständnisses bitten wir Sie um - unfrankierte - Rücksendung des beiliegenden Talons. Für die Besprechung von Details würden wir uns dann telefonisch mit Ihnen in Verbindung setzen. Wir wären Ihnen für Ihre Mitwirkung aufrichtig dankbar.

Mit freundlichen Grüssen

SCHWEIZERISCHES INSTITUT FUER
GEWERBLICHE WIRTSCHAFT

Dr. H. J. Pleitner

Beilagen
Rücksendetalon
Adressiertes Couvert

Schweizerisches Institut für gewerbliche Wirtschaft
an der Hochschule St.Gallen
für Wirtschafts- und Sozialwissenschaften

Institut suisse de recherches pour l'artisanat et les petites
et moyennes entreprises commerciales de l'Ecole des Hautes Etudes
économiques et sociales de St-Gall

Swiss Research Institute of Small Business
St.Gall Graduate School of Economics, Business
and Public Administration

Telefon 071/23 34 61
Postcheck 90-11357
St.Gallische Creditanstalt Konto 89.409.05

9000 St.Gallen,
Dufourstrasse 48

TALON

(Bitte ausfüllen und - unfrankiert - im beiliegenden adressierten Kuvert einsenden.)

Ich/wir bin/sind mit Ihrer Erhebung zur Arbeitszufriedenheit in meinem/unserem Betrieb im Oktober/November 1974 einverstanden.

Anzahl männliche Mitarbeiter (ohne Fremdsprachige, Hilfsarbeiter, Lehrlinge und Teilzeitangestellte): ☐

Anzahl voll im Betrieb tätige Unternehmer (soweit mit mindestens 25 % finanziell beteiligt): ☐

Ort/Datum: ______________________

Firma:

____

____

____

Telefonnummer: ______________

Schweizerisches Institut für gewerbliche Wirtschaft
an der Hochschule St.Gallen
für Wirtschafts- und Sozialwissenschaften

Institut suisse de recherches pour l'artisanat et les petites et moyennes entreprises commerciales de l'Ecole des Hautes Etudes économiques et sociales de St-Gall

Swiss Research Institute of Small Business
St.Gall Graduate School of Economics, Business and Public Administration

Telefon 071/233461
Postcheck 90-11357
St.Gallische Creditanstalt Konto 89.409.05

9000 St.Gallen,
Dufourstrasse 48

Erhebung "Arbeitszufriedenheit"

Instruktionen für Interviewer

I. Grundregeln

Der Text der Fragen ist lückenlos in der Reihenfolge und im Wortlaut genau so zu stellen wie auf den Fragebogen, jedoch normalerweise im Dialekt und nur bei Verständigungsschwierigkeiten - bei Nichtschweizern deutscher Muttersprache - hochdeutsch. Personen mit anderer als deutscher Muttersprache sind nicht zu befragen.

Die in den Fragebogen aufgeführten Antwortmöglichkeiten dürfen - abgesehen vom Fall der Verwendung von Antwortkarten (bei drei Fragen) - den Befragten nicht vorgetragen werden. Ausnahme: Selbst nach Wiederholung der Frage reagiert der Befragte hilflos; nur in einem solchen Notfall ist eine "Hilfestellung" durch Aufzählung der Antwortmöglichkeiten zulässig. Auf keinen Fall dürfen die Befragten bei ihrer Antwort irgendwie beeinflusst werden.

Beim Notieren der Auskünfte ist es zweckmässig, die Antworten laut zu wiederholen. Dadurch erscheint dem Befragten das Interview kürzer, er bleibt weiter gedanklich gebunden, fühlt sich wichtig und kann seine Antworten nötigenfalls noch verbessern.

Einblick in den Fragebogen dürfen die Befragten nicht erhalten; daher nach Möglichkeit eine Position vis-à-vis vom Befragten wählen. Die Interviews sollten auf jeden Fall unter vier Augen durchgeführt werden.

Der Interviewer darf unter keinen Umständen seine eigene Meinung zu erkennen geben. Eine Diskussion über Aussagen ist nicht nötig und nicht zulässig; der Befragte "hat immer recht". Zeitraubender Plauderlust von Befragten sollte der Interviewer nach Möglichkeit ausweichen, damit das Interview auf jeden Fall zu Ende geführt werden kann. Erst dann wird es für die Auswertung brauchbar.

II. Hinweise zu einzelnen Positionen der Fragebogen

(U = Fragebogen Unternehmer, M = Fragebogen Mitarbeiter)

Es ist zweckmässig, die Fragebogen zu numerieren, bitte jedoch nicht die dafür vorgesehenen Kästchen ("Interview-Nr.") verwenden; sie werden durch das Institut ausgefüllt.

Bei einigen Fragen ist eine Antwortkategorie "Andere": ..... vorgesehen. Auf sie entfallende Antworten bitte verbal eintragen.

Ergänzende Bemerkungen der Befragten sollten (falls materiell gerechtfertigt und nicht zu zeitraubend) auf dem Fragebogen notiert werden (aber nicht am rechten Rand).

1. Teil: Fragen

Zu Frage U 3. b): Wenn jemand mit weniger als 25 % am Eigenkapital der betreffenden Firma beteiligt ist, betrachten wir ihn in diesem Zusammenhang nicht als "Unternehmer". Daher Abbruch des Interviews in einem solchen Fall.

Zu Fragen U 4. und U 9., M 4. und M 10.: Kartensätze vor jedem Interview neu mischen.

Zu Fragen U 13. und M 16.: Hier ist eine Stellungnahme des Befragten nacheinander zu jedem der aufgeführten Punkte zu erbitten.

Zu Fragen U 14. a) und U 14. b), M 17. a) und M 17. b): Für den "Leitertest" ist ausnahmsweise der Fragebogen dem Befragten vorzulegen.

Zu Fragen U 20. a) und U 20. b), M 29. a) und M 29. b): Die Nennungen bitte verbal eintragen.

Zu Frage M 39.: Gemeint ist das Ansehen innerhalb und/oder ausserhalb des Betriebes.

Zu Frage U 41.: Hier ist an persönliche im Gegensatz zu fachlichen Schwierigkeiten gedacht.

2. Teil: Indexfragen

Bei den Indexfragen sind ausschliesslich die vorgegebenen Antwortkategorien zu verwenden. Antworten wie "es ist verschieden", "es kommt darauf an", "schwer zu sagen" usw. gehören in die mittlere Kategorie ("weder zufrieden noch unzufrieden").

3. Teil: Kriterien

Zu Positionen U 3. und U 4., M 5. und M 6.: Nur die höchste bzw. zeitlich letzte Ausbildungskategorie einsetzen, also nur eine Antwort eintragen, nicht mehrere.

Zu Position M 4.: Antwort bitte verbal eintragen.

Zu Positionen U 7. und M 9.: Es interessiert nur die Grössenordnung (nicht der absolute Betrag); um diese Angabe zu erhalten, dem Befragten Tabelle vorlegen.

Bitte nicht vergessen, Dauer des Interviews einzusetzen!

Letzte Seite nicht ausfüllen.

Schweizerisches Institut für gewerbliche Wirtschaft
an der Hochschule St.Gallen
für Wirtschafts- und Sozialwissenschaften

Institut suisse de recherches pour l'artisanat et les petites
et moyennes entreprises commerciales de l'Ecole des Hautes Etudes
économiques et sociales de St-Gall

Swiss Research Institute of Small Business
St.Gall Graduate School of Economics, Business
and Public Administration

ARBEITSZUFRIEDENHEIT

(Fragebogen Mitarbeiter)

01	02	03	04	05
1	2			

Interview-Nr. :

Interviewer: __________

Datum des Interviews: __________

Ort des Interviews: __________

1. Teil: Fragen

1. Entspricht Ihre Tätigkeit hier im Betrieb eigentlich Ihren Vorstellungen zur Zeit, als Sie hier anfingen?

Ja, Vorstellungen wurden sogar übertroffen	0 ☐	06
Ja, vollkommen	1 ☐	
Ja, im grossen und ganzen schon	2 ☐	
Nein, kaum	3 ☐	
Nein, überhaupt nicht	4 ☐	
Hatte keine Vorstellungen	5 ☐	
Keine Antwort	6 ☐	

2. In wievielen Stellen haben Sie schon gearbeitet, bevor Sie hierher kamen?

Hatte noch keine andere Stelle	0 ☐	07
Eine Stelle	1 ☐	
Zwei Stellen	2 ☐	
Drei Stellen	3 ☐	
Vier und mehr Stellen	4 ☐	
Weiss nicht / keine Antwort	5 ☐	

3. Was war für die Wahl Ihrer jetzigen Stelle entscheidend?
(Drei Nennungen zulässig)

Interesse	0 ☐	08
Einkommen / Sozialleistungen	1 ☐	
Sicherheit	2 ☐	
Lage des Betriebes	3 ☐	
Einfluss von Eltern oder Ehepartner	4 ☐	
Wirtschaftslage	5 ☐	
Zufall	6 ☐	
Anderer Punkt:	7 ☐	
Weiss nicht / keine Antwort	8 ☐	

4. Ich habe hier einige Aussprüche über die Arbeit. Welcher trifft für Sie am besten zu?
(Aus Kartensatz den zutreffenden "Ausspruch" aussuchen lassen)

Ich könnte mir das Leben ohne meine Arbeit nicht vorstellen	0 ☐	09
Ich mache meine Arbeit ziemlich gern	1 ☐	
Ich kann gar nicht sagen, ob ich meine Arbeit gern oder ungern mache	2 ☐	
Ich mache meine Arbeit nicht besonders gern	3 ☐	
Ich finde meine Arbeit unerträglich	4 ☐	

5. Haben Sie Geschwister, die wesentlich mehr als Sie verdienen?

Nein	0 ☐	10
Ja, einen Bruder bzw. eine Schwester	1 ☐	
Ja, mehrere Geschwister	2 ☐	
Weiss nicht, was sie verdienen / keine Antwort	3 ☐	

6. a) Denken Sie manchmal auch an Ihre Arbeit, wenn Sie frei haben?

Ja, oft	0 ☐	11
Ja, schon ab und zu	1 ☐	
Nein, eigentlich nie	2 ☐	
Weiss nicht / keine Antwort	3 ☐	

6. b) Wenn ja: Sind diese Gedanken an die Arbeit eher erfreulich oder eher unerfreulich?

Meist erfreulich	0 ☐	12
Mal erfreulich, mal unerfreulich	1 ☐	
Meist unerfreulich	2 ☐	
Weiss nicht / keine Antwort	3 ☐	

7. Würden Sie sich für Ihren jetzigen Beruf entscheiden, wenn Sie nochmals 16 wären, oder nicht?

Ja, Entscheid für jetzigen Beruf	0 ☐	13
Nein, Entscheid für anderen Beruf	1 ☐	
Weiss nicht / keine Antwort	2 ☐	

8. Stellen Sie sich einmal vor, ein guter Freund würde sich für eine Arbeit in Ihrem Betrieb interessieren, und es wäre eine passende Stelle frei. Würden Sie ihm zuraten oder abraten?

Würde ihm zuraten	0 ☐	14
Wäre im Zweifel, ob ich zu- oder abraten sollte	1 ☐	
Würde ihm abraten	2 ☐	
Weiss nicht / keine Antwort	3 ☐	

9. Was sind zur Zeit Ihre grössten Sorgen in Verbindung mit der Arbeit? (Drei Nennungen zulässig)

Verschlechterung der Konjunktur, des Geschäftsganges	0 ☐	15
Entlassung	1 ☐	
Versetzung	2 ☐	
Kurzarbeit	3 ☐	
Krankheit / Invalidität	4 ☐	
Alter / Nachlassen der Leistung	5 ☐	
Techn./organis. Aenderungen am Arbeitsplatz	6 ☐	
Andere Sorge:	7 ☐	
Habe keine Sorgen	8 ☐	
Weiss nicht / keine Antwort	9 ☐	

10. Was ist nach Ihrer Meinung für den Arbeitnehmer am wichtigsten, damit er mit seiner Arbeit im Betrieb zufrieden sein kann?
(Aus Kartensatz die drei wichtigsten Punkte aussuchen lassen)

Das Gefühl, etwas zu leisten	0 ☐	16
Die Anerkennung, die man für seine Arbeit bekommt	1 ☐	
Die Art der Arbeit	2 ☐	
Die Verantwortung, die man hat	3 ☐	
Die Möglichkeiten, sich zu entfalten und weiterzukommen	4 ☐	
Organisation und Führung des Betriebes	5 ☐	
Die Art, wie die Arbeit überwacht wird	6 ☐	
Das Einkommen und die Sozialleistungen	7 ☐	
Die menschlichen Kontakte mit den anderen Betriebsangehörigen	8 ☐	
Ein angenehmer Arbeitsplatz	9 ☐	
Weiss nicht / keine Antwort	0 ☐	17

11. a) Haben Sie schon einmal ernsthaft daran gedacht, Ihre Stelle zu wechseln, oder nicht?

Ja	0 ☐	18
Nein	1 ☐	
Weiss nicht / keine Antwort	2 ☐	

Wenn ja:

11. b) Was würde Sie denn an einer anderen Stelle reizen?
(Nur eine Nennung zulässig)

Besserer Lohn, bessere Sozialleistungen	0 ☐	19
Besseres Verhältnis zu Kollegen	1 ☐	
Besserer Betrieb	2 ☐	
Besserer Chef	3 ☐	
Bessere Lage, näher bei der Wohnung	4 ☐	
Interessantere Arbeit	5 ☐	
Bessere Arbeitsbedingungen	6 ☐	
Anderer Punkt:	7 ☐	
Weiss nicht / keine Antwort	8 ☐	

12. Stellen Sie sich einmal vor, Sie könnten sich jetzt sofort mit gesicherten Bedingungen pensionieren lassen. Würden Sie das tun, oder würden Sie wie bis jetzt weiterarbeiten?

Pension, nicht mehr arbeiten	0 ☐	20
Pension, mit Nebenbeschäftigung	1 ☐	
Weiterarbeit wie bis jetzt	2 ☐	
Weiss nicht / keine Antwort	3 ☐	

13. Haben Sie den Eindruck, dass die meisten Arbeitskollegen hier im Betrieb mehr Freude an der Arbeit haben als Sie selber?

Ja, habe den Eindruck	0 ☐	21
Nein, habe nicht den Eindruck	1 ☐	
Weiss nicht / keine Antwort	2 ☐	

14. Und wie ist es bei Ihren privaten Freunden und Bekannten?

Ja, die meisten haben mehr Freude als ich	0 ☐	22
Nein, die meisten haben nicht mehr Freude als ich	1 ☐	
Weiss nicht / keine Antwort	2 ☐	

15. Besteht irgendeine Verbindung zwischen Ihrer Arbeit und Ihrer Freizeitgestaltung?

Ja, es gibt Verbindung	0 ☐	23
Nein, es gibt keine Verbindung	1 ☐	
Weiss nicht / keine Antwort	2 ☐	

16. Wenn Sie Ihre Firma mit anderen Firmen vergleichen, wie beurteilen Sie dann Ihren Betrieb in den folgenden Punkten?
(Punkt für Punkt vortragen und Stellungnahme erbitten)

	Hier besser	Gleich wie anderswo	Hier schlechter	
Arbeitsleistung der Mitarbeiter	0 ☐	1 ☐	2 ☐	24
Anerkennung durch den Chef/ die Chefs	0 ☐	1 ☐	2 ☐	25
Art der Arbeit	0 ☐	1 ☐	2 ☐	26
Verantwortung, Kompetenzen der Mitarbeiter	0 ☐	1 ☐	2 ☐	27
Entfaltungsmöglichkeiten der Mitarbeiter	0 ☐	1 ☐	2 ☐	28
Organisation und Führung des Betriebes	0 ☐	1 ☐	2 ☐	29
Aufsicht / Kontrolle	0 ☐	1 ☐	2 ☐	30
Einkommen / Sozialleistungen	0 ☐	1 ☐	2 ☐	31
Menschliche Beziehungen, Kontakte im Betrieb	0 ☐	1 ☐	2 ☐	32
Arbeitsbedingungen	0 ☐	1 ☐	2 ☐	33
Betrieb als ganzes	0 ☐	1 ☐	2 ☐	34

17. a) Hier ist eine Leiter aufgezeichnet, welche Ihr Berufsleben darstellen soll. Die oberste Stufe bedeutet, alle Ihre Berufswünsche haben sich bis jetzt erfüllt; die unterste Stufe bedeutet das Gegenteil. Wo auf dieser Leiter stehen Sie gegenwärtig?

(Zutreffende Sprosse mit Kreuz bezeichnen lassen)

0 1 2 3 4 5 6

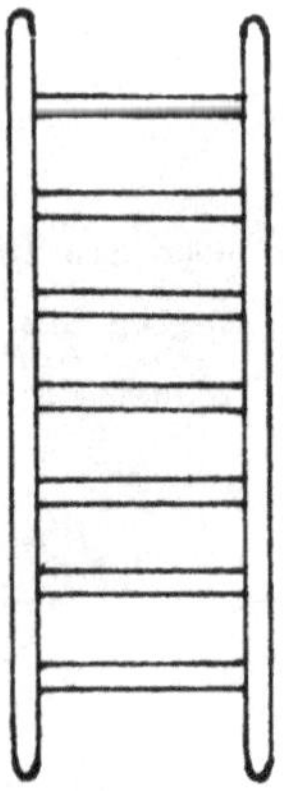

36

17. b) Was schätzen Sie, wo werden Sie in drei Jahren auf der Leiter stehen?

(Zutreffende Sprosse mit Kreuz bezeichnen lassen)

0 1 2 3 4 5 6

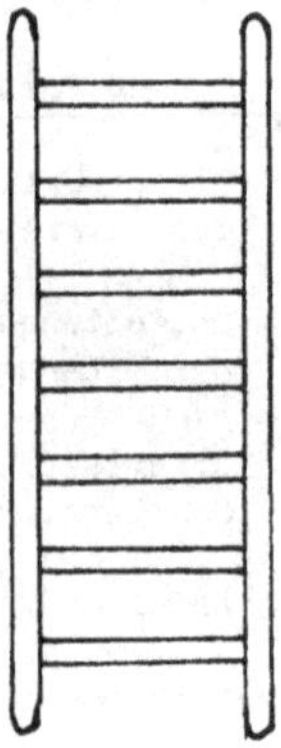

36

18. Ist Ihre Arbeit in sich abgeschlossen, oder ist sie ein Teil einer grösseren Arbeit?

In sich abgeschlossen	0 ☐	37
Teil grösserer Arbeit	1 ☐	
Je nach Aufgabe verschieden	2 ☐	
Weiss nicht / keine Antwort	3 ☐	

19. Können Sie bei der Arbeit Ihre Fähigkeiten voll einsetzen oder nicht?

Ja, voller Einsatz	0 ☐	38
Ja, zeitweise, bei bestimmten Aufgaben	1 ☐	
Nein, Einsatz zu wenig möglich	2 ☐	
Weiss nicht / keine Antwort	3 ☐	

20. Können Sie bei der Arbeit auch eigene Ideen verwirklichen oder nicht?

Ja, kann ich	0 ☐	39
Nein, kann ich nicht	1 ☐	
Weiss nicht / keine Antwort	2 ☐	

21. Haben Sie das Gefühl, dass Ihr Betrieb auch ohne Ihre eigene Arbeit funktionieren würde, oder glauben Sie das nicht?

Ja, glaube, er würde funktionieren	0 ☐	40
Nein, glaube, er würde nicht funktionieren	1 ☐	
Kommt darauf an	2 ☐	
Weiss nicht / keine Antwort	3 ☐	

22. Können Sie am Abend mit dem Gefühl heimgehen, dass Sie etwas geleistet haben?

Ja, meistens	0 ☐	41
Ja, oft	1 ☐	
Mal ja, mal nein	2 ☐	
Nein, selten	3 ☐	
Nein, praktisch nie	4 ☐	
Weiss nicht / keine Antwort	5 ☐	

23. Glauben Sie, dass Ihr Chef Ihre Position im Betrieb für wichtig ansieht, oder haben Sie nicht den Eindruck?

Ja, glaube	0 ☐	42
Nein, habe nicht den Eindruck	1 ☐	
Weiss nicht / keine Antwort	2 ☐	

24. Werden von Ihrem Chef gute Leistungen anerkannt oder als selbstverständlich hingenommen?

Werden anerkannt	0 ☐	43
Werden als selbstverständlich hingenommen	1 ☐	
Weiss nicht / keine Antwort	2 ☐	

25. Finden Sie es eigentlich wichtig, dass gute Leistungen anerkannt werden, oder spielt das nicht so eine Rolle?

Wichtig	0 ☐	44
Nicht wichtig	1 ☐	
Weiss nicht / keine Antwort	2 ☐	

26. Wieviel Abwechslung bietet Ihre Arbeit?

Sehr viel	0 ☐	45
Ziemlich viel	1 ☐	
Weder viel noch wenig	2 ☐	
Ziemlich wenig	3 ☐	
Sehr wenig	4 ☐	

27. Wie frei sind Sie bei der Ausführung Ihrer Arbeit?

Sehr frei	0 ☐	46
Ziemlich frei	1 ☐	
Weder frei noch unfrei	2 ☐	
Wenig frei	3 ☐	
Ueberhaupt nicht frei	4 ☐	

28. Können Sie Ihr Arbeitstempo selber bestimmen, oder steht das Tempo durch den Arbeitsfluss fest?

Ja, kann selber bestimmen	0 ☐	47
Nein, steht fest	1 ☐	
Kommt auf die Arbeit an	2 ☐	
Weiss nicht / keine Antwort	3 ☐	

29. a) Was gefällt Ihnen an Ihrer Arbeit speziell?
(Drei Nennungen zulässig)

____

____

____

29. b) Was gefällt Ihnen an Ihrer Arbeit überhaupt nicht?
(Drei Nennungen zulässig)

____

____

____

30 Hilft Ihnen Ihre Arbeit, private Probleme zu vergessen, oder haben Sie nicht den Eindruck?

Ja, hilft vergessen	0 ☐	48
Nein, hilft nicht	1 ☐	
Habe keine privaten Probleme	2 ☐	
Weiss nicht / keine Antwort	3 ☐	

31. Hätten Sie durch Ihre Berufserfahrung die Möglichkeit, sich einmal selbständig zu machen?

Ja, Möglichkeit	0 ☐	49
Nein, keine Möglichkeit	1 ☐	
Weiss nicht / keine Antwort	2 ☐	

32. Möchten Sie gern <u>mehr</u> Verantwortung übernehmen, oder wären Sie eher froh um <u>weniger</u> Verantwortung?

Lieber mehr Verantwortung	0 ☐	50
Jetzige Situation ist gerade richtig	1 ☐	
Lieber weniger Verantwortung	2 ☐	
Weiss nicht / keine Antwort	3 ☐	

33. Wieviele von Ihren Kollegen hier im Betrieb fühlen sich verantwortlich für die Arbeit, die sie haben?

Ausser dem Chef fühlt sich kaum einer verantwortlich	0 ☐	51
Nur eine Minderheit von Mitarbeitern fühlt sich verantwortlich	1 ☐	
Die meisten fühlen sich verantwortlich	2 ☐	
Praktisch alle fühlen sich verantwortlich	3 ☐	
Weiss nicht / keine Antwort	4 ☐	

34. Haben Sie genügend Kompetenzen (Befugnisse) zur Ausführung Ihrer Arbeit, oder fehlt es eher an Kompetenzen?

Ja, habe genügend	0 ☐	52
Nein, es fehlt daran	1 ☐	
Weiss nicht / keine Antwort	2 ☐	

35. Können Sie im Rahmen Ihrer Kompetenzen an andere Betriebsangehörige Weisungen erteilen?

Ja, ich kann	0 ☐	53
Nein, ich kann nicht	1 ☐	
Weiss nicht / keine Antwort	2 ☐	

36. Haben Sie das Gefühl, bei der Arbeit etwas zu lernen?

Ja, sicher	0 ☐	54
Ja, ein wenig	1 ☐	
Nein, kaum	2 ☐	
Nein, überhaupt nicht	3 ☐	
Weiss nicht / keine Antwort	4 ☐	

37. Was halten Ihre Angehörigen von Ihrer Stelle?

Finden sie sehr gut	0 ☐	55
Finden sie recht gut	1 ☐	
Haben weder gute noch schlechte Meinung	2 ☐	
Finden sie eher schlecht	3 ☐	
Finden sie sehr schlecht	4 ☐	
Weiss nicht / kenne ihre Meinung nicht / **habe keine Angehörigen**	5 ☐	

38. a) Haben Sie die Möglichkeit, hier im Betrieb weiterzukommen?

Ja	0 ☐	56
Nein	1 ☐	
Weiss nicht / keine Antwort	2 ☐	

38. b) Wenn ja: Möchten Sie gern weiterkommen, oder sind Sie mit Ihrer jetzigen Position zufrieden?

Bin nicht zufrieden, möchte weiterkommen	0 ☐	57
Bin mit jetziger Position zufrieden	1 ☐	
Weiss nicht / keine Antwort	2 ☐	

38. c) Wenn "nicht zufrieden": Möchten Sie auch weiterkommen, wenn Sie sicher sein könnten, dass Ihr Lohn auch ohne Beförderung namhaft ansteigt?

Ja, möchte trotzdem weiterkommen	0 ☐	58
Nein, dann wäre ich mit jetziger Position zufrieden	1 ☐	
Weiss nicht / keine Antwort	2 ☐	

38. d) Wenn nein auf Frage 38. a): Was hindert Sie am Weiterkommen? (Drei Nennungen zulässig)

Meine Vorbildung / Fähigkeiten	0 ☐	59
Kollegen / Rivalen	1 ☐	
Ungerechtigkeit des Chefs	2 ☐	
Höchstmögliche Position schon erreicht	3 ☐	
Persönliches Pech	4 ☐	
Beschränkte Grösse der Firma, wenig gehobene Stellen	5 ☐	
Mein Alter	6 ☐	
Anderes Hindernis:	7 ☐	
Weiss nicht / keine Antwort	8 ☐	

39. Was glauben Sie, trägt Ihre Arbeit zu Ihrem Ansehen ausserhalb des Betriebes bei oder nicht?

Ja, trägt bei	0 ☐	60
Nein, trägt nicht bei	1 ☐	
Weiss nicht / keine Antwort	2 ☐	

40. Haben Sie hier Möglichkeiten, sich bei Bedarf weiterzubilden, oder ist es damit nicht weit her?

Ja, habe gute Möglichkeiten	0 ☐	61
Nein, aus Weiterbildung wird hier nicht viel	1 ☐	
Weiss nicht / keine Antwort	2 ☐	

41. <u>Nur an manuell Beschäftigte:</u>

Stellen Sie sich vor, man würde Ihnen eine Bürotätigkeit mit gleichem Lohn offerieren. Würden Sie sie annehmen?

Ja, würde annehmen	0 ☐	62
Nein, würde bei meiner jetzigen Tätigkeit bleiben	1 ☐	
Weiss nicht / keine Antwort	2 ☐	

42. a) Was erwarten Sie von einem guten Chef?
(Drei Nennungen zulässig)

Fähigkeit der Menschenführung	0 ☐	63
Erfahrung / fachliches Können	1 ☐	
Aufgeschlossenheit, menschliches Verständnis	2 ☐	
Organisationstalent	3 ☐	
Unterstützung bei meiner Arbeit (Orientierung oder Mithilfe)	4 ☐	
Charakter	5 ☐	
Intelligenz	6 ☐	
Fleiss	7 ☐	
Anderer Punkt:	8 ☐	
Weiss nicht / keine Antwort	9 ☐	

42. b) Was trifft davon auf Ihren eigenen Chef zu?
(Drei Nennungen zulässig)

Fähigkeit der Menschenführung	0 ☐	64
Erfahrung / fachliches Können	1 ☐	
Aufgeschlossenheit, menschliches Verständnis	2 ☐	
Organisationstalent	3 ☐	
Unterstützung bei meiner Arbeit (Orientierung oder Mithilfe)	4 ☐	
Charakter	5 ☐	
Intelligenz	6 ☐	
Fleiss	7 ☐	
Anderer Punkt:	8 ☐	
Weiss nicht / keine Antwort	9 ☐	

42. c) Halten Sie demnach Ihren Chef für einen guten Chef?

Ja, sehr gut	0 ☐	65
Ja, ziemlich gut	1 ☐	
Weder gut noch schlecht	2 ☐	
Nein, eher schlecht	3 ☐	
Nein, sehr schlecht	4 ☐	
Weiss nicht / keine Antwort	5 ☐	

43. Wird in Ihrem Betrieb für die Zukunft geplant, oder beschäftigt man sich nur mit den Tagesproblemen?

Es wird im einzelnen geplant	0 ☐	66
Es wird in grossen Zügen geplant	1 ☐	
Es wird kaum geplant	2 ☐	
Es wird überhaupt nicht geplant	3 ☐	
Weiss nicht / keine Antwort	4 ☐	

44. Werden Ihre Ideen und Vorschläge ernsthaft aufgenommen oder nicht?

Ja, meistens	0 ☐	67
Nein, meistens nicht	1 ☐	
Weiss nicht / keine Antwort	2 ☐	

45. Werden die Mitarbeiter hier an wichtigen Betriebsentscheidungen irgendwie beteiligt, oder trifft der Chef bzw. die Geschäftsleitung solche Entscheidungen allein?

Ja, Mitarbeiter an wichtigen Entscheidungen bezüglich ihres Arbeitsplatzes beteiligt	0 ☐	68
Ja, Mitarbeiter auch an wichtigen gesamtbetrieblichen Entscheidungen beteiligt	1 ☐	
Nein, Mitarbeiter nicht beteiligt	2 ☐	
Weiss nicht / keine Antwort	3 ☐	

46. Nehmen Sie an, Sie hätten einmal Grund, sich beim Chef über etwas zu beschweren. Hätte das einen Zweck, hätte es keinen Zweck, oder wäre es sogar nachteilig für Sie?

Hätte Zweck	0 ☐	69
Hätte keinen Zweck	1 ☐	
Wäre nachteilig	2 ☐	
Käme darauf an	3 ☐	
Weiss nicht / keine Antwort	4 ☐	

47. Wissen Sie genau, was zu Ihren Aufgaben gehört und was nicht?

Ja, weiss genau	0 ☐	70
Nein, ist etwas unklar	1 ☐	
Keine Antwort	2 ☐	

48. Werden Sie über wichtige Betriebsangelegenheiten informiert oder nicht?

Ja, werde informiert	0 ☐	71
Nein, werde nicht informiert	1 ☐	
Weiss nicht / keine Antwort	2 ☐	

49. Sagt Ihnen Ihr Chef eigentlich, ob Sie Ihre Arbeit gut machen?

Nie	0 ☐	72
Selten	1 ☐	
Oefter	2 ☐	
Oft, regelmässig	3 ☐	
Keine Antwort	4 ☐	

50. Was finden Sie, wieviel Vertrauen bringt Ihr Chef Ihnen entgegen?

Vertraut mir völlig	0 ☐	73
Vertraut mir ziemlich	1 ☐	
Unentschieden	2 ☐	
Vertraut mir kaum	3 ☐	
Vertraut mir überhaupt nicht	4 ☐	
Weiss nicht/Keine Antwort	5 ☐	

51. Haben Sie den Eindruck, dass man hier im allgemeinen vom Chef richtig behandelt wird, oder nicht?

Ja, richtig	0 ☐	74
Nein, nicht richtig	1 ☐	
Weiss nicht / keine Antwort	2 ☐	

52. Verhält sich Ihr Chef zu allen Mitarbeitern gleich, oder bevorzugt er bestimmte Leute?

Verhält sich gleich	0 ☐	75
Bevorzugt bestimmte Leute	1 ☐	
Weiss nicht / keine Antwort	2 ☐	

53. a) Was glauben Sie, wird man hier nach seiner Leistung bezahlt oder nicht?

Ja, entsprechend Leistung	0 ☐	76
Nein, nicht entsprechend Leistung	1 ☐	
Weiss nicht / keine Antwort	2 ☐	

53. b) Sind Sie selber entsprechend Ihrer Leistung bezahlt oder nicht?

Ja, entsprechend meiner Leistung	0 ☐	77
Nein, nicht entsprechend meiner Leistung	1 ☐	
Weiss nicht / keine Antwort	2 ☐	

54. Haben Sie hier einen einigermassen festen, sicheren Arbeitsplatz oder nicht?

Ja, fest	0 ☐	78
Nein, nicht fest	1 ☐	
Weiss nicht / keine Antwort	2 ☐	

55. Wie kommen Sie so mit Ihrem Lohn aus?

Sehr gut	0 ☐	79
Gut	1 ☐	
Es geht so	2 ☐	
Eher schlecht	3 ☐	
Ueberhaupt nicht	4 ☐	
Keine Antwort	5 ☐	

	01	02	03	04	05
Interview-Nr.:	2	2			

56. a) Stellen Sie sich einmal vor, Sie müssten wählen zwischen zwei Arbeitsplätzen: Der eine bietet Ihnen Sicherheit vor Entlassung, aber keine Aussichten, viel zu verdienen - der andere bietet Ihnen viel bessere Verdienstmöglichkeiten, dafür sind Sie nie ganz sicher, ob Sie nicht plötzlich entlassen werden. Für welchen würden Sie sich entscheiden?

Sicherheit	0 ☐	06
Verdienstmöglichkeiten	1 ☐	
Es kommt darauf an	2 ☐	
Weiss nicht / keine Antwort	3 ☐	

56. b) Und nun denken Sie einmal, Sie hätten eine andere Wahl, wieder zwischen zwei Arbeitsplätzen: Der eine bietet Ihnen eine speziell interessante Arbeit, aber keinen hohen Lohn - der andere bietet Ihnen viel bessere Verdienstmöglichkeiten, dafür aber eine langweilige Arbeit. Für welchen würden Sie sich entscheiden?

Interessante Arbeit	0 ☐	07
Verdienstmöglichkeiten	1 ☐	
Es kommt darauf an	2 ☐	
Weiss nicht / keine Antwort	3 ☐	

57. a) Wie ist die Zusammenarbeit mit Ihren Kollegen?

Sehr gut	0 ☐	08
Im ganzen gut	1 ☐	
Weder gut noch schlecht	2 ☐	
Eher schlecht	3 ☐	
Sehr schlecht	4 ☐	

57. b) Und mit Ihrem Chef?

Sehr gut	0 ☐	09
Im ganzen gut	1 ☐	
Weder gut noch schlecht	2 ☐	
Eher schlecht	3 ☐	
Sehr schlecht	4 ☐	

58. Wie finden Sie in dieser Firma das Betriebsklima?

Sehr gut	0 ☐	10
Gut	1 ☐	
Weder gut noch schlecht	2 ☐	
Schlecht	3 ☐	
Sehr schlecht	4 ☐	
Weiss nicht /.keine Antwort	5 ☐	

59. a) Es kommt doch vor, dass Sie auch in persönlichen (nicht fachlichen) Sachen Rat und Hilfe brauchen. Können Sie dann mit Ihren Arbeitskollegen rechnen oder nicht?

Kann mit jedem rechnen	0 ☐	11
Kann mit einzelnen rechnen, mit anderen nicht	1 ☐	
Kann mit niemandem rechnen	2 ☐	
Weiss nicht / keine Antwort/**will keine Hilfe**	3 ☐	

59. b) Und mit Ihrem Chef?

Kann sicher mit ihm rechnen	0 ☐	12
Wahrscheinlichkeit: 50 : 50	1 ☐	
Kann bestimmt nicht mit ihm rechnen	2 ☐	
Weiss nicht / keine Antwort/will keine Hilfe	3 ☐	

60. Treffen Sie sich auch schon mal ausserhalb der. Arbeitszeit mit Arbeitskollegen?

Ja, oft	0 ☐	13
Ja, schon ab und zu	1 ☐	
Nein, praktisch nie	2 ☐	
Nein, nie	3 ☐	
Keine Antwort	4 ☐	

61. Haben Sie Achtung und Respekt vor Ihrem Chef?

Ja, unbedingt	0 ☐	14
Ja, schon	1 ☐	
Weder ja noch nein	2 ☐	
Nein, nicht sehr	3 ☐	
Nein, überhaupt nicht	4 ☐	
Keine Antwort	5 ☐	

62. a) Was glauben Sie, könnten Ihre Arbeitsbedingungen verbessert werden oder nicht?

Ja, könnten	0 ☐	15
Nein, könnten nicht	1 ☐	
Weiss nicht / keine Antwort	2 ☐	

62. b) Wenn ja: Könnten Sie selber etwas zur Verbesserung Ihrer Arbeitsbedingungen tun oder nicht?

Ja, könnte ich	0 ☐	16
Nein, könnte ich nicht	1 ☐	
Weiss nicht / keine Antwort	2 ☐	

63. Haben Sie den Eindruck, dass die Arbeit Sie einfach überfordert, oder nicht?

- Ja, überfordert ____ 0 ☐ 17
- Nein, nicht überfordert ____ 1 ☐
- Weiss nicht / keine Antwort ____ 2 ☐

64. a) Ist Ihre Arbeit speziell dreckig, lärmig oder sonst äusserlich unangenehm?

- Ja, ist unangenehm ____ 0 ☐ 18
- Nein, ist nicht unangenehm ____ 1 ☐
- Keine Antwort ____ 2 ☐

64. b) Ist Ihre Arbeit körperlich oder nervlich speziell anstrengend?

- Ja, körperlich anstrengend ____ 0 ☐ 19
- Ja, nervlich anstrengend ____ 1 ☐
- Ja, körperlich und nervlich anstrengend ____ 2 ☐
- Nein, nicht speziell anstrengend ____ 3 ☐
- Keine Antwort ____ 4 ☐

Wie beurteilen Sie ....

65. a) ..... die Länge Ihres Weges zur Arbeit?

- Finde Weg zu lang: ______Min. ____ 0 ☐ 20
  (Bitte Wegdauer von Wohnung bis Arbeitsplatz angeben lassen)
- Finde Weg nicht zu lang ____ 1 ☐
- Weiss nicht / keine Antwort ____ 2 ☐

65. b) ..... die Regelung Ihrer Arbeitszeit?

- Gut ____ 0 ☐ 21
- Weder gut noch schlecht ____ 1 ☐
- Schlecht ____ 2 ☐
- Weiss nicht / keine Antwort ____ 3 ☐

65. c) ..... die Unfallsicherheit Ihres Arbeitsplatzes im Vergleich zu anderen Arbeitsplätzen?

Nicht unfallgefährdeter als andere Arbeitsplätze	0 ☐	22
Stärker unfallgefährdet als andere Arbeitsplätze	1 ☐	
Weiss nicht / keine Antwort	2 ☐	

66. Haben Sie neben der beruflichen Tätigkeit noch genügend Freizeit?

Ja, genügend Freizeit	0 ☐	23
Nein, nicht genügend Freizeit	1 ☐	
Weiss nicht / keine Antwort	2 ☐	

2. Teil: Indexfragen

1. Wie zufrieden sind Sie mit den persönlichen Kontakten, welche Sie hier haben?

Sehr zufrieden	0	☐	24
Zufrieden	1	☐	
Weder zufrieden noch unzufrieden	2	☐	
Unzufrieden	3	☐	
Sehr unzufrieden	4	☐	

2. Wie zufrieden sind Sie mit den Möglichkeiten, hier im Betrieb weiterzukommen?

Sehr zufrieden	0	☐	25
Zufrieden	1	☐	
Weder zufrieden noch unzufrieden	2	☐	
Unzufrieden	3	☐	
Sehr unzufrieden	4	☐	

3. Wie zufrieden sind Sie mit Ihrem Lohn und Ihren Sozialleistungen?

Sehr zufrieden	0	☐	26
Zufrieden	1	☐	
Weder zufrieden noch unzufrieden	2	☐	
Unzufrieden	3	☐	
Sehr unzufrieden	4	☐	

4. Wie zufrieden sind Sie mit der Anerkennung für Ihre Arbeit?

Sehr zufrieden	0 ☐	27
Zufrieden	1 ☐	
Weder zufrieden noch unzufrieden	2 ☐	
Unzufrieden	3 ☐	
Sehr unzufrieden	4 ☐	

5. Wie zufrieden sind Sie mit Ihrer Arbeitsleistung?

Sehr zufrieden	0 ☐	28
Zufrieden	1 ☐	
Weder zufrieden noch unzufrieden	2 ☐	
Unzufrieden	3 ☐	
Sehr unzufrieden	4 ☐	

6. Wie zufrieden sind Sie mit Organisation und Führung hier im Betrieb?

Sehr zufrieden	0 ☐	29
Zufrieden	1 ☐	
Weder zufrieden noch unzufrieden	2 ☐	
Unzufrieden	3 ☐	
Sehr unzufrieden	4 ☐	

7. Wie zufrieden sind Sie mit der Art Ihrer Arbeit?

Sehr zufrieden	0 ☐	30
Zufrieden	1 ☐	
Weder zufrieden noch unzufrieden	2 ☐	
Unzufrieden	3 ☐	
Sehr unzufrieden	4 ☐	

8. Wie zufrieden sind Sie mit der Verantwortung, welche Sie hier haben?

Sehr zufrieden	0 ☐	31
Zufrieden	1 ☐	
Weder zufrieden noch unzufrieden	2 ☐	
Unzufrieden	3 ☐	
Sehr unzufrieden	4 ☐	

9. Wie zufrieden sind Sie mit der Art und Weise, wie man hier Aufsicht und Kontrolle durchführt?

Sehr zufrieden	0 ☐	32
Zufrieden	1 ☐	
Weder zufrieden noch unzufrieden	2 ☐	
Unzufrieden	3 ☐	
Sehr unzufrieden	4 ☐	

10. Wie zufrieden sind Sie mit den Arbeitsbedingungen hier?

Sehr zufrieden	0 ☐	33
Zufrieden	1 ☐	
Weder zufrieden noch unzufrieden	2 ☐	
Unzufrieden	3 ☐	
Sehr unzufrieden	4 ☐	

11. Wenn Sie einmal an <u>alles</u> denken, was mit Ihrer Tätigkeit hier zusammenhängt, wie zufrieden sind Sie dann mit der Arbeit in diesem Betrieb?

Sehr zufrieden	0 ☐	34
Zufrieden	1 ☐	
Weder zufrieden noch unzufrieden	2 ☐	
Unzufrieden	3 ☐	
Sehr unzufrieden	4 ☐	

3. Teil: Kriterien

1. Alter:

18 - 34 Jahre	0 ☐	35
35 - 49 Jahre	1 ☐	
50 und mehr Jahre	2 ☐	

2. Zivile Stellung:

Alleinstehend	0 ☐	36
Nicht alleinstehend / Zweipersonenhaushalt	1 ☐	
Nicht alleinstehend / Mehrpersonenhaushalt	2 ☐	

3. Berufliche/Tätigkeitskategorie:

Ueberwiegend manuelle Tätigkeiten	0 ☐	37
Ueberwiegend nichtmanuelle Tätigkeiten	1 ☐	

4. Berufliche Tätigkeit / Position
(z.B. Monteur, Bankschreiner, Lohnbuchhalter, Vorarbeiter):

____

5. Berufsausbildung:

Angelernt	0 ☐
Abgeschlossene Berufslehre	1 ☐
Abgeschlossene Meister-Ausbildung	2 ☐
HTL / Technikum / HWV mit Abschluss	3 ☐
Hochschule / Universität mit Abschluss	4 ☐
Andere:	5 ☐

6. Berufsausbildung des Vaters:

- Ohne Berufsausbildung ________ 0 ☐ 39
- Angelernt ________ 1 ☐
- Abgeschlossene Berufslehre ________ 2 ☐
- Abgeschlossene Meister-Ausbildung ________ 3 ☐
- HTL / Technikum / HWV mit Abschluss ________ 4 ☐
- Hochschule / Universität mit Abschluss ________ 5 ☐
- Andere: ________ 6 ☐
- Weiss nicht ________ 7 ☐

7. Berufswechsel:

- Beruf nicht gewechselt ________ 0 ☐ 40
- Beruf einmal gewechselt ________ 1 ☐
- Beruf mehrmals gewechselt ________ 2 ☐

8. Dauer der Betriebszugehörigkeit:

- Unter einem Jahr ________ 0 ☐ 41
- 1 - 6 Jahre ________ 1 ☐
- Ueber 6 Jahre ________ 2 ☐

9. Einkommen einschliesslich Zulagen (Tabelle vorlegen):

- Bis 2 500 Fr. monatlich ________ 0 ☐ 42
- 2 501 bis 3 000 Fr. monatlich ________ 1 ☐
- Ueber 3 000 Fr. monatlich ________ 2 ☐

10. Arbeitsort:

________ Firma: ________

(Nur bei den Grossbetrieben: Durch Personalchef Anzahl Ganztagsbeschäftigte, inkl. Lehrlinge, angeben lassen: ________)

11. Wohnort: ________

Dauer des Interviews: ________ Min.

Nicht ausfüllen:

12. Ortsgrösse:

Grossstadt und Agglomeration	0	☐	43
Stadt und Agglomeration	1	☐	
Land	2	☐	

13. Betriebsgrösse:

Kleine Betriebe	0	☐	44
Mittlere Betriebe	1	☐	
Grosse Betriebe	2	☐	

Schweizerisches Institut für gewerbliche Wirtschaft
an der Hochschule St.Gallen
für Wirtschafts- und Sozialwissenschaften

Institut suisse de recherches pour l'artisanat et les petites et moyennes entreprises commerciales de l'Ecole des Hautes Etudes économiques et sociales de St-Gall

A R B E I T S Z U F R I E D E N H E I T

(Fragebogen Unternehmer)

(Die Ziffern in Klammern beziehen sich auf die vergleichbaren Positionen im Fragebogen für Mitarbeiter)

	01	02	03	04	05
Interview-Nr.:	1	1			

Interviewer: ____

Datum des Interviews: ____

Ort des Interviews: ____

1. Teil: Fragen

1. Entspricht Ihre Tätigkeit als Unternehmer eigentlich Ihren Vorstellungen zur Zeit, als Sie diese Tätigkeit aufgenommen haben? (1)

Ja, Vorstellungen wurden sogar übertroffen	0 ☐	06
Ja, vollkommen	1 ☐	
Ja, im grossen und ganzen schon	2 ☐	
Nein, kaum	3 ☐	
Nein, überhaupt nicht	4 ☐	
Hatte keine Vorstellungen	5 ☐	
Keine Antwort	6 ☐	

2. Haben Sie vor Ihrer Unternehmertätigkeit als Unselbständiger gearbeitet (Lehre nicht berücksichtigt)? (2)

Nein	0 ☐	07
Ja, hier im Betrieb	1 ☐	
Ja, in einem anderen Betrieb	2 ☐	
Ja, in mehreren anderen Betrieben	3 ☐	
Weiss nicht / keine Antwort	4 ☐	

3. a) Wie sind Sie eigentlich Unternehmer geworden?

Habe die Firma geerbt	0	☐	08
Habe die Firma selber gegründet	1	☐	
Habe die Firma gekauft	2	☐	
Habe Anteile der Firma gekauft	3	☐	
Andere Möglichkeit:	4	☐	
Keine Antwort	5	☐	

3. b) Wie gross ist Ihr Anteil am Eigenkapital Ihrer Firma?

100 %	0	☐	09
50 - 99 %	1	☐	
25 - 49 %	2	☐	
Unter 25 %	3	☐	

Wenn unter 25 %: Interview mit Dank beenden.

4. Ich habe hier einige Aussprüche über die Arbeit. Welcher trifft für Sie am besten zu?
(Aus Kartensatz den zutreffenden "Ausspruch" aussuchen lassen) (4)

Ich könnte mir das Leben ohne meine Arbeit nicht vorstellen	0	☐	10
Ich mache meine Arbeit ziemlich gern	1	☐	
Ich kann, ehrlich gesagt, nicht entscheiden, ob ich meine Arbeit gern oder ungern mache	2	☐	
Ich mache meine Arbeit im Grunde nicht besonders gern	3	☐	
Ich finde meine Arbeit im Grunde unerträglich	4	☐	

5. Haben Sie Geschwister, die wesentlich mehr als Sie verdienen? (5)

Nein	0	☐	11
Ja, einen Bruder bzw. eine Schwester	1	☐	
Ja, mehrere Geschwister	2	☐	
Weiss nicht, was sie verdienen / keine Antwort	3	☐	

6. Denken Sie auch während Ihrer Freizeit über Ihre Arbeit nach? (6a)

Ja, fast ständig	0 ☐	12
Ja, oft	1 ☐	
Ja, schon ab und zu	2 ☐	
Nein, versuche nicht	3 ☐	

7. Würden Sie Ihren jetzigen Beruf wieder wählen, wenn Sie nochmal 16 wären, oder nicht? (7)

Ja, würde Beruf wieder wählen	0 ☐	13
Nein, würde anderen Beruf wählen	1 ☐	
Weiss nicht / keine Antwort	2 ☐	

8. Was sind zur Zeit Ihre grössten Sorgen in Verbindung mit Ihrer unternehmerischen Tätigkeit? (9)
(Drei Nennungen zulässig)

Verschlechterung der Konjunktur, des Geschäftsganges (Umsatz, Auftragsbestand)	0 ☐	14
Kostensteigerung	1 ☐	
Gewinnrückgang	2 ☐	
Wachsender Konkurrenzdruck	3 ☐	
Sorgen mit Personal	4 ☐	
Wirtschaftspolitische Massnahmen (z.B. Ausländerpolitik)	5 ☐	
Meine Gesundheit	6 ☐	
Andere Sorge:	7 ☐	
Habe keine Sorgen	8 ☐	
Weiss nicht / keine Antwort	9 ☐	

9. Was ist nach Ihrer Meinung für den Unternehmer am wichtigsten, damit er mit seiner Tätigkeit zufrieden sein kann? (10)
(Aus Kartensatz die drei wichtigsten Punkte aussuchen lassen)

Das Gefühl, etwas zu leisten	0 ☐	15
Gewinnung von Anerkennung und Ansehen	1 ☐	
Selbständigkeit, schöpferischer Charakter der Arbeit	2 ☐	
Uebernahme von Verantwortung	3 ☐	
Entwicklungs-, Vergrösserungsmöglichkeiten	4 ☐	
Möglichkeiten der organisatorischen Gestaltung und der Führung	5 ☐	
Möglichkeit, Macht auszuüben	6 ☐	
Erzielung hoher Einkünfte aus dem Betrieb	7 ☐	
Pflege menschlicher Beziehungen	8 ☐	
Günstige äussere Tätigkeitsbedingungen	9 ☐	
Weiss nicht / keine Antwort	0 ☐	16

10. a) Haben Sie schon mal ernsthaft daran gedacht, Ihren Betrieb aufzugeben, oder nicht? (11a)

Ja, habe ich	0 ☐	17
Nein, habe ich nicht	1 ☐	
Weiss nicht / keine Antwort	2 ☐	

10. b) Wenn ja:

Was würden Sie nach Aufgabe Ihres Betriebes tun?

Nicht mehr arbeiten	0 ☐	18
Anderen Betrieb gründen	1 ☐	
Als Unselbständiger arbeiten	2 ☐	
Weiss nicht / keine Antwort	3 ☐	

11. Haben Sie den Eindruck, dass Ihnen bekannte Unternehmerkollegen mehr Freude an ihren Betrieben haben als Sie selber? (14)

Ja, haben mehr Freude ____ 0 ☐ 19
Nein, haben nicht mehr Freude ____ 1 ☐
Weiss nicht / keine Antwort ____ 2 ☐

12. Besteht irgendeine Verbindung zwischen Ihrer Unternehmertätigkeit und Ihrer Freizeitgestaltung? (15)

Ja, es gibt Verbindung ____ 0 ☐ 20
Nein, es gibt keine Verbindung ____ 1 ☐
Weiss nicht / keine Antwort ____ 2 ☐

13. Wenn Sie Ihre Firma mit ähnlichen Firmen vergleichen, wie beurteilen Sie dann Ihren Betrieb in den folgenden Punkten? (16)
(Punkt für Punkt vortragen und Stellungnahme erbitten)

	Mein Betrieb besser bzw. mehr	Mein Betrieb gleich	Mein Betrieb schlechter bzw. weniger	
Arbeitsleistung der Mitarbeiter	0 ☐	1 ☐	2 ☐	21
Anerkennung für die Mitarbeiter durch den Chef/die Chefs	0 ☐	1 ☐	2 ☐	22
Art der Arbeit	0 ☐	1 ☐	2 ☐	23
Verantwortung, Kompetenzen der Mitarbeiter	0 ☐	1 ☐	2 ☐	24
Entfaltungsmöglichkeiten der Mitarbeiter	0 ☐	1 ☐	2 ☐	25
Organisation und Führung des Betriebes	0 ☐	1 ☐	2 ☐	26
Aufsicht/Kontrolle durch den Chef/die Chefs	0 ☐	1 ☐	2 ☐	27
Löhne / Sozialleistungen	0 ☐	1 ☐	2 ☐	28
Menschliche Beziehungen, Kontakte im Betrieb	0 ☐	1 ☐	2 ☐	29
Arbeitsbedingungen	0 ☐	1 ☐	2 ☐	30
Betrieb als ganzes	0 ☐	1 ☐	2 ☐	31

14. a) Hier ist eine Leiter aufgezeichnet, welche Ihr Berufsleben darstellen soll. Die oberste Stufe bedeutet, alle Ihre unternehmerischen Wünsche haben sich bis jetzt erfüllt; die unterste Stufe bedeutet das Gegenteil. Wo auf dieser Leiter stehen Sie gegenwärtig? (17a)

(Zutreffende Sprosse mit Kreuz bezeichnen lassen)

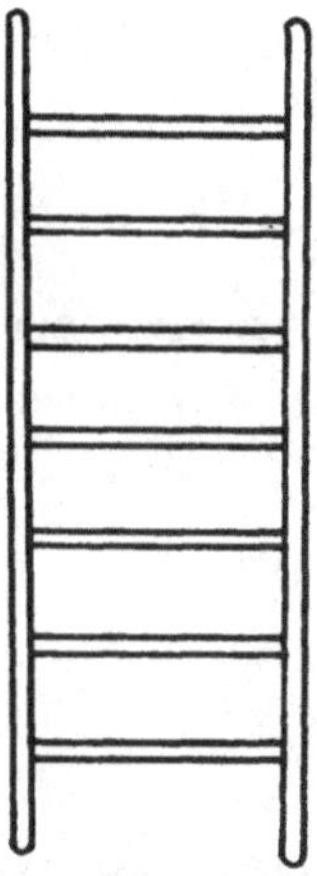

0 1 2 3 4 5 6 32

14. b) Was schätzen Sie, wo werden Sie in drei Jahren auf der Leiter stehen? (17b)

(Zutreffende Sprosse mit Kreuz bezeichnen lassen)

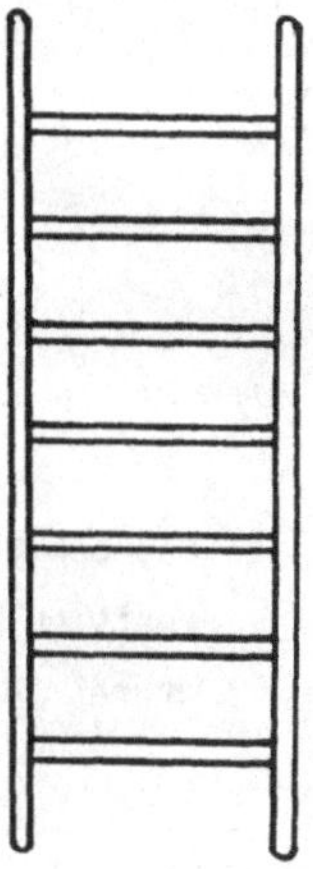

0 1 2 3 4 5 6 33

15. Können Sie bei Ihrer Arbeit Ihre Fähigkeiten voll einsetzen oder nicht? (19)

Ja, voller Einsatz	0 ☐	34
Ja, zeitweise, bei bestimmten Aufgaben	1 ☐	
Nein, kein voller Einsatz	2 ☐	
Weiss nicht / keine Antwort	3 ☐	

16. Haben Sie das Gefühl, dass Ihr Betrieb längere Zeit auch ohne Ihren persönlichen Einsatz als Unternehmer funktionieren würde, oder glauben Sie das nicht? (21)

Ja, würde längere Zeit funktionieren ____

Nein, würde nicht längere Zeit funktionieren ____

Kommt darauf an ____

Weiss nicht / keine Antwort ____

17. Können Sie am Abend das Gefühl haben, dass Sie etwas geleistet haben? (22)

Ja, meistens ____

Ja, oft ____

Mal ja, mal nein ____

Nein, selten ____

Nein, praktisch nie ____

Weiss nicht / keine Antwort ____

18. Glauben Sie, dass die Mitarbeiter die Bedeutung Ihrer Unternehmerposition für den Betrieb erkennen, oder haben Sie nicht den Eindruck? (23)

Ja, alle bzw. die meisten erkennen Bedeutung ____

Nein, alle bzw. die meisten erkennen Bedeutung nicht ____

Weiss nicht / keine Antwort ____

19. Finden Sie es eigentlich wichtig, gute Mitarbeiterleistungen ausdrücklich anzuerkennen, oder spielt das nicht so eine Rolle? (25)

Wichtig ____

Kommt darauf an ____

Nicht wichtig ____

Weiss nicht / keine Antwort ____

20. a) Was gefällt Ihnen an der Unternehmertätigkeit speziell? (29a)
(Drei Nennungen zulässig)

____

____

____

20. b) Was gefällt Ihnen an der Unternehmertätigkeit speziell <u>nicht</u>? (29b)
(Drei Nennungen zulässig)

____

____

____

21. Hilft Ihnen Ihre Arbeit, private Probleme zu vergessen, oder haben Sie nicht den Eindruck? (30)

Ja, hilft vergessen	0	☐	39
Nein, hilft nicht	1	☐	
Habe keine privaten Probleme	2	☐	
Weiss nicht / keine Antwort	3	☐	

22. a) Wieviele Ihrer Mitarbeiter fühlen sich verantwortlich für die Arbeit, die sie haben? (33)

Ausser mir fühlt sich kaum einer verantwortlich	0	☐	40
Nur eine Minderheit von Mitarbeitern fühlt sich verantwortlich	1	☐	
Die meisten fühlen sich verantwortlich	2	☐	
Praktisch alle fühlen sich verantwortlich	3	☐	
Weiss nicht / keine Antwort	4	☐	

22. b) Bezüglich Verantwortung des Unternehmers gibt es ja zwei verschiedene Auffassungen: Die einen finden, die Verantwortung müsse sich auf den Betrieb beschränken, die anderen glauben, der Unternehmer habe neben dem Betrieb auch eine gesellschaftliche Verantwortung. Was ist Ihre Meinung?

Verantwortung auf Betrieb beschränkt ____
Verantwortung auch gesellschaftlich ____
Weiss nicht / keine Antwort ____

23. Was halten Ihre Angehörigen von Ihrer Tätigkeit? (37)

Haben sehr gute Meinung ____
Haben recht gute Meinung ____
Haben weder gute noch schlechte Meinung ____
Haben eher schlechte Meinung ____
Haben sehr schlechte Meinung ____
Weiss nicht / kenne ihre Meinung nicht/ habe keine Angehörigen ____

24. a) Sehen Sie die Möglichkeit, Ihre Unternehmertätigkeit noch auszudehnen? (38a)

Ja ____
Nein ____
Weiss nicht / keine Antwort ____

24. b) Wenn ja: Möchten Sie gern Ihre Unternehmertätigkeit noch ausdehnen, oder sind Sie mit Ihrer jetzigen Situation zufrieden? (38b)

Bin nicht zufrieden, möchte ausdehnen ____
Bin mit jetziger Situation zufrieden ____
Weiss nicht / keine Antwort ____

24. c) Wenn "nicht zufrieden": Möchten Sie sich auch ausdehnen, wenn Sie ziemlich sicher sein könnten, dass Ihr Gewinn auch ohne die Vergrösserung namhaft ansteigt? (38c)

- Ja, möchte trotzdem ausdehnen — 0 ☐ 45
- Nein, dann wäre ich mit jetziger Situation zufrieden — 1 ☐
- Weiss nicht / keine Antwort — 2 ☐

24. d) Wenn "nein" auf Frage 24. a)

Was hindert Sie am Ausdehnen? (38d)
(Drei Nennungen zulässig)

- Mangelnde Erfahrung / Fähigkeiten — 0 ☐ 46
- Harter Konkurrenzkampf — 1 ☐
- Ungünstige Konjunkturlage — 2 ☐
- Struktureller Rückgang in meiner Sparte — 3 ☐
- Mangel an Personal — 4 ☐
- Mangel an Kapital — 5 ☐
- Mein Alter — 6 ☐
- Anderes Hindernis: — 7 ☐
- Weiss nicht / keine Antwort — 8 ☐

25. Was glauben Sie, trägt Ihre Tätigkeit als Unternehmer zu Ihrem Ansehen bei ....

25. a) ... im Betrieb? (39,61)

- Ja — 0 ☐ 47
- Nein — 1 ☐
- Weiss nicht / keine Antwort — 2 ☐

25. b) ... ausserhalb des Betriebes? (39)

- Ja — 0 ☐ 48
- Nein — 1 ☐
- Weiss nicht / keine Antwort — 2 ☐

26. Arbeiten Sie selber unter anderem auch manuell in Ihrem Betrieb mit oder nicht?

Ja, arbeite auch manuell mit	0	☐	49
Ja, zeige aber nur, wie es gemacht wird	1	☐	
Nein, arbeite nicht manuell mit	2	☐	

27. a) Welche Eigenschaften sollte ein guter Chef haben? (42a)
(Drei Nennungen zulässig)

Fähigkeit der Menschenführung	0	☐	50
Erfahrung, fachliches Können	1	☐	
Aufgeschlossenheit, menschliches Verständnis	2	☐	
Organisationstalent	3	☐	
Unterstützung der Mitarbeiter (durch Orientierung oder Mithilfe)	4	☐	
Charakter	5	☐	
Intelligenz	6	☐	
Fleiss	7	☐	
Andere Eigenschaft:	8	☐	
Weiss nicht / keine Antwort	9	☐	

27. b) Sehen Sie sich selber demnach als einen guten Chef an? (42c)

Ja, sehr gut	0	☐	51
Ja, ziemlich gut	1	☐	
Weder gut noch schlecht	2	☐	
Nein, eher schlecht	3	☐	
Nein, sehr schlecht	4	☐	
Kann ich selber nicht beurteilen	5	☐	

28. Planen Sie im Betrieb für die Zukunft, oder sind Sie zu sehr von den Tagesproblemen beansprucht? (43)

Plane im einzelnen	0	☐	52
Plane in grossen Zügen	1	☐	
Kann kaum planen	2	☐	
Bin ganz von den Tagesproblemen beansprucht	3	☐	
Weiss nicht / keine Antwort	4	☐	

29. Was halten Sie von den Ideen und Vorschlägen Ihrer Mitarbeiter? (44)

Sind meist sehr gut	0 ☐	53
Sind im allgemeinen brauchbar	1 ☐	
Sind mal brauchbar, mal nicht	2 ☐	
Sind im allgemeinen wenig brauchbar	3 ☐	
Sind meist nutzlos	4 ☐	
Erhalte selten Ideen und Vorschläge von Mitarbeitern	5 ☐	
Weiss nicht / keine Antwort	6 ☐	

30. a) Können sich Ihre Mitarbeiter an wichtigen betrieblichen Entscheidungen irgendwie beteiligen, oder treffen Sie als Geschäftsleitung solche Entscheidungen allein? (45)

Mitarbeiter an wichtigen Entscheidungen bezüglich ihres Arbeitsplatzes beteiligt	0 ☐	54
Mitarbeiter auch an wichtigen gesamtbetrieblichen Entscheidungen beteiligt	1 ☐	
Ich treffe / Geschäftsleitung trifft Entscheidungen allein	2 ☐	
Keine Antwort	3 ☐	

30. b) Wenn "beteiligt":
Was für Erfahrungen haben Sie mit der Beteiligung Ihrer Mitarbeiter an wichtigen Entscheidungen gemacht?

Sehr gute Erfahrungen	0 ☐	55
Im ganzen gute Erfahrungen	1 ☐	
Es kommt sehr darauf an	2 ☐	
Eher schlechte Erfahrungen	3 ☐	
Sehr schlechte Erfahrungen	4 ☐	

31. a) Müssen Sie sich öfter mit Beschwerden, Klagen, Reklamationen Ihrer Mitarbeiter abgeben?

Ja, leider allzu oft	0 ☐	56
Ja, oft genug	1 ☐	
Es geht	2 ☐	
Nein, eher selten	3 ☐	
Nein, praktisch nie	4 ☐	
Weiss nicht / keine Antwort	5 ☐	

31. b) Wenn ja:

Zeigen Sie für solche Reklamationen Verständnis, oder reagieren Sie eher ungehalten? (46)

Zeige Verständnis	0 ☐	57
Kommt ganz auf den Fall an	1 ☐	
Reagiere ungehalten	2 ☐	
Weiss nicht / keine Antwort	3 ☐	

32. Haben Sie im allgemeinen genügend Zeit, wichtige Betriebsinformationen an Mitarbeiter weiterzugeben, oder haben Sie keine Zeit dafür? (48)

Ja, nehme mir die Zeit dafür	0 ☐	58
Ist ganz verschieden, kommt darauf an	1 ☐	
Nein, habe meist keine Zeit dafür	2 ☐	

33. Können Sie sich auf Ihre Mitarbeiter verlassen oder nicht? (50)

Kann mich praktisch auf jeden verlassen	0 ☐	59
Kann mich auf die meisten verlassen	1 ☐	
Ziemlich schwer zu sagen	2 ☐	
Kann mich nur auf einzelne verlassen	3 ☐	
Kann mich praktisch auf keinen verlassen	4 ☐	

34. Finden Sie es schwierig, die Mitarbeiter richtig und gerecht zu behandeln, oder nicht? (51)

Ja, schwierig	0 ☐	60
Es kommt darauf an	1 ☐	
Nein, nicht schwierig	2 ☐	

35. Sind die Löhne Ihrer Mitarbeiter, an der Leistung gemessen, eher zu tief, gerade richtig, oder eher zu hoch? (53a)

Zu tief	0 ☐	61
Gerade richtig	1 ☐	
Zu hoch	2 ☐	
Je nach Mitarbeiter verschieden	3 ☐	

36. Wie beurteilen Sie die Zukunftsaussichten Ihres Betriebes? (54)

Eher optimistisch	0 ☐	62
Eher pessimistisch	1 ☐	
Kann es nicht sagen	2 ☐	

37. Entsprechen Ihre Einkünfte aus dem Betrieb Ihren Wünschen und Bedürfnissen? (55)

Ja, völlig	0 ☐	63
Ja, schon	1 ☐	
Es geht so	2 ☐	
Nein, kaum	3 ☐	
Nein, überhaupt nicht	4 ☐	
Keine Antwort	5 ☐	

38. Stellen Sie sich einmal vor, Sie als Unternehmer müssten zwischen zwei Betrieben wählen: Der eine verspricht grosse Sicherheit und Stabilität, aber nur Aussicht auf mässige Gewinne - der andere bietet zwar sehr gute Gewinnmöglichkeiten, ist aber ein bisschen ein spekulativer, unsicherer Betrieb. Für welchen würden Sie sich entscheiden? (56a)

Sicherheit	0 ☐	64
Gewinnmöglichkeiten	1 ☐	
Es kommt darauf an	2 ☐	
Weiss nicht / keine Antwort	3 ☐	

39. Wie ist die Zusammenarbeit mit Ihren Mitarbeitern? (57b)

Sehr gut	0 ☐	65
Im ganzen gut	1 ☐	
Weder gut noch schlecht	2 ☐	
Eher schlecht	3 ☐	
Sehr schlecht	4 ☐	

40. Wie beurteilen Sie das Betriebsklima in Ihrer Firma? (58)

Sehr gut	0 ☐	66
Gut	1 ☐	
Weder gut noch schlecht	2 ☐	
Schlecht	3 ☐	
Sehr schlecht	4 ☐	
Weiss nicht / keine Antwort	5 ☐	

41. Es kommt doch vor, dass ein Mitarbeiter einmal persönliche Schwierigkeiten hat. Sind Sie dann bereit zu helfen, oder halten Sie sich eher heraus? (59b)

Ja, helfe	0 ☐	67
Es kommt darauf an	1 ☐	
Nein, halte mich heraus	2 ☐	
Keine Antwort	3 ☐	

Haben Sie dank Ihrer Position als Unternehmer schon echte Freundschaften geschlossen ...

42. a) ... im Betrieb? (60)

Ja	0 ☐	68
Eher schwer zu sagen	1 ☐	
Nein	2 ☐	

42. b) ... ausserhalb des Betriebes?

Ja	0 ☐	69
Eher schwer zu sagen	1 ☐	
Nein	2 ☐	

43. Haben Sie den Eindruck, dass die Arbeit Sie einfach überfordert, oder würden Sie das nicht sagen? (63)

Ja, überfordert	0 ☐	70
Nein, nicht überfordert	1 ☐	
Weiss nicht / keine Antwort	2 ☐	

44. Haben Sie neben Ihrer Unternehmertätigkeit noch genügend Freizeit? (66)

Ja, genügend Freizeit	0 ☐	71
Nein, nicht genügend Freizeit	1 ☐	
Weiss nicht / keine Antwort	2 ☐	

2. Teil: Indexfragen

1. Wie zufrieden sind Sie mit den menschlichen Kontakten, die Sie durch Ihre Unternehmerposition haben?

Sehr zufrieden	0 ☐	72
Zufrieden	1 ☐	
Weder zufrieden noch unzufrieden	2 ☐	
Unzufrieden	3 ☐	
Sehr unzufrieden	4 ☐	

2. Wie zufrieden sind Sie mit den Möglichkeiten, sich zu vergrössern?

Sehr zufrieden	0 ☐	73
Zufrieden	1 ☐	
Weder zufrieden noch unzufrieden	2 ☐	
Unzufrieden	3 ☐	
Sehr unzufrieden	4 ☐	

3. Wie zufrieden sind Sie mit Ihren Einkünften aus dem Betrieb?

Sehr zufrieden	0 ☐	74
Zufrieden	1 ☐	
Weder zufrieden noch unzufrieden	2 ☐	
Unzufrieden	3 ☐	
Sehr unzufrieden	4 ☐	

4. Wie zufrieden sind Sie mit dem Ansehen, das Sie durch Ihre Unternehmertätigkeit haben?

Sehr zufrieden	0 ☐	75
Zufrieden	1 ☐	
Weder zufrieden noch unzufrieden	2 ☐	
Unzufrieden	3 ☐	
Sehr unzufrieden	4 ☐	

5. Wie zufrieden sind Sie mit Ihrer Arbeitsleitung?

Sehr zufrieden	0 ☐	76
Zufrieden	1 ☐	
Weder zufrieden noch unzufrieden	2 ☐	
Unzufrieden	3 ☐	
Sehr unzufrieden	4 ☐	

6. Wie zufrieden sind Sie mit den Möglichkeiten der organisatorischen Gestaltung und der Führung in Ihrem Betrieb?

Sehr zufrieden	0 ☐	77
Zufrieden	1 ☐	
Weder zufrieden noch unzufrieden	2 ☐	
Unzufrieden	3 ☐	
Sehr unzufrieden	4 ☐	

7. Wie zufrieden sind Sie mit der Art Ihrer Tätigkeit?

Sehr zufrieden	0 ☐	78
Zufrieden	1 ☐	
Weder zufrieden noch unzufrieden	2 ☐	
Unzufrieden	3 ☐	
Sehr unzufrieden	4 ☐	

8. Wie zufrieden sind Sie mit der Verantwortung, welche Sie haben?

Sehr zufrieden	0 ☐	79
Zufrieden	1 ☐	
Weder zufrieden noch unzufrieden	2 ☐	
Unzufrieden	3 ☐	
Sehr unzufrieden	4 ☐	

9. Wie zufrieden sind Sie mit der Möglichkeit, Macht und Einfluss auszuüben?

Sehr zufrieden	0 ☐	80
Zufrieden	1 ☐	
Weder zufrieden noch unzufrieden	2 ☐	
Unzufrieden	3 ☐	
Sehr unzufrieden	4 ☐	

	01	02	03	04	05
Interview-Nr.:	2	1			

10. Wie zufrieden sind Sie mit den äusseren Bedingungen (z.B. Standort, Verkehrsverbindungen) Ihrer Tätigkeit?

Sehr zufrieden	0 ☐	06
Zufrieden	1 ☐	
Weder zurfrieden noch unzufrieden	2 ☐	
Unzufrieden	3 ☐	
Sehr unzufrieden	4 ☐	

11. Wenn Sie einmal an <u>alles</u> denken, was mit Ihrer Tätigkeit als Unternehmer zusammenhängt, wie zufrieden sind Sie dann mit Ihrer Arbeit?

Sehr zufrieden	0 ☐	07
Zufrieden	1 ☐	
Weder zufrieden noch unzufrieden	2 ☐	
Unzufrieden	3 ☐	
Sehr unzufrieden	4 ☐	

3. Teil: Kriterien

1. Alter:

18 - 34 Jahre	0	☐	08
35 - 49 Jahre	1	☐	
50 und mehr Jahre	2	☐	

2. Zivile Stellung:

Alleinstehend	0	☐	09
Nicht alleinstehend / Zweipersonenhaushalt	1	☐	
Nicht alleinstehend / Mehrpersonenhaushalt	2	☐	

3. Berufsausbildung:

Ohne Berufsausbildung	0	☐	10
Angelernt	1	☐	
Abgeschlossene Berufslehre	2	☐	
Abgeschlossene Meister-Ausbildung	3	☐	
HTL / Technikum / HWV mit Abschluss	4	☐	
Hochschule / Universität mit Abschluss	5	☐	
Andere:	6	☐	

4. Berufsausbildung des Vaters:

Ohne Berufsausbildung	0	☐	11
Angelernt	1	☐	
Abgeschlossene Berufslehre	2	☐	
Abgeschlossene Meister-Ausbildung	3	☐	
HTL / Technikum / HWV mit Abschluss	4	☐	
Hochschule / Universität mit Abschluss	5	☐	
Andere:	6	☐	
Weiss nicht	7	☐	

5. Berufswechsel:

Beruf nicht gewechselt	0 ☐	12
Beruf einmal gewechselt	1 ☐	
Beruf mehrmals gewechselt	2 ☐	

6. Dauer der Tätigkeit als selbständiger Unternehmer:

Unter einem Jahr	0 ☐	13
1 bis 6 Jahre	1 ☐	
über 6 Jahre	2 ☐	

7. Gesamte Einkünfte aus dem Betrieb (Tabelle vorlegen)

Bis 2 500 Fr. monatlich	0 ☐	14
2 501 bis 3 000 Fr. monatlich	1 ☐	
Ueber 3 000 Fr. monatlich	2 ☐	

8. Firma: ____________ / Ort: ____________

(Anzahl Ganztagsbeschäftigte ausser Unternehmer, inkl. Lehrlinge: ____________)

9. Wohnort:

____

Dauer des Interviews: ________ Min.

Nicht ausfüllen:

10. Ortsgrösse:

Grossstadt und Agglomeration	0	☐	15
Stadt und Agglomeration	1	☐	
Land	2	☐	

11. Betriebsgrösse:

Kleine Betriebe	0	☐	16
Mittlere Betriebe	1	☐	
Grosse Betriebe	2	☐	

Autorenregister

Sachregister

Lohn s. auch Einkommen 143 f., 146, 149, 203, 242 ff.
— Bedürfnisgerechtigkeit 408, 410

— gerechtigkeit 145, 147, 149, 243

Druckfehlerberichtigung

zu: Hans Jobst Pleitner, Die Arbeitszufriedenheit von Unternehmern und Mitarbeitern in gewerblichen Betrieben (Schriftenreihe des Schweizerischen Instituts für gewerbliche Wirtschaft an der Hochschule St. Gallen, Band 9)

Auf Seite 228, 2. Absatz, 6. Zeile, muß der Tabellenhinweis richtig lauten:

(vgl. Tab. 270 und 271 und Kommentar dazu)

Kolibri 360 GmbH
Ferdinand-Jühlke-Straße 7
99095 Erfurt, Deutschland
produktsicherheit@kolibri360.de

Druck:
CPI Druckdienstleistungen GmbH
im Auftrag der
Kolibri 360 GmbH
Ferdinand-Jühlke-Str. 7
99095 Erfurt